沖縄を知る事典

「沖縄を知る事典」編集委員会 編

日外アソシエーツ

OKINAWA facts book

by

Editorial Committee of *OKINAWA facts book*

©2000 by

Editorial Committee of *OKINAWA facts book*

Printed in Japan

装丁:熊谷 博人 ／ 写真提供:島袋 正敏,エコネット・美

序：この事典を手にするひとへ

　いま、この本を手にしているのはどんな方でしょうか、またどうして、この事典に興味を覚えたのでしょうか。編集委員として大変関心のあるところですが、おそらく理由はさまざまだと思います。というのも、ひとによってこれまで沖縄に対して抱いていたイメージや知識の程度はかなり異なるだろうからです。青い海と青い空の亜熱帯、手軽な費用でチョッピリ外国気分が味わえる場所、といった観光旅行の対象であるかもしれないし、あるいは戦争やアメリカ統治の記憶、米軍基地問題に象徴される政治の舞台とむすびついているのかもしれません。実際この数年、新聞・雑誌・テレビのマス・コミに沖縄の二文字が見えない日はないといってもいいくらい、沖縄についての情報が氾濫しています。

　読んでいただければわかると思いますが、この本は『沖縄を知る事典』と銘打ちながら、そのじつ沖縄のあらゆる時代と分野を網羅したものでなく、沖縄の戦後以降の政治・経済・社会・思想の方面に力点がおかれています。そうした編集方針は、たんに紙幅の都合というよりも、私たち編集委員の現代沖縄についての認識によるのです。喧騒の政治サミット関連報道などでは知りえない問題群が意識にあって、多少大きく構えていうならば、今の沖縄のゆくすえに対する危機意識が前面に出たため、それがこうしたかたちの事典となった、ということです。そして、内容に関しても、無色透明な知識の羅列におわらないように努めたつもりです。ですから、それぞれの項目（問題）を書くにあたっては、執筆者の考えや立場がより鮮明になることで、読者に共感や反発を含めて、何がしかの波風を立てることを期待しているのです。しかし、ただ触発するだけが目的なのではなくて、「沖縄」の抱えるさまざまな問題を200もの主要項目と1,500語近い沖縄関連用語をつうじて、これからともに考え議論することが、私たち編集委員の願いにほかなりません。その意味では、いくつかの点で"偏った"事典ではありますが、元来の意図からすれば「考える沖縄事典」と呼んだ方が適切ともいえます。

　ともあれ、縁あってこの事典を読んで下さる未知の読者にとって、この事典が示した「もうひとつの沖縄」と、ご自身のもつ「沖縄」との間に真剣勝負の対話が生まれることを切に望みます。たぶん、そこから沖縄の未来に曙光がきざす可能性もありますし、ひいてはまだ見ぬ「日本」や「世界」を考えるヒントが生まれるかもしれません。

　なお、積み残した問題としては、沖縄本島の周辺に点在する無数の離島に関するものがありますが、これについては近い将来、『沖縄・離島から見える事典』のようなものが出版されるよう期待を寄せたいと思います。

2000年3月4日

　　　　　『沖縄を知る事典』編集委員・輿石　正　新城栄徳　宮城晴美
　　　　　　　　　　　　　　　　　　伊佐眞一　屋嘉比収　鳥山　淳　宇根悦子

■使用凡例

<u>収録項目</u>

1. 主要項目編（全20章・200項目）　　2. 用語解説編（全18章）
3. コラム（全3テーマ）　　4. 付録資料（全4テーマ）　　5. 索　引

<u>使用例</u>

1. 各章の概略・流れ、については各章のとびら部の「解説」を読み、各章のキーとなる項目【主要項目】は「目次」の中から選択して読む、という流れである。
2. 「用語解説編」は「主要項目編」のフォローとしての役割だけではなく、各章ごとが一つのテーマでまとまった読み物となるように構成されている。
3. 「コラム」は、この『事典』全体の横断的性質をもつものとして設定され、感覚的な側面を重要視し、独立した形で読めるものとなっている。
4. 「付録資料」は、テーマを極力しぼりこんで詳細部分にふみこんだものとなっていて、極めてプラクティカルなものとして役立つよう構成されている。
5. 「索引」は、「主要項目」各項目の相互のつながりと検索の容易さ・おもしろさを考えた誘導型構成となっている。

■執筆者（主要項目編）五十音順

秋山勝／粟国恭子／安里英子／安仁屋政昭／新垣安子／新川明／新崎盛暉／新城俊昭
伊佐眞一＊／石原昌家／上江洲薫／上原冨二男／宇根悦子＊／浦島悦子／江上能義
大城和喜／大城奈々／大城肇／大城宜武／大田静男／大見謝辰男／岡本恵徳／親富祖恵子
賀数かつ子／加藤哲郎／我部政明／川野純治／川満信一／桑江テル子／古賀徳子／輿石正＊
今郁義／崎原盛秀／島田正博／島袋和幸／島袋正敏／島袋伸三／島間有／新城郁夫
新城栄徳＊／新屋敷弥生／末次智／髙里鈴代／髙良鉄美／髙良勉／澤岻悦子／玉城義和
知花昌一／渡久地健／戸邉秀明／鳥山淳＊／仲宗根幸市／仲宗根將二／仲程昌徳／納富香織
間弘志／長谷川均／比嘉要／比屋根照夫／福地曠昭／真栄平房昭／真久田巧／又吉盛清
宮城悦二郎／宮城公子／宮城篤正／宮城晴美＊／宮里千里／屋嘉比収＊／屋比久守

＊印：編集委員

■執筆者（コラム）五十音順

上里和美／許田清香／新城和博

■執筆者（用語編・付録資料）五十音順

伊佐眞一／宇根悦子／我喜屋美由／具志堅美加／輿石正／染川洋子／鳥山淳／中村愛子
堀内由美子／松田朝雄／屋嘉比収／山城美由紀

目　次

主要項目編

第1章　琉球史
- 解説 ――――――― 3
- 首里城 ―――――― 4
- 大交易時代 ――――― 6
- 島津氏の琉球出兵 ――― 8

第2章　近代沖縄の抵抗運動
- 解説 ――――――― 10
- 頑固党 ―――――― 12
- サンシー事件 ――――― 14
- 尋常中学校ストライキ事件 ― 15
- 人頭税廃止運動 ―――― 16
- 謝花昇と自由民権運動 ―― 18
- 徴兵忌避 ――――― 20
- ユタ裁判 ――――― 21
- 大宜味村政革新運動と揺れ ― 22
- OIL事件 ―――――― 23
- 昭和初期の社会運動 ―― 24
- 灯台社（当山昌謙） ―― 25

第3章　沖縄戦の特質
- 解説 ――――――― 26
- 集団自決と集団死 ――― 28
- 日本軍の住民殺害・虐殺 ― 30
- 従軍慰安婦 ――――― 32
- 地上戦・捨て石作戦 ―― 34
- マラリア ――――― 36
- 学徒隊 ―――――― 38
- 対馬丸 ―――――― 39
- ガマ（壕） ――――― 40
- 「戦争未亡人」と孤児 ―― 41
- 女子挺身隊 ――――― 42
- 一般疎開 ――――― 43
- 学童疎開 ――――― 44
- 朝鮮人軍夫 ――――― 45

第4章　沖縄戦と占領
- 解説 ――――――― 48
- 収容所と占領 ――――― 50
- 太平洋の要石 ――――― 52
- 天皇メッセージ ――― 54

- USCAR（ユースカー） ― 56
- 対日講和条約 ――――― 57
- 琉球政府 ―――――― 58
- 反共弾圧 ――――― 59
- 高等弁務官 ――――― 60
- 占領と移住・移民 ――― 62

第5章　米軍占領下と沖縄の女性
- 解説 ――――――― 64
- 初の女性参政権 ――― 66
- 歓楽街 ―――――― 68
- 公衆衛生看護婦 ――― 69
- 米兵による性犯罪 ――― 70
- 米軍メイド ――――― 72
- 国際結婚 ――――― 73
- 混血児 ―――――― 74
- 奄美・先島からの流入 ― 76

第6章　沖縄庶民にとっての戦後から復帰
- 解説 ――――――― 80
- 実録・戦後沖縄苦闘記 ― 82
- 軍作業 ―――――― 84
- 闇市と戦果 ――――― 86
- スクラップブーム ――― 87
- 密貿易 ―――――― 88
- 基地周辺のバー街 ――― 89
- 国際通りと平和通り・公設市場 ― 90
- カンカラ三線 ――――― 92
- ウチナー新民謡 ――― 93
- ウチナー英語 ――――― 94
- 戦後沖縄の食 ――――― 95
- 慰霊の日 ――――― 96

第7章　「復帰前沖縄」キーワード
- 解説 ――――――― 98
- B円・ドル ―――――― 100
- パスポート ――――― 102
- 国民指導員 ――――― 103
- 主席（主席公選） ――― 104
- 国費・自費制度 ――― 106
- 米国留学と金門クラブ ― 107
- キャラウェー旋風 ――― 108
- 『琉球新報』と
　　『沖縄タイムス』 ―― 110

(5)

　　　　　教公二法闘争 ------ 112
　　　　　青空教室 ------ 114
　　　　　日米安保体制 ------ 115
第8章　米軍基地と基地闘争（復帰前）
　　　　　解説 ------ 116
　　　　　沖縄戦と基地 ------ 118
　　　　　冷戦と基地建設 ------ 120
　　　　　銃剣とブルドーザー ------ 122
　　　　　島ぐるみ闘争 ------ 124
　　　　　オフ・リミッツ ------ 126
　　　　　瀬長亀次郎 ------ 127
　　　　　阿波根昌鴻 ------ 128
　　　　　ベトナム戦争 ------ 129
　　　　　全軍労闘争 ------ 130
　　　　　毒ガス輸送 ------ 131
　　　　　核と沖縄 ------ 132
第9章　日本復帰と「沖縄」の行方
　　　　　解説 ------ 134
　　　　　復帰運動（復帰協） ------ 136
　　　　　反復帰論 ------ 138
　　　　　沖縄独立論 ------ 140
　　　　　4・28 ------ 142
　　　　　「いも、はだし論」 ------ 143
　　　　　教職員会と屋良朝苗 ------ 144
　　　　　沖縄社会大衆党 ------ 145
　　　　　革新共闘会議 ------ 146
　　　　　雨の中の五・一五 ------ 147
　　　　　沖縄返還交渉 ------ 148
　　　　　日米地位協定 ------ 149
第10章　日本―沖縄　つながりと切れ目
　　　　　解説 ------ 150
　　　　　琉球処分 ------ 152
　　　　　日琉同祖論 ------ 153
　　　　　近代沖縄の言論 ------ 154
　　　　　伊波普猷と沖縄学 ------ 156
　　　　　河上肇舌禍事件 ------ 157
　　　　　人類館事件 ------ 158
　　　　　「さまよへる琉球人」
　　　　　「滅びゆく琉球女の手記」 -- 160
　　　　　同化と皇民化 ------ 162
　　　　　方言論争 ------ 163
　　　　　制度的日本化と沖縄の自立論 164
　　　　　柳田国男と南島 ------ 165

第11章　「復帰後沖縄」キーワード
　　　　　解説 ------ 166
　　　　　ドルから円へ ------ 168
　　　　　経済開発と本土資本 ------ 169
　　　　　一体化・本土並み・系列化　170
　　　　　自衛隊沖縄配備 ------ 172
　　　　　海洋博 ------ 173
　　　　　自然破壊 ------ 174
　　　　　日の丸焼き捨て事件 ------ 176
　　　　　反CTS闘争・
　　　　　　金武湾を守る会 ------ 178
　　　　　ひめゆり火炎瓶事件 ------ 180
　　　　　交通方法区分（730） ------ 181
第12章　反基地運動・住民運動（復帰後）
　　　　　解説 ------ 184
　　　　　反戦地主と一坪反戦地主運動　186
　　　　　沖縄民衆運動第3の波 ------ 188
　　　　　P3C闘争 ------ 190
　　　　　県民投票 ------ 191
　　　　　名護市民投票 ------ 192
　　　　　海上ヘリポート基地 ------ 194
　　　　　楚辺通信所（通称　像のオリ）195
　　　　　嘉手納基地 ------ 196
　　　　　代理署名拒否
　　　　　　（公告縦覧代行） ------ 198
　　　　　米軍用地特別措置法改正 ------ 199
第13章　沖縄・現在のかたち
　　　　　解説 ------ 200
　　　　　対沖縄人観 ------ 202
　　　　　遺骨収集と不発弾処理 ------ 204
　　　　　「沖縄のこころ」 ------ 205
　　　　　沖縄の民間学 ------ 206
　　　　　ユイマール・模合・郷友会　207
　　　　　「宝珠山発言」の波紋 ------ 208
　　　　　「命どぅ宝」と1フィート運動　209
　　　　　世替り ------ 210
　　　　　テーゲーと沖縄タイム ------ 212
　　　　　沖縄病 ------ 213
　　　　　歴史改竄問題 ------ 214
　　　　　平和の礎 ------ 215
　　　　　七島灘―ヤマトとの距離 ------ 216
　　　　　コザ暴動とその周辺 ------ 218

第14章　沖縄・海外・県外のつながり
　　　解説 －－－－－－－－－ 220
　　　海外移民 －－－－－－－ 222
　　　関西のウチナーンチュ－ 224
　　　関東のウチナーンチュ－ 226
　　　ロングビーチ事件－－－－ 228
　　　宮城与徳 －－－－－－－ 229
　　　勝組・負組 －－－－－－ 230
　　　海外からの沖縄救援運動　 231
　　　残留妻子 －－－－－－－ 232
　　　台湾琉球官兵 －－－－－ 234
　　　台湾から沖縄への入植・移住　235
　　　ソテツ地獄 －－－－－－ 236

第15章　沖縄の開発と自立
　　　解説 －－－－－－－－－ 238
　　　沖縄振興開発と復帰特別措置　240
　　　沖縄開発庁 －－－－－－ 242
　　　沖縄振興開発金融公庫－－ 243
　　　観光立県・国際都市形成構想・FTZ　244
　　　経済振興と基地のリンク(アメとムチ)　246
　　　軍転法・軍用地料 －－－ 248
　　　逆格差論 －－－－－－－ 250
　　　沖縄の基幹産業 －－－－ 251
　　　沖縄の地場産業 －－－－ 252

第16章　沖縄の民俗・文化
　　　解説 －－－－－－－－－ 254
　　　シマと御嶽（ウタキ）－－－ 256
　　　清明祭（シーミー）と亀甲墓　258
　　　石敢當と獅子（シーサー）－ 259
　　　トートーメー（位牌）－－ 260
　　　風水（フンシー）－－－－ 261
　　　豊年祭・海神祭・イザイホー　262
　　　ユタ －－－－－－－－－ 264
　　　ウナイ・ノロ・カミンチュ　265
　　　結婚式と死亡広告 －－－ 266
　　　沖縄の他界観・死生観 － 267

第17章　沖縄の芸能文化
　　　解説 －－－－－－－－－ 268
　　　琉舞 －－－－－－－－－ 270
　　　三線 －－－－－－－－－ 272
　　　空手 －－－－－－－－－ 274
　　　沖縄の民謡 －－－－－－ 276
　　　沖縄芝居 －－－－－－－ 278
　　　エイサー －－－－－－－ 280

第18章　沖縄の文学
　　　解説 －－－－－－－－－ 282
　　　『おもろさうし』－－－－ 284
　　　琉歌 －－－－－－－－－ 285
　　　沖縄近代文学 －－－－－ 286
　　　沖縄戦後文学 －－－－－ 288
　　　山之口貘 －－－－－－－ 290
　　　琉大文学 －－－－－－－ 291
　　　『カクテル・パーティー』－ 292
　　　沖縄現代文学 －－－－－ 293

第19章　沖縄の女性
　　　解説 －－－－－－－－－ 296
　　　糸満アンマー －－－－－ 298
　　　辻遊廓（チージ）－－－－ 300
　　　花嫁移民 －－－－－－－ 302
　　　観光と売買春 －－－－－ 303
　　　トートーメーと女性 －－ 304
　　　女たちの「風俗改良」－－ 306
　　　長寿県 －－－－－－－－ 308
　　　乙姫劇団 －－－－－－－ 309
　　　女性の自立・力 －－－－ 310
　　　紡績女工 －－－－－－－ 311

第20章　サンゴ礁と島々
　　　解説 －－－－－－－－－ 312
　　　ヒシとイノー －－－－－ 314
　　　辺野古サンゴ礁 －－－－ 315
　　　白保サンゴ礁 －－－－－ 316
　　　サンゴの白化現象 －－－ 317
　　　漁民たちのサンゴ礁認識　 318
　　　ハマサンゴの石垣 －－－ 320
　　　高い島と低い島 －－－－ 321
　　　地下ダム －－－－－－－ 322
　　　圃場整備事業 －－－－－ 323
　　　赤土汚染 －－－－－－－ 324
　　　エコツーリズム －－－－ 326

用語解説編

1. 沖縄の行事・祭り ― ― ― ― 331
2. 沖縄の方言・ことわざ ― ― ― 335
3. 沖縄の料理・食べもの ― ― ― 345
4. 沖縄の動物 ― ― ― ― ― ― 349
5. 沖縄の植物 ― ― ― ― ― ― 377
6. 沖縄の風俗・社会用語 ― ― ― 383
7. 現代沖縄にかかわる人物101名 ― 390
8. 沖縄の施設・史跡・構造物 ― ― 397
9. 沖縄の米軍基地関連用語 ― ― ― 404
10. 沖縄の地理的用語 ― ― ― ― 408
11. 沖縄の歴史用語 ― ― ― ― ― 411
12. 沖縄戦・戦跡用語 ― ― ― ― 414
13. 沖縄の政治関係用語 ― ― ― ― 419
14. 沖縄の経済関連用語 ― ― ― ― 426
15. 沖縄の工芸 ― ― ― ― ― ― 429
16. 沖縄の芸能・文化用語 ― ― ― 432
17. 沖縄の農・漁業 ― ― ― ― ― 447
18. 沖縄の離島関連用語 ― ― ― ― 449

コラム

日本にあって沖縄に根づかないもの
 1. 日本人であるという意識　　47
 2. 整列!!　　78
 3. 季節の木を育てよう　　79
枠をこえる沖縄
 1. 久米村（三十六姓）　　182
 2. アメラジアン　　183
 3. ウチナー大和口　　219
沖縄の元気の根もとには
 1. オキナワン・ロック　　237
 2. 喜納昌吉とチャンプルーズ
  りんけんバンド　　294
 3. 島ナイチャーのサブカルチャー　295

付録資料・索引

1. 沖縄の「字誌」リスト　　455
2. 「米軍海上ヘリ基地」関連年表　459
3. 戦後・米兵による沖縄女性への犯罪　465
4. 沖縄の出版社・書店リスト　　474

　索　引　　475

『沖縄を知る事典』

第1章　琉球史

　沖縄に来て15年の門外漢の在沖大和人(ヤマトンチュー)の「解説」という無謀さからくるものを味わってもらいたい。

　沖縄・琉球の歴史を知ろうとするとき、本土日本の歴史（時代）の流れとの対応という定規が頭にうかび、それとの対応による理解で座標がようやく定まるという危うさがある。そういう危うさでみても、通史としての琉球史は、ドキドキするおもしろさがある。

　大きく琉球史を見ると、本土日本の原始から古代（平安時代）頃までが「先史時代」（貝塚時代）、鎌倉から南北朝頃までが「グスク・三山時代」、室町時代から安土桃山時頃までが「第一・第二尚氏王統（前期）時代」、江戸時代頃が「第二尚氏王統（後期）時代」、明治時代以後（1879年の琉球処分以後）が「近代沖縄」となる。グスク・三山時代から第二尚氏王統（前期）までを、第二尚氏王統（後期）＝近世琉球と区別する意味で「古琉球」とよんでいる。つまり先史と近世にはさまれるほぼ500年間が「古琉球」というわけである。その「古琉球」のはじまりをさす「グスク時代」と言われてもピンとこない。もっともこの「グスク」ということばも「城」の字をあててはいるが、二説（聖域説と集落説）あって定説はない。内容的には、貝塚時代の人々が丘陵地に住みはじめ農耕社会をいとなむ時代なのである。定住→支配者（按司(アジ)）の出現→城塞構築→勢力争い、という定番が生じてくる。また日本本土からの影響下でのさまざまな系統化もはかられるが、異彩をはなつのは中国（明と清）とのかかわり（朝貢の形での）であって、自らの正統性を中国からの認知によってたつという点である。琉球王国のうしろだてとしての中国からの認知によって統一国家を形成していく過程のおもしろさは、やがて江戸幕府との関係のなかで二重外交的側面としての琉球王朝の特徴としてきわだっていく。日本と中国そして世界史の激流のなかで、いかに小さくとも統一国家としてわたりあっていくか。そこにこそ「琉球史」のハラハラドキドキのだいご味がある。しかも離島を抱えているという制約のなかで生き残る国家的知恵（じんぶん）が、文化・くらしのすみずみまで及んでいくダイナミズム。それは位相を変えて近代沖縄、現代沖縄を貫きとおす宿命のダイナミズムとして現在につながっている。

輿石　正

第1章●琉球史

首里城

　琉球王国時代の代表的なグスク（城塞）史跡。標高約130メートルの石灰岩丘陵上に立地する。沖縄県内で最大規模のグスクで、東西約400メートル、南北約200メートルの規模を誇る。正確な創建年代は不明だが、14世紀にはすでに存在したと推定される。

　15世紀初め頃まで沖縄本島に群雄割拠した在地領主は按司（アジ）と呼ばれ、グスク（城塞）を拠点に海外交易を活発に進めた。北山王、中山王、山南王などと称する小規模な王権を形成するまでに成長した有力按司たちは、互いに抗争過程を繰り返しながら、やがて権力統合への道を歩みはじめた。その先頭に立った中山王尚巴志は浦添城から首里城へ政治拠点を移し、1420年代には三山勢力の統一に成功した。1427年、尚巴志は首里城の外苑に池を掘り、安国山に珍しい花樹を植えるなど、王都としての環境整備に努めた（「安国山樹華木記碑」）。

　それ以降、琉球国が消滅する1879（明治12）年の廃藩置県にいたるまで、首里城は約450年間にわたって歴代国王の居城となった。「首里」の語源は諸説あり、はっきりしないが、文献上の初見では文明年間（1469〜87）の尚円王書簡に「首里之印」が押捺されている。

　尚真王の治績を刻した「百浦添欄干之銘」によれば、16世紀初頭、各地の按司層を首里に集住させたとあり、中央集権化を進めるなかで有力な按司層の城下屋敷割が行われたようである。王府時代の首里は真和志・南風・西（北）の三つの地域に区分され、これを首里三平等と総称した。

　首里城が建てられたのは1427年以前とされ、その後三度焼失して、全容が整ったのは（造営されたのは）18世紀半ばといわれる。首里城の表門にあたる歓会門の名は、城を訪れる客人を歓迎するという意味が込められ、アーチ型の石門の上に櫓を置く。門をくぐり石段を上がると、瑞泉門や漏刻門などがあった。奉神門を入ると、正殿前に御庭（ウナー）と呼ばれる広場があり、ここでは国王と臣下たちの謁見や中国皇帝から派遣された冊封使の儀礼、その他の公式行事などが行われた。唐破風の向拝をもつ正殿は、中国・琉球・日本の建築様式をミックスした、二重三層の構造である。正殿を中心に南殿、北殿が配置され、右手の北殿は行政空間であると同時に、中国の冊封使をもてなす接待施設、南殿は薩摩の役人をもてなす施設でもあった。奉神門の外側には大与座・系図座・用物座・評定所などの役所が設けられた。

　主要な行政機構は、国王を頂点に補佐役の摂政、実際の政務を統括する三

司官らによって構成され、その最高決定機関を「評定所」と称した。評定所の下には任務職掌に応じてさまざまな部署があり、その15人の長官クラスを「表十五人」と称し、重要な国事を合議制で審議した。さらにその下で実務に携わる各部署の役人たちが執務した。また、御内原(ウーチバラ)と称する空間に、国王の親族の女性や王府の祭祀を司る神女・女官たちがいた。

廃藩置県後、首里城は明治政府の手に接収され、熊本鎮台の分遣隊が駐屯し、兵舎など利用された。その結果、建物はまったく荒廃し、正殿前の石龍柱なども鎮台兵によって切断後、再び接合されたといわれる。1925(大正14)年、建築学者の伊東忠太とその弟子・鎌倉芳太郎らの尽力により、正殿は国宝に指定され、1931(昭和6)年には解体修理の復元工事が完成した。しかし、第二次大戦中の1945(昭和20)年、日本軍司令部壕が首里城の地下周辺に造営されたため、米軍の集中砲撃を浴びて壊滅的打撃をうけた。沖縄戦後、跡地に琉球大学が設立され、そのキャンパス移転後に本格的な復元整備事業が進められ、ようやく正殿、北殿、南殿などが復元された。

首里城を中心とする主要なグスク群は、世界に誇るユニークな琉球文化遺産であり、2000年度中にはユネスコの世界文化遺産に登録される予定である。

〔参考文献〕
◇首里城復元期成会編『写真集 首里城』(那覇出版社 1987年)
　戦前の首里城の写真や古地図を中心に、建物等の文化財解説、復元関係の年譜資料やコラムなどを収載し、首里城の世界を具体的に知る上で参考になる。
◇高良倉吉・田名真之共編『図説・琉球王国』(河出書房新社 1993年)
　カラー図版が豊富な概説書で、図版を見るだけでも楽しめる入門書。

真栄平 房昭

第1章●琉球史

大交易時代

　ヨーロッパの「大航海時代」が15世紀末から本格化したことはよく知られている。ポルトガルのエンリケ航海王子らによって、アフリカの喜望峰を迂回してインドへ到る航路が模索され、1498年にはヴァスコ・ダ・ガマがカリカットに到達した。ポルトガル艦隊を率いてインドをめざしたヴァスコ・ダ・ガマの経済的な動機は、いうまでもなく香料であった。インド航路が開かれてのち、リスボンの香辛料の価格はヴェネツィアの半分になり、香料貿易の中心は地中海から大西洋航路にシフトした。1510年、ポルトガルはインド西岸のゴアを占領、アジア初の植民地とした。1511年にはマラッカ王国を攻略し、その後セイロン、ジャワ、スマトラ等にも拠点を拡げた。大航海時代が残したマイナスの遺産ともいうべき、アジアの植民地化の歴史はここから本格化したのである。また、1522年にはスペインのマゼラン艦隊が初の世界一周をなしとげ、地球が球体であることを実証した。
　このような「ヨーロッパのアジア進出」という歴史の見方は、世界史の教科書でもなじみ深い。しかし、アジアの側から視点を反転させてみると、一般にはあまり知られていない別の歴史像が浮かび上がる。それは、アジア地域間の貿易に活躍した琉球王国、すなわち現在の沖縄である。

　沖縄は日本列島の九州の南、亜熱帯のサンゴ礁海域に位置する。視野を拡げてみると、その島々はアジア太平洋圏の一環をなし、海に開かれた＜南の窓＞というべき地理的位置を占めている。沖縄では10世紀ごろに農耕社会が成立し、13世紀末にはアジ(按司)と呼ばれる豪族たちが小国家を形成し、東シナ海を舞台に交易活動をおこなうようになった。1372年、明朝を中心とする朝貢システムの正式メンバーとなった琉球王国は、中国との貿易を開始した。以後、毎年のように進貢船を福州へ派遣し、中国特産の生糸や絹織物、陶磁器、薬種(漢方薬の原料)などを輸入し、それらを各地に転売するかたちで国際貿易ネットワークを拡大していった。1429年には尚巴志王が統一王朝を樹立し、琉球国の中枢拠点である首里城なども整備されていった。明王朝の正史である『明史』に記載されたアジア諸国の朝貢貿易の回数を比較してみると、琉球国は171回と最も多く、次いでアンナン89、ジャワ、ジャワ37、朝鮮30、日本19という順位である。また日本をはじめ朝鮮、東南アジア諸国とさかんに中継貿易を展開し、アジアを結ぶ国際交流の架け橋となった。日本をはじめ朝鮮、東南アジア諸国とさかんに中継貿易を展開し、アジアを結ぶ国際交流の架け橋となった。琉球船は、中国の福州や朝鮮の釜山をはじめ、タイ、ベトナム、マラッカ、スマトラ、ジャワなど各地に寄港し、コショウや沈香といった南方

第1章●琉球史

産の珍しい香料や象牙などを輸入した。これらの産物を求めて坊津(鹿児島)、博多、兵庫、堺など、日本の商船が琉球へ多数来航し、那覇は国際貿易港として繁栄したのである。

当時の史料を集成した『歴代宝案』によれば、東南アジアへ渡航した琉球船の行き先は、シャム(現在のタイ)が58隻で最も多い。シャムに次ぐ第2位の貿易相手はマレー半島にあったイスラム王国マラッカである。マラッカ港にはアジア各地の船が入港し、アラブ商人も多く居住し、中国・インド・イスラム文化などがまざりあった国際都市であった。さまざまな珍しい物産や異国人が交流したマラッカは、東南アジアを代表する港市国家としての繁栄を誇った。1463年、琉球の尚徳王はマラッカ国王マンスール・シャー宛に書簡を送り、中国産の絹織物や陶磁器、刀剣などを贈っている。

その他に東南アジア渡航船はパタニ、ジャワ、パレンバン、スマトラ、アンナン、スンダなど合わせて104隻以上にのぼる。秋季モンスーンを利用して東南アジアをめざした琉球船の活動は、すでに15世紀前半から始まっており、その意味で、ポルトガルよりも先駆的な歴史をもっていたと言えよう。すなわち、ヨーロッパの大航海時代に先立って、琉球はスイ星のように歴史の舞台に登場し、アジア地域間貿易の一翼を担ったのである。マラッカのポルトガル商館に勤務し、のちに最初の中国大使となったトメ・ピレスは、アジア各地の情報を集めた『東方諸国記』という重要な記録を残した。当時、「レキオ人」と呼ばれた琉球人の性格について、本書中に次のような一節がみえる。

「われわれ(ヨーロッパ)の諸王国でミラン(イタリアの商都ミラノ)について語るように、中国人やその他のすべての国民はレキオ人について語る。かれらは正直な人間で、奴隷を買わないし、たとえ全世界とひきかえでも自分たちの同胞を売るようなことはしない。かれらはこれについては死を賭ける」と(生田滋ほか訳、大航海時代叢書V)。

だが、琉球の東南アジア貿易の繁栄は長く続かなかった。1511年ポルトガル艦隊がマラッカ王国を攻め滅ぼし、要塞や商館を建設した。その影響で琉球船はマラッカに姿を見せなくなったという。ヨーロッパ勢力の進出に加えて、明の対外政策の転換など時代状況の変化とともに、琉球船の航跡はやがて歴史の舞台から姿を消すことになったのである。

〔参考文献〕

◇高良倉吉『琉球王国』(岩波新書 1993年)
　アジア世界に雄飛した海洋王国の歴史を広い視野からとらえた概説書。

◇高良倉吉・田名真之共編『図説・琉球王国』(河出書房新社 1993年)
　カラー図版が豊富な概説書で、図版を見るだけでも楽しめる入門書。

真栄平 房昭

第1章●琉球史

島津氏の琉球出兵

　1609（慶長14）年、薩摩の島津氏の軍勢約三千名が琉球国に侵攻し、これを征服した事件。それまで独立国として歩んできた琉球の歴史が、日本の幕藩体制に組み込まれて編入されていく重要な契機となった。その侵攻後も王国体制の枠組みは存続したが、領土の一部であった奄美諸島を失い、琉球王権は制限された。また幕藩制国家の基本原理である検地、石高制、鎖国（海禁）、キリシタン禁制といった政策が薩摩藩を通じて琉球にも導入され、幕藩制支配の影響を強くうけることになったのである。

　島津氏の琉球侵攻の主たる目的は領土拡張にあったが、出兵にいたる背景には徳川幕府の対明政策をめぐる諸問題が複雑に絡んでいた。16世紀半ばに断絶した明との国交回復（＝勘合貿易の復活）をもくろむ幕府は、そのための対明交渉を琉球に斡旋させるチャンスをうかがっていた。1602年、琉球船が陸奥の伊達領に漂着した際、島津氏に命じて乗組員らを本国に送還させ、琉球に「聘問使」の派遣を要求した。しかし、琉球側はこれに応ぜず、来聘問題をめぐって政治的緊張が続いた。1608年4月、島津氏は琉球との来聘交渉に見切りをつけ、幕府の許可を得て出兵準備を進めた。

　1609年3月山川港を出帆した島津軍は、奄美・喜界・徳之島・沖永良部などの島々を制圧し、沖縄北部の古宇利島に上陸、今帰仁城を攻略した。防備にあたる山北監守向克祉も戦死した（向姓家譜）。4月1日島津軍は海・陸二手に分かれ、那覇・首里をめざした。これに対し、尚寧王は三司官の謝名、豊見城らを派遣し、那覇防衛にあたらせた。島津軍は浦添城一帯を焼き払ったのち、首里に向けて進攻した。謝名、豊見城は首里防衛のために反転するが、その間、那覇は島津軍の手に陥落した。戦国時代における実戦経験が豊富で、精鋭の鉄砲隊などをそなえた島津軍が、短期間に勝利をおさめたのである。

　尚寧は王弟尚宏（具志頭朝盛）・三司官らを人質に出し、講和を求めた。講和成立後の4月4日尚寧は首里城を出て、名護に向かった。翌5日島津軍は首里城を接収し、昼頃から城内の荷物改めを行い、多数の珍宝奇貨を奪った。荷物改めは12、3日間に及んだ（「琉球渡海日々記」）。5月25日、尚寧王や重臣たちは捕虜として鹿児島に連行された。彼らは拘留中、島津氏に忠誠を誓う起請文を要求されたが、それを一人拒んだ三司官謝名親方は斬首された。7月7日、幕府は琉球征服の功を賞し、その支配権を島津氏に与えた。島津氏は「掟十五ヶ条」等を発令し、琉球の知行権、

人事権、貿易権などを統制した。

　1610年5月、藩主島津家久は尚寧王をともなって薩摩の京泊をたち、江戸へ向かった。8月16日尚寧は駿府城で徳川家康に閲見したのち、同月25日江戸に到着、28日に登城。諸大名列座のなかで将軍秀忠と、その後継者である竹千代（後の三代将軍家光）に拝謁する儀式が挙行された。琉球王の引見式は、「公儀」たる幕府の権威を諸大名に強く印象づける政治的セレモニーとなった。異国琉球の服属をアピールし、将軍権威の高揚をはかったのである。

　1611（慶長16）年9月、島津氏は沖縄諸島以南の8万9,086石を琉球国中山王領とし、奄美諸島は藩の直轄地として割譲した。この近世初期における行政権の分離が近代の鹿児島県と沖縄県の境界区分に引き継がれ、奄美諸島は鹿児島県に属するかたちで現在に至る。

〔参考文献〕

◇上原兼善『鎖国と藩貿易』（八重岳書房　1981年）
　薩摩藩による琉球支配や進貢貿易の展開過程について多角的な視点から縦横に論じ、実証性の高い学術的内容を平易な叙述スタイルでまとめた本。

◇紙屋敦之『幕藩制国家の琉球支配』（校倉書房　1990年）
　東アジア情勢の推移と幕府・琉球・薩摩の三者関係をふまえつつ、琉球出兵にいたる歴史的経緯を構造的な視点から解き明かした論文集。

◇真栄平房昭「幕藩制国家の外交儀礼と琉球」『歴史学研究』620号（1991年）
　将軍家の霊廟＜日光東照宮＞を中核とする、幕藩制国家の外交儀礼の実態と琉球使節の関係に注目した論文。

真栄平　房昭

第2章　近代沖縄の抵抗運動

　かつては「非武の島」として誇張されて描かれた沖縄ではあるが、約60年余の近代の間には、さまざまな抵抗が惹起した。この章にはそのなかから11の事例を取りあげたが、当然にそれらは全体のごく一部であって、ここでは割愛せざるをえなかった明治期の琉球新報の言論活動や公同会運動、大正期の沖縄県庁放火事件などもその範疇に含まれる。それぞれの詳しい解説は、各項目にゆずるとして、それらをながめると、時期も形態もともに多様でありながら、そこにはいくつかの特徴があるように思われる。

　まず第一に抵抗の対象。その対象が国家権力、社会的秩序に向けられるのは当然であるが、より具体的には、(1)頑固党(2)サンシー事件は、1879（明治12）年の琉球処分から明治20年代までの時期、明治国家への帰属反対を唱えての運動であり、新たな支配者・明治政府を否認する抵抗であった。次に、(3)尋常中学ストライキ事件(4)人頭税廃止運動(5)自由民権運動(6)徴兵忌避(7)ユタ裁判(8)大宜味村政革新運動は、明治20年代半ば頃から昭和初期における特殊な状況下におかれた地位の改善・改革、及び新たな羈絆への反発であり、明治国家の政治・経済を始め、軍事・警察などの諸「制度」、教育方針に表れた「差別」に対する強烈な異議申し立ての運動・抗議行為である。最後の(9)OIL事件(10)社会主義運動(11)当山昌謙の反戦は、昭和の初期以降に社会主義やマルクス主義、キリスト教といった西洋の大思想を武器にした理想（社会）への接近で、それを価値基準とした批判・抵抗運動とみなすことができる。2番目と3番目の境目には、大正末から昭和初めにかけて沖縄を襲った経済破綻（いわゆるソテツ地獄）が深い影を落としている。

　第二は年齢・階層。これはユタ裁判の仲地カマドの40歳代を例外とすれば、尋常中学ストライキ事件の漢那憲和、OIL事件の安里成忠の18歳を最年少として、上里春生、謝花昇、林世功の30歳代までの範囲に、すべての事件・運動の「主犯」が収まる。西銘五郎、伊波普猷、金城金松、屋部憲伝、真栄田一郎、志多伯克進、大城永繁、中村十作たちは20代の少年もしくは青年であり、職業も学生・教師・農民が大部分を占めている。やはり時代の窮屈さを一身にしかと感じとって、やがてそれを反抗のこえとこぶしに表現するのは、度胸と行動力のある若者なのであろう。いずれも意気盛んな魅力あふれる人物群像である。

　第三は抵抗運動の範囲。この点で目立つのは、日本本土にある類似組織との情

第2章●近代沖縄の抵抗運動

報交換、人的交流がほとんどなく、運動そのものが沖縄という狭い地域だけに限定されてしまって、運動としての広い連携・連帯が生み出せなかったことである。それは明治期に起こった沖縄特有の運動（(1)(2)(3)(4)(5)(7)）だけでなく、昭和初期になってからの社会主義運動といった、日本本土の組織とも共通認識をもつ運動でさえも、思想的影響はともかく、実質的なつながりは大そう弱かった。それゆえに、日本人(ヤマトゥンチュー)がこれらの運動に参加することは、(4)における中村を唯一の例外として、きわめてまれであった。とくに大正初期までの運動は、沖縄への差別問題が複雑にからんでいたため、日本(ヤマト)への感情的怨念が、日本人への対抗意識をさらに強めるという側面があり、沖縄とヤマトの連帯をいっそう困難にした。

第四はそれら抵抗運動の特質。国家拒否の大がかりな抵抗でありながら、頑固党もサンシー事件も組織力がほとんどないことが第1点。宮古の人頭税廃止運動、尋常中学ストライキ事件、公同会運動、自由民権運動が、その運動スタイルや思想的連関、行動主体となる人間に関して通底するものがあること、これが第2点。そして、昭和期になると経済の疲弊が人びとの生活を直撃したこともあって、賃上げ要求や労働条件の改善を求めた各種組合の労働争議が多くなり、農村よりも都市での労働運動が主流となっていくこと、これが第3点。最後に、これら近代沖縄の抵抗や反抗運動が、県庁放火事件の野原幸輝(のはらこうき)を除けば例外なく物理的抵抗・攻撃に訴えることをしなかったのは、沖縄の人びとの性格や文化伝統と非暴力主義との関連を考えるのに、何やら暗示的である。

〔参考文献〕

とりあえず次の3冊を道案内としてすすめる。

◇大田昌秀『沖縄の民衆意識』（弘文堂新社　1967年）
民衆意識の観点から、明治期における琉球新報の言論など、幅広い抵抗運動を取りあげている。

◇浦崎康華『逆流の中で―近代沖縄社会運動史』（沖縄タイムス社　那覇　1977年）
運動の渦中に身をおいた著者が、大正から昭和初期にかけての運動と思想を回想した記録。

◇安仁屋政昭『沖縄の無産運動』（ひるぎ社　那覇　1983年）
大正以後の労働運動を各種の資料をまじえて通観したもので、この分野ではぜひとも読むべき文献。

伊佐 眞一

第2章●近代沖縄の抵抗運動

頑固党

　頑固党が登場する直接のきっかけは、1872（明治5）年9月に明治政府によって、琉球王国が琉球藩とされたことにある。この年をもって沖縄は2世紀半余にわたる薩摩の支配を離れ、明治政府の外務省直轄となった。ということはしかし、他方でそれまで持っていた外交権を剥奪されて、日本の沖縄併合が着々とすすんでいったことを意味した。1875年、処分官・松田道之（まつだみちゆき）が首里城において、清国との外交関係の断絶、明治年号の使用、藩王・尚泰（しょうたい）が謝恩のため上京することなどを盛り込んだ令達書を王府幹部に手渡すと、事の重大さに驚いた琉球藩庁は大騒動となり、以後松田との打打発止の交渉が続く。このとき明治政府の方針にことごとく抵抗を示したのが亀川盛武（かめがわせいぶ）などの頑固党である。しかし、頑固党を大雑把に琉球王府の維持・存続を目的とする集団と定義するならば、当時の藩庁は、ごく一部というか数人を除いてほとんどすべてが頑固党であったといってよい。むろん、ここでいう頑固党とは、今日でいうところの党員組織や綱領、政治プログラムをもつ政党ではなく、先に示した目的に賛同する者、そうした意見を有する者のゆるやかな総称である。

　時代背景の説明として、松田が帰京して以後の政治史を簡略に列記すると、1876年に裁判権と警察権を取り上げた明治政府は、逆に熊本鎮台沖縄分遣隊を沖縄に常駐させるが、そうした断固たる方針貫徹の意思表示を目にしながら、頑固党と呼ばれる人たちは、日本への「編入」を容認する宜湾朝保らの批判をつよめると同時に、自力救済の限界ゆえに、清国への救援を求めて、幸地朝常（こうちちょうじょう）、林世功（りんせいこう）らの尖鋭士族が沖縄を脱出した（これを脱清という）。しかし1879年、明治政府は松田処分官と警察・軍隊を沖縄に派遣して、独立王国の象徴であった首里城を接収して、正式に沖縄県の設置を布告した。これが琉球処分である。

　他方、日本と清国との軋轢の種に浮上していた琉球問題は、李鴻章が暗礁に乗り上げた問題解決の一手として、グラント前アメリカ大統領に調停を依頼。それはやがて琉球列島を2つに分割して、日清でそれぞれ領有しあうという「分島・増約案」に発展していった。1880（明治13）年、この案が日清両政府の間で妥結したとの報に、林世功は滞留中の北京で自刃をもって抗議した。その後も、日本への恭順をよしとしない頑固党は、1882（明治15）年に旧三司官の富川盛奎（とみかわせいけい）など数名が脱清。さらに翌年には旧按司奉行の浦添朝忠（うらそえちょうちゅう）ら数十名が藩政への復帰歎願書を携え、ひそかに清国に脱出。尚泰の脱清停止要

第2章●近代沖縄の抵抗運動

請にもかかわらず、1887（明治20）年には幸地朝常らが次々と脱清して救援歎願を行った。

おそらく、こうした行動に彼らを駆り立てた要因は、旧支配層の利益擁護もさることながら、政治社会状況として、清国と日本との力関係如何で沖縄の帰属が左右される状態にあったこと、及び明治政府の沖縄統治が十全に機能していなかったことがあげられる。それゆえ、日清戦争の帰趨がそのまま琉球問題の決着に直結した。

なお注意すべきは、明治20年代半ば頃から、日本への帰属こそが自然の大勢であり、かつ文明化への道だとする青年層が擡頭し始めたことである。日本留学の影響をモロに受けた開化党がそれであって、1893（明治26）年の琉球新報同人はその代表であった。彼らの中国観はひとえに野蛮・非文明と結びつき、中国・琉球教育で育てられた頑固党と鋭く対立したものの、公同会運動でもわかるように、明治30年頃までは開化党も「復藩」を熱望していたのであり、その違いは独自の外交権をもつか否かにあった。1894（明治27）年の『一木書記官取調書』は、「黒党、頑固党、開化党ノ三派ニ分レ、各派運動ノ方法手段多少異ナルトコロアリト雖トモ、社稷復旧ノ目的ニ至テハ共ニ一ナリ」と記録している。要するに、「清国専属」の色彩が濃いものを黒党、「日・清両属」を標榜する一派を頑固党と呼んでいるのであるが、たぶんに開化党を含めて、どのセクトにも、沖縄が丸ごとヤマトに呑み込まれることへの本能的な反発、あるいは琉球的なるものへの自己防衛作用が働いていたことは否定できない。開化党の急先鋒だった太田朝敷の、一見相矛盾した言論には、不当に貶められた名称の「頑固党」にも通じるところの、表層的な政治活動などからはよく見えない、沖縄人としての共通感覚が原初的に表われているような気がする。

頑固党に焦点を絞った文献は意外と少ないが、新川明『琉球処分以後』（上、朝日新聞社、1981年）に収められた「琉球国の終焉」は、執筆から30年をへた現在でも新鮮さを失っていない（初出は、1971年、『沖縄タイムス』に連載の「叛骨の系譜—沖縄闘争物語」）。また、琉球処分前後の時代を知るのに、新里金福、大城立裕『近代沖縄の歩み』（太平出版社、1972年）がとりあえず参考になろう。

伊佐 眞一

第2章●近代沖縄の抵抗運動

サンシー事件

　明治政府は1879（明治12）年4月、琉球藩を廃して沖縄県を設置した。数百年にわたって日本本土とは異なった歴史を歩んできた琉球王国を強権で統合したのである。これに対して琉球藩の旧支配層は村ごとに血判署名して、明治政府への非協力運動を展開した。抜刀して威されても大和への進貢、役職も断る、内通はしないなどの4項で、違反したときは本人は死罪、父母妻子は流刑されてもよいという誓約である。

　砂川間切下里村（現平良市下里）の士族下地仁也利社（しもじにやりしゃ）は血判署名はしたが、政府に逆らっても益ないことと、同年7月8日宮古島警視派出所に通訳兼小使としてつとめた。激高した旧役人層は利社の父母、弟の3人を伊良部島に島流しした。利社の訴えで3人は派出所によって解放されたが、旧役人層の怒りは一層高まった。利社が派出所に隣接するうりがー（洞井）で水汲みに来た婦人たちに乱暴したという風評に、事の真偽も確かめぬまま数百人の群衆が派出所に押し寄せて利社を引きだし、惨殺した。7月22日のことである。翌23日県巡回船大有丸が来島して事件を知り、那覇警視出張所へ通報した。

　8月3日改めて園田（そのだ）二等警視補ら50人の警官隊が派遣され、事件の糾明に当たった。その結果、「盟約書」36冊を押収し、主謀者並びに直接手を下した容疑者10人を那覇に護送した。裁判で7人が最高5年から1年の懲役刑に処せられた。利社の遺体は那覇の洪済寺に埋葬されたが、1921（大正10）年宮古の一族の墓所に改葬された。警視出張所の建てた墓碑には要旨、利社は常に開明を唱え、廃藩置県をよろこんでいたが、頑迷な群衆に殺害された、と記されている。「サンシー事件」とよぶのは、利社が新しい時代に「賛成」したゆえの綽名（あだな）に由来するようだが、「裏切者」としての憎しみと反感がこめられているという。

〔参考文献〕

◇慶世村恒任『宮古史伝』（南島史蹟保存会平良　1927年、復刻版：吉村玄得　1976年）

　首里王府から遠く離れた宮古の旧支配層が廃藩置県についてどう受けとめたか、惨殺事件にそって具体的に記述されている。

◇我部政男『明治国家と沖縄』（三一書房　1979年）

　第XIII「統合過程における国家の周辺地域―血判誓約書形成過程の政治的意義」が、新しい支配・服従の関係を形成しつつ政治体制を確立していく」過程に現われた事件として詳細に分析している。

仲宗根 將二

尋常中学校ストライキ事件

　日清戦争直前の1894（明治27）年、尋常中学校の児玉喜八校長は、国語である「普通語」さえ満足に習得できない中学生たちの負担を軽減するとして、正規の授業科目である英語科の廃止を打ち出した。高等教育機関の受験科目である英語科の廃止は、進学するうえで極めて不利になる。激昂した生徒たちはストライキを計画するが、下国良之助教頭の説得で回避され、英語科は随意科目として残された。

　ところが翌1895年10月、生徒たちから敬愛されていた下国教頭と国語科の田島利三郎教諭に突然休職、辞職命令が下るや、中学生たちの不満が再燃し、児玉校長の排斥を目的に、上級生有志がさみだれ式に退学届を提出するストライキが挙行された。事態は下級生にも波及し、全学的な規模へと拡大した。後に「沖縄学の父」と呼ばれる伊波普猷も、友人らの説得を受け、高等学校への無試験入学の道を断念し、以後指導的立場でストライキに関わる。

　また中学生たちは宣言書「退学願いにつきて」を『琉球新報』に発表、同趣旨の建白書を文部大臣に提出した。さらに「同志倶楽部」を結成し、上級生が下級生に学科の講義をする一方、遊説隊を組織して県内各地で講演した。こうした動きに、マスコミや世論も彼らを支援する機運が高まり、1896年3月ついに児玉校長は解任され、台湾総督府へ転出した。この後、伊波ら首謀者五名を除く全員の復学が許され、六カ月にも及んだストライキが終息した。

　鹿野政直は、中学生たちが宣言書の中で、沖縄県を貶視する児玉校長に自分たちが侮辱されていることを秘して、国家主義教育における校長の職務怠慢を指弾していることに着目、「ヤマト化のなかでの自己喪失への抵抗」としている。また比屋根照夫は「国家臣民像への強い収斂を志向する臣民の論理」と「明治日本における沖縄の政治的文化的位置の進歩を希求する社会（デモクラシー）の論理」の「拡大連結」とみなしている。

〔参考文献〕
◇比屋根照夫『近代日本と伊波普猷』（三一書房　1981年）
　伊波の青春期の苦悩と時代精神とを克明に分析。
◇鹿野政直『沖縄の淵―伊波普猷とその時代』（岩波書店　1993年）
　伊波の懊悩をヤマトへの批判と沖縄への自己批判との両面から把握。

親富祖　恵子

第2章●近代沖縄の抵抗運動

人頭税廃止運動

　廃藩置県以後も旧制度のままにおかれた島制改革をめざした宮古農民の運動で、明治政府ならびに国会へ直接請願、沖縄県全体の近代化をうながす要因となった。

　1879(明治12)年4月、明治政府は廃藩置県を断行したが、旧支配層への配慮から旧慣温存策をとったために、近世以来の人頭税も存続した。加えて教育費や衛生費等も加算され一層苛重になった。1884(明治17)年、県農事試験場の城間正安(1860～1944)は製糖教師として宮古に赴任した。製糖指導を通じて人頭税に呻吟する農民の窮情を知るに及んで、遂には職を辞して人頭税廃止運動に参加するようになった。1892(明治25)年11月、水産業視察のため八重山への途次宮古へ立ち寄った新潟県出身の中村十作(1866～1943)も城間らに請われて戦列に加わった。運動は大きく前進して、宮古島役所から県庁へと発展した。1885(明治26)年3月、県当局は蔵元機構の一部改革など負担の軽減をはかったが、人頭税廃止には至らなかった。交渉は必然的に明治政府、貴・衆両院議会へと向かうことになった。福里村・西里蒲、保良村・平良真牛の2人に、中央の政情に通じた中村、通訳を兼ねた城間の4人が代表に選ばれた。旅費は農民の1銭、2銭のカンパで調達されたが、中村、城間の両人も私財を投じた。さらに不足分をおぎなうために、大蔵省派遣の仁尾主税官復命書は、代表4人の出発前に農民1人米3俵宛納付し、残りは請願後に納付すべしとの約束で、未納分800俵を処分して旅費に充てた(『沖縄県史』21巻)と記している。

　代表4人は出発のさいも那覇滞在中も激しい旧支配層の妨害を受けたが、同年11月3日東京に着いた。早速中村の弟十一郎中村兄弟の同郷の友人増田義一らの全面的な協力を得て請願行動を開始した。初めに11の新聞社・通信社を歴訪して、宮古の窮状を訴え、支援を要請した。各紙は11月22日付から一斉に報道した。『読売新聞』は「沖縄県宮古島民苛政に苦しむ(琉球の佐倉宗五郎上京す)」の見出しで、25日まで4回連載、さらに26日付では、「宮古島々民内務省に出願す」と報じている。翌12月、第5回通常議会に西里・平良両人名義の「沖縄県宮古島々費軽減及島政改革請願書」が提出された。人口3万5000人の宮古で地元役所への納付額は正租とほゞ同額で、お金に換算して合計7万円、役人は370人、ほかに各村に小使が380人いて、「役員等ハ悠々飽食シ、平民ハ是等役員ノ俸給ヲ払フカ為ニ汲々トシテ寝食ヲ安スルコト能ハス」と訴えている。請願事項は、島

第2章●近代沖縄の抵抗運動

政ヲ改革シテ役員ヲ減シ以テ負担ヲ軽減スルコト、人頭税ヲ廃シテ地租トナスコト、物品ヲ以テ納税スルヲ廃シテ貨幣ヲ以テ納税スルコトの3点。負担の軽減と公平を求め、物納の不都合を解消して附加価値の高い作物への転換を願っている。しかし12月30日衆議院は解散、審議未了となった。4人はくじけることなく政府要路はじめ主だった議員を私邸に訪ね、支援を要請したが、次期国会召集まで滞在するには旅費はつづきそうもなく、1894（明治27）年2月13日いったん帰途につくことにした。

宮古では出発の時とは違って、請願の成功を確信した農民の熱狂的な歓迎をうけ、船着場から鏡原馬場まで民俗舞踊クイチャーで行進した。同年7月、平良真牛は那覇区裁判所で「集合条例」違反で罰金20円を課されている。歓迎行進・集会等が違反とされ、平良が代表して罪に問われたのであろう。

最終的には同年12月召集の第8通常議会に提出された、西里蒲外160人署名の請願書が翌1895年1月、貴・衆両院で採択され、さらに貴族院では議員発議で「沖縄県政改革建議案」も可決された。こうして漸次沖縄県全体の制度改革も始まり、土地整理をへて、1902（明治35）年12月人頭税は廃止され、翌1903年から他県同様の地租条例と国税徴収法が適用された。本格的な近代化の始まりである。

〔参考文献〕

◇谷川健一『沖縄・辺境の時間と空間』（三一書房　1970年）

　II「沖縄先島・人頭税の世界」は新潟県板倉町の中村十作の生家で十一郎の日記を掘り起こし、宮古農民代表の上京後の行動を明らかにするとともに貴・衆両院の議事録を紹介している。

◇島尻勝太郎「宮古農民の人頭税廃止運動」（『増補改訂版　近代沖縄の歴史と民衆』至言社　1977年）

　人頭税の起源、沿革、人頭税制下の農民の生活、国会請願、廃止運動のもつ意味など、初の本格的な研究論文である。

◇山内玄三郎『大世積綾舟──人頭税廃止と黒真珠に賭けた中村十作の生涯』（言叢社　1983年）

　谷川の掘り起こした史料等を全面的に活用して、請願行動と政府の対応を具体的に跡づけ、さらに初めて中村十作の生涯をまとめている。

◇山下重一『琉球・沖縄史研究序説』（御茶の水書房　1999年）

　第4章「宮古島人頭税廃止請願運動」が、これまでに確認されたすべての史料を分析しつつ、「沖縄県全体の旧慣改革が一挙に促進された」運動であったことを論証している。

仲宗根　將二

第2章●近代沖縄の抵抗運動

謝花昇(じゃはなのぼる)と自由民権運動

　謝花昇は、沖縄がいまだ独立国家をなしていた1865年に農民の子として生をうけた。その14年後には、明治政府による琉球処分があり、沖縄の領土保有を達成した明治国家は、明治20年代後半に宮古島の人頭税廃止運動を機に、沖縄の根本的制度改革に着手した。

　謝花が県費留学生に選ばれて上京し、学習院から東京農林学校をへて帝国大学農科大学に学んだのは、琉球王国滅亡後まもない明治15年から、そうした改革前夜にあたる明治24年の期間である。大学では讃岐の糖業を研究対象に、当時の日本糖業が陥った衰退の原因を「外糖輸入」という通説とは異なった結論のうえに、あくまで中小農民の立場からの改良をめざす卒論を書きあげた。専攻する学問をつねに社会問題との関連でとらえた、のちの行動する謝花の基本的な思想がかたちづくられたのが、この学生時代である。そして沖縄出身で最初の高等官技師として、文字通り歓呼の声に迎えられて郷里に赴任するや、ただちに農業試験場と農家のあいだに立って、農業技術の改善とその普及に奔走していった。

　しかし、彼の目に映じる沖縄社会は、日本本土とは丸でちがった性質の問題に付随して、沖縄の旧支配層や役人、寄留商人による利益獲得の専横が渦巻き、あたかも内国植民地の様相を呈していた。かつては新沖縄の建設に共同歩調をとった太田朝敷(おおたちょうふ)や仲吉朝助(なかよしちょうじょ)たちとの間にも、奈良原繁知事の沖縄県当局をどう評価するかで決定的な亀裂を生じた。一部の有力者に対する恣意的な開墾許可といった農業政策における対立、加えて土地整理事業という沖縄にとっては未曾有の大改革から左遷された謝花は、隈板内閣への知事更迭を働きかけるも意を果たせず、明治31年末、ついに下野して沖縄の支配層を批判する青年たちと沖縄倶楽部を結成した。奈良原県政と正面から対立した沖縄倶楽部は、沖縄近代史上最初の政治結社であり、そこに参集した当山久三(とうやまきゅうぞう)、上間幸助(うえまこうすけ)、具志保門(ぐしほうもん)、神谷正次郎(かみやしょうじろう)、諸見里朝鴻(もろみざとちょうこう)、新垣弓太郎(あらかきゆみたろう)らの青年こそは、忍従と事大主義から解き放たれた強烈な自己主張の持ち主であった。そして沖縄の現状を打開すべく、仲里儀三郎(なかざときさぶろう)や赤嶺銀太郎(あかみねぎんたろう)、喜納昌松(きなしょうまつ)らの農民青年による農業技術の啓蒙活動を含めて、謝花たちは権力側に対抗するため、謝花自身憲政党へ入党し、参政権の獲得に照準を合わせつつ、田中正造、中村弥六、高木正年の協力のもと、帝国議会での議論にまで至ったのであるが、謝花らの要求は実施時期未定のまま放置された。その後明治33年、奈良原県政と琉球新報による激しい弾

第2章●近代沖縄の抵抗運動

圧・攻撃のまえに、さしもの沖縄倶楽部員も生活基盤を失い、ある者は農村へ戻り、ある者は日本本土または海外へと散っていった。謝花もまた徹底した包囲網で農工銀行の重役職を失い、新聞での謝花攻撃など、まったくの四面楚歌に陥ったが、彼の真価はこの孤立無援となった状態のとき発揮されたといっても過言ではない。宮古島農民とともに杣山民有を沖縄県へ強力に要求し、かつ『沖縄時論』第34号(明治33年8月17日)に「杣山談片」を執筆して沖縄県当局を激しく批判。明治34年には就職活動で出奔した東京で、「砂糖消費税法案に対する調査」と「農工銀行と産業組合」の文章を『中央農事報』(3月号及び4月号)に執筆して、沖縄だけでなく日本全体の中小農民の立場に身をおいて明治政府を糾弾したのであった。

それにしても謝花が、神戸駅での突然の狂気に襲われる直前まで、じつに冷静な学問的分析に裏打ちされた熱気あふれる社会的発言をしているのは、なまなかの信念ではない。「吾儕は主義を以て社会に立つ者、主義の為には如何なる窮苦、災難も敗て事とせず、死たも尚は辞せさるなり、代言せば主義と共に生き主義と共に死する者なり」(「農工銀行株主に告く」『沖縄時論』第27号、明治33年5月17日)とまで広言した謝花と、彼の仲間が刻んだ短いながらも尖鋭な社会運動の軌跡は、現在でも沖縄・日本を考える際に、あるいはまた私たちが社会との相剋に直面したとき、いつも胸奥によみがえる鮮烈な魅力をたたえている。

〔参考文献〕

謝花研究はすでに半世紀余にわたる研究蓄積があるが、ここでは次の4点を紹介する。

◇親泊康永『義人謝花昇伝―沖縄自由民権運動の記録』(新興社 1935年)

謝花研究の嚆矢となり、その後長く基本的文献の地位を保持した作品。

◇新川明『異族と天皇の国家――沖縄民衆史への試み』(二月社 1973年)、のち改訂増補版として『琉球処分以後』(下 朝日新聞社 1981年)

大里謝花論への批判をつうじて新たな謝花像を提示した作品。

◇田里修「東風平・謝花再考」(『沖縄タイムス』1979年6月27～29日、7月1、3～6、11日)

綿密な考証と独自の解釈で謝花研究を大きく前進させた論文。

◇伊佐眞一編・解説『謝花昇集』(みすず書房 1998年)

謝花の全著作物とその「註」、及び「年譜」「評伝」を加えた作品集。

伊佐 眞一

第2章●近代沖縄の抵抗運動

徴兵忌避

　沖縄に徴兵制度が布かれたのは、1898（明治31）年1月である。明治国家のなかに入って約20年後ということになるが、他方で帝国臣民の3大義務といわれる教育・納税の2制度が、十分に整っていない状態での兵役要求であった。すでに明治23年、屋部憲通らの一部熱狂的な軍人志願者が、陸軍教導団へ入隊して「日本人」になるための意識高揚が宣伝されていたものの、いまだ沖縄の圧倒的大多数には、兵隊になることや天皇への認識などを含めて、ヤマトの伝統文化に対する激しい違和感が存在した。もともと床の間に刀剣でなく自慢の楽器・サンシン（三味線）を飾る文化風土のなかで、どのくらい徴兵忌避をした人がいたかというと、当時の記録によれば、明治34年までに113名、そして大正4年までの17年間で774名をかぞえている。むろん、この数字は忌避行為が発覚して告発をうけた人数であるから、実際はそれをかなり上回るものであったはずである。ともかく徴兵制がスタートして2カ月後には、早くも徴兵への恐怖から意識的な忌避が表面化している。そうした忌避者は以後、時がたつにつれて増加し、その方法も清国への脱出、利き指の切断、眼球など身体の損傷、害毒による健康障害のかたちをとり、合法的な方法としては、海外移民、大学進学、または一家の戸主に据えたり、戸籍や年齢の改竄など、さまざまであった。

　そのなかで社会的に大きな反響をもたらしたのが、沖縄北部の本部で起きた明治43年の事件である。徴兵検査当日の5月18日、意図的忌避があると疑われた青年に対して、検査官が麻酔をかけて調べるといった処置をしたため、それを見ていた村民が激昂して検査場内になだれ込み、器物を破壊して大塚郡長に暴行、検査官も軍刀で応戦して大混乱となった。そして夕方になると村民が検査場の尋常小学校に続々と集まって不穏な空気につつまれると、もはや地元警察だけでは収拾できず、翌日緊急に那覇からの応援でやっと徴兵検査を終了した。結局、騒擾罪で23名が起訴されたが、沖縄民衆の根っこに張りついた兵役（つまり戦死）への恐怖感は、いつでもある契機で一気に爆発する性向を伴っていた。それは、ちょうど60年後のコザ騒動につながるともいえよう。

〔参考文献〕
◇新川明『異族と天皇の国家―沖縄民衆史への試み』（二月社　1973年）
◇福地曠昭『命まさい―徴兵を忌避した沖縄人』（那覇出版社　1987年）
　を読んでもらいたい。

　　　　　　　　　　　　　伊佐 眞一

ユタ裁判

　1913（大正2）年2月11日、那覇区東町は猛火につつまれ、約1万2千坪が燃え、町の半分にあたる419戸が灰燼に帰した。その日から1週間、那覇の町にはいくつかの火事騒ぎとともに、真っ赤な火霊を見たとかいう噂が方々に広まり、ユタ（巫女）や三世相による祈禱、呪詛除けが流行した。こうした人心不安定のさなかの2月17日、仲地カマドなるひとりのユタが、「神託なりと称し大声にて東に大火ありしは神罰を受けたる為めなり」、しかし人間は「未だ解らぬから今日は西の全部を焼き払つてやらうとの決議があつた」と広言したのをきっかけに、那覇の婦人社会はある種「人心恟々と云ふ有様」になった。こうした雰囲気にいち早く反応したのは、沖縄の文明化の水先案内人と自負していた『琉球新報』などに代表される知識人であり、流言浮説で世人を惑わし、ユタ商売で一儲けをたくらんでいるとみた沖縄県警察部であった。そして2日後の19日、「警察犯処罰令」第2条を適用して仲地を検挙し、20日間の拘留とした。翌20日には粟国ウタ、金城オト、山川カマドの女性ユタ3名を検挙して同様の処分に付したが、仲地は粟国らがすんなりと入獄したのと異なり、取り調べが終わるや拘留処分を不服としてただちに正式裁判の手続きを取った。

　第1回公判は2月27日に那覇区裁判所にて開かれ、審理のなかで仲地は訴状内容のほとんどを無実無根であると主張。3月1日の第2回公判には仲地を見ようと数百人の傍聴者が押しかけたものの、法廷内で証人と罵声の応酬、掴み合いの大活劇を演じ、4日の第3回公判で20日間の拘留判決となった。しかし、10日に彼女が控訴して、17日に那覇地方裁判所において、第2ラウンドの控訴審が開廷した。審理の結果は控訴棄却となって、21日までに仲地が上告しなかったため、彼女の有罪が確定した。

　当時の新聞報道をみると、ユタは征伐すべき対象としてあって、その集中砲火はすさまじいの一語に尽きる。そこには「文明や新教育」では論理的な理解ができないもの、彼女たちユタの狂気が予兆するものへのむきだしの敵意が充満している。たしかに仲地カマドの告訴と彼女が法廷で見せたハチャメチャな行為は、秩序攪乱を恐れた国家権力への抵抗ではあったが、じつは明治以降すさまじい勢いでおおいかぶさってきていた「近代」に対する「前近代」、もしくは「琉球的なるもの」の悲痛な叫び声ではなかったか。

伊佐 眞一

第2章●近代沖縄の抵抗運動

大宜味村政革新運動と揺れ

　大正末期から昭和初期の沖縄では世界的な戦後不況や全国的な昭和恐慌に連動して、ソテツ地獄と称される未曾有の経済不況にあった。経済不況が沖縄社会から多くの移民や出稼ぎを押し出したように、沖縄社会が動態化する中で、当時の時代状況を背景に労働運動や社会思想などの新思潮が流入して、青年たちの多くは影響を受けた。

　1931（昭和6）年、一部の地元支配層が村政を独占していた大宜味村喜如嘉で、その影響を受けた青年達を中心に村政革新を主張する同盟が結成された。彼らは、政治的経済的民主化、減税、財政経費節減、大衆的福祉の要求を掲げた「大宜味村々政革新同盟草案」を作成し、村長の退陣要求を求めて村民大会を開催した。

　当時、政治活動が禁止されていた青年達は、同盟の運動を背後から支え、様々な組織の構築や社会運動に身を投じた。村内に消費組合を設立して拡大し、その組合員を日本無産者消費組合連盟の創立大会に派遣したり、また嵐山事件では近隣の住民運動を支援して、消費組合員を中心に大規模なデモを組織した。

　しかし、警察はそのデモが無届けだったことを口実に徹底した弾圧を加えて、32年には組合幹部が一斉に検挙され、組合は解散を余儀なくされて村政革新運動は終息した。だが数年後の38年には、その革新運動を担った青年達の中から経済更新会が組織され、各地に生活更新会が結成された。その農村部における生活更新運動は、昭和7年以降に政府が国民統合のための施策として強力に推進されていたものである。大宜味村は沖縄県で経済更生町村の指定を受け、沖縄における農村経済更正運動の先進地として称賛された。

　大宜味の「村政革新の村から体制翼賛会の村へ」というその振幅の大きな揺れ具合は、昭和初期から戦時体制下で、経済更生によって国民統合された沖縄農村部の一つの典型を示している。

〔参考文献〕
◇『大宜味村史』（1979年）
　大宜味村政革新運動や自力更正運動を含めた昭和期の関連一次資料が収録されている。
◇山城善光『山原の火』（沖縄タイムス社　1975年）
　大宜味村喜如嘉出身で村政革新運動に当事者として関わった著者が、その全体像や背景について叙述している。
◇大城将保「戦時下の沖縄農村」
『沖縄史料編集所紀要』4号（1979年）
　大宜味村の経済自力更正運動について分析した論考

屋嘉比　収

OIL事件

　1931（昭和6）年2月、沖縄教育労働者組合（OKINAWA INSTRUISTO LABORISTO）が弾圧された事件。この組合をオイルと略称していた。全国的な教員組合運動の一環として組織されたもので、1929年に弾圧された社会科学研究会の教員などを再組織し、その影響力を沖縄本島全域におよぼそうとしたものである。真栄田一郎・志多伯克進・大城永繁・安里成忠らがオイルの中央指導部を構成し、島尻・那覇・中頭・国頭に地区委員会を置き、地区ごとに雑誌『新興教育』の読書会を組織し、啓蒙宣伝活動を計画していた。しかし、オイルは、ほとんど活動にはいるとまもなく弾圧された。1931年1月3日に組織ができ、実践活動に入る直前の2月5日から特高警察の手入れが始まり、主要な活動家は逮捕された。真栄田一郎ら中央指導部の4人は治安維持法違反で起訴され、小学校教員13人が懲戒免職となった。真栄田一郎は予審を終わって拘置所のなかで精神に異常をきたし、身柄を家族に引き渡された。真栄田一郎は脳天に10センチほどの生疵（なまきず）を3本もつけられ、半死の状態であったが、3月14日、27歳で死亡した。最年少の安里成忠に対しては、組織の全容を白状させようとして、拷問は峻烈をきわめた。安里は予審を待たずに精神に異常をきたし、家族に引き渡された。2年近くも座敷牢にいれられ、1933年、21歳の短い生涯をとじた。オイル事件は、沖縄の教員運動の原点として語りつがれている。

〔参考文献〕

◇田港朝昭「大正昭和期の労働運動」（沖縄歴史研究会『近代沖縄の歴史と民衆』所収　至言社　1970年）

　沖縄の無産運動の基礎資料を精査し、運動史年表を作製した論文。

◇比嘉春潮『沖縄の歳月』（中公新書 1969年）

　「年月とともに」と題して、『沖縄タイムス』紙上に連載した自伝的回想録であるが、内容は、東京・沖縄の社会運動の主要な場面に詳しく、信頼度の高い証言である。

　　　　　　　　　　安仁屋 政昭

第2章●近代沖縄の抵抗運動

昭和初期の社会運動

　沖縄の社会運動は、昭和初期に本土との交流を活発におこない、全国的な「運動」との連携を深めていった。その交流の仲立ちとなったのが、阪神や京浜に出た出稼ぎ労働者と大学や専門学校などに進学した学生運動の活動家たちであった。1921（大正10）年には沖縄における最初のメーデーがおこなわれ、荷馬車組合、沖仲仕組合、樽工組合、人力車組合、大工組合、建築工組合、石工組合などが結成されていった。これらの組合結成にあたって指導的役割を果たしたのは、沖縄青年同盟に結集する新聞記者・小学校教員・職工たちであった。1928（昭和3）年2月の第1回普通選挙にあたっては、労農党那覇支部を設立し、労農党公認の井之口政雄を立てて選挙戦をたたかった。同年には、国際婦人デーに連帯した沖縄初の婦人解放大会が那覇市公会堂で開かれている。女性たちのなかには、土葬のあとの「洗骨改葬」という屈辱的な仕事に従事させられることに抗議し、「火葬場設置」運動を推進したリーダーもいたが、旧習になじんだ社会で孤立していた。

　小学校教員を中心とした運動も全県的に広がり、社会科学研究会、日本教育労働者組合八重山支部、沖縄教育労働者組合（OIL）などが運動を展開しつつあった。昭和初期には、労農提携がすすみ、地方的政治新聞として『沖縄労農タイムス』も創刊され、牧原争議、大宜味村政革新運動、嵐山事件など、都市の労働者も農民の要求を自らの課題としてたたかいを組織していった。しかし、労働農民運動に対する弾圧はきびしかった。1928年には、沖縄県警察にも特別高等警察（特高警察）が置かれ、離島のすみずみまで弾圧の網の目が張りめぐらされ、活動家たちは身動きもできない状態となった。

〔参考文献〕

◇『那覇市史』第二巻中の3　（那覇市役所　1970年）

　「社会・労働問題」の基礎的な資料を収録。沖縄労農タイムス、OIL事件、社会科学研究会事件、大宜味村政革新同盟資料などの官憲資料などのほか、広津和郎「さまよへる琉球人」も収録。

安仁屋 政昭

灯台社（当山昌謙）

　1916（大正5）年、那覇市住吉町にて六人兄妹の三男として出生。県立第二中学校在学中、次兄が灯台社のパイオニア上運天先文らと布教活動を始めたのを契機に、1936（昭和11）年、洗礼を受け「エホバの証者」となる。翌年布教のため台湾へ渡り、1938年応召、中国戦線に赴く。

　軍隊では前線の恐怖の中、キリスト者としての良心に懊悩が続く。1941年、上等兵への昇級を拒否するが、上官の巧妙な説得で承諾、自らの精神的汚点として苦悩する。1942年、天長節への不参加など国体や儀礼への抵抗運動をとる。

　同年5月に除隊、布教活動を再開するが、灯台社文書の入手困難、信徒の大量検挙など苦境の中、古い文書の戸別訪問による回覧や聖書研究会の開催などを行う。また神社参拝や宮城遥拝不参加などの不敬行為を重ねるが、周囲から黙殺される。ところが勤務先の運送会社が産業報国会に加わっていた為、当山の指揮で社員が御真影奉拝を行ったことから、「霊的姦淫」の意識に苛まれ退社。再び単独で布教活動をしていた1943年8月、特高に逮捕され、未決囚として那覇刑務所に送致される。

　1944年の10・10空襲後は防空壕での拘置生活を送り、1945年、腸捻転で生死をさまよう中、霊的体験を経て奇跡的に回復し、これを契機にさらに信仰を強めて行く。同年5月、沖縄戦下の解散命令により出獄、6月に米軍の捕虜となった。

　戦後は明石順三やその長男真人に、手紙で自らの指針を問うが、結局組織的な活動には参加せず、養鶏業の傍ら、独自に聖書研究や信仰生活を続ける。1986年、クモ膜下出血により逝去。

　天皇制イデオロギーと沖縄固有の信仰との圧迫の中、孤立無援の状態で幾度も挫折しながら非転向を貫いた当山昌謙の生き方は、沖縄における稀有の宗教的戦時下抵抗の事例として、また灯台社信徒としても独特の抵抗のあり方として特筆に値する。

〔参考文献〕
◇高坂薫『沖縄―或る戦時下抵抗―当山昌謙と灯台社』（春秋社　1978年）
　当山本人に取材した最も詳細な研究書。
◇渡嘉敷唯正『戦火の中の受刑者たち』（閣文社　1988年）
　沖縄戦下の那覇刑務所を内側から描いた貴重な記録。

親富祖 恵子

第3章　沖縄戦の特質

　沖縄戦とは、一般にアジア・太平洋戦争における日米両軍の最後の地上戦闘のことをいう。日本軍にとって沖縄戦は、天皇制を守るすなわち「国体護持」の戦闘だった。米国にとっての沖縄戦は、沖縄に中国や日本本土の日本軍を攻撃するための橋頭堡を確保するとともに、戦後の対アジア軍事戦略基地建設を視野に入れた戦いであった。

　したがって、沖縄戦の特質を考える場合、遠く1853（嘉永6）年にペリー提督率いる米国海軍艦隊が琉球におしかけ、琉球王府に石炭の貯蔵庫建設を迫り、最後は大砲を持ち出し、いわゆる「砲艦外交」によって「燃料基地」を確保したことまでさかのぼることができる。つまり、米国はアジア太平洋地域における諸活動のため、沖縄に軍事基地を確保することがそれ以来の念願であったといえる。なぜなら、米国の対外軍事戦略（オレンジプラン）の1907年段階で、琉球が日本軍との戦闘における「決定的な海戦場所」として示されているからである。

　しかし、日本もまた「明治40（1907）年に制定された『用兵綱領』における日本海軍の対米作戦要綱は、米艦隊の来攻に先だち防衛作戦準備を完整し、米艦隊が来攻した場合は我が本土近海で撃滅するというものであって、決戦線は南西諸島、前哨戦は小笠原諸島とされ」（『沖縄陸軍方面作戦』防衛庁防衛研修所戦史部15頁）と、日米双方がお互いを仮想敵として、まったく同年に戦闘計画をたてていた。しかも、決定的な海戦場所は、双方が琉球・南西諸島としていることはそれから38年後の沖縄戦を予見させるものであった。

　すなわち、沖縄戦には日米双方がアジア諸国における資源や市場を奪い合う帝国主義戦争としての特質が内包されていたことを示すものである。

　1945（昭和20）年2月、近衛文麿元首相は、日本の敗戦はもはや必至の情況であり、「国体護持」（天皇を中心とした国家体制の維持）にとって、敗戦に伴って起きうる「共産革命」が最も恐ろしい事態なので終戦工作を急ぐ必要を昭和天皇に説いた。しかし、天皇は「もう一度戦果をあげてからでないとその話はなかなか難しいと思う」と述べて、その進言を受け入れなかった。このような背景の下で、3か月におよぶ日米最後の地上戦闘が沖縄県民を巻き込んで展開することになったのである。米軍は、1945年3月23日に上陸前空襲を開始し、翌日から艦砲射撃も加え、26日にはついに慶良間諸島へ上陸した。

第3章 ● 沖縄戦の特質

　米軍は、引続いて4月1日には沖縄本島中部西海岸に艦船約1400〜1500隻、兵員約18万3千人で沖縄上陸作戦を展開した。しかも補給部隊は、約54万8千人という大軍であった。いっぽう、日本軍の兵力は陸軍が約8万6400人、海軍が約1万人、合計約9万6400人であり、そのほかに防衛隊、義勇隊、男女中等学校生徒、女子救護班・炊事班の名目で戦場動員した13歳から70歳代の男女住民を含めた約11〜12万人近い人数に過ぎなかった。しかも、米軍は近代兵器を充分に備えていたが、日本軍は劣弱な戦力で迎撃することになった。

　日米の攻防戦において日本軍の消耗が激しく、ついに5月20日頃には第32軍司令部の設置されている首里戦線の崩壊が目前に迫ってきた。この間の戦闘による戦死者は、日米両軍兵士がそのほとんどを占めていた。

　ところが、沖縄守備軍は、司令部を首里から摩文仁丘に移動する決定を下し、5月27日に首里を撤退した。首里決戦を避けて、約3万人の残存兵力でなお「出血持久作戦」を展開することにしたのである。日本軍の住民を盾にした形の戦闘作戦では、軍隊の論理が貫徹していき、「自国軍隊が自国民を殺害・死に追い込む」という不条理なできごとが数多く発生した。このような結果、戦闘員よりも非戦闘員の住民がより多く犠牲になるという「沖縄戦の悲劇」が生じたのである。

　沖縄戦は、6月22日（23日の説もある）には牛島軍司令官、長参謀長らが自決し、第32軍首脳陣指揮下の組織的戦闘は終結した。

　沖縄戦の特質を示す史料は、1945年4月20日、大本営陸軍部発行の『国土決戦教令』「第二章　将兵ノ覚悟及戦闘守則」の第十四条である（旧漢字は新漢字に直した）。

　「敵ハ住民、婦女、老幼ヲ先頭ニ立テテ前進シ　我ガ戦意ノ消磨ヲ計ルコトアルベシ　斯カル場合我ガ同胞ハ　己ガ生命ノ長キヲ希ハンヨリハ　皇国ノ戦捷ヲ祈念シアルヲ信ジ　敵兵殱滅ニ躊躇スベカラズ」（防衛庁防衛研究所図書館所蔵）

　つまり、「国体護持」すなわち天皇制を守る戦闘において、老幼婦女子、一般住民の生命が犠牲になることをためらってはいけないということである。この日本全土で適用される日本軍の「戦闘守則」は、沖縄戦でいちはやく発動されていたといえるのである。したがって、沖縄戦のさまざまな実相は、日本全土が戦場になったとき、それに類似する事態が各地で生じたものとして受けとめていかなければならない。

〔参考文献〕
◇北谷町史編集委員会『北谷町史第5巻　北谷の戦時体験記録(上)』（北谷町役場　1992年）
　本書を読む前に沖縄戦の総説を述べている。

石原　昌家

第3章●沖縄戦の特質

集団自決と集団死

　日本軍人の集団自決と軍の命令・強制などによって住民同士が殺しあい、集団死したこと。

　日本軍は、将兵に対して「戦陣訓」で敵の捕虜になる前に死ぬことを徹底的に植えつけていった。捕虜兵士によって、自軍の編成・動向、陣地など軍事機密が知られることを恐れていたからである。帝国日本は、国民に臣民意識・赤子意識を植えつける学校教育のなかで、「天皇のために死ぬ」という天皇主義教育と軍国主義教育を施していった。それは軍隊教育の中でますます徹底化され、将兵は「国体護持」の戦闘のためには死を恐れないという意識が一般的に形成された。しかし、死を決行するために「天皇陛下万歳！」と叫ぶことがあっても、重傷・重症兵の多くが死ぬ直前には「お母さん！」とつぶやいて息を引き取ったという。

　いっぽう、軍人の集団自決と同じように住民も自ら手榴弾などで死んだ場合、軍人同様に住民に対しても集団自決したと、誤った表現が使われてきている。自決というのは、(責任をとって)軍人が自殺するという字句本来の意味からも戦闘中に赤子をはじめ老若男女の住民が自決することはありえない。それは、日本軍の住民スパイ視虐殺事件の背景と同質同根なのである。

　日本軍部は、沖縄県民に対しても徴兵制度を施行して以来、沖縄戦に突入しても一貫して不信感を抱いていた。まず、1910（明治43）年度の「沖縄警備隊区徴募概況」によれば、沖縄県民に対する不信の念として、「軍事思想ノ幼稚ナルト国家思想ノ薄弱ナルトハ遂ニ徴兵ヲ忌避シ」とあり、兵役の大義務を免れるために、標準語を知らないことを装って徴集を免れようとするものが多いことを強調している。1922（大正11）年12月の「沖縄連隊区司令部」の部外秘「沖縄県の歴史的関係及人情風俗」には、沖縄県民の短所として、「皇室国体に関する観念、徹底しおらず」ことをあげ、天皇主義教育が浸透していないことを第一にあげている。さらに1934（昭和9）年、沖縄連隊区司令官石井虎雄は、陸軍次官へ極秘文書「沖縄防備対策」を送付している。そのなかで沖縄県民の気質で「憂の最大なるは事大思想なり」とし、帝国日本の強大化に伴うと共にすべてを大和化しつつあるが、一時的に外国の圧力を受けたら皇民意識を維持できるということは保証できないことを述べている。さらに、県民は「帝国日本」の運命にはまったく眼中にないという状態になるのではなかろうか、そのことも疑わずにおれないと、国家意識の希薄さに極度の不信感をあらわにしている。したがっ

第3章●沖縄戦の特質

て、一時的にでも沖縄が日本の統治から離れたら、容易に外国の支配を甘んじて受けるだろうという懸念を表明している。

それで日本軍部は、沖縄県民に対する皇民化教育をいっそう強化していった。だが、沖縄戦突入直後に書かれた米軍の押収資料「秘密戦に関する書類」には、「防諜ハ本来敵ノ諜報宣伝謀略ノ防止破摧ニアルモ　本島ノ如ク民度低ク　且ツ島嶼ナルニ於テハ　寧ロ消極的即チ軍事初メ国内諸策ノ漏洩防止ニ重点ヲ指向シ　戦局ノ推移ニ呼応シ積極防諜ニ転換スルヲ要ス」(国頭支隊秘密戦大綱　昭和20年3月1日)とある。つまり、いよいよ日米最後の地上戦闘に突入する直前において、民度も低い住民対策として、軍事機密漏洩防止に重点をおくことにするとともに、海外からの移民引揚者に対する警戒も強めていった。

日本軍部は、このように不信感を抱いている住民と同居し、陣地作りにも動員した結果、重要な軍事機密である軍の編成・動向だけでなく、陣地も住民に知られることになった。

日本軍部はこのような住民と共に米軍との地上戦闘が間近になったので、「軍官民共生共死の一体化」を県民指導の方針とした(昭和19年11月18日球第1616部隊「報道宣伝防諜等ニ関スル県民指導要綱」)。この軍が住民を死の道連れにする方針こそが戦闘員より一般住民の方に多くの犠牲を生んだ沖縄戦のキーワードである。

この方針を実行するために日本軍は住民に「鬼畜米英」が、いかに残忍であるかを徹底的に宣伝し、敵に捕まる前に自ら死んだ方が良いということを植えつけていった。それは沖縄から中国戦線に皇軍兵士の一員として加わり、日本軍の残虐行為を見聞きしてきた在郷軍人が、自らの体験から敵兵に捕まる前に死ぬ方が良いと信じ、倒錯した愛情の発露として身内にも語ってきたので、日本軍の宣伝はいっそう真実性が増幅されていった。

このように日本軍部は軍の作戦上、自らの将兵だけでなく、住民に対しても敵軍に投降することを絶対に認めない方針だったのである。

こうして、究極の恐怖心を植えつけられている敵軍が迫ってきて、背後には敵軍への投降を絶対に許さない日本軍が存在するという絶体絶命の絶望的情況のなかで、ひとつのきっかけによって親子・友人・知人同士で殺しあう行為が発生した。したがって、それは「日本軍の強制による集団死」であった。

〔参考文献〕
◇石原昌家「解説　本書を読むまえに」『伊江島の戦中・戦後体験記録』(伊江村教育委員会　1999年)

石原　昌家

第3章●沖縄戦の特質

日本軍の住民殺害・虐殺

　沖縄守備軍が沖縄住民を殺害・虐殺したことをいう。

　沖縄戦において、自国軍隊による自国民の殺害・虐殺あるいは死に追い込んだ行為の背景は、「日本軍の命令・強制による住民の集団死」のそれと同質同根である。

　沖縄戦で軍民入り乱れた形で戦闘に巻き込まれた住民は、「最後は、日本兵が怖かった」と異口同音に語っている。沖縄戦での住民犠牲の多くは、米英軍の砲爆撃等によるものである。しかし、日本軍が住民を直接殺したり、死に追い込んだりした事例の方がはるかに多いので、自国軍隊は怖い存在になってきた。それは、日本軍陣地付近をさまよったり、本土出身兵士が理解できない沖縄方言を使用しているなどの理由でスパイ視され殺害・虐殺された者や、食糧の提供を渋ったり、壕の提供をためらったために軍に非協力という理由で殺害された者がまずあげられる。また、軍民雑居の壕内で不安や空腹で泣き叫ぶ乳幼児を敵に居場所が知られてしまうということで殺害した例はとくに南部戦線で多発している。

　さらに、米軍の投降勧告ビラを拾って所持していたとか、米軍によって難民収容所に保護された住民などが、非国民・スパイ視されて殺害されていった。そして保護された住民が米軍に依頼されて山中などの避難民に投降を呼びかけたために非国民・スパイ視され、虐殺されたりした。以上は日本軍に直接殺された態様である。

　次は日本軍に死に追い込まれた、日本軍のせいで死んだという態様である。

　日本軍の作戦による命令・強制・誘導などによって、親子・友人・知人同士で殺し合ったり、手榴弾などで集団死するよう仕向けられて死んだ例は、いわば日本軍による軍事的他殺である。

　また、軍の命令によって、食糧もない山中に退去させられ、悪性マラリアによる戦病死、栄養失調死なども日本軍に殺されたも同然である。犠牲の最も多かったのは、砲煙弾雨のなかに日本軍に壕を追い出されて被弾死していったことである。さらに、日本軍に食糧を奪われて、その結果餓死した例すらある。

　このように自国軍隊によって、自国民が殺害・虐殺され、死に追い込まれていったのは、日本軍の最大の使命・目的が、「国体護持」だったからである。沖縄の日本軍は、信用できない住民と同居せざるを得なくなり、軍事機密である軍の動向・編成を知られてしまった。さらに、陣地作りに狩りださざるを得なくなり、主陣地さえ知られてしまった。日本軍としては、このような

第3章●沖縄戦の特質

軍事機密を知る住民が敵の保護下に入ることは絶対に認められないことであった。したがって、久米島の日本軍部隊の文書に見られるように米軍の宣伝ビラなどを「拾得私有」していただけで「敵側『スパイ』」と見なして「銃殺す」という通達をだしたり、「爾今軍人軍属ノ使用ヲ禁ズ　沖縄語ヲ以テ談話シアル者ハ間諜トミナシ処分ス」という沖縄県民総スパイ視しているともいえる命令が出され、実行に移されていったのである。このような沖縄の住民に対して向けられた日本軍すなわち皇軍の本質は、本土国民に対してもあらわになったはずである。

地上戦闘が日本本土において展開された場合、日本全土でも似たような状況が発生したと思われる。それを裏付ける史料のひとつは、住民を巻き込んだ沖縄戦の最中の昭和20年4月20日付で、大本営陸軍部が作成した『国土決戦教令』である。その「第二章　将兵ノ覚悟及戦闘守則」の第十四条に皇軍部隊の本質が如実に示されている。(旧漢字は新漢字に直し、ふりがなをつけた)。

「敵ハ住民、婦女、老幼ヲ先頭ニ立テテ前進シ　我ガ戦意ノ消磨(しょうま)ヲ計ルコトアルベシ　斯(か)カル場合我ガ同胞ハ　己ガ生命ノ長キヲ希(ねが)ハンヨリハ　皇国(こうこく)ノ戦捷(せんしょう)ヲ祈念シアルヲ信ジ　敵兵殱滅(せんめつ)ニ躊躇(ちゅうちょ)スベカラズ」(防衛庁防衛研究所図書館所蔵)

つまり、「国体護持」すなわち天皇制を守る戦闘において、老幼婦女子、一般住民の生命が犠牲になることをためらってはいけないということである。日本軍の住民殺害・虐殺は、大本営の方針であった。

〔参考文献〕

◇石原昌家『沖縄の旅　アブチラガマと轟の壕』(集英社　2000年)

住民をスパイ・非国民視し、虐殺した行為を住民の証言にもとづいて、「ムラのタブー」をやぶり、初めて明るみにだした。ショッキングな記録である。

◇仲田精昌『島の風景』(晩聲社)

戦後54年目にして、島の人自ら「ムラのタブー」に挑戦し、軍民が一体となって米兵、「非国民」とみなした住民らを虐殺した行為が詳細に明らかにされている。戦後日本の国民の戦争責任のとりかたについて一つのモデルを示すものである。

石原　昌家

第3章●沖縄戦の特質

従軍慰安婦

　旧日本軍の戦地での性的処理のために、強制的に連行されたのが「従軍慰安婦」とよばれた女性たちである。利用する軍人、兵士にとっての「慰安」は、女性たちには"性奴隷"以外のなにものでもなかった。

　最初に慰安所が設置されたのは、1932（昭和7）年の上海事変勃発のころ中国に作られたといわれ、5年後の日中全面戦争後、軍隊の後方施設としてアジア諸国、南洋群島などの日本軍駐屯地に設置されるようになった。「慰安婦」にされたのは、朝鮮半島出身の若い女性を中心に、沖縄の辻遊廓に売られた「じゅり」と称する娼妓、それに台湾、中国、フィリピン、インドネシアなどの女性たちであった。最近では、オランダ人やオーストラリア人が含まれていたこともわかっている。

　ほとんどが、日本軍駐屯の現地の女性たちが「慰安婦」にされたが、沖縄には、朝鮮半島から強制的に連れてこられた若い女性たちも多数いた。またなかには、「看護婦」と称して徴用され、実際は「慰安婦」をさせられた沖縄の女性たちがいたという証言もある（那覇市発行『那覇市史　資料篇第2巻中の6』1975年）。

　日本軍が「慰安婦」を必要としたのは、次のことが最も大きな理由だといわれる。まず中国で、日本兵による女性への強姦事件が多発したため、地元から猛反発されることになり、日本軍はその処置を迫られたこと。2番目に、出征兵が前線での抑圧生活に耐えられず自暴自棄になったり、反戦、厭戦思想に連なる恐れがあるため、ある程度のはけ口を与える必要があったこと。3番目に、"売春"を生業とする女性では兵士が性病にり患する確率が高く、戦力に大きく影響する。そのため"素人"の女性を必要としたことなどであった。

　沖縄には、1944年3月の第32軍守備軍の編成に伴い、順次駐屯する日本兵のために慰安所が設置された。構成部隊のほとんどが、中国戦線から転戦してきた男たちであった。1部隊2慰安所をめどに設置されたが、これまで、沖縄の女性史研究グループの調査で明らかになった沖縄県内の慰安所は、離島を含めて131カ所あったことがわかっている。

　ただ、沖縄で従軍した「慰安婦」の総数はもちろんのこと、朝鮮、沖縄の「慰安婦」たちがどのように配置されていたか、ほとんどわかっていない。慶良間諸島を例に見れば、1944年11月、渡嘉敷島、座間味島、阿嘉島へ、それぞれ7人ずつ21人の朝鮮人女性が送られたという程度である。この島々には約3,000人の日本兵が駐屯しており、その

第3章●沖縄戦の特質

うちの約1割が未成年の兵士で慰安所の使用が禁止されたというから、女性たちは単純に計算して一人当たり130人の男性を相手にしなければならなかったことになる。

沖縄戦では、多くの「慰安婦」たちが命を落とした。また生き延びた人たちにしても、戦後どうなったのか消息は知られてない。とくに朝鮮の女性たちは、「あきこ」「すずらん」など、日本名の愛称で呼ばれたため、本名すらわかっていない。

日本政府が、「従軍慰安婦」は民間の業者が勝手に連れ歩いたもので、政府は関与しなかったと発言したことで、1991（平成3）年12月、韓国の元「従軍慰安婦」たちが日本政府を相手どり、謝罪と補償を求めて訴訟を起こした。

かつて沖縄に駐留した第62師団の「石兵団会報」や、山部隊（第24師団）の「内務規定」は、いかに日本軍が慰安所の運営に関わっていたかを示す貴重な資料である。慰安所の利用価格、時間が階級ごとに定められ、また、「慰安婦」の性病検査に憲兵が立ち会うこと、使用者は衛生サック（コンドーム）で病気を予防することなど、実に具体的な規定が設けられている。この記録から、日本軍の関与は避けようのない事実であることがわかる。

〔参考文献〕

◇吉見義明編・解説『従軍慰安婦資料集』（大月書店　1992年11月）

　膨大な防衛庁所蔵資料の中から、吉見氏が発見した慰安婦に関する資料に、外務省、米軍、オーストラリア軍の資料を加えた106件を網羅した本である。昭和7年の上海事変から、日中戦争、アジア太平洋戦争まで、そして中国をはじめとするアジア各地、沖縄の慰安婦、慰安所についてわかりやすく解説し、解題をつけた重要な資料集である。

◇川田文子『赤瓦の家』（筑摩書房1987年2月）

　かつて「従軍慰安婦」として、朝鮮半島からだまされて沖縄に連れてこられた、ペ・ポンギさんの半生を中心に綴った、慶良間諸島の「慰安婦」たちのドキュメントである。ペさんは、戦後郷里に帰ることなく、沖縄で一生を終えている。

◇高里鈴代「強制従軍『慰安婦』」那覇市総務部女性室他編『なは・女のあしあと―那覇女性史近代編』（1998年9月）

　沖縄の辻遊廓の女性たちと朝鮮の女性たちがどのように「慰安婦」にされたのか、その生活実態はどうだったのかなど、日本軍の本質を追いながら、軍隊の慰安所との関わりを綴っている。

宮城　晴美

地上戦・捨て石作戦

　沖縄戦は日本で唯一住民が戦場動員された地上戦だった。

　1944（昭和19）年3月22日、大本営直轄の沖縄守備軍第32軍が沖縄に新設された。第32軍の任務は「皇土防衛」であり、沖縄戦における使命は、「国体護持」のため、米軍に甚大な損害を与えて、少しでも終戦を有利に導くことだった。

　そこで、第32軍は「軍官民共生共死の一体化」の方針で住民指導にあたることにした。沖縄住民は「命をかけて国を守る」とか、「天皇のために命をかける」という意識が乏しい県民だ、と日本軍部からは考えられていた。そんな沖縄住民は信用できない、住民を動員して「皇国防衛」するには、軍も官も民も、共に死ぬまで戦うという指導が最も有効であると考えた。

　第32軍司令官牛島満（1887.7.31〜1945.6.23）は着任後、「現地自活に徹すべし」「一木一草に至るまで戦力化すべし」と訓示を出した。戦闘に必要なものは現地調達せよということだった。学校、公民館、民家が日本軍に使用され、食糧は住民に供出させた。住民は、老若男女、国民学校の学童まで徴用され、飛行場建設、陣地構築、壕堀り、物資運搬などの作業に従事させられていった。さらに、戦場へも動員された。学徒たちは法的根拠もないまま動員され、男子学徒は通信隊や斬込隊、女子学徒は看護隊の役割を負わされた。17歳から45歳の男性は防衛隊として兵士同様の役割を与えられ、女子青年団は救急看護、炊事係りをさせられた。このように、住民を「根こそぎ動員」していった。

　日本の敗戦色は日増しに濃くなっていき、1945年2月14日、天皇の側近は「敗戦は最早必至なり、敗戦よりも憂うべきは共産革命‥‥戦争終結の方途を講ずべきものなり（『木戸幸一関係文書』より要約）」と昭和天皇に進言している。しかし、天皇は「もう一度戦果をあげてからでないと話は難しいと思ふ」と述べて、それを受け入れなかった。これを受けて日本の上層部は、戦後、天皇制をいかに維持していくか苦心しつつ、沖縄戦に突入していった。

　日本軍は、正規兵力8万6千400人と、沖縄現地で動員した補充兵、防衛隊、義勇隊、学徒隊など、合わせて約11〜12万人の兵力で、54万8千人の米軍に対抗しなければならなかった。

　1945年4月1日、米軍沖縄本島へ上陸。持久作戦をとった日本軍の反撃はほとんどなく、米軍は無血上陸を果たした。米軍はその後、首里の第32軍司令部を目標に戦闘展開した。

　第32軍は1945年5月22日、「出血・

第3章●沖縄戦の特質

持久戦」を展開するため、首里での決戦を避け、沖縄本島南部摩文仁へ司令部を移すことにした。その時点で、正規部隊の8割の戦死者を出しており、すでに壊滅状態だった。しかし、日本軍は戦争の常識を超えた作戦をとった。住民を盾に最後の一兵まで戦って、敵にできる限りの損害を与え、本土決戦を一日でも先に延ばす方法をとったのである。その結果、軍人の死をはるかに上回る一般住民の犠牲者を出した。沖縄戦の最大の特徴はそこにある。

日本軍は、「生きて虜囚の辱めを受けず」と、軍律で降伏を禁じ、死ぬまで戦えと教育していた。命を粗末にされている日本兵が、ましてや沖縄住民を思いやることができるはずもなかった。沖縄戦末期、本島南部に多数形成されている鍾乳洞「ガマ」には、逃げ回る日本兵と避難民が雑居していた。日本軍は住民を盾にガマに立てこもり、時間を稼いだ。住民は米軍の攻撃だけでなく、守ってくれると信じていた自国軍隊にも、さまざまな状況で殺されていった。南部の戦闘は熾烈を極め、米軍の掃討戦を長引かせ、日米双方に多くの死者を出させた。

6月23日（22日説もある）、司令官と参謀長は自決した。司令官牛島満は6月19日、最後まで戦闘を続けるよう命令を出していた。そのため、戦闘はなおも続き、米軍が沖縄作戦終了宣言をした7月2日までの間に、1万人近い住民と将兵が戦死した。

沖縄戦での軍人・軍属の戦死は9万3千人。捕虜になったのはわずか1万7千人だった。しかも、軍人・軍属の3割は沖縄出身だった。圧倒的な物量をほこっていた米軍も14,005人の戦死者を出していた。

日本軍は、弱小な軍隊で54万もの米軍を3カ月も沖縄に釘付けにした。その結果、日本軍の作戦どおりに、戦後も天皇制を維持することができた。そういう意味で、沖縄捨て石作戦は「大戦果」をあげたといえよう。

〔参考文献〕

◇藤原彰他『徹底検証・昭和天皇「独白録」』（大月書店　1991年）
　昭和天皇を客観的に分析。

◇石原昌家『大阪国際平和研究所　紀要　戦争と平和「沖縄戦とは何だったか—沖縄戦の特徴と米軍のじゅうたん爆撃」』（大阪国際平和研究所　1997年）
　住民が戦闘へ巻き込まれていくようす、沖縄戦のからくりが解ける。

◇E.B.スレッジ『泥と炎の沖縄戦』（琉球新報社　1997年）
　勝利戦を続ける米軍にとっても、沖縄戦は過酷だった。一米兵の視点から描かれた沖縄戦体験記録。

宇根 悦子

第3章●沖縄戦の特質

マラリア

　1945（昭和20）年6月、沖縄本島で、第32軍の組織的抵抗が末期を迎えていた頃、八重山群島を守備していた第45旅団（旅団長宮崎武之少将）を中心とする日本軍は、アメリカ軍の上陸の公算が大きいとして6月1日、「官公衙職員、医師等は6月1日までに、一般住民は6月10日までに退去せよ」と命じた。

　石垣町の字登野城、大川、川平の一部は於茂登岳南西山麓の白水地区。字石垣は外山田、新川はウガドウや湧川、川平や桴海は地元周辺の洞窟等。

　大浜村の平得、真栄里、大浜、宮良、白保（一部は中水、大俣原）は於茂登岳南東山麓の武名田原、伊原間は桴海（現在・米原）、平久保は桴海（現在・富野）地域であった。

　竹富村の波照間島や黒島、新城、鳩間、などには同年の3月〜4月にかけて軍の命令が下り、西表島の南風見田や古見、由布、嘉佐崎、伊武田などに強制避難させられた。

　住民の避難した地域は、山岳地帯で、マラリア菌を媒介するハマダラ蚊の生息地でマラリア有病地として認定された場所であった。

　避難数日後には、マラリア罹患者が日増しに増加した。マラリアの治療薬キニーネやアテプリンは底をつき、栄養不良や非衛生状態のなかで、死亡者が続出した。

　軍は7月中旬、住民からの訴えや沖縄本島の戦況をみながら、避難地域から住民が、一時的に集落に戻ることを許可した。

　8月15日、日本はポツダム宣言を受諾し、戦争は終結した。しかし、八重山では戦争マラリアが猛威をふるい死者は日増しに多くなった。

　波照間島をはじめ、各地で、家族全員がマラリアに罹患し、看病することもできず、一家全滅や幼子だけ取り残された家庭もあった。

　1945年12月、米軍が上陸し、軍政を敷くまで、マラリアへの本格的な医療は施されず、無政府状態のなかで、住民は無念の死を遂げた。

　45年の軍命による、マラリア死亡者は石垣町・大浜村で2496人。竹富村785人で合わせて、3647人が犠牲者となった。中でも波照間島でのマラリアはしょうけつを極め、人口1590人中、罹患者1587人。罹患率99.7％。死亡者477人。死亡率30.05％という驚くべき数字を示している。

　戦争マラリア犠牲者の遺族たちは、国への援護法適用を求めての運動が一時は話題になったりしたが、自然消滅となった。

　遺族はその後、1989（平成1）年、沖縄県強制疎開マラリア犠牲者援護会

第3章●沖縄戦の特質

（会長・篠原武男）を組織し、援護法による遺族への国家補償要求運動を展開した。

国や県、石垣市や竹富町に要請活動をし沖縄県議会も支援決議をした。

しかし、国は軍命を認めず、援護法にはなじまないと難色を示し続けた。

96年12月、国は(1)国は、遺族に対する個人補償等の個人給付は行わない。(2)遺族の慰藉をする場合は、沖縄県において措置する。(3)(1)及び(2)を沖縄県が了承することを条件に「マラリア犠牲者慰藉事業費」3億円を解決策として案を提示した。最終的にこの案が政治決着した。

個人給付のない政治決着に「国の責任はどうなる」「国の責任が見えないのが悔しい」等と抗議したが、援護会は慰藉事業の受け入れは総会で決定すると態度を保留した。

96年、総会前の役員会では、慰藉事業の受け入れの有無をめぐって議論が行われた。

しかし、総会では遺族の高齢化や運動継続が困難などの理由もあり、慰藉事業を受け入れることに決定した。

慰藉事業の内容は(1)戦争マラリア犠牲者慰霊碑建立(2)八重山平和祈念館の建設(3)記念誌の発刊(4)慰霊碑除幕式への遺族の招待－などであった。

慰霊碑建立では慰霊碑銘を「マラリア慰霊碑」とすべきという沖縄県と「八重山戦争マラリア犠牲者之碑」とすべきという援護会が対立し、最終的には援護会の主張が受け入れられた。

しかし、碑文に「軍命」を明記すべきという援護会の主張は沖縄県によって拒否された。

99年5月28日、八重山平和祈念館が「八重山から世界に向けて恒久平和の実現を訴える平和の発信拠点の形成を目指す」ことを理念にオープンした。

翌日、援護会は解散総会を開催し「慰藉事業事業は国家責任の証である」と総括し十年間の運動に終止符を打った。

援護会の慰藉事業事業受け入れや運動の総括をめぐって新聞紙上等で議論が交された。

〔参考文献〕
◇『悲しみをのり越えて』(沖縄県生活福祉部援護課発刊　1997年)
◇『けーし風』第25号（新沖縄フォーラム刊行会議　1999年）

大田　静男

第3章●沖縄戦の特質

学徒隊

　沖縄戦で法的根拠もなく動員された男女中学等学校生徒のことをいう。

　1944（昭和19）年、沖縄守備軍第32軍が創設され、その年の半ばあたりから学校は兵舎となり、授業らしい授業はほとんど行われなくなっていた。代わりに学徒たちは、陣地構築づくりに駆り出されていった。沖縄の地上戦は避けられないと予想され、第32軍と県は米軍の上陸に備え、男子中学の下級生に対しては通信訓練を、女学生に対しては看護訓練を実施することにした。沖縄が戦場になれば動員し、学徒は軍人・軍属として扱うことにした。

　1945年3月末、空襲や艦砲射撃が始まった。米軍上陸は直前にせまり、学徒はそれぞれの部隊に配属された。

　国立沖縄師範学校男子部では、1945年3月22日、第32軍司令部から鉄血勤皇隊編成の指令が出された。本部の宣伝情報を任務とする千早隊、野戦築城隊、斬込隊などが編成された。31日、軍への正式編入が決まり当日の夜、首里城東側にある留魂壕の前で入隊式が行われた。5月末、32軍司令部は摩文仁に撤退する。鉄血勤皇隊も32軍と行動を共にし、摩文仁へ撤退。6月19日、解散命令が出され一部の学生は自らの命を絶った。

　国立沖縄師範学校女子部と県立第一高等女学校は併置校だった。両校あわせて「ひめゆり」と称し、同一行動をとった。1945年2月から南風原陸軍病院で看護の実施訓練が開始された。3月23日南風原陸軍病院へ動員される。飯上げ、下の世話、切断された手足の処理、包帯交換など、不眠不休で看護した。5月25日、南部撤退命令が出され移動。6月始め伊原にたどりつき、18日に解散命令が出された。

　戦場動員された学生は、師範学校男子部やひめゆりだけではなかった。男子10校、女子8校、合わせて2,259人が動員され、その半分が還らぬ人となった。徹底した軍国教育を受け、人生を全うすることができないまま、10代で失われた命だった。

　学徒動員を規定した「義勇兵役法」が発布されたのは、32軍司令官が自決した6月23日とされる。沖縄の学徒たちは、法的根拠がないまま戦場動員されていた。本土が地上戦になれば、この法が適用されていたはずである。

〔参考文献〕
◇大田昌秀『鉄血勤皇隊』（ひるぎ社 1977年）
　学友に捧げる鎮魂の本。
◇宮城喜久子『ひめゆりの少女』（高文研　1995年）
　宮城さんの戦争体験記録。

宇根 悦子

対馬丸

1944（昭和19）年8月22日、奄美大島悪石島北方で、学童疎開船対馬丸が沈没した。対馬丸には1,788人（そのうち学童741人）が乗っていた。米軍の潜水艦ボーフィン号の魚雷攻撃を受けて沈没し、1,529人が海の藻屑と消えた。生き残った学童は59人だった。

1944年7月7日、沖縄の老幼婦女子の島外への疎開が緊急閣議で決定され、軍部は県へ圧力をかけてきた。戦闘の足でまといになる老幼婦女子を疎開させるということと、食糧確保が軍の目的だった。県は一般疎開と平行して7千人の学童疎開を実施することにした。対象になる学童は、原則として国民学校の3年生から6年生の男子であった。

初めての学童疎開船が8月16日、鹿児島港に入港した。

8月21日、貨物船対馬丸が学童疎開、一般疎開、船員を乗せ、長崎へ向け那覇港を出港した。「本土に行けば雪が見られる」と修学旅行気分の学童もいた。乗船後間もなく、救命胴衣の着け方、避難順路の確認などをし、船倉へ下りた。翌日、台風の余波を受けて船は大きく揺れながら進んだ。午後10時15分頃、対馬丸は500メートルの近距離から攻撃を受けた。船は傾き、海水が流れ込み、行き場を失った子供たちを飲みながら沈んでいった。

一方、ボーフィン号は22日の午前4時10分、護衛を伴い、ジグザグ航行しながら北に向かう船団を発見した。「これは重要船団にちがいない」と判断、「無傷で逃がさない」と決意、尾行した。悪石島付近で先回りをして待ち伏せし、2発の魚雷を撃ち込んだ。

当時この遭難事件は、後世に残る大惨事であったにもかかわらず、公表されなかった。国民に知らせれば戦意を失わせる、疎開をする者がいなくなる、と軍部は考えた。生存者は子供までも身柄を拘束され、外部との接触もたたれ、犠牲者の供養も行われなかった。対馬丸の全容が明らかになったのは、戦後何十年も経ってからだった。

1997（平成9）年12月、遺族の悲願であった対馬丸の船影が確認された。対馬丸が沈没してから53年が過ぎようとしていた。

1945年3月まで学童疎開は続き、6,111人が疎開した。疎開先で子供たちは「沖縄玉砕」の知らせを聞いた。その後、心身ともに苦労を強いられ、沖縄に引き揚げたのは2年後だった。

〔参考文献〕
◇平良啓子『海鳴りのレクイエム―「対馬丸そうなん」の友と生きる』（民衆社 1984年）
　生存する学童、平良さんの証言。

宇根 悦子

第3章●沖縄戦の特質

ガマ（壕）

　鍾乳洞や窪みのことを沖縄の地方語でガマという。ガマの大きさや形は変化に富んでいる。

　戦時中は住民の避難壕、日本軍の陣地壕、野戦病院壕として使われた。近年はガマというと戦時中の壕を指す場合が多い。

　大きなガマはほとんど日本軍に使用された。日本軍はガマの中に井戸、カマド、便所、家屋、発電機を置き整備した。野戦病院として使用されたガマにはベッドや手術室、薬品室が設けられた。

　米軍の攻撃が始まると住民はガマに避難をした。ガマによって救われた命もあるが、ガマのなかで失われた命もあった。住民は砲弾が炸裂する南部の戦場をガマを求めて逃げまどった。あるガマでは日本兵に、住民が追い出された。日本兵は住民から食糧も奪った。また、あるガマでは軍民が雑居した。赤ちゃんが泣くと日本兵は「泣かすな米軍に見つかる」と、着剣した銃を振りかざし母親を脅した。それでも泣き止まなければ「殺せ」と母親に命じた。母親がためらっていると子供を奪い殺害した。

　沖縄戦末期、ガマは足の踏み場もないほど避難民や負傷兵、敗残兵でいっぱいだった。戦闘は長引き、食料もつきていった。水のないガマでは自分の尿さえも飲んだ。燃料も無くなり、漆黒の闇のなかで、いつ終わるかわからない時をまった。やがて、幻覚を見る者も現れ、つぶやいたり叫んだりした。また、ほとんどの敗残兵、避難民が怪我をしていた。ガマでは小さな命も生まれた。しかし、多くの場合、名前も付けられないまま餓死、あるいは病死していった。誰かが死んでも死体を外に出したり、埋葬することはできなかった。ガマの中は血、蛆、膿、排泄物、死体の臭いが充満した。それでも、外の砲弾の雨よりはましだった。

　そんなガマの入り口に米軍がやってきて、投降勧告をする。しかし、日本兵は「投降する者は撃つ」と住民を脅し、投降さえも許さなかった。

　玉城村の糸数アブチラガマ、具志頭村のガラビガマ、糸満市の轟壕が沖縄戦追体験のガマとして知られている。

〔参考文献〕

◇安里要江・大城将保『沖縄戦ある母の記録』（高文研　1995年）
　　安里さんは激戦地を彷徨。轟壕で米軍に保護される。映画「GAMA　月桃の花」は安里さんの体験がモデル。

◇石原昌家『虐殺の島』（晩聲社　1978年）
　　沖縄戦の実相を証言で綴る。

宇根 悦子

戦争未亡人と孤児

　戦争が終わってみると、多くの女性たちが戦争未亡人となっていた。彼女たちは残された家族の面倒をみるために再婚もままならず、ひたすら身を粉にして働いた。未亡人たちの存在は社会的に同情されたものの法的な保護が受けられるまでには長い時間がかかった。将来に対して重くのしかかる不安や、空腹を紛らわすために煙草を覚えたという人もいる。ララ（アジア救済連盟）からの物資など、「救済」だけではとてもやっていけず、米兵のレイプは怖かったが収入のよい軍作業に出てウェイトレスやメイドなどをして働いた。また、見よう見まねでおにぎりや米軍からの物資を売りはじめた女性たちもいた。彼女たちが集まって商売した牧志のガーブ川周辺はやがてマチグヮーとして発展していく。

　1950年代後半からは婦連や沖縄遺族連合会婦人部などが未亡人問題を積極的に取り上げ、あまりの貧困に体を売って生活を支えている女性たちに、洋裁やレース編みを指導し彼女たちの自立を支援した。他にも所得税の格差是正や保育所設置問題など、女性たちはねばり強い運動で一つ一つ勝ち取っていった。

　また、戦後の社会へ突然放り出されたのは戦災孤児も同様であった。終戦直後から各地に孤児・孤老院ができ、新聞には頻繁に身寄りを求める記事が載る。自分が生きるのに精いっぱいな時代、援助の手は届きにくく、コザ孤児院では運動場を潰して甘藷や芋を植え、食糧を確保した。

　孤児の数は、1949年頃で県内に約3000人いると推定されているが、施設に収容されているのはわずか200人ほど。親類に引き取られている子どももいたが、営業の終わった市場をねぐらに街を徘徊し、スリやかっぱらいをして暮らしている少年少女は大きな社会問題となった。たった12歳の子どもが食べていくために犯罪に走る姿はすさんだ大人の社会をそのまま反映していた。しかし、島マス（1900―1988）や比嘉メリー（1912―1973）のように社会のリーダーとなって孤児らの救済に奔走した人や、また自分自身も決して楽ではない生活の中、他人の子も自分の子も分け隔てなく育てた多くの市民がいたことも忘れてはいけない。

　戦争をすれば、必ず戦争未亡人と戦災孤児が生まれる。その悲惨さに戦いの勝ち負けは関係ない。いつの時代も戦争のしわ寄せをいちばん受けるのは女性と子どもたちである。

大城 奈々

女子挺身隊

　太平洋戦争に入ると、戦場にとられた男子に代わって軍需産業である飛行機や兵器の製造部門に女性の進出が著しくなった。旋盤や型抜きなどの機械工業から、毒ガス製造など難しい危険な仕事に従事させられたのが、女子挺身隊である。

　「女子挺身勤労令」の公布は、1944（昭和19）年8月23日であるが、実際は1943年9月23日告示の「女子勤労動員の促進に関する件」によって自主的に組織され始めている。沖縄でも1943年12月には満14歳以上の未婚者、未就職者を市町村青少年団と女学校同窓生から該当者として調査し、結成準備が着々と進められ、400余名が1月から4月に4次にわたって送られている。

　行き先は滋賀県彦根の近江航空工業株式会社、兵庫県明石の川崎航空株式会社、同じく兵庫県姫路の龍田工業株式会社、岡山県倉敷の万寿航空株式会社でいづれも製糸・紡績会社から航空機・機械製造などへ転換した軍需工場である。

　さらに宮古郡や国頭郡から国民学校新卒者5、6人から2、30人が斡旋人に連れられて上記軍需工場や東京のわかもと製薬などへ行っており、那覇出発は1944年4月から8月の、学童疎開の頃まで続いている。なおこれは主に九州だが疎開先から軍需工場へ行って働いた者もおり、これらは「産業報国隊」と思われる。

　彼女たちは学校から勧められたり、役場から徴兵の「赤紙」に対して「白紙」と呼ばれ徴用の呼び出しを受けていた。また滅私奉国という当時の社会的風潮に文字通り"挺身"する思いで出掛けた者も多い。

　会社によっては福利厚生に気を配ったところもあるが、沢庵をかじるような粗末な食事や体力を使う機械労働に、脱走者が出たり、病気や怪我に苦しみ、死者もあった。

　1944年末から45年には軍需工場は空襲の的になっており、ほとんどの工場が爆撃を受けて操業不能に陥っていった。しかし、故郷へ帰る道を閉ざされた沖縄出身者は、崩壊した工場に残って機械類の後始末などをしたり、疎開や出稼ぎで本土に来ていた人を地縁、血縁を頼りに訪ねて、苦しい戦後の混乱期を過ごしている。

〔参考文献〕
◇いのうえせつこ『女子挺身隊の記録』（新評論社　1998年）

約50万人いたという女子挺身隊員のうち、岩手から沖縄までの約100人と遺族からの取材を記録。海軍火薬廠から風船爆弾の製造まで網羅してあり、「帰れなくなった沖縄からの女子挺身隊」の項目もある。

賀数 かつ子

一般疎開

一般住民が戦闘を逃れ、安全な場所へ避難することをいう。

沖縄住民の一般疎開は1944（昭和19）年7月、緊急閣議で決定された。軍部の目的は、老幼婦女子は戦闘の足手まといになるから疎開させる、食料確保をする（口減らし）、戦闘員を確保する、ことだった。「九州へ8万人、台湾へ2万人、計10万人疎開するように」との通達があり、県と第32軍は輸送方法について協議した。

その頃まで、多くの県民は沖縄が地上戦になるとは思っていなかった。日本軍が大勢いるので、むしろ沖縄の方が安全と思っていた。

県は、実施区域を沖縄島、宮古島、石垣島、西表島に限定し、60歳以上、15歳未満の者、病者、女子の付添人を対象に、7月中に疎開を開始することにした。10万人と見積もったのは、当時、60歳以上15歳未満の者は29万人、そのうち約3分の1が転出可能と考えた。希望者は所轄警察署長に申請し、渡航証明書をもらわなければならなかった。軍の役にたちそうな者は渡航が禁止されていた。

知人や親戚を頼って縁故疎開し、頼る先のないものは、受け入れ先で就職の斡旋をする、ということだった。しかし、実際には県外疎開の許可が下りても、すぐに疎開しなかった。ほとんどの場合、頼る者がおらず、疎開先で就職することも不可能だった。また、家族と別れることをためらい、言葉や習慣の違う異郷での生活をいやがった。その頃沖縄近海は、米潜水艦攻撃による本土―沖縄間の定期船の沈没が相次ぎ、遭難は公然の秘密とされていた。そのことが一層決意を鈍らせた。

旅費など主な経費は県が負担することになっていたが、その機能はほとんど果たせず、疎開者は疎開先で二重三重の苦労を強いられることになった。

1944年7月17日から翌年3月20日までに、のべ187隻、沖縄本島から約6万人が本土へ、宮古島・石垣島から約2万人が台湾へ疎開した。

沖縄守備軍の司令官が自決した後の6月30日、石垣島から2隻の疎開船が住民210人を乗せ、台湾へ向け出港した。途中、米艦載機の攻撃を受け一隻が沈没、残り一隻は魚釣島に到着した。無人島での避難生活の後、8月18日、救出された。約100人が死亡。なかには餓死した者もいた。

〔参考文献〕
◇沖縄県史料編集室編『沖縄戦研究Ⅱ』
（沖縄県教育委員会　1998年）
　沖縄の要塞化、総動員体制など、最新の研究成果が掲載されている。

宇根 悦子

学童疎開

　正確には「学童集団疎開」という。学童疎開には、大都市圏の「帝都学童集団疎開」とは別に、戦況の急激的な悪化により、南西諸島や小笠原諸島などの周辺島嶼部の住民疎開の一環として、学童たちを本土内地へ船舶で疎開させた「学童集団疎開」がある。前者に比べて後者では、軍事戦略上の意図が強く、軍部の意向でごく短い期間で実施された点が特徴だ。

　沖縄県では、1944（昭和19）年7月、サイパン陥落を受けて、急遽、学童疎開に関する政府電報が通達され、同月19日に「沖縄県学童集団疎開準備要項」を策定し県内各機関に通達している。準備が慌ただしく進められ、当初は船便が確保できれば早く疎開先の九州へ送り、鹿児島に着いてから受入先を決める方針だった。

　対象は原則として三年生から六年生の男子希望者であったが、実際は女子や低学年の学童も多く参加した。8月14日には最初の学童疎開として那覇市内の学童131人が、潜水母艦「迅鯨」に乗艦して九州に向かった。その後も逐次行なわれ11月1日現在の統計では、宮崎県に3158人、熊本県に2612人、大分県に341人の合計6111人の学童が疎開をしている。その輸送途中で米軍潜水艦に爆撃された対馬丸の悲劇は広く知られている。

　受け入れ先は、宮崎では学校、熊本では旅館、大分では寺院などが中心であったが、空襲激化のため再疎開を繰り返した学校もあった。疎開生活は学童にとって食事、寒さ、衛生の面で困難を極めた。地元学童との軋轢もあったが、概して地域との交流もあり、現在ではその学童疎開が縁で姉妹都市を結んでいる県内自治体もある。

　敗戦後は、引率教師と疎開学童は戦災孤児集団教育合宿を行いわずかな補助を受けながら、荒地を開墾して、自給自足の生活を送った。1946年8月には沖縄への帰還も認められ、疎開学童も沖縄に帰ることができたが、地上戦で両親をはじめ兄弟を失った学童も少なくなかった。多感な時期に困難な経験を共有した疎開学童の絆は今でも一段と強いものがある。

【参考文献】
◇与那原町学童疎開史編集委員会編『沖縄の疎開資料目録』（1998年）
　沖縄の学童疎開に関する資料目録の集大成。
◇原剛「沖縄戦における県民の県外疎開」（『第二次世界大戦（三）』錦正社1995年）
　学童疎開を含めた沖縄県民の県外疎開の全体像を論じた論文。

屋嘉比 収

朝鮮人軍夫

　日本は中国との戦争が泥沼化してくると、朝鮮の民衆を全面的に戦争協力させる体制をとった。戦争がおわるまでに、軍人・軍属あわせて30万人が徴兵・徴用され、東南アジア・太平洋諸地域の戦場へおくりこまれた。日本国内には労働力として約70万人が強制連行され、鉱山や土木事業などのはげしい労働に従事させられた。

　沖縄にどれだけの朝鮮人軍夫が連れてこられたか、実数はわからないが2万人前後はいたといわれている。その多くが、軍の厳しい管理のもとで飛行場建設や陣地構築、戦場での弾薬運搬など危険な仕事を強いられた。そこから逃れようとしたり反抗する者は容赦なく殺害され、ときにはスパイ容疑や食糧統制違反などを口実に、みせしめの銃殺・斬殺に利用された。特に日本軍が崩壊していく過程で、朝鮮人虐殺の事例は多くみられた。

　慶良間諸島には三つの海上特攻隊が設置され、約300人の朝鮮人軍夫が配属された。この地は米軍の最初の上陸地となり、住民とともに多くの朝鮮人軍夫が犠牲となったが、その実態はわかっていない。石垣島でも飛行場建設に、請け負い業者が連れてきた約600人の朝鮮人労働者が働かされた。彼らの主な仕事は、ダイナマイト爆破による石割り作業など危険なものであった。そのほか、石垣港・那覇港などでの軍需物資の荷揚げ作業や、本島北部の山林で陣地構築のための材木切りだし・運搬作業などで酷使された。また、旧羽地村で栽培されていたコカの搬出作業にも使役されていたといわれている。戦争が激しくなると、砲弾運搬や壕ほりなどにかりだされ、多くの犠牲者をだした。

　敗戦後は、与那城村屋慶名に設けられた朝鮮人専用の収容所に収容されたが、米軍の飛行場建設などの労役にもかりだされた。復員状況もはっきりせず、その多くが帰還不明として処理された。

　沖縄県民は朝鮮の人たちをどのように見ていたのだろうか。日本軍に彼らの行動を密告していたのは、ほとんどが沖縄人(ウチナーンチュ)であった。県民の多くは、チムグリサ（同情）の気持ちは持ちながらも、朝鮮人を一段低い民族とみなしていたのではないだろうか。そのためか、県援護課がまとめた沖縄戦戦没者のなかにも朝鮮人戦没者の数は含まれていない。

〔参考文献〕

◇海野福寿・権丙卓『恨　朝鮮人軍夫の沖縄戦』（河出書房新社　1987年）

　軍夫として沖縄へ送り込まれた韓国・慶尚北道慶山郡出身者のケラマ諸島での体

第3章●沖縄戦の特質

験による証言をもとにまとめた著書。
◇安仁屋正昭『沖縄戦のはなし』(沖縄文化社　1997年)
　沖縄戦から現在の基地問題までをまとめた平和学習書。「沖縄戦における被害と加害」の項目で朝鮮人強制連行について記述。
◇沖縄県教育文化資料センター『沖縄戦から何を学ぶか』(沖縄時事出版　1999年)
　戦争を知らない世代のために、沖縄戦を分かりやすく体系的にまとめた学習書。「沖縄戦から見えるもの」の章で朝鮮人軍夫と慰安婦について記述。
◇森口豁『沖縄　近い昔の旅』(凱風社　1999年)
　沖縄で死んだ朝鮮半島出身者は約1万人といわれているが、「平和の礎」にその名が刻まれているのは数百人にすぎない。遺族のなかには刻名を拒否する人が少なくない。「刻名を拒む韓国人」でその理由が説明されている。

　　　　　　　　　　　新城 俊昭

【コラム●日本にあって沖縄に根づかないもの１】

日本人であるという意識

　沖縄は日本だが、日本ではない。それは、沖縄の人も本土の一部の人も（殊に政府は）そう思っている。「同じ日本なのに、沖縄だけ何でねぇ」と不満を語る時は日本人で、「ヤマトゥとは違うさァ、自分達は琉球王国という…」と、ちょっと自慢気に語る時は日本人ではない。そして一県として日米安保に協力する義務がある沖縄は日本であり、しかし現状は、植民地であって日本ではない。

　私は８才の時、沖縄に越して来た。親戚の家にお邪魔すると「あんたね？日本から来たのは。」とおばさんが訊く。頭の中で山彦が叫ぶ。「日本から…日本から…。」このおばさん、外人には見えないが、変な事を言う人だ。この時は何故こんな表現をするのかなど深く考えもしなかった。

　沖縄は排他的。ヤマトゥの私は、ずっとそう思っていた。『そうよ、私はヤマトゥ。あなた達とは違うの。仲間に入れないというなら、別に構わない。』保健室にお世話になった時期を過ぎると、ヤマトゥは強気になった。しかし、福岡の祖母の家に遊びに行った時、どこかのおばさんが言ったのだ。「へぇ、あなた沖縄の人なのォ。」と。"沖縄の人"は、例えば青森の人、島根の人というのとは違う。「あなた達とは違う」のだ。本土の人でも沖縄の人でもない、無国籍の私。ショックだったな。

　どこの人かわからなくなって20余年、今ではどうでもいいやと思う。私は許田清香。今は名護に住んでいる。それでいいじゃないか。純沖縄の人は、いつ日本人という気になるのだろう。新しい平和資料館の展示に「県民が反日感情を持たない様」稲嶺知事が配慮するくらいだから、当分、その気になりそうもない。

許田 清香

第4章　沖縄戦と占領

　本章のテーマは、沖縄戦によって開始された、米国の沖縄占領政策の大枠を提示することにある。

　日本軍を壊滅させて沖縄を占領した米国は、その後1972（昭和47）年5月に至るまで、27年間にわたって沖縄を統治した。その間米国は圧倒的な支配権力であり続け、1952年までの日本本土における占領統治よりも、はるかに強権的な統治を行った。沖縄において日本国憲法は適用されず、日本本土で行われた「戦後改革」は、沖縄では極めて限定された形でしか為されなかった。米軍基地機能の維持が最優先された占領下の沖縄では、住民の権利は米軍の活動に支障を及ぼさない範囲内に厳しく制限されたのである。そこには、非武装化を重要な柱とした日本の「戦後改革」それ自体が、沖縄の軍事基地化と表裏一体のものだったのではないか、という問いが含まれている。

　米国の統治政策は、占領当初から首尾一貫していたわけではない。沖縄戦の段階では、軍部内でも沖縄を長期的に保有する方針は固まっておらず、具体的な統治政策は極めて不明確であった。米国政府レベルで長期保有の方針が固まるのは、1948年に至ってからである。したがって沖縄の長期保有を決定付けた要因としては、沖縄戦による占領とともに、東西冷戦の深化があげられなければならない。

　対日講和条約が発効した1952年4月までに、長期的な占領統治システムが形成された。その柱が、USCAR（琉球列島米国民政府）と琉球政府である。本章の重点は、沖縄戦から1952年に至るまでの占領政策の変遷に置かれている。各項目の特徴を略記すると、「(1)収容所と占領」は、沖縄戦とともに開始された占領当初の様相を、住民を中心にして描き、「(2)太平洋の要石」および「(3)天皇メッセージ」では、沖縄の長期保有が決定された背景について、問題提起も込めて広い視野から考察している。そして「(4)USCAR」・「(5)対日講和条約」・「(6)琉球政府」の各項目が、長期保有決定後の占領政策の骨格を提示している。

　しかし、一度形成された統治システムも、その後修正を余儀なくされた。修正を不可避とした最大の要因は、沖縄住民の抵抗である。占領統治に反対し「日本復帰」を求める政治勢力の台頭に対して、米国は1953年末に奄美群島のみを日本に返還するとともに沖縄の運動を弾圧することで対応しようとした。その前後の事情に触れたのが「(7)反共弾圧」である。しかし、その後米国は激しい「島ぐる

第4章●沖縄戦と占領

み闘争」に直面し、統治システムの建て直しを余儀なくされて、やがて日本政府の介入を容認することになる。その政策変遷を概説しているのが「(8)高等弁務官」である。なお、「島ぐるみ闘争」については第8章「米軍基地と基地闘争(復帰前)」を参照されたい。

　米国の占領政策の根幹は、言うまでもなく基地機能の維持であった。しかしそのための具体的な方策に関しては、米国政府内部も決して一枚岩だったわけではない。軍部と国務省は絶えず対立し、実際に決定された政策は、しばしば両者の妥協の産物であった。さらに議会への対応があった。沖縄統治への支出を正当化し議会での予算承認を得るために、軍部は常に頭を悩ませていた。沖縄現地では占領者として強権発動を繰り返したUSCARも、他方では米国内の「民主主義」に強く拘束されていたのである。その著しいコントラストの中に、占領の重要な一面が現れていると言えるだろう。

　一方沖縄の人々は、それ以前の「ヤマト世」と対比して、米国統治時代を「アメリカ世」と呼び、施政権返還を「世替わり」と表現した。そこには、歴史の波に翻弄される苦悩とともに、支配者の移ろいを突き放して眺める、まつろわぬ民の視線がある。

　本章の最後には、「(9)占領と移住・移民」が加えられている。日本の敗戦と占領の開始によって、沖縄への大規模な引き揚げが行われ、人の移動の巨大な渦が生じた。また戦後の移民も、米国統治下の特殊な事情を反映したものとなった。その意味で、移住・移民と占領とは深い関係があるのだが、本項目は表面的な概説にとどまっており、具体的な関係性の提示という点で不十分の感は拭えない。

　参考文献については各項目を参照願いたいが、本章で扱う問題群は狭義の政治史が中心となっており、社会・経済・教育・文化等からのアプローチが不足している。それを補うものとして、宮城悦二郎編『シンポジウム沖縄占領』(ひるぎ社1993年)、『沖縄を考える』(大田昌秀先生退官記念事業会　1990年)、照屋善彦・山里勝己ほか編『戦後沖縄とアメリカ　異文化接触の五〇年』(沖縄タイムス社1995年)が参考になるであろう。

　なお、近年公開が進んでいる米国公文書の一部については、国立国会図書館と沖縄県公文書館の共同プロジェクトとして複写史料の作成が進められており、それによって日本国内で閲覧可能となっている文書も多数ある。沖縄占領の記述は、今後続々と塗り替えられることが予想される。

鳥山　淳

第4章●沖縄戦と占領

収容所と占領

1945（昭和20）年3月26日に慶良間諸島、4月1日に沖縄本島に上陸した米軍は、占領地域にニミッツ布告を発して「日本帝国政府の総ての行政権の行使を停止」することを宣言し、軍政を布いた。しかし本島をはじめ地上戦にさらされた地域では、ニミッツ布告を待つまでもなく、行政機構は物理的に崩壊しており、米軍が直面したのは厖大な数の戦場難民であった。沖縄本島における米軍の保護住民数は、4月末で11万人、5月末で14万人、さらに日本軍の組織的抵抗が崩壊した6月末には28万人に急増し、7月末には32万人に達した。戦闘と並行して基地建設を進めていた米軍は、軍事施設から離れた北部を中心に設置した民間人収容所に住民を隔離した。一方、現地召集の軍属を含む日本兵は、金武村屋嘉の捕虜収容所に収容され、さらに一部はハワイへと送られた。

米軍は、食糧を無償配給するかわりに、住民たちに作業への出動を命じた。作業内容は、飛行場・道路建設や港湾での荷揚げ作業、建築作業、農耕作業、配給作業など多岐にわたった。配給物資は不足しがちであり、住民たちの間には、正規の配給物資のほかに、盗み出した米軍物資が出廻っていた。人々はこれを「戦果」と呼んだ。

占領当初、夜間には民間人収容所に敗残日本兵が侵入した。特に住民のリーダーとなった者は、敵軍協力者として日本軍の標的とされた。その一方で、米兵による暴行事件も多発していた。

作業以外で収容所から外出することは厳しく制限され、違反者は処罰された。しかし住民たちは、食糧の調達や、戦場で生き別れた肉親たちの安否確認のため、さかんに外出していた。

収容所では芝居・舞踊・民謡などの芸能がいち早く復活し、悲しみから立ち上がろうとする人々の心の支えとなっていった。芸能の再興を指揮した小那覇舞天は、石川の収容所で「命のお祝い」をしてまわる芸人でもあった。「命の助かった者たちがお祝いをして元気を出さないと、亡くなった人たちの魂も浮かばれません。四人に一人が死んだかもしれませんが、三人も生き残ったではありませんか。さあ、はなやかに命のお祝いをしましょう。」（照屋林助『てるりん自伝』みすず書房1998年、14頁）

戦前は平凡な農村にすぎなかった石川は、米軍によって軍政の拠点とされ、人口2万を超す町となっていた。1945年8月、その石川に各地の収容所から指導者が集められ、沖縄諮詢会が発足した。第1回の会合が開かれたのは、奇しくも8月15日であった。軍政府の諮

問機関にすぎない諮詢会とはいえ、まず戦後の自治機構の第一歩が踏み出されたのである。9月には、諮詢会によって作成された規則に従って各収容所の「市長」・「市会議員」の選挙が行われ、女性にも参政権が与えられた。

10月末になり、ようやく戦前の居住地への移動が開始された。しかし軍事施設に占拠されたままの中南部では帰郷は進まず、翌46年3月になっても13万人が帰郷出来ないままであったが、4月になると軍政府は戦前の市町村制を復活させ、市町村長を任命した。

さらに4月25日には諮詢会が解消され、沖縄民政府が発足した。しかし知事は軍政府から任命され、議会も任命制であるうえに、知事の諮問機関にすぎなかった。民政府発足に先だって、ある軍政官は、「軍政府は猫で沖縄は鼠である。猫の許す範囲でしか鼠は遊べない」と述べて、諮詢会委員たちを失望させたのである。

一方、地上戦を経なかった宮古・八重山・奄美などでは、占領は全く異なる形で始まった。宮古では45年8月下旬に米軍が進駐して日本軍の武装解除を行い、12月に宮古・八重山を管轄する南部琉球米国海軍軍政府と、行政機構の宮古支庁が発足した。

八重山では、10月はじめに米軍が進駐した後もマラリアが流行し社会が混乱する中、機能を喪失していた旧沖縄県八重山支庁に代わって自治政府を設立する動きが高まり、12月15日に八重山郡民大会が開かれ八重山自治会が結成された。12月23日になって、軍政を担う米軍部隊が到着し、自治会長が八重山支庁長に任命された。軍政施行以前に、すでに住民の自治組織が機能し始めていたのである。

そして奄美の軍政施行はさらに遅く、1946年1月29日のGHQ指令によって日本本土から分離されたのを受けて、3月に北部南西諸島軍政府が発足してからであった。

〔参考文献〕
◇『アメリカ世の10年 沖縄戦後写真史』（月刊沖縄社　1979年）
　収容所の生活を写真と解説で伝える。
◇『那覇市史 資料篇第3巻8 市民の戦時・戦後体験記2』（那覇市企画部市史編集室　1981年）
　民間人収容所、捕虜収容所での体験記を多数収録している。
◇宮城悦二郎「初期軍政（1945-1946）」『琉球大学法文学部紀要 地域・社会学系篇』創刊号（1995年）・第2号（1996年）
　1946年4月までの米軍政の組織や統治計画の変遷を詳述した論文。
◇大田静男『八重山戦後史』（ひるぎ社　1985年）
　敗戦直後の激動期における政治運動を簡潔にまとめた新書版。

鳥山淳

第4章●沖縄戦と占領

太平洋の要石

"Keystone of the Pacific"（太平洋の要石）―その軍事的重要性を強調して、米軍は沖縄をこのように呼んだ。その他にも、「わが太平洋のジブラルタル」、「太平洋のマルタ島」、「米国の城壁」など、いくつもの呼称が登場する。

沖縄を Keystone（要石）として戦後の極東戦略を組み立てた米国は、それゆえに沖縄を日本本土とは切り離し、占領下に置き続けた。

太平洋戦争の当初、基地としてはさほど重要視されていなかった沖縄は、沖縄戦を経るなかで急速に重要性を増していった。米統合参謀本部は、1945（昭和20）年4月3日の文書のなかで、はじめて沖縄を日本の領土から除外して扱った。軍部の方針が沖縄長期保有に決定したのは、同年10月である。翌年1月には、GHQの「若干の外郭地域を日本から分離する覚書」によって、沖縄は日本本土の占領政策から除外された。

しかし軍部の意向とは反対に、当初国務省は沖縄を非武装化して日本に返還する方針であり、米国政府としての政策決定は、一時棚上げされていた。やがて冷戦の深化とともに国務省の方針も転換し、1948年に沖縄保有の方針が大統領の決定を得た後、1950年から恒久的な軍事施設の建設が開始される。この段階で沖縄は、Keystone として米国極東戦略のなかに組み込まれたのである。

沖縄が Keystone となったのは、決して戦略的・地理的な理由のみによるものではない。沖縄と日本本土との間の歴史的な溝が、そこでは大きな役割を果たしていた。

沖縄戦を前にして、米軍は『民事ハンドブック（Civil Affairs Handbook）』を作成している（参考文献として表記）。その中で米軍は、沖縄の人々は「日本人」によって差別・抑圧されてきたと見なし、その被差別意識を政治的に利用できると述べている。沖縄戦と、その後の本土侵攻作戦を円滑に進めるために、本土と沖縄の間にある溝を利用して沖縄住民の抵抗を和らげることが説かれていたのである。

このような沖縄観は、後に沖縄の帰属が問題となった時に、再活用されていくことになる。沖縄の軍事基地化と日本本土の非武装化を持論としていたマッカーサーは、1947年に米国記者団に対して次のように語った（『うるま新報』1947年7月4日）。「琉球はわれわれの自然の国境である。沖縄人が日本人でない以上、米国の沖縄占領に対して日本人が反対しているようなことはないようだ。」

さらにマッカーサーは、翌年2月に国務省政策企画室長のケナンが来日した

第4章●沖縄戦と占領

際も、「沖縄人は日本人ではなく・・・日本人は彼らを蔑視している」として、沖縄が「政治的」にも基地に適していることを強調した。そして、いわゆる「天皇メッセージ」（次項参照）は、このようなマッカーサーの見解を見事に補完しているのである。

日本兵として参加した沖縄戦を生きのびた古川成美は、捕虜になった後に沖縄を離れる場面を描きながら、その戦記を次のように締めくくっている。「日本へ、日本へ、千萬無量の思いをのせて船はもう島影も見えぬ青海原をひた走る。水平線の彼方、雲白く屯するところには、理想へのなお遥かなる道を共に涙して進むべき同胞の国日本が待っている。」（古川成美『沖縄の最後』中央社　1947年、214頁）

沖縄戦をくぐりぬけた古川にとってさえも、沖縄は「共に涙して進むべき同胞の国日本」の外にあった。日本本土を覆っていたであろう、このようなメンタリティーもまた、米国が沖縄をKeystoneとした「政治的」な理由だったのである。

戦後の出発点において、日本にとって沖縄とは何だったのであろうか。

〔参考文献〕

◇宮里政玄『アメリカは何故、沖縄を日本から切り離したか』（沖縄市　1999年）
　講演会をもとにしたブックレット。沖縄戦から沖縄分離政策の完成までが簡潔に説明されており、基本的な流れを理解するうえで最適。

◇宮里政玄『アメリカの対外政策決定過程』（三一書房　1981年）
　米国公文書の検討によって沖縄分離政策の決定過程を詳細に論じた研究書。

◇我部政明「米統合参謀本部における沖縄保有の検討・決定過程」『法学研究』第69巻7号（1996年）
　軍部内で沖縄保有の方針が固まる経緯を詳述した論文。

◇大田昌秀『沖縄の挑戦』（恒文社　1990年）
　沖縄の分離政策や軍政の展開について考察した新聞連載をまとめたもの。

◇宮城悦二郎『占領者の眼』（那覇出版社　1982年）
　新聞記事を中心にして、復帰までの米国人の沖縄観を時代順に紹介している。

◇『沖縄県史　資料編1沖縄戦1　民事ハンドブック』（沖縄県教育委員会　1995年）・『沖縄県史　資料編2沖縄戦2　琉球列島の沖縄人・他』（同　1996年）
　前者は『民事ハンドブック』を、後者は、ハワイの日系移民社会の調査をもとにした報告書「琉球列島の沖縄人―日本の少数民族」のほか、沖縄戦用の投降勧告チラシ文などを収録。

鳥山　淳

第4章●沖縄戦と占領

天皇メッセージ

　1947（昭和22）年9月、シーボルトGHQ政治顧問は、「沖縄の将来に関する天皇の考えを伝えるため」訪問してきた宮内庁御用掛の寺崎英成との会話記録として、以下のような報告書を作成した。

　「寺崎が述べるに天皇は、アメリカが沖縄を始め琉球の他の諸島を軍事占領し続けることを希望している。天皇の意見によるとその占領は、アメリカの利益になるし、日本を守ることにもなる。天皇が思うにそうした政策は、日本国民が、ロシアの脅威を恐れているばかりでなく、左右両翼の集団が台頭しロシアが"事件"を惹起し、それを口実に日本内政に干渉してくる事態をも恐れているが故に、国民の広範な承認をかち得ることができるだろう。

　天皇がさらに思うに、アメリカによる沖縄（と要請があり次第他の諸島嶼）の軍事占領は、日本に主権を残存させた形で、長期の―二五年から五十年ないしそれ以上の―貸与をするという擬制の上になされるべきである。天皇によればこの占領方式は、アメリカが琉球列島に恒久的意図を持たないことを日本国民に納得させることになるだろうし、それによって他の諸国、特にソヴェト・ロシアと中国が同様の権利を要求するのを差止めることになるだろう。」（『世界』401号47頁：参考文献として表記）

　これが、1979（昭和54）年に紹介されて以降、「天皇メッセージ」と呼ばれるようになったものである。シーボルトは、このメッセージをマッカーサーとマーシャル国務長官に伝えた。このときシーボルトは、天皇の提案は明らかに利己利益（self-interest）に基づくものであると注釈を加えている。

　メッセージは、国務長官によって国務省政策企画室長のケナンへと伝えられた。その当時ケナンは、琉球は非軍事化して日本に返還すべきとする従来の国務省の方針を厳しく批判し、1947年8月に国務省極東局が作成した対日平和条約草案を根本的に変更する提案を作成中であった。そのような時に伝えられた、沖縄の長期的軍事占領を勧める「天皇メッセージ」は、ケナンの立場を正当化し補強するものとして機能することになる。同年10月の政策企画室の報告書は、「政策企画室は、アメリカが南部琉球を管理するという原則を受けいれる」とした上で、「天皇メッセージ」を取り上げて、それを戦略的信託統治の代案として検討するように勧告した。軍部が主張していた戦略的信託統治は、国連安保理事会でのソ連の反対が明らかであり、現実的な選択肢となり得るか疑問視する声があった

からである。

　翌1948年2月に東京・沖縄・フィリピンを訪れたケナンは、そこでマッカーサーとも会談した後、3月に報告書「アメリカの対日政策に関する勧告」を作成した。そのなかでケナンは、現時点で沖縄の軍事施設を恒久的に保持することを決定すべきと主張し、その理由として、軍事戦略的メリットだけではなく、「政治的」にも沖縄が日本本土やフィリピンよりも軍事基地に適していることを強調している。ケナンの報告書は、省内で検討された後、5月に国家安全保障会議に提出された。米国政府方針が沖縄保有に決定するのは、同年10月である。

　極東政策をめぐって、国務省内で「封じ込め」路線が対ソ協調路線を凌駕していく過程で、沖縄政策も日本への返還から長期保有へと転換していく。その渦中で「天皇メッセージ」は、その路線転換を正当化する論拠としてケナンによって活用された。ただし、沖縄を保有するための具体的な方策については、その後も紆余曲折があり、「天皇メッセージ」のインパクトそれ自体が対日講和条約へと持ち込まれたわけではない。

　そして他方で「天皇メッセージ」は、敗戦と占領で権限を喪失した宮廷勢力が、米国との協調によって復権をはかろうとする欲望の現れであった。すでにその年の6月末にマッカーサーは、沖縄を軍事基地化することが日本の防衛に役立つという趣旨の発言をしており、大手各紙もそれを報じていた。その後2ヶ月の間に伝達された「天皇メッセージ」は、マッカーサーの意向に忠実に沿うものだったのである。

〔参考文献〕

◇進藤栄一「分割された領土―沖縄、千島、そして安保」『世界』401号（1979年）、「『天皇メッセージ』再論」『世界』407号（1979年）

　　前者は、はじめて「天皇メッセージ」を紹介した論文。後者とともに読むと、メッセージの位置づけが理解し易くなる。

◇宮里政玄『アメリカの対外政策決定過程』（三一書房　1981年）

　　第4章において、「天皇メッセージ」とそれに対するケナンの反応、国務省の政策転換などについて詳細に記述されている。

◇新崎盛暉「沖縄から見た日本国憲法」『沖縄同時代史　第五巻　「脱北入南」の思想を』（凱風社　1993年）

　　注釈の中で、マッカーサーの発言とメッセージの関係を重視することを提起している。

◇三浦陽一『吉田茂とサンフランシスコ講和　上巻』（大月書店　1996年）

　　「天皇のメッセージ」の章が、占領下における天皇のポジションを考察する上で参考になる。

鳥山　淳

第4章●沖縄戦と占領

USCAR（ユースカー）

　1950（昭和25）年12月5日、米極東軍司令部は、国家安全保障会議の決定に従い「琉球列島米国民政府に関する指令」（FEC指令）を発した。この指令により従来の軍政府は廃止され、琉球列島米国民政府（United States Civil Administration of the Ryukyu Islands：略称USCAR）が設立された。民政長官には極東軍司令官が、民政副長官には琉球軍司令官が就き、実質的な最高責任者は民政副長官であった（1957年7月以降は高等弁務官）。名称こそ民政府となったものの、その内実は軍事占領の継続であり、FEC指令の中には、住民の基本的な自由が保障されるのは「軍事占領に支障を来さない範囲」でしかないことが明記されていたのである。

　USCARの設立は、沖縄の長期保有政策が本格化したことを象徴していた。社会的混乱を引き起こした従来の軍政を廃して沖縄社会の安定化を計るとともに、日本本土からの分離を決定的なものとすることは、沖縄の軍事基地を確保するために不可欠な課題だったのである。そしてFEC指令の補足事項には、軍用地の取得方法に関する指示も含まれていた。その頃すでに恒久的な軍事施設の建設が本格化しており、後に激化する土地強制収用の問題も、FEC指令は視野に入れていたのである。

　その後1972（昭和27）年5月15日の施政権返還まで、USCARは沖縄に君臨し続けた。その占領統治の根幹が、従来の軍政府から引き継がれた布告（Proclamation）・布令（Ordinance）・指令（Directive）の法令システムと、琉球政府に対する覚書（Memorandum）・書簡（Letter）である。

　1953年4月の立法院補欠選挙で占領政策を批判する野党候補が当選すると、USCARは選挙管理委員会に書簡を送って当選決定を保留するよう指示し、その後当選が告示されると、布令を発して当選を無効とした。これは天願事件と呼ばれ、講和条約発効後も変わらぬ自治弾圧政策を象徴している。

〔参考文献〕

◇宮里政玄「アメリカの対沖縄政策の形成と展開」宮里編『戦後沖縄の政治と法』（東京大学出版会　1975年）
　米国政府の政策変遷と沖縄現地の占領政策・住民運動の展開を概説した論文。

◇宮城悦二郎『占領27年　為政者たちの証言』（ひるぎ社　1993年）
　軍政将校・民政官・高等弁務官ら軍政府USCAR要人のオーラル・ヒストリー。

◇『沖縄問題基本資料集』（南方同胞援護会　1968年）
　軍政府・USCARが発した主要な法令・声明・書簡などを収録している。

　　　　　　　　　　　　　　鳥山　淳

対日講和条約

1951 (昭和26) 年9月8日に調印、翌年4月28日に発効した対日講和条約第3条は、沖縄の地位に関して以下のように述べている。「日本国は、北緯29度以南の南西諸島（琉球諸島及び大東諸島を含む）…を合衆国を唯一の施政権者とする信託統治制度の下におくこととする国際連合に対する合衆国のいかなる提案にも同意する。このような提案が行われ且つ可決されるまで、合衆国は、領水を含むこれらの諸島の領域及び住民に対して、行政、立法及び司法上の権力の全部及び一部を行使する権利を有するものとする。」

この難解な条文は、戦略的信託統治にこだわる軍部と、日本の主権の承認を主張する国務省との間の妥協の産物であった。しかし米国が実際に信託統治制度を提案する可能性は無いに等しく（1952年8月には軍部も戦略的信託統治の構想を放棄した）、あり得ない提案が「可決されるまで」という奇妙な論理によって、占領の継続が正当化されたのである。

そのうえで米国は、沖縄に対する日本の「潜在主権」を承認した。そのことは、名目的であれ主権の承認を求めていた日本政府の主張とも一致し、また沖縄住民にとっては、日本復帰を訴える際の重要な足場となってゆく。

しかし「潜在主権」の承認には、別の重要な側面があった。1951年6月のメモのなかで国務長官顧問ダレスは、沖縄に対する日本の主権が放棄された場合として、ソ連が沖縄統治に介入する危険性を指摘するとともに、主権が沖縄住民に属することに対しても危惧を表明している。「住民は国連をバックとして、米国を追い出す権利を主張するかもしれない」という危惧である。それよりは、名目的に日本の主権を認め、日本との合意によって排他的統治を行うことが米国の利益にもかなう、というのがダレスの主張であり、軍部を説得するための論理でもあった。「潜在主権」の承認には、沖縄住民の自己決定をあらかじめ封じておく意図が含まれていたのである。

〔参考文献〕

◇宮里政玄『アメリカの沖縄政策』（ニライ社　1986年）
　新聞連載の概説によって、講和条約に至る政策の変遷を把握できる。

◇河野康子『沖縄返還をめぐる政治と外交』（東京大学出版会　1994年）
　日本政府の役割を重視する視点から、講和条約の形成過程をたどっている。

◇『沖縄問題基本資料集』（南方同胞援護会　1968年）
　条約の和英両文、国会議論などを収録。

鳥山 淳

第4章●沖縄戦と占領

琉球政府

　沖縄の長期保有を決定するとともに、米国は統治政策の改善に着手した。その結果、従来の民政府（奄美群島は臨時北部南西諸島政庁）にかわって、1950（昭和25）年11月に奄美・沖縄・宮古・八重山の各群島政府が設置された。それに先だって戦後初の知事選挙・議員選挙が行われ、戦後はじめて公選の知事と議決権をもった議会が誕生した。

　それと並行して米国は、琉球全域を管轄する中央政府設置の準備を進めた。すでに同年1月には臨時琉球諮詢委員会が設置されており、翌51年4月には、同委員会は琉球臨時中央政府へと発展・解消する。さらに同年11月には、各群島政府は中央政府へと吸収される方針が発表され、初の公選知事は、わずか1年半で姿を消してしまったのである。

　1952年4月1日、USCAR（琉球列島米国民政府）の布告に基づいて琉球政府が発足した。琉球政府は、行政主席（行政）、立法院（立法）、琉球上訴裁判所（司法）の三権を備えた統治機構であり、1972（昭和47）年5月の施政権返還によって廃止されるまで機能した。

　しかしその権限は、USCARの法令への服従によって限定され、もとより外交事務を行う権限はなかった。USCARの事実上の最高責任者である民政副長官（1957年7月からは高等弁務官）は、琉球政府によって制定された法律の施行を拒否する権限、自ら法律の公布を命じる権限をもっており、「琉球における全権限の一部または全部を自ら行使する」存在であった。

　立法院は同年3月に公選された議員で構成されたが、初代行政主席には、臨時政府主席の比嘉秀平がそのまま任命された。そのため立法院は、同年11月に「行政主席選挙法」を制定したが、USCARは布令によって施行期日を無期限に延期し、事実上無効としたのである。これ以降、1968年に至るまで、主席選挙が実施されることはなかった。

　そして立法院においては、任命主席を支える親米保守勢力（民主党など）と、日本復帰を掲げ占領政策を批判する社会大衆党・人民党とが、激しく対峙していくことになる。

〔参考文献〕

◇大城将保『琉球政府』（ひるぎ社　1992年）

　占領当初からの行政機構の変遷を簡略にまとめた新書版。

◇島袋邦「住民の政治的動向」宮里政玄編『戦後沖縄の政治と法』（東京大学出版会　1975年）

　行政機構の変遷と自治要求運動の展開を概説した論文。

鳥山　淳

第4章●沖縄戦と占領

反共弾圧

　1952（昭和27年）年8月、ビートラー民政副長官は立法院で演説し、人民党の主義・目的は「国際共産主義」と同一である、奄美大島の人民党候補者は共産主義者である、と批判した。そのとき奄美大島では、不正投票発覚による再選挙が行われており、副長官の演説が人民党候補の当選を阻止するためのものであることは明白であった。にもかかわらず、結果は人民党候補の当選となり、人民党は瀬長亀次郎とあわせて2議席となった。さらに翌53年4月には、補欠選挙で社会大衆党・人民党の共闘候補が当選し、USCAR（琉球列島米国民政府）が布令を発して当選を無効にすると（天願事件）、それに抗して植民地化反対共同闘争委員会が組織され、一時的ではあったが反米運動が展開された。

　危機感を抱いた米国は、復帰運動が激しく軍事的価値も低い奄美群島を日本に返還し（1953年12月）、その一方で沖縄の無期限保有を宣言して復帰運動を沈静化させる方針を取った。1954年1月、アイゼンハワー大統領が年頭一般教書で沖縄基地を無期限に保有することを宣言し、翌2月にはUSCARが教職員の復帰運動に対して警告を発した。その後も警告を受けるなかで、教職員会を中心する沖縄諸島祖国復帰期成会は活動を停止してしまう。

　さらにUSCARは人民党に対する弾圧を強化し、それに迎合した民主党によって、8月末には立法院に共産主義政党調査特別委員会が設置された。

　それでも人民党が非合法化されないのを見た米軍は、10月に瀬長をはじめ党員28名を逮捕した。域外退去命令を受けた奄美出身党員を隠匿したとしての逮捕であった。人民党事件と呼ばれるこの逮捕劇の後、瀬長は懲役2年の実刑判決を受け、入獄した。

　その頃、すでに米軍は新たな軍用地の強制収用を進めていた。しかし住民はやがて「島ぐるみ闘争」に立ち上がり、1956年末には出獄後間もない瀬長を那覇市長へと押し上げるのである。

〔参考文献〕

◇新崎盛暉『戦後沖縄史』（日本評論社 1976年）

　第3章「暗黒時代の闘い」が、1950年代前半の反共主義について詳述している。

◇国場幸太郎『沖縄の歩み』（牧書房 1973年）

　第7章の中で、「CICの拉致と拷問」として、自らの体験を記している。

◇崎田実芳『米軍政の鉄壁を越えて 私の証言と記録でつづる奄美の復帰運動史』（奄美瑠璃懸巣之会　1997年）

　弾圧下で展開された奄美の運動の記録。

鳥山 淳

第4章●沖縄戦と占領

高等弁務官

　1957（昭和32）年6月に発せられた大統領行政命令によって、高等弁務官が沖縄統治の最高責任者となった。極東軍司令部の廃止に伴って、それまで極東軍司令官が兼任していた民政長官および現地の民政副長官は廃止され、高等弁務官制度が新設されたのである。現役軍人の中から選任され在琉球米陸軍司令官などを兼任する高等弁務官は、大統領の承認を得て国防長官が任命する役職であり、民政副長官の絶大な権限を引き継ぐとともに、それを上回る裁量権をもっていた。同年7月1日付で、民政副長官だったムーア中将がそのまま初代高等弁務官に就任した。

　その前年に盛り上がった「島ぐるみ闘争」、瀬長那覇市長の誕生に直面して、米国は統治システムの再編をせまられていた。復帰運動の直接的な弾圧に代わって、経済援助の拡充と日本政府の部分的関与を認めることにより、占領の延命をはかる方針へと転換がはかられたのである。ブース第2代高等弁務官の任期（1958年5月～61年2月）は、それが本格的に展開された時期にあたる。まず58年末には、一括払い方式の放棄によって軍用地問題における合意を取り付け、他方では、外資（日本本土資本を含む）導入による開発促進を意図したドルへの通貨切り替え（58年9月）、西表島日米共同開発計画の承認（58年9月）、琉球開発金融公社の設置（59年9月）、USCAR（琉球列島米国民政府）の諸計画に法的根拠を与える「琉球列島の経済的・社会的開発を促進する法案」（プライス法）の制定（60年7月）などの施策が続いた。

　この間、米国政府の対沖縄援助は、1959年度に前年度の約3倍へと引き上げられ、65年度までに更に3倍に増加した。中でも、60年度から新設された「公共事業・経済開発」援助は、65年度まで琉球政府計画援助の中で最大の比率を占め、64・65年度には別枠で大規模な開発事業援助が行われた。

　また1960年度からは高等弁務官資金が設けられ、高等弁務官の自由裁量によって水道・道路・発電・公民館などの市町村事業に財政援助が投下された。

　弁務官資金が住民生活にもたらす恩恵の演出は、USCARが発刊した『今日の琉球』（57年10月創刊）や第7心理作戦部隊発刊の『守礼の光』（59年1月創刊）に明確に現れている。そこに登場する、住民生活を気遣う高等弁務官という像は、新たな経済開発路線を象徴するものであった。

　このような戦略は、1960年の立法院選挙で保守派が大勝したように、ある程度の成功を収めた。1962年3月に発表されたケネディー新政策も、経済開発

と自治拡大を掲げるとともに、日本政府の一定の関与を容認しようとするものであった。しかし軍部は、日本政府の関与が深まることに危機感を抱いており、その危機感が沖縄現地での強硬路線を生み出すことになる。1961年2月に第3代高等弁務官に就任したキャラウェイは、渡航制限の強化などによって日本本土との分離策を強化し、米国資本を優遇する一方、沖縄の自治は「神話」であって高等弁務官の権限を最大限に行使する、と宣言した。この「キャラウェイ旋風」のなかで、支持を喪失した保守勢力は分裂し、大田政作主席は辞表を提出して、沖縄社会は混乱した。1964年8月、キャラウェイは更迭され、この後、自治権拡大と日本政府の関与が一層促進されていくのである。

第4代のワトソン高等弁務官は、琉球政府法案の事前事後調整制度の改善、布告・布令の大幅な廃止、立法院による行政主席選出などによって自治権拡大をはかった。また教育・社会福祉の分野を中心に日本政府援助を長期計画として組み込み、1967年度からは日政援助が米国援助を上回った。1965年のベトナム北爆の開始とともに沖縄基地の重要性が更に高まる中で、住民統治を安定させ基地機能を保障するための選択肢は、「日米協調路線」以外には残されていなかったのである。

その後の第5代アンガー（66年10月～68年11月）、最後の高等弁務官ランバート（68年11月～72年5月）の任期には、日米政府間で施政権返還に向けた動きが本格化する。1967年からは、それまで統治権の保持にこだわっていた軍部も、施政権返還に向けて方針転換を始めた。そして沖縄統治の主導権は、次第に日米協議の舞台へと重心を移し、沖縄現地の課題は、いかにして反米運動の爆発を抑えるかに絞られていった。

〔参考文献〕

◇大田昌秀『沖縄の帝王　高等弁務官』（久米書房　1984年、朝日文庫　1996年）
　　各弁務官就任期の政治社会状況について、幅広く記述している。

◇鹿野政直『戦後沖縄の思想像』（朝日新聞社　1987年）
　　第3章「統治者の福音」の中で、『今日の琉球』について詳細に分析している。

◇宮里政玄「アメリカの対沖縄政策の形成と展開」宮里編『戦後沖縄の政治と法』（東京大学出版会　1975年）
　　米国政府の沖縄統治政策との関連の中で、沖縄現地の占領政策を把握することが出来る。

◇琉球銀行調査部編『戦後沖縄経済史』（琉球銀行　1984年）
　　第7章「日米協調体制の出現と沖縄経済」から第11章「経済主義的統治方式の限界と一体化政策の展開」にかけてが、高等弁務官制度期の経済政策を概説している。

鳥山　淳

第4章●沖縄戦と占領

占領と移住・移民

　日本の敗戦と占領の開始によって、移民・出稼ぎ・疎開先から、多くの人々が沖縄へ引き揚げてきた。沖縄群島においては、敗戦から1951（昭和26）年3月末までの期間に、日本本土からの6万3千人、南洋諸島からの2万5千人など計10万人余りの引揚者が流入した。宮古・八重山・奄美群島を合わせると、引揚者の総数は18万人に及ぶと見られている。それに対して移民はほぼ停止され、沖縄群島から同期間中に送り出された移民は、千人にも満たなかった。平坦地の少ない本島北部や広大な農地が軍用地として接収された中部を中心に、占領当初から移民の再開は切実な要望であった。

　海外移民の早期再開が困難な中で、まず注目されたのが八重山である。戦後初の八重山開拓移民は、1948年11月に宮古島から入植した。爆撃によって荒廃した宮古島では木材が極度に不足したため、1947年から宮古民政府が西表島の船浮に開発伐採隊を送り込んでいた。その伐採隊への食糧供給を主な目的として、戦後初の移住が実現したのである。

　沖縄本島からの移住は、1946年から検討されていたにもかかわらず、「講和条約締結までは琉球人を大量に移動させることは出来ない」という軍政府の方針もあって、難航していた。早くから集団移住を計画していた大宜味村は、進展しない政府計画を待ちきれず、1950年3月に「自由移民」として石垣島に入植した。その後1959年までの期間に、各地から2千人余が八重山に「自由移民」として移住した。

　一方「計画移民」は、1952年4月に琉球政府が発足してから開始され、同年8月に第一陣が西表島と石垣島に入植した。1957年まで続いた「計画移民」によって、4千人以上が入植したが、そこには読谷・越来・北谷など軍用地が集中する地域からの移住が相当数を占めていた。事実、土地強制収用が激化していた1954年に、1万6千人を移住させる八重山開発計画がUSCAR（琉球列島米国民政府）から公表されるなど、軍事施設拡張と「計画移民」促進は表裏一体の政策だったのである。

　1950年代に入ると、八重山移住と並行して、海外移民も活発となった。太平洋戦争と占領で中断していた移民は、1948年のアルゼンチンへの呼び寄せによって再開され、次いでブラジル・ペルーへの呼び寄せも許可された。とくに1957年以降は、沖縄からの移民にも日本政府の渡航費貸付制度が適用されたため、59年にかけて毎年千人以上がブラジルに移民している。その中には、57年10月に渡航した59名の伊佐浜移

民が含まれていた。55年7月に農地と集落を強制収用された伊佐浜区民の一部は、農業の再開が困難な沖縄に見切りをつけて、ブラジルに渡ったのである。伊佐浜移民は、在伯沖縄協会の協力を得て、琉球政府事業として送り出された。しかし農業で生計を立てるのは厳しく、多くの移民がその後都市部に出て、裁縫業などに転職した。

一方、海外への「計画移民」は、1954年からのボリビア移民によって実現した。53年にボリビア政府から認可を受けた「うるま移住地」へは、60年前後の5年間をピークとして、64年の第19次まで、計3千人余が入植した。熱病と河川氾濫によって移動を強いられながらも、1956年以降はオキナワ第1移住地に定着し、その後開かれた第2・第3移住地とともにコロニア沖縄を形成している。

しかし、戦前に約6万人が生活していた南洋諸島への移民は、引揚者の強い要望にもかかわらず、再開されることはなかった。

〔参考文献〕

◇『沖縄の証言 下巻』(沖縄タイムス社 1973年)
　「海外移民」「うるま移住地の悲劇」「八重山移民」の各章が概要をまとめている。

◇金城朝夫『ドキュメント八重山開拓移民』(あ〜まん企画 1988年)
　移住政策の概要と、戦後の各集落の入植過程を詳しく描いている。

◇『ボリビア・コロニア沖縄 入植25周年誌』(ボリビアコロニア沖縄入植二十五周年祭典委員会 1980年)
　入植当時の回想・年表・名簿などを収録。

◇石川友紀「ボリビア・オキナワ移住地形成への琉球政府計画移民の経緯」『琉球大学法文学部紀要 地域・社会学系篇』創刊号(1995年)
　戦後第1回移民を中心にまとめた論文。

◇石田甚太郎『米軍に土地を奪われた沖縄人—ブラジルに渡った伊佐浜移民』(新読書社 1997年)
　ブラジル在住の人々を中心に取材したルポルタージュ。

鳥山 淳

戦後海外移民送出数　(単位：人　『琉球統計年鑑』・『沖縄県統計年鑑』から作成)

年　代	総　数	ブラジル	アルゼンチン	ボリビア	ペルー	その他
1948-52	1,584	118	1,377	52	34	3
1953-57	5,432	3,472	1,018	753	184	5
1958-62	7,806	4,725	531	2,187	357	6
1963-67	1,381	463	518	298	102	0
1968-72	975	456	323	96	63	37

第5章　米軍占領下と沖縄の女性

　1945（昭和20）年3月末からはじまった米軍機による空襲、艦砲射撃、米軍上陸と、沖縄住民は恐怖の渦に巻き込まれた。「集団自決」を含め大勢の老若男女が殺され、無事生き残ったものの、心身ともに傷ついた人々は米軍の捕虜となり、収容所生活に入った。"その日"が、沖縄の人それぞれの「終戦の日」であった。

　米軍は保護した住民を、沖縄全島の16か所の地区に収容した。住民の帰郷は許されず、収容地区外に出ることも禁じられた。数カ月前まで日本軍の陣地構築や食糧増産に駆り出された女性たちは、今度は米軍の陣地構築を手伝い、軍服の洗濯や負傷者の看護をさせられた。食事はすべて米軍からの配給であった。

　こうした収容所生活のなかで、女性たちの参政権が実現するという、考えてもみないできごとが起こった。沖縄本島内12の収容所での、市会議員選挙であった。米軍は、いち早く沖縄の女性たちに民主主義をプレゼントしたのである。

　1945年末から、帰郷が許されるようになり、住民は翌年から翌々年にかけて居住地への移動をはじめた。久しぶりのふるさとは瓦礫の山と化し、あたりには不発弾の危険物が無数に転がっていた。とりわけ、子どもたちを危険物から守る必要があり、木陰を利用した"青空教室"がスタートした。

　「男一人に女トラックいっぱい」といわれた戦後の混乱期に、多くの"未亡人"たちは、女手一つで子どもを育てなければならなかった。米軍占領から1年くらいは、食糧や衣類など無償で配給があったが、その後有償となり、孤児、身寄りのない高齢者を含め、救済の必要があった。次第に、各市町村で婦人会が結成された。自分の家族のみならず、女性たちは地域の人たちの生活も支えなければならなかった。

　かつて、"風呂敷一枚あれば商いができる"という言葉があった。沖縄の女性たちの商才を表現したものだ。女性たちはどんな状況であれ、その実力を発揮した。米軍からの横流し商品を"戦果"として闇市で売りさばいたり、それだけに飽き足りない女性は、法を侵しながら密貿易で稼ぎまくった。台湾、香港、大島ルートと、男たちと渡り合っての活躍であった。

　ところが、そんな勇ましい女性たちがいる反面、家族に戦傷病者をかかえたり、働き場所のない女性たちは、米兵のハーニー（恋人）になり、あるいは売春婦となって客をとるものも出てきた。また、親を失い、孤児となった少女たちの"売

第5章●米軍占領下と沖縄の女性

春婦"も現れた。戦争がはじまる前までは幸せに暮らしたはずの女性たちの人生は、望まない戦争によって、大きく狂わされてしまった。コザでは、婦人会のリーダーの島マスが中心になって孤児を保護する女子ホームを設置したり、また生活のために身を売らざるを得ない女性のために、ランドリーを開設するなど事業を起こした。

　米軍の上陸とともにはじまった、女性に対する米兵のレイプ事件も後を絶たなかった。米軍は、傷つく人々を手当てする一方で、女性たちを拉致、強姦し、なかには、殺人を犯すものまでいた。犯罪は、時間、場所、女性の年齢など関係なく起こった。武装した米兵の前では、占領民はただ泣き寝入りするだけであった。

　とくに1950年に朝鮮戦争が勃発してからというもの、凶悪な犯罪はさらに増え、女性たちは戦々恐々の日々を暮らした。若い男性たちは自警団を結成し、米兵が近くにくると半鐘を鳴らして女性たちを守った。また、いわゆる「良家の子女を守るため」、コザには"特殊婦人"が出入りする歓楽街も設置された。

　本土からは大手の土建業者が来島し、先島や奄美諸島からも多くの人々が出稼ぎにやってきた。米軍基地は、当時の沖縄の人にとって最大の働き場所となり、女性たちもあらゆる仕事についた。道路工事の人夫（婦？）、タイピスト、PX（基地内売店）の売り子、ランドリーの従業員、メスホール（基地内食堂）のウェイトレスなど、さまざまであった。

　しかしながらその一方で、基地建設のための土地の強制接収に反対する女性たちの闘いがあった。宜野湾市伊佐浜の女性たちだった。土地闘争がはじまったころは、男女とも作業現場のパワーショベルの下にすわり込み、抵抗を続けた。ところが、やがて男たちは土地接収を容認する動きを見せはじめる。女たちは、妥協を許さなかった。乳飲み子を背負い、琉球政府や立法院へ土地取り上げ反対の陳情運動を繰り返したが、効果は全くなかった。

　米軍は午前3時ごろの暗闇に乗じて、ライトを消したブルドーザーで田畑を踏みつけてやってきた。そして家屋を次々に破壊していった。女たちは、米兵に銃剣やピストルを突きつけられながら、柱にしがみつき、座り込むなど、抵抗を続けた。その後、沖縄中で「島ぐるみ土地闘争」が激化していった。

　米軍基地あるがゆえに起きる犯罪に、女性たちはいつの時代も基地撤去を訴えてきた。おそらく、今後も運動は続くだろう。伊佐浜の女性たちの闘いの教訓は、戦後の沖縄の女性の大きな原動力となった。

宮城　晴美

第5章●米軍占領下と沖縄の女性

初の女性参政権

　日本から分断された沖縄は、米軍占領下で司法、行政、立法すべてが空白地帯にされていた。1945（昭和20）年8月15日、米軍政府は、沖縄住民の収容地である知念、胡差、辺土名など、沖縄本島11の地区から選挙人代表を石川に集めた。そして米軍は、日本が負けたことを彼らに知らせるとともに、「沖縄諮詢会」の設置を命じた。沖縄住民の社会、政治、経済組織を速やかに設立することを目的に、その責任と義務を委任するという機関であった。

　それぞれの地区で重要な仕事に従事していたり、指導的地位にいた人たちのなかから124人の代表が選ばれ、連記投票によって諮詢会委員15人が選出された。つづいて9月13日、「地方行政緊急措置要綱」が公布され、12地区の市制が米軍政府によって定められた。石川、田井等、知念、辺土名、胡差、前原、古知屋、宜野座、漢那、瀬嵩、大浦崎、平安座であった。

　9月20日、各市で市会議員選挙が行われることになった。「地方行政緊急措置要綱」には、「年齢25歳以上の住民は選挙権被選挙権を有す」という条文が織り込まれていた。つまり、日本の女性たちが長年にわたって要求し続けた「婦人参政権」が、沖縄ではじめて認められることになったのである。諮詢会委員の過半数が、「まだ民法でも女子を個人として認めてないのに参政権は時期尚早」と猛反発したが、米軍政府政治部長のモードック中佐は「遺憾ながら、これは命令する」と、男性たちの反対を一蹴した（『沖縄の証言―激動の25年誌』沖縄タイムス社）。

　この選挙には、従来とは異なった次のような特徴があった。

・選挙権、被選挙権の欠格条件が撤廃されたこと。

　住所の要件や刑罰、禁治産者、準禁治産者の記録や書類が戦争によってすべて焼失したため、条件をはずした。

・代理投票が許可されたこと。

　女性にとってはじめての選挙というものの、字を書けない人が多く、代筆してもよいということになった。

　選挙にむけて、戸籍台帳の代わりに食糧配給台帳で名簿がつくられ、投票用紙はザラ紙、投票箱は缶詰など配給用品の入った空き箱がつかわれた。

　行政資料では、「かくして初めての婦人の選挙権行使は上上で棄権率が少なく、住民の自治能力と民主主義への理解を深めた」（『沖縄大観』日本通信社）とあるが、実際は、男性たちが戦死したり未復員のため数が少なく、投票率を上げるには女性たちに投票を促す必要があったと思われる。というのは、「面倒くさい」とか「戦前はなかったの

第5章●米軍占領下と沖縄の女性

に」と投票をいやがる人が多かったというからだ。

しかし、やはり女性の参政権は「民主主義、男女同権の新たな社会がやってくる」と、悲愴感にうちひしがれていた多くの女性たちに希望を与えた。中城村出身の中村信は、「女性にも選挙権が与えられたから投票するようにという」選挙広報に耳を疑ったほどだった。そして「感激いっぱいで投票した」（『私の戦後史　第7集』沖縄タイムス社編）という。

ただ、女性の立候補者についての記録がないのが残念である。CICの調査結果では「住民の選挙は明朗、公正に行われた。有権者は婦人が多いのに一人の立候補者もなかったことは初めての選挙であるためであろう」とコメントしている（浦崎康華『沖縄戦とその前後』）が、落選はしたものの、二人の女性が漢那市から立候補したという記録もある（前掲『沖縄の証言』）。

女性たちがはじめて政界に進出するのは、1948年2月1日の市町村長選挙で施行された「市町村選挙法」に基づき、2月8日に実施された市町村議員選挙であった。収容所の選挙では、選挙権、被選挙権とも25歳以上であったが、新選挙法では選挙権が20歳、被選挙権は25歳以上となった。そして、当選したのは、首里市で武富セツ、糸満町で牧志シズ、長田文、名護町で新垣輝子の四人だった。その後、石垣町に牧志つるゑ、宮城文、平良市に大山キク、友利アイ子、与那国村に与那原キヨ、玉城喜美代、宮里キクノ、嘉手納村に真境名つるの7人が当選した。

〔参考文献〕

◇宮里悦編『沖縄・女たちの戦後──焼土からの出発』（沖縄婦人運動史研究会　1986年11月）

　女性の目を通して綴った、数少ない沖縄戦後史である。廃墟のなかから女性たちがいかに立ち上がり、そして戦後史を築いたか、沖縄県婦人連合会のリーダーたちが、自らの生活体験と社会改革の実践を綴っており、貴重な証言が盛り込まれている。

◇『沖縄の証言──激動の25年誌　上巻』（沖縄タイムス社　1971年5月）

　1944年の学童疎開にはじまり、米軍上陸後の沖縄住民の苦労、そして落ちつき自立していく過程を、時系列を追って記録した本である。

◇浦崎康華『沖縄戦とその前後』（1977年2月）

　日中戦争から戦後の復興期までの記録を綴ったもので、「対馬丸遭難事件」の犠牲者や、著者の出身地である那覇市泊地域の戦争犠牲者の名簿を中心に、沖縄戦前後の歴史をまとめている。

宮城　晴美

第5章●米軍占領下と沖縄の女性

歓楽街

　1950（昭和25）年6月、朝鮮戦争が勃発した。すでに前年に中華人民共和国が成立するなど国際情勢の変化もあり、沖縄の基地建設はピークに達した。街には米兵があふれ、日本本土からは大手の土建業者が来島し、沖縄は「軍事基地の島」に変貌しはじめていた。

　こうした動きに伴って、生活苦にあえぐ女性たちのなかには、家族に食べさせるため米兵のハーニー（恋人）になったり、売春行為に走る者が出てきた。なかには、"出張売春"をする人もおり、その代償にもらいうけた品物を子どもたちが露天で販売するなど、教育環境が問題にもなった。さらに、米兵によるレイプや殺人、傷害事件が後を絶たず、地域の女性たちをおびやかしていた。米軍政府も特別布告「占領軍への娼業禁止」や、「花柳病（性病）取締」を出し厳しく対処したが、効果は全くなかった。

　そんななか、中部一帯の婦人会や行政当局は、米兵の性的欲望を処理するための"赤線地帯"設置を、沖縄民政府に要請した。つまり、売春を仕事とする"特殊婦人"を一か所に集め、米兵の相手をしてもらおうと考えたのである。要請を受けた沖縄民政府は、コザ、那覇、前原、石川など数カ所に歓楽街を設置する計画を立て、米軍と調整に入った。

　かねてから米兵相手に"売春"をする女性たちに手を焼いていた行政当局にとっても「渡りに舟」であった。しかし、その賛否をめぐって世論が沸騰した。同じ女性たちのなかにも「良家の子女を守るために必要」とか、「防波堤になるから賛成」という声がある一方で、「女性の人権侵害」と反対論も出てきた。とくに同じ婦人連合会の一員である中部の婦人会は歓楽街設置を要請し、それが具体化したところで中央の婦人連合会役員を中心に反対運動が起こるという、ねじれが生じた。まさに、米軍施政下の沖縄を代表する現象であった。

　歓楽街設置の論争は一時鳴りをひそめたが、コザにはビジネスセンターや「ニューコザ」が設置されるなど、歓楽街はどんどんつくられていった。コザの「八重島」もその一つだった。次第に性病も蔓延するようになり、「Aサインバー」が登場した。

〔参考文献〕
◇『島マスのがんばり人生』（島マス先生回想録編集委員会　1987年11月）
　基地の街・コザを中心に、生涯を福祉活動で貫いた島マスの人生を描いた本である。

宮城　晴美

公衆衛生看護婦

　復帰に伴って「保健婦」と名称が変わったのが、"公看さん"とよばれた「公衆衛生看護婦」である。

　米兵相手の"売春"を行う女性たちが増えるにつれ、沖縄では性病患者が徐々に増えていった。また、米兵にレイプされたことで性病をうつされるというケースも出てきた。

　それに輪をかけたのが、1950（昭和25）年の朝鮮戦争勃発であった。大勢の米兵が沖縄に集結し、それに群がるように"売春婦"が増えたため、性病問題は深刻化したのである。米軍政府はさっそく「性病取締法規に関する軍布令」を出し、既設の病院に性病の医療行為を認めるとともに、保健所設置を急いだ。

　朝鮮戦争勃発の5か月前には、すでにアメリカから「パブリック・ヘルス・ナース（保健婦）」の顧問としてワニタ・ワーターワーズが沖縄の米軍政府に赴任しており、看護婦の資格向上をねらった看護学校設置の準備を進めていた。そして1951年1月、米国民政府布令として「看護婦養成学校法」が公布され、臨床看護婦、保健婦、助産婦の養成が4月1日からはじまった。

　保健所の設置を急ぐ米国民政府は、その手足となる保健婦の養成をとくに急いだ。その中心となったのが、戦前から看護婦として活躍してきた金城妙子であった。名称も、「パブリック・ヘルス・ナース」を直訳して「公衆衛生看護婦」（公看）とし、離島を含めた全市町村の駐在制を打ち出した。この制度は、全国の保健行政のなかでも珍しいケースであった。とくに無医地区の多い沖縄では、医者に代わって自分たちの健康管理をしてくれる大事な存在で、いつしか"公看さん"と愛称で呼ばれるようになっていた。

　米軍は当初、性病対策のために保健所設置を打ち出したが、沖縄には結核やマラリアなどの伝染病も蔓延しており、その対策も必要であった。1951年7月、農村地域の多い北部には寄生虫対策として北部（後の名護）保健所、基地の多いコザには性病対策のための中部（後のコザ）保健所、そして結核対策を中心に南部（後の那覇）保健所が設置されたのである。

　朝鮮戦争勃発によって、実にあわただしく沖縄の保健行政はスタートしたのであった。

〔参考文献〕
◇金城妙子「私の戦後史」『私の戦後史第8集』（沖縄タイムス社　1985年3月）
　米軍占領下の沖縄の看護史を語れる数少ない存在の一人、金城妙子の貴重な証言集である。

宮城　晴美

第5章●米軍占領下と沖縄の女性

米兵による性犯罪

　砲弾の飛び交う戦争は終わっても、女性たちには新たな"戦争"が待ち受けていた。上陸した米兵が、傷つきたおれた人たちを救助する一方で、次々に女性をら致、レイプしたのだ。野草をさがしに出た女性が複数の米兵に山中に連れ込まれてレイプされたり、乳児をおぶった19歳の女性が収容所内でら致され、2年後に母子とも白骨化した状態で見つかった事件もあった。

　米兵は、住民を収容した野戦病院でも、看護婦として働く若い女性や、患者までをも襲った。なかには、病気で入院した少女が、付き添った父親の目の前で米兵に犯されたケースもあった。相手は武装兵である。妻や娘が襲われても男性たちは立ち向かえなかった。米軍上陸から10カ月目、各地で混血の子どもたちが誕生した。

　敗戦の翌年、収容所からそれぞれの郷里に帰っても、事件は頻発した。場所、時間も関係なかった。住民は集団で行動したが、山野での薪拾いの最中、あるいは農作業中など、大勢の目の前から女性がら致されていった。また、民家に侵入し、ピストルをつきつけて"オンナ"を要求した米兵も多かった。地域の男性たちは自警団をつくり、女性を米兵の魔の手から守ろうと、米兵が姿を現すと半鐘を鳴らして警戒した。女性たちも、顔に墨を塗ったり、押し入れや床下に隠れるなどしたが、根本的な解決にはならなかった。米兵にとって、"オンナ"であれば年齢は関係なかった。

　1949（昭和24）年9月、中部のある地域で、高熱を出した生後9か月の女児が病院に運び込まれた。女児の腹部は、縦に裂けていた。母親の友人の米兵が子守をするからと連れ出し、翌日、高熱をだして火がついたように泣く乳児を連れ帰ったという。傷は、レイプによる裂傷だった。

　子どもたちの被害は連日のように続いた。1953年12月、教職員会と婦人会が中心になって「沖縄子供を守る会」が結成された。基地被害から子どもたちを守るためであった。しかしながら、悲惨な事件は起こった。

　1955年9月、石川市で6歳の永山由美子ちゃんが、嘉手納高射砲隊所属の米兵にら致、レイプされ、惨殺されるという事件が起こった。当時沖縄中に衝撃を与えた「由美子ちゃん事件」であった。草むらに放置された由美子ちゃんの顔面はくずれ、両手は生えた草を、しっかりつかまえていたという。由美子ちゃんだという判別は、着物の柄によって行われた。

　容疑者は一度死刑の判決を受けたが、その後45年の重労働に減刑された。と

第5章●米軍占領下と沖縄の女性

ころが実際は、法の届かない本国に帰されてしまった。この事件以来、石川市では、生まれた子どもに「由美子」と名付けることはなかったという。

そのちょうど1週間後にも、海兵隊所属の一等兵に、9歳の少女が拉致、レイプされている。米兵が子どもを襲うとはつゆ知らず、大人たちが子どもを残して逃げたことによる悲劇だった。

事件は、とくに朝鮮戦争、ベトナム戦争のころに集中した。しかも、レイプ・殺人という残忍な事件であった。戦地からもどった米兵が集まる飲み屋では、女性が一人でトイレに行くのは自殺行為だといわれたほど、異常な日々が続いた。米兵自身、日常的に人殺しの訓練を受け、戦場に出向くと明日の自分の命の保証すらない。尋常であるはずがなかった。

米兵の沖縄人への犯罪に対して、復帰前の沖縄の警察は極めて非力であった。米軍の占領下で、被害に遭った女性たちは泣き寝入りするしかなかった。警察だけでなく、社会構造にも問題はあった。強盗や殺人事件とは異なり、レイプ事件は「親告罪」であるため、被害者が訴えない限り起訴できないことになっている。ところが、訴えても、容疑者さえ特定できないケースが多かった。また、被害に遭った女性は、男性の警察官や裁判官に取り調べられるため、無神経な質問などで二重、三重の

精神的なレイプを受けることになった。世間の好奇な目も、被害者を苦しめた。加害者に対する批判よりも、被害に遭った女性に非があるような見方をする人があまりにも多すぎた。これまで、どれほど多くの女性たちが泣き寝入りしたか、想像に難くない。

〔参考文献〕

◇「戦後・米兵による沖縄の女性への犯罪（第3版）『第2回アメリカ・ピース・キャラバン報告集』（沖縄「基地・軍隊を許さない行動する女たちの会」1998年10月）

1945年3月末の米軍上陸以来、米兵による女性への性犯罪について調査した記録である。証言や新聞記事、文献などから抽出したもので、各事件ごとに出典を明記している。この記録では、1997年までの被害者が215人、加害者は505人で、ほとんどが複数犯であることがわかる。なかには、1人の女性が20人余りの米兵に襲われたケースもあった。表に出た事件の数はもちろん、氷山の一角にもならない。米兵の犯罪は、いまなお沖縄で起こりつづけている。軍隊の構造的暴力として、軍事基地があるところに、必ずレイプ事件が起こることを如実に示した資料である。1995年9月の少女の事件は、その延長戦上にあった。

なお、この事典の「付録資料3●戦後・米兵による沖縄女性への犯罪」をぜひ参照していただきたい。

宮城 晴美

第5章●米軍占領下と沖縄の女性

米軍メイド

　終戦直後の収容所では無償配給を得るためには軍作業にでることが必要だったが、少し世の中が落ちついてくると「仕事」としての軍作業に多くの者が従事するようになった。軍関係の仕事には軍による直接雇用と軍関係者による雇用があり、メイドは個人に雇われる仕事だった。そのためメイドの仕事は需要もあり比較的探しやすい仕事だった。それほど階級の高くない一般の兵でも容易にメイドを雇うことができたからだ。

　給金は月俸で1100円～1300円だったのが、1500円～2700円に増俸された（1950.9.2付「うるま新報」）。これは同年4月の為替レートの切下げより軍雇用員の労務賃金が2倍以上に引き上げられたことに伴うものと思われる。それまで軍作業は賃金と現物支給だったのが、賃金のみになり、生活費とのアンバランスが改善された。

　仕事は掃除、洗濯などでそれまで火熨斗しか知らなかった者が初めて見たアイロンの使い方に戸惑ったり、言葉が通じない故の苦労や笑い話もいろいろあったが、ていねいでまじめな働きぶりが気に入られ、お礼に家をプレゼントされり、なかには結婚を申し込まれた人もいた。

　1952、3年頃には、将校夫人会がスポンサーとなって開催した『メード・トレーニング・スクール』に受講者が殺到、60時間の講習でアメリカ式家政術を身につけ、1年間に約100人が卒業、メードの職を得たといい、人気職業であったことがうかがえる。

　彼女たちはお金とともにアメリカ文化も持ち帰った。ケーキの焼き方やコーヒーの味を覚え、ハイヒールを履いてダンスに興じるなど米人たちとの交流は新鮮な驚きの連続だった。そしてそれは富める者への憧れも交じって沖縄人の生活の中に取り入れられていく。

　復帰が近い頃には9000人の女性たちがメイドとして働いていたというが、米軍による雇用ではないメイドは、突然解雇されても軍離職者臨時措置法や失業保険法、医療保険法などの適用を受けることができなかった。一家の大黒柱となって働いている者も多数おり、仕事が無くなれば即無収入となって経済的に追い詰められることとなった。行政は「琉球がすり」の内職を指導、支援したが、日本復帰を迎え、彼女たちを取り巻く雇用はますます厳しい状況になった。

大城 奈々

第5章●米軍占領下と沖縄の女性

国際結婚

　沖縄では「国際結婚」は、県内に駐留している米軍人・軍属と県人女性の結婚を指す場合が多い。1945(昭和20)年の米軍上陸以来、戦後は米軍基地が拡充、機能が強化されてきた歴史的経過がある。常時数万人以上の米人が沖縄に住み、県人女性との結婚も必然的に他府県に比較して多かった。

　復帰前については、きちんとした統計がとられておらず、件数などは明確ではない。また、復帰前は、正式、あるいは内縁関係だったものの、米兵の戦地への派遣や本国への帰国などにともない、妻子を沖縄におきざりにし、養育の義務を果たさない米軍人も多く、母子の困窮が社会問題となったこともある。

　復帰後の国際結婚については、厚生省の人口動態統計である程度の数字が把握されている。1997(平成9)年の厚生省の人口動態統計によると、夫が米国人で妻が日本人の婚姻は全国で1374件。件数でもっとも多いのは神奈川県で298件、ついで沖縄が206件。人口比で考えると、沖縄の国際結婚率の高さ、特に米人男性と県人女性との婚姻率の高さがうかがえる。

　この数字はまた、沖縄同様に米軍基地がおかれている、青森51件、長崎48件と比較してもかなり高い数字である。ちなみに、1990年以後の沖縄における米人男性と県内の女性の婚姻件数を追ってみると、91年が195件、92年265件、93年248件、94年285件、95年230件と推移している。国際離婚について同統計を見ると、全国が328件で沖縄が61件。全国の米人男性と日本人女性の婚姻の中の沖縄での婚姻がしめる割合が全体の15％であったが、離婚が全体の18％で若干離婚率は高いといえる。もっとも沖縄は日本人同士の婚姻でも離婚率のもっとも高い県である。

　米軍人と県人女性との婚姻は、「うるま新報、1947年8月1日」によると、1947年7月に民政府に届け出られたのが最初だとされている。だが、米軍は1948年4月1日、「琉球住民と占領軍人との結婚」に関する特別布告が出され、婚姻が禁止された。同布告は、琉球人が占領軍人と婚約することも、琉球の民政官吏がこのような結婚届けを受理することも不法だとした。

　同布告ではこれに違反した、琉球人には罰則規定までもうけられている。しかし、この布告がどの程度の効果と影響を与えたかも判然としないまま、4カ月半後の同年8月17日で廃止となった。那覇市に保管されている、資料によれば、県人女性と米軍人との婚姻届けが増加するのは1952年以後のことである。これは米国が、戦争花嫁法やフィアンセ法、移民法の制定などを経た後のことである。

澤岻 悦子

混血児

　1945（昭和20）年の米軍の沖縄占領以後、沖縄に数多くの米軍人が駐留するようになり、県人女性との間に混血児が生まれた。混血児の数は、復帰前、3000人とも4000人ともいわれたが、はっきりした数字は明らかではない。

　復帰後については、厚生省の人口統計の米国籍男性と日本籍女性との間に出生した子どもの数が明らかにされており、概数がわかる。それによると1990年代には、年間約200人～260人が出生しており、1997年は258人であった。

　全国では、米国籍父と日本籍母の間に出生した子どもの数は、1990年代に入ってから年々増加の傾向にあり、92年に1019件、93年に1073件、94年に1181件、95年に1171件、96年に1212件、97年に1353件と推移している。これらの児童の数は、沖縄は全国の約19％（1997年度）を占めており、人口比でみると沖縄での混血児の出生率はかなり高い。

　混血児の問題は特に復帰前に米兵による妻子の置き去りや、扶養義務を果たさない父親の問題などが大きくクローズアップされた。離婚や養子縁組、扶養など国際間の相違から起こるさまざまな問題に対処する目的で、1958年に、国際福祉相談所（1998年に閉鎖）が開所された。同相談所は、開所以来15年間にわたって取り扱った8000件のケースと、1970年、73年に実施した、沖縄の混血児の実態調査をもとにこれらの子どもたちの生活の様子についてまとめた。

　それによると、これらの子どもたちは (1)米国人やフィリピン人に遺棄や離婚された母子家庭であること (2)そのため米国人軍人・軍属やフィリピン人の扶養家族としての恩典を受ける資格を有しない (3)日本人地域社会に住み、日本の公立学校に通っている等である。

　このような児童の約80％は非嫡出子であり、ふつう日本人として母親の籍に入籍されている。残りの20％にあたる約600人が法的国際結婚から生まれたため、外国人父親の国籍を取得した外国籍児童と推計されている。また、混血児家庭は両親がそろっているのは10％程度である。

　これらの子どもたちが、ほとんどが母子家庭であることから、母親の収入だけでは生活が苦しいという、経済的問題があげられている。また、沖縄の閉鎖的な社会、特に伝統的な祖先崇拝の強いところであり、人種の異なる外国人との間に生まれた子どもを、社会や家族が容認しない風潮も強く、これらの子どもたちに対する差別や偏見も根強い。そのため、子どもたちも、自

第5章 ●米軍占領下と沖縄の女性

己のアイデンティティの問題で悩む場合も多く、社会への適応に苦労している子どもたちもいる。

また、同相談所は、外国籍の子どもたちの場合の問題点として、国民健康保険や、児童扶養手当など日本の社会保障制度から除外されており、生活の不安がつきまとうことをあげている。帰化を希望しても、その手続きが複雑で時間と金銭的負担がかかるためなかなか思うようにいかない場合が多かった。

混血児の問題の中で、復帰後特に社会的な注目を集め、改善されたのが無国籍児の問題である。日本の国籍法が父系優先血統主義、米国が出生地主義をとるため、日本で生まれた混血の子どもたちの中に、両国の国籍法のはざまで、あるいは父親の行方不明や出生届けを出していないことなどにより、米国籍も日本籍も持たない子どもたちの事例があった。この無国籍児の問題は国連婦人の10年、国際児童年などを契機に、女性に対す差別をなくすための法制度の見直し、子どもの人権を補償する機運の高まりの中で、婦人団体や児童福祉関係者などから国籍法改正要求が行われ、1985年に国籍法は改正された。

復帰後は、県内の国際結婚が、妻と夫とが極端に経済的格差があるという、かつてのパターンではなくなってきており、妻子置き去りなどのような問題は少なくなってきた。しかし、夫婦が離婚すると、子どもが母親に引き取られた場合、母子が従来通りの恩典からはずされる。そのため、子どもたちがそれまで通学していた、基地の中の学校に通うには経済的負担が重すぎるため、その教育権の補償を求める運動が起こっている。

従来、混血児は「ハーフ」とも呼ばれてきたが、近年、半分ずつの「ハーフ」ではなく、両方もって生まれた混血であることを前面に出し、「ダブル」と、呼ぶ人たちもいる。また、アメリカ人とアジア人の間に生まれたとの意味で「アメラジアン」という呼び方も定着してきた。教育も文化も、米国か日本か、どちらか一方というのでなく、両方の文化を吸収し、教育を受けたいとの要求も出てきた。

澤岻 悦子

第5章●米軍占領下と沖縄の女性

奄美・先島からの流入

　分離期・軍政下当初、奄美は南北二つの「人為の緯線」によって遮断されていた。南への移動が活発化するのは1948（昭和23）年10月9日の「琉球列島の自由交易に関する特別布告」の前後からである。同年5月に琉球銀行が業務を開始する。1949年4月には食糧価格三倍値上げの声明が発表された。また1950年米国議会で沖縄軍事基地建設の予算が計上され、投入される。食えない島での現実の中、少なくない人々が南北の地を目指す。「北の緯線」は密航で越え、南へは「沖縄へいけば何とかなる」という気持ち、または「沖縄で一旗揚げよう」という気概で。

　南海日日新聞によれば1949年1～6月で沖縄渡航者1,111人とある。1950年7月の同紙は1万数千人と書き、1952年6月には2万から3万と数を述べる。奄美の失業者は1950年8月で3,610人（人口比1.6%）、1951年5月末で4,870人（人口比2.3%）である。なお新聞は1951年2月4日付で「沖縄への移動は身分証明書が必要」と書いてある。

　戦後奄美の人口は増加する。外因は本土からの帰還と外地からの引き揚げ。内因はベビーブームである。だが増加は1949年でピークを迎え翌年からは減少を始める。ピーク時の1949年が約23万人、復帰翌年の1954年は約20万人で3万の減少である。3万という数値には北への密航、沖縄への移動と復帰後の帰島、沖縄永住、奄美を通り越して本土への移住などの要素が加味されている。人口の推移は奄美大島内部でもずれがある。南部の宇検村のピークは1948年、古仁屋町（当時）は1949年だが、北部の名瀬市の人口ピークは1951年である。直接沖縄に渡るか、名瀬市に出てその後沖縄に渡るかの二つがあった。名瀬市は、いったん人口を吸収し、その後沖縄や本土へ吐き出したと考えられる。

　沖縄に移動した奄美の人々は折からの基地建設や米軍関係の仕事に従事した。だが「大島どっこい―ヤクザ」「大島パンパン」などと呼ばれる存在もあった。奄美から沖縄への「パンパン」ルートにはヤクザやブローカーが介在していた。主な収入源を香港からの密輸に頼るあるヤクザは売春のウワマエをはねていた（中村喬次『南島遡行』）。名瀬市内でのブローカー相場は一人500円と書く当時の小説もある。若い娘の沖縄行きを新聞は「誘拐の手も乗った20娘」「二少女を誘拐　70じいさん起訴さる　沖縄へ行けば良い仕事がいくらでもある」などと報道している。

　沖縄の新聞は「大島どっこい」「大島パンパン」を連日のように書いている。「夫婦合意の売淫かせぎ　大島郡の男

第5章●米軍占領下と沖縄の女性

女」「ピストル男は大島生まれの脱獄囚」「無籍者なんと三百五十名　若い女が断然多い（コザ地区。大島出身者130人）。「那覇漫湖を前にした『パンパン』部落」を取材した嘉手川重喜「アプレゲール派戦後風俗業盛記」（「うるま春秋」1950年9月号）によれば土地の女はハーニー（オンリー）で大島や離島からの女が「パンパンガール」となり、流動的とある。「女と一緒に来ている大島辺りの青年もいる」。公定ヤミ相場はショートタイム3ドルで家主・ブローカー・女1ドルずつ配分、ロング（オールナイト）は10ドルでそれぞれ2・2・6ドルとある。

　「彼女等が稼ぐその金を／アバラ屋で、ボロをまとい、やせ衰えた親と子が、指折り数えてまっている」（もときみつ・詩「パンパン」）。奄美への沖縄からの送金（1952年3月～1953年2月）は7,646万6,000B円。1953年時の奄美人口で割ると一人あたり384B円で配給米8キロが買える金額である。なお1952年の奄美群島の税徴収額は6,931万5,154B円で沖縄からの送金がそれを上回っている。送金の内訳は不可能だが奄美経済が「パンパン経済」と呼ばれたのも頷ける数字である。

　1953年9月19日付南海日日には在沖奄美人は正式移住者だけでも2万4,556人とある。10月になると「沖縄への転籍急ぐ　在沖奄美出身者名瀬市で既に千件以上」の記事が載る。11月の記事には2万2千人中、帰島推定は7,700人とある。「沖縄へ行くときで島の地所は処分していたし、今さら島へ帰れない」（『南島遡行』）事情もあった。1953年12月の奄美復帰後沖縄在住を希望する奄美人は「外人登録」と「日本人身分証明書」の発行を受けなければならなかった。

　1955年3月の南海日日新聞は「今は哀し"夜の女"で露命」の見出しで鹿児島の花街に流れた「大島娘」の様子を伝える。三年後には「沖縄へ渡る夜の女　国境の島に取締りの目」の記事を載せる。売春防止法施行により沖縄に渡る女たちの記事である。二つの国の現実に翻弄された奄美現代史の一駒だ。

〔参考文献〕
◇中村喬次『南島遡行』
　　　　　　　　（海風社　1984年）
　少年の日に見た沖縄帰りの青年の実状、取材したヤクザの話しなどがリアルである。
◇間弘志「小説の中の『パンパン』」
　『ルリカケス』第15号（1985年）
　当時、奄美の雑誌・新聞に発表された創作散文から「パンパン」の実態をまとめる。

間　弘志

第5章 ●米軍占領下と沖縄の女性

【コラム●日本にあって沖縄に根づかないもの２】

整 列 ! !

　並ぶわけないでしょう、暑いのに。それに沖縄のバスはいつ来るか、わからない。一応バス停の看板には、時刻表というものがたまに貼ってはあるが、信じてはいけないし、時間通りでないと怒ってもいけない。沖縄の人が本土へ行って"電車もバスも時刻表どおりに来るから、びっくりした"という話は多い。沖縄の場合、時刻表より遅れるのは渋滞していたからで、早く通過するのは空いていたからである。そう、通過するのだ。その時刻になるまで停留所に停車して調整する事は、まず無い。だから、もしかすると早く来るかもしれないバスに合わせて早くから立っていると、やはり遅く来るから、待ちくたびれて終いには、本当にバスは来るのかしら？と思ってしまう。これが夏なら、とにかく近くに陰はないかと探すのは当然。そしてバスの姿が見えてくると、軒下や木陰で待っていた人々が集まって来る。それも、何となく集まって、決して並びはしない。何故なら、バスも適当な位置に停車するから。停まったバスの扉に一番近い人が一番に乗る。"あなた、私より後に来たでしょ"などと怒る人はいない。先に乗る人は「ついてる人」なのだ。学校の帰りなど何十人もバス停に集まる時は、それはあたかもルーレットの玉の行方を見守る様に、減速して近付いて来るバスの扉を見つめていた。どうか、私の前で停まります様に、と。

　沖縄で"並ぶ"事は何となく賭けにも似ている。銀行のATMや、トイレの個室、並ぶ対象が複数の時、先頭振り分け式の並び方なら、その場所に来た順に利用できるのに、その方式が定着しない。スーパーのレジの様に、機械、個室それぞれに列を作るのだ。誰の後ろに並べば早く用が済ませるか、見極めなくてはならない。

　ある時、銀行へ行ったらロープを張って、進行方向が矢印で示されていた。とうとう沖縄も本土の様に並ぶか！と思ったが、後日ロープも矢印もどこかに消えて、元の賭け並びに戻っていた。

許田 清香

第5章●米軍占領下と沖縄の女性

【コラム●日本にあって沖縄に根づかないもの3】

季節の木を育てよう

　暑さ寒さも彼岸まで。そんな事は無い。クリスマス、正月、バレンタインでさえ暑さはいつでもやって来る。沖縄は晴れると暑いのだ。四季を感じ、浸る事は少ない。ほのかな色の桜の花びらが風に吹かれてはらはらと、…春も終わりね、なんて余韻を楽しむ事は出来ないのだ。花が咲いている時から葉が芽ぶき始める沖縄の桜は、冬が終わると、春でなく夏がフライングして始まる様でもある。一日一日と暖かくなり…とすでに汗しながら書く気にもならず、蝉の大合唱の中、朝夕めっきり寒くなりました…と読む秋も変な感じ。春夏秋冬。亜熱帯に属する沖縄には根本的に無理かも。地球が温暖化の道に進んでいるから増々淡い季節は遠ざかっていくのではなかろうか？。夏夏夏ちょっ冬、という沖縄の二季。

　およそ年中、車内にクーラーをつける沖縄でも、一応冬らしい時もあり、わずかに雪が降った珍事もある。それは天気が悪いか夜、つまり太陽の威力が衰えている時。「ブヘックショ〜ン」と大きなクシャミの主を見ると、体格のいい男がＴシャツ姿だったりする。冬なんだから、せめて長袖くらい着たら？と思っていると男は手を擦り合わせながら言う、「夜は結構寒いナァ、冬やっさー」。以前しょっちゅう風邪をひく同僚に理由を聞いた事がある。「寒い寒いって言いながらＴシャツと短パンで布団に入るのが好き」なのだそうだ。男も同僚も、風邪をひかない様に心掛ける事もなく、冬らしい格好をしようという気もないらしい。"らしさ"は、大切にした方が良いと思うのだが、どうだろう。「もっと季節を感じよう！」根づく為の肥料が欲しい。

　　　　　　　　　　　　許田 清香

第6章　沖縄庶民にとっての戦後から復帰

　戦後生活の始まりはそれぞれ異なる。沖縄戦初期の段階で米軍に収容された者は、早くから戦後生活に入っていった。また、地上戦の無かった離島で、米軍の姿が見られるようになるのはずっと後のことだった。
　米軍は"極東最大"と呼ばれる基地を沖縄に建設した。沖縄戦から1972(昭和47)年の復帰を迎えるまでの27年間、住民は生活の細部に渡って米軍の影響を受けていった。
　住民は各地に置かれた収容所から戦後生活を始めていった。しかも、家族は離れ離れ、生死も不明だった。家族の行方は、軍作業で収容所間を行き来する者によってもたらされた。収容所を出て自由に出歩くことも許されず、無許可で夜間外出し、米軍に見つかって射殺される者もあった。1945年11月、住民は少しずつ収容所から解放される。全員が解放されたのは1947年に入ってからだった。
　生活用品は、米軍の配給物資に頼らざるを得なかった。それでも物が不足、米軍物資の抜き取りが公然と行われていった。一方で、廃材を利用した生活用品が作られていった。コーラ瓶がコップに、メリケン袋が下着に、焼夷弾が灰皿に、パラシュートがウエディングドレスに姿を変えた。戦争兵器が生活用品に生まれ変わっていった。荒れた土地に作物が植えられ、少しずつ家畜も養われるようになり、新たな命が芽生えていった。
　沖縄本島で残った建物は約5％。収容所には35万人の住民がいた。住宅の絶対数が不足していた。初めは米軍支給のテント小屋生活。やがて、米軍からトゥバイフォー（2×4）と呼ばれる松材の規格住宅が支給された。木材は主に骨組みに使用され、茅葺きの屋根、すすきを編んで作った壁、次々と住宅（小屋）が作られていった。それでも材料は不足し全体には行き届かなかった。始めは無償配布だった木材も、徐々に有償になっていった。
　水の確保も困難だった。中南部では井戸水や雨水に頼らなければならなかった。米軍は浄水施設を建設するが、米軍の専用施設であったため、分けてもらった。
　交通手段はほとんどが米軍のトラックだった。間もなくトラックバスがお目見えする。米軍払い下げのトラックに幌をつけ、荷台にベンチを備え、後部に梯子をつけて乗り降りした。
　電気の使用は米軍基地の周辺から始まった。米軍から譲り受けた発電機で電気をおこし送電。電気が届かない地域では昔ながらのランプ生活だった。

第6章●沖縄庶民にとっての戦後から復帰

　基地の島沖縄は、戦争が終わってもまるで戦時体制だった。1949年5月に始まったラジオ放送は戦時電波管制がしかれ、発信が中止された。電波の発信は敵機を誘導するおそれがあるというのだ。その後、有線放送に切り替えられ、再び電波が空中を飛んだのは4年後だった。そのころ、灯火管制もあった。米軍の合図で街の明かりがいっせいに消された。出漁時間を制限、夜間の漁り火も禁止された。

　米軍統治下において、ソフト面でもハード面でもアメリカ文化がストレートに入ってきた。人々はその進化した豊かさに愕き、あこがれた。人々は黙ってそれを見過ごしはしなかった。アメリカ文化をうまく取り込みチャンプルー（ごちゃまぜ）文化を創っていった。

　基地の街コザ（現沖縄市）ではオキナワ・ロックが誕生した。沖縄の若きミュージシャンたちが米兵を相手にロックを歌った。明日の命も知らぬ米兵たちは未熟なロックに妥協はしなかった。米兵たちの厳しい評価が優れたアーティストを育てていった。時にライブでは暴力ざたにもなった。

　先祖代々引き継がれてきた文化ももちろん大切にされた。廃藩置県以来、一部の人々によってさげすまれてきた沖縄文化は沖縄戦で灰燼にきし、戦後徐々に復活、米軍の再評価を受け育っていった。

　無い無いづくしから出発した生活も年毎に向上していった。しかし、本土と沖縄の間にはあらゆる面で格差が生じていった。本土においては、新憲法が制定され、高度経済成長を経て、国民生活は向上していった。一方、沖縄は本土の恩恵を受けることはほとんどなく、軍事基地の維持を最優先にする米軍によって、人権は踏みにじられ、経済成長も阻害された。1969年、日本復帰が決まる。しかし、復帰をはさんで沖縄はいくつもの打撃を受けることになる。米軍基地の残留、軍労働者の大量解雇、ドルの暴落など、致命傷を負いながら沖縄は復帰を迎えることになった。

　わずか1世紀の間に沖縄は、「唐（中国）の世からヤマト（日本）の世、ヤマトの世からアメリカ世、アメリカ世からまたヤマトの世」と、三つの世代わりを経験したのである。

〔参考文献〕
◇佐久田繁・山城善三『沖縄事始め・世相事典』（月刊沖縄社　1983年）
　1868年〜1982年までの沖縄の主な事件と暮らしが綴られている。
◇琉球新報社編『ことばに見る沖縄戦後史』（ニライ社　1992年）
　米軍統治下ゆえに誕生したキーワードをとりあげてまとめている。

宇根　悦子

第6章●沖縄庶民にとっての戦後から復帰

実録・戦後沖縄苦闘記

　私は、事情あって大阪在の叔父一家に引きとられる。小学校2年生の夏であった（1943年）。叔父の仕事は、一度使用されたセメント袋を再使用するための繕い作業であった。生活は決して楽ではなかったが、沖縄で育った私には三度のめしが食べられるし、何よりも白いご飯が食べられる。これ以上の食卓はない。満腹感は、両親と別れて暮らす淋しさを忘れさせるものであった。

　当時の沖縄の生活は、とても貧しくどん底の生活であった。どの家庭も同じ状況にあった。石川啄木の短歌にある「働けど働けど我が暮らし楽ならざりき　じっと手を見る」ほどの惨状であった。

　どの家庭でも働き手は老若男女を問わず、小学生も畠にかりだされた。といってもほとんどの若者は出稼ぎに出ていた。男性は、テニアン・サイパン・パラオ島などの南洋諸島へ。女性は、大阪・岐阜・奈良などへ紡績工としてである。しかし、それらの働き手も自分の口を満たすのが精いっぱいで、仕送りもできる状況ではなかった。

　沖縄にあって仕事と言えばみな農業である。生産するものは砂糖であり、砂糖きび畠の合い間に主食である芋を計画的に植えつけた。黒糖づくりは、部落民の共同作業（ゆいまーる）でなされた。その黒糖も本土にある製糖工場に送られるのだが、安価で買いたたかれた。それは、日本政府の沖縄からの収奪・搾取の政策でもあった。農民は、砂糖を生産してもそのひとかけらも口にするのを惜しんだ。だから、二番煎じにもにた流動性の砂糖を壺に蓄え生活を支えた。

　私たちの日常の生活といえば、365日ほとんど変ることなく、芋とみそ汁だけであった。年に2～3度米の飯を食べた記憶しかない。学校への弁当も芋2～3個と塩を持っていくだけであった。

　私が沖縄に帰ったのは1946（昭和21）年12月で、昔の面影はほとんど消え去っていた。山は木もなく、道路沿いには破壊された戦車が点々として転がり、いたるところに艦砲射撃での砲弾の跡があり、水溜りとなっていた。"国破れて山河なし"の荒れ果てた光景であった。

　私はパラオから引き揚げ、先に沖縄に帰遷していた兄に引きとられる（父は44年、母は沖縄戦で死亡）。小学校7年（沖縄では学制は、小学校8年制であった）に転入する。

　当時の校舎といえば米軍が一時駐留した軍事基地跡だった。かまぼこ型兵舎（コンセットと呼ばれる）が3棟、後はかやぶき校舎が並んでいた。机は、板

第6章●沖縄庶民にとっての戦後から復帰

材で作られた6名1組の長机かソーメン箱を並べた質素なものだった。教科書も揃っていて、ノートは、米軍ゴミ捨て場に行って拾い集めた紙を使用した。雨が降るとかやぶき校舎は使用できず休みとなる。雨降りの後は"増産休み"で学校は2～3日は休校となる。生徒たちは家族と共に芋の苗の植えつぎ等にあたる。

学校にも農場があり、グランドの半分以上はそれにあてられた。上級生は、畑を耕し堆肥づくりにあたった。堆肥は、雑草を刈りとり、その上に発酵した人糞をかけてつくった。便所のくみ出し、畑仕事など、作業をいとわず男女ともよくがんばった。

農場生産物は、学級ごとに収穫し、教師・生徒に平等に配分された。もちろん、下級生にも配られた。

一般家庭においても、土地は平等に配分され生産に励んだ。当時、村人は、いくつかの集落に配置され、集団生活を営んでいた。したがって私有地であっても分割され、自由に耕作することができた。養豚団地もつくられ割り当てられた豚舎で豚も飼われるようにもなる。

当時、男性はそのほとんどが軍作業員だった。物資補給基地に勤めている人たちが週に1度の休みに帰るとき、軍服をいくつも重ね着して帰ってくる。軍の炊事に従事する人は、残飯を一斗缶に詰めて帰ってくる。その中味は缶詰であったり、肉のかたまりであったりした。食パンの切り捨てられた端の部分は、固くごわごわになっているが、私たちには、味わったことのない大のご馳走だった。

月に一度は、ガリオア援助でメリケン粉や日用品の配給もあった。メリケン粉は、ソーメンや天ぷらの材料となる。エンジンオイルで揚げた天ぷらも食べた。鉱物オイルのため消化されず、お尻から滲みだし、パンツ・ズボンを汚した。恥ずかしい思いを何度も味わった。だが、お腹をこわしたことはなかった。

戦後の苦難をのり越えたくましく生きる民衆の姿に、私は今、新たな感慨を覚える。

差別と犠牲を強いられた沖縄は、苦闘の歴史の連続であった。そのすべてが、政府の作意でなされてきた。その反省にたち政府は、沖縄の声に、今、応えるべきである。

崎原 盛秀

※参考文献としては、沖縄の風俗を体験してもらうこと。

軍作業

　戦前、日本軍の下での作業も軍作業と呼称したが、一般的には戦中から戦後にかけての米軍下の作業をいう。
　1945（昭和20）年4月1日、米軍は沖縄本島へ上陸。日本軍と闘いながら基地建設を進めていった。一方、住民を収容所へ保護し、さっそく軍物資の陸揚げ作業などにかり出していった。なかには、数日前まで日本軍の下で作業をしていた者もいた。やがて、道路工事や米兵の死体処理、女性達には軍服の洗濯作業が与えられた。生きる手段をすべて失った住民たちは、戦後しばらく、軍作業に従事するしか生きるすべはなかった。市町村制が始まると16歳以上は登録され、強制的にかり出されることもあった。時が経つにつれ作業の幅も広がり、軍事基地維持のための作業のみならず、社会を形成するあらゆる職種が出現していった。
　はじめ、作業の代償は食料・衣類などの現物給付だった。それでも、軍作業に携わっていると廃棄物、残飯、払い下げ物資など、生活に必要な品にありつくことができた。特に、残飯は住民にとって最高のごちそうだった。1946年5月、通貨切換が行われ賃金制度が確立されていった。当時、公務員や教員の給料は安く、月平均給与は200B円程度（米国製煙草1カートン相当）だった。そのため、公務員や教員までもが軍作業に転職していった。
　作業によっては米軍物資の抜き取りが可能だった。人々はそれを「戦果」と称した。なかでもトラック・ドライバーは、抜き取りが可能な職業として憧れのまとになった。「戦果」だけで財を築いた人もいたという。
　軍作業は時代の先端を行く花形職業となったが、事態は一変する。1949年「中国革命」が起き、翌年「朝鮮戦争」が勃発すると、米国は沖縄に恒久的軍事基地の建設を開始した。その建設工事を請け負ったのが本土の建設業者だった。業者は沖縄人作業員を雇い入れ、劣悪な条件で働かせた。豚小屋のような宿舎に押し込んで働かせた上、賃金も不払い、というありさまだった。また、米軍も沖縄人を差別した。彼らは意識的に「ローカル・ネイティブ（地方の土人）」と呼び、トイレも本土人を含む米人専用と沖縄人用を区別し、賃金にも差をつけた。

軍労働者賃金表（時給）

国籍	最低賃金	最高賃金
アメリカ	1.20ドル（144.00円）	6.52ドル（762.40円）
フィリピン	0.52ドル（ 62.40円）	3.77ドル（452.40円）
日本	0.83ドル（ 99.60円）	1.03ドル（123.60円）
沖縄	0.10ドル（ 11.00円）	0.36ドル（ 40.00円）

　やがて、ハンガーストライキを含む「労働争議」が頻発するようになる。1952年、設立間もない立法院で「労働

第6章●沖縄庶民にとっての戦後から復帰

三法(労働組合法、労働関係調整法、労働基準法)」が制定された。しかし、米国民政府(米軍)は布令116号「労働基準及び労働関係法」を出して、軍作業員の権利を極度に制限し、労働組合の結成さえも認めなかった。

そうしながらも米軍は、軍作業員の思想・身元調査をした。「米国民政府を批判する者はすべて共産主義で危険人物である」とみなし、拉致・監禁・拷問し、最後には職場を追放した。

また、軍作業は常に危険と隣り合わせだった。「戦果」を揚げるために死んだ者も少なくなかった。米兵による強姦事件・殺人事件にも見舞われた。

さらに1965年5月、那覇軍港で働く沖縄人タグボート乗組員に「ベトナムに行くかどうか48時間以内に返事せよ」という通告がなされた。拒否すれば「今後の生活の保障はしない」という一方的なものだった。ベトナムに行けば命の保障はない。翌日、マスコミはこの問題を大きく取り上げ、各界の要人も一斉に反発した。米軍は予想外の激しい反発に驚き通告を撤回した。そこでは労働組合が大きな役割を果たした。1961年に結成された全沖縄軍労働組合連合会はその後、教職員組合と共に「闘う労働組合」として日本復帰運動の担い手になっていった。

日本復帰が決まった1969年12月4日、米軍は軍労働者の大量解雇を発表。もはや米国は、地球規模で広がる米軍基地の維持が困難となっていた。最大時3万人(1969年)いた軍労働者も、1970年から復帰後の1981年までの間に、再就職対策が行われないまま1万9千人が解雇され、大きな社会問題になった。

復帰後しばらく経って、軍労働者の雇用主は日本政府へと移行し、国家公務員なみの保障がなされようになった。しかし、米国の政策転換によって、いつ解雇されるかわからない不安定な立場にある。そのような立場を「安定のなかの不安定」と軍労働者たちはいう。

復帰前まで、最大の就労の場となっていた米軍基地は、復帰を境に大きくその様相を変えていった。現在、米軍基地で働く労働者は約8千人。基地に占有されている土地が生産の場に変われば、現在の10倍の雇用者数が見込める、と全駐労(全国駐留軍労働組合沖縄地区本部)は予測する。復帰後も米軍基地は沖縄の阻害要因であり続ける。組合結成以来、「解雇するなら基地(土地)を返せ」というのが軍労働者の一貫した主張である。

〔参考文献〕

◇上原康助『基地沖縄の苦闘―全軍労闘争史』(創広　1982年)

　沖縄戦から今日まで総合的な軍労働・労働組合運動の全容がつかめると同時に米軍支配の実体がわかる。

宇根　悦子

第6章●沖縄庶民にとっての戦後から復帰

闇市と戦果

　凄惨をきわめた沖縄戦で針の穴をくぐるように生き抜いてきた沖縄住民を待っていたのは、米軍支配下における厳しい物資欠乏の時代であった。生活の基盤となる土地さえも基地に奪われた住民は配給や軍作業などを通して僅かばかりの生活必需品を手に入れていたが、どれも生きていく上で十分なものではなかった。

　その一方で、米軍の物資集積所には、あらゆる物資が膨大に積まれていた。困窮していた沖縄住民の中から、いつしか集積所に忍び込み物資をかすめとる者が現れた。また、軍作業員たちの間でも自らの「職場」である米軍基地の物品をくすねる者が現れるようになった。「食べるためにやむをえない」とみなされたそのような行為は「戦果をあげる」と言われ、個人の所有物を盗む行為と区別された。人々の多くは軍作業からの帰りに自らの衣服に食べ物をしのばせるなど、細々と戦果をあげていた。しかし、中には基地内の米兵をも協力者に巻き込み、トラックごと物資を運び出すという荒技をとげる者もいた。たくさん戦果をあげる者は「戦果アギヤー」と呼ばれ、良い結婚相手の条件にあげる人もいた。

　戦果品の数々は各々の生活にあてられたばかりでなく闇市へ流れた。闇市とは正式な市場ルートを通さずに闇取引きを行う人や店が集まる場のことをいう。現在の那覇市開南バス停付近から牧志の新栄通り一帯をはじめ、各地に発生した。戦果品のみならず密貿易から流れてきた食料品、衣料品、化粧品、建築資材など多種多様な品物が揃い、活気を呈した。

　もちろん、米軍当局はこのような状況を黙認したわけではない。戦果をあげる場面に遭遇すれば、その時点で即没収、軍作業員の免職、収監、最悪の場合には射殺という厳しい対応で臨んだ。さらに沖縄民政府も1947（昭和22）年7月1日「闇取引き防止に関する民政府声明」を発表し、取締りを強化した。にもかかわらず、市場や流通、貨幣経済が確立されるまで止むことはなかった。

　違法行為であるがゆえに沖縄民衆史の闇の部分とも言われるが、ウチナーンチュのパワフルな超法規的行動は、結果的に多くの尊い命を救った。

〔参考文献〕
◇石原昌家『空白の沖縄社会史　戦果と密貿易の時代』（晩聲社　2000年）
　綿密な聞き取り調査によって戦果体験などを浮かび上がらせている。

新屋敷　弥生

第6章●沖縄庶民にとっての戦後から復帰

スクラップブーム

「鉄の暴風」が吹き荒れた後、沖縄の山野には薬莢や銃器類、戦車や戦闘機の残骸が無数に横たわり、海中には撃沈された軍艦が眠っていた。戦時中、肉親あるいは自らを傷つけた「戦争遺物」が皮肉にも戦後の住民生活を支えることになった。スクラップブームの到来である。

1950年代に入り、沖縄では本格的な軍事基地の建設が進められた。米軍は散乱した屑鉄を収集し、国際入札にかけることにした。それらを円滑に進めるため財産処分将校も配置された。折しも日本中が1950（昭和25）年6月に勃発した朝鮮戦争の「特需」景気に沸いている頃で、屑鉄は高値の一途をたどっていた。250万トンもあるといわれた当時の沖縄の屑鉄はまさしく宝と化したのである。

産業らしい産業もない当時の沖縄で貧窮にあえいでいた住民たちは、時間をみつけては山野におもむき家族総出で熱心に屑鉄を収集した。錆びたクギ1本にいたるまで見逃さずに収集する光景を「蟻が蜜にむらがるようだった」と回想する人々もいる。集められた屑鉄は「フルガニ　コーラ（屑鉄を買いますよ）」とリヤカーを引きながらやって来るフルガニコーヤー（屑鉄仲買人）に手渡された。すると、その場で現金が手に入り、多少なりとも当時の住民生活を潤した。

しかし、究極のリサイクルともいえる当時のスクラップ収集は危険物を扱うことでもあり、時に命懸けなものとなった。1946年から63年の間の爆発物による死者は673名にのぼる。その数には、農作業中に鍬などで不発弾に触れてしまったケースなども含まれるが、一攫千金を夢見てスクラップ収集をしている際に起きた事故による犠牲者も少なくない。1957年6月30日には座間味村阿嘉島沖に沈んでいた米軍弾薬運搬船の引き揚げ作業中に大爆発が起き、32名の死者を出した。このような大惨事を目の当たりにしても、住民たちは引き続き収集作業を行わざるをえなかった。貧困からの脱却を危険な作業に託さなければならぬほど、当時の住民生活は切迫したものであった。

〔参考文献〕
◇『庶民がつづる　沖縄戦後生活史』（沖縄タイムス社　1998年）
　第13章「スクラップブーム」に庶民の言葉で当時の様子が記されている。
◇石原昌家『空白の沖縄社会史―戦果と密貿易の時代』（晩聲社　2000年）
　第14章「遭難・爆発事故」に危険と隣り合わせの「沈船あさり」の様子が記されている。

新屋敷　弥生

第6章●沖縄庶民にとっての戦後から復帰

密貿易

　正式な手続きを執らずに行われる貿易のこと。特に、ここでは1945（昭和20）年から52年頃まで、沖縄本島を中心に大胆に展開された密貿易のことをいう。

　沖縄戦で、衣食住のすべてを失った住民の間で自然発生的に始まった。最初の密貿易は戦後台湾からの引揚船による。船には引揚者と共に生活物資が満載されていた。台湾から運ばれた物資は高値で取り引きされた。やがて、それは密貿易に変わっていった。

　沖縄からは、戦場に散乱する砲弾や薬きょう、米軍の銃火器、配給物資、「戦果」と呼ばれた米軍の抜き取り物資が積み出され、台湾・香港・本土からは衣食住に関するあらゆる物資が入ってきた。密貿易はたちまち盛んになり、三大ルートが確立された。

　一つは与那国島などを中継地とした台湾ルート。戦前まで日本の植民地であった台湾と国境を接する与那国島は密貿易の拠点となった。与那国島の久部良には、にわかの倉庫や担ぎ屋の小屋が建ち並んだ。香港、台湾をはじめ石垣島、宮古島、沖縄本島からの密貿易人や担ぎ屋が集り、島はこれまでにない賑わいをみせた。

　二つは与那国、沖縄本島各地、宮古などを中継地にした香港ルート。第二次世界大戦後の中国で内戦が激しくなり、香港・マカオの商人が台湾へ軍需物資用の非鉄金属を買いに来た。大量の非鉄金属（薬きょう）を持っている沖縄商人と香港・マカオの商人が台湾で出会い香港ルートができた。

　三つが口之島などを中継地とした本土ルート。本土から沖縄出身者の引き揚げが始まると、本土ルートができていった。1946年1月、米軍は口之島の北端北緯30度以南を日本本土から切り離した。口之島は台湾・香港ルートに衰退の兆しが見え始めた頃、本土との密貿易の中継地と化していった。

　密貿易で荒稼ぎをする者は「カマスに札束を入れて持ち運びしている」「ドラム缶に札束が入っている」という状態だった。しかし、一攫千金の夢を見て海に出かけたまま帰らぬ人となった者もいた。密貿易人のなかには男性のみならず「女海賊」と呼ばれた女性たちがいた。

　戦争直後の沖縄は、極度の飢餓状態にあった。密貿易によってどれほどの人々が救われたか計り知れない。

〔参考文献〕
◇石原昌家『空白の社会史―戦果と密貿易の時代沖縄の民衆生活』（晩聲社 2000年）

　米軍の目をかいくぐり大胆に行動したウチナーンチュの姿がここにある。

　　　　　　　　　　　　宇根 悦子

第6章●沖縄庶民にとっての戦後から復帰

基地周辺のバー街

 1950（昭和25）年6月朝鮮戦争勃発。コザ市に八重島、センターの特飲街発足。米兵相手のバーやキャバレーが百数十軒も軒を並べた。1951年にはコザ十字路市場の開設と同時に照屋を中心とした外人相手の飲食店、洋裁店、旅館、遊技場、質屋が次々と立ち並んだ。3年にわたる朝鮮戦争、1965年から米軍が介入したベトナム戦争終結までの約25年間、この地域は出撃を待つ荒れすさんだ兵士たち、戦地で傷ついた兵士たちの慰安場となり、「不夜城」と呼ばれた。ベトナム景気に沸いた基地のアダ花である。

 これらの歓楽街を、米軍政府は（1）米沖親善（2）沖縄人に金儲けの機会を与える（3）米軍人が民間の集落に立ち入るのを防ぐなどの理由で歓迎（シーツ長官）した。沖縄の地域住民は公認の売買春街を設置する意図を見抜き、反対運動を展開したが、結局は基地依存度80％の時代、威力あるドル紙幣がティッシュペーパーの如く飛び交い、人権を侵害した。歓楽街はキャンプズケラン、キャンプ桑江（北谷町）、キャンプハンセン（金武町）、キャンプシュワーブ（名護市）、キャンプコートニー（具志川市）、ホワイトビーチ（勝連町）など、圧倒的に若い男性集団である軍隊の駐留する周辺に存在した。

 米軍は衛生管理や性病予防を理由に、周辺住民にまで性病検査を義務づけようとしたり、Aサイン制度を設けオフ・リミッツを発令して業者をしめつけ、祖国復帰や反基地住民運動との分断にも利用した。

 沖縄戦で働き手の夫を失ったり、女手一つで家族を養わなければ生きていけない人、レイプ被害者など、買春（街婦、管理売春含む）を職業とする女性は、当時の琉球政府厚生局調査では約8千人〜1万人で、「特殊婦人」と呼ばれた。子どもが育つ環境の問題として社会的に取り上げられたのは60年代。暴力団が台頭し、前借金で女性をしばり、売春を強要して搾取した。1971年の売春防止法施行まで、この状況は続いた。

 ベトナム戦争の終結、バブル経済の崩壊など、政治・経済の激変で兵士たちの購買力は落ちた。復帰後、歓楽街はおみやげ品店、洋装店、食べ物屋に様変りし、風俗店として営業中の場合、従業員の9割はタイなど、アジアの女性たちに変わっている。

〔参考文献〕
◇沖縄市、浦添市、宜野湾市、具志川市、石川市及び中頭郡老人福祉センター運営協議会発行『中頭地区社会福祉協議会の軌跡』（1988年）
 特殊婦人問題の取り組みに詳しい。

桑江 テル子

第6章●沖縄庶民にとっての戦後から復帰

国際通りと平和通り・公設市場

　1945（昭和20）年、沖縄戦があった。その前の年の10月10日、旧那覇市街地は炎に包まれた。「十十空襲」と呼ばれた米軍の空襲で、旧那覇市内の約9割が焼失した。沖縄の人々が身近で戦争を実感した初めての日でもあった。やがて地上戦となり、かろうじて残っていたものも全て失った。

　戦後、焼け跡の中からいち早く復興したのが国際通りであった。那覇の街を時計でいえば、ほぼ2時と8時の方向に貫いている。1954年に完成したが、道路の長さが約1マイルで、そのことにより「奇跡の1マイル」と称されている。「奇跡の1マイル」は沖縄復興のシンボルであった。

　通り名の由来は、沖縄戦伊江島戦線で死んだ従軍記者アーニーパイルの名をかぶせた「アーニーパイル国際劇場」に由来している。通りにはなぜかしら東京銀座通りを模した柳の並木があった。後述する「平和通り」も含めて、一種の植民地的な通り名になっていて、当時の沖縄の置かれていた立場を如実に表現していた。

　沖縄を訪れる観光客がまず一度は歩くのがこの国際通りである。「復帰」前後の頃は、浴衣姿に革靴という温泉スタイルで散歩する観光客も多く見受けられ、沖縄の人々にカルチャーショックを与えたこともある。観光ショッピング客は相当に増えており、普段で観光客5：地元客5、多いときには7：3くらいの割合で通りを『Gメン'75』状態で歩いている場合がある。

　国際通りが、那覇というよりも沖縄を代表する通りだとすると、平和通りはもっとも庶民的な地位を長らく保っていた。

　戦前の那覇の市場は現在の場所ではなかった。すべてが焼き尽くされたことと、長い間にわたって米軍が市内への住民立ち入りを禁じていたこともあって、別の場所へと庶民の市場は移らざるを得なかった。戦後の市場のスタートは闇市からであった。まず市が立つ条件でもある街と村の境界に位置していた開南一帯に闇市が立った。そこから徐々に国際通り付近に広がっていった。その途中に平和通りがある。いわば闇市から発展した通りでもあった。その名残をいまに見いだすのは容易ではないが、実は現役としてがんばっておられる方々もいらっしゃる。紹介したいがここはモザイク的処理をしてもわかってしまいそうなので止めておく。でも、気をつけて歩けば、すぐにわかるかもね。

　現存する那覇市場は平和通りを中心に展開した。闇市発祥の開南、デパー

第6章●沖縄庶民にとっての戦後から復帰

トなどもあった神里原通り、米軍払い下げおよび戦果品の機械工具類がずらっと並んでいたひめゆり通り、当時としては高級な旅館や食べ物屋も多かった浮島通り、飲み屋街や映画館が集中していた桜坂、全国的にも珍しい公設市場、そして国際通りに囲まれるようにして、つまり繁華街の中心をなすのが平和通りだった。その平和通りそのものは衣料品店が多く、その姿は今も変わらない。

平和通りが庶民的な通りであった証明は、そこでは路傍の芸が多く見られたということかも知れない。盲目の三線弾きや、奄美大島から渡ってきて樟脳を売りながらの竪琴を演奏していた人々がかなりいた。

国際通りから平和通りに入り、しばらくすると元の平和通り交番の三又路に行き着く。そこの手前にアイスコーヒー屋がある。昔からの店で、5セント時代、そして100円時代を経て今日に至っている。そこの前に2本の電信柱があるが、路傍の芸人にとっての一等地がそこだった。人々は貧しかったが、多くの人が小金を用意して差し出した。貧しいながらも、どこか「豊か」な人情の時代が平和通りにはあった。平和通りはいつでも沖縄らしさの匂いを発散させていた。

元の平和通り交番を曲がると、そこにはアジアの一角が出現する。第一牧志公設市場である。平和通りあたりから店の主が男性ではなく女性が多いことに気付くかもしれない。沖縄戦で夫を失い、息子を失ったりした人々が女手で生活を支えていたからだ。

通常、公設市場と呼ばれている。正式名称は那覇市第一牧志公設市場。

那覇市が建設し、その中に精肉、鮮魚を中心に、野菜、果物、乾物、カマボコ、昆布などが売られている。那覇市民の胃袋をまかなう市場なのだが、近年は観光スポットにもなっており、名実ともに沖縄を代表する市場と自他ともに認めている。

公設市場が建てられた背景には、前述のように闇市が多く発生し、そのために沖縄産の商品を扱う店が少なく行政が乗り出す必要があった。公設市場の登場をきっかけに、周辺は全国的にも希な一大食品マーケットとなった。

食に関してもバブリーで大量消費の時代があった。その後は健康ブームもあって沖縄の素材が見直されるようになった。消費者は胃袋を満たすことに加えて、自らの健康を意識するようになってきた。沖縄の市場で扱われている食材に元気さを求めだしている。公設市場そのものが「元気」というブランド商品を生みだしている。

宮里 千里

※参考文献としては、沖縄の風俗を体験してもらうこと。

第6章 ●沖縄庶民にとっての戦後から復帰

カンカラ三線

　カンカラとは空き缶のこと。三線(さんしん)とは三味線のこと。空き缶を胴にして作られた三線をカンカラ三線という。

　三線は14世紀ごろ中国から伝来した。琉球王府から庶民まで浸透し、家宝としても大事にされてきた。その三線もほとんどが沖縄戦で失われていった。戦前は子供の玩具としてもあったというカンカラ三線が、戦後いちはやく民間収容所で作られていった。胴は米軍が支給した缶詰の空き缶、棹は野戦ベッドの枠や棒切れ、絃は落下傘の紐、というふうにありわせの材料で作られた。人々はカンカラ三線をひき、歌い、戦争で傷ついた心を慰め、生きる力を奮い立たせていった。

　シベリアの収容所でも、抑留された県人たちは、過酷な労働に耐え、カンカラ三線をひきながら帰郷の望みをつないでいった。

　戦後間もなく、各収容所から沖縄の芸能人たちが石川の収容所に集められた。米軍は彼らに舞台の小道具などを提供していった。それでも足りない物は創意工夫を凝らし、自分たちで作った。粉薬が化粧品の代用となり、麻縄はカツラに、ジュラルミン板がジーファー(かんざし)になった。こうして、沖縄芸能は収容所から復興していった。

　やがて、「沖縄芸能連盟」が結成さる。彼らは各収容所を回り、生き残った者たちの命を称えた。1946(昭和21)年4月、米軍は彼らに「沖縄民政府文化部芸能技官」という職務を与えた。沖縄芸能人たちが公務員になったのだ。アメリカの芸能人は高級取りという考えから、米軍は彼らに市町村長と同程度の給料を与えた。このような優遇措置は、米軍の政策に住民を協力させるための宣部政策の一つでもあった。

　廃藩置県以来、沖縄芸能文化はいやしいものとされ、一部の権力者たちによってさげすまれてきた沖縄芸能人たちが、一時的ではあったが高い地位を得たのである。

〔参考文献〕
◇沖縄国際大学文学部社会学科石原ゼミナール『戦後コザにおける民衆生活と音楽文化』(榕樹社　1994年)

　廃墟のなかから、沖縄の民衆が音楽を糧に生き生きと復興を成し遂げていく様子、歴史の真実に出会い何かに付き動かされるように、調査・編集に夢中になっていく学生たちの熱意が伝わってくる。

宇根 悦子

ウチナー新民謡

　沖縄の歌は古典音楽と民謡とに大別される。古典音楽の頭にはしばし伝統という二文字が付き、伝統古典音楽となる。首里王府を中心に練り上げられた分だけ格式を重んじ、現在にいたっている。一方、民謡は庶民が自由な感覚で歌い上げ、喜びや、ときには哀しみを自然発生的に三線に乗せた。

　沖縄の民謡は、語り口そのものと言える。ようするに自由であり、地域地域の言葉を思いのまま三線で伴奏して唄いあげる。とは言っても、昔だと三線はかなり高級品で誰でも所有していたわけではない。農村部だったら、そこの大地主あたりからレンタルしてきて「毛遊び」などをした。「毛遊び」は、沖縄の青年男女にとって大事な恋愛の場であり、ここで見そめあって深い仲へと進む。間違っても、ここでは「けあそび」とは呼んで欲しくないところだ。三線がなければ手拍子足拍子で、それが駄目なら口拍子で。

　沖縄の民謡の歌詞は、沖縄北部の辺野古の海のように、次々と魚が湧いてくるような豊かさがある。沖縄語が生きていたからである。ところが、戦後の、特にテレビの影響で必ずしも日常語が沖縄の言葉だけではなくなってきた。大和口、あるいは沖縄大和口が表舞台へ登場するとともに、民謡の世界にも「共通語」、あるいは「標準語」歌が顔を出してくる。

　音階は沖縄、歌詞は大和口という具合に混合してくる。中には、嘉手苅林昌が唄った「ラッパ節」のように、英語の単語混じりというのも出てきた。ちなみにそこでは「プロポーズ」「キャデラック」「マンボ、ツイスト、ブルース」「ワンダフル」「スイートホーム」などである。どうだ、まいったか、という感じ。大和口があったり英語単語が歌詞に乗せられることそのものが、沖縄の民謡のもっとも特徴的なことかも知れない。最初で触れたように、語り口そのものだから当然のことであり必然性を持っている。

　あらゆる素材をテーマにして、そのなかで自由に歌詞を創り上げる。「ゲートボールの歌」あり、「交通安全の歌」あり、「ここは沖縄基地の街」と自由自在である。

　新民謡の代表格は「十九の春」あたりだろうか。では皆さん替え歌でも。声を揃えて。3、4、はいっ。牛さん牛さんと呼んだとて、牛さんにゃ立派な牛がいる、いくら牛さんと呼んだとて、一生添えない牛と馬。

宮里 千里

※参考文献としては、沖縄の風俗を体験してもらうこと。

第6章●沖縄庶民にとっての戦後から復帰

ウチナー英語

　お年寄りが、「アイスワーラー」、「スパゲイリー」、「トゥーナー」、「セブナップ」などと言ったりする。なにも間違いではなく、アイスウオーター、スパゲティー、ツナ、7upよりは、より原音的である。耳から入ってくる英語をそのまま表現した結果だ。

　沖縄産映画としては記録的な観客動員数を更新中である中江祐司監督の『ナビィの恋』の中で、登川誠仁が孫娘に対して、「ランチは、トゥエニー・フォーリーにね」というセリフがあって、沖縄の観客は爆笑した。この「12時40分に弁当を届けて」という短いセリフに対する爆笑は二通りあった。一つは、自らが日常的に使いそうな英語だったこと。あと一つは、若い世代から見て新鮮でカッコよかったこと。

　登川誠仁にとってはごく日常的な言葉であった。彼はナイリー・フォーリーエイ、つまり1948年頃には米軍基地内でハウスボーイを体験していたからだ。

　沖縄戦が終わり、ウチナーンチュの戦争が終わった。人々は食べるために様々な仕事に就いた。その中で、もっとも人気があったのは軍作業であった。軍作業とは、最近では基地従業員というハイカラーの呼び名になっているが、基地内で働くことを言う。軍作業に人気が集まったのは、沖縄内でアメリカへの依存体質を作り出す意味からも高給を与えていたこともあるが、それこそ山積みされた物資を基地外へ運び出すいい環境にあった。食料品に始まり、衣料品、あとは建築資材までも持ち出した。中には、マシーンと呼ばれたミシンまでもあった。

　基地と民間居住区を隔てていた金網の中から、人々は戦果とともに英語までも持ち出してきた。戦果は物であるから一苦労もあったはずだが、言葉は空気と一緒で金網をすらっと抜け出してきた。タガログ語で「倒れる」ことを「パタイ」というが、それも英語と思ったのか立派に定着している。

　沖縄の人々の耳が特段優れているという根拠は何もないが、少なくとも歌の数と聴く機会が格段に多いということは、耳を鍛える意味ではおおいに役立っているような気がする。6年間、あるいは8年間も役立ちそうにもない英語を詰め込む日本の英語教育であるが、第二公用語にという話もあるらしい。沖縄のおじぃ・おばぁたちを非常勤講師に雇って、慢性的な失業率解消に貢献させて欲しい。

宮里　千里

※参考文献としては、沖縄の風俗を体験してもらうこと。

第6章●沖縄庶民にとっての戦後から復帰

戦後沖縄の食

　沖縄戦を生きのびた住民は、収容所でアメリカの食べ物に出会った。野戦携帯食(レーション)やランチョンミート、コンビーフ、バター、チーズ等の食品は、飢餓状態の住民に強烈な印象を残している。しかし配給は十分でなかったため、イモ掘りや食料探しに行き、カンダバー(イモの葉)やカエル、ハブ、ネズミ、マングース、カタツムリ、ソテツ等、食べられるものは何でも食べた。それでも栄養失調やマラリアによる死亡者が続いた。

　初めてみるアメリカ食品にとまどい、チーズを石けんと間違える人や、ココアをアメリカみそと思いこんだ人もいた。モービル油(自動車のエンジンオイル)で天ぷらを作るのも流行った。バターやチーズ、乾燥野菜などは口に合わなかったが、伝統的な豚食の習慣に通じるランチョンミートは歓迎された。米軍の要請によって戦地での保存食として開発されたランチョンミートは、一般にポークと呼ばれ、現在ではチャンプルーに欠かせない食品として絶大な人気を誇っている。その他コンビーフハッシュやストゥー(シチュー)、トゥーナー(ツナ)の缶詰、ハンツのケチャップ、エゴーのマヨネーズ、A1ソースなど、当時なれ親しんだ食品は今も愛用され、離島の小さな売店にもおかれている。

　戦後まもなく、ドライブイン・レストランやA&Wのようなファーストフード店、ステーキ専門店など、アメリカ人向けの店がオープンした。海辺で家族や友人とバーベキューを楽しむ「ビーチパーリー」は、沖縄の夏の風物詩となっているが、これもアメリカ人の休日スタイルである。アメリカ料理自体が各国の混合料理であるため、メキシコ料理のタコスやイタリア料理のピザなども伝わり、タコスの具をごはんにのせたタコライスという沖縄生まれのメニューまで開発された。

　米軍統治のもとで、アメリカの食文化は沖縄に大きな影響を与えてきたが、近年では沖縄の伝統食が見直され、長寿の秘訣として全国的にも注目されている。今後も沖縄県民は他の食文化を積極的に受け入れながら、気候・風土に合わせて独自の食文化を築いていくことだろう。

〔参考文献〕
◇金城須美子「沖縄の食生活にみるアメリカ統治の影響―アメリカの食文化の受容と変容―」『戦後沖縄とアメリカ 異文化接触の五〇年』(沖縄タイムス社 1995年)

古賀徳子

第6章●沖縄庶民にとっての戦後から復帰

慰霊の日

　沖縄がまだ米軍占領下にあった1961（昭和36）年、立法院で戦後初めての「慰霊の日」が制定された。当初、沖縄守備軍第32軍牛島満司令官（1887.7.31～1945.6.23）と長勇参謀長（1985.1.19～1945.6.23）が自決した6月22日を組織的戦闘が終了した日として解釈し、「慰霊の日」に定めた。その後、自決した日は6月23日との説が出てきて、1965年、「23日」に改められた。1972年、日本復帰を迎え、沖縄も日本の法律が適用されるようになり、新条例を制定することが必要となった。1974年、「6月23日　慰霊の日」として県機関の休日が条例により定められた。

　1945年6月19日、「‥‥最後まで勇戦敢闘し　悠久の大義に生くべし」と牛島満は最後の戦闘命令を出した。天皇のために命をかけて最後まで戦えということだった。戦闘はその後も続いた。徐々に戦闘は終息へと向かっていく。戦闘が終わって、沖縄本島南部には夥しい遺骨が散乱していた。

　一方、米軍は上陸直後から日本軍との交戦を続けながら、住民を収容していった。住民は米軍の指示で収容所から収容所へ転々と移動させられた。

　1946年1月、真壁村（現糸満市）米須に、真和志村（現那覇市の一部）の住民4300人が移動してきた。村民は、戦後の破壊し尽くされた土地で、まず食料の生産にあたらなければならなかった。しかしそこには、まだ頭髪や皮膚が付着した遺骨が散乱していた。村民は米軍の管理下にあって、遺骨収拾は許されていなかった。金城和信村長は熱心に米軍へ遺骨収拾の許可を求めた。2月23日、許可が下りる。村民は遺骨収拾団を組み、さっそく収骨にかかった。拾われた遺骨は米須原の南側にうず高く積み上げられた。米軍から譲り受けたセメント、石灰岩を積み、骨塚が作られ、「魂魄の塔」と命名された。その後も遺骨収拾は続き、「魂魄の塔」には3万5千体が納骨されていった。

　こうして戦後初の、住民の手による慰霊碑が建立された。「魂魄の塔」に眠る遺骨はすべて身元不明者だった。沖縄戦で身内を失った遺族にとって、「魂魄の塔」は家族の墓と同じ意味をもっている。

　ところが、復帰後の1979年2月、「摩文仁の丘」に国立戦没者墓園が建立され、遺骨が移されてしまった。現在、「魂魄の塔」には、わずかな遺骨しか残されていない。

　それでも「慰霊の日」ともなれば、「魂魄の塔」に花を手向け、お酒やごちそうを供え、焼香し、亡くなった家族の冥福を祈る遺族の姿がある。

　戦後最初の「慰霊の日」にちなんだ慰

第6章●沖縄庶民にとっての戦後から復帰

霊祭は、1962年、糸満市摩文仁で行われた。約500人の遺族が、那覇から摩文仁まで平和行進した。突然の豪雨に見舞われながらも行進は続いた。

戦後半世紀、戦争体験者は減少した。しかし、慰霊祭は形をかえながら今日もなお続いている。沖縄県民にとって「慰霊の日」とは、沖縄戦を振り返り、二度と戦争を起こしてはならないと誓いを新たにする日でもある。

その「慰霊の日」の休日が廃止されそうになったことがあった。かつて、官庁および民間は土曜日も出勤していた。働き過ぎの日本人として外国から批判をあびていた日本は、1988年、国の機関に土曜閉庁を導入することにした。併せて、地方自治体の休日も国の機関に合わせることを義務づける規定が、地方自治法に初めて導入された。これにともない、1989(平成1)年、沖縄県は土曜日が閉庁になるならば、沖縄県独自の「慰霊の日」の休日を廃止する、という案を県議会に提出する準備をした。「慰霊の日の休日を廃止すれば、沖縄戦は風化する」「休日の廃止は地方自治の本旨に反する」と、県民の大多数が反発した。たちまち県民の運動は大きく広がり、各地でシンポジウムや集会が開かれた。「休日廃止案を撤回せよ」との要請が、各団体から県へ殺到した。遺族連合会はじめ、市民団体、有識者など、世代を越えて県民が結束した。高校生は独自のアンケート調査を実施し、大学生はシンポジウムを開いた。「休日廃止案撤回」を求めて、県民あげての取り組みが展開され、2万人もの署名が集まった。県は県民の声を無視し続けることはできなくなり、翌年3月の定例県議会で「休日廃止案」の撤回が決まった。

県民の声は中央政府までも動かした。休日に関する地方自治法の修正案が国会を通過し、「慰霊の日」の休日は認められることになった。

この騒ぎのなかで、新たな問題も表面化した。一つには、沖縄戦の犠牲者は軍人よりも住民が多いにもかかわらず、司令官・参謀長が自決した日を「慰霊の日」としたことに対する疑問。もう一つは、自決の日が6月23日ではなく、22日説が有力であるということ。米軍の記録では22日となっており、近年見つかった日本軍の日誌の中にも「22日　沖縄戦終結」と記述されている。この二つは、今後も継続して論議すべき課題として残された。

〔参考文献〕

◇若夏社編『還らぬ人とともに』(沖縄県遺族連合会　1982年)

　遺骨収拾、慰霊の塔の建立、遺族連合会結成の流れ、体験談などがまとめれれている。

宇根 悦子

第7章 「復帰前沖縄」キーワード

　沖縄住民の戦後は捕虜収容所から出発した。敗戦のショックに打ちひしがれながらも、住民が真っ先に手がけたのは、食糧の確保と教育の再建であった。
　住民たちは、何よりも次代を担う青少年の精神の荒廃を恐れた。したがって、校舎がなくても教育を再開し、学校を創立していった。1945（昭和20）年捕虜収容所の内外で青空教室の私設学校的・区立学校が発足し、授業が行われた。そして、最初に公認された教育制度が小学校8年と中学校4年の「8・4制の学制」であった。この学制は、現在の6・3・3学制が1948年4月から始まることによって消滅した。
　現行の新学制が施行されると同時に新制高等学校が発足し、1948年に「ハイスクールの開校」が相次いだ。知念ハイスクール、糸満ハイスクールなどの開校が早かった。
　戦前の沖縄における高等教育機関といえば旧制中学校や師範学校、実業学校どまりで大学はおろか旧制高等学校すらなかった。戦後沖縄の生徒たちもハイスクールを卒業すると進学する道は断たれていた。
　そこで、米軍政府は住民の強い要望もあり、まず1948年に米国留学生徒採用試験を実施し、続いて第1次日本留学生を出発させ、大学進学の保障と新指導層の育成を始めなければならなかった。米国留学・「米留」が制度化されたのが1949年であり、その留学帰りの人々が1952年に結成した組織は「金門クラブ」と呼ばれた。
　米留に対し、1953年日本政府の援助によって設けられたのが「国費・自費沖縄学生制度」（日留）であった。沖縄の歴史上初めての大学である琉球大学が開学したのが1951年のことである。したがって、これら米留、日留、琉大が復帰前沖縄の大学進学を保障したのである。
　また、米軍政府は1950年から沖縄の各界代表を「国民指導員」として米国に派遣した。これは米軍の宣伝政策の一環で、親米的な新指導層を育成する目的を持っていた。
　一方、教育の再建と同時に、沖縄住民は言論の自由と自治権の拡大、そして文化活動の発展のために新聞発行を開始した。まず1945年石川市で政府機関紙として『ウルマ新報』が発刊され、1947年には民間新聞へ移行し、そして1951年には

『琉球新報』と改題されて現在に至っている。

　また、1948年には那覇市で『沖縄タイムス』が創刊された。この両紙は復帰前の言論、出版、文化活動をリードし、現在でも沖縄県を代表する二大県紙として親しまれている。

　ところで、1951年に対日講和会議が開かれサンフランシスコ条約が調印されることによって、琉球諸島の日本からの分離と米軍政府による占領支配が国際的にも承認されることになった。対日講和条約と同時に結ばれた安保条約は1960年に「日米安保条約」として継承・改定され、現在でも沖縄の軍事戦略上の位置や米軍基地の存続を規定し続けている。

　米軍は琉球諸島を直接支配し政治、経済、生活全般にわたって排他的支配権を行使した。その象徴的な表れが「パスポート」による移動や渡航の制限であった。住民は高等弁務官の発給するパスポートなしでは日本本土をはじめ諸外国へ出入国することはできなかった。

　また、米軍政府は1948年から「B円」と呼ばれる円表示B型軍票を唯一の法定通貨とし、沖縄のみの通貨体制をしき経済を独占支配するようになった。このB円は1958年に米国「ドル」通貨制に「通貨切り替え」されるまで十年間使用された。復帰前の沖縄住民は旧日本円→B円→ドル→現日本円と3回も「通貨切り替え」を体験した。米軍はこの通貨切り替えにおける交換レートをコントロールすることによって、交換利益を得ると同時に、沖縄の市場経済を支配したのである。

　さて、復帰前の沖縄の最高権力者は高等弁務官であった。歴代高等弁務官でも第3代琉球列島高等弁務官キャラウェーは弁務官権限による直接統治を強め1962年から「キャラウェー旋風」と呼ばれる独裁的な離日政策を展開して反発をかった。

　このような高等弁務官による独裁的支配に対し、沖縄住民は祖国復帰運動と自治権拡大の大衆運動で対抗していった。復帰前の大衆運動の大きな転換点となった代表的例の一つが「教公二法闘争」であった。これは1967年に琉球立法院で保守勢力が教職員の政治活動を制限する教公二法を制定しようとしたのを、二万人余の請願隊が実力で阻止し勝利した闘いであった。

　また、琉球政府には行政「主席」が置かれていたが、それは長い間高等弁務官による任命制であった。これに対し、沖縄住民は「主席公選」を要求し自治権拡大運動と祖国復帰運動を拡大していった。そして1968年に、ついに主席公選選挙を勝ち取り屋良主席を選出した。

高良　勉

第7章● 「復帰前沖縄」キーワード

B円・ドル

　この沖縄で1945（昭和20）年の沖縄戦終結後のポツダム宣言による米軍による沖縄占領が始まる。
　そこから実質的に米軍の占領支配下に置かれると、それからしばらく無通貨の時期があるが、1946年に第一次通貨交換として、B型軍票紙幣と新発行日本銀行券などの使用、その半年後にはGHQと日本政府の合意に基づいて約一年間沖縄島では日本円、八重山・宮古では日本円とB円の二種類が法定通貨として使われた。それが1947年8月にはB円を法定通貨として定め、B円と新日本円が全琉で使用される。その一年後の第三次通貨交換では日本円は排除されB円に統一される。以降、ドル交換までの十年間、B円は沖縄における唯一の法定通貨に指定されて使用された。当B円が戦後復興期における通貨であり、あの辛酸をなめた苦難と共に人々の身体に刻まれた通貨でもあった。
　がしかし、それが更に米軍による沖縄の永続的な占領支配を強化するうえから絶対的な高等弁務官布令によって、やっと安定したと思われたB円からドルへの通貨交換がおこなわれたのである。それが1958年の夏であった。
　このドル通貨制への移行に伴い、為替管理が撤廃されることから、沖縄経済に与える影響についての論争が起る。安価で大量な外国製品と資本が流入することは経済を刺激するとする見解、一方、それら商品と外国資本の流入は地場産業を圧迫して競争力を失わせるとする反対の見方による通貨論争であった。そのような論争のなか通貨交換は行われた。
　当時、交換のための会場は全琉の各学校や役場、銀行などがその場となり、多くの人たちが緊張した面持ちでB円を手に訪れた。各地の通貨交換所では、警察官の監視のもと、緊張した大人たちが不安そうな表情で係員から説明を受けながら交換に応じた。しかし、いくらていねいな説明を受けても、まったく初めて目にするドル紙幣や硬貨は価値がなさそうな気がして不安はつのるばかりであった。あの幅も長さもあり、しかも十年間使い慣れたB円に比べ、頼りなく細く青白いドル紙幣と銅製の1セントや限りなくこじんまりとした10セント硬貨の勝負は決まっていた。
　沖縄ではお金のことをジンまたはジンカニと呼ぶ。当時、特別に商売などしている者以外は、そのジンを何万円もっている人は少なかった。何しろ一家の財産でもあった繁殖用の雌豚がB円で一万円もするし、使役としての馬一頭二万円もした時代であるから、農

第7章● 「復帰前沖縄」キーワード

家などでは一家に千円札を持っている者はまだましな方であったかもしれない。

ちなみに、当時やんばる（沖縄島北部地域）から那覇への小学校の修学旅行に20円から50円の小遣いを持っていった。中学の修学旅行でも百円も持てたのはいい方であった。学校にある児童生徒会の売店では一円で画用紙が二枚、消しゴム一個、ノートは一冊で五円、クレヨン十二色揃えで十円であった。お正月のお年玉はそのほとんどが五拾銭か一円であった。お店では飴玉が一円で確か二個買えた。日常生活のなかでは千円札を目にすることはほとんどなかったのである。

でもそんな状況下で、ドルへ交換し終わった人々は、道端でドルの数え方をアカジナー（1セント銅貨）やセント・10セント・25セント・50セント硬貨の呼称やそれがB円の何円に相当するかなど、1枚1枚を確認しあっていた。

かくしてドル通貨制度がはじまるが、人々は1年もするとそれに順応していく。ドルもまた使い勝手のある通貨になった。1961年から米軍のベトナムに対する軍事介入が始まるとコザの町を中心に米兵が大手を振ってかっ歩、ドルの雨を降らせた。軍用地料や基地従業員による収入、そしてしたたかに商いを進めることで基地に依存した収入が増大した。ベトナム戦争などが引き起こす皮肉な現象である。

当時、基地の街コザではAランチが1ドル、Bランチが70セント、Cランチが50セントであった。ジュースやコーラ10セント、アンパンなどが5セントであった。その内容とボリュウムから格安感があった。

当時の高校卒の初任給が20ドルから30ドルで、コザではアメリカ兵相手のホステスは百ドルから二百ドルと稼ぎまくっていた時代だ。当時一軒のキャバレーが一晩に1千5百ドル売り上げるときもあった。住宅一軒が1千ドルで建つ時代にである。

沖縄の人々は1945年の終戦から1972年の復帰までに実に数回もの通貨交換を経験したことになる。考えてみると複雑で不思議な50年の戦後史を歩んできたものである。

〔参考文献〕

◇『沖縄大百科事典』（上・中・下巻・付録に琉球列島の地図　沖縄タイムス社刊　1983年）

　沖縄の歴史・文化・自然・政治・経済など沖縄や沖縄がかかわるほとんどすべての分野において丁寧な解説がある。沖縄を知る手近な総合事典である。

島袋　正敏

第7章● 「復帰前沖縄」キーワード

パスポート

　戦後の沖縄住民で一番最初にパスポートをもらった人は誰だろう。また、私のもらったパスポートは第何番目だっただろう。いずれも興味深いし、調べてみればわかるはずだが、今はその時間がない。

　パスポートとは旅行証明書のことである。復帰前の沖縄住民はパスポートなしでは諸外国はもちろん、日本本土にすら自由に行き来することはできなかった。琉球列島は米国が支配する外国だったのである。

　そのパスポートは、最初琉球列島米民政長官、後には高等弁務官が発給した。したがって、米軍政府は自分たちに協力的でない〈反米的〉と思われる申請者に対して自由に出入国させない渡航制限を行った。パスポートは米軍独裁支配の象徴の一つであった。

　この渡航制限による出入国を拒否された人々は沖縄内外で広範囲に及んだ。元沖縄人民党書記長であった瀬長亀次郎は十数回も本土への渡航を拒否された。復帰運動の指導者だった元県知事の屋良朝苗も拒否された。1964（昭和39）年には琉球大学へ招聘教授として招かれた永積安明神戸大学文学部教授でさえ、入域を拒否された。

　一方、1971年までは、中華人民共和国や朝鮮民主主義人民共和国等の「社会主義国」への渡航は禁止されていた。沖縄住民は基本的人権の一つである「移動の自由」が保障されてなかったのである。

　したがって、祖国復帰運動が高まると共に渡航制限撤廃要求の運動が拡大していくのは、必然の流れであった。とりわけ1968年以後は本土の大学で学ぶ沖縄出身の学生たちを中心に、パスポートを提示しないで強行上陸する実力闘争まで行われるようになった。

　復帰前の最後のパスポートは1972年5月13日に発行され、最後の番号は541285番であったという。

〔参考文献〕

◇鹿野政直『戦後沖縄の思想像』（朝日新聞社　1987年）
　　第4章「ある渡航拒否――永積安明教授の場合」で渡航拒否の事例をコンパクトにまとめてある。

◇新崎盛暉編『ドキュメント沖縄闘争』（亜紀書房　1969年）
　　渡航制限撤廃闘争の具体的記録を収録してある。

高良　勉

第7章● 「復帰前沖縄」キーワード

国民指導員

極東情勢が緊迫化するなか、沖縄の米軍基地は自由主義陣営の拠点基地、いわゆる「太平洋の要石」として拡大、強化されることになった。こうした時期に軍政長官として沖縄に赴任したシーツは、基地建設を拡充しながら民意をうまく利用するという政策を展開した。"シーツ善政"時代の到来である。

シーツは、基地建設を進める一方で、沖縄の住民の側に立った一石二鳥の施策を次々に打ち出していった。「臨時琉球諮詢委員会」を設置することで群島政府を樹立させ、アメリカから経済の専門家を招いて民間企業の設立を促進した。さらにアメリカや日本への留学生の派遣、琉球放送開局、琉球大学の開校など、1949（昭和24）年から50年にかけ、本格的な占領政策と、沖縄の経済、教育、文化の建て直しをはかるという、いわゆるアメとムチを巧妙に使い分けた積極的な施策を展開した。

その一環として行われたのが、1950年6月22日に第1陣が出発した「国民指導員」のアメリカ派遣であった。ちなみに、朝鮮戦争勃発の3日前である。この事業は、米軍の宣撫工作として実施されたもので、政界、財界、労働界、教育界、医療関係、マスコミなど幅広い分野から人選を行い、アメリカを視察させて地元に"還元"するというものだった。

3か月の滞在で、ほとんどの人が人生観そのものが変わったというほど、衝撃的な視察だった。とくに、日本の戦前の家父長制のなかで育ってきた女性たちにとって、民主主義という言葉を実感した視察だった。アメリカでは、夫は家庭を大切にし、医療、福祉は充実している。見るもの、聞くもの、すべてが新鮮であった。

また、沖縄の新聞記者5人も招かれ、ワシントンやニューヨークの新聞社で3週間、技術研修を受けたそうである。この事業は1970年まで続けられ、約400人が派遣されている。費用はすべて米軍持ちであった。

〔参考文献〕

◇嶺井百合子『楽ん苦しみん―嶺井百合子回想記』（若夏社　1997年6月）

戦前は私立幼稚園の創設者として、戦後は琉球政府に勤め、米軍の施政下で社会教育を中心に生活改善に尽力したのが著者である。自らの半生記を通して戦後の沖縄を記録している。

◇沖縄朝日新聞社編『沖縄大観』（日本通信社　1953年4月）

1945年から51年までの行政記録である。幅広い分野から成り、巻末の布令・布告は一級資料である。

宮城　晴美

第7章● 「復帰前沖縄」キーワード

主席（主席公選）

　琉球臨時中央政府および琉球政府の首長で、行政主席と呼ばれた。琉球政府は形式的には司法、立法、行政の三権を備えた政府であったが、その上位に米国民政府があり、「琉球政府は琉球における政治の全権を行うことができる」としながらも、ただし「琉球列島米国民政府の布告、布令及び指令に従う」と規定され、さらに琉球政府によって制定された法令規則の施行を民政副長官は「拒否し、禁止し、又は停止し自ら適当と認める法令規則の公布を命じ琉球における全権限の一部又は全部を自ら行使する権利を留保する」となっていた（民政府布告第13号「琉球政府の設立」1952）。

　このような特異な制度のもとで、米国の利益を代表する民政長官（のちには高等弁務官）により任命された行政主席の立場は複雑で、米軍と住民の利害が対立する際には、主席は双方の挟み撃ちにあい苦しんだ。

　初代主席・比嘉秀平（1951-56）は、軍用地問題で苦境に立たされたとき、主席の座は米軍と住民の間の「緩衝地帯」であると表現し、第二代主席・当間重剛（56-59）は土地問題で琉球政府の弱腰を指摘されると、「琉球政府は米民政府の代行機関に過ぎない」と冷厳に、あるいは自虐的に言い放っている。強引な政治手法で鳴らしたポール・W・キャラウェイ高等弁務官のもとで「自治後退」の責任を問われた第三代の主席・大田政作（59-64）は「主権在米の沖縄の状況下では主席の政治責任にも限度がある」と苦しい弁明をしている。第四代目の主席・松岡政保（64-68）は就任直後に「私は最後の任命主席でありたい」と希望を述べている。

　そして、米国統治時代の最初にして最後の公選主席であった屋良朝苗（68-72）は「すべての人が戦後の異民族支配から脱却しなければならない」という言葉をのこしている。

　公選知事を戴く自治政府設立の声は沖縄民政府（沖縄中央政府、1946年4月）設立以前にもあり、首長の選任方法が問題となったが、民政府の組織を検討した沖縄諮詢会において結局「自治尚早論」などが大勢をしめて、任命知事に落着くことになった。同時に沖縄議会も設置されたが、議長は副知事が兼任し、議決権をもたない単なる知事の諮問機関であった。

　1947（昭和22）年には沖縄民主同盟、沖縄人民党、沖縄社会党が結成され、自治権にたいする要求も活発に行われた。しかし、軍政府は指令により市町村長及び市町村議会議員の選挙は実施（1948）させたものの、中央政府の首長公選の要求には応じようとはしなかった。

第7章● 「復帰前沖縄」 キーワード

　冷戦構造が急速に顕在化しつつあった1949年ごろから米軍の要人たちが相次いで沖縄を視察に訪れ、本国政府も沖縄の長期保有の方針を明確にしていた。1950年度予算に沖縄の基地建設予算として5,800万ドルが計上された。このような状況下で首長の公選はいよいよ無理だと思われていた矢先に、奄美、沖縄、宮古、八重山の四群島の知事選が実施されることになった。

　1949年10月1日、沖縄の軍政長官としてジョセフ・R・シーツ少将が就任した。新長官の任務は一義的には基地建設であったが、民生の向上にも力を入れ、住民の自治権の拡大にも熱心であった。

　シーツ長官は1950年6月、琉球諮詢委員会を設置して四群島の知事、議員の選挙に関して諮問を行った。その答申をうけて7月3日、布告37号「群島政府の知事及び民政議員選挙」を公布して、戦後初の知事公選を実施した。沖縄では琉球農林省総裁の平良辰雄が、民政府公務部長の松岡政保と人民党の瀬長亀次郎に圧勝した。三候補とも選挙公約には「日本復帰」を明確に打ち出していなかったが、選挙戦中、平良と瀬長は復帰問題を積極的に取り上げた。宮古群島では西原雅一、八重山群島では安里積千代、奄美群島では中江実孝が当選した。

　しかし、群島政府は創立1年数か月でその生涯を閉じた。理由はいくつかあったが、その一つは日本復帰を主張する平良知事を米側が警戒したからであった。米民政府は1951年3月27日、布告第3号「臨時中央政府の設立」を公布、翌4月1日に臨時中央政府を設立して、三権の長を任命した。1952年4月1日、琉球政府の発足と同時に公選知事をいただく群島政府は解体した。

　それでも、首長公選への願望はつのるばかりで琉球立法院は1953年1月独自に「琉球政府行政主席選挙法」を公布した。しかし、それも米民政府の布令で無効になった。その後の主席選任方法の変遷が自治権拡大の長い道程を示している。

　選任方法の推移は（1）直接任命制、1952-57、（2）高等弁務官任命制（弁務官が立法院代表に諮って任命）、57-60、（3）第一党方式（立法院で過半数の議席を獲得した"責任ある政党"から弁務官が任命）、60-62、（4）立法院指名制（立法院が指名し弁務官が任命）、62-65、（5）立法院間接選挙制（立法院による選挙）、65-68、（6）住民による公選制、1968。

〔参考文献〕
◇大城将保『琉球政府』沖縄文庫シリーズ（ひるぎ社　1992年）
　琉球政府の組織的変遷の歴史をたどりながら、自治権拡大の問題を論じている。

宮城　悦二郎

第7章● 「復帰前沖縄」キーワード

国費・自費制度

　国費沖縄学生制度は琉球政府が日本政府に陳情要請した結果、1953（昭和28）年4月から始まった公費留学制度である。その目的は「琉球復興のために緊急に必要な人材を養成する」とうたわれていた。

　戦後の教育制度において高校卒業後の進学の道は極めて狭かった。1951年に琉球大学が開学したが、初期の頃の大学進学への道は、琉大か米国留学か日本留学しかなかった。

　おまけに、琉球大学には医学、歯学、薬学などのコースはなかった。敗戦による荒廃と多数の離島からなる琉球列島では病院や医師、薬剤師不足は極めて深刻な状況であった。したがって、国費沖縄学生制度は特に沖縄における医師、歯科医師の養成を重視していた。国費留学制度は県内の選抜試験に合格すれば、文部省が配置する本土の国立大学へ枠外定員として入学が許可された。そして学費は定年内は免除された。さらに毎月の生活費への援助があった。

　自費沖縄学生制度は1955年から実施されたが、生活費への援助がないこと以外は国費沖縄学生制度と同一であった。自費制度は1972年日本復帰と同時に廃止されたが、国費制度は1980年まで存続した。

　これらの制度で1980年までに本土大学へ入学した学生は国費が2595人で、そのうち約41％の1071人が医歯学入学者であった。また、自費は1623人でその内281人が医歯学入学者であった。したがって、復帰前沖縄の医師、歯科医師の大部分がこれらの国費・自費制度によって養成されたと言っても、言い過ぎではない。

　この制度の恩恵を受けた学生は卒業後沖縄に帰って地域社会のために働くことが義務づけられていた。しかし、中には卒業後も帰還しない者が多く、大きな社会問題になったこともある。

　とまれ、国費・自費沖縄学生制度は日本留学（日留）や本土留学と呼ばれ、米留と共に復帰前沖縄社会のリーダー層を育成するために活用された。その歴史的、社会的評価は今後の研究を待たなければならない。

〔参考文献〕

◇高良勉『発言・沖縄の戦後50年』（ひるぎ社　1995年）
　「私にとっての敗戦後50年・思春編」で国費沖縄学生制度に合格した前後の体験を書いてある。

◇『沖縄大百科事典』（沖縄タイムス社　1983年）
　年度ごとの合格者数が表にしてまとめられている。

高良　勉

米国留学と金門クラブ

　米国統治時代（1945-1972）に設立された米国政府の奨学資金による留学制度。1949（昭和24）年に開始され1972年まで継続された。その期間、合計1,110件の奨学資金が支給された（1人で2度以上留学した者や航空運賃だけ支給された65件を含む）。

　筆記試験と面接を合格した者が毎年、多いときには75人、少ないときでも25人が、初めのころは軍輸送船で、1960年代にはいっては旅客機で送り出された。留学1年で帰国したのもいたが、期間を延長して博士号を取得した者が28人、修士号が262人、学士号が155人。1950年代半ばまで奨学金がガリオア資金（占領地域救援資金）から支給されていたので、これらの留学生をガリオア学生と呼んだ。

　当初は学部学生の留学も可能であったが、後には専ら琉球大学や本土大学の卒業生を米国の大学院へ送り込んだ。

　このような制度のもとで留学した人たちが帰国して任意に参加したのが「金門クラブ」という親睦団体。1952年に結成。初期の留学生は輸送船でサンフランシスコの金門橋をくぐったので、それに因んで命名された。

　現在のハーバービュー・ホテルのある敷地にあったハーバービュー・クラブ（これは米国務・国防省関係雇用者―主に米国民政府のアメリカ人―のためのクラブであったが、地元の政・財界人や知名士にも名誉会員のメンバーシップが与えられていた。別名、沖縄鹿鳴館。）において月例の会食やクリスマスパーティー、慈善事業などを催した。会食には米民政府、琉球政府、政・財界の要人が講演をした。第三代高等弁務官・ポール・W・キャラウェイ中将が「自治神話論」のスピーチをしたのも月例会であった。

　あくまでも親睦を目的とした団体であったが、住民からは統治権力者と結びついたエリート集団と見なされていた。米軍側は同クラブの会員が政治的、社会的にリーダーシップを握ることを期待したことも事実である。会員のなかには琉球政府や公社、企業などで重要なポストを得た人たちもいた。

〔参考文献〕

◇金城弘征『金門クラブ・もうひとつの沖縄戦後史』沖縄文庫シリーズ（ひるぎ社　1987年）

　　金門クラブのメンバーでもある著者が同クラブの歴史、活動、社会的役割について詳述したもの。復帰前、米権力と結び付いたエリート集団と見なされていたクラブを客観的に見てその功罪を論じ、同クラブに対する従来の偏ったイメージの修正を試みたもの。唯一金門クラブそのものについて書かれた著書である。

　　　　　　　　　　　　　　　宮城　悦二郎

第7章●「復帰前沖縄」キーワード

キャラウェー旋風

　第四代高等弁務官（1961年2月～64年7月）・ポール・W・キャラウェイ中将がその強引な政治手法で地元政・財界に巻き起こした猛烈な"旋風"。腐敗疑惑におののく金融業界を震えあがらせ、自治権拡大を求める政界を力ずくで押さえ込んで保守陣営を分裂させ、琉球政府行政主席を退陣に追い込む結果になった。

　金融業界：銀行などによる不正融資などについてはキャラウェイ着任以前から問題になっていた。米民政府は1961（昭和36）年1月、銀行役員の兼職の禁止や不良債権の整理などを定めた布令37号「銀行、銀行業務および信用供与」を公布、金融検査部を新設して指導監督の強化を図ったが期待したほどの成果は上がらなかった。

　しかし、新任の弁務官キャラウェイは情実や馴れ合いを嫌う合理主義者で、この状況を放置することはできなかった。

　まず彼が手がけたのは、監督機関の権限を強化することであった。従来、琉球政府内務局の一付属機関でしかなかった金融検査部を布令第37号を大幅に改正（1962年8月）して独立行政委員会なみに強力な監督権限を付与、その長を米民政府民政官の承認をへて主席が任命するとした。琉球政府は「主席の行政権」を盾に執拗に抵抗したが有無をいわせず改正を強行した。「民政官の承認」とは「弁務官の承認」であったことは論をまたない。

　検査は徹底的に行われた。沖縄相互銀行をはじめ、沖縄銀行、第一相互銀行、三和銀行などを検査、頭取や幹部の情実融資や背任行為を摘発。琉球銀行は、民政府が51％の株を所有していたので、手入れはなかったものの、1963年5月の株主総会には筆頭株主の名義人である民政官の委任状をもって弁務官自身が出席、配当の減額、人事刷新、その他合理化策を提案した。その結果、頭取をはじめ幹部役員が任期半ばで辞任した。

　手入れは銀行だけにとどまらなかった。1963年7月には米陸軍監査部と合同で琉球農業協同組合連合会（農連）を検査、つづいて、農林漁業中央金庫（中金）、琉球生命保険、琉球火災海上と検査の手は延びた。これにより、5銀行と2保険会社の重役が辞任、3銀行の重役が汚職で告発された。

　政界：日米協調路線に則って民生向上を目的とした"ケネディー新政策"（1962年）が発表され、沖縄問題にもいよいよ新しい展望が開かれるのではないかとの期待が広まった。事実、ケネディー政権になってから、日本の沖縄に対する潜在主権の再確認、祝祭日における公共建物に日の丸掲揚を許可、主席の選任方法を「立法院の指名した

第7章● 「復帰前沖縄」キーワード

人を弁務官が任命する」新しい方式を採用、民政官を軍人から文官に変えたこと、積極的に日本政府援助を増やすことなど、まさに「日米琉新時代」の到来と騒がれた。

ところがこの協調路線が沖縄における米軍の軍事的利益を侵害し、施政権返還を速めるのではないかと軍部は懸念を強くした。この軍部の意を体したのがキャラウェイであった。さらに軍部が警戒の念を募らせたのは、立法院によるかの有名な「2.1決議」、つまり国連の植民地解放宣言を引用した「施政権返還に関する要請決議」（1962年2月1日）であったといわれる。日本政府の関与を最小限にくい止めようとしたキャラウェイの"離日政策"も、そのような不安の現れであった。

キャラウェイはまず「積み重ね方式による祖国との実質的一体化」をとなえる大田政作主席の日米琉懇話会の構想を屋上屋を架すものだとして退けた。1962年の定例議会で7つもの立法案が弁務官の一存で廃案になった。なかでも与党自民党が単独で可決した減税案を米上院の沖縄援助法（プライス法）の審議にマイナスになるという理由で撤回された。これが弁務官や大田主席に対する批判に火をつけた。減税案は翌年も拒否された。

弁務官追従姿勢を批判された大田主席は「主権在米の状況では主席の政治責任にも限度がある」と不満を吐露した。

そのような状況下で「自治神話論」のスピーチが米留学生の金門クラブで行われた。「現在では自治は架空のものであり、実在しないものです。」と語議論的理論を展開して、自治権拡大要求に冷水をぶっかけた。

彼が強権をふるって断行した"改革"は独断専行的だとして住民の批判を浴びたが、一方では評価された改革もあった。金融業界の浄化、電力料金の値下げ、軍雇用員の賃金引き上げ、マイクロ回線の料金を強引に本土・沖縄で折半、教科書の無償配付を小学3年生までであったのを中学生まで引き上げたことなど。"善意の独裁者"といわれた所以である。

自治権拡大要求はついに与党自由民主党の分裂を招き、これが原因となって大田主席の辞任に発展して行った。結果的にはキャラウェイの強引な手法がかえって自治権拡大要求に拍車をかけたといえよう。

〔参考文献〕
◇『世替り裏面史—証言に見る沖縄復帰の記録』（琉球新報社　1983年）
　復帰にいたる沖縄戦後史の主な事象を網羅的に取り上げ、日・米・琉の関係者の証言をまとめたものである。「裏面史」であるから当時は表にでてこなかったことが語られていて実に興味深い。

宮城 悦二郎

第7章● 「復帰前沖縄」キーワード

『琉球新報』と『沖縄タイムス』

　戦後沖縄では新聞が数紙刊行されたが、米軍政に対して追従的で経営基盤が脆弱だったものはことごとく消滅したため、50年以上にわたって存続しているのは『琉球新報』と『沖縄タイムス』のみである。現在、県内における新聞発行部数の約9割を両紙が占めており、『琉球新報』が20万501部（ABC調査）、『沖縄タイムス』が20万2476部（自社調査）と双方の勢力は拮抗している（1999年現在）。

　両紙が読者に支持され続けている理由は、住民の側に立った報道・言論活動を行っている点にある。反権力的と評されることもあるが、復帰前の沖縄住民が置かれた過酷な状況が、その基盤を形成したといえよう。

　沖縄で最初の新聞である『琉球新報』が発刊されたのは1893（明治26）年9月15日。旧士族階級の青年たちを創刊者とする同紙は、日本本土との同化を推進したが、1940（昭和15）年には一県一紙制度により、『沖縄朝日新聞』『沖縄日報』と共に統合されて『沖縄新報』となった。

　現在の『琉球新報』は1945年7月25日に米軍の収容所があった石川市で発行された『ウルマ新報』をその前身とする。占領政策の一環として新聞発行を企てた米軍は、戦前・戦中の新聞人を戦争協力者と見なして避け、戦前の日本社会大衆党沖縄支部長だった島清を社長にあて、元教職員などを記者に採用して同紙を発刊した。当初は無償配布であったが、1946年には題字を『うるま新報』に改め、翌年からは民間の株式会社に移行し、有償とした。1951年9月に又吉康和（旧『琉球新報』の社長。沖縄民政府副知事を務める）が社長に就いた際に『琉球新報』と改題し、現在に至っている。

　『沖縄タイムス』は1948年7月1日に戦前の新聞人である高嶺朝光らを中心に那覇市で創刊された（同名の新聞が1921年に創刊されているが1923年頃廃刊となっている。本紙とは無関係）。戦前の新聞人たちは1946年から沖縄諮詢会へ新聞発行の請願を行っていたが認められなかったため、米軍政府と直接かけあい、発行許可を得た。戦前・戦中の戦争協力の反省に立った新聞人らの手による同紙は、1949年には「沖縄美術展」、1954年には伝統芸能の「新人芸能祭」を催すなど沖縄の文化復興にも力を入れた。これらの文化事業は現在も継続している。

　両紙とも発行当初は用紙やインク等の供給を米軍に依存しており、また、1940年代後半までは検閲もあったので、直接的な軍政批判をすることはな

第7章● 「復帰前沖縄」キーワード

かった。しかし、米軍による土地の強制接収に関する『朝日新聞』の報道(いわゆる「朝日報道」)が1955年になされて以降、特に『沖縄タイムス』は米軍の土地政策を批判するようになった。これに対し米民政府は自らが大株主である「琉球銀行」を通して、同紙の新社屋建設資金融資に圧力をかけるという報復措置をとった。概して1950年代までは新聞が米軍政を自由に批判できる状況ではなかった。例えば、公選により那覇市長となった人民党の瀬長亀次郎が、布令改正により職を追われた際(1957年)にも、両紙が米民政府を批判することはなく、自治能力獲得が先決といった間接的な表現でしか不満を表明することはなかった。

しかし、「島ぐるみ闘争」を経た1960年代になると、復帰運動の高まりとベトナム戦争反対の気運もあり、米民政府に対して批判的な言論を展開するようになった。1965年には布令第144号中の出版物許可制が廃止されたこともあり、1960年代後半からは住民の立場に立って反基地、日本復帰という主張を明確に打ち出し、住民運動をリードするようになった。

〔参考文献〕

◇門奈直樹『アメリカ占領時代沖縄言論統制史』(雄山閣出版　1996年)

　70年に出版された『沖縄言論統制史』を増補・改題したもので、米軍統治下の沖縄の言論状況が分かりやすくまとめられている。米軍の言論政策を知る上でも基本の書といえる。

◇辻村明・大田昌秀『沖縄の言論：新聞と放送』(至誠堂　1966年)

　戦後沖縄の代表的新聞、放送、琉米両政府が行った広報の概要を知ることができる。

◇真久田功『戦後沖縄の新聞人』(沖縄タイムス社　1999年)

　『沖縄タイムス』創刊時の新聞人を中心に6人のジャーナリストたちの情熱的な生き様が数々のエピソードを通して紹介されている。戦後史に詳しくなくても理解しやすい構成。

◇沖縄フリージャーナリスト会議編『沖縄の新聞がつぶれる日』(月刊沖縄社　1994年)

　戦後発刊された新聞の関係者が「裏話」を交えて当時を振り返る。様々な立場の証言から、沖縄ジャーナリズム界の熱気が伝わってくる。

　　　　　　　　　　　　　比嘉要

教公二法闘争

　教職員の政治活動を制限しようとする教公二法案の制定をめぐって、1966 (昭和41) 年末から1967年2月にかけて沖縄の保守と革新は全面的に対立し、革新側が保守の強行採決を実力で阻止した。教公二法闘争とはこの一連の過程全体を指し、とりわけ2月24日の立法院包囲に象徴される民衆の直接民主主義的な実力行動によって著名である。この闘争と、それが生んだ衝撃とは、戦後沖縄史に不可逆的な転換をもたらした。

　教公二法とは、地方教育区公務員法 (本土の地方公務員法に相当) と教育公務員特例法の二法案の略称である。戦後沖縄では長く地方公務員の身分を保障する法律がなく、沖縄教職員会や校長協会は、その立法を1950年代から琉球政府に要請していた。だが立法過程で、(1)政治活動の制限(2)争議行為の禁止(3)勤務評定の実施を盛り込んだ教公二法案に形を整えると、教職員会は強く反発した。復帰運動の中核であり革新共闘の要である同会の活動を封じ込めようとする保守派の政治的意図が、露骨に反映していたからである。

　法案をめぐる民主党と教職員会・野党との対立は、1960年代前半には膠着状態にあった。だが復帰の世論が高まるなか、各種選挙で低落傾向にあった民主党は、1966年に入ると教職員の政治活動を根本的に規制しようと全力を注ぐ。翌1967年の立法院定例議会での制定を急ぐ民主党に対して、ついに教職員会は1月6日、阻止のためには年休行使 (実質上の時限ストライキ) も辞さないとする非常事態宣言を発した。また革新三党や復帰協参加団体が結集して教公二法阻止共闘会議ができると、保守側も立法促進協議会をおこし、経済界の支援を得て正面突破にかかった。

　すでに1月25日に警官隊を導入して文教社会委員会で強行採決をした民主党は、2月24日にも警察力を動員して立法院周辺を固め、本会議で再び強行採決をはかった。だが共闘会議が動員した阻止団を中心とする2万余の民衆は、警官隊を実力で排除して立法院を包囲し、本会議を中止に追いこんだ。さらにこの圧力のもとで与野党代表が実質的な廃案協定を結ぶにいたって、保守勢力の思惑は完全に挫かれた。

　この闘争の影響は多岐にわたるが、第一に、翌年の主席公選にいたる保革政治対立を決定的に固定化した。保守勢力の危機感は、結局復帰運動や自治権拡大などの民主化要求への敵視であったため、阻止闘争は教職員と民主党との対立をこえて、沖縄社会を二分する抗争に転化した。一方では経済界による保守梃入れに対抗して共闘会議

第7章● 「復帰前沖縄」 キーワード

が徹底的な不買運動に乗り出し、他方では闘争後の右翼によるテロ事件や警察による革新側への強制捜査など、社会の亀裂は深刻の度を増した。

　第二に、闘争は教職員会を典型とする、それまでの復帰運動の体質を変容させる契機になった。本土との一体化を一貫して追及してきた教職員会では、本土法に準じた教公二法案への反対は、当初は必ずしも強くなかった。校長のなかには法案を積極的に推進する意見もあり、原則反対を掲げる青年教員との軋轢は会の見解を一層曖昧にした。しかし闘争の渦中で、年休行使などの強硬措置に消極的な指導部の会運営をのりこえて、青年教員たちが行動を始めると、会の大勢は阻止の一点に結集する。教員への世論の広汎な支持は、彼らが各地域で父母に地道に説得し続けた成果だった。抑圧法規や教育委員の任命制をとる本土の教育制度よりも、沖縄の制度が優れている面を自覚した彼らは、さらに日本への無批判な同化傾向をもつ従来の復帰思想を相対化し、「復帰」の内実を問い直していく。

　第三に、保守の決定的敗北は、米国政府に沖縄統治政策の根本的な再検討を促した。闘争の際、米民政府が民主党からの救援要請を「内政問題」への不介入を理由として拒否したように、米国政府は直接的な介入で民衆を刺激する事態を恐れ、統治方針自体の転換によ る基地の維持を模索しはじめる。

　教公二法闘争は復帰と自治をめざす占領下の社会運動の到達点であるとともに、その後の各勢力の行動を決定づけた点で、戦後沖縄史の重要な分岐点であった。復帰運動は、この闘争の後、日米両政府という、より強大で狡智な権力との対峙を迫られていく。

〔参考文献〕
◇波照間洋『立ちあがる沖縄──教公二法反対闘争の記録』(労働旬報社　1968年)
　闘争を復帰運動全体に位置づけた優れた同時代分析であり、2月24日の臨場感溢れる記録としても貴重。

◇琉球新報社編『世替わり裏面史──証言に見る沖縄復帰の記録』(琉球新報社　1983年)
　「教公二法」の章から、特に経済界に対する不買運動の影響や、闘争敗北後の警察・検察の機能増強策についての興味深い事実がわかる。

◇教公二法闘争史編集委員会編『教公二法闘争史』(沖縄県教職員組合　1998年)
　教職員会の後継組織による闘争の正史。1950年代からの詳しい関係年表や闘争関係者の証言が充実。ただし組織内の意見対立の曲折にふれていないなどの不十分さも残る。

戸邉 秀明

第7章● 「復帰前沖縄」キーワード

青空教室

　沖縄戦では、多くの人命の犠牲とともに、校舎はもちろん教科書類も大半が破壊、焼失した。また、子どもの生活環境も一変し、劣悪で多くの危険にさらされた。1945（昭和20）年5月7日、早くも石川収容所内に「石川学園」が設立されたが、それは子どもを保護管理することから始まった。この様な子どもを守る仕事は継続され、後に1953年沖縄教職員会を中心とする「子どもを守る会」につながっていく。石川学園は職員室のみが米軍の野戦用テントであとは露天のいわゆる青空教室で、机、鉛筆、教科書などもない文字通り「ゼロからの出発」であった。多少地域によって異なるが他の学校も似たような状態でのスタートであった。

　校舎は、次第に米軍払い下げのテント教室、茅葺き（いわゆる馬小屋教室）、トゥー・バイ・フォーと呼ばれる規格校舎も出現した。また、米軍からの払い下げのコンセット（カマボコ型校舎）も重宝がられた。しかし、それらは台風のたびに倒壊したり、何らかの被害を被った。そのため戦禍を受けた校舎を復興することは重要課題であったが、戦災校舎復興の担当がはっきりしないため、遅々として進まなかった。それが、1952年12月の「沖縄戦災校舎復興促進期成会」の発足を機会に、校舎復旧運動が高まり、米国民政府も「教育三原則」を打ち出し、校舎復旧が進んでいった。

　教科書は、1945年8月に米軍政府の指示で沖縄教科書編集所が設置され、沖縄を主体とする編集方針のもと、いわゆるガリ版刷り教科書が編集、配布された。その後1948年6月に、130万余冊の教科書が本土より入荷し、以後、本土教科書を使用するようになる。

　また、沖縄戦で多くの現場教師と教師の卵たる師範生を失ったこと、教師の待遇の悪さのため米軍作業などへ転職する者が多かったことから、極度の教師不足をきたした。そのため、1946年に沖縄文教学校を設置したり、認定講習会を開き教員養成を行っていった。

〔参考文献〕

◇沖縄県教育委員会発行『沖縄県史ビジュアル版3　戦後2　青空教室からの出発』（1999年）

　写真、新聞記事等の資料を中心に、戦後校舎の移り変わりをたどっている。

◇那覇市企画部市史編集室編『那覇市史　資料篇第3巻8』（1981年）

　「米軍政下の生活」の戦後と教育から、米軍制約下での教科書編集を通して、戦後沖縄教育の混乱ぶりが伺える貴重な体験集である。

　　　　　　　　　　　　　屋比久 守

日米安保体制

　1951（昭和26）年9月サンフランシスコ講和条約と同時に日米安保条約が調印され、翌年4月に発効した。この結果、占領体制から安保体制に形は変わったが、米軍の駐留と基地の使用は続くことになった。本土から切り離された沖縄の米軍統治（占領体制）は変わらず、むしろ日米安保の要石として沖縄の要塞化が展開され、住民は米軍に次々に土地を奪われていった。

　この条約はわずか5条しかない簡単なものだったが、日本の立場からは不満な点が多かった。このいわゆる旧安保条約では、米軍は日本に駐留し基地を使用する権利を確保したが、日本を防衛する義務は規定されていない（片務性）。アメリカ側は、自衛力のない日本と双務的な取決めはできないと主張した。そしてその後、アメリカは日本に自衛力増強を要求し続けたのである。また日本の防衛をこえて、「極東における国際の平和と安全の維持」の名の下にアメリカが行う戦争に、日本の基地を使うことが可能となっている（「極東条項」）。

　改定交渉が1958年10月から始まり、60年5月に激しい反対デモの中で新条約が強行採決された。改定の要点は、アメリカの日本防衛義務が明記され、その代わりに在日米軍基地が武力攻撃を受けた場合は、それを防衛する義務を日本も負うことになった。また事前協議が定められた。そして10年の期限が設けられた。1970年以降は毎年自動延長されている。

　1995（平成7）年10月、不幸な少女暴行事件を発端に沖縄の怒りが8万5千人の県民総決起大会で爆発し、国内のみならず世界中に日米安保の矛盾が沖縄に集中している現実を再認識させる結果となった。大田知事の軍用地代理署名の拒否も日米安保体制を揺るがした。そこで日米間でSACO合意ができ、普天間飛行場の県内移設条件付き返還が決まった。だが新ガイドライン策定による日米安保のグローバル化と軍事協力の強化（『安保の再定義』）は、実質的な安保改定であり、こうした情勢のもとで沖縄の基地問題解決の道筋は容易には見えてこない。

〔参考文献〕
◇豊下楢彦『安保条約の成立』（岩波書店　1996年）

江上　能義

第8章　米軍基地と基地闘争（復帰前）

　復帰以前の基地闘争のなかで、「島ぐるみ闘争」は一際高い稜線をなしている。1956（昭和31）年6月、軍用地に関する最低限度の要求として提示していた「四原則」が拒否されたことを知った住民は、米軍占領下で10年間抑圧されてきたエネルギーを爆発させた。「島ぐるみ闘争」は、軍用地問題の枠を越えて、米国統治に対する初めての大規模かつ組織的な抵抗となった。それは、米国統治の27年間における最大の分水嶺であったと言っても過言ではない。

　「島ぐるみ闘争」に至るまでの米軍基地建設は、大きく3つの時期に区分することが出来る。第1は、沖縄戦による基地建設である。日本軍による基地建設に続いて、上陸した米軍によって、日本本土侵攻作戦に向けた基地建設が進められた。その際、日本軍が構築していた飛行場のいくつかは、米軍によって拡張され引き続き使用された。この段階では、米軍に保護された住民は収容所に隔離されており、米軍は無人の集落や耕地を敷き均していった。やがて住民は集落に帰ることを許可されたが、軍事施設とその周辺は、立入禁止区域となったままであった。

　第2の時期は、沖縄の長期保有が決定され、厖大な基地建設予算が投入されるようになった1950年から始まる。米軍は既存の基地を恒久施設へと強化するとともに、新たな土地接収を行い、住民を立ち退かせた。対日講和条約発効前のこの時点では、土地収用に対する組織的な抵抗が行われた様子はない。

　第3の時期は、1953年の土地収用令公布と、その直後から開始された「銃剣とブルドーザー」による強制収用である。耕地や集落を敷き均そうとする重機に身を投げ出して懇願する住民を、米軍は武装兵によって排除した。

　以上3つの時期が、それぞれ本章の「(1)沖縄戦と基地」、「(2)冷戦と基地建設」、「(3)銃剣とブルドーザー」に対応している。

　講和条約発効後も新たな土地収用を迫り、武装兵を動員して住民の抵抗を粉砕した米軍の姿勢は、沖縄社会全体に大きな衝撃をもたらした。さらに各地で新規接収の計画があることが明らかにされ、住民たちは強制収用の恐怖に脅えた。最後の望みは、1955年10月に来沖した米国議会の調査団（プライス調査団）が下す判断であった。そして同調査団が作成したプライス勧告によって「四原則」が拒否された時、ついに沖縄住民は「島ぐるみ闘争」に立ち上がったのである。その展開と衰退については、「(4)島ぐるみ闘争」と「(5)オフ・リミッツ」にまとめら

第8章●米軍基地と基地闘争（復帰前）

れている。
　保守勢力が妥協に転じ、闘争が衰退した後も、民衆のエネルギーは枯渇することはなかった。決して「島ぐるみ闘争」以前の沖縄社会に逆戻りすることはなかったのである。それを象徴しているのが、瀬長那覇市長の誕生であった（「(6)瀬長亀次郎」）。また、非暴力の抵抗によって「島ぐるみ闘争」の導火線となった伊江島でも、その後も粘り強い反基地闘争が続けられた（「(7)阿波根昌鴻」）。
　軍用地代の引き上げによって保守勢力の懐柔に成功した米軍は、本島北部で新規接収を進めた。そこへ、日本本土から海兵隊師団が移駐し、大規模な山林が演習場となった。1952年から60年に至る間に、日本本土の米軍基地面積は4分の1に縮小されたが、沖縄では2倍に増加したのである。それと並行して、核兵器を搭載可能な多数のミサイルが沖縄に配備され、発射基地の建設が続いた。ミサイル配備に関しては、「(11)核と沖縄」で紹介されている他、我部政明『日米関係のなかの沖縄』（三一書房　1996年）が詳しい。
　こうして米軍基地機能の集積がさらに高まる中で、ベトナム戦争が本格化することになる。沖縄への戦争の影響は、「(8)ベトナム戦争」で概説されている。1968年11月にB52爆撃機が墜落・爆発すると、反基地運動は一気に高まった。しかし翌69年2月4日に設定されたゼネストは、ついに「幻のゼネスト」に終わり、その一方で基地機能を維持したままの「復帰」に向けた日米両政府の動きが本格化していった。「(9)全軍労闘争」、「(10)毒ガス輸送」は、それに対する沖縄住民の反発・抵抗の一端を記述している。
　1970年以降の解雇撤回闘争のなかで、全軍労は、反基地闘争の中心的な役割を担うようになった。米軍に集落や農耕地を奪われ止むなく基地労働で生計を維持してきた人々の記憶が、そこには脈々と流れていた。その視点から見れば、基地労働者が基地縮小を求めることは、何ら矛盾した行為ではなかったのである。
　各項目のなかで紹介されている参考文献の他に、米国統治時代の様々な反基地闘争を概観できる文献として、次の3点をあげておきたい。まず闘争の展開を通史的に把握するためには、中野好夫・新崎盛暉『沖縄戦後史』（岩波新書　1976年）が最良の入門書となる。さらに闘争の具体的な様相を知るためには、当時の文書を多数収録した新崎盛暉編『ドキュメント沖縄闘争』（亜紀書房　1969年）、証言を織りまぜて特集を組んだ『新沖縄文学　50号、特集 戦後沖縄・民衆の決起』（沖縄タイムス社　1981年）が、重要な手がかりを提供してくれるはずである。

鳥山淳

第8章 ●米軍基地と基地闘争（復帰前）

沖縄戦と基地

　1943（昭和18）年から日本軍は、南方の戦線との中継基地として、徳之島・伊江島・沖縄本島の読谷に飛行場建設を開始した。さらに翌44年3月には、南西諸島守備軍として第32軍が新設され、各地で飛行場建設が本格化していく。日本軍は、地主との契約を後回しにして土地を接収し、国民学校少年団を含む徴用労働者を沖縄各地からに動員して建設を進めた。また基地建設と並行して県民の疎開を進め、沖縄本島から日本本土・台湾へ6万人を送り出すとともに、飛行場・陣地が集中する本島中南部から10万人を北部へ避難させる計画を進めた。

　しかし1944年10月10日の空襲によって読谷・嘉手納・小禄（現那覇空港）の各飛行場は壊滅的な打撃を受け、米軍上陸が確実となった翌年3月には、日本軍は伊江島飛行場を自ら破壊した。

　1945年4月1日、沖縄本島に上陸した米軍は、その日のうちに読谷・嘉手納の両飛行場を占領し、4月9日には整備を終えた。さらに4月16日には伊江島に上陸し、日本軍が破壊した飛行場を修復して、2日後には使用を開始した。米軍は、これらの飛行場を中心にして、本土侵攻作戦に向けた出撃・兵站基地の構築を進めた。そのために、民間人収容所の大半が、軍事施設の集中する本島中南部を避けて、北部に設置された。戦前の人口がおよそ10万人の北部に、20万人以上が集住したのである。

　収容所からの帰郷が開始されたのは、1945年10月末である。しかし軍事施設が集中する地域への帰郷は、軍の規制が厳しく、はかどらなかった。翌46年3月の時点でも収容所には8万人の住民が残っており、とりわけ那覇・北谷・読谷など、軍事施設周辺地域への帰郷が遅れていた。北谷村・読谷村への帰郷がようやく開始されたのは1946年11月であり、同年末の両村の人口を戦前と比較すると、次のようになる（『沖縄民政要覧』、『琉球統計年鑑』より）。

	1940年10月	1946年12月
北谷村	15,131人	682人
読谷村	15,883人	5,528人

　村民が帰郷した時には、かつての村落や農地には、すでに米軍施設が立ち並んでいた。読谷村では、同年11月の時点で、村面積の95％が軍用地となっていたのである。農業の再開を望めなくなった人々は、やがて現金収入を求めて軍作業や闇市へと流れていった。

　政治・経済の中心地であった旧那覇市街は、空襲と戦闘で破壊されたうえに米軍の物資集積所となり、立入禁止が続いていた。そのため住民は、郊外の闇市周辺と、那覇港湾軍作業員の居住地（みなと村）に集住していた。旧市街地の開放が始まるのは、1950年代

第8章●米軍基地と基地闘争（復帰前）

　飛行場が建設された伊江島の住民は、米軍の上陸とともに島外へ退去させられ、慶良間諸島や本島北部の収容所を転々とさせられた後にようやく帰郷したのは、1947年2月であった。さらに翌48年8月には、島に打ち込まれた不発弾が処理作業中に爆発し、100名以上が死亡するという惨事も起こった。

　一方、一度帰郷した人々にとっても、そこは必ずしも安住の地とはならなかった。米軍は各地で、資材の盗難などを理由に、軍事施設周辺の建築物撤去や農耕禁止を度々命じた。また読谷村や金武村など演習の激しい地域では、演習の都合によって農作物の撤去通告が繰り返された。

　しかし、住民は諦観していたわけではない。米軍の規制を無視した建築・農耕は、各地で行われていた。弾薬庫によって自宅周辺が立入禁止となったある農民は、「OFF LIMITS・CIVILIAN」（民間人地域につき米兵立入禁止の意味）と書いた看板を家のまわりに立てて、住み続けた（『けーし風　第9号』新沖縄フォーラム刊行会議1995年、41頁）。そして、飛行場周辺への立入禁止を伝える次の文書からは、執念深く土地を取り戻そうとする住民の姿を読み取ることが出来るのである。

　「普天間飛行場は現在使用してなかった為めか住民中には禁止地域内に立入するばかりでなく居住乃至農耕して居る者があり、或は滑走路や誘導路を使用したり又は一部破壊している者をよく機上より見受ける」（沖縄県公文書館所蔵琉球政府文書「禁止命令（1947年〜1948年12月）住民立退」）

〔参考文献〕

◇『沖縄県史ビジュアル版5　空から見た沖縄戦―沖縄戦前後の飛行場』（沖縄県教育委員会　2000年）

　米軍の空撮写真と図面を中心に、日本軍と米軍の飛行場建設の様子を描いている。

◇大城将保「第32軍の沖縄配備と全島要塞化」『沖縄戦研究Ⅱ』（沖縄県教育委員会　1999年）

　日本軍による基地建設と住民動員を概観できる論文。

◇『伊江島の戦中・戦後体験記録』（伊江村教育委員会　1999年）

　巻頭の写真、第1部第1章「伊江島飛行場基地建設の徴用と十・十空襲」と第5章「疎開と難民生活」が、基地化された島の戦中と戦後を描いている。

◇『平和の炎』Vol.11（読谷村役場　1998年）

　「行政文書にみる読谷村再建の歩み」として、戦後の文書・地図を多数収録。

◇島袋善祐・宮里千里『基地の島から平和のバラを』（高文研　1997年）

　日本軍の動員、沖縄戦、米軍占領下をしたたかに生きた住民の姿を伝える。

　　　　　　　　　　　　　　鳥山淳

第8章●米軍基地と基地闘争（復帰前）

冷戦と基地建設

　米国の沖縄統治政策は、戦後しばらくは未確定の状態にあった。軍部と国務省の見解が真っ向から対立し、政策決定に至っていなかったのである。軍部（統合参謀本部）は1945（昭和20）年10月に沖縄の長期保有の方針を決定し、主権獲得や信託統治の実施を視野に入れていた。これに対して国務省の見解は、琉球諸島を日本の固有の領土と認め、領土不拡大の原則に沿って日本に返還し、非武装化するというものであった。相反する見解の間で政府方針は定まらず、結局1946年11月の時点で、問題の棚上げが決定されたのである。

　その結果、基地施設の整備や社会復興のための本格的な予算措置はとられず、暫定的な施設は台風のたびに大きな被害を出して、米軍人たちは沖縄を「忘れられた島」、「はきだめ」、「太平洋のシベリア」などと呼ぶようになった。

　しかし世界的な「冷戦」の高まり、とりわけ中国の共産化が確実となるなかで、東アジア情勢に対応するために国務省も軍部と同様の方針へと転換し、沖縄の排他的な保有が決定されることになった。沖縄保有政策は、1948年10月にトルーマン大統領の承認を得て正式決定された後、具体的な予算措置を伴って実行されていく。1949年からは住民向けの復興援助資金（ガリオア資金・エロア資金）が拡充され、食糧事情の改善や道路・水道・電力など社会基盤の復興がはかられた。沖縄住民は、当時の軍政長官の名を取って、その一連の政策を「シーツ善政」と呼んだ。

　そして翌1950年からは、総額5800万ドルといわれる膨大な基地建設予算が沖縄に投じられた。台風に耐えられなかった従来の暫定的な施設にかえて、恒久的な軍人住宅・倉庫・娯楽施設の建設、道路・港湾・発電所・石油貯蔵施設などの整備が開始された。とりわけ那覇から嘉手納にかけての西海岸一帯には、軍関係施設の工事が集中した。そして基地拡張や米軍住宅建設のため、那覇近郊の天久・上之屋地区約500戸のほか、読谷村・北中城村などで立ち退き通告が出された。

　基地建設工事には日本本土の大手建設会社が多数参加し、建築資材も日本本土から輸入された。沖縄の基地建設は、日本経済の早期復興・輸出産業の育成・ドル獲得という対日方針とリンクして展開していたのである。

　また、労働力は可能なかぎり沖縄現地で採用する方針が取られていた。労働力を確保するために、1950年4月に基地従業員の賃金が3倍に引き上げられたため、軍作業希望者が激増した。当時沖縄とともに米軍占領下におかれていた奄美群島からも、現金収入を求め

第8章●米軍基地と基地闘争（復帰前）

て多くの労働者が基地建設工事に加わった。1949年には4万人弱だった軍作業員は、最盛期の1952年には6万人を超える。その陰で、農村は働き手を失い、一部の農地は放棄されていった。中部地区の軍作業員を対象にした調査では、元農業従事者が48％を占め、また30才以下の若年層が68％にも達した（『沖縄タイムス』1951年6月17日）。

さらに米軍占領下の沖縄では労働立法が遅れていたため、基地建設工事に流入した労働者たちは劣悪な待遇と賃金の不払いを強いられ、やがて大規模な労働争議が発生した。同じ職場内での日本本土労働者との待遇格差は、占領下の無権利状態を強く意識させる契機となったのである。労働者たちの激しい運動を受けて、1952年から立法院で労働三法の制定作業が開始された。しかしUSCAR（琉球列島米国民政府）から圧力を受けて立法は難航し、1953年9月になってようやく公布されたものの、USCARの布令によって軍関係労働者は適用から除外されたのである。

その一方で、軍政府の許可を得て、コザの開放地に米兵相手の「ビジネスセンター」が形成されはじめたのは、1950年である。コザの町を抱える越来村の人口は、1950年の1万8千人から55年の3万5千人へ、さらに60年の4万6千人へと膨張を遂げ、1956年にはコザ市に昇格した。米軍基地を中心とした社会へ向けて、沖縄の本格的な復興が開始されたのである。

〔参考文献〕

◇宮里政玄『アメリカは何故、沖縄を日本から切り離したか』（沖縄市　1999年）
　講演をもとにしたブックレット。冷戦の展開と本格的な基地建設に至る流れを把握するうえで最適の入門書。

◇宮城悦二郎『占領者の眼』（那覇出版社　1982年）
　米国紙の視線を通して、「忘れられた島」から「太平洋の要石」への劇的な変化が描かれている。

◇琉球銀行調査部編『戦後沖縄経済史』（琉球銀行　1984年）
　第III部「沖縄保有の決定と復興政策の展開」が、沖縄保有政策の決定に伴う経済政策の変化や基地経済の形成を知るうえで参考となる。

◇『資料　琉球労働運動史─自1945年至1955年』（琉球政府労働局　1962年）
　基地建設工事に伴う労働争議の展開とその後の労働三法制定過程を、当時の文書とともに詳細に辿ることが出来る。

◇『国場組社史』（国場組　1984年）
　ほか清水建設・鹿島建設・大成建設・間組など建設会社社史に、基地建設工事を受注した建設会社にとっての「特需」が記述されている。

鳥山　淳

第8章●米軍基地と基地闘争（復帰前）

銃剣とブルドーザー

　対日講和条約の発効に伴って、それまで無条件に使用されていた米軍用地は、契約関係による使用へと移行されなければならなかった。そのため、1952（昭和27）年6月からUSCAR（琉球列島米国民政府）は軍用地代の支払いを開始した。しかし安い地代と以後18年間という長期契約のため、軍用地主5万7千人のうち、契約に応じたのは千人以下であった。同年11月からは契約遂行が琉球政府に委任されたが、作業の難航は変わらなかった。にもかかわらず米軍は、1953年末に「黙契」による権利獲得を一方的に宣言するのである。

　その一方で、米軍は軍用地の新規接収を開始する。1953年4月3日、USCARは布令第109号「土地収用令」を公布した。米軍が収用宣告を行って30日が経過すれば、地主が契約に応じるか否かにかかわらず土地の権利が米国に譲渡されることを定めた土地収用令は、「銃剣とブルドーザー」に象徴される、軍用地強制収用の開始を告げるものであった。それからわずか数日後の4月11日、真和志村（現在は那覇市）の耕地にブルドーザーが乗り込み、強制収用を開始したのである。米軍の強硬な姿勢は、同様に収用を宣告されている他の地域をはじめ、住民に大きな衝撃を与えた。9月には、強制収用を恐れた読谷村の渡具知集落が、やむなく立ち退きに応じた。さらに12月には、小禄村（現在は那覇市）の耕地に武装兵が出動し、ブルドーザーの前に居座って抵抗する住民を排除した。

　翌54年になると、大統領の年頭一般教書で「沖縄の米軍基地を無期限に使用する」ことが宣言されたのに続き、3月には陸軍の方針として、沖縄の土地4万5千エーカーを買い取り、3,500家族を八重山に移住させる計画が明らかになった。土地を事実上買い上げて農民たちを移住させることが、軍用地代一括払いの重要な目的だったのである。

　危機感を強めた立法院は、4月30日に軍用地問題に関する「四原則」を決議して、米国との交渉方針を明確にした。「四原則」とは、(1)土地の買い上げ・永久使用・地代一括払いに反対、(2)土地を奪われた地主に対する適正な地代・補償の要求、(3)米軍が土地に加えた損害に対する賠償要求、(4)新規接収反対と不用地の開放要求、である。

　しかし米軍は、「四原則」をめぐる協議に応じる姿勢を見せず、宜野湾村の伊佐浜、伊江島の真謝など数カ所で更なる接収を迫っていた。実弾演習によって農耕が困難になったうえに集落の立ち退きを要求された伊江島の真謝住民は、それでもなお抵抗を続けていた。豊かな水田を新規軍用地に指定さ

れた伊佐浜の住民は、一度は立ち退きを受け入れたものの、反対する女性たちが前面に立って、抵抗を再開していた。しかし翌55年3月、武装兵が伊江島に上陸して真謝集落を焼き払い、伊佐浜でも接収予定地の4分の1ほどが武装兵によって強制収用されたのである。

住民の不満が高まるなか、住民代表6名の渡米折衝団が組織され、同年6月に米国下院軍事委員会で窮状を訴えた。その結果、一括払い方針は一時保留され、10月に委員会の調査団（プライス調査団）が沖縄現地に派遣されることも決定されたため、住民の間には米国議会による「民主的な判断」に対する期待感が広まった。

しかし同委員会は同時に、「最小限度」の新規接収を容認していた。そして沖縄現地では、強制収用が続行されるのである。7月19日未明、数十台の米軍車輛と200名以上の武装兵が伊佐浜を包囲して住民を追い出した後、残されていた水田を敷きならし家屋を引き倒した。その直後には北部山林を中心に8町村にわたる大規模な新規接収が通告され、8月には土地収用令が改正されて強制的な測量実施が可能になった。そして測量の対象地は、21町村4万エーカーに及んだ。それは、当時既に使用されていた米軍用地面積に匹敵した。

強制収用の恐怖に脅えながら、住民はプライス調査団に最後の希望を託していた。しかし同年10月に沖縄を訪れた調査団の報告書（プライス勧告）は、一括払いと新規接収を積極的に承認するものであり、軍用地代の見直しを求めた以外は「四原則」要求を完全に否定していた。そして米国議会は、報告書の内容を沖縄側に知らせることもないまま、翌56年5月に沖縄基地建設計画を承認したのである。報告書の概要がはじめて琉球政府主席に伝えられたのは、1956年6月9日であった。

〔参考文献〕

◇『沖縄県史ビジュアル版1　銃剣とブルドーザー』（沖縄県教育委員会　1998年）
　写真・史料を多数掲載して各地の強制収用の様子を描いている。

◇『宜野湾市史　第1巻　通史編』（宜野湾市教育委員会　1994年）
　第6章第4節「宜野湾の土地闘争」が、伊佐浜の強制収用について詳述している。

◇阿波根昌鴻『写真記録　人間の住んでいる島──沖縄・伊江島土地闘争の記録』（1982年）
　強制収用当時に撮影した伊江島住民の写真記録。同様の写真をコンパクトにまとめたものとして、『反戦と非暴力──阿波根昌鴻の闘い』（高文研　1999年）がある。

◇琉球銀行調査部編『戦後沖縄経済史』（琉球銀行　1984年）
　第Ⅵ部「軍用地問題と沖縄経済」が、米国の軍用地政策の展開を概説している。

鳥山　淳

第8章 ●米軍基地と基地闘争（復帰前）

島ぐるみ闘争

1956（昭和31）年6月、「四原則」を拒否したプライス勧告の内容が伝えられると、沖縄社会は騒然となった。行政府・立法院・市長村長会・土地連合会（軍用地主の連合体）で構成された四者協議会は、「四原則」が受け入れられなければ総辞職することを決定し、民政副長官に決意表明書を手渡した（後に市町村議会議長会が加わって五者協議会となる）。そして6月20日、56市町村で一斉に住民大会が開かれ、およそ15万人が参加して「四原則貫徹」の決意表明が行われた。ここに、沖縄において前例のない大規模な民衆運動となる「島ぐるみ闘争」が姿を現したのである。

そのエネルギーの核心には、10年余の占領統治に対する鬱積した不満の爆発があった。「私達沖縄人はあまりにもおとなし過ぎた」、「今度こそという気がする」、「土地の大半を泣く泣く米人へ奉仕してきたがもう泣くのはやめよう」、「これ以上ふみにじられるのはこりごりだ」といった声が、新聞紙面にあふれた。軍用地問題の枠を超えて、米国統治に対するあらゆる反抗心がそこに注ぎ込まれたのである。

そして、占領統治の否定と表裏一体のものとして、住民自治の志向が表明された。四者協議会において打ち出された「四原則を護る基本的心構え」の中には、「自主的に治安を維持し社会不安を与えてはならない」、「上司たる責任者は欠けても…今こそ住民の自治能力を示す」ことが謳われた。そして具体的な組織構想として、各地の集落単位で懇談会を重ねて「土地を守る会」を組織し、それを村・地域・中央によって束ねることが打ち出された。

さらに「島ぐるみ闘争」には、強烈な日本復帰志向が織り込まれていた。一括払いを容認することは日本国の領土を売り渡すことになり、日本復帰の手がかりを失うことになる、という主張が複数の組織から出され、「国土を守る」ことが重要なスローガンの一つとなったのである。そこには、沖縄に対する「潜在主権」をもつ日本政府に対米交渉を促す意図も込められていた。

盛り上がる運動に対して米軍は、総辞職がなされた場合は「完全な直接統治」を行うと恫喝を加える一方、布令を改正して軍用地代を柔軟に変更する姿勢を打ち出した。米軍の懐柔策はやがて効を奏しはじめ、7月16日には比嘉秀平主席が事実上辞職を否定するとともに、「民に行き過ぎがあればこれを正す」と述べた。さらに、当間重剛那覇市長が「一括払いに反対しない」旨の発言をしたことが明らかになった。その直後に結成された那覇市土地を守

第8章●米軍基地と基地闘争（復帰前）

る会の会長の一人は、その当間市長であった。「土地を守る会」の内実は、当初の理念から乖離した官製団体になりつつあったのである。

それに対して、革新政党・教職員会などが中心となって活動していた軍用地問題解決促進協議会が7月18日に沖縄土地を守る協議会へと発展し、住民運動の中心的役割を担うようになった。7月28日に那覇で開催された「四原則貫徹県民大会」には15万人が参加し、比嘉主席・当間市長の退陣要求が決議された。盛り上がりを見せる住民運動と、経済的条件交渉への限定を意図する保守勢力との間の溝は決定的であった。

その亀裂を更に広げたのが、8月に中部地区に発せられたオフ・リミッツであった（次項参照）。事態を憂慮した土地を守る協議会は、「基地経済からの脱却」、「恒久的な基礎産業の確立とB円の民管理」、「金融、貿易等の自主管理」について検討を試みた。それらの方針は、住民自治を希求するという理念にかなうものではあったが、結局は何ら具体策を生み出せないまま、課題から消えていった。

9月20日、保守勢力の主導で土地を守る会総連合が結成されると、土地を守る協議会は事実上そこに吸収され、11月末には正式に解散した。その頃には、比嘉主席急死に伴って、一括払い容認の当間重剛が新主席に任命され、

主席を支持する琉球商工会議所によって一括払い容認署名運動が行われていた。

そして12月末には、久志村（現在は名護市）が、同村辺野古における新規接収を承認し、一括払いを容認する契約に応じた。「今更われわれが反対したってどうにもならない」という村民の声は、「島ぐるみ闘争」の衰退を象徴していた。これによって「四原則」は崩壊し、その後の焦点は一括払いの是非と地代水準に絞られていった。

しかしその一方で、12月25日の那覇市長選挙では、4月に出獄したばかりの瀬長亀次郎が当選した。「島ぐるみ闘争」のエネルギーは、形を変えて噴出したのである。

〔参考文献〕

◇新崎盛暉『戦後沖縄史』（日本評論社 1976年）
　第4章「島ぐるみ闘争の展開とその内実」が運動を要約している。

◇比屋根照夫・我部政男「土地闘争の意義」『国際政治』52号（1974年）
　主に日本復帰運動との関連から、闘争の思想的意義についてまとめた論文。

◇中野好夫編『戦後資料沖縄』（日本評論社　1969年）
　「第4期　島ぐるみ闘争の爆発」に、主な報告書・決議文などが収録されている。

鳥山　淳

第8章●米軍基地と基地闘争（復帰前）

オフ・リミッツ

　オフ・リミッツ（OFF LIMITS・立入禁止）という言葉は、沖縄住民にとって二つの大きな意味を持っていた。

　沖縄本島に上陸した米軍は、占領した地域の住民を収容所に隔離し、集落や耕地を潰して基地建設を進めた。そして戦火が止み、住民の帰郷が始まった後も、中南部を中心とした広大な土地は、住民の居住・農耕を禁止されたままであった。これが第一のオフ・リミッツであり、それは現在まで延々と続くオフ・リミッツでもある。

　第二のオフ・リミッツは、米兵に対して発動される、立入禁止命令である。1950（昭和25）年頃から米兵相手の歓楽街が形成されると、衛生管理や性病予防が十分でないと米軍から判断された地域にはオフ・リミッツが発令され、米兵の出入りが禁じられた。それは、営業許可店に与えられる「Aサイン」制度とセットになった衛生管理システムである。

　しかし、この第二のオフ・リミッツは、単なる衛生管理システムとしてのみ機能したのではない。住民の反基地運動が高まると、米軍はコザなどの町にオフ・リミッツを発令した。米兵を失った業者たちは経営に行き詰まり、反基地運動と激しく対立して、住民は分断された。オフ・リミッツは、住民を分断するための常套手段でもあった。

　それが顕著にあらわれたのが、1956年に土地強制収用問題をめぐって巻きおこった「島ぐるみ闘争」の時である。米軍は中部地区全域に対して無期限のオフ・リミッツを発し、客足は絶えた。疲弊した業者たちの圧力によってコザでのデモは取りやめになり、コザ市長は、「反米的な住民大会」を今後許可しないこと、瀬長（人民党）・兼次（社会大衆党）を「住民の代表とは認めない」ことを宣言した。その結果コザ市のオフ・リミッツは解除され、他の市町村も同様な対応を取った。それによって住民運動は決定的に分裂し、「島ぐるみ」の足並みは乱れていったのである。

〔参考文献〕
◇若林千代「「オフ・リミッツ」の島」『現代思想』1999年3月号
　基地建設によるオフ・リミッツの問題から、沖縄戦後史の意味を問い直す論文。
◇津野武雄「米軍基地からの嵐　オフ・リミッツの策謀」（『沖縄タイムス』1999年10月7・8・12・13・14日）
　コザを中心に1950年代のオフ・リミッツの展開をたどっている。
◇『沖縄の証言　下巻』（沖縄タイムス社　1973年）
　「島ぐるみ闘争の分裂」の章で、オフ・リミッツによる分断策が記述されている。

鳥山　淳

瀬長亀次郎

　沖縄本島南部の豊見城村に生まれた瀬長亀次郎（1907.6.10—）は、京浜地区などで労働運動に取り組み、1932（昭和7）年には治安維持法違反によって逮捕され服役した。その後沖縄に戻って新聞記者などを務めた後、沖縄戦をくぐり抜け、1947（昭和22）年に沖縄人民党の結成に加わり、49年からは委員長となって党を率いた。

　1952年4月1日、当時首里にあった琉球大学で、琉球政府創立式典が開かれた。USCAR（琉球列島米国民政府）の高官たちを前に議員就任宣誓文が朗読されたとき、そろって起立・脱帽する議員のなかで、瀬長だけが着席したままであった。米軍の前で宣誓する必要はないという信念の表明であった。

　1953年に入り、武装兵を伴った軍用地強制収用が始まると、人民党は積極的に住民を支援し、反基地の姿勢を鮮明にした。それに対して米軍は、翌年10月に瀬長ほか党員23名を逮捕し（人民党事件）、懲役2年の実刑判決を受けた瀬長は入獄した。

　1956年4月に出獄した瀬長は、即座に政治の舞台に復帰し、12月の那覇市長選挙で1万6000票を得て当選した。瀬長の人気は、一貫した抵抗姿勢とともに、その庶民的な魅力によるものであった。那覇で瀬長一家が経営する雑貨店は、タバコ1本からでもバラ売りする庶民の店として知られていた。「人民党市長」と騒がれる中、瀬長は新市長の挨拶のなかで、「怪物でもバケものでもなく…単なるマチャグワー（小店）のオヤジにすぎない」と自らを語った。

　瀬長の当選に慌てた保守派や財界は即座に非協力を宣言した。USCARからの復興資金が停止されたばかりでなく、銀行は那覇市の預金を凍結した。しかし市民の協力で納税率は過去最高となり、市の事業は再開された。さらに1957年6月には市議会の保守派によって市長不信任決議が可決され、議会選挙が実施されたが、瀬長支持勢力によって結成された民主主義擁護連絡協議会（民連）が躍進した結果、再度の不信任決議は不可能となった。ついにUSCARは11月に布令を改めて瀬長を市長から追放し再立候補を封じたが、翌58年1月の市長選挙で勝利したのは民連候補の兼次佐一であった。

〔参考文献〕
◇佐次田勉『沖縄の青春—米軍と瀬長亀次郎』（かもがわ出版　1998年）
　那覇市長までの瀬長の半生を元秘書が記述。
◇瀬長亀次郎『瀬長亀次郎回想録』（新日本出版社　1991年）
　国会議員時代までを含めた自伝。

鳥山　淳

第8章 ●米軍基地と基地闘争（復帰前）

阿波根昌鴻

1903年3月3日（戸籍上）上本部村（現本部町）生まれ97歳。米軍に対し非暴力を貫いた平和活動家。

成人して沖縄本島北部伊江島で雑貨店をすることになり、島へ渡る。働き者の喜代さんを見初め妻に迎えた。中南米へ出稼ぎに行き帰島後、本格的に農業に取り組む。伊江島で農業学校創設をめざし、土地を買い集め4万坪になった。ところが、軍靴の足音は島にも近づき、1943（昭和18）年、日本軍は伊江島に飛行場建設を開始した。

1945年、米軍伊江島上陸。阿波根さんと妻はからくも生き残るが、一人息子は沖縄戦で戦死。伊江島の住民は米軍によって慶良間諸島へ強制移住させられ、2年後の1947年帰島した。

暮らしも落ちつきかけた1955年3月、米軍に家を焼かれ土地を奪われる。土地を奪われたら農民は生きていけない、と必死の抵抗を始めた。阿波根さんはじめ、土地を奪われた島の住民は非暴力の精神で米軍に立ち向かった。沖縄本島を「乞食行進」して、伊江島の惨状を県民にも訴えた。

その後も住民の米軍に対する抵抗は続いた。米軍が境界線に建てた柵を引き抜く行動を何度も繰り返し、演習区域を後退させていった。

しかし、阿波根さんの土地は今も奪われたままフェンスの向こうにある。

阿波根さんは、沖縄戦のまっただ中にあっても「非戦の心」を聖書や本の余白、紙切れに記し、戦後は土地を守る闘いに関してノートなどに克明な記録を残した。発行した文書、寄せられた文書、米軍が落とした模擬爆弾や標識にいたるまで収集した。カメラが入手困難な時代に、たくさんの写真も撮影した。米軍による情報操作が行われた時代に、阿波根さんが残した記録資料は貴重な記録となっている。

新沖縄平和祈念資料館の平和に貢献した人々のコーナーでは、マザー・テレサはじめ7名の代表的な人々と共に阿波根さんの言葉も紹介されている。

1984年、阿波根さんは伊江島に反戦平和祈念資料館「ヌチドウタカラの家」を開設した。世代を超えて学び合う場として「やすらぎの家」も併置。1999年2月22日に法人化され、謝花悦子（1938.7.13―）さんがその意志を引き継いでいる。

［参考文献］
◇阿波根昌鴻『米軍と農民』（岩波書店 1973年）
　文庫本。伊江島土地闘争の記録。
◇阿波根昌鴻『命こそ宝』（岩波書店 1992年）
　文庫本。復帰後の沖縄と住民運動。

宇根 悦子

第8章●米軍基地と基地闘争（復帰前）

ベトナム戦争

　1965（昭和40）年2月、継続的な「北爆」が開始され、ベトナム戦争は本格化した。4月には普天間の海兵隊部隊、6月には瑞慶覧の陸軍部隊がベトナムへ出動した。7月には台風避難の名目でB52爆撃機が嘉手納に飛来し、ベトナムへ出撃した。1968年以降、B52は嘉手納に常駐し出撃を繰り返した。沖縄は出撃基地として全面的に稼働し始め、嘉手納基地滑走路の延長や具志川の海兵隊施設の拡充などが進められ、北部演習地ではゲリラ戦演習が激増した。

　ベトナムでの戦闘が激化すると、戦場の殺伐とした空気は沖縄にも持ち込まれた。牧港の補給基地には肉片が付いたままの戦車が修理に運び込まれ、ベトナムから送られてくる死体を洗浄する仕事も出現した。コザ・金武・辺野古などの歓楽街は出撃を待つ米兵であふれ、暴力事件が頻発した。

　1968年11月、B52爆撃機が嘉手納基地離陸直後に墜落し、爆発した。即座に「いのちを守る県民共闘会議」が結成され、B52撤去を要求するゼネストが設定された（直前に中止）。

　その頃、戦争の泥沼化をうけて、沖縄でも「反戦GI運動」が活発になり、基地内でも反戦アングラ誌が作成され、ベ平連と結びついた反戦逃亡兵支援活動も展開された。また、差別撤廃を訴える「ブラック・パワー運動」も力を増していた。これらの動きは、やがて沖縄住民の運動との間に接点を持つようになり、合同反戦集会が開かれたほか、全軍労闘争やコザ暴動などに対して、連帯の意志が表明された。

　1969年以降、米軍がベトナムからの段階的撤退を開始すると、沖縄の基地機能はさらに拡充された。普天間基地では、撤退して来る海兵隊部隊の施設建設が始まった。勝連半島の海軍基地ホワイトビーチも、大型艦船の接岸に備えて拡張された。弾薬庫や通信施設の強化も相次いだ。そして日米両政府は、基地機能を維持したままの「復帰」に向けて、着実に歩を進めていた。

〔参考文献〕

◇『沖縄年鑑』1968年版・1969年版・戦後25年総合版（沖縄タイムス社　1968・69・70年）

　米軍基地の章によって、基地機能の動態が把握できる。

◇高嶺朝一『知られざる沖縄の米兵』（高文研　1984年）

　反戦GI運動、ブラック・パワー運動などについて詳しいレポートがある。

◇『ロックとコザ』（沖縄市役所　1994年、改訂版1998年）

　コザのクラブで演奏していたミュージシャンたちのインタビュー集。

鳥山　淳

第8章●米軍基地と基地闘争（復帰前）

全軍労闘争

　1953（昭和28）年に労働三法が制定されたとき、USCAR（琉球列島米国民政府）は布令116号「琉球人被用者に対する労働基準及び労働関係法」を発し、軍関係労働者を労働三法の適用外とした。その制約下で労働組合の結成を阻害されていた基地労働者の中から組合が生まれたのは、1960年である。陸軍とUSCARの職場から誕生した6組合（総数2,638名）は、61年6月に全沖縄軍労組合連合会（全軍労連）を結成し、63年には12組合6,624名が単一組織の全沖縄軍労働組合（全軍労）へと移行した。

　賃金引き上げや退職金制度の実現などの成果を積み上げた全軍労は、結成4年後の1967年の段階で、組合員数3万6千人、組織率47％にまで成長した。そして翌年4月には10割年休行使による全面ストを組織し、団交権を獲得した。これによって全軍労は、労働運動の中心的存在へと躍進したのである。

　1969年11月の日米共同声明は、72年の施政権返還と基地機能の維持を明確にした。しかしその2週間後、米軍は基地労働者約2,400人の解雇計画を発表したのである。そして翌70年の大量解雇撤回闘争によって、全軍労闘争の呼称は社会的に広まっていった。

　結果的に敗北したその闘争は、単なる解雇阻止闘争の域を超える意味をもっていた。闘争の根幹には、基地が縮小されないにもかかわらず、人員削減のみが行われることに対する強い反発があった。全軍労は、大量解雇発表以前から「基地反対闘争を理解し、これを支持する」方針を明示していたのである。そして闘争の中からは、「首を切るなら土地を返せ」というスローガンも生まれた。

　しかし全軍労に対しては、保守はもとより革新勢力からも、基地反対の労働者が基地で働くのは矛盾している、という非難が浴びせられた。それに対してある組合員は、「労働者が生きていくには、どんな職場でも働かなければならない。基地があるからやむをえず、生活のためそこで働く」と言い切った（『基地沖縄の苦闘』372頁：参考文献に表記）。全軍労闘争の逞しい地平が、この言葉に集約されている。

〔参考文献〕

◇上原康助『基地沖縄の苦闘──全軍労闘争史』（1982年）
　当時の文書を数多く引用しながら、通史的に運動の展開を記述している。

◇『全軍労・全駐労沖縄運動史』（全駐労連沖縄地区本部　1999年）
　写真集、資料集を含む3冊組。本編は、1年ごとに活動内容を総括したもの。写真集は、年表・解説を織りまぜている。

鳥山　淳

第8章●米軍基地と基地闘争（復帰前）

毒ガス輸送

 沖縄に1万3243tもの大量の毒ガスが貯蔵されていることが明らかになったのは、1969（昭和44）年7月に米国紙が基地内でのガス漏れ事故を報じてからである。その事故をきっかけにして、美里村（現在は沖縄市）に駐屯する部隊が化学兵器を取り扱う部隊であることが確認され、立法院をはじめ沖縄住民側は即座に毒ガス撤去を要求した。しかし移送先の選定が難航し、太平洋のジョンストン島に向けた輸送が開始されたのは、1971年1月であった。

 当初、知花弾薬庫から天願桟橋までの第1次毒ガス輸送は、米軍の「安全宣言」を受けて、住民の避難を伴わずに実施される予定であった。しかし不信感を高めた地元住民が基地ゲートに座り込んだため、急きょ琉球政府は2日間の延期を米軍に要請し、避難措置を取ることを決定した。当日に避難した沿道の住民は、5千名を超えた。同年7月に開始された第2次輸送は、主に基地内を通過するコースに改められて9月まで継続され、それによって沖縄からの毒ガス撤去は完了したと発表された。

 社会的混乱を引き起こしながら実施された毒ガス輸送は、この時期に行われた数少ない撤去作業の一つであった。他の目立った兵器撤去は、1970年6月に撤去完了が発表された中距離弾道ミサイルメースBである。しかしメースBは、米軍自らが「老朽化した兵器」と呼び、撤去後は訓練の「標的」に使用されると語るほど、戦略的価値を失ったものであった（核兵器の撤去に関しては、次項「核と沖縄」を参照）。施政権返還を目前にしながら、米軍兵器の撤去は、極めて限られたものでしかなかった。そして毒ガス撤去闘争には、基地機能の維持を絶対条件とする「復帰」への失望と怒りが注ぎ込まれていた。

 沖縄全土に占める米軍用地の割合は、施政権返還前の14.8％から返還後の12.5％に減少するにとどまり、しかも減少分のうち那覇空港基地や地対空ミサイル基地などの主要施設は、新たに配備された自衛隊に引き継がれた。

［参考文献］

◇『世替わり裏面史　証言に見る沖縄復帰の記録』（琉球新報社　1983年）
　「毒ガス移送」の章が事態の推移を詳細に描く。

◇『KOZA　写真がとらえた1970年前後』（沖縄市　1997年）
　毒ガス輸送を含め、ベトナム戦争から復帰までのコザの表情を伝える写真集。

◇福木詮『沖縄のあしおと　1968-72年』（岩波書店　1973年）
　第3部「ひろがる基地拒絶」の中で、毒ガス撤去闘争などがレポートされている。

鳥山 淳

第8章●米軍基地と基地闘争（復帰前）

核と沖縄

核兵器が沖縄の米軍基地に存在することは状況証拠を基に言われてきたが、核兵器が、いつから、その数、種類、そしていつまでなどのついて、これまで確実な指摘はなかった。『ブレティン・オブ・ザ・アトミック・サイエンティスト』（1999年11・12月号、http://www.bullatomic.org）に掲載された「核のあった場所」という論文によって、かなりの程度、沖縄配備の核兵器について明らかになった。

この雑誌は反核運動にかかわる人にはよく知られた雑誌である。情報公開法による請求によって入手した米国防次官補室（原子力エネルギー担当）作成の「核兵器の管理及び配備の歴史、1945年から1977年9月まで」文書が、この論文の元になっている。同文書で、米本土以外に核兵器が配備されたと記されているのは、米国領を除けば、英国と西ドイツだけである。日本、韓国などは、著者たちのこれまでの調査・研究と照合して特定したという。

「核のあった場所」論文によれば、当時のトルーマン政権は、朝鮮戦争勃発直後の1950（昭和25）年7月1日に米本土以外の最初の配備地としてグアムを決定したが、それを積み込んだB29が墜落事故を起こした。また、同じころ、カナダにも配備されたが、途中に落下事故を起こしている。今なお、この事故は秘密とされているという。実際にグアムに「非核構成体」が配備されたのは、中国義勇軍の朝鮮戦争への参加直後であったという。そして完全な核兵器を1954年5月と9月にそれぞれ仏領モロッコ、英国へ配備。60年代末のヨーロッパには七千発以上の核弾頭が配備され、そのうち半分が西ドイツだったという。

沖縄にはアラスカ、グアム、ハワイと並んで1952年の半ば頃に、「核物質抜き核爆弾」に配備提案がなされたという。「核物質抜き核爆弾」とは、当時の核爆弾は核物資が入った中心部分と、その周辺部分から爆弾外被のカプセル形状の「非核構成体」と呼ばれる二つのパーツから組み立てられている。冷戦に激化するに伴って、核戦争勃発に際して反撃に要する時間を短縮するために、「核物質抜き」つまり「非核構成体」が海外に配備した。核物質を含む完全な核爆弾の沖縄配備は、1954年から55年にかけて緊張を高めた金門・馬祖島を挟んで台湾海峡危機の最中の1954年12月であったという。これは、沖縄への核配備時期を明らかにした初めての記述である。

1967年には、最大規模の約1200発の核が沖縄に配備された。当時のアジア太平洋地域配備総数（3200発）の内、沖

第8章●米軍基地と基地闘争（復帰前）

縄配備が3分の1を占めていた。60年代から72年まで、アジア太平洋地域では、韓国、グアムよりも沖縄が最大の核配備場所となっていた。

　沖縄配備の核兵器（核弾頭を含む）の種類については、次の通りである（配備順）。

・核物質抜き爆弾（配備：54年7月、撤去：67年6月）

・核爆弾（配備：54年12月から55年2月、撤去：72年6月）

・280ミリ砲（配備55年12月から56年2月、撤去60年6月）

・8インチ榴弾砲（配備57年6月から8月、撤去72年6月）

・マタドール・地対地ミサイル（配備57年9月から11月、撤去60年12月）

・核爆雷・航空機から投下する潜水艦攻撃用（配備57年12月から58年2月、撤去72年6月）

・ADM・爆破用原子兵器（配備58年2月から5月、撤去72年6月）

・オネスト・ジョン・地対地ミサイル（配備57年12月から2月、撤去72年6月）

・ナイキ・ハーキュリーズ・地対空ミサイル（配備59年1月から3月、撤去72年6月）

・コーポラル・地対地ミサイル（配備：60年3月、撤去：65年6月）

・ホット・ポイント・低空、対潜攻撃用多目的爆弾（配備：60年7月から9月、撤去：60年12月）

・ラクロス・地対地ミサイル（配備：60年10月12月、撤去：63年12月）

・メース・地対地ミサイル（配備：61年4月から6月、撤去：70年6月）

・ファルコン・空対空ミサイル（配備：61年7月から9月、撤去：72年6月）

・リトル・ジョン・地対地ミサイル（配備：62年4月から6月、撤去：68年12月）

・アスロック・海上発射による対潜ミサイル（配備：63年1月から3月、撤去：66年4月）

・テリア・地対空ミサイル（配備：64年1月から3月、撤去：64年6月）

・デビー・クロケット・無反動ロケット砲（配備：64年4月から6月、68年12月）

・155ミリ榴弾砲（配備66年5月、撤去：72年6月）

　いずれも陸軍、空軍、海軍、海兵隊がそれぞれ装備していた兵器である。注目すべき点は沖縄からの撤去時期だ。1972年5月15日の沖縄返還時に核兵器は沖縄には存在しないと日米両政府が公言していたことと食い違っている。同論文によれば、72年6月となり、1カ月遅れて撤去されたことになる。72年の返還後も核模擬爆弾は嘉手納弾薬庫に保管され、伊江島射爆場で航空機からの投下訓練が実施された。

〔参考文献〕
◇我部政明『日米関係のなかの沖縄』（三一書房　1996年）

我部 政明

第9章　日本復帰と「沖縄」の行方

　最近、アメリカの情報公開によって、沖縄の米軍占領統治と、日本への施政権返還のいきさつが明らかになりつつある。
　資料の入手、解読には、それ相応の時間と金と才能が必要であり、全貌をつかむにはまだまだ努力を要する。同時に、米国側の資料提供が、今後の長期戦略構想とどういう関連をもっているかについては、とくに慎重な検討が必要である。
　米軍の占領統治期についてはともかく、施政権返還＝復帰については、いまでも総括は不十分である。復帰の是非をめぐって二転三転のつば迫り合いを演じた政党、運動体の、自己総括をふくめた復帰総括が、ほとんどなされておらず、保守、革新陣営とも自画自讚の正当化で頰かむりしているからである。
　復帰総括を欠いていることが、その後の沖縄をめぐる情勢の変化に対応するスタンスを不安定にしている。
　日・米の国益と、沖縄の県益は重ならない要素が大きい。そのために一歩踏み違えると、情勢の変化に対応する基本的な誤りを連鎖的にたぐり、取り返しのつかないどんづまりへ追いこまれてしまう。
　現在、沖縄が直面している基地問題をはじめとする経済・社会問題の根っこは、1960〜70年代の復帰運動と、その政治的帰結に大かた起因している。
　その点からも、政党、運動体、そして個々人が60年代にさかのぼって、真剣に総括してみる必要がある。それを怠ると、膨大な軍民の情報謀略に翻弄され、覇権を争う大国間のエゴイズムにふりまわされるだけで、沖縄の未来像をどこに求めるのか、いつまでも定まってこないだろう。
　復帰は「第三の琉球処分」といわれたが、1609年の島津藩侵略まで含めると「第四の琉球処分」というとらえ方で、歴史の背骨をつかむことができる。
　この中世以降の「琉球処分」に共通するのは、日本を軸とする中国、アメリカという覇権国間の利権争いである。
　仮りに「第五の琉球処分」を想定するとすれば、中国の利権に注目しなければならない。
　沖縄内の政治潮流は、内部の治政よりも、その都度の外圧に対する対応をめぐって、四分五裂し、結局は、強国間の利権調整のおもむく方向へと歴史の針路をとってきた。

第9章●日本復帰と「沖縄」の行方

　歴史の激動をくぐる過程で、特徴的に現象化するのは三つの潮流である。
　まず一つは、現実の外圧権力に迎合して保身をはかる流れ。これは旧支配層を中心に保守勢力を形成する。
　二つは、失われた主権を回復しようとする理念的な欲求の潮流。これは旧支配層の中の一部知識人と、解放を求める民衆が一緒になって形成する革新的な勢力である。
　三つ目は、大国間の利権調整の行く先をいち早く察知して、新たな外圧権力に便乗し、自分の利権を拡大しようとする新保守の勢力である。
　この三つの基本的な潮流がもつれ合って、複雑な渦巻きをつくり、民衆は大海の"くり舟"さながらに熱くゆすられて、方向を定めがたくなってしまう。
　この三つの潮流に分類するかたちで、復帰運動の総体をふりかえると、保守、革新の二転三転も整理がついてくる。
　また、特に注目すべきは、外圧としての日・米の中・長期戦略である。その移り変わりに沖縄および「本土」の、政治、経済の動向と革新の質的転換、民衆運動の方向を重ね合わせると、歴史のネガは現像されてくる。
　復帰を総括する方法として、五つの柱をたて、その相互関連性を検討することは大切だ。
　一、第二次大戦後のアメリカの世界戦略における日本、沖縄の位置づけ。二、日本の対アジア経済、軍事戦略および対米市場政策と沖縄の位置づけ。三、アメリカ・日本の国家財政と利権の変動、それに対応した沖縄地元の利権の移動。四、日本ナショナリズムと沖縄パトリオティシズムの融和と離反。五、戦争体験、その異なりと風化の度合、戦後民主主義思想の浸透による平和、人権思想の根づき方、である。
　アメリカは、植民地争奪戦争に対する反省から、日本の非武装と沖縄返還を考えていたが、朝鮮戦争を契機に戦略が変わり、永久占領に方針を変えた。つぎに米国内財政事情と日本の高度経済成長で、沖縄の基地だけを永久占領し、まるごと沖縄を日本に売りとばした。買い取った日本と売りとばした米国の、極東アジア戦略の協調期間が現在の沖縄の位置づけである。大国間の利権の均衡がくずれると、その時点から沖縄の歴史はまた大きく翻弄され、「第五の琉球処分」に直面する。基地ある限り、沖縄に明るい未来など望むべくもない。個別の利権ではなく、県益を考える長期展望のスタンスが望まれる。

〔参考文献〕
　◇川満信一『沖縄・自立と共生の思想』（海風社　1987年）

川満 信一

第9章●日本復帰と「沖縄」の行方

復帰運動（復帰協）

沖縄では戦後の数年間は日本復帰を唱えることは一種のタブーであった。

1950（昭和25）年、対日講和が日程にのぼるようになり、沖縄の地位をめぐって復帰論が高まるようになった。

1951年になると沖縄の帰属問題について各政党とも態度を決定した。その年、沖縄群島議会が帰属問題を緊急議題としてとりあげ、賛成多数で「日本復帰」を決議している。

琉球独立論や国連の信託統治、米国の一州を主張する政党も現われたが、日本復帰運動が日増しに高まっていった。

社大党と人民党が、党大会を開いて日本復帰運動の推進を決議し「日本復帰促進期成会」を結成した。つづいて社大党の「新進会」が主体となって結成された「日本復帰促進青年同志会」が生まれた。

両組織が、全島的に署名運動を展開し、有権者の72.1％の署名を集めたのである。8月に対日講和条約がはじまろうとしていると、群島政府知事と、群島議会はダレス米特使と吉田首相、講和会議議長などにあてて復帰要求の電報を打った。

県民の意志を無視して対日講和条約が調印され、それが翌52年4月28日に発効し、苛酷な軍事支配が続いたのである。

四群島政府が解体されると復帰論者の平良知事は退陣を余儀なくされた。比嘉秀平初代主席は、日本復帰尚早論を表明し、社大党を脱党して復帰組織は自然消滅してしまった。

しかし、1952年の暮れごろ、教職員会を中心に祖国復帰期成会を結成する動きとなった。

教職員会、青年連合会、婦人連合会、PTA連合会、市町村会の社会教育団体だけで発足したのである。

初代会長には屋良朝苗教職員会長、副会長に市町村会会長の長嶺秋男、事務局長には崎間敏勝が就任した。事務所は栄町の旧教育会館におかれた。

沖縄諸島祖国復帰期成会主催で、第一回祖国復帰総決起大会を1953年1月18日那覇劇場で4千人が集まって盛大に開かれた。組織的な運動となって開かれたはじめての復帰大会であったといえよう。

この大会に屋良期成会長は「民族の悲願達成に国民の決意を結集し、不退転の決意をもって進もう」とあいさつした。大会のスローガンは次の通りである。一、平和条約第三条を撤廃、祖国への完全復帰を期す。一、現実的問題の祖国への直結を期すとともに国民意識の高揚と国民感情の啓発を期す。一、祖国復帰の烈々の至情をたえず祖

第9章 日本復帰と「沖縄」の行方

国に訴え、国情の喚起を起す。一、復帰運動の啓発を期す。

この時期には基地問題に一切触れていないのが注目される。

屋良会長の辞任等もあって、期成会は数年間開店休業で、自然消滅していった。しかし、全県民的立場で結集する統一組織をつくる必要性を痛感していた。

その気運に乗って1960年4月28日沖縄県祖国復帰協議会の結成となって結実したのである。結成の準備段階には自民党代表も加わっていたのが「復帰を民族運動とか抵抗、闘争によってかちとることはできない」と加入を拒否してしまった。

自民党は、常任委員会を開いて復帰協結成に真向から対抗し「反米親ソ的な分子による祖国復帰運動と対決し、あくまで積み重ね方式による復帰を促進する」との態度に変わった。

1960年4月28日、新築したばかりの沖縄タイムスホールで1500名が参加して結成された。場外にも一般民衆1500名余があふれていた。

結局、教職員会、沖青協、官公労はじめ、社大党、社会党、人民党、教育長協会、PTA連合会など教育、福祉団体計17団体が加盟した。会場には、日の丸と「祖国九千万同胞と団結して復帰実現をはかろう」「復帰に備えてあらゆる立場から体制をつくろう」というスローガンが掲げられた。その後、毎年4月28日「祖国分断の日」として大会、海上集会をもつようになった。「沖縄を返せ」の歌は全国に広がり、結成後労組が組織され、50団体の大組織に発展した。

〔参考文献〕
◇屋良朝苗『沖縄教職員会十六年』(労働旬報社　1968年9月)
◇福地曠昭『教育戦後史開封』(閣文社　1995年6月)
◇福地曠昭『平和への沖縄の道』(中央公論社　1971年9月)論文
◇復帰協『沖縄県祖国復帰闘争史』(沖縄時事出版　1982年5月)

福地　曠昭

第9章●日本復帰と「沖縄」の行方

反復帰論

　アジア・太平洋戦争によって米軍の占領統治下におかれ、日本国から分離された琉球諸島では、日本国への帰属を求める「復帰」運動が熱烈に展開された。その運動は、結局、1972（昭和47）年に沖縄（琉球）が日本国に「返還」＝再併合されることで、日米両国の国家目的に吸収されて終った。

　「反復帰」論は、そのような形で進行した「復帰」運動の思想と理念を問い返し、はげしく糾弾しつつ沖縄独自の思想と理念を追求する思想として主張された。具体的には、69年の佐藤・ニクソン共同声明で表明された「72年返還」合意をうけて顕在化したもので、「反国家・非国民・反権力」の思想を基軸に据え、国家としての日本を相対化する精神の自立が唱導された。

　近代沖縄の思想的潮流は、日本国への包摂を絶対的な前提とし、日本国民への同一化を求めてやまない精神構造に支えられている。このために、どのような反体制的、反権力的な運動、あるいは闘争にしても大きな限界を抱え、やがては体制内に取り込まれてしまう、という問題意識に立つものであった。日本国への包摂を疑わず、国民としての同一化を至上目的化する精神構造を打破しない限り、自律的で自立した生在空間は展望し得ない、という問題意識である。どのような形であれ、人びとの営みとしてあらわれる全ての事象は、人びとの精神によって生み出される。ゆえに、人びとのありようを規定する精神が抱えこむ「負」の部分をえぐり出し、開示して、これを超克する作業は、自らの将来展望を考えるときに求められる不可欠の課題である。「反復帰」論は、そのための作業であった。

　「72年返還」を目前にしたころ、「反復帰」論を評して、「72年の『返還』が実現したあとは力を失うだろう」と指摘する言説がきかれた。また、「反復帰」論を単純に「独立」論に短絡させて認識し、論評する言説も数多く見られる。

　このような誤解は、「復帰」という言葉が沖縄の日本国への帰属を意味するゆえに、「反復帰」とは、その字義によって、「復帰」を拒絶することのみを意味すると認識されるためである。すでに触れたように、「反復帰」論における「復帰」という語は、「復帰」運動を支える思想体質（近代沖縄の精神史を規定する日本国への同一化志向）を指す言葉で、「反復帰」とは、その思想体質の拒否を意味する。単に「72年返還」（「復帰」）＝再併合に対する「反」─拒否を意味しない。

　従って「反復帰」論は、72年の「返還」＝再併合によっても、その本来の主張、あるいは提起した思想的課題を

第9章●日本復帰と「沖縄」の行方

いささかも減殺されない。「返還」＝再併合によってますます強化される国家の強制（それは、たとえば普天間基地の「県内移設」にみられるような軍事基地の恒久的固定化に端的に示される）に対抗する思想の足場として、一層重要性を増していると言えるのである。国家の強制は、国民国家における統合＝包摂の論理にもとづいて、その枠組を堅持し、防護する手段として発揮されているからである。

「反復帰」論はまた、単なる「独立」論でもない。国家としての日本を相対化するうえで、「反復帰」論が依拠する沖縄の歴史的、地理的、文化的独自性（異質性・異族性）は、いわゆる「独立」論に一つの足場を提供するが、「反国家・非国民・反権力」を基軸にする「反復帰」論の思想は、究極において「独立国・沖縄・琉球」をも相対化する原理から解放されることはないからである。その意味で「反復帰」論が提起するのは、権力装置としての国家にたいする限りない異議申し立てである。そのことによって、自らの生存にかかわる境域を、文化の固有性と、自然との共生のなかに求めつつ、国家に囲い込まれない共存域として世界と結ばれる社会空間の創造を想定する。その構想の一つの表現として発表されたのが「琉球共和社会憲法私（試）案」であった。

「独立」論が、このような境域を目指す長い道程のなかで、重要な位置を占めるのは言うまでもない。現前の状況下において「独立」論は、日本の国家体制や世界の国際関係とその将来構想に、鋭い問題を突きつけるからである。従って、「反復帰」論は、「独立」論とも相関関係を保ちながら現下の状況に対峙する思想の有効性を持ちつづけていると言えよう。

〔参考文献〕

◇川満信一「琉球共和社会憲法私（試）案」『新沖縄文学』第48号（沖縄タイムス社　1981年）

「反復帰」論が目指す人間的な生存域としての社会のあり方を表現した画期的な憲法草案である。歴史家の色川大吉は、「新しい社会システムの国家にかわる原理」を提起したものとして注目し、評価している。

◇新川明『反国家の兇区』（社会評論社　1996年）

「反復帰」論を主唱した著者の主張をまとめた論文集。初版は現代評論社（1971）で絶版。上記は復刻版である。

◇小熊英二『〈日本人〉の境界』（新曜社　1998年）

第23章「反復帰――一九七二年復帰と反復帰論」は、主として新川の上記著作を分析しつつ、近代国民国家・日本の百年の歴史の枠組における「反復帰」論の位置づけを試みた出色の論考である。

新川　明

第9章●日本復帰と「沖縄」の行方

沖縄独立論

琉球諸島は1429年から約450年間、琉球国という独自の王国を形成していた。しかし、1879（明治12）年に明治政府の「琉球処分」によって滅亡させられてしまった。

それ以来今日まで沖縄は日本国からは離脱し、独自の主権国家をつくるべきだという沖縄独立論の議論や運動が展開されてきた。

戦前のそれは主に琉球王国の復国運動という形で表れた。1870年代後半から琉球処分前後に展開された幸地朝常、林世功、亀川盛棟らに代表される「琉球救国運動」は「脱清人」と呼ばれながら、琉球、北京、福州を中心舞台にした国際的運動であった。

戦後の沖縄独立論は沖縄が日本国から受けてきた差別・抑圧の歴史に対する批判と琉球弧が世界に誇れる独自の琉球文化圏を形成しており、民族自決権に基づく自治権を拡大すべきだという民族的自覚に立って展開されてきた。

戦後最初に表れた沖縄独立論は日本共産党の「沖縄民族の独立を祝ふ」メッセージに代表される。このメッセージは1946（昭和21）年2月の第5回党大会で沖縄出身者の組織である「沖縄人連盟」あてに採択された。

おそらく、戦前から日本共産党内で活動していた沖縄人たちが加わって起草されたと思われる同メッセージは「沖縄人諸君が、今回民主主義革命の世界的発展の中に、ついに多年の願望たる独立と自由を獲得する道につかれたこと」を祝福している。

仲宗根源和や山城善光らが中心になって1947年6月15日に石川市で結成された戦後最初の政党「沖縄民主同盟」も、その綱領とも言うべき「恒久政策」に「独立共和国ノ樹立」を掲げていた。仲宗根は1951年に「琉球独立論」も発表している。

また1947年7月に瀬長亀次郎や兼次佐一などを中心に結成された「沖縄人民党」が初期に「琉球民族の基本法たる憲法の制定」を唱えていたことも独立論の系譜と評価されている。1940年代には奄美や宮古でも独立論の考えが表れたことも注目される。

1960年代の沖縄では日本復帰運動が大衆闘争として高揚していった。これに対し1958年11月に大宜見朝徳や喜友名嗣正らは琉球国民党を結成して琉球独立を唱え対抗していった。しかし琉球国民党は反共・親米路線を取ったために支持されなかった。

次に沖縄独立論が盛んになるのは1972年沖縄返還前後であった。1969年10月に野底土南、崎間敏勝らを中心に結成された「琉球独立党」は綱領の筆頭に「道理の支配する社会と国家、琉

第9章●日本復帰と「沖縄」の行方

球共和国を打ち建てよう」と唱えていた。琉球独立党は1973年の参議院議員通常選挙に崎間候補を立てて闘ったが住民の支持はほとんどえられなかった。

日本復帰後の沖縄では「自立経済」論議から始まって「沖縄自立論」が盛んになっていった。そして復帰後10年目に再び沖縄独立論が論議されるようになった。

戦後沖縄の言論、思想をリードしてきた『文化と思想の総合誌・新沖縄文学』が1981年第48号で「琉球共和国へのかけ橋」を特集した。この特集には「琉球共和社会憲法C私（試）案」と「琉球共和国憲法F私（試）案」が掲載され『『憲法』草案への視座」という匿名座談会も開かれた。また米国在住の平恒次をはじめ、木崎甲四郎、宇井純など20人余の論文やエッセーが発表された。

また『新沖縄文学』は1982年第53号で「沖縄にこだわる―独立論の系譜」を特集し、戦後の沖縄人連盟や沖縄民主同盟から琉球国民党、琉球独立党にいたる沖縄独立論を検証する諸論文を掲載した。

これらの二つの特集は当時の編集長であった川満信一や沖縄タイムス社の新川明らの思想運動に支えられていた。72年復帰前後に「反復帰論」を唱えていた新川、川満を中心とした反復帰派は、この時期に独立論の方へ軸足を移したと言えるだろう。

そして日本復帰後25周年を迎えた1997年前後、さらに沖縄独立論が活発に、広範囲に議論された。1997（平成9）年5月14、15日、新川明、川満信一、喜納昌吉を中心にした33人の呼びかけによる実行委員会の主催で「沖縄独立の可能性をめぐる激論会」が千人余の参加で持たれた。その成果は『激論・沖縄「独立」の可能性』にまとめられて出版された。また元コザ市長の大山朝常が『沖縄独立宣言』を出版してベストセラーとなった。

このように沖縄独立論は歴史的にも沖縄の重要な未来の選択を迫られた節目ごとに、何度も浮上し議論され続けている。

〔参考文献〕

◇「特集　琉球共和国のかけ橋」『新沖縄文学』第48号（沖縄タイムス社　1981年6月）

◇「特集　沖縄にこだわる―独立論の系譜」『新沖縄文学』第53号（沖縄タイムス社　1982年9月）

◇新崎盛暉・川満信一他『沖縄自立への挑戦』（社会思想社　1982年5月）
　沖縄自立と独立をめぐる議論が収録されている。

◇実行委員会編『激論・沖縄「独立」の可能性』（紫翠会出版　1997年12月）

高良 勉

4・28

沖縄において「4・28」という日付には、「6・23（慰霊の日）」や「5・15（日本復帰）」と同様に歴史が刻みこまれている。1945（昭和20）年の沖縄戦以後、米軍政府の統治下に置かれた沖縄では、軍政の現実に対抗する生活の中から、様々な民主化運動が起こった。特に対日講和の内容が明らかになった1950年10月末以降、「日本復帰」「信託統治」「独立」という3つの主張を軸に沖縄の帰属問題が議論されるようになる。やがて「日本復帰」派が大勢を占めるようになり、奄美では1951年2月、沖縄では同年6月に「日本復帰」を要求する署名運動が展開、前者では99.8％、後者では72.1％の住民によって署名が行なわれた。一方、在本土沖縄出身者の間では、仲吉良光らを中心とする先駆的な復帰陳情があったとはいえ、やはり講和条約前後の時期に、沖縄側の動きに呼応する形で在京学生等を中心に大衆的な運動が開始された。

1951年9月8日、日米安保条約とともに「サンフランシスコ条約（対日講和条約）」が締結され、翌年4月28日に発効した。「法の怪物」とも称される同条約第三条によって、沖縄には日本の「潜在主権」が認められたが、実質的には米軍政下に置かれ続けることになった。しかし同条約の発効後も沖縄民主化への試みは継起的に進められていく。復帰運動が組織的に行なわれるようになった60年代になって「4・28」は「屈辱の日」とされ、復帰行進・海上集会が行なわれるなど「祖国復帰運動」のシンボルデーとして位置付けられるようになった。

〔参考文献〕

◇我部政明『日米関係のなかの沖縄』（三一書房　1996年）
米国立公文書等をもとに、戦後沖縄をめぐる国際関係が丹念に記述されている。

◇新崎盛暉『戦後沖縄史』（日本評論社　1976年）
復帰運動の展開を軸に、1945〜1972年の沖縄の歩みが概観されている、沖縄現代史の入門書である。

◇『ここに榕樹あり 沖縄県人会兵庫県本部35年史』（沖縄県人会兵庫県本部35年史編集委員会　1982年）
『三十年記念誌』（東京沖縄県人会 1987年）講和会議前後の時期に限らず、在本土沖縄出身者の歴史がまとめられている。

納富 香織

「いも、はだし論」

1968（昭和43）年11月に行われた初の主席公選で"いもか戦争か"と保革が対立した。西銘順治と屋良朝苗の対決選挙で「屋良を選べばいもを食う」と革新側を攻撃した言葉が、"いも、はだし論"であった。

革新の政策は「アメリカのベトナム侵略戦争、軍事基地及び安保条約に反対し、B52と核基地の撤去を要求して、県民の生命、財産を守る平和な沖縄を築く（七つの統一綱領）」であった。

これに対し、沖縄自民党は復帰が尚早であることと、沖縄経済がいかに基地に依存しているかを主張し、"基地繁栄論""基地産業論"で基地反対論を激しく批難したのである。

革新共闘側に対し「基地反対論」は生活を破壊すると力説し、生活不安をあおっていた。演説やパンフで「屋良を選べばいもを食いはだしの生活をすることになる」と攻撃を加え、"若い西銘、経済の西銘で繁栄を"と大々的に宣伝をしたのである。

また、米民政府と琉球政府も復帰と基地撤去が実現すれば約10万人の失業者が出ると調査報告書を発表した。

福田自民党幹事長は「野党が勝てば沖縄返還はおくれるだろう」と発言し、即時無条件返還をかかげた革新を批難した。

選挙前日の次の福田発言は問題をよび起したものだ。「平和と繁栄」を選ぶか、「混乱と貧困」を選ぶか、それは沖縄県民の選択にかかっている。

百万住民の悲願である沖縄の祖国復帰と民生の向上に支障をきたすことは明らかだ。いま住民が選択を誤ると沖縄の将来に大きなわざわいを残すだろう（『朝日新聞』1968.2.10）。時期尚早論で復帰をのばしてきた保守側が早期祖国復帰を望むとするこの福田発言には矛盾があった。このような基地経済主義は1967年ごろから生まれており、即時復帰反対協議会（即反協）が結成されて以来表面化していた。

（即反協）のメンバーは、米兵相手のホテル、宝石店等を経営しており、生活不安をもたらす復帰に待ったをかけたのである。（即反協）は主席選挙のときに住民の生活を守る会に名称を変え、西銘側を支援した。しかし、県民は昭和初期のソテツ地獄をうかがわす「いも、はだし論」に信を置くはずがなかった。

選挙の結果はいも、はだし側の西銘が20万6011票、基地反対論の屋良が23万7566票で主席の座についた。

〔参考文献〕
◇中野好夫・新崎盛暉『沖縄・七〇年前後』（岩波新書　1970年）
◇福地曠昭『沖縄の選挙』（革新共闘会議　1973年2月）

福地　曠昭

教職員会と屋良朝苗

沖縄教職員会は、琉球政府が発足した同じ日の1952（昭和27）年4月1日に結成された。

会長には群島政府の文教部長であった屋良朝苗が初代の専任会長として就任した。

事務局長に教連事務局長の新里清篤、事務局次長に文教部指導主事の喜屋武真栄であった。

会の目的は会員の強固なる団結、会員の政治的、社会的、経済的地位の向上、教育問題の自主的な解決、文化社会の建設に寄与するという四つの項目であった。

屋良会長は発足まもない5月17日、戦後はじめて全島教職員大会を開き、次の日本復帰を決議している。

「沖縄復興の基盤は教育に在ると信ずる。われわれ四千の教職員は、打って一丸となり、平和と人道に立脚せる民主教育にてい身し、以て沖縄教育の振興を強力に実現するために左記決議事項を掲げてその達成を期す。

一、自主性を強化し教権の確立を期す。二、生活権を確保する。三、教育環境の整備をはかる。四、日本復帰を促進する。五、道義を昂揚する。六、平和教育の徹底を期す。七、一四連合地区制に絶対反対する。」

屋良会長は、生活のために離職する教員が多くなることを心配し、教職員共済会を設立して、生活資金や住宅資金、事業資金、教育資金など生活向上をはかった。のち、那覇に「八汐荘」を建設し、大きな実績をつくった。

屋良会長は、PTA連合会にも力を入れ本部事務局、地区事務局も一緒となって沖縄の教育向上に務めた。

戦災校舎復興には屋良朝苗会長が1953年1月から5ヵ月後の6月まで全国各地を行脚したことが特筆される。

日教組第3回教研にも代表を送り、教研大会が琉大、文教局と共催して開催した。正しい日本国民の意識を育て「日本国民として人類普遍の原理に基づいて」とする、教育基本法をうちたてた。米国にはじめて「日本国民」を認めさせた。

由美子ちゃん事件に端を発した「子供を守る会」の結成や子どもたちに夢を与えた少年会館の建築は屋良会長の教育を憂う至情から生まれたものである。

復帰期成会の会長として米軍の圧力に屈っせず、復帰を実現したことは永久に記されるであろう。屋良朝苗は傍ら県遺族会の副会長をつとめた。教育会館に7千余の教育関係の戦没者を合祀し、教育慰霊祭を毎年もっているのも屋良会長の平和理念の現われである。

〔参考文献〕
◇『屋良朝苗　回顧録』（朝日新聞社1977年8月）

福地　曠昭

第9章●日本復帰と「沖縄」の行方

沖縄社会大衆党

　沖縄社会大衆党（社大党）は1950（昭和25）年10月31日に結党されている。

　2000年は結党五十周年を迎えることになる。この間、与党として政権を支えたり、時には党の分裂を起したり、野党になったりしてきた。

　しかし、復帰後も本土政党に系列化せずローカル政党でありながら参議員（島袋宗康氏）を送り、国会の場でも発言権をもつように発展している。

　戦後の沖縄においては政党が台頭してくるまで約2年かかっており、米軍事支配の特殊事情下で政党結成は許されなかった。

　社大党は異民族支配から脱却し、祖国復帰を最大の目標として結成された。大衆政党、ヒューマニズムを基底としている（宣言）。

　それ故に土着政党ともいわれ、復帰運動や反戦運動、そして選挙における革新共闘の中心的な役割を担ってきた。

　本土組織との立て割りが強まる中で分裂の傾向が懸念されたが、社大党は"チョウツガイ"として結節的な役割も果たしてきたといえよう。戦後沖縄を政界でなんらかの形で社大党との関係や流れを汲まない人はいないと言っても差し支えはない。

　沖縄では1950年9月に行われた初の知事及び群島議員の公選を機会に新党を結成しようとする声が起こっていた。

　当初、富名腰尚武、池宮城秀意、稲嶺一郎等が政党結成をすすめていた。この動きに新進気鋭の青年幹部の崎間敏勝、東江政忠、安座間磨志らをはじめ西銘順治、森山紹栄、平良幸市が加わって社民党を結成しようとしていた。しかし、それが見送られ、知事選挙に平良辰雄が勝利したので、その与党として進む方針に変った。それは平良知事の政策を実現するためではあるが、支持する議員中15名が議席を占める現実的な政治責任があったからであろう。

　当時の新聞は、「新政党、社会大衆党の結党大会が那覇市中央劇場で開催、当日の会衆千余、入党五百名で、全島各界の知名氏が顔を並べ、新政府与党の貫禄を十分に見せて賑々しいスター振りであった」と報じている。

　平良知事が委員長で議会でも第一党として完全与党となり、正に意気天をつく誕生であった。

〔参考文献〕
◇平良辰雄『戦後の政界裏面史―平良辰雄回顧録』（南報社　1963年）
◇『うるま新報』（1950年11月1日）
◇『社会大衆党月報』（1950年12月10日発行）
◇『沖縄社会大衆党史』（沖縄社会大衆党　1981年4月12日）

　　　　　　　　　　　　　福地　曠昭

第9章●日本復帰と「沖縄」の行方

革新共闘会議

　1968(昭和43)年2月1日、立法院の開会に当たって、突然、弁務官が11月2日の立法院議員選挙と同時に主席の公選を実施すると発表した。県民は主席の任命制に反対し、公選要求の闘いを続けてきた。

　米国は、主席を公選にすることは民主主義の基本でありながら、自治を認めず、弁務官によって当間、大田、松岡と任命し指名制をくり返した。

　そのために立法院で毎年、指名を阻止する請願隊と警察官が激突し、多くの負傷者をだしていた。このような流血の惨事をくり返さないため、屋良教職員会長など五人有志会や民主団体が主席公選を推進する運動を広めていった。

　米国はもはやこれ以上任命制(指名制)をつづけると占領政策にかえってマイナスになると判断したに違いない。

　長く血にいろどられた任命制を公選制にして民主勢力が勝利しなければならなかった。そのために候補者をしぼり、共闘体制をつくって公選主席を誕生させる気運が自然に発生していた。革新政党間に思惑があったが、期せずして屋良教職員会長を統一候補にすることとなったのである。

　その選挙母胎として革新共闘会議が結成された。105団体による「主席、立法院議員選挙革新共闘会議」が正式な名称で「明るい沖縄をつくる会」とも呼んだ。

　6月5日琉球新報ホールで各団体代表者が参加して結成され、7月になって2万人の参加で「明るい沖縄をつくる県民総決起大会」が神原小で開かれた。

　政策面では七つの「主席、立法院議員選挙統一綱領」を公約としてかかげた。

　基地については「アメリカのベトナム侵略戦争、軍事基地及び安保条約に反対し、B52と核基地を要求して、県民の生命、財産を守り、平和な沖縄を築く」とした。

　布令による小選挙区制のため、立法院議員は各政党の候補者を統一するには難しさがあったが、主席選で勝つためには32区の全選挙区で革新統一候補を出す必要があった。

　そこで教職員、県労協等が中心となって無投票を許していた保守地盤で完全に調整し、出馬をさせることができた。革新共闘は6月から那覇支部を皮切りに各市町村に於て支部結成大会を開き、つづく三大選挙—主席、立法院議員、那覇市長選挙にも同じ共闘体制で臨んだ。結果は、革新の屋良主席と平良那覇市長が誕生したが、立法院議員選では革新は惜敗した。

〔参考文献〕
◇福地曠昭『沖縄の選挙』(革新共闘 1973年2月)
◇福地曠昭『教育戦後史開封』(閣文社 1995年6月)

福地　曠昭

第9章●日本復帰と「沖縄」の行方

雨の中の五・一五

　沖縄県民の悲願であった祖国復帰が実現したのが1972(昭和47)年5月15日である。

　1945年、沖縄戦の開始と同時に日本から政治的、行政的に分離されて以来、27年ぶりであった。1999年は復帰して27年に当り、米軍統治下と同じ期間となっている。

　この日は大雨で、午前は式典、午後は抗議大会で、奄美が復帰した祝賀ムードとは対象的であった。もちろん政府主催の式典には沖縄選出の国会議員7人、全員が出席しなかった。

　那覇市民会館での式典は琉球政府の主催で開かれ、屋良朝苗沖縄県知事(主席)は「復帰の内容をみますと必ずしも私どもの切なる願望が入れられたとはいえない」と述べた。

　さらに基地問題をとらえて「沖縄がその歴史上、常に手段として利用されてきた。希望のもてる新しい県づくりに全力をあげる決意である」とあいさつした。

　復帰協議会が主催する「沖縄処分抗議、佐藤内閣打倒、五・一五県民総決起大会」は与儀公園で開かれた。

　宮古や八重山でも同じ様な抗議集会が行われた。復帰協前会長で参議院の喜屋武真栄は「いま、鉛のような気持でここに立っている。復帰の実現のために闘ってきたが、このような結果になったことについて苦悩する一人だ。どうぞお許し願いたい」とあいさつした。

　県民が自らの力で日米両政府を譲歩させたことに違いないが、復帰協では「屈辱の日」「第二の琉球処分」として糾弾したのである。

　その翌年から「五・一五」には、毎年怒りの総決起大会が持たれ、各学校では平和特設授業が実施されてきている。

　万余の県民が会場をうめつくしたが、雨傘をさし、泥んことなった会場から国際通りを通過しての悲愴なデモ行進となった。

　「核抜き、本土並み」といわれながら、実際には「核かくし」基地強化の返還であったのである。

　県民は当時、核疑惑を懸念したが、それが事実であったことが分ってきた。核持ちの「秘密メモ」が交わされ、復帰後も沖縄に核が1200個あったことが最近、公表されている。

　いまでも核貯蔵庫が存続し、核処理隊が嘉手納基地に配置され、原潜の寄港など「非核三原則」が守られていない。事前協議も一度も開かれたことがなく当日、日米が協定した「五・一五秘密メモ」は一部公開されただけで、全容が依然として明らかにされていないままである。

〔参考文献〕
◇新崎盛暉『沖縄現状史』(岩波新書　1996年)
◇復帰協『沖縄県祖国復帰闘争史』(沖縄時事出版　1982年)

福地 曠昭

第9章●日本復帰と「沖縄」の行方

沖縄返還交渉

　1960（昭和35）年4月28日、教職員会、沖青協、官公労、革新3政党など17団体によって沖縄県祖国復帰協議会（復帰協）が結成され、復帰運動を推進する大衆組織が誕生した。結成大会では、国連に対する沖縄の施政権返還に関する要請決議、日本政府並びに衆参両院に対する要請、アメリカの上下両院に対する復帰要請決議をおこなった。そして1962年2月1日、琉球立法院が与野党の全会一致で可決した「施政権返還に関する要請決議」は宛て先を国連加盟諸国にまで拡げ、国際的にも大きな反響を呼んだ（2・1決議）。これをきっかけに本土でも沖縄返還運動が展開し始めた。

　沖縄返還問題が日米両政府内で真剣に検討されるようになるのは1966年からで、米政府内では同年6月に沖縄特別作業班が設置されて沖縄返還に関する討議が開始された。1965年8月に沖縄を訪問し、「沖縄の祖国復帰が実現しない限り、我が国にとって戦後は終わらない」という名言を吐いた佐藤栄作首相は、1966年8月、大浜信泉を座長とする沖縄問題懇談会を設置して復帰問題を検討させた。1967年11月、佐藤・ジョンソン首脳会談後の共同声明では小笠原諸島の返還だけが合意され、沖縄については「ここ両三年内」に日米双方が満足しうる返還の時期を決めることになったが、同時に両国は、沖縄の米軍基地が日本及び極東地域の安全を保障するために重要な役割を果たしていることを確認した。

　この日米共同声明は、「即時無条件全面返還」を掲げる沖縄の人々の願望とは大きく隔たり、直ちに復帰協は弔旗を掲げて抗議声明を発表した。沖縄の復帰運動は激化していき、1968年11月の主席公選では、即時全面返還、基地・安保反対を主張した屋良朝苗革新統一候補が当選した。こうした沖縄の動向を背景に、日米間の交渉が1969年6月の第1回愛知外相訪米に始まり、同年11月の佐藤・ニクソン会談まで続けられた。同会談では核の有事持ち込み、事前協議の弾力的運用、朝鮮半島や台湾の防衛などに関する日本側の譲歩によって、沖縄の「本土なみ」返還が合意された。

〔参考文献〕
◇宮里政玄編『戦後沖縄の政治と法』（東京大学出版会　1975年）

　　　　　　　　　　　　江上 能義

日米地位協定

　正式名称は、「日本国とアメリカ合衆国との間の相互協力及び安全保障条約第六条に基づく施設及び区域並びに日本国における合衆国軍隊の地位に関する協定」であり、1961（昭和36）年1月19日に署名、同年6月23日に発効。大半は旧日米安保条約第3条に基づく日米行政協定を継承し、若干の改定を行ったもので、全文28ヵ条から成る。それまで日本政府はNATO軍地位協定並みの原則への改定を求めていたが、この改定によってその要求は満たされたとみなしている。だが本当にNATO並みになったのかについては、疑義がある。

　その内容は新安保条約第6条に基づいて、引き続き日本に駐留する米軍のために、基地、米軍の活動、米軍の構成員・軍属・家族、日米両国間の経費負担などについて詳細に規定している。そしてこの地位協定を実施するために、日米合同委員会の設置も規定されている。この日米合同委員会の合意は一般に公表されず、両政府間で合意された場合のみ公表される、といわれている。

　沖縄は、米軍当局の下から日本に統治権が返還された1972年以降、安保条約とともに、この地位協定は適用されることになった。だが狭隘な島に米軍基地が集中し、住民の居住地と隣接する沖縄に地位協定が適用されることによって、あらためて数多くの問題点が浮かび上がった。1995（平成7）年9月21日、少女暴行事件がきっかけとなって開催された「少女暴行事件を糾弾し、地位協定見直しを要求する県民総決起大会」では、8万5千人もの県民が参加し、さらに96年9月8日には、米軍基地の整理・縮小と日米地位協定の見直しについて賛否を問う県民投票が実施され、賛成票が投票総数の89％に達し、全有権者の半数を超えた。

　大田県政は95年11月、「地位協定見直し要請書」を発表し、地位協定の諸条項に関して10項目にわたる改正案を提示した。しかし日米両政府は、現行地位協定上の、容疑者の身柄の拘禁に関する規定についてはその運用の見直しのみに留め、県が強く求めていた航空機騒音及び環境保護に関する国内法の適用、事件事故発生時のペナルティーの適用等、演習に対する規制の問題等については、沖縄県の要望が満たされておらず、これからも改善策を引き続き、求めていくとしている。

〔参考文献〕
◇本間浩『在日米軍地位協定』（日本評論社　1996年）

江上　能義

第10章 日本―沖縄 つながりと切れ目

　沖縄は、近代日本の国民国家においてどのような位置を占めていたのであろうか。近代史における日本と沖縄とのつながりと切れ目をみれば、沖縄が近代日本国家に占める位置づけは、おのずから浮かび上がってくる。

　この章では、その「つながり」の部分に焦点をあてて、それを法制度的な側面と文化思想的な側面という二つの位相から考察している。近代日本と沖縄との関係を考える上で、法制度の側面とともに文化思想的なつながりを検討することは、特に重要な意味をもっている。この章では一項目を除いて、文化思想的なつながりを取り上げて論じている。

　ところで沖縄の「近代」は、日本の近代と同じではなく、沖縄の「近代」は、近代日本国家に包摂されることから始まった。1870年代から80年代に明治国家の強権によって断行された、「琉球処分」と呼ばれる一連の政治過程が、それである。しかし処分後は明治国家の対内対外的思惑によって、沖縄では二十数年間にわたり旧慣が存続した。郵便制度や教育制度を除き「制度的日本化」が本格的に施行されるようになったのは明治30年代に入ってからであった。しかも徴兵、納税、参政権、地方自治などの全国画一の法制度が施行され、その制度的日本化が沖縄で一区切りしたのは大正の後期であった。

　そして前述したように、近代日本と沖縄との関係を考えるうえで重要な位置を占めたのが、制度的側面とは別に存在する、両者の文化思想的なつながりに関する論議だったといえる。その沖縄における全国同一の法制度施行の進展は、「沖縄の自立」を説く「近代沖縄の言論」の内容にも大きな影響を及ぼしている。

　近代日本と沖縄との関係において、その両者の文化思想的なつながりを強調するイデオロギーとして、琉球処分の時期に逸早く提起されたのが「日琉同祖論」という考え方である。その日琉同祖論の考えは、時代状況や社会的文脈によって編成・再編されるが、明治初期において明治国家による国家主義の思潮を背景にして主張された。その国家主義の観点から主張された日琉同祖論の考え方は、明治36年に大阪で開催された勧業博覧会での、琉球婦人を陳列した「人類館事件」に対し、激しく反発して批判した『琉球新報』の論説の中にも屈折した形で投影されている。その論拠となったのは、日琉同祖で日本帝国民である沖縄県人を、蕃民たるアイヌや台湾高地人と同列に展示したことに対する批判であった。そこ

第10章●日本－沖縄　つながりと切れ目

には沖縄において、今日で言う「オリエンタリズム」の視線の内面化された姿勢がみえる。

　それはまた、明治44年に起こった河上舌禍事件で、国家主義の希薄な沖縄人に期待を表明した河上の講演に対し、国家主義の観点から批判した『琉球新報』の論説の中でも指摘できる。しかし、それらの論説には、明治後期の近代日本国家における沖縄社会の位置が、微妙に反映されている。『琉球新報』に代表される旧世代の言論人にとって、沖縄県民が日本帝国の国民として「同化」することは、沖縄社会の「近代化」を促進するものとしてとらえられたのである。その意味で、明治中後期の「同化」論を、昭和戦前期の「皇民化」と即イコールでとらえるのではなく、その「同化」論の主張の背後にある屈折した沖縄の苦悩を考察しなければならない。明治中後期の「同化」論は、昭和戦前期の「皇民化」とは異なり当時の「臣民化」であり、それは「近代化」や「文明化」と重なっている。

　さて、その沖縄「近代」の生き難さの解明を「沖縄学」の創設として打ち建てたのは伊波普猷であった。伊波が構築した沖縄学には、琉球弧という地域の体系的で総合的な研究という学術的側面と、沖縄のアイデンティティを探究する思想的側面がある。伊波は沖縄学を創設することで、沖縄とは何か、沖縄は如何にあるべきかを問い続けた。その伊波の問いかけは、沖縄を問うことによって近代日本のあり方そのものを問うものでもあった。そしてその近代日本のあり方を、沖縄の発見を通して「南島研究」として学問的に位置付けたのが、柳田国男であった。柳田は、経世済民の考えを背景にもって、沖縄研究を日本文化研究の南島研究として位置付け大きな影響を及ぼした。だが、その圧倒的な業績とは別に、沖縄を「古日本の鏡」として一国民俗学の中に回収した柳田の枠組みそのものが、今日改めて問われている。

　それは日本民芸協会の柳宗悦も同様であり、沖縄を日本文化の真正として回収する視線が同じく批判されているのである。だが、柳の沖縄「方言論争」における論説には、他の可能性も内包されているようにも思える。数多く論じられた方言論争だが、柳の論説の解釈を含め、今後に残された課題もけして少なくない。日本と沖縄との関係を考える上で、その「つながり」の可能性の幅を如何に押し広げることができるかが私たちに問われている。

屋嘉比 収

第10章●日本-沖縄　つながりと切れ目

琉球処分

　琉球の「近代」は、近代日本の国民国家に組み込まれることから始まった。明治国家の強権の行使によって、琉球が一方的に処分された、その一連の政治過程を、「琉球処分」という。

　明治政府は1872年、それ以前に王国を形成していた琉球に対して、琉球藩を設置した。そして79年には、廃藩置県を断行して沖縄県を設置したが、その後も中国との間で中国の内地通商権を得るための取引として、沖縄列島を分割する案を交渉していた。その分島案は土壇場で締結されなかったが、その琉球処分という一連の政治過程は、近代日本の国民国家が、時代の転換期において、その周辺部に位置する沖縄に対し、「包摂」と「排除」を繰り返す、最初の歴史的事例であった。

　また琉球処分は、近代以前の薩摩侵入や沖縄戦の経験とともに、琉球・沖縄史での時代を画する重要な歴史的事件だといえるが、それらはいずれも沖縄にとって他律的・外発的に生起している点が特質だといえる。

　その琉球処分に関する評価については伊波普猷以来の解釈があるが、一次資料の分析に基づいた実証的研究においては復帰前後に提起された成果がいまなお重要な意義を占めている。金城正篤氏は、伊波が提起した有効な二つの視点を受ける形で、琉球処分に対する評価として、沖縄民衆の生活と意識の変革に与えた影響、並びに「民族統一」や「国民的統一」の意義について論及している。その二つの評価に対する解釈についても、1970年代から様々な論点が提起されており、その評価は定まっていない。

　今後は、70年代に提起された琉球処分に関する研究成果への、さらなる研究の積み重ねが求められる。その際、実証的研究の積み重ねとともに、「民族統一」という視点に象徴されるような、当時の復帰運動の評価と重なった琉球処分の解釈の検討を含め、70年代の認識枠組みとは異なる新たな方法や言説による分析が期待されている。

〔参考文献〕

◇「琉球処分」『明治文化資料叢書』第四巻外交篇（1962年）
　処分官の松田道之が編纂した一次資料で、琉球側の喜舎場朝賢『琉球見聞録』と共に琉球処分研究に不可欠な文献。

◇金城正篤『琉球処分論』（沖縄タイムス社　1978年）
　琉球処分についての経過やその全体像を様々な点から分析。

◇安良城盛昭『新沖縄史論』（沖縄タイムス社　1980年）
　琉球処分論の問題点の指摘とともに新たな知見を提起している。

屋嘉比 収

日琉同祖論

　日琉同祖論は、それを論及する論者の視点によって、いくつかの解釈が提示されており、その解釈の差異は、その論者の立場を如実に反映している。

　ここでは、日琉同祖論を「日本人と沖縄人との人種的起源の同一性や言語、民俗文化などの同質性の主張」と広義にとらえている。日琉同祖論は、「日琉同祖」であって「琉日同祖」論ではない。そこには、日本国家と沖縄との力関係が如実に投影されている。

　日琉同祖論の主張は、その時代状況や社会的文脈によって編成・再編されており、歴史的に分析すると以下の四期に区分できよう。

　第一期は、琉球処分から日清戦争までの明治前期の主張である。明治国家によって国家主権や領域の確定を背景にして日琉の同一民族が初めて主張された。それを受けて国家主義の観点から政府や県庁の役人、教育関係者を中心にして日琉同祖論が主張された。

　第二期は、日清戦争以後から大正中期までの時期で、伊波普猷の日琉同祖論の主張に代表される。伊波は、「学的客観性」に基づいてその主張を行なったが、その内容は前期の国家主義に基づいた同祖論を再編するものであった。

　第三期は、大正後期から昭和戦前期までの時期で、法制度による近代日本の沖縄の「国家統合」が一段落を終えた後に文化やイデオロギー側面の「文化統合」として日琉同祖論が主張された。その時期を代表したのが柳田国男の論説で、それは「古日本の鏡としての琉球」という枠組みに象徴され、沖縄は日本の「同祖」から「古層」へと位置付けられた。

　第四期は、昭和戦前期の戦時体制下での主張である。この時期を代表する日琉同祖論の主張は、柳宗悦の言説である。柳は、沖縄を日本の「古層」とともに「真正」として位置付けて同祖論を再編した。

　日琉同祖論は、これまで皇民化政策を沖縄側から補完する思想としてとらえられ批判されてきた。だが、その全体像の把握とともに各時期ごとの編成・再編の分析など、今日の視点から考察すべき重要な課題は少なくない。

〔参考文献〕
◇大田昌秀「伊波普猷の思想とその時代」(外間守善編『伊波普猷　人と思想』平凡社　1976年)
　伊波普猷の日琉同祖論が分析されている。
◇屋嘉比収「古日本の鏡としての琉球」『南島文化』21号（1999年）
　柳田と沖縄研究との関係を分析している。

屋嘉比　収

第10章●日本－沖縄　つながりと切れ目

近代沖縄の言論

　まずここでいう沖縄の「近代」を、1879（明治12）年の琉球処分から1945（昭和20）年の日本敗戦までの第二次「ヤマト世」までと定め、「言論」の対象を定期発行のメディアによって社会問題や社会運動を広く報道・主張する新聞・雑誌に限定する。年月にして80年余を取り扱うのだが、この期間は沖縄が独立国家から大日本帝国の一県への強制併合に始まり、悲惨な沖縄戦に終った極度の緊張と圧迫感にみちた歳月である。歴史的大転換に前後をはさまれた「暗い谷間の時代」といえなくもない。

　沖縄の日本国家における定着には、琉球王国が滅亡した明治12年から日清戦争終結までの10数年を要したが、その間の複雑多岐にわたる言論は一次資料としてほとんど残っていない（この時期については「第2章　近代沖縄の抵抗運動」の（1）「頑固党」を参照）。

　近代沖縄の言論界に新風を吹き込み、一時代を画したのは、王国時代に生をうけながらも、その思想形成の重要な青年期を日本（ヤマト）ですごした1860年代生まれの若い世代であった。具体的には太田朝敷、諸見里朝鴻、高嶺朝教、護得久朝惟らに代表される首里の士族層であるが、彼ら「新沖縄の青年」は在京時代に勇進社と銘打った青年会を結成し、『沖縄青年会雑誌』を出していた。おそらく、大日本帝国憲法が発布されて、帝国議会の開会が目前に迫っていたその当時、意気あふれるこれら青年は、言論の時代の到来を肌身に実感しつつ、雨後の筍のように簇生する新聞や雑誌を手に取っていた。そして、三田の慶応義塾に学んだことが、福沢諭吉の存在とともに言論のもつ力をさらにいっそうつよく刻印することになった。

　明治26年9月、『琉球新報』の創刊は、そうした彼ら青年たちが「新沖縄の建設」に向けてあゆみ始める際の、無人の野を切り拓く大ナタともいうべき必需品であった。以後、おもな言論紙・誌を年代をおって摘記してみると、『琉球教育』（明治28年）、『沖縄時論』（明治32年）、『沖縄新聞』（明治38年）、『沖縄毎日新聞』（明治41年）、『沖縄公論』（明治42年）、『新沖縄』（明治45年）、『沖縄民報』（大正3年）、『沖縄朝日新聞』（大正4年）、『沖縄時事新報』（大正8年）、『宮古時報』（大正9年）、『八重山新報』『沖縄タイムス』（大正10年）、『沖縄日の出新聞』（大正12年）、『沖縄日報』（昭和6年）、『沖縄新報』（昭和15年）などがある。

　では、それらのマス・コミ、ミニ・コミが取り上げる題材に特徴的なことは何か。私なりに粗っぽい概括をすれば、

第10章●日本－沖縄　つながりと切れ目

(1)日本への帰属問題 (2)日本への同化と文化問題 (3)差別撤廃 (4)文明化　ということになる。日清戦争、尋常中学ストライキ事件、古俗廃滅論、人類館事件、河上肇舌禍事件、専横的行動の寄留商人への対抗、清潔法、方言論争などは、どれもこの(1)から(4)までの範疇に当てはまる。これからもわかるように、(1)(2)(3)はヤマトのなかで生きるべきかどうかであり、あるいはそこで生き抜くための問題設定、または日本に吸収されることから生じるアンヴィヴァレントな心理・行動の格闘である。(4)にしても生活水準の底あげが絶対基準たる日本との比較関係から論じられている。

結局、こうした問題の奥にあるのは、「沖縄人ははたして日本人なのか」との疑問にほかならないが、ここで登場するのが、日本と琉球の同一根源を説く「日琉同祖論」である。しかし、この説が太田や伊波普猷らによって、心のよりどころとして強調されたにもかかわらず、日本人と沖縄人が互いに受けた相手文化に対する現実の違和感は厳然として残った。それだけに「沖縄は日本に入るべきか」「沖縄は日本と対等であるべきだ」「制度や権利を同一にすべきだ」との問いかけは、ヤマトとウチナーの間に横たわるミゾの深さを再認識させることになった。同祖うんぬんのザイン（～である）たる「事実」探究の結果がどうであれ、それはゾルレン（～すべき）たる政治・社会運動に対して論理的説得力をそれほど持たなかった。人びとはその両方を思案しながら、それと自己の個性とのあいだを固定することなく揺れ続けたのである。日本でこれとよく似た体験をもつアイヌ・朝鮮人にはない、一種の近親憎悪のようなものかもしれない。日本国家で自由に気がねなく呼吸し、生きることのむつかしさといってもよい。沖縄の言論機関がおしなべて、以上のようなヤマトの眼ばかり気にする基調を体質の一部として有していたのは、沖縄近代の桎梏であろう。

代表的ジャーナリストの言論に触れるには、『太田朝敷選集』（全3巻、第一書房、1993～96年）があり、「下巻」に収録の拙文「沖縄近代史における太田朝敷―その軌跡と思想の特質」が多少の手助けになろう。

そのほか、近代沖縄の言論がもつ特徴を研究者が集中表現したものに『伊波普猷全集』（全11巻　平凡社　1974～76年）がある。作品における重複箇所（厳密にはまったく同一でない部分も多いのであるが―）を取り除いたため、通読を妨げる面があるものの、どの巻を読んでも「沖縄」を背負った観のある伊波の語り口に触れることができる。

伊佐 眞一

第10章●日本－沖縄　つながりと切れ目

伊波普猷(いはふゆう)と沖縄学

　今日の沖縄学は、次の二つの支柱から成り立っている。その一つは、各分野の個別的研究を主体に、琉球弧を対象とした総合的・体系的な全体像の構築をめざす地域研究としての学術的性格。もう一つは、沖縄の人々のアイデンティティを追求する思想的性格である。

　近年では、前者の地域研究としての沖縄学の研究蓄積はめざましく、東アジアや太平洋島嶼群の文化との関連性も言及され、その分野も人文科学から社会科学そして自然科学の領域まで拡充されつつある。そして沖縄学にとって、その学術的な研究成果の蓄積とともに重要な意義を占めているのが、沖縄とは何か、沖縄は如何にあるべきかという後者の思想的側面である。沖縄学は、その二つの支柱によって形成され支えられている点が重要だ。

　その沖縄学の基盤を造成し牽引したのは伊波普猷であり、伊波の思想やその初期の研究成果には、二つの支柱によって構築された原型としての沖縄学の輪郭が如実に示されている。沖縄近代の歴史と共に歩んだ伊波は、大学で近代科学の手法や分析のあり方を学び、明治44年に処女作『琉球人種論』を発刊した。その著書は、表題の通り、琉球・沖縄の人種や沖縄人の祖先について探究したもので、言語学や人類学、考古学などの当時の近代科学の研究成果に基づいて分析した学術的論文である。しかし、それは単なる学術的な研究論文ではなく、近代日本のなかで呻吟する沖縄人の痛切な問題意識に根ざした「沖縄人のアイデンティティ」の探究の書でもあった。

　伊波にとって、沖縄研究とは、その初発から近代科学に基づく学術的研究だけでなく、近代沖縄の苦悩を解明するための重要な思想的意義をもっていたのである。沖縄学のもつ重要性とは、地域研究としての学術的側面とともに、伊波が問い続けた沖縄とは何か、沖縄は如何にあるべきかという問題意識であり、その問いかけがもっている重要な意義は今日でも変わらない。

〔参考文献〕
◇比屋根照夫『近代日本と伊波普猷』（三一書房　1981年）
　伊波普猷の生涯やその思想の全体像が分析されている。
◇高良倉吉『沖縄歴史論序説』（三一書房　1981年）
　沖縄研究の展開が時系列に分析されており、その流れが把握できる。
◇『沖縄文化の源流を探る』（1994年）
　沖縄研究の動向や現状が網羅されている。

屋嘉比 収

第10章●日本－沖縄　つながりと切れ目

河上肇舌禍事件

　河上肇舌禍事件とは、1911（明治44）年4月、経済学者の河上肇が、地割制度調査研究のため来沖した際の講演に対して、沖縄での反発を含む地元紙で交わされた一連の反響をいう。河上は、2週間の沖縄滞在予定であったが、来沖2日後に行なった講演「新時代来る」が誤解され『琉球新報』で思わぬ批判を受けて大きな反響を呼んだ。河上は予定を急遽変更して再度の講演「矛盾と調和」を講話したが、誤解が解けぬまま失意のうち離沖した。

　先の講演で河上は、沖縄の印象を次のように述べている。沖縄は言語、習俗、信仰、思想その他において日本本土と歴史を異にしているため内地人と比較して沖縄県人は忠君愛国の思想が乏しいとされている。だが、その愛国心の多少薄弱な沖縄人に対する期待は大きい。なぜなら歴史はキリストや釈迦のように亡国の民から偉大な人物を生んでおり、新時代においても国家心の薄弱な沖縄から偉大な豪傑が起こるのを期待したい、と。

　その講演に対し、首里の旧支配者階級の子弟によって発刊された『琉球新報』が、沖縄人を忠君愛国の思想の薄弱な亡国の民ととらえ県民を侮辱するものと激しく反発して河上を糾弾した。その国家主義の観点から批判した旧世代の琉球新報の論調に対して、河上を擁護したのが伊波普猷を社友にもち平民派の機関誌として刊行されていた『沖縄毎日新聞』であった。その毎日新聞で、伊波の弟の月城や山城翠香らの新人世代の記者達が、新報の論調を批判して河上を擁護している。

　だがその河上の講演は、前年の大逆事件の影響や日清・日露戦争以降の国家主義が強調された沖縄の政治社会状況下で行なわれたために、県庁や教育界を中心に大きな反発や批判を呼び起こしたのである。その背景には、国家主義と個人主義の解釈を通して、明治末期の沖縄社会での旧思想と新思想との相克が指摘できる。

　その舌禍事件は、河上の思想の中に、国家有機体論に対する批判として内的覚醒をもたらし、また沖縄調査が河上のマルクス主義者への道に向けての一つの転轍器の役割を果たすことになった。

【参考文献】
◇比屋根照夫『近代日本と伊波普猷』
　河上舌禍事件に関する沖縄の言論を分析。
◇高良倉吉『沖縄歴史論序説』
　河上の沖縄調査ノートを分析。
◇住谷一彦『日本の意識』（岩波書店）
　河上思想に占める沖縄調査の意義を分析し、河上の思想を伊波や柳田との関係で論じている。

　　　　　　　　　　　　　屋嘉比 収

第10章 ●日本－沖縄　つながりと切れ目

人類館事件

1903年（明治36）年1月、在大阪民間有志でつくる「人類館」発起者から東大教授の坪井正五郎に人類館開設趣意書が届いた。それには第5回内国勧業博覧会の余興としての人類館開設の意義を述べ、続いて「文明各国の博覧会を鑒察するに人類館の設備あらざるはなし之れ至当の事と信ず然るに今回の博覧会は万国大博覧会之準備会となるにも拘らず公私共に人類館の設備を欠くは我輩等の甚だ遺憾とする所なり爰に於て有志の者相謀り内地に最近の異人種即ち北海道アイヌ、台湾の生蕃、琉球、朝鮮、支那、印度、瓜哇、等の七種の土人を傭聘し其の最も固有なる生息の階級、程度、人情、風俗、等を示すことを目的とし各国の異なる住居所の模型、装束、器具、動作、遊芸、人類、等を観覧せしむ所以なり」と記されている。

坪井は事業賛成標本出品の依頼に多少の疑問（見世物小屋ではないか）を持ちながらも協力した。3月に専門人類学科研究生の松村瞭が出張陳列、3週間も滞在した。人類館の場所は博覧会会場正門外の正面に設けられ、建物には大きく人類館と書かれている。館内には各人種の住居があるが大方が中途半端でアイヌ人だけが北海道から小屋を取り壊して運んで復元している。問題はそこに住む人間であるが、琉球人の場合は人類館の館主（西田某・神戸の米穀商）が鹿児島汽船会社の在大阪山中廻漕店に依頼し在那覇吉田店の番頭を通じて、辻娼妓の上原ウシと仲村カメの二人を沖縄物産の売り子の名目で雇い入れた。

会場で記念写真として売られたと思われる写真には琉球人の二人とその付き人一人、アイヌ人は英国監督教会キリスト教徒でもある伏根安太郎（ホテネ）、ふみ（アルシト）の夫婦と長男・敬一、伊賀天語（テンコウ）、ウイノマツ夫婦と子供、台湾人はリチョライ、シヤッシッ夫婦に傲火盛、李宝玉夫婦、朝鮮人は鄭召史、崖召史、中国人、日本人などが写っているがインド人、ジャワ人、トルコ人、アフリカ人は未着で入っていない。4月10日、に開館すると中国人と、その風俗（纏足と阿片喫用など）展示は中国を嘲弄するものだと中国人留学生や清国公使の抗議で展示中止に追い込まれ、続いて朝鮮人も同様に中止となった。

博覧会には沖縄県からも出展があり県の出張所は円通寺に置かれ、教育関係の出品に「沖縄県教育状況一覧表」「女子実業補習学校生徒の作品」などがあり、美術館には沖縄から山口瑞雨や比嘉華山の琉球風俗画が出品されている関係で沖縄県の職員、間切長、視

第10章●日本－沖縄　つながりと切れ目

学などの博覧会出張が多く、個人でも多くの沖縄県人が見物している。民間では、那覇の島袋加那（嘉辰）が尚順の後援で「琉球美人手踊り会」を興行し、沖縄売店では渡久地政瑚などが物産を扱っている。琉球新報が4月7日に「同胞に対する侮辱」と題し、人類館を見た県人の投書に基づき「隣国（中国・朝鮮）の体面を辱しむると云ふにあり此挙（人間展示）外国に対して侮辱なれば同胞（沖縄県人）に対しても矢張侮辱なり」の報道を皮切りに大々的にキャンペーンを展開し新聞の威力を発揮、中止に追い込んだが、台湾の生蕃や北海道のアイヌと同列視するな、という主張は現在では容認できない。

それにしても、この「人類館事件」は大和（本土日本）側の沖縄・琉球に対する一つの見方の典型といえるものが出ている、と考えざるをえない。さらにアイヌと沖縄に対する無自覚的差別は今もなお大和の人々の心の底に残っている消しがたい事実でもあるようだ。

沖縄学の父・伊波普猷も当初の差別的アイヌ観を反省し「アイヌの幸福は沖縄人の幸福に連なる」と述べるに到った。その著『古琉球』の表紙にはエスペラント語が書かれている。1922（大正11）年3月、京都で全国水平社創立大会が開かれ7月に機関誌『水平』が発行され表紙にエスペラント語が入っている。1924年2月に関西沖縄県人会が結成され3月に機関誌『同胞』が発行され、その流れを組む沖縄人連盟が伊波を代表に1945（昭和20）年11月に結成された。私たちは常に原点（団結）に立ち返り失敗に学ぶ姿勢が問われている。

新城　栄徳

第10章●日本-沖縄　つながりと切れ目

「さまよへる琉球人」
「滅びゆく琉球女の手記」

　広津和郎の「さまよへる琉球人」が発表されたのは、1926（昭和1）年3月号『中央公論』。久志富佐子の「滅びゆく琉球女の手記－地球の隅つこに押しやられた民族の嘆きをきいて頂きたい－」が発表されたのは、『婦人公論』1932年6月号。前者は騙される話、後者は、隠す話。

　広津の作品は、ある日「自分」の下宿に、取り次ぎもなく入ってきて、以後入り浸たりになる青年に何度か騙され、また彼が紹介した青年にも騙されるばかりか、さらに徹底的な横領にあってその負担に喘ぎながら、なお懲りずに騙されてしまう。そういう「自分」に「腹の底から不愉快」を覚えるとともに、そのような「ルウズな、投げやりな自分の生活法」に活を入れなければならない気がした、というものである。

　久志の作品は、故郷の母の様子を聞くために、友達を訪ねたところ、母は従前通りであることを知るが、話が、故郷の疲弊から親子の問題等に及ぶにつれて、「妾」は「暗い反省」を強いられるとともに、これから会う叔父のことに思いが及んでいく。30年前、九州で除隊になり、そのまま行方をくらましてしまった叔父は、いまでは出世して会社を経営するまでになっているが、出自をひたすら隠している。そのことが「妾」には「隣れに思はれた」というものである。

　広津、久志の両作品について、最も早くに触れたのは金城朝永である。金城はそのなかで、まず広津の作品について、それが「作家と琉球人に物議を醸した記念すべき一番初めの文芸作品」であるといい、作品の略述、登場人物のモデルになった二人の経歴の紹介を行った後で、その「物議を醸した」問題について触れていた。また久志の作品についても、その概略を述べた後で、叔父を主人公にしたなら『破戒』の沖縄版になりそうな題材であるばかりか、「作者の筆力次第では、独り琉球人だけでなく、また新領土の台湾人や朝鮮人をも含めて、これらに対する従来の日本人の差別的待遇の撤廃を世に訴える啓蒙的な役割を演ずる文学的作品にまで、高めることの出来る好篇たり得たかもしれない」と指摘し、これも広津の作品同様「物議を醸した」一篇であることを記していた。

　広津、久志の両作品は、金城が記しているように、発表されると同時に、前者は「那覇に本部を置く沖縄青年同盟からの抗議書が提出」され、後者も「在京県人学生会の名で、発行所の中央公論社を相手にただちに抗議が申し込まれた」作品であった。そのことで、広

— 160 —

第10章●日本－沖縄　つながりと切れ目

津は、作品の抹殺を宣言、久志の作品は、婦人公論編集部が、(つづく)の掲載中止をするといった事態が起った。

広津の作品に対する抗議書は、作品に登場する二人の「琉球人」見返民世とO青年の詐欺行為や約束違反といった行為が、沖縄の不遇の歴史を考えれば許されないものでもないとする描き方に関わるもので、それは、沖縄及び沖縄人をいよいよ窮地に追い込むようなものであるといったものであった。久志の作品に対するそれは、「琉球人」だということを隠している叔父の言動や、困窮する生活の描き方が、「就職難や結婚問題にも影響する」ものになりかねないばかりか、現状をいよいよ暗くするものであるといったものであった。

広津への抗議書は、広津の「沖縄青年同盟よりの抗議書－拙作『さまよへる琉球人』について－」(『中央公論』1926年5月号)にその発表経緯と前文が掲載され、広津の「返答文」が公開された。その真摯な応答は、類を見ない立派なものといえたが、青野季吉のような批判がないわけではなかった。久志は、『婦人公論』1932年7月号に「『滅びゆく琉球女の手記』についての釈明文」(名前が「富佐子」表記から「芙沙子」表記に変わっている)を発表。これは「釈明文」といったかたちをとった、優れた反論になっていたが、作品の続編はとうとう公開されることがなかった。

筆禍事件を引き起こした二つの作品は、「返答文」「釈明文」を含めて、在「内地」における「琉球人」問題を鮮明に照らし出したものであった。

「さまよへる琉球人」は、広津の抹殺宣言により、作品集に収録されることもなくそのままになっていたが、1970年になって復刻された(『新沖縄文学』第17号、夏期号)。1973年には、久志富佐子の「滅びゆく琉球女の手記」も、復刻された(『青い海』26号、1993年『沖縄文学全集　第六巻　小説1』に収録)。二作の復刻は、沖縄の施政権返還(「復帰」)をめぐり混乱する状況の中で、あらたな「沖縄」像の構築を志向する欲求がもたらしたものだったといえよう。

〔参考文献〕
◇金城朝永「琉球に取材した文学」(『金城朝永全集　上巻、言語・文学篇』所収)(沖縄タイムス社　1974年1月)
◇岡本恵徳「『滅びゆく琉球女の手記』をめぐって」(『沖縄文学の地平』所収)(三一書房　1981年10月)
◇松原新一「『さまよえる琉球人』の波紋－大正ヒュウマニズムの限界」(『怠惰の逆説　広津和郎の人生と文学』所収)(講談社　1998年2月)
◇解説仲程昌徳『広津和郎　さまよへる琉球人』(同時代社　1994年5月)

仲程　昌徳

同化と皇民化

　近代沖縄の歴史が、近代日本の国民国家による「国家統合」において、他の地域にくらべて強制的な「同化」の歴史であった点は間違いない。したがって、日本の近代史の中で、沖縄の「近代」が強制的な「同化」の歴史であった点を看過してはならない。しかし、その強制的な「同化」の歴史をもつ沖縄の「近代」は、近代日本の帝国主義により侵略された東アジアの国々の「植民地近代」とも違った、異なる歴史をたどったのも事実である。

　これまで、近代沖縄史を貫く日本国家の政策に対して、その強制的な「同化」の歴史を示すものとして、「皇民化」政策という概念が使用されてきた。それはとりわけ教育史研究の領域に如実に表れている。例えば、近代沖縄教育史において、明治12年の琉球処分の翌年に設置された会話練習所より始まる標準語励行の歴史は、言語における強制的な「同化」政策を示すものとして指摘されてきた。さらにその標準語励行の歴史は、明治期から大正、昭和期の沖縄に対し、日本国家が強制した「皇民化」教育の一貫性を象徴する事例として記述されてきた。そのような記述は、概念をその時代や社会的文脈に則して明確に限定し適用するあり方とは異なり、それを越えて概念を拡大適用するあり方だといえる。

　しかし最近の研究成果が提起しているのは、その限定された概念の明確な適用に関する指摘である。例えば「皇民化」政策という概念は、本来、昭和10年代後半の総動員体制期の朝鮮や台湾の植民地政策に限定されているにもかかわらず、時代や社会を越えて安易に拡大適用されてきた点が批判されている。また沖縄近代史においても、太田朝敷の言論に代表されるように明治中期の「同化」論は、イコール「皇民化」として解釈されてきた従来の見解に対して、それは「文明化」や「近代化」としての「同化」論であったと提起されている。

　これからの近代史の研究では、実態の分析とともに「同化」「皇民化」などの概念を始め、その定義の厳密性や適用をあり方があらためて問われているといえよう。

〔参考文献〕

◇『太田朝敷選集』（第一書房　1993～96年）

　太田の「同化＝皇民化」論に対し、詳細な資料分析による新たな論点の提示

◇屋嘉比収「基礎資料整備と方法的模索」『県史紀要』25号

　沖縄近代史の課題として概念規定問題に言及している。

屋嘉比　収

方言論争

　国語の統一が、近代国民国家の確立にとって重要な要因の一つであり、そのため国家が周縁部に位置する人々に対し、教育機関を通して様々に強制したことは多くの事例が示す通りである。

　沖縄では、1879（明治12）年の琉球処分の後しばらく旧慣が存続されるが、教育に関してはその翌年に会話練習所が開設され国語の教授が行なわれた。近代沖縄では、国語としての標準語の励行、強制の問題が教育問題の中心に位置している。

　学校内の児童に対する標準語励行は明治期や大正期にも存在した。しかし、昭和10年代の総動員体制の一環として強制された標準語励行運動は、学校を越えて地域に対し組織的かつ徹底的に断行された点で、それ以前と決定的に異なっている。

　その標準語励行運動が官民あげて組織的に遂行されている時期に、琉球の民芸に魅せられ来沖したのが日本民芸協会の柳宗悦であった。柳はその来沖歓迎の座談会で、沖縄文化の豊かさを称賛しながらも、県の標準語励行運動に対して苦言を呈したのである。その柳の批判に対して、時局を背景に挙県一致運動として標準語励行を強制していた県は、民芸家の甘言に迷うなと反論声明を地元新聞に掲載した。それを契機に昭和15年のほぼ一年間にわたって方言論争が起こり、前半期は地元紙で両者の論説や地元知識人の反響が掲載され、後半期では中央誌で同問題への本土知識人の論述が交わされた。

　その方言論争に対してこれまで様々な解釈が提示され、最近では新たな視角からの論点も提起されている。だが方言論争の背景にある総動員体制下の沖縄の状況の実証的分析や、柳宗悦の思想における両義性、その論争に関わった島袋全発を始めとする沖縄知識人の論説の分析など、今後に残された課題も少なくない。

〔参考文献〕

◇那覇市史編集室『那覇市史　資料篇第2巻中3』（1970年）
　　方言論争に関する地元紙の論説や中央誌の論述を収録。

◇『柳宗悦全集第15巻』（筑摩書房　1981年）
　　方言論争での柳の論説だけでなく、沖縄に関する柳の論述のすべてが収録。

◇屋嘉比収「人物列伝　島袋全発」『沖縄タイムス』（1994年11月21日～1995年2月7日）
　　全発を通して沖縄に居た地元の知識人が、方言論争にどのように関わり、それをいかにとらえていたかを当時の新聞資料を分析し論述している。

屋嘉比 収

第10章●日本－沖縄　つながりと切れ目

制度的日本化と
　　沖縄の自立論

　沖縄近現代史を貫いているのは、日本国家の沖縄に対する制度的同一化の展開と、独特の歴史文化を基盤にした沖縄のアイデンティティの主張との相克の歴史である。その沖縄のアイデンティティの主張には、沖縄独特の自然環境や歴史文化に根ざしながら、制度的同一化の展開に則して文化や精神面でも日本国家への同化を主張する見解と、逆にその法制度的進展とは別に沖縄の独自な文化や精神性に根ざした個性をより強調する見解とに大きく分かれる。沖縄の自立論の論議は前者の見解の中にもみられるが、一般的には後者の見解の延長線に位置付けられて解釈される場合が多い。

　また、その日本国家の沖縄に対する制度的同一化の展開とは、具体的には沖縄へ日本本土と同一の法制度が施行される歴史をさしているが、それは他方で日本国家による沖縄への「国家統合」の側面としてもとらえることができよう。

　日本国家の沖縄に対する国家統合としての法制度的同一化の歴史において重要な指標となるのは、徴兵制、納税、国政参政権、地方制度等の施行だといえる。その全国同一の諸制度が沖縄で施行されたのは徴兵制が明治31年、国税徴収が同36年、国政参政権が八重山・宮古を含めて完全施行されたのが大正9年、地方自治制度では大正10年である。その全国同一の法制度が沖縄で施行されていく状況は、近代沖縄の自立論の主張や論議の内容にも、重要な影響力を及ぼしている。

　その全国的な法制度施行の進展状況に関係した沖縄の自立論の主張は、近代史だけでなく戦後沖縄の歴史でも展開されている。沖縄近代史の中で主張された自立論の中心は、沖縄の民俗文化に根ざした精神的自立論だった。その沖縄文化に根ざした精神的自立論は、その後も通奏低音として流れ、戦後の米軍占領下の状況では、人権や自治権拡大の主張に象徴される政治的な自立論として主張されるようになる。さらにそれが日本復帰により法制度が確立されると、それ以降の沖縄における自立論の論議の中心は経済的自立論の議論として展開する。このように、沖縄の自立論の系譜を検討する際にも、制度的な日本化との相関関係において分析する視点のもつ重要性が指摘されよう。

〔参考文献〕
◇『沖縄県史』政治編（1970年）
　制度的日本化の歴史については県史通史編（1976年）も参照。

屋嘉比 収

第10章 ●日本-沖縄 つながりと切れ目

柳田国男と南島

　官界を退官して朝日新聞客員となった柳田国男は、大正9年末から10年初期にかけて、九州東海岸から奄美諸島を経て沖縄・先島諸島までの、「海南小記の旅」を行なった。

　それは、晩年まで南島沖縄に関心を寄せた柳田において唯一の南西諸島への旅であり、広く「沖縄を発見」する旅であった。その時の知見は、柳田のその後の学問形成にも大きな影響を及ぼし、沖縄にとっても日本文化研究の「南島研究」として位置付けられる貴重な契機となった。

　その旅の翌年、柳田国男は、南島に関心ある本土出身者に奄美・沖縄出身者を加えて「南島談話会」を主宰し、大正11年から昭和8年まで南島出身者を中心とする運営方式によって断続的に開催している。

　南島談話会の機関誌『南島談話』(昭和6年)の創刊の挨拶で金城朝永は、柳田の沖縄の発見によって、不幸に喘いでいた南海の孤島の島人達に自らの島々を新たな眼で見ること、南島が日本古代文化研究に幾多の光明を投げ与えた点を明らかにしたと、柳田への感謝の言葉を述べている。それは、南島に対する柳田の経世済民の姿勢への共感と日本文化研究における柳田の「南島の発見」に対する沖縄からの感謝の言葉であった。

　それまで看過された南島沖縄に対し、それを発見し正当に位置付けた柳田の業績は圧倒的な意義をもっている。またその沖縄の発見は、柳田にとってその後、一国民俗学を確立する上でも決定的な意義を占めた。しかしその柳田の「沖縄の発見」は、沖縄研究を日本文化研究の南島研究として位置付けることによって、肯定的な側面だけでなく否定的側面をもたらしたこともまた事実である。それは柳田が、沖縄を南島研究として「古代日本の姿を映発する」ことで、沖縄研究に大きな刺激と影響を与えた一方で、戦時体制下において政治的に大きな陥穽の役割を果たした点からもうかがえる。

　今日、柳田の南島研究が沖縄研究に与えた両義的意味を検討することがあらためて問われているといえる。

〔参考文献〕
◇『柳田國男全集』(筑摩書房)
◇後藤総一郎監修『柳田国男伝』(三一書房　1988年)
　柳田の生涯とその思想の全体像を資料に基づき実証的に分析している。
◇屋嘉比収「古日本の鏡としての琉球」『南島文化』21号 (1999年)
　柳田と沖縄研究との関係を事実と方法的枠組みを含め分析している。

屋嘉比 収

第11章　「復帰後沖縄」キーワード

　1971（昭和46）年、沖縄返還協定と沖縄復帰関連法案を決定する「沖縄特別国会」が開催された。その傍聴席で突然爆竹が炸裂し、国会は騒然となった。それは、72年の沖縄返還を第三の琉球処分と主張する「沖縄青年同盟」に属する沖縄出身の3人の青年によるもので、まさに沖縄の復帰を象徴する事件であった。

　沖縄復帰関連法とは、(1)「沖縄の復帰に伴う特別措置に関する法律」(2)「沖縄振興開発特別措置法」(3)「沖縄における公用地等の暫定使用に関する法律」などの七法で(1)は復帰に伴う混乱を避けるために定められた、いわゆる暫定措置法である。(2)は本土と沖縄の格差是正をするために制定された振興開発のための特別法で(3)は自衛隊の配備、米軍基地、自衛隊基地（公用地）の維持を図るための法律である。したがって(2)によって沖縄開発庁が設置され「沖縄振興開発計画」が実施された。

　沖縄振興開発計画は10年を一区切りとして1次から3次計画まで実施され、98年3月に「改正沖縄振興開発法」が成立した。同開発計画はほとんど沖縄の経済的格差を是正するために実施されたが、短期間におこなわれた急激な開発は、沖縄の自然を大きく破壊する結果にもなった。

　復帰の翌年に結成された「沖縄の自然と文化を守る十人委員会」は、復帰後急速に進む自然破壊に対して「沖縄の文化と自然破壊は沖縄喪失である」という、緊急アピールを発表した。また同委員会発行の『沖縄喪失の危機』（75年発行）の序文には「沖縄県の夢を託した祖国復帰は、いうなればタイミングが悪かった。復帰時点の祖国は、重化学工業偏重の高度経済成長を志向する1960年以降の国策が、推進されていた。（中略）そうした時点の祖国に、沖縄が復帰し、系列化したことは、沖縄の県、市町村の行政が、国策に沿う高度経済成長を志向する政治体制に、組み込まれるという結果を招いたのである。しかも復帰記念の海洋博が、皮肉にも、沖縄の悲運を一層深刻なものにした。」と、記されている。

　さて、庶民にとって復帰後の大きな出来事といえば「ドル交換」や「交通方法変更」の問題だろう。

　ドルは1958年にそれまで使用されていたB円から通貨切り替え以来、72年5月の円切り替えまでの14年間使用された。当時は1ドル対360円で換算され、市場では売り手も買い手も換算表を見ながらのやり取りをするという風景も見られた。

　78年7月30日を期して実施された交通方法（ななさんまる＝7・30）右走行が

第11章 ●「復帰後沖縄」キーワード

左走行となり、変更時には事故があいつぐなど混乱した。

また、復帰によって日本国憲法が適用され、米軍による布令・布告は廃止され、少なくとも形の上では軍政下から脱却した。しかしながら、開発庁の出先機関である沖縄総合事務局が設置された。開発庁は他に北海道に設置されているのみである。

米軍基地については、冒頭に記した71年の「沖縄国会」衆議院本会議で「政府は、沖縄米軍基地についてすみやかな将来の縮小整理の措置をとるべきである。」と決議したにもかかわらず、復帰以降返還された在沖米軍基地は面積にしておよそ15%にすぎない。

96年、日米合同委員会（SACO）の最終報告は普天間飛行場など全面返還を含む11施設、約5,002haの返還に合意した。しかしながら県内の既存施設や区域への移設を前提にしていることから、基地縮小とはいいがたく、むしろ基地の機能強化だという批判がおこり、住民の間からは「復帰後の新たな基地建設」として、全県的な反対運動がおきている。

沖縄にとって、復帰とはなんであったのか。復帰は沖縄になにをもたらしたか。沖縄はいかにいくべきかなど、80年代にはいると、自立論・独立論も盛んに論じられるようになった。復帰前の独立がきわめて民族主義的であったのに比べて、復帰後の自立・独立論が基地経済や本土政府からの補助金制度からの脱却をめざす、経済的自立論や基地から派生する人権問題に焦点をあてていることに特徴がある。その背景には、復帰してもなお、巨大な軍事基地がいすわり、沖縄の人々の人権や自治が十分に保障されていないという現実が存在するからであろう。

〔参考文献〕
◇屋良朝苗『屋良朝苗回顧録』（朝日新聞社　1977年）
◇宮本憲一編『開発と自治の展望』（築摩書房　1979年）
◇沖縄の文化と自然をまもる十人委員会編『沖縄喪失の危機』（沖縄タイムス社　1975年）
◇沖縄県総務部基地対策室『沖縄の米軍基地』（1998年）
◇沖縄タイムス編『あすへの選択』（1979年）
◇新沖縄文学『80年代・沖縄は生き残れるか』（沖縄タイムス社　1979年）
◇新沖縄文学『挑戦する沖縄』（沖縄タイムス社　1980年）
◇沖縄県祖国復帰闘争史編纂委員会『沖縄県祖国復帰』（沖縄時事出版　1982年）

安里 英子

第11章 ●「復帰後沖縄」キーワード

ドルから円へ

　1972（昭和47）年の米国から日本への施政権返還は沖縄の人びとの暮らしを大きく変えたが、その一つにドルから円への通貨切り替えがあった。戦後沖縄の法定通貨は本土と異なり、1946年4月から米国軍政府布告第7号により軍票B円と新日本円が、その後何度かの通貨交換を経て、1948年7月から米国軍政府布告第30号により軍票B円に統一された。さらに、1958年9月からは米国高等弁務官布令第14号により米国ドルが唯一の通貨として流通することになった。

　戦後の世界経済は、米国ドルを基軸通貨（金1オンス＝35ドル）としドルと各国通貨との交換比率を固定する為替相場制により成りたっており（ブレトンウッズ体制）、日本円は1ドル＝360円と決まっていた。ところが1971年8月、アメリカのニクソン大統領はドルと金の交換停止を発表し、日本など国際収支の黒字国に対し為替レートの切り上げを要求してきた。変動相場制への移行である。1ドル＝360円の為替レートが崩れて円が切り上げられると、ドル体制の沖縄経済は円への通貨切り替えで深刻な打撃を受けることになる。当時の屋良朝苗琉球政府主席は、日本政府に対して現行レート360円による交換を強く求めた。日本政府は、1971年10月9日に沖縄住民の保有ドルを確認し、復帰時の交換レートを305円と確定した。360円との差額55円分は特別給付金の名目で補償することとなった。しかし、法人及び10月9日以降の個人の収益分は補償されなかった。

　ドルと円の交換は復帰当日の1972年5月15日から20日までの間に行われ、交換高は1億347万ドル＝315億5800万円にのぼった。しかし、商品価格の円表示への切り替えでは1ドルを400円に読み替えて価格表示するなどの便乗値上げもあって、消費者物価は僅か1か月の間に14.5％も急上昇した。

〔参考文献〕

◇長元朝浩「新生沖縄県の誕生」『概説　沖縄ー歴史と文化』（沖縄県教育委員会　2000年4月）

　簡潔にしてわかりやすく沖縄の歴史・文化の入門書として適している。

◇『沖縄大百科事典』中巻（沖縄タイムス社　1983年）

　「通貨制度」の項（牧野浩隆執筆）の一覧表「戦後沖縄の通貨制度の変遷」は、資料として有用である。

◇中野好夫・新崎盛暉『沖縄問題二十年』（岩波新書　1965年）

　6.日米琉新時代の「通貨のドル切替え」の項で、1958年の通貨のドル切り替えの米政府の意図を分析していて興味深い。

秋山　勝

経済開発と本土資本

「沖縄振興開発計画」書の冒頭に次のことが記されている。「戦後長期にわたりわが国の施政権外に置かれていた沖縄は、昭和47年5月15日をもって本土に復帰し、新生沖縄県としてわが国発展の一翼を担うこととなった。この間、沖縄は、県民のたゆまぬ努力と創意工夫によって目ざましい復興発展を遂げてきたが、苛烈な戦禍による県民十余万の尊い犠牲と県土の破壊に加えて、長年にわたる本土との隔絶により経済社会等各分野で本土との間に著しい格差を生じるに至っている。これらの格差を早急に是正し自立的発展を可能とする基礎条件を整備し、沖縄がわが国の経済社会のなかで望ましい位置を占めるようつとめることは、長年の沖縄県民の労苦と犠牲に報いる国の責務である」。

このように、第1次振興開発計画で強調されているのは、本土と沖縄の経済的格差の是正である。格差是正の考え方の根底にあるのは、当時の日本の工業優先、開発優先の経済成長至上主義である。

国による沖縄の経済開発計画は、1969(昭和44)年に沖縄の施政権が決定した前後からすでに始まっている。ガルフやエッソなどの石油会社、アルミ工場など外資系の進出、石油備蓄計画(CTS)がそれである。

また、復帰後は、下地島パイロット訓練飛行場や海洋博の開催など国による大型の公共投資がなされた。とりわけ海洋博の開催は、高速道路の建設や空港建設など関連事業が多岐にわたったことから、その投資額は莫大なものであった。一方、民間企業もそれに便乗する形で、多くの投資がおこなわれた。とくに本土資本による土地の投機買いは沖縄本島だけでなく、ほとんどの島々がその対象になった。とくに八重山地域ではおりからの日照りで農地を手放す農家が続出した。しかしながら、農地転用がうまくいかず、遊休化した事例が多い。このような本土資本による土地の投機ブームは、土地の荒廃だけでなく、自治の弱体化、家族の崩壊などをひきおこし深刻な社会問題となった。

安里 英子

第11章● 「復帰後沖縄」キーワード

一体化・本土並み・系列化

【一体化】

　日本本土との「一体化政策」が具体的に出てきたのは、1967（昭和42）年佐藤・ジョンソン会談後のことである。

　米軍は沖縄占領後、1951年のサンフランシスコ講和条約締結以後も銃剣とブルドーザーに象徴されるように暴力によって土地の接収を行ってきた。しかしながら島ぐるみの土地闘争が高まる中で、60年代にはいるとケネディ大統領は新政策をうちだした。それは経済主義的統治方式とよばれるもので、それによって軍用地料が引き上げられていった。いわゆる「アメ」の政策への転換である。

　しかしながら、軍用地料の引き上げはまた、次第にアメリカの負担となりはじめ「経済主義」の限界がみえはじめ、再び米国政府は沖縄政策の転換をせまられた。「沖縄返還」へのとりくみがそうである。

　佐藤・ジョンソン会談は沖縄返還の基本的合意を得ることなど、4項目が設定されたが、返還の時期などを決定するまでには至らなかった。そのかわりに、返還に備えて日本本土との「一体化政策」を進めるのに合意した。一体化政策の内容は、

1　沖縄の諸制度は、本土から分離されて米軍統治下におかれた特殊状況下で本土の諸制度とは異なった形成を余儀なくされたが、それらを変更ないし廃止して本土の諸制度に統合していくこと
2　沖縄側には存しない本土の諸制度を沖縄に適用していくこと
3　沖縄住民の経済的および社会的福祉の増進、すなわち沖縄本土間の格差是正を図ること

と、なっている。この内容が71年の「沖縄国会」で決議された「沖縄復帰関連七法」となり、復帰後の「沖縄振興開発計画」へと具体化されていった。

【本土並み】

　沖縄返還交渉が次第に具体化してくると、沖縄・本土の双方で返還の準備が進められていった。69年11月21日の「佐藤・ニクソン共同声明」では、沖縄の返還問題が具体的に述べられたが、その中でニクソン大統領は「本土並」返還に合意した。ここでいう「本土並」とは、日米安保条約の諸条項を本土と同様に適用するという意味だが、一方沖縄側では基地の密度の「本土並」という意味が含まれていた。

　ちなみに、本土各政党の沖縄返還構想（68年・復帰問題研究会）によると、基地については

自民→本土並基地・核基地付きまたは

核ぬき基地の自由使用
社会→核基地撤去・沖縄・本土の米軍
　　基地の撤去(平和憲法の精神)本
　　土並基地認めぬ
民社→本土並基地・核基地または基地
　　の自由使用には反対
公明→核基地撤去・通常基地即時撤去
共産→核・通常両基地とも完全撤去
　となっている。

【系列化】
　政府の一体化政策、そして復帰後は復帰特別措置法によって法的「一体化」の暫定措置がとられたが、次第に諸制度の一体化が進められた。そのような中でこれまで沖縄の独自性を保ち続けていた政党や労働組合などの諸組織の本土の組織へ系列化していった。それによって沖縄の組織は本土の中央本部に対して、たんなる一地方の支部の位置づけとなった。沖縄社会大衆党は唯一、本土政党に対して組み込まれず独自政党として残った。

　　　　　　　　　　安里 英子

第11章● 「復帰後沖縄」キーワード

自衛隊沖縄配備

沖縄への自衛隊配備は1971（昭和46）年6月29日に開かれた日米安保協で承認された「沖縄の直接防衛責任の日本国による引き受けに関する取り決め」によって決められた。これは当時の防衛局長久保卓也とアメリカ大使館首席軍事代表ウォルター・L・カーティス・ジュニアによって締結されたことから「久保・カーティス協定」と呼ばれる。

それを受け1972年4月17日の国防会議で具体的な配備計画が決まる。沖縄配備はそれまで米軍が行っていた沖縄周辺の防衛任務を自衛隊が引き継ぐというものだった。その事から自衛隊の沖縄配備は米軍基地を守るためなどと言われたりした。

しかし、沖縄配備を決めはしたものの事はそう簡単ではなかった。当時沖縄は復帰運動という形で米軍支配に対する大衆運動が盛り上がり、反戦・反基地感情が高まっていた。さらに自衛隊の配備が決まると沖縄戦当時の日本軍による住民虐殺や様々な蛮行が次々に明らかにされ、住民の間に沖縄戦の悪夢が甦った。そして、配備先は米軍が出ていった後の基地で、契約に反対する地主を公用地法という法律で縛っての強引な移駐だった。そんな中での沖縄配備はいやが上でも慎重にならざるを得なかったはずだが、現実は復帰前に民間船で物資を運び込んで問題化し、運んだ物資は送り返され、責任者が処分されるという事件が起こる（俗にナベカマ事件といわれる）。配備された後も沖縄側の抵抗は激しく・長く続いた。市町村における住民登録拒否・募集業務拒否、各種スポーツ大会への参加拒否、自衛隊員が行くところトラブルありといった状況が各地で生まれた。

一方、自衛隊の側も手をこまねいていたわけではなかった。沖縄戦当時の不発弾の未処理状況と離島医療の不備は自衛隊にとって、地域浸透の絶好のチャンスとなった。その両方とも自らにとっては訓練ともなり、誰にも嫌がられることのないものだった。不発弾処理と急患輸送を前面に掲げ、軍事大国化の追い風を受け、沖縄での自衛隊の配備状況は徐々に拡大されてきた。現在日米共同訓練の恒常化を始め、地対空ミサイルペトリオットの配備、P3C部隊の増強等飛躍的に拡大されている。しかし本部町に建設しようとしたASWOCの送信基地が未だに出来ないなど、依然として住民の抵抗は根強い。

〔参考文献〕
◇『沖縄年鑑』（沖縄タイムス編）
◇『世替わり裏面史』（琉球新報社編）
◇『沖縄の米軍基地』（沖縄県基地対策室）

島田 正博

海洋博

　沖縄国際海洋博覧会（海洋博）は1975年7月20日から76年1月16日まで、本部町で開催された。第一次振興開発計画の目玉として位置づけられ「北部広域生活圏における社会開発基盤整備および産業開発基盤の機動力となる」とその開発計画書にうたわれている。

　会場は本部町の字石川、山川、浜元、備瀬など4集落の一部が会場用地として使用され、土地は国に買収された。また、民間による土地の買い占めも進行し、会場周辺だけでなく沖縄の各地で企業による土地買い占めがおこなわれた。

　海洋博に投資された資金は本体だけで2,000億円とも3,000億円ともいわれ、それ以外の関連工事、高速道路、国道58号などの道路の整備、那覇空港、伊江島空港、宮古空港、石垣空港などの整備、周辺市町村のゴミ・し尿処理、水道事業などにもあわせて1,2000億もの投資がおこなわれた。

　入場者は当初450万人が想定されたが、実際には350万人に止まった。また海洋博景気をあてこんで様々なテナントやホテルが建設されたが、倒産する例が多く大きな社会問題となった。関連工事による自然破壊も深刻で、歌にもうたわれた海岸線「名護の七曲がり」も道路工事によって埋め立てられた。

　海洋博終了後も、会場周辺の人々は、農地を失い、これまでの生業をつづけることが出来ず生活は混乱し、自治の破壊もみられた。また企業による土地買い占めも投機買いがほとんどで、遊休化し荒廃する土地がめだつなど、海洋博後遺症は長期におよんだ。

　　　　　　　　　　　　安里 英子

第11章● 「復帰後沖縄」キーワード

自然破壊

　復帰後、沖縄の風景は一変したといわれる。一夜にして丘がそっくり消えてしまったという話も決してオーバーな話ではない。終戦後、収容所からムラに帰ってみると、ムラはスッカリ様変わりしていたということが沖縄の各地でおこった。これは、戦争あるいは戦後の占領下でおこった環境の破壊であるが、復帰後は開発という名の自然破壊が沖縄のあらゆる島々・地域でおこった。土地改良事業、港湾事業、河川の整備事業、海岸線の埋め立て、ダム建設、道路や農道、林道の整備などが、沖縄振興開発計画にもとづいて一挙に遂行されていった。これらの公共事業にたいして、一方では民間企業による、リゾート開発などが加わり、沖縄の自然は大きな変化を遂げている。

【米軍基地による環境汚染と破壊】
　基地による環境破壊は、戦車道建設工事などによる赤土汚染や、実弾射撃訓練による森林破壊などの目に見える形の物理的環境破壊と、PCB汚染や放射能汚染などの化学的汚染がある。最近ではとりわけ、鳥島の実弾射撃訓練における劣化ウラン弾の汚染、知花弾薬庫のPCB汚染が問題になった。しかしながら、日米地位協定では、環境汚染にたいしては米軍が一切責任を負わない取り決めになっており、その地位協定のあり方そのものが問われている。ちなみに米本国では基地廃止後の化学汚染にたいしては「スーパー・ファンド法」による徹底した浄化が義務づけられ膨大な予算の措置がなされている。

【公共事業による環境破壊】
　1972（昭和47）年からスタートした沖縄振興開発計画に基づく事業予算はすでに第1次～3次まで合計で5兆円をこえておりその投資額は類似県と比較しても最も多い数字となっている。復帰後、いち早く行われた大型公共事業には、77年開港の下地島パイロット訓練飛行場の建設や海洋博開催に伴う諸々の関連事業がある。特に、海洋博については開催地の選定段階から民間企業による土地の買い占めがはじまった。最終的には本島北部の本部町に決定したが、同周辺のみならず沖縄の島々すみずみまで、虫食い状に土地が買い占められた。が、殆どが利用されることなく放置されたため荒廃地として遊休化した。関連事業の高速道路の建設は集落を二つに分断しただけではなく、貴重な貝塚遺跡を破壊したり、山林の破壊をまねいた。
　また、農業の基盤整備事業による自然破壊も無視できない。とりわけ土地改良事業はブルトーザーなどの機械力

第11章● 「復帰後沖縄」キーワード

によって、深く農地が掘り返されその土が海に流されることによって、珊瑚礁に大きな被害を与えた。また丘や谷をしきならしてしまったために、これまで馴染んできた風景が失われると同時に塩害や風害、水害などが発生している。とりわけ小さな島ほど被害は大きい。

陸地の開発による赤土や土砂の流失が大量に海に流された理由のひとつに、河川の自浄作用が失われたことがあげられる。蛇行する自然な形を直線化し三面張りにするという河川改修事業は多くの弊害をうみ、今日ではその見直しがおこなわれている。また、護岸についても同様で、これまで海浜に自生していた植物群や長年育ててきた防潮林をとりはらいコンクリートの護岸が建設され、今ではほとんど自然のままの海岸をみることができなくなってしまった。

北部（やんばる）の山についても同様で、林道が建設されそのために多くの自然林が伐採され、生態系の循環が断ち切られている。復帰前から続いている大型ダム建設についても同様で豊かなやんばるの森を形作る植物相、それと共生する小動物にあたえる影響は計りしれないものがある。

【リゾート開発など民間企業によるもの】
1987年にリゾート法が施行されると沖縄にもその波がおしよせ無人島をふくめあらゆる島々にリゾート建設の計画がもちあがった。そもそもリゾート法が施行された背景には、これまで投機買いされた土地を活性化させる意図もあった。そのため、海洋博開催時に買い占められ、遊休化していた土地が再び売買の対象になり、ゴルフ場を中心とする巨大なリゾート計画がすすめられた。そのためこれまで村落の入会地となっていた森や原野がゴルフ場となり、広範囲にわたって海岸線が囲われた。そのため県では企業による浜のプライベート化を防ぐため「海浜条例」を施行するなどの対策をこうじたが、その効力については十分にチェックされていない。

またリゾート開発は行政と企業による第三セクターによって建設された事例も多いが、それによって自治体の財政を圧迫しているのが現状である。

安里 英子

第11章● 「復帰後沖縄」キーワード

日の丸焼き捨て事件

　読谷村は、沖縄本島中部に位置し、沖縄戦では米軍が最初に上陸した一帯にあたる。同村は23字で構成されるが、その一つで海岸沿いのならだかな丘陵に位置する波平の集落には、自然洞窟のガマが点在する。そのガマは沖縄戦の際に、地域住民の避難壕にもなったが、その一つのチビチリガマでは住民の「集団自決」が行なわれた。

　1987（昭和62）年10月、沖縄県で国民体育大会が開催され、その読谷村ではソフトボール競技が行なわれることになった。その開催のため、日本ソフトボール協会と読谷村との間で「日の丸」掲揚について事前に協議がなされていた。しかし、その大会四日前の10月22日、日本ソフトボール協会は読谷村に対して、平和の森球場に「日の丸」を「揚げなければ他府県への会場変更もあり得る」と一方的に通告してきた。読谷村は翌日のリハーサルでは「日の丸」抜きで行なったが、開催二日前の24日に二枚目の日の丸の旗を購入して掲揚する旨を正式に発表している。

　読谷村は、その協議の過程で二転三転して苦悩しているが、その背景には読谷村が沖縄戦で多大な犠牲者を出し、今でも面積の約半分が米軍基地に占領されている状況がある。

　読谷村波平でスーパー経営を営む知花昌一さん（当時39）は、国体開催日にその球場に掲げられた「日の丸」の旗を引き降ろして焼却した。その知花さんの行為は、マスコミによって、「日の丸焼却事件」としてセンセーショナルに報じられた。その事件により、知花さんは刑事事件として起訴され、法廷で無罪を主張したが、一審で懲役一年、執行猶予三年の判決を受けた。すぐに控訴したが、控訴審では控訴棄却となり、一審判決が確定して八年間の裁判を終えている。

　知花さんはその判決内容に不服であったが、裁判の八年間は右翼の妨害やスーパー放火など生活全般が脅かされたにもかかわらず、多くの支持者や波平の地域住民が支えてくれて十分に満足いくもので、勝利感にあふれるものだったと、後に自身の二つの本で回想している。

　以上が、日の丸焼き捨て事件の概要であるが、その事件の背景や本質を考える上で、その事実関係とともに、以下の事項が重要な意味をもっている。

　これまで知花さんは、スーパー経営という商売を通して地域の商工会や公民館の活動に関わり、また読谷村の平和運動の中心的メンバーとして活動していた。さらに、下嶋哲朗氏と一緒に「チビチリガマ」の聞き取り調査を持続的に行なっていた。そのチビチリガマ

第11章 ●「復帰後沖縄」キーワード

は前述したように自然の洞窟で沖縄戦の時、波平の住民が多く避難した場所で、そこでは家族が身内に自ら手をかけた「集団自決」が起こった所である。その実相が、二人の聞き取り調査によって、四十数年を経て初めて明らかにされたのである。戦後世代の知花さんにとって、チビチリガマの惨状を聞き取りしたことは、読谷村波平の土地の「戦争の記憶」を学び、それを新たに共有していく過程であった。

その生まれ育った土地での戦争の記憶を学んで共有していく道すじは、知花さんの中で、国体開催を大義に地域の意思を無視して強要した「日の丸」の旗を焼き捨てる行為へとつながっていった。さらにその後には、戦争のために一切の土地を貸さないと主張する反戦地主の生き方へとつながっていったのである。

その「土地の記憶」を学んで共有していくあり方は、たんに過去の記憶を掘り起こし復元するだけでなく、現在との対話によって、その「土地の記憶」に根ざしながら新たな意味を生み出していく過程でもあった。

日の丸焼き捨て事件の背景には、イデオロギーや理念とは異なった、沖縄戦の記憶という自ら生まれ育った土地の戦争の記憶を、如何に継承していくか、との重要な問題も私たちに提起されているのである。

〔参考文献〕

◇知花昌一『焼きすてられた日の丸』（新泉社　1988年）

◇知花昌一『燃える沖縄揺らぐ安保』（社会批評社　1996年）

　両著で日の丸を焼却した当事者が、その経緯や背景について自らの考えや心情を述べている。

◇下嶋哲朗『白地も赤く百円ライター』（社会評論社　1989年）

　国体開催での読谷村と日本ソフトボール協会とのやり取りを含め、知花氏の日の丸焼却にいたる経緯を詳細に記述。

◇下嶋哲朗『生き残る』（筑摩書房　1992年）

　チビチリガマでの「集団自決」の生存者が、戦後も地域文化に根ざして生きてきた姿を感銘深く描いた。

◇ノーマ・フィールド『天皇の逝く国で』（みすず書房　1992年）

　知花氏への聞き取りを通して、その背景に存在する沖縄戦の記憶や地域社会に根ざした彼の日常生活の所作や態度を見事に分析している。

　　　　　　　　　　　　屋嘉比 収

第11章 ●「復帰後沖縄」キーワード

反CTS闘争・金武湾を守る会

　1975（昭和50）年の3月と7月に金武湾を守る会は、学者・研究者合同の金武湾海域の調査を実施している。海は「瀕死」の状況にある、との報告である。

　金武湾汚染は、二つの側面から考えられる。

　一つは、「沖縄石油ターミナルKK」（旧ガルフ社）が1971年10月、190kl（ドラム缶950本分）の原油流出事故を起こし金武湾内海を一面どす黒い原油で埋めつくした。さらに毒性の強い乳化分散剤（ガムレン）を散布することによって、「海殺し」に拍車がかかったことによる。

　二つは、国策として推進する金武湾内5000万klのCTS（石油貯蔵基地）設置のための巨大埋立にある。三菱開発は、1972年10月平安座島、宮城島間64万坪の埋立を開始する。埋土は隣接する海域83万坪の面積から10mも掘削し、泥まじりの砂礫を採取し利用している。その結果、島尻粘土層の細い粒子が拡散・堆積して、海藻やサンゴを死滅に追いやった。そこに見られたのは、サンゴの墓場とわずかに生き残ったサンゴに群がるオニヒトデの異常な発生だった。

　オニヒトデ研究者のコリン・ムーアクラフによれば、「オニヒイトデの異常発生は、自然の周期的現象ではなく、人為的攻撃（浚渫・埋立・土木工事・汚染等）によるオニヒトデとサンゴの生態系の均衡破壊にある」（その著『海は死にかけている』）とのことである。

　1968年前後の金武湾海域は、海水の透明度は高く、各種のサンゴが繁茂していた。金武湾には季節の移ろいがあった。春先にはアオサ、チヌマタ、モズクが豊富に採れた。チヌ、タマン、アオブダイの高級魚から、クブシメ、白イカ、貝類等が地域の人々の台所をうるおした。金武湾海域は、本島でも筆頭の漁場ともいわれていた。また、島々が点在する風光明媚な景勝地でもある。1965年には「琉球政府立与勝海上公園」に指定されている（1972年4月、石油備蓄基地建設のため解除される）。

　1973年9月22日、金武湾を守る会が結成される。三菱開発がすすめる64万坪埋立は、ほぼ80％は進行していた。その他にも金武湾2600万坪の埋立計画（「金武湾開発構想」日本工業立地センター）もあり、地域住民・漁民の中には、海を奪われることは、即、生活の破壊に直結することへの危機意識が走った。本土工業地帯で発生している「公害」の二の舞いになるとの危機感もあった。それに加え、陸上への米軍基地の押しつけ、海域には公害の「元兇」

第11章● 「復帰後沖縄」キーワード

としてのCTSの押しつけ―「国策」への反発も強かった。

結成後の金武湾を守る会の行動は激しかった。反CTS・反埋立の県庁行動は、間断なく続けられた。その主張は、復帰後の県民の心情にも融合し、民主団体、県政与党にも支持され、県民運動の様相さえ呈し、大きな闘いへと発展した。

住民運動の激しい抵抗に窮した県は、1974年1月19日「CTSに反対し、各社改分も行わない」との声明を発表。これに反発して三菱は、200億円の損害賠償をほのめかしつつ、国策を背景に埋立を強行し、シーバース建設に着手している。

これに対抗し金武湾を守る会も三菱に抗議行動を展開し断念を迫る。一方では、漁業権放棄手続の瑕疵を根拠に、また、環境権・人格権を盾に、「CTS差し止め訴訟」を提起し裁判闘争も続行したが、「訴えの利益なし」との判決でその主張がことごとく斥けられる。その繰り返しの中で、1979年には一期工事は完成し、タンクへの油入れが始まる。同時に二期工事に移り、82年には完成し、今では約500万klのCTSが平安座・宮城島間の埋立地に立地している（49基）。

しかし、金武湾闘争は敗北したのではない。金武湾への「2000～2600klCTS設置」（通産省「沖縄CTS調査報告書」1973年4月）を阻止した。原子力発電を中核にCTS、石油化学工業、造船などを配置した金武湾2000～2600坪埋立計画を「金武湾開発構想」（日本工業立地センター、1972年）を完全に駆逐することができた。

与那国、宮古・多良島CTS建設計画も住民運動の力によって断念せしめた。自保への八重山新空港建設も住民は許さなかった。海と大地と人間の共生、自然環境保護の思想はその後の住民運動にしっかりと引き継がれ、しっかりと生きている。

一度破壊された自然は、簡単によみがえらない。埋立からすでに27年も経過した今日、金武湾内海はいまだ砂漠に近い。だが、流れのよい金武湾外海の島々の沿岸近くでは、自然モズクも再生し養殖モズクの生産も盛んになった。

〔参考文献〕
◇『裁判準備書面（全4巻）』（金武湾を守る会　1975～1977年）

崎原 盛秀

第11章● 「復帰後沖縄」キーワード

ひめゆり火炎瓶事件

　1975（昭和50）年7月17日、「日本復帰」後初めて皇族として沖縄を訪れた当時の皇太子（現天皇）アキヒト・同妃ミチコに対して、ひめゆりの塔の地下壕から火炎瓶が投げられる事件が発生した。その直前にも、国道331号線沿いの白銀病院ベランダから、空き瓶や角材などが投げられる事件が起きた。

　この事件は、いずれも沖縄解放同盟（準備会）とそれに連帯する共産同戦旗派のメンバー4名によるもので、それぞれ沖縄と「本土」出身の青年がペアとなって決行されたものであった。

　「国体（天皇制）護持」のための「捨て石戦」として強制された沖縄戦の悲惨な体験をもつ沖縄では、「県民感情」という表現で、天皇の戦争責任追及の声が根強く存在していた。その年の9月には初の天皇訪米も控えていた。その一連の過程で、「復帰記念事業」たる沖縄国際海洋博覧会へ名誉総裁という形で皇太子の沖縄入りがあった。「本土」からの派遣も含む当時としては空前の3,800人の警備体制を敷がざるをえなかったことにもその政治的な意図は明白であった。

　こうした中で、当時ローカルセンターとしての役割を果たしていた県労協など労組・民主団体なども相次いで海洋博反対・皇太子来沖反対を表明する。だが、当時の屋良革新県政の働きかけなどもあり、最終局面で中央団体はトーンダウン。まさに、沖縄の反戦運動にとって初めて天皇制と対峙した激闘の過程でもあった。

　さて、逮捕された4名は、「ひめゆり」組が礼拝所不敬罪・火炎ビンの使用等の処分に関する法律、「白銀」組は警備の警察官への公務執行妨害の罪によって起訴された。いずれも、天皇裁判として審理されることを恐れ、ねじ曲げんとする政治的な起訴であった。

　1977年3月30日那覇地裁は、「ひめゆり」組に2年6ヶ月、「白銀」組に1年6ヶ月の実刑判決を下した。1977年10月控訴棄却。上告断念し、服役する。

　1987年「海邦国体」では「天皇来沖で沖縄の戦後を終わらせたい」という当時の西銘県知事の発言とは裏腹に、「日の丸」焼捨て決起が行われた。沖縄と天皇制は未だ対極に位置している。あれから25年。当事者の一人としていささか万感の思いがある。

〔参考文献〕

◇知念功『ひめゆりの怨念火（いねんび）』（発行・インパクト出版会、発売・イザラ書房1995年10月）

　本の帯に「天皇に火炎ビンを投げた男の記録」とある。沖縄と天皇制を問い糺した生きた著作である。新崎盛暉氏の解説を読めば理解がさらに深まる。

川野 純治

第11章● 「復帰後沖縄」キーワード

交通方法区分（730（ナナサンマル））

「一国一方法」の名の下に、沖縄の交通区分が世界的多数派から世界的少数派に変更された制度を言う。

27年間にわたったアメリカの沖縄統治は、軍事支配だけにとどまらず、通貨をドルとし、交通区分も「車は右通行、人は左側」であった。国内の車社会でも外車という名でアメリカがどんどん上陸をする時代があった。その頃になると「外車焼け」という言葉があり、左ハンドルであるからドアに腕を乗せて当然のことながらそこが日焼けする。沖縄における車は大半が外車（註。日本からの輸入車）ですべてが左ハンドルの輸出型であったから、おじいもおじさんもおばさんもにーにーもねーねーも、みんな外車焼けしていた。

「復帰」の総仕上げとしての「交通区分の変更」であった。1978（昭和53）年7月30日午前六時を期して行われた。それは一種のイベントの意味も兼ね備えていて、沿道、特に主要交差点は大勢の見学者であふれた。歴史的瞬間に立ち会うという意味が込められていた。「730だよ730」という歌詞から始まる「730の歌」という民謡まで飛び出してきたりで、ウチナーンチュの不思議な民族性は方々で発揮された。バスの運転手席近くには、「左小回り、右大回り」というシールが貼られ、備えあれば憂いなし、と思われていたが、やはり予想通り事故が多発した。

交通区分が変わるということは、バスで言えば乗降口もまるっきり変わるということである。一夜にしてバスは使い物にならなくなる。しばらくして北京や万里の長城付近で、ボディーに「那覇交通」と表示されたままのバスが走っていたということが観光で中国に行った多くのウチナーンチュによって目撃されている。

さて、730で一番儲けたのは誰で、一番に損をしたのは誰だろうか。

ボロ儲けしたのは車メーカーであることは疑いのないところだ。なにしろ沖縄中の車が左ハンドルから右ハンドルに変わったのだから。損をした人は車を替えざるを得なかった人々、つまりみんな。それに加えて釣具屋などの損失は大変なものであった。客は海に向かう途中の釣具屋に立ち寄る。わざわざ危険な道路を渡ってまでは買わない。

変更から20数年が経過したが、それでも長年の習性は残るようで、いまでも間違って反対車線を無意識のうちに走っていたという笑うに笑えない話もある。

宮里千里

第11章● 「復帰後沖縄」 キーワード

【コラム●枠をこえる沖縄1】

久米村（三十六姓）

　沖縄の国際化はいつ頃が出発点だろうか？民謡にこう歌われている。「唐ぬ世から大和ぬ世、大和ぬ世からアメリカ世、アメリカ世から大和ぬ世、ひるまさ変わゆさ、くぬウチナー」と。島国、沖縄は、中国、日本、アメリカの覇権の影響下にあったことを物語る、歌である。

　沖縄がその地理的条件を生かし、中継貿易地として繁栄していたのは、14世紀から15世紀にかけての頃と、1609年以後、明治の「琉球処分」に至るまでの、琉球王国時代であった。

　貿易を実務面で支えたのが、福建からの渡来人（ビン人）、久米村（方言でクニンダ）の人々である。暦法、家譜、科律（刑法）、医学、史学、宗教、文学、農業、建築、音楽、料理など、伝えられた範囲は広く大きい。歴史書によれば、正式な外交関係（さく封・進貢体制）が成立したのは、1372年・洪武5年と、明史に記されている。

　16世紀に入ると、外交貿易はいったん後退する。東南アジアにスペインやポルトガルなどの貿易が登場してきたこと、明と清の交代期、日本の戦乱の世という状況が重なると、クニンダチュの活躍の場が減少していった。

　薩摩は琉球入り後、久米村強化策を進めた。当時、中国は清朝、日本は江戸幕府、朝鮮は李朝と、アジア地域の政治的安定期に、久米村は活性化した。

　明治に入り、中国との進貢が差し止められ、福州の琉球館が廃止になると、久米村の歴史的役割に幕が下ろされた。明治政府の厳しい監視を逃れ、清朝政府に嘆願書を提出した人々（脱清人）がいた。代表的人物として、久米村出身の林世功がいる。彼は、明治政府と清国政府に抗議して自殺した。時代に苦悩するアイデンティティークライシスだろう。

上里 和美

第11章● 「復帰後沖縄」キーワード

【コラム●枠をこえる沖縄2】

アメラジアン

　AMERASIANとはAMERICANとASIANを組み合わせた言葉ですが、多くは、アジアに駐留した米軍人と地元の女性との間に生まれた子どもを説明します。なぜ、アメラジアンがしばしば社会問題としてクローズアップされるのか？米軍人と日本人女性との恋愛、結婚に伴うトラブル、そして、子どもたちの国籍取得と選択の問題、生活、教育権と、沖縄の戦後史をあまりに反映しているからだろう。

　国際化が進む今、アメラジアンが自己の尊厳を訴えた時、国は、彼らに多文化教育を保障すべきだが、しかし、現実の壁は厚い。軍人、一部軍属の子弟は、基地内の学校で学ぶことができるものの（それ以外は、年間百万円以上の有料）、民間のスクールは、三十万から五十万である。

　一九九八年、母親たちが、アメラジアンスクールを開校した。多くのサポート会員、ボランティアに支えられながらの活動である。

　三千人以上とも推定されるアメラジアンだが、かなりの数の子どもたちが学校へ通学せず、ホームスクールカリキュラムで学び、米国の認定試験を受けるルートを選択している。日本の公立学校、アメリカンスクール、ホームスクールと、複雑な現実が横たわっている。

　生活保障ということで、行政、弁護士会、民間ボランティアの動きも活発になってきた。米国の場合、子どもの認知、養育費の支払いを執行させる公的機関、チャイルドサポートセンターがあり、窓口を通すと手続きが容易になる。

　「人は国に住むのではなく、言語に住む」という言葉がある。沖縄のアメラジアンが、日本語、英語、そして、沖縄の言語と、独特のアイデンティティーを獲得できる明るい光が見え始めている。

上里 和美

第12章　反基地運動・住民運動（復帰後）

　「核も基地もない平和な島」を求める沖縄の人々の悲願を裏切った「基地付き日本復帰」は、沖縄に新たな困難をもたらした。米軍占領下と変わらず土地の強制収用は続き、海兵隊の再編により演習は激化し、米軍基地から派生する事件・事故・犯罪は後を絶たなかった。「本土並み」になったのは自衛隊の配備のみで、それはさらなる軍事的負担を沖縄の人々に強いた。
　それらに対し、実弾砲撃演習への実力阻止闘争を含む反戦・反基地闘争が労組・政党・大衆運動団体によって粘り強くたたかわれ、自衛隊の配備反対のたたかいには行政も加わった。なかでも軍用地の契約を拒否する反戦地主とそれを支える個人参加の一坪反戦地主運動は、反基地闘争の根幹に迫る運動として現在も続けられている。また、国頭村のハリアーパッド建設（1987）、恩納村の都市型ゲリラ訓練施設建設（1989）などは地元住民の実力阻止闘争によって断念させた。
　一方、沖縄の人々の怒りをカネでなだめようとする日本政府は、復帰後、軍用地料を一挙に6.5倍に引き上げ、基地周辺整備費（補助金）や基地交付金を市町村に与えるなど、麻薬中毒に例えられる基地収入や補助金への依存体質をつくりあげてきた。復帰の年から10年ごとに第3次まで続けられてきた沖縄振興開発計画に基づく巨額の高率補助金は、沖縄の社会基盤を整備するという名目とは裏腹に、過剰な公共投資によって建設業中心のいびつな経済構造を生み出すと同時に、小さな島の許容量をはるかに超えた乱開発、自然破壊と地域社会の混乱や崩壊をもたらした。
　近代文明と巨大企業の象徴であるCTS（石油備蓄基地）建設に反対してたたかわれた金武湾闘争は、そのような開発に異議を唱え、自然に依拠した豊かさこそが沖縄の未来をつくるものだという新たな質の住民運動を生み出した。運動体のありかたも、これまでのように労組や政党中心ではなく、一人ひとりの住民が自らの意思で参加するものだった。金武湾闘争は最終的にCTS阻止はできなかったものの、奄美や宮古・八重山まで含む琉球弧の住民運動の中心となり、それらを結び、その運動が培ったものは新石垣空港建設反対闘争や名護のヘリ基地反対運動にも引き継がれている。また、急激な近代化や開発がもたらす公害や環境破壊、自然破壊に対する市民・住民運動も沖縄各地で数多く生まれた。
　1995（平成7）年9月に起こった米兵による少女強姦事件は、それまでに積もり積もった沖縄の人々の怒りを爆発させた。翌月行われた基地の整理縮小・日米地

第12章●反基地運動・住民運動（復帰後）

位協定の見直しを求める県民大会には8万5千人が参加し、沖縄民衆運動の第3の波と言われた。とりわけ、戦後一貫して基地・軍隊による人権侵害にさらされてきた女たちの立ち上がりはめざましく、「基地・軍隊を許さない行動する女たちの会」が結成され、県内・国内のみならず世界的なネットワークを拡げつつある。

沖縄の人々の願いを逆手にとり、市街地にあって手狭になり老朽化した普天間基地を返還する代わりに、人口の少ない名護市の東海岸に最新鋭のヘリ基地を新たに造ろうという日米両政府の計画は、1997年の名護市民投票によって拒否された。にもかかわらず、沖縄県当局、名護市は日米政府の意図を住民に押し付けようとしている。ヘリ基地に反対する運動は、ジュゴンの棲む豊かな海を守り、基地ではなく自然と共生する地域づくりをめざす予定地域住民を中心に粘り強く続けられている。この運動の中でも女たちの活躍が大きく、組織や立場にとらわれない柔軟で創意工夫に満ちた運動は「心に届け女たちの声ネットワーク」など全県、全国に拡がりつつ、沖縄の未来を切り拓こうとしている。

〔参考文献〕

◇新崎盛暉『沖縄現代史』（岩波新書　1996年）
　復帰後20余年間の沖縄の歩みを民衆運動の視点から概説した通史。日米両政府の沖縄政策に抗し、さまざまな困難の中でたたかい続ける人々の姿を描く必読の書。

◇喜久村準・金城英男『どこへ行く、基地・沖縄』（高文研　1989年）

◇喜久村準・金城英男・屋宜聰『沖縄・基地とたたかう』（高文研　1990年）
　「ちゃーすが沖縄」と題して『沖縄タイムス』に一年間連載された記事を前半と後半に分けてまとめたもの。復帰から15年余を経た沖縄の現状と、基地の重圧から脱し、主体を取り戻そうとする人々の苦闘が多面的に描かれている。

◇CTS阻止闘争を拡げる会編『琉球弧の住民運動』（三一書房　1981年）
　1977～80年に12号まで刊行された同名の冊子から抜粋してまとめたもので、金武湾闘争を初め琉球弧各地の住民運動にかかわる人々の肉声が伝わる。

◇高里鈴代『沖縄の女たち―女性の人権と基地・軍隊』（明石書店　1996年）
　女性に対する暴力としての基地・軍隊、それに対する女たちのたたかい、沖縄の売買春問題などが述べられ、「米兵による戦後沖縄の女性犯罪」などの資料も豊富。

◇新沖縄フォーラム刊行会議編集・発行『けーし風』（1993.12月～季刊）
　状況への「返し風」を、と発行され、反基地運動、住民運動を初め沖縄社会のさまざまな問題に取り組む人々、運動の現状や課題をリアルタイムで伝える。

　　　　　　　　　　　　　　　　　　　　　　　　　　　　　　浦島 悦子

第12章 ●反基地運動・住民運動（復帰後）

反戦地主と一坪反戦地主運動

　地主ということばの語感は、ヤマト（本土）と沖縄ではかなり違う。ヤマトでは、このことばは、かつては寄生地主や不在地主に象徴されるような地主制と結びつき、最近では資産家を連想させる。ところが沖縄では、猫の額ほどの土地の所有者も地主である。こうした語感の差の背景には、もともと土地が狭いうえに、歴史的にも土地所有形態が特殊だったという事情がある。いずれにせよ、地主は単なる土地所有者を意味するのだが、その中で、自分の土地を米軍に接収され、いまなお軍用地として使われている人たちが軍用地主、軍用地主の中でも、土地の賃貸借契約を拒否している人たちが反戦地主である。

　1952年に対日平和条約が発効すると、米軍は、軍用地として勝手に囲い込んでいた土地の所有者に賃貸借契約の締結を求めた。そうすることによって、軍用地の使用を合法化しようとしたのである。しかし、契約内容があまりに一方的だったこともあって、ほとんど軍用地主が契約を拒否した。こうした軍用地主の闘いがやがて「島ぐるみ（の土地）闘争」に発展するが、米軍直接支配下の闘いには力の限界もあり、1950年代末には、軍用地料の大幅引き上げと引き替えにほとんどの軍用地主が賃貸借契約を結んだ。しかし、少数の人たちは契約拒否の立場を貫いた。だがこのときはまだ反戦地主ということばはなかった。というのも、軍用地主が契約を拒否する権利を米軍が認め、契約地主には軍用地料を支払い、未契約地主には損失補償金を支払うという態度をとったため、両者を截然と区別する必要もなかったからである。

　反戦地主ということばが使われはじめるのは、日本復帰直前の1971（昭和46）年からである。日本に復帰すると、日本政府が軍用地主から土地を借り上げて米軍に提供することになる。このとき、約3千人の軍用地主が、もうこれ以上戦争のためには自分の土地を使わせたくない、として契約を拒否した。これら3千人の反戦地主の土地を強制使用するために、政府は、沖縄のみに適用する公用地法（『沖縄における公用地等の暫定使用に関する法律』）を制定した。米軍支配下で公用地（＝軍用地）として使用されていた土地は、復帰後5年間（後にさらに5年延長された）、土地所有者の意思に関係なく、公用地（＝軍用地）として使用できる、としたのである。そしてその10年間で、政府は契約地主と契約拒否地主の対立を煽るなど、さまざまな策を弄して反戦地主を根絶やしにしようとした。すべての軍用地主が、合意のもとに土地を提供してい

第12章●反基地運動・住民運動（復帰後）

るという虚構（フィクション）をつくり出すためである。その結果、公用地法の期限が切れる1982年5月の段階で、反戦地主は約100名にまで減少した。

数が減ればそれだけ政治的・経済的・社会的圧力は強まる。沖縄の良心ともいうべき反戦地主たちを支えていくにはどうすればいいのか。こうして始められたのが、反戦地主の土地の一部を譲り受け、これを共有する一坪反戦地主運動である。強制使用対象地を共有することによって、多くの一坪反戦地主が、反戦地主を包み込み、支える陣形が大衆的に組織されることになる。公開審理をはじめとする強制使用反対闘争の全過程で、反戦地主と一坪反戦地主の共闘が可能になる。

一坪反戦地主運動が発足すると、思いがけない人びとが参加してきた。「ひめゆり部隊」の引率教員だった仲宗根政善琉球大学名誉教授、沖縄戦の中をジャーナリストとして生き抜いた豊平良顕沖縄タイムス社長など、枚挙にいとまがない。一坪反戦地主は、国会議員、県会議員、市町村長や議会議員、大学教員、新聞記者、自営業者など多様である。この運動が発足してからすでに25年。ここに名前をあげたお二人を含めて、かなりの人が亡くなっている。そうすると政府（那覇防衛施設局）は、職権で法定相続人に共有地を分割相続させ、強制使用手続きを行う。したがって

一坪反戦地主は自然に増加し（現在約3千人）、土地の持ち分は細分化される。

1995（平成7）年秋以降の民衆の運動を盛りあげるきっかけの一つは、反戦地主や一坪反戦地主の存在であった。大田知事が強制使用手続きの一環である代理署名を拒否できたのは、反戦地主が存在したからである。それ以来、反戦地主や一坪反戦地主の存在が脚光をあび、右翼ジャーナリズムが登記簿等を調べて、反戦地主や一坪反戦地主の全氏名や職業を公表したり、一坪反戦地主を国策に歯向かう「座布団地主」「ハンカチ地主」などと揶揄した。そして、その抵抗を抑えるために、米軍用地は他の公用地と違って、簡単に強制使用できるよう米軍用地特別措置法の改定を行った。

〔参考文献〕

◇新崎盛暉『新版・沖縄反戦地主』（高文研　1995年）

戦後の軍用地問題を含めて、系統的に整理してあるのは、これぐらいだと思う。反戦地主の闘いや生き方に関するものは、相原宏・真鍋和子『沖縄反戦地主』（ふきのとう書房　1999年）、真鍋和子『シマが基地になった日』（金の星社　1998年）、島袋善祐・宮里千里『基地から平和のバラを』（高文研　1997年）など多数あるが、阿波根昌鴻『人間の住んでいる島』（1982年）は古典的価値をもつ。

新崎　盛暉

第12章●反基地運動・住民運動（復帰後）

沖縄民衆運動第3の波

　戦後沖縄の民衆の歴史は、軍事基地との絶えざる闘いの歴史であったといえる。しかし、半世紀をこえるその闘いは、当然、いくつかの起伏を描いている。あるときは、社会全体を巻き込むような大きな盛り上がりをみせ、またあるときは、少数派の粘り強い闘いが、かろうじてその水脈を維持しているかにみえる。沖縄戦後史の上で、民衆の運動が島ぐるみ闘争とでもよべるような大きなうねりをみせたことが3度ある。最初は、1950年代中期のいわゆる「島ぐるみ（の土地）闘争」、2度目は、60年代末から70年代初めにかけての沖縄闘争、3度目が、1995（平成7）年秋から97年12月の名護市民投票にいたる民衆運動の第3の波である。50年代の島ぐるみ闘争は、"銃剣とブルドーザー"による暴力的土地接収によって、生活を破壊された農民たちに対する同情や、その闘いに対する共感が、権力者への怒りとなって爆発したものであった。60年代末から70年代初頭の沖縄闘争は、軍事支配下からの解放を求める民衆の政治闘争であった。そして第3の波は、平和・人権・自立を求める民衆の人間としての尊厳をかけた闘いとしてある。

　この闘いの直接的きっかけは、1995年9月4日に起きた、3人の米兵による少女レイプ事件であった。しかし、もしこの巨大な運動の引き金になった民衆の怒りが、単に偶発的な凶悪事件に対する感情の爆発にすぎなかったとしたら、この運動は、日米安保体制という名の軍事同盟を揺るがすようなところまで発展していくことはなかっただろう。この運動に何らかのかたちでコミットした人たちは、怒りの底に、復帰後20数年、基地と共存させられている沖縄の現実を打破できなかったことに対する深刻な反省を秘めていたはずである。おりしも、東西冷戦の終焉によって、その役割を終えたかに思われていた日米安保体制を意義づけ直し、強化・拡大していこうという「安保再定義」が具体化しつつあった。また、米軍用地強制使用手続きも、ちょうど更新期を迎えていた。こうした諸条件の重なり合いのなかで、大田沖縄県知事は、米軍用地強制使用手続きの一環である代理署名を拒否し、8万5千人を結集する総決起大会が開かれ、在日米軍に特権を与えている日米地位協定の見直しや基地の整理・縮小・撤去が要求されることになった。

　これに対して日米両政府は、SACOを設置して協議し、在沖米軍基地の機能維持を前提にしつつ、基地面積の20％を削減する整理・統合案をまとめた。しかしその実態は、普天間飛行場、那

第12章●反基地運動・住民運動（復帰後）

覇軍港、楚辺通信所（通称「象のオリ」）などの老朽化した施設を、別の場所にコンパクトな最新鋭施設として移設・再建しようという基地の再編強化政策にほかならなかった。普天間基地の移設先とされた名護でも、那覇軍港の移設先とされた浦添でも、ただちに地域住民の反対運動がおこり、それは沖縄全域に拡がった。民衆の反発を、日本政府は、基地跡地利用や基地移設先の地域振興策によってかわそうとした。

もともと復帰後の日本政府の基地維持政策の大きな特徴は、経済的懐柔策としての側面にあった。軍用地料の大幅引き上げ、「思いやり予算」による基地労働者の待遇改善、基地所在市町村に対する基地交付金や基地周辺整備事業費の支給、さらには3次にわたる沖縄振興開発計画による財政資金の投入も、基地押し付けの代償といえた。

1995年秋の民衆の決起は、こうした政策の破綻を意味した。人びとは「人はパンのみにて生くるにあらず」と人間としての尊厳を求め、統計的数字のみを指標とする豊かさに異議をとなえた。それでも政府に代案はない。振興策の額を増やし、政策をより緻密化することによって知事や市町村長などの地方権力者（地域ボス）を抱き込むことに必死である。

しかし「基地のない平和な島」を求める戦後沖縄の民衆運動の波は、ただ寄せては返しているだけではない。長い眼でみれば、だんだんとその潮位を高くし、日米軍事同盟の基盤を、徐々に掘り崩しつつある。

〔参考文献〕

◇新崎盛暉『沖縄現代史』（岩波新書 1996年）

　1995年秋以降の沖縄の動向に関するドキュメントは枚挙にいとまがないほどあるが、復帰後の日米両政府の政策と民衆運動の歴史的流れを系統的に整理しているのは、多分これだけである。

＊1996年秋以降の民衆運動の展開、名護の「ヘリ基地反対協」、浦添市の「軍港移設に反対する市民の会」、「平和市民連絡会」「基地の県内移設に反対する市民会議」の動き等、そのときどきの状況の変化については、季刊の小冊子『けーし風』（申し込み先　FAX：098-832-3220）を参照してほしい。現在27号が発行されているが、24号までの内容目次、創刊号からのバックナンバーを入手できる。

新崎　盛暉

第12章●反基地運動・住民運動（復帰後）

P3C闘争

　本部町P3C送信基地建設反対闘争は、「日本復帰」以降、自衛隊としての本格的な基地拡大計画に対する初めての闘いである。

　1987（昭和62）年2月防衛庁は、海上自衛隊第5航空群（那覇基地）へのP3C対潜哨戒機の配備とともに、対潜作戦センター（ASWOC）を那覇基地に、送信基地を旧上本部飛行場跡地に建設する計画を発表した。建設予定地の本部町豊原区では、すぐさま反対運動に立ち上がり、運動は町全体へと拡大し、1989（平成1）年5月には町長を本部長とする建設反対町民総決起大会を開催するに至った。

　しかしその後、1991年3月町議会が、7月には町長が建設受入れを表明する。さらに1992年3月町議会では、「予定地内町道廃止」案を賛成多数で可決する事態へと進行する。そして1992年7月、那覇防衛施設局の抜き打ちの測量工事が入る。

　だが、P3C闘争と称される住民運動の底力はここから発揮される。測量工事阻止行動を通して、豊原区を中心にP3C基地建設阻止対策委員会が発足し、以降連日にわたる監視行動が展開されていく。

　その間、防衛施設庁は建設計画を修正しながら、県に局舎建設などの計画通知、さらに「里道使用承認申請」を出すなど行政手続きは着々と進められた。

　これに対して地元では、県への要請行動、県土木事務所による「境界確認作業」阻止行動、総決起大会、全県署名活動、東京要請団派遣などあらゆる戦術を駆使して建設反対の世論喚起を強めた。

　その結果、1994年6月、町議会は「建設反対」陳情を全会一致で可決。同年8月建設反対を公約にかかげた町長の当選、同年9月町議会「建設反対」全会一致可決という成果を生み出していった。

　1995年3月ついに防衛施設庁は、93年度予算に計上されて繰り越されていた約9億円を、95年度予算へ繰り越すことを断念。業者との工事契約も解除した。同時的に、町議会は「予定地内町道復活」を全会一致で可決した。

　ひとまずは住民側の勝利である。だが、政府は送信基地計画の白紙撤回をしていない。予定地内の大半である不在地主との契約は継続中であるし、今だ予断を許さない状況に変わりはなく、現地監視行動は続いている。

〔参考文献〕

◇豊原区民と連帯する会編『P-3Cをぶっとばせ／沖縄・豊原区民の闘い』（凱風社　1995年5月）

　この本の主な執筆者は現場活動家である。しかしP3C基地問題をあらゆる角度からまとめあげている力作だ。同時にP3C基地問題を解説した唯一の本である。

川野 純治

第12章●反基地運動・住民運動（復帰後）

県民投票

沖縄県は、地方自治法第七四条に基づく住民の条例制定請求を受けて、1996（平成8）年9月8日、日米地位協定の見直しと基地の整理縮小に関する県民投票を実施した。前月の8月4日には、新潟県巻町において原発建設の是非を巡って全国初の住民投票が行われたが、都道府県レベルで住民投票が実施されたのは沖縄県が初めてである。

前年の1995年10月21日、米兵による少女暴行事件に抗議して超党派による県民総決起大会が開催され、「日米地位協定の見直し」と「基地の整理縮小」を含む4項目の抗議決議がなされたが、さらに労組を中心に県民の意思を住民投票という形で日米両政府に突きつけようとの動きが生まれ、県民投票へと運動が拡大していった。

県民投票が初の試みであり、一般に馴染みの薄い制度であったことや、また、基地返還への期待と不安が交錯する複雑な県民感情があることに加え、一部の政党に投票のボイコットを呼びかける動きなどもあった状況の中で、県民投票の成功に向け、主な自治体や連合などの労組、市民の間でも様々な取り組みがなされた。その結果、投票率は、59.53％、賛成率は有効投票の91.26％、投票総数の89.09％に達した。

このことは、県民が基地問題の解決に強い関心と期待をもっていることの現れであり、県民の意思を内外に表明することができたことは大きな意義がある。また、この県民投票を契機に大学生や高校生などの若年層を含め県民の間で沖縄の米軍基地問題や沖縄の将来展望について、これまでになく活発な議論がなされるなど、県民投票は、その直接的な意義だけにとどまらず、教育的機能や自治意識の醸成といった側面も評価に値しよう。

また、沖縄は、日本から施政権を分離されて以来1972（昭和47）年の日本復帰までの27年間米軍の統治下におかれてきた。その間、日本国憲法が適用されず、米軍の発する布令、布告によって、自治権や基本的人権がいろいろな形で制限されてきた。その中で、本土復帰の悲願達成と民主化の実現に向けてし烈な闘いが行われた。しかし、復帰後、四半世紀を経た今日、県民の願いであった基地のない平和な沖縄とはほど遠く、従って、県民投票は改めて、「基地の島沖縄」を問い直し、日米両政府に異議申し立てをすることになった。

玉城　義和

第12章●反基地運動・住民運動（復帰後）

名護市民投票

　1996（平成8）年4月日米両政府は、中部の住宅地に近接し広大な軍事飛行場を有する米軍の普天間基地を5～7年以内に返還すると発表した。同年6月米側はその返還に伴う代替基地候補地として、県内の移設先3ヵ所を提案し、その1つが北部名護市の東海岸区域にあり海兵隊基地キャンプ・シュワブに隣接する辺野古区であった。当初名護市では市議会市民ともに移設反対決議を表明したが、その後市側の態度は少しずつ受け入れに向かっていった。そして5月頃から市民を中心に基地建設案賛成、反対の様々な動きが展開していった。

　建設推進の意向を強く持つ日本政府は、従来まで中・南部に偏り遅れ気味だった北部地域の経済振興支援を表立って示唆する態度に出た。基地と振興策は直接関係無いとしながら、事実上「基地移転と地域振興を両天秤にかける」政策の中で、地元での基地建設賛成の動きが建設業界や商工会や漁協従事者を中心に始まる。それらの支持を受けていた市長比嘉鉄也は次第に建設受け入れに傾いていった（5月、県の予定区域の事前調査受け入れを表明）。

　こうした動きに危機感を抱いた基地反対の市民たちは独自の運動を開始していく。個人的な動きを始め、1997年1月に辺野古区民有志の「ヘリポート建設阻止協議会（命を守る会）」が発足、5月名護市民の「ヘリポートいらない名護市民の会」が結成された。更に市民側は、基地建設の是非は住民投票という憲法で認められた直接民主制の手続きにより市民全体の声の反映に基いて決めるべきだと結論し、6月には「市民の会」を含め労組や政党その他の組織21団体で「ヘリポート建設の是非を問う名護市民投票推進協議会」を結成した。それを支える形で、新たな米軍基地建設は名護市だけでなく沖縄や日本全体の問題だとする視点から、県外および国内外からの支援のネットワークが広がり始めた。名護および北部、また普天間基地のある宜野湾市や那覇市などの女性たちも積極的に動き、柔らかい言葉で反対の呼びかけに努めた。

　推進協は7～8月にかけて、「住民投票条例制定請求」を行うのに必要とされる市民の署名を求める活動を行い、法的に必要な署名数（住民の50分の1）を上回る有権者の3分の1（約13,000人）の署名獲得を目標に市内各家庭を分担訪問し、話し合いを試みた。結局署名は19,735（有効数17,539）となった。後に投票日と決まった1997年12月21日まで名護市は、基地「賛成」「反対」に関して市民が分断された状況にあり、人間関係が錯綜したかたちとなった。市民投票に対しては公職選挙法が適用

第12章 ●反基地運動・住民運動（復帰後）

されないため、賛成側の諸活動は露骨であった。飲食接待、現金付与、企業の社員やその家族に対する「賛成」の意思の強制や不在者投票勧告などの集票行為が見られた。

政府側からの説明会が防衛施設局によって11月から市内で始まり、海上基地の安全性や環境破壊の可能性が小さいことなどが強調されたが、調査の具体的根拠となる資料や報告は不十分であり、日本科学者会議やWWFJ（世界保護基金日本委員会）その他から批判された。また様々な働きかけや提示、防衛施設局職員や自衛隊員の動員などが見られた。与党優勢の名護市議会では、投票用紙の選択欄が「賛成」「反対」だけでなく「環境対策や経済効果が期待できるので賛成」「（それが）期待できないので反対」を加えたものに修正決議された。これは、基地受け入れには否定的だが要件が整えば、という地域の心情を条件付き賛成として巧妙に取り込もうとするものだったと言える。

投票結果は有権者38,176人中「賛成」2,562票、条件付き「賛成」11,705票、「反対」16,254票、条件付き「反対」385票となった。投票率82.45％、計2,372票差で、名護市民の基地受け入れ反対の声が勝利した。だがその結果を「重く受け止める」と発言していた比嘉市長は24日、橋本首相に「賛成」を表明した上で自ら辞任するとい行動を取った。その直後2月の市長選では、市民間の分裂への徒労感、基地建設凍結による経済停滞への焦り、海上基地問題では県に従うとして問題を表面化させなかった方針などが効を奏し、元名護市助役の候補が、基地建設反対を強調した候補を制した。

市民は現在、1999年12月基地受け入れ表明を行った市長のリコールを含め、推進協を受け継ぐ形の「海上ヘリ基地建設反対・平和と名護市政民主化を求める協議会」の周辺で様々な勉強会やフォーラム、また環境保護運動との連動を試みている。

政府は市長選後の1998年11月の保守系知事の誕生に勢いを得、依然として建設推進に積極的である。沖縄が歴史上初めて自ら米軍基地建設誘致を行うのかということが市民投票で問われたが、その結果はまだ予断を許さない。

〔参考文献〕
◇『沖縄ヤンバル地域の社会変動と海上ヘリ基地問題：研究課題「沖縄ヤンバル農村の社会・文化変動」』（高橋明善研究代表　東京国際大学人間社会学部・社会学研究室　1999年）
◇『市民投票報告集：名護市民燃ゆ—新たな基地はいらない』（海上ヘリ基地建設反対・平和と名護市政民主化を求める協議会　1999年）

宮城 公子

第12章●反基地運動・住民運動（復帰後）

海上ヘリポート基地

　1995（平成7）年9月の米兵3人による沖縄の少女暴行事件は、広大な米軍基地の存在が戦後50年後も依然として県民の安全そして人権を脅かすものであることを示し強い衝撃を与えた。翌10月に開催された県民総決起大会には85,000人が参加し復帰後最大規模の抗議集会となった。事件後県は、犯人の身柄拘束権や被害保障などを規定する日米地位協定の見直しや軍用地の米軍の強制使用など他の多くの基地問題改善を図った。政府も激化する世論を無視できず米軍基地の整理・統合・縮小に着手し始める。人々の憤りを制するパフォーマンス的側面も持ちながら「沸騰した基地問題に対処するため」日米政府が共同で組織した協議機関が「SACO（沖縄における施設及び区域に関する特別行動委員会）」である。目的は沖縄の米軍施設や区域の集中に留意し、「日米安保条約の目的達成との調和を図りつつ整理・統合・縮小を実行的に進めるための方策」を「真剣かつ精力的に検討」するものとされた。

　1996年4月にはその検討結果として、「土地の返還」「訓練及び運用の方法の調整」「騒音軽減イニシアテイブの実施」「地位協定の運用の改善」の4部から成る「SACO中間報告」が出された。この「土地の返還」の部分で、他の諸軍用施設とともに「5～7年以内に十分な代替施設が完成した後」「軍事上の機能及び能力は維持」する県内の「ヘリポートの建設」という条件付きで、482ヘクタール、約60機の航空機を配備する普天間飛行場の返還が表明された。

　その後の協議は普天間の移設先として嘉手納飛行場など他の選択肢を含めつつ、次第に「撤去可能な海上ヘリポート案」に絞られ、11月には久間防衛庁長官が名護市東海岸のキャンプ・シュワブ沖訓練水域が有力だと発言し、12月の「SACO最終報告」ではヘリポートつまり普天間同様の軍事的機能と能力を維持する「海上施設は、沖縄本島の東海岸に建設」と明言された。地元ではその前後から騒然となる。政府が同月シュワブ沖を念頭に海上ヘリ基地建設のため13億円を計上。市長や北部法人会などが次第に基地建設と経済振興を同時に視野に入れる動きも出始めた。建設反対の市民たちはこれに対し基地建設の是非を問う市民投票の実施へと歩み出した。

〔参考文献〕
◇船橋洋一『同盟漂流』（岩波書店　1998年）
◇畠基晃『ヤマトンチューのための沖縄問題・基礎知識』（亜紀書房　1996年）
◇大田昌秀・池澤夏樹『沖縄からはじまる』（集英社　1998年）

　　　　　　　　　　　　宮城 公子

第12章●反基地運動・住民運動（復帰後）

楚辺通信所
（通称　象のオリ）

　象のオリは朝鮮戦争直後の1957（昭和32）年から1960年にかけて建設された、高さ28mのアンテナ塔30本で、直径200mの円形を成す傍受用アンテナ群である。

　傍受機能は青森県三沢、グァムのアンダーソン、ハワイ、フィリピンのクラーク（撤去）など太平洋配備の7個と緊密、一体的に結び、運用され、主には中国、朝鮮半島、日本及びアジア諸国の軍事、商業、外交通信を傍受し、解読及び電波発信位置の特定する事である。

　情報通信施設は軍事戦略上、最重要施設なので管理は米国家安全保障局NSA直属の米海軍安全保障グループNSGCで、そこから米国防省防衛通信局DCA、米中央情報局CIAに通報されると言われている。

　象のオリは43年も経つ古い施設で「宇宙衛星の発達により、今のような通信業務が合理性の上でさほど意味を持たなくなった」事等が大きな理由とされ、1997（平成9）年9月にNSGCハンザグループの解任式が行われ、1998年6月に活動が廃止された。

　1996年12月の日米特別行動委員会SACO報告によると、金武町のキャンプ・ハンセンに移設された後、2000年末をメドに返還する事になっている。米軍は使われない古い施設を返還する事で、近代的な軍事施設を日本政府に作ってもらえるので濡れ手に泡なのである。

　移設先とされている金武町長は2億6000万円のSACO資金をもらう事で受け入れ表明しているので、近年中に返還されるものと思われる。

　地元では1999年4月に地主会を結成し、跡地利用計画の策定に入っている。

　象のオリが有名になったのは、1996年4月に一人の反戦地主の土地の使用期限が切れ、389日間も米軍と日本政府が不法占拠したことでマスコミの脚光を浴びた。地主の知花昌一は裁判の結果、家族、支援者と共に戦後始めて、象のオリの土地に入り、毛遊びをした。現在1997年4月、1999年8月に改悪、再改悪された米軍特措法によって占拠中。

　敷地面積53ヘクタール、地主451名、軍用地料約3億円。

〔参考文献〕
◇『くさてい』沖縄軍用地違憲訴訟支援県民共闘会議編（1998年）
◇知花昌一『燃える沖縄、揺らぐ安保』（社会批評社　1996年）

知花　昌一

第12章●反基地運動・住民運動（復帰後）

嘉手納基地

　一般的に「嘉手納基地」というと、FAC6037の「嘉手納飛行場」をさす。しかし、所属・所在地・機能という面からすれば、嘉手納飛行場に隣接するFAC6022「嘉手納弾薬庫地区」もふくむものとして捉えた方が理解しやすい。面積的には「飛行場」が約20㎢（浦添市全体に匹敵）、「弾薬庫」が約28㎢。年間使用料としては、「飛行場」が約280億円、「弾薬庫」が9,000万円。地主数としては、「飛行場」が7,179人、「弾薬庫」が3,305人。共に米空軍第十八航空団管理部隊としている。両施設あわせて8市町村におよぶ広大な米軍基地が沖縄の中部にある事をまずおさえておく必要がある。

　「嘉手納飛行場」にしぼって概況を示しておく。主要建物および工作物としては、司令部事務所、管制塔、ターミナルビル、格納庫、兵舎、住宅、学校、教会、銀行、消防署、診療所、図書館、野球場、体育館、スーパーマーケットなど、そして二基の滑走路（3,689m×91m、3,689m×61m）、駐機場、エンジン調整場、消音装置、シェルターなどである。さらに国道58号西にある嘉手納マリーナ地区は、米軍人等の福利厚生施設である。この飛行場は、「地位協定第2条第4項によって共同使用が認め

られ、沖縄電力、沖縄県企業局、嘉手納町、那覇防衛施設局などの他に、航空自衛隊与座岳分屯基地および航空自衛隊那覇基地が管制施設等の目的で入っている。いわば産・官・軍の実戦的総合空軍基地としての機能を実践しているのである。「西太平洋最大の米空軍基地」とか「極東最大の米軍基地」という一般的呼称では捉えられない内容をもつものとしておさえておく必要がある。成田空港の約2倍の大きさのこの「嘉手納基地」は量的側面に眼を奪われがちであるがそれはあまりにも一面的である。内容をもう少し見ておく。嘉手納飛行場の常駐機種は1998（平成10）年において次のとおりである。

・F-15C　イーグル（戦闘機）54機
・KC-135R　ストラトタンカー
　　　　　　（空中給油機）15機
・E-3B　セントリー
　　　　（空中早期警戒管制機）2機
・HC-130　ハーキュリーズ
　　　　　　　　　（救難機）5機
・MC-130　ハーキュリーズ
　　　　　　　（特殊作戦機）10機
・HH-60　ペイブ・ホーク
　　　　　　　（救難機ヘリ）9機
・C-21　リアジェット（汎用機）4機
・C-12　ビーチクラフト（輸送機）2機
・P-3C　オライオン
　　　　（対潜哨戒機）3機〜10機
その他に、常駐の形はとっていない

第12章●反基地運動・住民運動（復帰後）

が、AV-8Aハリアー戦闘機、B-29大型爆撃機、SR-71戦略偵察機などが飛来できる前戦的戦略空軍基地である。

「嘉手納飛行場」の歴史を追ってみると、昭和18年9月に旧日本陸軍航空本部がこの飛行場建設工事に着手し、1年後に使用開始したことに始まる。伊江島飛行場とともに太平洋戦争の日本軍の前線飛行場としてこの飛行場は機能した歴史を持つ。敗戦直前の昭和20年4月に米軍の占領下で整備拡張がなされ6月には、全長2,250mの滑走路が完成し、本土爆撃のために、B-29等の大型爆撃機の主力前進基地として使用されたのである。以降この飛行場は、米軍の戦略的拠点として土地強制収奪をもとに拡張・返還・追加をくり返しつつ現在まで続いている。ベトナム戦争においては、文字どおりの最前戦基地としてフル活動し、湾岸戦争ではこの基地から一万人以上の米軍人が出撃した。戦争の犠牲の島沖縄は、反面その後の戦争の加害の島として強制的に位置づけられ機能しているこの苦悩の象徴として、「嘉手納基地」があり続けていることを忘れてはなるまい。しかも、周辺の沖縄住民にとっては、恒常的な「爆音公害」に悩まされ、復帰後も15回以上の墜落事故におびえ、「PCB漏出」や「油流出」の被害を受け続けていることを重ねあわせてみるとき、敗戦後の戦争はまだ続いていると思わざるをえない。しかも、この種の事故やそれにともなう作業・工事はすべて日本政府の負担としてなされていることを本土に住む人々がほとんど知らされていないこと。「嘉手納基地」を考えることによって、私たち日本人が学ぶものは実に多い。

1982年2月に嘉手納基地周辺住民（906人）が国を相手どり夜間の飛行のさし止めを求めた裁判（嘉手納基地爆音訴訟）が98年5月に却下された。しかし2000年3月27日に、嘉手納基地周辺6市町村民（5,544人）が日米両政府を相手どって夜間・早朝の飛行差し止めと、精神的・身体的被害への損害賠償を求める訴え（新嘉手納基地爆音訴訟）をおこした。

〔参考文献〕

◇『沖縄の米軍基地』（沖縄県総務部知事公室・基地対策室　1998年3月）

「基地問題の推移」から「米軍基地の現状」、「自衛隊基地の概要」、「基地被害と対策」、「基地の整理縮小と対策」、「基地周辺対策と経済」などの他に、「資料編」も付いた総合的な資料として一読をすすめたい。

輿石　正

第12章●反基地運動・住民運動（復帰後）

代理署名拒否
（公告縦覧代行）

　いわゆる「代理署名」とは、土地等を米軍に提供する際に、所有者が使用契約を拒否した場合、米軍用地特措法に定める強制使用手続きの中で、契約拒否地主の代わりに市町村長（市町村長も拒否した場合は知事）が土地調書等に立会・署名押印をすることである。「公告縦覧」とは、米軍用地特措法上の一連の手続きの中で、代理署名後に市町村長によって、強制使用の裁決申請書を「公告・縦覧」することである。

　知事の段階での代理署名の拒否というのは米軍用地特措法制定以来なかったことであったが、戦後50年目の1995（平成7）年9月、大田昌秀沖縄県知事は、沖縄における米軍基地から派生する様々な問題を憂慮し、代理署名を拒否した。同年2月の米国防省「東アジア戦略報告」において、今後も沖縄の米軍基地固定化が盛り込まれていたうえ、米軍基地被害の最たる形で九月に米兵による少女暴行事件が発生し、知事は代理署名拒否の意を固めた。10月21日、宜野湾市で開かれた少女暴行事件糾弾の県民総決起大会には、8万5千もの人々が参集し、米軍基地被害に対する県民の怒りの大きさを表わした。

　代理署名は地方自治法上の機関委任事務とされており、地方自治法151条の2によって職務執行命令訴訟手続きがとられた。同年12月22日、総理大臣が知事を訴えるという前代未聞の裁判、いわゆる代理署名拒否裁判が提起された。この裁判は、まさに日本の民主主義、自治、平和、人権を問うものであった。まるで知事と県民が原告になったように、国に対して「基地の島沖縄」の現状を力強く訴えたのである。

　福岡高裁那覇支部は、この裁判をわずか4回の口頭弁論で結審させ、国側勝訴の判決を下した。県は最高裁に上告したが、強制使用手続きは総理大臣による代理署名が行われ、次の公告縦覧手続きへと進んでいた。大田知事は公告縦覧も拒否したので、これに対する職務執行命令訴訟も国から提起された。最高裁は県民投票（1996年9月8日）の10日ほど前（8月28日）に上告棄却の判決を下した。県民投票では投票率59・53％で、その内の約9割が基地の整理縮小に賛成票を投じた。9月13日、大田知事は最高裁判決及び国政での米軍用地特別立法化の動きなどを判断し、県民投票からわずか5日後に何故という批判と抗議の中、公告縦覧代行応諾という苦渋の選択をした。

高良　鉄美

米軍用地特別措置法改正

　復帰に際して沖縄の米軍用地をいかに継続的に使用するかが、日米間の大きな課題の一つであった。そこで日本政府は復帰前の1971（昭和46）年12月31日、いわゆる公用地法（「沖縄における公用地等の暫定使用に関する法律」）を制定し、暫定的に米軍用地を使用できるようにした。「沖縄における」であるから、憲法95条にいう地方自治特別法（1地方公共団体にのみ適用される法律）に該当し、その地方公共団体の住民投票による過半数の同意を得なければ制定できないはずであった。しかし、沖縄住民の米軍基地から受けた被害を考えれば、住民投票で同意を得られるはずがなく、日本政府は、まだ（復帰していないので）沖縄は憲法上の地方公共団体になっていないから憲法95条を適用しないとして、住民投票を実施しなかった。

　一方的に制定された公用地法によって米軍基地は継続提供されたが、同法は1977年までの時限立法であった。期限切れを恐れた政府は急いで土地明確化法を制定し、その附則において公用地法の5年期限延長を組み込んだが、1977年5月18日までかかったため（公用地法は5月14日期限切れ）、空白の数日間を生んだ。さらに5年の延長期限が到来した1982年には、旧安保条約に基づいて制定されて以来、ほとんど適用されることなく、死文化しかけていた米軍用地特措法（正式名称は長いので少し略すが、「日米安保条約6条に基づく地位協定実施に伴う土地使用特別措置法」）を持ち出した。

　米軍用地特措法の適用により、1982年から10年の使用期間が県収用委員会において裁決され、そして1992年には5年期限の裁決となった。さらに、代理署名訴訟後の収用委員会の審理では裁決が1997（平成9）年5月の使用期限（いわゆる象のオリの1筆は4月1日に期限）切れに間に合わないということになり、1997年4月23日、政府はなりふり構わず、期限が過ぎても収用委員会の裁決が出るまでは使用権限を持っているという特措法改正を行った。さらには、法律不遡及の原則に反してまで、すでに期限が切れているもの（象のオリの1筆）についても、使用権限を有しているとしたのである。法治国家の在り方が問われる法改正であった。なお、1999年の地方分権整備法により、機関委任事務が廃止され、代理署名は国の直接執行事務となった。これは特措法の再々改正ともいわれる。

高良 鉄美

第13章　沖縄・現在のかたち

　外部からはひとつに思える沖縄でも、ひとたびよくその地理的形状をみると、沖縄本島をはじめ、宮古島、石垣島、与那国島など、琉球列島の南方に飛び石づたいの弧状につらなるいくつもの島じまから成っていることがわかる。それぞれの島が沖縄内部で微妙な位置関係をもつように、日本本土や中国・台湾との向き合い方にも多少のちがいがある。小さなシマ（共同体）であっても、大抵はその土地固有の言葉や時間・空間があって、そのなかに生きる人びとも自前のライフ・スタイルを持っている。しかしそうでありながらも、外からながめると、ひとつのまとまりある集合体として沖縄をみざるをえないものがあるように思われる。近世以前から引き継いできた「琉球」的なもの、戦後このかたずっと「オキナワ」を尖鋭に表現してきたもの、島への「来訪者」に対する行動様式など、いまある沖縄の姿を浮き立たせ、型どるものが存在している。面積にすると47都道府県のうち44番目の広さであるが、そこには数量では計れないもの、もしくは47分の1に解消できない事象や問題がある。たぶんに鹿児島以北の地域では、なかなか目にしにくいものであろう。沖縄をよりよく理解するのに、また広く日本の現在を考えるのに格好の材料が揃っているような気がする。沖縄は何も米軍基地の問題ばかりだけではない。

　と、書いたあとで、しかしと語をついで、「沖縄・現在のかたち」を論ずるのに、基地がもたらす波及効果はとてつもなく大きいと言わなければならない。この章を埋める14ものテーマは、沖縄戦・アメリカ統治・ヤマトとのギャップ・沖縄・沖縄人気質にかかわっていて、それらが単独ではなく、いくつか相互にからみあう問題としてある。たぶん、「自由主義史観」にイカれている者からみると、この章の項目やこの事典は過去にがんじがらめになった自虐史そのものとみなすかもしれない。過去にこだわりすぎとか、沖縄(ウチナー)と日本(ヤマト)の二項対立といわれればたしかにそうなのだが、こだわるべき過去は数百年前の古琉球でもなければ、王国時代にあった遺物でもない。私たちの祖父母や両親がつい先ごろ身をもって体験したことなのである。また、二項対立図式と非難をうけるけれども、反発・対立の根にあるものをリアルな眼で徹底的に究明し、国民的レベルとまではいわないまでも、広い層にわたって論じあってきたかというと、決してそうでもない。つい感情に走りがちなヤマトとの関係性を執拗につきつめる意思と気質がもっと必要で

第13章●沖縄・現在のかたち

はないだろうか。

　いずれにせよ、1972（昭和47）年の日本復帰以後30年ちかくもたってみると、金銭や時間への価値観、人と人との結びつき、ひいてはシマ社会などが急速なスピードで変化してきたことは否めない。沖縄的特徴を脱色した滔々たる沖縄のヤマト化の流れのなかで、経済効率を優先した自然の破壊は、文字通り沖縄の地形・風景のかたちを一変させている。そのうえ最近では、戦後沖縄の再出発の原点ともいうべき歴史認識を、意図的に改変しようとする徴候が沖縄内部から表れている。その主張する内容はいかにも貧弱でお粗末にもかかわらず、そうした思考の者が出てきたことは軽視できないと思う。

　以下の14項目は、長い年月のあいだに変化・淘汰を受けながら、今の沖縄をかたちづくってきたものである。それだけに沖縄のありようは、それに接する人びとに、さまざまな視角から今の「日本」について考えさせる作用をするかもしれない。たとえば沖縄について戦後が終ったということはできるのかどうか。問題意識のいかんによって、いかようにも疑問を呈することが可能になるだろう。つまり、沖縄の今のかたちをじっとみつめることは、とりもなおさず現代日本の自画像をながめることでもあることを知るのである。

〔参考文献〕

◇儀間進『琉球弧―沖縄文化の模索』（群出版　1979年）
　日本復帰をはさんだ1970年から74年までの文章だが、気負いのない淡々とした口調で、復帰・差別・事大主義・沖縄語など、そのときどきの沖縄の「かたち」を示した作品。

◇照屋林助『てるりん自伝』（みすず書房　1998年）
　芸人の沖縄芝居・琉球民謡（音楽）をつうじて、戦後沖縄の人びとの生きざま、喜怒哀楽、沖縄文化の「チャンプラリズム」を独特の語り口で描いた作品。

◇森口豁『沖縄―近い昔の旅／非武の島の記憶』（凱風社　1999年）
　沖縄戦・ベトナム戦争・日米安保・自治・自然保護・孤島苦・ジャーナリズム・祭りといったテーマについて、著者の実見にもとづいて叙述したもので、挿入の写真が内容をさらに浮き立たせている。

　　　　　　　　　　　　　　　　　　　　　　　　　　　　　　伊佐　眞一

第13章 ● 沖縄・現在のかたち

対沖縄人観

「沖縄人は民族学的にみて日本人ではない。彼らの起源を私なりに研究した限りでは、彼らは北海道北部のコーカソイド人種（白人種）と南太平洋の島々の人との混血である。」と第五代高等弁務官・F・T・アンガー中将は、1975（昭和50）年4月のカーライル・バラック（陸軍歴史研究所）での口述自伝（オーラル・ヒストリー）で述べている。

人種的起源についての認識はおくとして、そこには日本人と沖縄人とは別人種であるという認識がある。他の弁務官も表現に濃淡はあるにせよ、「沖縄人は日本人とは違う」と述べている。連合国最高司令官・マッカーサーは「沖縄人は日本人でない」と明言している（沖縄新民報、1947年7月15日）。

このような対沖縄人観は沖縄がかつて独立国であったこと、1879年の「琉球処分」で日本に併合され、戦前は「田舎のいとこ」として偏見をもたれ、差別されたという歴史的認識から来ている。そしてその根拠となっていると思われるのが米海軍が1944年に沖縄上陸作戦用に編纂した「民事ハンドブック」や「琉球列島の沖縄人」などである。つまり、少数民族としての位置づけである。

沖縄戦中、住民はアメリカの将兵にとって、礼儀正しいが"半文明化した"人々であった。ボロ同然な着物をまとい、子供を連れて、あるいは持てるだけの荷物を頭上にのせ、または天秤棒で担ぎ、道端を黙々と移動する姿は、米兵の目には砂嵐に追われてオクラホマ州から西に移動する貧しい小作農民（Okies）とダブッて映ったようだ。だから、米兵は住民のことを"オーキーズ"と呼んだ。そのオーキーズたちは、砂煙りを巻き上げて疾走する米軍のトラックに恭しくお辞儀をした。

占領当初、米兵たちは住民を"グック"（Gook）と呼んだ。グックとは土百姓、あほう、愚鈍、黄色人種といった意味である。後の英字新聞・雑誌の記事は、住民のことを"礼儀正しい"（courteous）、"友好的"（friendly）、"扱いやすい"（tractable）、"柔順な"（malleablc）、"仕込みやすい"（docile）、"権威に弱い"（subservicnt）などの言葉で表現している。

「ここの人たちは本土の日本人より順応性がある。それに彼らのナショナリズムもあまり強くない。彼らが戦後の困苦にも割に陽気に耐えてこられたのも、ひとつにはいかに苦しいときでも反乱さえ起さずに、つねに自らの運命を甘受してきた歴史があるからである。」（ディマリ・ベス「沖縄—アメリカの島」サタデー・イブニング・ポスト誌、1953年7月11日）

また、「誰もが知っているように、（沖

第13章●沖縄・現在のかたち

縄には）第5列（破壊分子）の活動がほとんど、もしくは全くない」から広大な基地が建設・保持されるのだ、とジョージ・バレットは「ニューヨーク・タイムズ・サンデー・マガジン」（1952年9月20日）に書いている。つまり、おとなしいという認識である。

しかし、良心的なアメリカ人はこう見る「琉球住民は平和的な人たちである。これまでも困難にみちた長い年月を、彼らは米軍に対して融和的な精神でもって堪えてきた。しかし、いかにおとなしい人たちでも、あまりにも長いあいだ責め苛まれれば、ついには自らの権利を守るために立ち上がるであろう。」（オーチス・W・ベル牧師「沖縄住民にフェア・プレイを」『クリスチャン・センチュリー』1950年1月20日号）

軍用地闘争も"島ぐるみ闘争"あたりになると、"柔順な"、"単純素朴な""反抗しない"住民像が変わってくる。1957年4月7日付『ニューヨーク・タイムズ・サンデー・マガジン』の「沖縄―時には苦い教訓」と題する記事で、ロバート・トランブル記者は沖縄住民には強い"自主性"があり、ときには支配者に対しても敢然と立ち向かう強さをもっており、単純素朴に見える農民でさえ「普通のアメリカ人が考えるより遥かに洗練された方法で日々の問題を考え、討議している」と報じている。この記事の題は、かの有名な劇『八月十五の茶屋』からの引用で、"支配者から学ぶことは、ときには苦痛をともなう"というセリフ。土地問題で"苦い教訓"をうけたのは、まさに支配者の米軍だったというわけである。

軍用地問題は米軍の沖縄人観を変え、沖縄住民の米軍観を変えたと言っていいであろう。米軍は沖縄住民を甘く見ていて、強引なやり方で押し通せば、なんとかなると思っていたのではないか。

復帰から28年、あの少女暴行事件に端を発した県民抗議集会から6年。いま米軍はどう考えているのか。

「基地司令官が思いのままに統治権を行使でき、地元の住民のことを考えずに何でもできた時代はとうに去った。われわれはいま（沖縄の人達とも）何とかやって行くことを学びつつある。」（嘉手納基地司令官・James・B・Smith准将談話、ニューヨーク・タイムズ、1999年7月5日）

〔参考文献〕
◇『民事ハンドブック』（海軍作戦司令部　海軍省　1944年11月）
◇『琉球列島の沖縄人―日本の少数民族』（調査分析課　ホノルル　ハワイ　1944年6月1日）

　両書は沖縄県公文書館から日本語訳で出版されている。『民事ハンドブック』は沖縄県史資料編1として1994年に、『琉球列島の沖縄人』は資料編2として1995年に出版されている。

宮城　悦二郎

第13章●沖縄・現在のかたち

遺骨収集と不発弾処理

　沖縄において「戦争」や「戦後」の風化を容易に許さないものは、何も軍事基地だけではない。未収集の「遺骨」と未処理の「不発弾」も、多くのウチナーンチュ（沖縄人）が、一方は心のすみにいつも"しこり"としてあるものであり、他のひとつはそのしこりを突然に生々しく眼前によみがえらせる作用をしている。

　1945（昭和20）年4月に始まった沖縄戦は、アメリカ軍の日本本土上陸を前にして、日米両軍が文字通り死闘をくりひろげた決戦であったが、沖縄本島に"鉄の暴風"と形容されるほどに打ち込まれた砲弾は約20万トン、また沖縄に貯蔵された爆弾・地雷等については、はっきりした数字はわからないのが事実であるが、その標的となって消えた生命は軍人・軍属そして民間人を含めて約20万人に及んでいる。それゆえ沖縄の戦後が、引き揚げ居住地や近くの山野に放置された遺骨の収集とその慰霊からスタートしたのも当然であり、苦しい生活のなかにあって、行方の知れない親・兄弟・子供たちがいかなる最期を迎えたのかを知ろうと、数知れない遺族がそれぞれの行脚を続けてきた。遺骨の代わりに終焉の地と思われる場所の小石を墳墓に収めるところも多い。1998年度までに総計18万3千柱が、金城和信、国吉勇のような個人や市町村、琉球政府（のちの沖縄県）、そして「もはや戦後ではない」と日本本土で言われるようになった1956年からは、厚生省によって収集がなされている。

　しかし、砲弾による死は必ずしも戦時中だけではない。不発弾となって地中に埋もれたそれらは、戦争をくぐりぬけた人間とその後に生まれた人びとをも現在に至るまで脅かしている。実際、公式には1963年までに約700名の爆死者と1000名余の負傷者を記録しているが、機関銃の不発弾丸による子供の事故などは日常茶飯事にいくらでもあったものである。そのなかで、1974年3月に那覇市小禄の下水道工事中に起きた爆発事故は、人間・家屋・車輌破壊の大惨事として今も記憶に新しい。これまた統計によると、日本復帰から1998年度までに約120万発、1400トンが処理されているが、地中で今も無数に同居する「遺骨」と「不発弾」は、今後もその上に生きる人びとに忘れかけた過去の愚かしさを喚起する力を与える。

〔参考文献〕
◇殉国沖縄学徒顕彰会編『沖縄の戦禍を背負ひて──金城和信の生涯』（和信先生遺徳顕彰会　那覇　1982年）
　遺骨収集に関して、一読に値する。

伊佐 眞一

「沖縄のこころ」

　沖縄サミットの標語の1つとしても掲げられている「沖縄のこころ」。今さまざまな場面でこの言葉が用いられ、その意味内容も使用する人によってそれぞれであるが、概して「平和を求める心」というイメージが付されていると言えるだろう。

　「沖縄のこころ」という言葉が生まれた背景には、復帰前後の沖縄の思想状況がある。米軍基地の存在による人権侵害の苦難を味わった人々は、みずからの意見が反映されないまま「基地付き」などを前提に「返還」が決定されていく状況に不安を抱いた。その中で大田昌秀琉球大学教授（当時）は「沖縄の心」を、「沖縄固有の歴史と社会・文化の所産」であり、「『反戦平和』に徹したいとする心」「人権（人間）を回復したいという心」「沖縄の自治を確立したいとする心」と定義した（大田『沖縄崩壊』ひるぎ社1976）。このいわゆる「沖縄のこころ」論は、「返還」に不安を持つ人々に広く受け入れられ、彼らは沖縄住民の主体性を「沖縄のこころ」という言葉に託して主張したのである。

　以後「沖縄のこころ」は、変わらず沖縄住民の主体性の実践とともにあった。反基地、反安保のスローガンとして、また固有の文化のキャッチフレーズとして使用されてきた。しかし復帰から年月を経た現在の「沖縄のこころ」は、大田の定義をある程度引き継いでいるとはいうものの、あいまいさを増している。あるアンケート調査は「沖縄の心」＝「テーゲー（いいかげん）主義」や「祖先崇拝」とみなす多様な見方があることを示している（『サミット通信』Vol.3　沖縄県サミット推進県民会議2000）。また、「沖縄のこころ」の実態や歴史的根拠が検証されずに言葉だけが一人歩きしている状況を批判する論調が登場している。今や概念と化してしまった「沖縄のこころ」を、もう一度内面化する作業が求められているのかもしれない。

〔参考文献〕

◇大田昌秀『拒絶する沖縄』（サイマル出版会　1971年）

　「沖縄のこころ」論の内容を端的に見ることができる。

◇真栄城守定・牧野浩隆・高良倉吉『沖縄の自己検証―鼎談・「情念」から「論理」へ』（ひるぎ社　1998年）

　大田氏の「沖縄のこころ」論が史実を反映していないと批判し、沖縄の過去が「現在の政治的道具」にされることへの懸念を表明している。

城間 有

沖縄の民間学

　近代以降、日本の民間学は、天皇制国家に奉仕する「富国強兵」の学問へのアンチテーゼとして成立した。それゆえ民間学は、大雑把に官学（アカデミズム）を中心にした伝統的権威と思考様式をもつ組織の対極において考えられ、具体的には大学及び企業、官庁の研究所などを除いた、在野の個人的な学問・研究を指してきた。

　この定義を沖縄の場合にあてはめると、沖縄の民間学は、いわゆる「沖縄学」とほとんど重なってしまう。もともと沖縄県の成り立ちが、「日本人」国家の正統性を代表するアカデミーへの反論・異論あるいは反逆を潜在的に内包する問題をかかえていた。1879（明治12）年の琉球処分によって帝国臣民とされた「沖縄人」は、日本人への「同化」過程のなかで、みずからの歴史と文化そして自己の個性的存在を抹消していく道を歩んだのであった。日本本土の歴史と文化は何よりも指針となるべき手本であり、それからの逸脱は野蛮で「化外の民」とみなされたがゆえに、沖縄自身のなかにアイヌや朝鮮、台湾などの植民地と同列とみられる心理的恐怖を植えつけた。日本社会における差別の除去と対等な関係を求める欲求は、国家公認の学問と学説を積極的に受け入れる土壌を広範に形成した。

　しかし、そうした過剰すぎるオーソドキシーの信奉は、ヤマトの羈絆が生活の万般にわたってつよくなるにしたがい、逆にそれからはみ出さざるをえない疑問と反発をもやがてうみだしていった。明治の末年になると、太田朝敷や伊波普猷の知識人が在野にあって、国定教科書など公式の日本史や日本文化理解ではとうていおさまりきらないもの、あるいはそれらの画一的な日本像に違和感をもつ著作・研究を公けにする。そして日本の敗戦後、アメリカ統治下をへて、1972（昭和47）年の日本復帰後は、戦後教育と大学の設立によって地域に根ざした学習が広まり、「沖縄とは何か、自分たちは一体何者か」の自己探究が、人文・社会科学はむろん、自然環境にまで及んでいる。「民間学」を抜きにしては沖縄研究だけでなく、現在に至る各種の社会運動も十分には語れないといってよいだろう。

〔参考文献〕

◇『沖縄大百科事典』（本文3巻＋別巻、沖縄タイムス社　那覇　1983年）
　沖縄の民間学が示した代表的な達成である。

伊佐　眞一

ユイマール・模合・郷友会

ユイマールとは、普通にいえば「相互扶助精神」のことである。例えば伝統的には製糖期等に親戚や隣近所が、お互いに労働力の交換をしてキビ搬入の作業をおこなう。無償の労働力の交換である。

無償の労働力の交換といってもそれは、「対等の労働力の交換」がその基本であるし、労働力の対等な貸し借り、といってもよい性格のものである。しかし、一般には「美風な助け合いの心」と理解していい。

そのユイマールの心を活かしたのが「模合」である。模合は金の貸し借りである。発起人の座元が仲間を募り座元が無利子で最初に取る。あと、順に入札（利子を書いて）をして落札する。模合の人数は大体十人前後でまた、月一回が普通である。

模合は日本の頼母子講と性格を一つにするもので、ただ沖縄ではその参加する人の割合が多いところに特徴があるといえる。

模合は次の3つのタイプに分けられるという。まず、お金よりも親族の結束を目的にする親族模合がある。模合金は5千円から1万円程度。次に友人同士の親睦模合。これは地域や職場、または学校の同級生が行うもので、親睦が目的だから積み立てて旅行に役立てたりしている。3つめが事業者どうしの模合がある。これは事業の運転資金等が目的なので金額もそれ相当に大きい。

その他、家の建築資金として起こす大型の模合もある。これは大体「年模合」といって年二回行われる。

模合は相互の信頼関係で成り立っている。

郷友会は、その出身地毎に都市に組織される心の拠り所である。頼る人のいない都市で助け合い、励ましあって今の地位を築いてきたのも郷友会によるところが大きい。郷友会は疑似共同体であり、都市のなかのムラともいわれ、特にその力を発揮するのは、選挙で出身の候補が出ると保革を超えて結束する。

郷友会の活動は、定期総会、新年会、生年成人祝、敬老会、運動会をはじめ伝統芸能や伝統行事の継承、会報の発行、寄附、共同墓地の建設まで多岐にわたる。郷友会は都市で暮らす人々のオアシスであり、またふるさとを支援する組織でもある。島単位、村単位、字単位に細かく組織されているが、しかし近年は二、三世から敬遠される傾向にあり、将来その存続に不安が残されている。親達にとってふるさとでも、子どもにとっては、もはやふるさとではないからである。

〔参考文献〕
◇石原昌家『郷友会社会―都市のなかのむら』（ひるぎ社　1986年4月15日）
　本稿の模合と郷友会は上記の書に負う。

大城　和喜

第13章●沖縄・現在のかたち

「宝珠山発言」の波紋

　「宝珠山発言」とは1994年9月9日、米軍基地視察のため沖縄を訪れた宝珠山昇防衛施設庁長官（当時）が那覇防衛施設局での記者会見で、沖縄を「アジアの戦略上の要地」と位置付け、「基地を受け入れて基地と共生、共存する方向に変化してほしい」と述べたことを指す。この発言は、在沖米軍基地の固定化を意図したものとして多くの県民の反発をまき起こし、沖縄のマスコミは「宝珠山発言問題」として連日とりあげた。

　基地の現実に苦しんでいる沖縄の住民感情を無視し、基地を「宿命」として押し付ける官僚的発言に対する批判は党派を超えて広がった。沖縄県議会では9月の定例議会で、「宝珠山防衛施設庁長官の発言に対する抗議決議」を全会一致で可決し、抗議の表明とともに、発言の撤回と「相当の責任」をとるよう要求した。また、各市民団体からも抗議の声が相次いだ。

　この抗議の嵐に押し切られ、政府は宝珠山発言の全面撤回という形で事態を収拾しようとした。さらに政府は、同長官が軍転特措法案に含まれる地主に対する返還後借料支払いや、同法案が基地撤去を前提としている点を批判したことに対しても反発が起こっていることを重く見て、「在沖米軍基地問題で整理統合に進展が得られるよう積極的に指導、支援」していくことを表明した。

　このような決着に不満を訴える声は多かった。あくまで宝珠山長官の辞任を求めるにとどまらず、結局軍転特措法成立と引き換えという形で同問題にひそむ日米安保体制の矛盾を片付けようとした政府の姿勢に対する怒りの声があがったのである。

　「宝珠山発言」は沖縄住民にとって、自らの主体性を国策によって制限されることへの反発となり、その主体性の模索は1995年の反基地運動の盛り上がりへとつながっていった。

〔参考文献〕
◇宝珠山昇「沖縄海兵隊、本土移転のススメ」『THIS IS 読売』1996年11月号（読売新聞社）
　宝珠山元防衛施設庁長官自身の筆によって「共存・共栄」論に代表される安保観、沖縄観が述べられている。
◇野里洋「宝珠山発言と沖縄の選択　復帰27年の折り返し点を前に」『世界』1995年1月号（岩波書店）
　「宝珠山発言」に反発する立場から論点をまとめている。

城間 有

第13章●沖縄・現在のかたち

「命どぅ宝(ぬち)」と1フィート運動

　沖縄戦が終結して多少生活に落ち着きが戻ってくると、周知のように1950年頃から沖縄出身知識人による戦争記録を始めとする諸作品が次々と発表されていく。そして、政治運動の活発化とともに、そこから「反戦平和」などの戦後を牽引する運動理念や標語が生まれてくるのであるが、他方で廃墟のなかから戦後を歩み始めた沖縄の民衆も、身のまわりをながめつつ過去を振り返る余裕が生じてくる。もう2度と戦争はイヤだという感慨は、やがて「命どぅ宝(ぬち)」という土着の響きをもつ言葉に結晶化されていった。それは数十万もの肉親や親族、友人の命があがなわれた代償であるのだが、皇太子（現在の天皇）も以前、この言葉を使ったことがある。口ほど調法なものはない、とはよく言ったものだ。

　その後、戦争体験の風化がとやかく言われるようになったのは、体験者の高齢化と死亡、加えて復帰後の急激な日本化と若者の無関心が顕著になっての時期であろう。ちょうどその頃、アメリカからもたらされた大量の写真が、記憶の彼方に消えかけた沖縄戦と戦争直後の姿を映し出して話題になったことがあったが、更に強烈なインパクトをもって広範囲の各層に衝撃を与えたのが、映像によるまさにリアルタイムの再現であった。アメリカ国立公文書館や国防総省などに保管されていた膨大な戦時フィルムを、1フィート百円の募金による基金で買い取り、沖縄へ持ち帰るという活動が始ったのは1983年である。「沖縄戦を知らない世代にその実像を伝える」（趣意書）目的で、市民による草の根の「沖縄戦記録フィルム1フィート運動」へと発展していき、ビデオ製作、平和学習講座の開催、ガマ（壕）調査、各地での上映会を介して、沈滞していた沖縄戦「教育」にぐっと活を入れる作用をしてきた。米軍に救出されながらも体をブルブル打ち震わせる子供、日本兵の楯にされた白旗の少女など、その姿は今も記憶に新しい。こうして「命どぅ宝」の言葉は、1フィート運動のフィルム映像で血肉を付与されることによって、観念的な標語に化石化することから逃れつつ、沖縄らしい反戦平和思想の表現に熟成されてきたと言えるだろう。

〔参考文献〕
◇大城将保『沖縄戦―民衆の眼でとらえる「戦争」』（高文研　1985年）
◇『一フィート運動十周年記念誌』（那覇　1993年）
　まずは、この2冊を手に取ってみるとよい。沖縄と戦争・基地の関係を考えるのに、格好の道案内になる。

伊佐　眞一

第13章●沖縄・現在のかたち

世替り

　この言葉を理解するには、まず第一に沖縄の歴史を知る必要がある。14世紀後半から16世紀の沖縄は、小さいながらも独自の歴史と文化をもち、当時の中国や東南アジアと交易を行う独立国家であった。その一方で、明に朝貢し、皇帝の冊封を受ける形式上の主従関係ゆえに、この時代を「唐の世」、あるいは沖縄の自主独立性ゆえに、「沖縄世」と呼ぶ。その後17世紀初頭、薩摩の侵略によって琉球王国の看板を立てつつも、実質的には島津の支配下にあったこの時代を「日本世」という。そして1879（明治12）年、明治国家による武断的な沖縄併合の琉球処分から1945年の大日本帝国の崩壊までを、やはり「ヤマト世」と呼んでいる。その次が、日本の主権を離れた戦後の、アメリカ軍政による統治下にあった27年間で、これを「アメリカ世」と名づけ、1972年の日本復帰から現在までを、また「ヤマト世」と呼んでいる。

　こうしてみると、沖縄の近・現代は日本とアメリカという2大国による沖縄統治の変遷史であったといってよいが、「ヨガワリ」は沖縄の人びとにとって決して死語ではなく、明治から現在に至るまで、折りにふれて口をついて出てくる実感を伴った生きた現代用語である。「♪唐の世からヤマトの世、ヤマトの世からアメリカ世、ひるまさ（よくもまあ）変わたるこのウチナー♪」とのポピュラーな民謡がそれを端的に物語っている。

　では、沖縄の人びとは「世替り」にどんな意味を込めてきたのだろうか。琉球王国の滅亡とともに始まった沖縄の近代が、苛斂誅求の封建社会から、自由・平等の輝かしい新時代として一部の人たちに迎えられたことは、伊波普猷が語った「琉球処分は一種の奴隷解放也」（喜舎場朝賢『琉球見聞録』1914年、のち1977年、至言社刊）のフレーズに象徴的に表現されている。しかし、やがて日本国家のなかで始まった強引な同一制度への大変革をへて、ソテツ地獄と形容される資本主義社会でのすさまじい搾取と日本人への「同化」過程における沖縄人への根深い差別、及び文化破壊が待ちうけていた。そして、本土防衛のための「捨て石」作戦たる沖縄戦と日本の敗戦を境に、アメリカによる支配がスタートした。約半世紀もの「ヤマト世」を窮屈に生きてきた体験は、そのぶんだけアメリカン・デモクラシーへの沖縄の人びとの期待となった。しかしながら、アメリカの世界戦略とその後の冷戦下にあって、多くの人びとが託した希望は、まもなく被占領住民としての悲哀に変化した。沖縄人の自主的な抵抗運動に

よって、「アメリカ世」に終止符を打ったことは、権力者の顔色ばかり気にする沖縄人の事大主義的性格を一皮むくこととなった。しかし、そうして自ら選び取った次の「ヤマト世」こそは、沖縄の人びとによりいっそう困難なたたかいを付与する始まりにほかならなかった。日本国憲法にシンボル化された「祖国」にかけた夢は、20数年をへた今日、それが無残な空想だったことを私たちに思い知らせている。

つまるところ、自由・平等への解放を志向した戦前の「ヤマト世」、民主主義に夢を託した「アメリカ世」、日本国憲法下への復帰を望んだ再度の「ヤマト世」は、いずれも希望と失望の繰り返しであった。固有の歴史と文化が沖縄の根柢にあるだけに、それらの「世（ユー）」には、どれも外から物理的に侵入したヨソ者の一時的天下との実感が塗り込められている。それだけに、明治からこのかた、さまざまな「実物教育」を味わいつくした人びとの深層には、次の「世直し」的「世替り」の予感がたえず潜んでいるような気がする。この点において、日本本土が歴史上経験してきた各時代の世替り（たとえば室町時代から江戸時代へ、そして明治維新後の近代へ、など）とは、通貨切替え（円→B円［軍票］→ドル→円）の有無のみならず、権力者が外部勢力の異民族であるかどうかという点、また民衆が自らを植民地、あるいは外交取引きの対象物との感覚をもったかの点で、沖縄の「世替り」とは質的に重大な相違がある。ヤマトに沖縄の立場と心情に対する痛覚が決定的に欠如しているのは、まさにこのことに由来するのであろう。

〔参考文献〕

「世替り」についてのまとまった文献は特にないが、以下の3点を参考にあげておく。

◇新里恵二・田港朝昭・金城正篤『沖縄県の歴史』(県史シリーズ47　山川出版社　1972年)

　原始から近世・近代・現代・日本復帰までを、歴史学の成果を取り入れながら平易に叙述した通史。

◇池宮城秀意『戦争と沖縄』(岩波ジュニア新書19　岩波書店　1980年)

　言論人である著者自身の戦前・戦中体験に沖縄史の流れを結びつけて語った作品。

◇沖縄タイムス社編・刊『庶民がつづる沖縄戦後生活史』(那覇　1998年)

　戦後の収容所生活など庶民の目からみた「世替り」の光景を満載している。

伊佐　眞一

第13章●沖縄・現在のかたち

テーゲーと沖縄タイム

　「テーゲー」と「沖縄タイム」は沖縄人の性格をよく表している。テーゲーは「大概」ということで、「まぁ、なんとかなるさ」、小さいことにとらわれず、こせこせせずに大らかな気持ちで事にあたることである。

　例えば、「明日は仕事が早いので、酒は程々にして帰ろう」と言っても、「ヌーガ、テーゲーヤサ」（難しいこというな、なんとかなるよ）と言う具合に使う。つまり、言ってみれば呑気な性格、逆から言えば怠け者・ルーズという事になる。しかし、この性格は艱難辛苦を乗り切る力にもなる。戦前に南洋諸島やハワイ、南米に移民して行った人々の中にも「行けばなんとかなる」というテーゲーの精神があったと思われる。

　一方でこのテーゲーは、無計画で行き当たりばったりであるので、身を滅ぼす危険も孕んでいるいるというべきだろう。備えなければ憂いなしもまた真実である。明日、テストがあるのに勉強もしないで「テーゲーやさ」とは言えないはずだ。要するに、何がテーゲーで何がテーゲーでないか、自分自身でわきまえる態度が必要なのである。

　沖縄タイムはテーゲー主義の延長線にあるといってよい。約束の時間を守らない、遅れてもお互いそう気にせず、許してしまう。時間をいちいち気にする人のほうが笑われてしまう風潮、これが沖縄タイムである。タイム・イズ・マネーは通用せず「時間はたっぷりある」のである。沖縄人の楽天的表れである。

　沖縄の結婚式や学校の行事、また村の集会等の案内状には、始まる時間は書いてあっても、終わりの時間は書かれてない。これなども一つの行事例えば、結婚式に参加したら一日の時間はそれだけに費やし、他のことは考えないという表れである。時間を細かく区切って使うことできないのである。

　テーゲーも沖縄タイムも季節の区切りがはっきりしない、温暖な気候が生み出した産物か、工業国でないことの産物かも知れない。

　テーゲーと沖縄タイム、その使い分けは事と場所によって違ってくるし、その両方とも日頃の信頼関係がものをいう。

　沖縄タイムは、仙台にも南米にもある。仙台人も南米人もゆったり豊かに生きている。

大城　和喜

沖縄病

「沖縄病」というのは、沖縄特有の文化や自然など、さまざまな理由でもって沖縄にとり憑かれた、沖縄出身以外の日本人、あるいは外国人を指す用語である。それが今日、一般に広く流布するようになったのは、1960年、当時の茅誠司東京大学学長が「近年沖縄を訪れたものが必ずといってよい位かかるのがこの沖縄病だ」(「沖縄病」『朝日新聞』3月1日)と発言したことによる。熱烈な沖縄シンパ、沖縄びいきを意味する。

では、なぜそれほどまでに彼らをして沖縄に肩入れさせたものは何であったのか。大まかに言って、(1)南国沖縄の風土や人情、Hospitableな生活への愛着 (2)独自の発達をとげた歴史と文化遺産に対する学問的関心 (3)敗戦後、沖縄をアメリカ統治にゆだねた責任と近代以降の沖縄差別への贖罪感、の3点があげられる。

具体的には、戦前から戦後にかけての伊東忠太、田島利三郎、柳田国男、折口信夫、柳宗悦、浜田庄司、鎌倉芳太郎などの建築、文学、民俗、美術、工芸の専門家は、(1)+(2)または(1)+(2)+(3)のタイプであり、戦後は前述の茅のほか日本高校野球連盟の佐伯達夫、日本医師会の武見太郎などは(1)+(3)または(3)のタイプ、中野好夫や島尾敏雄、上野英信は(1)+(2)+(3)の型であろう。そして、それらの学者・知識人・作家とは別に沖縄病にかかった人たちの大部分は、亜熱帯の海や山、気候といった自然、のんびりしたライフ・スタイルにひかれた(1)のタイプ、もしくは戦争体験や戦後日本と沖縄のあり方を凝視する姿勢から出た(3)のタイプ、または(1)+(3)の型が多い。外国人の「沖縄病」患者については、当然に(3)の要素は少なくて、(1)または(1)+(2)の型がほとんどで、遠くは(1)型のバジル・ホール、近くでは(1)+(2)型のアール・ブール、ジョージ・カーがその代表例である。

学者・知識人が多いのは、日本本土史とは別の道をたどってきた経緯と日本の源流探究と日本の現状、さらには今後のゆくすえを考える際に、通常の「日本」観念には収まりきらないことが彼らの注意をひいたのであろうし、一般には近年の観光とマス・コミによる宣伝、及び沖縄問題の惹起が、たぶんに大きな効果をもたらしていると思われる。

参考文献としては、中野好夫『沖縄と私』(時事通信社、1972年)、島尾敏雄『新編・琉球弧の視点から』(朝日新聞社、1992年)を推薦する。

伊佐 眞一

第13章●沖縄・現在のかたち

歴史改竄問題

　1999（平成11）年8月11日付『琉球新報』は、一面トップに、「新しい平和祈念資料館／『ガマでの惨劇』の模型・日本兵消える／自決強要の兵士・住民に向いた銃／一部内容を無断変更」のスクープ記事を掲載した。その日以降この問題は、八重山祈念資料館での無断変更ともあわせて、連日地元ジャーナリズムを通じて、全県的な論議のまととなった。最終的には県民のすさまじい反発にあって変更を撤回するに至った。一連の過程は次の通りである。

　3月23日、沖縄県の金城勝子文化国際局長は、大田県政時代からの継続事業だった資料館の「展示概要説明書」を、稲嶺恵一知事、石川秀雄、牧野浩隆両副知事に報告した。この説明を聞いた知事は、「県政が変わったことだし、展示内容が変わるのは当然でしょう。県立の資料館だし、国のやったこと、国策を批判するようなことはいかがなものか」と発言し、変更を促した。これをうけて文化国際局は監修委員抜きの大幅な「見直し」作業に着手。これが極秘裏の本格的なものであったことは、5月上旬の副知事への報告、6月下旬の知事はじめ県三役への報告、7月下旬の2度にわたる知事ら県幹部への説明など、頻繁な会議と「見え消し」と呼ばれる、変更を明示する内部資料がそれを端的に物語っている。

　変更のポイントは、沖縄戦における日本兵の住民虐殺、自決強要、スパイ取締りを含め、日本軍によるアジア諸国での残虐行為などの説明文を削除し、「虐殺」「集団自決」を「犠牲」に言い換え、残虐性をできるだけ薄めた文言にすること。戦後については、沖縄をアメリカ支配に委ねたいとする天皇メッセージ、軍事基地としての沖縄の位置づけ、民衆的視点の復帰運動とその闘いをいずれも抹消すること。つまるところ、沖縄戦の特質と沖縄戦後史の核心ともいうべき観点を徹底的に抹殺・改竄している点にある。こうした改竄行為は、たんなる思いつきでなく、自民党政府と2人3脚でおしすすめている米軍基地問題を思想面から援護し、「反日」的な沖縄の特性を根本的に改造していこうとする意図に根ざしていると思われる。それにしても、稲嶺知事以下一部の官僚と御用学者は、沖縄の人びとがこの改竄にあれだけ激しい拒否反応をみせるとはまったく思いもしなかったらしい。沖縄の現状認識の甘さと浅知恵を露呈したというほかはない。まずは、『けーし風（かじ）』（第25号、1999年12月20日）の「検証・平和資料館問題」を読んでもらいたい。

　　　　　　　　　　　　　伊佐　眞一

第13章●沖縄・現在のかたち

平和の礎

　1995（平成7）年6月23日、太平洋戦争・沖縄戦終結50周年を記念して、糸満市摩文仁の平和祈念公園内に建設された。広い敷地には平和の波をイメージした114基の石碑が並び、「平和の波　永遠なれ」という願いがこめられている。そこに刻まれた23万7000人以上（1998年6月現在）の名前の主は、沖縄戦で亡くなった沖縄出身者、県外出身者（軍人軍属）、外国出身者（米英軍人、台湾、北朝鮮、韓国）、そして1931年の満州事変に始まる15年戦争で戦死した沖縄出身者である。

　平和の礎の大きな特徴は、沖縄戦の戦没者を国籍や軍人・民間人の区別なく、平等に扱っている点だ。自国の国民と敵国の軍人の名前を一緒に刻むという発想は、他に例をみない。このことは、戦争による死者を悼む気持ちには敵も味方もないという「沖縄のこころ」を表したものといえる。

　しかし一方では、「日本軍の指導者と被害者となった一般住民・アジアの人々を同列に刻名することで、戦争責任があいまいにされる」、「戦死の美化につながるのではないか」などの声もある。あるいは、韓国、北朝鮮、台湾出身者など、国が実態を調査していないために、ごくわずかしか刻銘できていないという問題もある。韓国では、たとえ強制連行であっても「日本軍に加担した」という厳しい見方が根強く残っており、遺族が刻銘を拒否する場合もある。なお、「従軍慰安婦」にされた女性の名前は1人も刻まれていない。

　こうした疑問に対して、平和の礎刻名検討委員会は、礎と新沖縄県立平和祈念資料館（→歴史改ざん問題）との一体性をあげている。新資料館では、調査研究を位置づけ、沖縄戦の実相をありのままに展示することによって、戦争がなぜ発生したのか、戦争指導者と民衆、加害者と被害者との関係などを通して、戦争のもつ残虐性や非人間性を学び、戦争について理性的に認識できる場となる予定である。こうした新資料館とモニュメントとしての平和の礎がセットになって、平和の礎は初めて完成するという。

　確かに、平和の礎で戦死者の膨大さを感じるだけでは沖縄戦を知ったことにはならない。なぜこれだけの戦死者がいるのかという疑問をもち、自ら答えを探すことが大切だ。

〔参考文献〕
◇石原昌家「戦没者刻名碑『平和の礎』が意味するもの」『季刊戦争責任研究』第8号（1995年夏季号）
◇大城将保「銃剣は誰に向けられたか」『歴史と実践　第20号　平和祈念資料館問題特集』（沖縄県歴史教育者協議会　1999年12月）

古賀　徳子

第13章●沖縄・現在のかたち

七島灘 ── ヤマトとの距離

　冒頭から私事になって恐縮だが、私が初めて日本本土をじかに見たのは復帰の年、1972（昭和47）年である。ちょうど成人になったばかりの学生で、それまで学校ではたっぷりと、沖縄と日本はまったく同じであるとの教育を受けていたのに、目の当たりにする現実のヤマトは正直なところ異国そのものであった（まったくの外国ではなかったが──）。船から下り立った神戸の街並や土の色は、晴れた夏の日にもかかわらずどんよりと薄暗く、行き交う日本人の姿にちょっと気後れに似た緊張を覚えながら、沖縄とはこんなにも違うのかという思いにとらわれたことを、今も鮮明に記憶している。おそらくこれと逆の体験は、沖縄に初めて足を踏み入れた多くの日本人が味わうものであったのだろう。

　かつて1924（大正13）年に伊波普猷は、「小民族のクセに特殊の歴史や言語を有つてゐるといふことは、現代では少くともその不幸の一でなければならぬ。これだけでも彼等は奴隷にされるべき十分な資格を備へてゐる」（「寂泡君の為に」）と書いた。そして実際、太田朝敷は1906（明治39）年の論説「琉球人征伐の急先鋒」において、琉球新報の発行目的が「沖縄人民を奴隷の境界より救ひ食客の地位より進め自治自営の道を与へて以て本県本来の面目を発揮するにあり」と語っている。「食客の地位」とは換言すれば植民地の民である。

　その後ポツポツと近代日本の歴史を学ぶにつれて、私があのとき感じた違和感の背後には、過去1世紀に及ぶ日本と沖縄の問題史を貫くものが、鎖のように堅く接続しているのを知るようになった。

　それにしても、「小民族」が「特殊の歴史や言語」をもつこと、つまり日本文化とは一種趣きを異にする文化をもつことは、ヤマトというクニのなかで生きていくとき、もしかすると「奴隷」にされることの要因にもなるというのだが、これはまたじつに恐ろしい「資格」を身につけているといわざるをえない。征服者史観によるこうした条件付与も、突き詰めれば純正「日本」への固執にあるのだろうが、日本人の沖縄を見る目が、「領土」観念としても、また日本「国民」観念としても、ゆるぎなき構成要因でないことが、いつも沖縄の人びとの心の隅に漠然とした不安を沈澱させているように思う。いったん事ある場合、「固有の日本」防衛の大義名分をもって、不必要なシッポ部分を切り捨てるトカゲの行動はもう絶対にないのだろうか。この問いに対して、それは荒唐無稽とか杞憂にすぎな

第13章●沖縄・現在のかたち

いとか、まったく考えられないことだと笑いとばすかもしれない。しかし、沖縄を清国と2分割しようとした「分島・増約案」や沖縄をアメリカ統治にゆだねたいとする天皇メッセージ、サンフランシスコ講和条約での意図的な分離は、沖縄の人びとの心に消すに消せないしみをつくり、長い年月の間にそうした疑念を発酵させる源となっている。その立場に身をおいた者でなければ容易にわかってもらえない感覚ともいえよう。

特殊の文化をもつ小民族が、なまじ国語・人種・文化の点で著しくヤマトに酷似しているうえに、ともに同じ国家のうちで生をともにした体験が両者を妙にねじれた関係にした。歴史家のジョージ・カー(George H. Kerr)は、沖縄の人びとがヤマトに受け入れられたいと思うほどには、日本人は沖縄のことに関心を向けないと語っている。両者の断絶は埋めることは不可能でも、その違いや個性の存在を認めたうえで、ヤポネシアとしてゆるやかに考えることは出来ないものか。なぜ、経済振興策と引き換えに基地受け入れをするのかと問われて、ある男性が、「日本が戦争に負けてずっと、どうして沖縄だけが重荷を押しつけられるのか。それはあなたたち、本土の人が答える問題さね」(「沖縄―名護の群像」『朝日新聞』2000年2月22日)と発言している。

屋久島の南方、トカラ海峡付近を境にして、南北の動植物相が大きく変化するのが渡瀬線。昔から航海の難所として知られるところから、トカラ列島の島じまにちなんで七島灘と呼んでいる。「あなたたち、本土の人」と呼びかける語気に込められた沖縄とヤマトのミゾ、それはいまだ両者が七島灘を越えることのむつかしさを如実に示している。

〔参考文献〕
◇大城立裕『同化と異化のはざまで』(潮出版社　1972年)
　その中の「沖縄で日本人になること―こころの自伝風に」は、幼年期から長じるまでの著者の体験をもとに、「異質感と劣等感」を生み出すヤマトへの向き方を記したエッセイ。
◇鹿野政直『戦後沖縄の思想像』(朝日新聞社　1987年)
◇鹿野政直『沖縄の淵―伊波普猷とその時代』(岩波書店　1993年)
　「戦後沖縄の思想」と明治から敗戦までの伊波の思想を論じたもので、この両書をつうじて、いつしか「七島灘」についても深い示唆を得るであろう。

伊佐　眞一

第13章●沖縄・現在のかたち

コザ暴動とその周辺

　1969年11月に「72年の施政権返還」が決まった1970年の沖縄は、高揚といらだちの間を往きつ戻りつした。

　年明け早々、2,400人にのぼる基地労働者の大量解雇撤回要求のストライキは基地ゲートを封鎖する戦術を生み、全軍労は一躍、反戦復帰運動の前線に躍り出た。一方、米兵相手のバー、レストランなどのAサイン業者などがゲート封鎖に反発し、逆ピケを張るなど、基地の島の内部対立がコザ市に凝縮してあらわれていた。

　しかし、敗北に向かいつつあったベトナムから帰休した米兵は、それ以上に荒れていた。

　5月に具志川市で女子高生が米兵に襲われ、刺殺される。8月には米軍第二兵たん部隊内での婦女暴行未遂事件が発覚したが、軍事法廷（最高軍法会議）は犯人の米兵に無罪を言い渡した。そして、9月には糸満町（現糸満市）で26歳の2等軍曹が51歳の主婦を飲酒運転ではね、即死させる事件が起きる。町の住民は、事件後も初七日まで事故車の引き渡しを拒否する。しかし、軍法会議は12月11日、またしても米兵に無罪判決を下した。この判決への怒りがコザ暴動の引き金になる。

　約1週間後の12月20日（日曜日）午前1時すぎ、米兵が運転する車がコザ市（現沖縄市）の軍道24号線（現国道330）京都ホテル前路上で横断しようとした軍雇用員の男性をはね、全治10日間ほどの軽傷を負わせた。事故処理にかけつけたMP（米軍憲兵隊）が十分な現場検証を行わず、加害者の米兵と事故車を現場から強引に連れ去ったことから、"騒動"が起こった。誰かの「イトマンを知っているか！」の叫びをきっかけに、現場に集まり出した人々が憲兵に詰め寄った。しばらくして、群衆の一角で、黄ナンバーの車が激しく上下に揺れ、やがて亀をひっくり返すように裏返った。「ガソリン」「マッチ」の声。次の瞬間、炎が夜空に舞い上がった。驚いた米兵は空中めがけて発砲。

　群衆は二手に分かれ、次々に黄ナンバー車のみに火をつけた。明け方まで続いたこの騒ぎで、車82台と嘉手納基地内の米小学校が放火で炎上。住民、警察官、米兵ら88人がけがをした。

　コザ暴動は、これ以上の米軍支配には我慢できないという沖縄人の積念の意思が発露したものと言えるだろう。

〔参考文献〕

◇沖縄市企画部平和文化振興課『米国が見たコザ暴動』（沖縄市役所・ゆい出版　1999年）

　　米国国立公文書館で入手した195枚に及ぶコザ暴動関係史料で、当時の米軍の動向が詳細に記述されている。英和対訳。

今　郁義

第13章●沖縄・現在のかたち

【コラム●枠をこえる沖縄3】

ウチナー大和口

「人は国に住むのではなく言語に住む」という言葉のように、沖縄の人々の言語は、その時代を反映し、まるでチャンプルー料理のように変化してきている。

具志堅用高が、ボクシングの世界チャンピオンになった時のこと。そのインタビューシーンは、世界のウチナーンチュを湧かせた。両親のことを聞かれた彼は、「お父さんは、海歩いていて、お母さんは、家投げられません」と答えた。その方言的言いまわしを標準語に置き換えた表現に、とりわけハワイや南米の県人たちの間で、話題沸騰し拍手喝采が起きたようだ。

方言特有の音韻、文法、イントネーションが入りこんだウチナー大和口は、戦前、国語教育で矯正され、方言的要素を失っていった。"方言札"など、国家に組み込まれていくプロセスでは、過剰なほど適応状況が、人々の民族意識に複雑な影を落としていっただろう。

歴史をさかのぼると、薩摩語を大和口、江戸語を「大大和の言葉」と名づけていたのは、沖縄の政治的立場を物語っている。

明治13年、「会話伝習所」での教科書を一部紹介してみよう。

貴方ハ東京ノ言葉デ話ガ出来マスカ（ウンジョー　トウキョウヌ　クトバシィ　ウナミシェービーミ）左様デゴザリマス好キ天気ニナリマシタ（アン　デービル　イーテンチナヤビタン）

当時の知識人たちの言語獲得に勤しむ姿がしのばれるようだが、半ば、ジョークのようなものを一つ。小さいのございませんので、一えんでつりがございますか（グマーヤ　ネーヤビランクトゥ　イチキンシ　ケーチ　クゥイミ　シェービーミ）

デェルケムの言うように、「言語は社会的事実である」と、沖縄言語史は語っている。

上里 和美

第14章　沖縄・海外・県外のつながり

　近代の「沖縄」を知ろうとする一歩を踏み出した時、そこに「沖縄の外へ」、「沖縄の外から」という視点がぶ厚くとりまいていることに気づく。その錯綜した網目のなかに「沖縄」を置いて考えることは重要である。「外へ」と「外から」の2つの〈外部〉によって、近代沖縄の輪郭をデッサンしようというのがこの章のねらいである。

　「沖縄の外へ」という機軸を構成するものは大きく分けて二つある。一つは「県外へ」という軸、もう一つは「海外へ」という軸である。近代沖縄を考えるときこの二つの「外へ」は、場所的・地域的ちがいをこえて一つの「沖縄」を形づくっている。

　商売であれ、出稼ぎであれ大阪・東京などへ渡っていった沖縄人（ウチナーンチュ）をとらえるものとしてこの章では、「関西のウチナーンチュ」と「関東のウチナーンチュ」という主要項目を設定した。それらはひとつの象徴であって、他の地域へもちらばったウチナーンチュを背景にしていることはもちろんである。それらのいずれの場合にもいえる事は、それぞれの地域に渡ったウチナーンチュが感じ、実践していった「帰属意識」・「団結心」・「相互援助」（それらの裏側としての「脱沖縄人意識」・「自立意識」）のことである。シマにいた時には感じなかったし実行する必要のなかったこれらの事にぶちあたってはじめて、「沖縄」が、「沖縄人」が見えてきた。いわば〈外からの沖縄アイデンティティの発見〉という側面である。経済的・政治的・文化的・風俗的落差のさけ目から見えてくる沖縄、といってもいい。それらの落差は今なお続き、ウチナーンチュの〈苛立ち〉としてエネルギーを持ち続けている。

　「海外へ」という軸だが、これほど「沖縄」を知るキッカケとなるものはない。「全国有数の移民県」は、その背景、時期、量のいずれをとっても沖縄を象徴するものであることはまちがいない。南洋・南米・北米・アジアなどへ多くの沖縄人がわたっていった背景を時代的流れにそってみてみると、「過酷なまでの人頭税」、「徴兵制」、「大干ばつ」、「戦後恐慌」、「ソテツ地獄」などがある。特に、「ソテツ地獄」と称される窮状は、沖縄の地理的悪条件と外にふきあれた「戦後恐慌」のダブルパンチのもと、沖縄の人々の生死を分かつ凄惨な状況であった。苦難の最大のシワヨセは常に下層の人々に集中するのは今も昔もかわらない。1899（明治

第14章●沖縄・海外・県外のつながり

　32)年にはじまったとされる「海外移民」の歴史は、移住する前の苦難と、移住した後の困難という二重の困難に色どられていた。まさに「棄民」と呼ぶべきものであった。戦争がその二重の苦難にさらに追いうちをかけ、「敵性外国人」に象徴されるまた別の困難を押しつけることとなった。たとえ移民の成功例があったとしても、私たちは「海外移民」＝「海外棄民」の歴史的事実のなかから眼をそむけるこは許されない。それは、「ロングビーチ事件」、「宮城与徳」の項のなかでも記されている「さらなる惨劇」の事実を見ても明らかである。米ソの覇権争いのなかで翻弄され死んでいったこれらの人々のなかに、そして、移民した沖縄人どうしの骨肉の争い（「勝組・負組」）のなかで分断されていった人々のなかに、沖縄の海外移民が切り開いたまぎれもない実態がある。

　さらにこの章では、「沖縄の外から」という軸を設定した。沖縄の外から沖縄へ、というもう一つの軸を設定することによって、沖縄と県外、海外のつながりがより重層的・より動的になると考えられたからである。その一つが「アメリカからの沖縄救援運動」である。沖縄の戦後の畜産業を支えた要因の一つとして、アメリカ移民が山羊や豚を沖縄におくったという事がある。戦禍で苦しむ郷土沖縄の救援はさまざまな形や規模で沖縄にむかって還流していったのである。沖縄の戦後復興のなかで海外同朋の救援運動があったことを忘れるわけにはいかない。また「外から沖縄へ」というなかで、「台湾から沖縄への移民」という視点はこれまた重要である。地理的・歴史的関係としての台湾と沖縄、とりわけ台湾と八重山とのかかわりは沖縄を読み解く鋭いファクターであり、日本の台湾支配のリアクションとしての側面を証言する欠かせぬ視点でもある。西表炭坑、パイナップル産業の礎の形成など沖縄ならではの歴史的事実の証言をとおして、まさに「外から沖縄へ」を知る必須条項といえよう。

　加えて台湾と沖縄を太平洋戦争という条件でリンクさせたとき、沖縄ならではの歴史的事実がある。この章では、「台湾琉球官兵」として取り上げてある。敗戦と海外からの日本人の帰還の間にわって入った「沖縄の米軍占領」という事実の下で、台湾にいた沖縄出身の軍人・軍属の帰還は困難をきわめた。米国からの許可がおりなかったのである。引き裂かれた島沖縄の敗戦処理は、「海外から沖縄へ」を見事に阻害し残酷なまでに沖縄を疎外し続けたのである。

輿石　正

第14章●沖縄・海外・県外のつながり

海外移民

　沖縄は全国有数の「移民県」といわれる。移民の送り出しが本土他府県に14年の遅れをとりながら、出移民数・出移民率、海外在留者送金額など、いずれも沖縄県のそれは高い位置をしめている。このことが移民県といわれるゆえんである。

　県人初の移民の送り出しは、土地整理事業が始まった1899（明治32）年12月であった。渡航先はアメリカ合衆国（以下、米国）に合併されたばかりのハワイで、当山久三が熱心に勧誘に努めた。翌1900年1月8日、初回移民26人がホノルル港に第一歩をしるした。

　彼らはサトウキビプランテーションの農業労働者であった。炎天下での長時間労働に加え、ことばや習慣のちがいなどもあり、耕地の白人監督の差別的な扱いに「暴力沙汰におよぶこと」もあったという（沖縄県教育委員会『沖縄県史第七巻移民』221ページ）。

　第二回目の移民は1903年、当山久三自ら出身地の金武町人40人を引き連れ、ハワイに渡った。金武では彼らの送金で瓦屋を建て、田畑を買う家が増えたという。以後、1908年に日米紳士協約が発効し移民に制限が加えられるまで、県民移民はハワイを中心に展開されていった。ちなみに、この協約によりハワイ・米大陸への移民はすべて夫婦、親子の呼び寄せだけに制限された。その結果、写真結婚による妻の呼び寄せが増えた。

　つぎに、県人移民の多かった中南米への状況を見てみよう。中南米移民のなかで最も早かったのは、1904年渡航のメキシコ移民である。これは炭坑労働者として送り出されたが、過酷な条件下で集団脱走があとを絶たなかった。当時の『琉球新報』は、「墨国移民の危機」との見出しで、メキシコ移民の惨状を伝えている。その後、同国への移民はあまりふるわなかった。

　1906年には第一回目のペルー移民が厳島丸でカヤオ港に上陸した。ハワイ同様、サトウキビ耕地での農業労働であったが、やがて都市地区へ出て商業に従事する者が多くなった。1918（大正7）年以降、ペルーの日本人移民の中で沖縄県人が半数をしめるようになっていた。

　しかし現地で日本人移民が発展するにつれ、排日の気運が高まった。40年頃には排日暴動が起き、太平洋戦争が開戦すると、日本人有力者の逮捕、米国への追放が行われた。米国では、敵性外国人として収容所生活を余儀なくされている。

　一方、ブラジル移民の最初の渡航者は1908年、笠戸丸でサントス港に着いた。ブラジル移民は家族単位というこ

第14章 ●沖縄・海外・県外のつながり

とであった。第一回目から49人の女性が加わっていた。妻たちである。が、みせかけだけの仮夫婦もあったという。

こうしたこともあってか、契約耕地に到着後、逃亡者が相次いだ。その結果鹿児島や沖縄の移民は禁止された。たびたび禁止・制限が繰り返されたが、26年、外務省は「家長夫婦は3年以上同棲した者」などいくらかの付帯条件をつけて移民を認めた。

最後に東南アジア・フィリピン、太平洋諸島への移民にふれる。その中で忘れてならないのはフィリピン移民であろう。

最初のフィリピン移民は1905年、ルソン島北部のベンゲット道路工事に導入された労働者であった。その後、ミンダナオ島ダバオでマニラ麻園が開発され、太田興業が設立されるに伴い、沖縄から大量の移民が送られるようになった。マニラ市やパナイ島イロイロ市で漁業や商業に従事する県人も多かったが、日本人移民の中心地はダバオであった。県人渡航者は大正末期から増えつづけ、ダバオ日本人の半数以上を県人がしめた。

しかし、太平洋戦争でフィリピンの日本人は戦争に巻き込まれることになった。ことに戦争末期1944(昭和19)年10月以降、各地に米軍が上陸すると、軍とともに山中に逃避行し、多くの犠牲者が出た。敗戦後は身一つで、日本に強制送還されている。

旧南洋群島のサイパン・テニアン・パラオなどの移民も同様である。

〔参考文献〕

◇鶴見良行『バナナと日本人』(岩波新書　1982年8月)

日本に輸入されるバナナの大半は、フィリピンのダバオ産である。そのバナナ園の歴史をたどっていくと、戦前の日本人の麻園が浮上してくる。果たして日本人はよき隣人だっただろうか。もう一つの移民史といえる好書。

◇野村進『海の果ての祖国』(時事通信社　1987年7月)

マリアナ・カロリン・マーシャルの太平洋諸島は第一次世界大戦で日本軍が占領。敗戦まで日本が統治し、大量の移民を送り出した。歴史に翻弄された人々の壮大なドラマ。

新垣 安子

第14章 ●沖縄・海外・県外のつながり

関西のウチナーンチュ

　1870（明治3）年、明治政府指導下の回漕会社が東京、大阪間に定期航路を開設し赤龍丸、貫効丸などを運航させ、翌年の7月には廃藩置県により鹿児島県が設置され琉球はその管轄となった。1872年9月に琉球藩が設置されて琉球国王は琉球藩王となった。1874年、前島密は琉球に郵便制度施行のため部下の真中忠直を派遣し首里那覇に郵便取扱所を置き、翌年の11月郵便物運送を郵便汽船三菱会社に命じた。

　1879年3月、松田道之琉球処分官は内務官僚42人、警部巡査160人余、熊本鎮台分遣隊400人を同伴し、来琉し「廃藩置県」を強行、沖縄県が設置され、藩王・尚泰は上京し、鍋島直彬が沖縄県令として着任した。沖縄県設置後の関西沖縄間の海上運送の船名を列記すると1880年の貫効丸に始まり81年3月に東京上野で第2回内国勧業博覧会が開かれると沖縄県から織物、陶器、漆器が出品された。この年、赤龍丸、黄龍丸、平安丸などが運航し、翌年には出雲丸が運航している。

　これらの船を利用してウチナーンチュも大阪などで反物の行商を始めるようになり、新聞に「琉球カスリ」の広告も出している。1887年に尚家資本の広運社が設立され、球陽丸が運航し始めると、大阪西区に倉庫を借り入れ琉球物産を扱う丸一商店大阪支店を経営。1898年には喜屋武元持が酒造原料仕入れ部を設置し、小嶺幸之も大阪の漆商鳴神孫七と特約し製漆販売を開始、小嶺は後に広運社の常務に就任する。

　1900年4月、『琉球新報』の職工募集広告で大阪鉄工所に33人のウチナーンチュ男性が就職し、1903年には大阪で第5回内国勧業博覧会が開催され人類館事件が起る。1905年ごろには紡績女工としてウチナーンチュ女性が就職し始めた。1920（大正9）年、株価暴落を合図に全国的に経済恐慌が始まり、沖縄では「ソテツ地獄」と称された県経済の破綻で多くのウチナーンチュは「経済難民」化し、アメリカの移民禁止もあって関西などに流れ込んだ。

　この前後に関西に来たウチナーンチュを思いつくまま年代順に列記してみる。1913年は山田有登（医師）、1914年は比嘉良篤と佐久本嗣恭（医師）、1916年は西平守由（教員）、1917年は兼島景毅、1919年に比嘉賀盛が上阪、親泊朝輝は愛媛県の喜多郡長、真栄田勝朗は大阪朝日新聞記者、1921年は安里積千代（職工）、1922年は比嘉盛広と松堂恵賢、真栄田三益、

第14章 ●沖縄・海外・県外のつながり

比嘉正子が上阪、浦崎康華は大阪日報記者、阿嘉繁は神戸又新日報記者、1923年は翁長良孝が電話消毒業を開業し、普久原朝喜、志多伯克進、高安重正が上阪、この年の9月の関東大震災を契機に渡口精鴻（医師）、豊川忠進（弁護士）、下地玄信（会計士）、井之口政雄らが上阪。

1924年2月、大阪の九条で「県人会はお互いに扶けあい、手を執って進む後楯である」をスローガンに関西沖縄県人会結成大会が開かれ、会長に渡口精鴻、副会長に豊川忠進が選出され、3月には真栄田三益により機関誌『同胞』が創刊された。真栄田はこの実践を活かし1926（昭和1）年3月の沖縄青年同盟結成を指導し、1929年4月に『沖縄労農タイムス』を編集発行した。1937年には編集企画で親戚の真栄田勝朗（妹は伊波普猷婦人）と『大阪球陽新報』を創刊した。真栄田は1945年に戦後のウチナーンチュの混乱を収拾するために実践を迫られ比嘉春潮と相談し伊波普猷を代表に「沖縄人連盟」結成の根回しに尽力、発足に漕ぎ着いたが、混乱の中の結成であるから欠点も当然あった。しかし、私たちは現在の沖縄を考える上でもこの「沖縄人連盟」に学ぶところは決して少なくない。

〔参考文献〕

◇『ここに榕樹あり　沖縄県人会兵庫県本部35年史』（編集発行人・上江洲久　1982年）

元『青い海』編集長の津野創一が編集したもので既成の県人会誌のワクを超えた編集となっている。会員名簿が付いている。

◇『雄飛－大阪の沖縄－大阪沖縄県人会連合会50周年記念誌』（編集委員長・真栄田義弘／発行人・日吉松仁　1997年）

記念誌定番の枠はあるが、当事者にしか記せぬ内容が盛りこまれている。また、写真が豊富でバラエティに富む編集で読む者をあきさせない。

新城 栄徳

第14章●沖縄・海外・県外のつながり

関東のウチナーンチュ

　関東のウチナーンチュ、沖縄県人は1882年（明治15）に上京した第一回県費留学生（謝花昇・高嶺朝教・岸本賀昌・太田朝敷・山口全述）等から、その広まりが顕著になった。進学の為上京した留学生等が遠い異郷での孤独感から、東京で最初に組織した県人会のルーツが〈勇進社〉（太田朝敷会長）で、1886年に組織されて留学生の他に諸見里朝鴻や桃原良得らも加わっていた。1888年に沖縄学生会と名を改めていたが、1890年に沖縄青年会に発展し、1906年頃からは女性の留学生も上京し初め、学校を卒業した社会人と共に東京定住の草分けとなった。

　沖縄青年会は東京麹町九段にあった尚家屋敷内を事務所とし、以後の県人活動に弾みがついた。在京青年会は沖縄県内への関わりを持ちながら、その指導者は沖縄を代表する重責を担い、政治や郷土文化の牽引者ともなっていった。明治末期頃迄は、上京してきた学生を中心に県人の親睦と相互扶助を図ってきたが、1922年に沖縄県人会（護得久朝惟・初代会長）が組織され、関東全域の活動は、県人の文化的・経済的・社会的な向上をはかることに力点がおかれた。1923年の関東大震災前後からは、沖縄から大量の県人が出稼ぎに出て、関東での大部分は東京の深川・江戸川、神奈川県の川崎・横浜の鶴見等に滞留して住み着く者も増え、現在は多くの県人がその土地に定着している。沖縄飲食店や泡盛販売が盛んになるのもこの頃からで、一方沖縄文化の研究も盛んになり、特に川崎に於ける沖縄芸能の広まりも労働者を中心に展開した。そして政財界や官界を通じて活躍した県人も多かった。また、会員のなかには社会主義運動と直接関係を持った者も多く、沖縄の無産運動等への関わりもこの頃の県人の特徴と言える。上京して来て、文学に目覚め、沖縄を見据える作品も出て来た。時代は太平洋戦争を挟んで、戦後の時代の荒波に県人は巻き込まれる。県人の団結が強く望まれ、終戦直後の1945年には沖縄協会が設立され、同年には松本三益の提唱で比嘉春潮、伊波普猷、比屋根安定、大浜信泉、永丘智太郎が発起人代表となり沖縄人連盟が結成された。東京を中心とする在関東沖縄出身者相互の連絡、その救援をはかる活動は沖縄県人の再建に大きく寄与した。沖縄と本土の橋渡し役となり、混乱した県人の戦後に勇気を与えた。文化の発信地東京の沖縄県人は、連盟内に沖縄文化協会（初代会長・仲原善忠）を設立した。比嘉春潮、仲原善忠、東恩納寛惇、金城朝永等が主な設立メンバーである。文化活動の一方で、荒波にもま

第14章●沖縄・海外・県外のつながり

れた戦後の沖縄を見据え、1956年には東京沖縄県人会（初代会長・神山政良・現在に続く）が結成された。郷土沖縄の土地闘争を支援する本土側拠点となり、また沖縄の日本復帰運動が東京を中心に起った。仲吉良光は沖縄諸島日本復帰期成会を結成して代表となり、関東に於てその火付け役となった。学生や労働者は〈沖縄青年同盟〉を復帰直前に東京で結成し、沖縄の問題をアピールする活動をおこなった。在京県学生会と青年会も各種運動に参加した。こうして、関東に住む学生を含む若者が自立するのは容易でなく、県人会がウチナーンチュの拠り所ともなったが、路頭に迷い悩む若者も少なくなかった。こうした県人の語らいの場として、金城芳子は〈沖縄ふるさとの家〉として自宅を解放し、金城唯温は〈沖縄郷土の家〉を自宅に作り、若者の絶えることはなかった。沖縄復帰後は、関東の沖縄県人も増え続け、沖縄各地出身者による郷友会や村人会が結成され、青年有志による〈ゆうなの会〉等が関東各地に生まれた。地域ごとに県人の郷友会や、沖縄のイベントも行われるようになった。

関東には、かって上京する学生の寮は無く、生活は困難を極めた。明治末期に寄宿舎建設の申請が有志でなされ、大正になって建物は完成し、〈明正塾〉（初代寮監・東恩納寛惇）と命名された。塾は学生に歓迎され、戦前戦後の困難な時代に沖縄の指導的役割を果たした多くの人材が育った。戦後の沖縄から上京した学生は、1947年に設立された〈南灯寮〉（初代寮長・宮原邦男）等に寄宿し、貧しくても上京して来た若者は、大都会で成長し、沖縄再建に役立つ人材となっていった。

1946年に沖縄学生会（会長・山川武正）が発足し、次の年には沖縄学生同盟となり、南灯寮の開設や後の運営を主導した。関東には女性寮の和敬寮を含め四寮があった。こうして、関東のウチナーンチュは県人会を核に動いた。1979年からは県人会報が発行されており関東沖縄県人の動向が把握出来る。

〔参考文献〕
◇『南燈寮草創記』南燈寮草創記編集委員会（編集長・安里健和）1995年
　上京学生の歴史や戦後設立された南灯寮にまつわる県人の動向の他、県人会や学生会にも触れ、県人学生の全体像を知るのに好著。
◇国吉真永『沖縄・ヤマト人物往来録』（同時代社　1994年）
　東京沖縄県人会の歴史から現在迄の概要を記し、県人会のウチナーンチュの解説や人間模様も記している。

島袋 和幸

第14章 ●沖縄・海外・県外のつながり

ロングビーチ事件

アメリカ・ロスアンジェルス郊外ロングビーチで、1932（昭和7）年1月15日、失業者集会・飢餓行進を組織したアメリカ共産党が弾圧された。100人以上が逮捕され45名が起訴されたが、その中に9名の日本人移民が含まれ、内5名は沖縄本島出身の在米沖縄青年会活動家であった。又吉淳、宮城與三郎（與徳の従兄）、照屋忠盛、山城次郎、島正栄で、彼らは国外追放になり、同様の事件で先にソ連に渡ったアメリカ共産党日本語部指導者健持貞一らにならい、32年12月29日にニューヨークから船に乗り、ドイツ経由で「労働者の祖国」ソ連へと亡命した。旧ソ連在住日本人の中で「アメ亡組」と称され、クートベ（東洋勤労者共産主義大学）に学んだ後、モスクワ東洋学専門学校日本語教師となった。

彼らの消息はソ連亡命後途絶え、戦後も手がかりがなかった。ところが1991（平成3）年ソ連崩壊により、「アメ亡組」全員がスターリン粛清最盛期に「日本のスパイ」として逮捕され、銃殺・強制収容所送りとなったことが明るみに出た。旧ソ連秘密警察文書によると、沖縄出身の5人も1938年3月15日照屋、同22日宮城・又吉・山城・島が「日本のスパイ」として逮捕され、5月29日又吉・山城・島、10月2日宮城が銃殺された。強制自白を拒んで無実を主張し続けた照屋も、39年11月に5年の強制労働刑に処されて後、行方不明となった。当時ソ連に在住した日本人は、戦後日本共産党指導者となる野坂参三を除き、ほとんど全員が粛清されていた。これら粛清裁判は1989年に過去に遡って無効とされ、又吉・宮城・山城・島は名誉回復された。しかし遺族に事実が伝えられたのは、91年のマスコミ報道によってであった。照屋については名誉回復も確認できない。希望を持って海外に雄飛した沖縄人が、日本・アメリカ・ソ連という国民国家に差別され裏切られ、時代の波に翻弄された悲劇であった。

〔参考文献〕

◇『北米沖縄人史』（北米沖縄クラブ　1981年）

　同事件を記録に残した北米移民通史。

◇比屋根照夫「羅府の時代」『新沖縄文学』（89-95号、1991-93）

　未完だが、屋部憲伝らの黎明会、在米沖縄青年会など、1920-30年代在米沖縄人社会の雰囲気を知ることができる。

◇加藤哲郎『モスクワで粛清された日本人』（青木書店　1994年）

　1936-39年当時ソ連に在住した80名以上の日本人共産主義者・活動家の総粛清過程を追跡した研究。

加藤 哲郎

宮城与徳

　宮城与徳40年の生涯をスケッチしておく。1903（明治36）年2月10日、沖縄北部名護の東江に次男として出生。県立師範学予科入学するも翌年肺結核を患い中退。父・与正の呼び寄せで渡米。アルバイトをしながら絵の勉強。八巻千代と駆け落ち結婚。黎明会での活動。個展を開きながら赤色救援会やプロレタリア芸術研究会などの活動。離婚。ロングビーチ事件。野坂参三らから日本行きの指示。船で横浜上陸。ゾルゲとの接触。尾崎秀実とゾルゲの再会の橋わたし。スパイの要請承諾。喀血。絵を描きつつ情報収集活動。再婚。半年で離婚。情報収集活動。父の死。絵を描きつつ諜報活動。週一回の通院。北林トモの自白で逮捕。獄中自殺未遂。拷問。尾崎逮捕。ゾルゲ逮捕。1943（昭和18）年8月2日、未決のまま獄中死去。

　沖縄―アメリカ―日本、と三つの世界で生き、激動の時代に身を晒し続けた一人の無名の沖縄人移民画家・宮城与徳。その短い生涯が私たちをとらえ続けるのは、彼が関わった事件、今世紀日本最大のスパイ事件・ゾルゲ事件の大きさが故ではない。与徳が生きたその「光と影」、「明と暗」をつらぬきとおす一人の人間としての生の軌跡そのものである。政治の影の部分に深く関わりながら、絵を描き、理想を捨てきれない一人の貧しい青年の宿命的生の軌跡である。獄中の与徳を支えた下宿のおばさん・岡井政枝にあてた手紙のなかで、与徳は「いずれにしても永生も望まず、永生き恥多し、程よく終わる事を願ひます。憂苦の日胸を洗ふ般若湯もあらばと苦笑―」としたためた。一年後の死去を思えば病状の悪化が想像できるのだが、与徳のことばに人間としての生きる恥じらいが失せることはなかった。身辺に特高の動きが見えはじめた頃、与徳は最後の油絵「野餐図」を描いた。黄色い大皿に二本の胡瓜と三個の茄子が描かれている。「芸術」と「政治」の離れ石に立脚した一人の人間の静かなひとときが胸をうつ。国全体が翻弄され、世界全体が狂気のさなかに流れるなかで、与徳は病弱な身をまっすぐに立ててその二つの世界を生きようとした。

〔参考文献〕
◇野本一平『宮城与徳』（沖縄タイムス社　1997年）
　―移民生活者の地平に立った自己検証的与徳論。年譜、解説もふくめた力作
◇尾崎秀樹『越境者たち』（文芸春秋社　1977年）
　ゾルゲ事件のなかでの与徳像が読める古典。

比屋根照夫

第14章●沖縄・海外・県外のつながり

勝組・負組

　第二次世界大戦での日本の敗戦をめぐって、ブラジルを中心に南米の日系移民の間で起こった抗争。敗戦直後から日本の敗戦を信じない勝組と敗戦を認める負組とが衝突し、勝組のテロ事件により46年3月から翌年1月まで23人が暗殺された。多くの襲撃事件が起こり多数の負傷者を出し、その関連で逮捕収監された日系人は二千人を上回ると言われている。

　戦局の情報を知り得た日本人社会の指導者達が名を連ねた少数派の負組に対して、情報が不通で地方に居る大多数の日系人は勝組を支持した。勝組では在郷軍人など天皇への忠君愛国を誓う国家主義者団体の「臣道聯盟」が組織化を主導し、負組のテロ襲撃を組織し実行するなどその司令塔の位置を占めた。しかし1947（昭和22）年には、臣道聯盟が解散して四分五裂し、その一部がボリビア、ペルーなどで勝組の集会を催しながらサギ行為を行なったため逮捕された。だかその後も60年代中頃まで、勝組の系統から複数の国家主義団体が結成され活動が行なわれた。

　その勝組・負組の抗争には、棄民として送られた閉鎖的な日系移民社会、移民先との関係、情報の不通、成功者への嫉み、階級社会など様々な問題点が指摘されている。その問題を沖縄との関連で考えてみると、次のような課題が指摘できよう。それは、多くの沖縄出身移民が勝組に属し、さらにその中核に位置した臣道聯盟の幹部に名を連ね、しかもその先鋭化した暗殺部隊の指揮に関与していた事実である。それは日系移民社会の最下層に位置した沖縄人が、日本国天皇への忠君愛国を示す為にとらざるを得なかった、一つの典型的な姿勢が示されている。

　その先鋭化するあり方は次の一徹な「非転向」の姿勢と地続きである。それはブラジルに移民した沖縄出身の勝組三家族が、「日本復帰」翌年に、東京羽田空港に帰国するなり「天皇陛下バンザイ」を三唱し、変わらぬ天皇への忠誠を訴えた姿勢とつながっている。その勝組三家族の悲喜劇をどうとらえるか、その問題はいまなお私たちに重い課題を突き付けている。

〔参考文献〕

◇太田恒夫『日本は降伏していない』（文藝春秋社　1995年）
　勝組・負組の抗争の経過やその全体像が記述されている。

◇新川明「悲惨なる逆説」『新沖縄文学』28号（1975年）
　沖縄と天皇制の問題を含め、帰郷した勝組三家族が沖縄に突き付けた思想的課題を問う。

屋嘉比 収

海外からの沖縄救援運動

 敗戦直後の日本を視察した米国の日系人たちがいた。米国本土の仲村信義と幸地新政、そしてハワイの比嘉太郎らである。彼らは沖縄出身の移民の二世であった。

 仲村と幸地は郷里沖縄までは足をのばせなかったが、「沖縄人連盟」の役員らに会い、疎開者や南方引揚者の惨状を知った。比嘉太郎は沖縄戦の最中に、二世兵士として沖縄に送られていた。ガマに隠れている住民たちに方言で安全を呼びかけ、通訳も担当した。県内各地を歩き回り、焦土と化した郷里、飢えた人々の姿に心を痛めて帰国した。

 その彼ら呼びかけで始まったのが、ハワイ・北米の沖縄救援運動である。

 北米の運動母体は「在米沖縄戦災難民救援連盟」（在米沖縄救援連盟の記述もある）と称し、ニューヨークに本部を置いた。本部のほかシカゴ・デンバー・アリゾナ・ロサンゼルス・サンフランシスコなど各地には委員会ができた。連盟は「救援ニュース」を発行し、米国以外のペルー・ブラジル・メキシコなどにも運動への参加を呼びかけた。

 連盟が正式に発足する前の1946（昭和21）年5月、仲村と幸地は海軍省に太平洋諸島軍政官のゼニングス大佐を訪ね、救援物資の無料輸送などを要請している。

 一方、比嘉は帰国後、ハワイの同胞たちに沖縄の報告会を行い、救援の必要性を訴えた。中には比嘉の行動を邪魔する人がいたので、比嘉は役員名簿には名前を連ねなかった。安里貞雄や金城善助らが中心となった。

 こうして北米・ハワイ・南米に沖縄救援運動は盛り上がり、衣類・寝具・食糧品・ビタミン剤・学用品などの物資が沖縄に届けられた。

 特筆すべきは、ハワイからヤギや豚が送られてきたことであろう。畜産の復興に、この贈り物は大いに力になったにちがいない。

 筆者は小学校時代、初めて給食でミルクを飲んだ。ララ物資と聞いたが、海外のウチナーンチュからの救援物資の一つだったのだと、今ごろ思うのである。

〔参考文献〕
◇比嘉太郎『ある二世の轍』（日貿出版社　1982年）
　沖縄救援運動を忘れないための必読書。

新垣 安子

第14章●沖縄・海外・県外のつながり

残留妻子

　中国残留孤児の問題が浮上してきたのは1980年代初期の頃であっただろうか。来日調査の模様がテレビで中継され、肉親を捜す「孤児」たちの悲痛な訴えに、多くの人が涙したものだった。

　同じ頃、フィリピンの「残留孤児」といわれる人たちも肉親捜しを訴えていたが、ほとんどの日本人はその存在さえ知らなかった。フィリピン移民が最も多かった沖縄でさえ、いわゆる引揚者（敗戦後、強制送還された移民の人たち）仲間以外は知らなかったと言ってよい。

　ここではフィリピンの「残留妻子」として、日本人子弟、さらにかつて日本人の男性と結婚しながら敗戦後、現地に残されたフィリピン人妻たちの問題を取り上げる。

　フィリピンの「残留孤児」は、両親が日本人でありながら戦時、または引揚時の混乱で親に離別した者と、母親がフィリピン人で現地に残された混血二世とに分かれる。両親が日本人の「孤児」は少なく、圧倒的に混血二世が多い。

　筆者はかつて、両親が日本人だった「孤児」の肉親捜しにかかわったことがある。この孤児はパナイ島の山中で日本人の「集団自決事件」が起きた時、救出されて現地住民に育てられた。一方、その現場で負傷しながらも生き残って沖縄に帰還した母親は、子どもが連れ去られるのを目撃しながらどうすることもできなかった。

　子どもは生きている、と信じるその母親と一緒に、筆者はパナイ島に飛び、両者の対面に立ち会った。離別した当時子どもは2歳。名前も覚えていなかったが、肉親であることが判明した。離別の時の証言が一致し、何より顔が似ていたからである。

　年老いた母は子どもを沖縄に呼び寄せ、一緒に暮らしたが、戸籍の復活が認められたのはそれから十年後のことであった。もちろんその間の調査にかかった経費はすべて実費である。

　混血二世の孤児について、厚生省がフィリピンに調査団を派遣したのは1988（昭和63）年3月であった。その後、厚生省の外郭団体「財団法人南太平洋戦没者慰霊協会」が、日本人子弟と認められた「孤児」を日本に招き、肉親と対面する機会をつくったりしたが、日本側の親族に面会を拒否されるケースもあった。

　肉親が判明しても、法的に認められるまでにはなお困難が待ち受けていた。一つは日本に帰還した父とフィリピン人の母とが正式に結婚していたか、ということが問われた。ほとんどの場合、父は戦後、沖縄で新しい妻を

第14章●沖縄・海外・県外のつながり

迎えていた。

　一方、残されたフィリピン人の妻には結婚を証明する書類がない。父親と一緒にとった写真を持っている例はごくまれで、教会での結婚証明や子どもの洗礼証明なども公的機関の書類とは認められなかった。そもそも日系人であることを隠さなければ、彼らは戦後のフィリピンでは生きていけなかったのである。

　筆者がかかわった事例を紹介しよう。
　今帰仁村古宇利に住む松田政雄さん（1938年生まれ）は、今帰仁村出身の父とフィリピン人の母との間に生まれた。ほかに弟と妹もいた。父が現地召集されるまで、一家は平穏に暮らしていたが、米軍がダバオに上陸すると、母と三人の子は母方の里に疎開した。戦後、収容所に入れられた父に面会したというが、足を負傷していた父は一人で引揚船に乗った。

　父は古宇利で再婚し、女子6人の子どもができた。三十数年後にダバオを訪れた父は、政雄さんたちを捜しあて、長男としてトートーメーを継いでもらいたいと懇願した。沖縄の義母も義妹たちもそれを望み、政雄さんは古宇利にやってきた。しかし父の子として入籍するまでには、長い年月を要した。沖縄の義母はフィリピンの政雄さんの実家に面会に行き、一緒に沖縄で暮らそうと願ったが、間もなく実母は亡くなった。沖縄の肉親にあたたかく迎えられた幸運な事例である。

　いずれにしても、「残留妻子」問題は子どもの父親（肉親）捜しの方のみ関心がいき、多くのフィリピン人妻たちのことは忘れられたままなのである。

〔参考文献〕
◇天野洋一『ダバオ国の末裔たち』（風媒社　1990年12月）
　本書には「フィリピン日系棄民」というサブタイトルがついている。ダバオで日本人社会が発展すればするほど、現地住民は「満州国」になぞらえて、「ダバオ国（クオ）」と呼び警戒した。太平洋戦争中、混血二世の子どもたちも皇軍の赤子として日本軍に協力した。そういう残留日系人に、日本はどうこたえたらいいのだろうか。

新垣 安子

第14章 ●沖縄・海外・県外のつながり

台湾琉球官兵

　1945年8月15日の敗戦をさかいに、当時の日本支配下にあった海外植民地における日本人が、敗戦国民という急激な地位の変化と混乱に陥ったことは、中国東北部の例を持ち出すまでもない。海外からの「引揚げ」なる言葉が、いかに軍事力を背景にした根なし草の移住だったかを物語っているが、台湾もまたその例外ではない。

　台湾における日本人引揚げは、敗戦の翌年に軍人・軍属を優先にすすめられ、その後に「日僑」と呼ばれた民間日本人が続いた。そうした帰還業務は第9師団などから成る基隆（キールン）の乗船地指令部によって行われたが、彼ら日本軍人が去ったあとに残された「日僑」民間人については、もっぱら沖縄出身軍人・軍属によって送還がなされた。というのも、その頃、沖縄への帰還についてはアメリカ占領軍の許可がおりず、彼らは台湾への滞留を余儀なくされていたのであった。宿舎・食糧の確保、荷物の梱包・運搬、台湾当局との面倒な交渉など、約30万人に及んだ「日僑」の引揚げ業務を一手に引き受けたわけである。

　その後、残留した約800名の沖縄部隊は、結束を固めてそのまま長期滞留に備え、その居住を基隆から台北（タイペイ）の旧台湾総督府庁舎へ移駐した。彼ら沖縄兵は中国台湾省警備総指令部の指揮下に組み入れられたものの、「琉球籍官兵集訓大隊」と命名され、通常の捕虜とはまったく異なる取扱いと行動の自由を享受した。その間、沖縄への引揚げをめざして沖縄出身民間人が続々と台北へ集結し、その数約2万人が市内の各地で琉球官兵との共同生活を始めた。この民間人を「琉僑」と呼んでいるが、当時の台湾にあって日本人（「日僑」）と沖縄人（「琉僑」）が截然と区別されていたのも、過去の中国・台湾と沖縄の交流史のしからしめるものであった。そして彼ら沖縄人の帰郷がアメリカ軍政府にやっと認められたのは、敗戦から1年余をへた10月。琉球官兵による見事な統率・采配と献身的行動の結果、12月24日にはすべての帰還を終了した。1946年6月執筆の『沖縄籍民調査書』は「救済問題ヲ見事解決シ帰還迄ノ生活ヲ安定ナラシメタルコト洵二偉大ナルモノニシテ僑民等シク感謝感激擱ク能ワザル処ナリ」と記している。ちなみに、今でもたしか台湾空港の税関出入口は、日本と琉球が別々になっているはずである。

　以上のことに関しては、琉球官兵と琉僑の人たちが記録した『琉球官兵顚末記』（台湾引揚記刊行期成会、那覇、1986年）が、最も詳しい事実と彼らの思念を伝えている。

伊佐 眞一

第14章●沖縄・海外・県外のつながり

台湾から沖縄への入植・移住

　台湾人の沖縄への入植・移住は、八重山が中心になったが、その時期は大きく分けて三つに区分できる。一つは、日本の台湾植民地支配によって増大した石炭エネルギーの開発で、坑夫として西表炭坑に送り込まれた台湾人の来沖である。

　1907年（明治40）、八重山炭鉱汽船には、250人の台湾人坑夫が従事していたことが判明している。また台湾人の経営する炭坑も稼働し、多い時で西表炭坑には、400人から500人の台湾人坑夫がいたとの証言もある。これらの台湾人坑夫が移住したのは、八重山に隣接する台湾の基隆付近に採炭地があり、坑夫の供給地になっていたからである。

　二つは、1931年（昭和6）頃から始まった石垣島への台湾人の入植・移住である。農産業の関係者が多く、荒地開墾やパインナップル工場の設立、黒糖製造、製茶などに従事した。

　名蔵から嵩田地区の入植では、地元民の「台湾人排斥」の運動も起こった。また資本金不足やマラリヤ対策など多くの困難の中で、パインナップル、陸稲、水稲の栽培と品種改良、水牛による効率の高い耕作、整地作業などを進め、八重山の農産業に多大な貢献をした。中でもパインナップル産業は、戦後沖縄の基幹産業に発展する礎を築くものになった。

　台湾人の入植・移住は八重山だけではなく宮古や沖縄本島にも広がり、主に商工業に従事した。那覇には、台湾人の親睦団体の「台友会」も結成されていた。こうして沖縄に居住する台湾人は、1943年（昭和18）には、228戸、1,225人を数えている。

　三つには、戦後の蒋介石独裁下の2・28事件の弾圧などで逃れてきた人々と、琉球政府のパインナップル、林業、畜産などの技術導入で入植・移住してきた台湾人である。

　現在、沖縄の台湾人系（1972年の日本復帰によって日本に帰化したものが多い）の在住者は、2,500人前後になっている。多くは、日本植民地下の台湾から、沖縄に新天地を求めてきた関係者とそれを祖とするものである。

　翻って考えると台湾人の入植・移住の歴史には、植民地下の日本資本主義の経済支配によって、台湾人資本の発展がさまたげられ、没落に追いやられていった背景がある。特に台湾農産業の中心地であった台中（州）への日本資本の進出は、目覚ましく早くも地元資本を駆逐するカルテル組織が作られた。沖縄に入植・移住した台湾人に台中（州）出身者が多いのは、その証左でもある。

〔参考文献〕
◇又吉盛清『日本植民地下の台湾と沖縄』（沖縄あき書房　1990年）
　日本植民地下の台湾と沖縄の関わりを歴史、教育人物など、多面的に追究する。

又吉　盛清

第14章 ●沖縄・海外・県外のつながり

ソテツ地獄

　「野生の蘇鉄あれを取って、まず実を食い、幹の白いところをきざんでほし、粉にしてねって食う。ウマイもマズイもあったものでない。往々にして中毒即死と来るか、死んだら天国覚悟の上で、はては葉や茎までも食ってしまう。これをこれ、蘇鉄地獄と名づける。」

　『沖縄救済論集』に掲載された東京日々新聞の記者・新妻莞の「琉球を訪ねて」から引用した文章である（現代かなづかいで記述）。食べる物がなく、毒が抜けるのを待てずに、ソテツを食べて中毒死する人が多かったという、県民生活が破綻した昭和初期の沖縄を表した用語が「ソテツ地獄」である。その名づけ親が新妻かどうかはわからないが、垣花部落と伊平屋島の実情を報告したもので、あまりの貧しさに驚いた様子がうかがえる。

　沖縄の貧しさは何もここではじまったわけではないが、慢性的な疲弊として最も困窮したのがこの時代であった。その背景には、第1次世界大戦後の黒糖相場の暴落があった。

　1914年にはじまった第1次世界大戦で、世界の主要国の砂糖の輸出が途絶え、沖縄の黒糖がそれに代わる貴重な産物として世界市場に乗り出すことになった。そこでサトウキビ農家が一躍脚光をあびるようになり、財力のあるものは銀行からの借入れでサトウキビ生産の規模を拡大していった。そして19年、20年には「馬の糞でも犬の糞でも、買っておけば儲かる」（太田朝敷『沖縄県政五十年』リューオン企画）といわれたほど、沖縄は最好景気を迎えるのである。

　ところが、世界市場の復興にともない黒糖相場は暴落し、税金の滞納、銀行の経営破綻などで県経済は急転直下、大不況に見舞われることになる。県民生活は困窮し、そのあおりは、子どもたちにふりかかった。とくに農村地域では、欠食児童や学校を長欠する子どもが増え、そして女児を那覇のチージ（辻遊廓）へ、男児を糸満へと、子どもの売買が行われるのである。県外への出稼ぎが増えたのもこの時期であった。

〔参考文献〕
◇湧上聾人編『沖縄救済論集』（復刻版）（琉球史料復刻頒布会　1969年8月）
　いかに沖縄県民が貧しい生活をしているか、その救済を目的に県外の新聞記者や学校長らが沖縄の実情を紹介した本である。大正末期から昭和初期にかけての沖縄を知る、貴重な資料が掲載されている。

宮城　晴美

第14章●沖縄・海外・県外のつながり

【コラム●沖縄の元気の根もとには1】

オキナワ・ロック

　ベトナム戦争の頃、沖縄は米兵相手の商売がピークを迎えていた。ベトナムへ向かう米兵たちは、一時全てを忘れるかのごとく、基地の町のライブハウスで熱狂した。コザ、金武などの米兵相手の歓楽街で演奏されていたのは、ハードロック。「オキナワ・ロック」は、このような背景を持って必然的に生まれたジャンルだ。戦場へ向かう兵士は殺気だって、沖縄のバンドの演奏を聞き、酒を浴びるようにのみ、ドルを湯水のごとく使ったという、今に残る伝説の日々である。

　こうしてオキナワ・ロックは、「紫」「コンディション・グリーン」「マリー・ウィズ・メディウサ」など、いくつもの伝説の名バンドを生んだ。特徴は、メンバーには必ずハーフがいて、ＦＥＮ（米軍放送）から流れてくる当時のハードロックナンバーを高度なテクニックによって演奏すること。なにせ、下手な演奏すれば、ビール瓶が飛んできて喧嘩がはじまるのだから、うまくなるのも当然である。日本のロックの成り立ちとは随分違いがあるといえよう。ベトナム戦争が終結する頃、彼らは本場仕込みのロックをひっさげ本土へメジャーデビューを果たす。全国の洋楽ファンは、その実力・雰囲気に度肝を抜かれた。しかしその後、ほとんどのバンドが日本の市場主義の業界にはじかれて、沖縄に戻り、活動を続けることになる。

　あれから30年、今ではすっかり沖縄音楽のいちジャンルとして定着し、今でも伝説のミュージシャンたちは、コザのライブハウスで演奏している。紫のリーダーであったジョージ紫は、最近、息子達と一緒に「新生・紫」を結成した。既に二世代にわたってオキナワ・ロックは続いており、時代のあだ花的役割から一種の「伝統芸能」になっているのである。オキナワ・ロックの前で、沖縄人も米兵も一観客として熱狂するのだ。

新城 和博

第15章　沖縄の開発と自立

　沖縄は、戦後、米国の施政権下におかれ、日本の他の地域とは違った経済社会的発展過程を歩んできた。米国の施政権下の27年間、沖縄の自治権や人権は無視され、広大な軍事基地が地域開発の障害となり、日本の産業政策などが適用されなかったこともあって、沖縄の経済社会は大きく立ちおくれていた。

　復帰時点で沖縄が抱えていた問題は、広大な軍事基地の存在、本土との経済社会的格差、過疎・過密の地域間の不均衡、産業振興のおくれと失業者の増大、通貨切替による為替差損、インフレによる生活圧迫、本土制度への移行による企業経営の圧迫などなど山積していた。

　このような特殊な状況のもとで本土復帰するに際して、(1)本土の法令の適用に伴う暫定的な特別措置と、(2)沖縄の経済社会の開発・発展をはかるための施策を推進する特別措置が必要とされた。(1)は復帰特別措置として結実した。(2)は、いわゆる沖縄開発3法として実現し、沖振法・振興開発計画、沖縄開発庁・沖縄総合事務局、および沖縄振興開発金融公庫が復帰後の沖縄振興策の制度的な推進機構となった。

　復帰後、本土との格差是正と自立的発展のための基礎条件の整備を旗印に、3次にわたる振興開発計画が策定され、それに基づく施策が展開されてきた。本土復帰後28年間にわたって6兆円を超える財政資金を使って整備されてきた沖縄の社会資本は、すでにナショナル・ミニマムに達していると思われる。しかし、自立的発展のための基礎条件の整備は、皮肉にも経済的自立にはつながっていない。現実はむしろ依存体質が強まっている経済だ。しかも、立ち後れた社会資本の整備をすすめる目的でなされた公共事業が、赤土流出による海の汚染に代表される環境破壊を引き起こしてきた。

　1人あたり県民所得の低さ、失業率の高さ、生産力や移輸出力の弱さなどによって特徴づけられる沖縄経済は、財政移転と観光収入と基地収入によって支えられている。公共事業、観光、基地の3Kは、その内容や規模が沖縄の外で決定されるという他律性をもっており、これらに大きく依存した沖縄経済は自立というにはほど遠い。ひきつづき、沖縄は財政や基地からの脱却をめざし、経済の「自律」化の道を模索し続けていかねばならない。

　他律的な構造をもつ沖縄経済の底は浅く、域内自給率は7割程度にすぎない。そ

第15章●沖縄の開発と自立

れだけ県内での歩留率が低いことを意味し、財政や観光、基地から派生する需要が県外（そのほとんどが本土）へ漏れてしまっている。県内自給率を引き上げ、自立化しない限り、投下される財政資金や民間資金を県内に留め、沖縄の振興発展のために有効に回転させることはできない。

ところで21世紀をにらんで、沖縄の振興開発に対する考えが変わってきている。経済的格差を埋めることよりも、自然環境や文化、芸術など沖縄のもっている優位性を全面に押しだしていこうという逆格差の発想である。確かに、1人あたり所得が高いということは、それだけ購買力が大きいことを意味するから、経済的豊かさを測る指標の一つといえる。しかし真の豊かさには、経済的豊かさのみならず、数量化しえない豊かさもある。住みやすさとか、緑の多さとか、犯罪率の低さ、豊かな人間的ふれ合い、いやしなどなど、所得水準で測ることのできない豊かさがある。今後は、格差是正よりも真の豊かさの実現を追求していこうという考えである。

沖縄県は、新しい理念にもとづく一国二制度的な産業振興策によって、自由貿易地域（FTZ）の新たな展開とマルチメディア産業の集積促進および観光・リゾート地の形成という戦略産業の発展をめざしてきた。しかし、一国二制度に対する国のガードはかたい。

国のガードがかたいのは、「制度に風穴をあけない」という金科玉条にある。制度に風穴をあけないということは、全国一律の制度の適用によって地域間に公平性を保つことだが、沖縄のおかれた状況は制度の前の平等によって公平になる性格のものではない。軍事基地一つとっても、これまでの半世紀に加え、さらに半恒久に「国益」のために継続使用しようとするのだから、その多大な犠牲＝コストに見合い、かつ沖縄の実状にあった固有の制度が振興発展のために適用されてしかるべきだ。ただし、振興策が基地維持のためのアメであってはならないし、米軍基地の縮小返還の努力は続ける必要がある。

政治的に米軍用地特措法などで実質上の一国二制度となっている実態に即して、経済的に一国二制度（実質的には一国一制度の下での特別立法）を要求することは理不尽ではない。沖縄の経済自立（自律）化への道が求めているのは、国際化と自由化に対応しえるわが国の経済社会システムの変革の必要性である。

大城 肇

第15章●沖縄の開発と自立

沖縄振興開発と復帰特別措置

　沖縄の振興開発は、沖縄開発3法の一つである「沖縄振興開発特別措置法」(1972年、以下「沖振法」という)にもとづく「沖縄振興開発計画」(以下「振興開発計画」という)によって実施されてきた。

　沖振法は、1971年12月に公布され翌年5月13日に施行された法律であり、沖縄の経済社会の開発・発展のための施策に関する特別な措置を定めた立法措置である。この法律は、これまでの地域開発諸立法の各種手法を総合的に取り入れていること、財政措置については高率補助を行うこと、予算については沖縄開発庁予算として一括計上すること、などの特徴をもっている。

　沖縄振興開発計画は、3次にわたって策定されてきた。第1次振興開発計画は1972年12月に決定され、1982年3月まで続いた。1982年4月から1992年3月までは第2次振興開発計画が実施され、1992年4月から2002年3月までは第3次振興開発計画の計画期間である。

　振興開発計画の目標は、第1次では「平和で明るい豊かな沖縄県」の実現であったが、第2次では「平和で明るく活力ある沖縄県」の実現となり、第3次では「平和で活力に満ち潤いのある沖縄県」を実現することを目標としている。形の上では「平和」の思想が貫かれている。

　この計画目標を実現するために、(1)自立的発展の基礎条件の整備と、(2)本土との格差是正という施策の方針が示されている。第3次になると、(3)わが国の経済社会と文化の発展に寄与する特色ある地域としての整備がつけ加えられている。

　第1次から第3次までの振興開発計画に基づいて、1972年度から1999年度までに6兆円を超える沖縄振興開発事業費が投じられてきたが、沖縄の経済社会に対する効果について沖縄開発庁自ら「本土との諸格差も次第に縮小するなど、着実にその成果を上げてきた。しかしながら、(中略)格差が是正されていない分野がなお存在し、自立的発展の基礎条件の整備は十分でなく、沖縄の経済社会は、依然として厳しい状況にある。」(『第三次沖縄振興開発計画』1頁)ことを認めている。

　沖縄が本土へ復帰して30年がすぎ、20世紀が終わろうとしている現在、沖縄振興開発は誰のための開発だったのか、それは自然環境にやさしい開発だったのか、地方自治を尊重し県民の意向を反映した開発だったのか、私たちは21世紀の子や孫になにを残せるのか、豊かな沖縄とはどのような沖縄なのか、沖縄の経済社会は自立へ向かっ

第15章●沖縄の開発と自立

ているのか、など立ち止まって考える必要がある。

　沖縄が復帰したとき、沖縄の経済社会の制度は本土のそれとは異なっていた。そこで一国一制度の前提のもとで、沖縄の経済社会を日本の制度へ円滑に編入（一体化）していく際の混乱や摩擦を最小限にとどめるために、特別な経過措置を定めたのが「沖縄の復帰に伴う特別措置に関する法律」（1971年、復帰特別措置法という）である。この法律のねらいは、制度の移行過程における企業の保護・育成と県民の消費生活の安定の2点にあった。復帰特別措置には期限の切れた項目もあるが、観光戻税制度や酒税の軽減措置、特別輸入割当などそのいくつかは延長されて今日に至っている。復帰特別措置をめぐっては、さらなる延長の要請がある反面、整理見直しを求める声もある。

　沖振法が沖縄の経済社会の開発・発展を図るための前向きの制度であるのに対して、復帰特別措置は経済社会的摩擦に対処する消極的な後ろ向きの制度である。これら2つの制度的弱点を補って、それらに代わる真に沖縄の経済社会の発展に役立つ基本法を制定する必要がある。いずれにしても、これら2つの制度をとおして、わが国が規制大国であることがよく見えてくる。

〔参考文献〕

◇宮城辰男『沖縄の開発―今・問われているもの』（瑞慶覧長正　1997年）
　沖縄の開発についての対談と座談会を収めている。誰のための開発か、沖縄・自立へのシナリオ、戦後沖縄の開発政策の推移などがわかりやすくまとめられている。

◇仲地博「沖縄振興開発特別措置法における効率互助の諸問題」『琉大法学』（琉球大学法文学部　1999年）
　沖振法に基づく高率補助のもつ問題点と沖縄振興開発計画の性格付けの明確化の必要性について述べている。

◇大城肇「復帰特別措置にみる日琉貿易制度の比較」『経済研究』（琉球大学法文学部　1996年）
　復帰前の沖縄の制度分析、復帰特別措置の制度的限界と経済経営効果分析、今後のあり方の提言をしている。

　　　　　　　　　　　　　　大城　肇

第15章●沖縄の開発と自立

沖縄開発庁

　沖縄開発庁は、沖縄振興策の実施主体であり、沖縄開発3法の一つである「沖縄開発庁設置法」（1972年）に基づいて、総理府の外局として設置されている。沖縄開発庁長官は国務大臣がつとめる。開発庁の組織は、4課からなる総務局と5課からなる振興局で構成され、各省の地方支分局として沖縄総合事務局がおかれている。沖縄総合事務局は総務部、財務部、農林水産部、通商産業部、運輸部、開発建設部の6部からなっている。

　沖縄開発庁が取り扱う事務と権限の範囲は、沖縄振興開発特別措置法に基づく沖縄振興開発計画の作成とそのための調査、振興開発計画の実施に関する事務と総合調整、沖縄県における駐留軍用地の返還に伴う特別措置法に関する事務、沖縄県内の位置境界不明地内の土地の境界を明確化する事務、沖縄振興開発金融公庫法に基づく事項、多極分散型国土形成促進法に基づく事項など、沖縄の経済振興と社会開発に関する行政事務に限られる。

　沖縄開発庁・沖縄総合事務局については、中央省庁のたて割行政の弊害をもちこんでいるのではないか、沖縄県との調整はうまくいっていないのではないか、という批判があり、「開発庁障害論」などが出たこともある。

　中央省庁の再編によって、2001年1月1日から沖縄開発庁は内閣府の沖縄振興局（仮称）に改編される。沖縄総合事務局は内閣府におかれ、その機能が継続される。

〔参考文献〕

◇沖縄タイムス『明日への選択　上』（沖縄タイムス社　1979年）

　沖縄の経済開発計画がうまくいかない原因として、沖縄開発庁・沖縄総合事務局と沖縄県の間の連携と調整機能がうまく働いていないことを、行政職員の意識面の問題として扱っている。

◇仲地博「沖縄開発庁論序説」島袋邦編『論集沖縄の政治と社会』（ひるぎ社　1989年）

　沖縄開発庁の設置経緯を詳細に検討し、沖縄開発庁論を整理した力作。沖縄総合事務局方式は、国による地域開発方式や国の地方出先機関のあり方のモデルケースであるという新しい視点を出している。

　　　　　　　　　　　　　大城　肇

沖縄振興開発金融公庫

　沖縄振興開発金融公庫（「沖縄公庫」という）は、沖縄開発3法の一つである「沖縄振興開発金融公庫法」（1972年、「沖縄公庫法」という）にもとづいて復帰時に設立され、本土の5公庫等の業務を沖縄県のみにおいて一元的・総合的に行う政策金融機関である。資本金は政府が全額を出資し、1999年3月末現在、529億円に達している。

　沖縄公庫の設置目的は、住宅を必要としている県民をはじめ、農林漁業者、中小企業者、病院や医療施設を開設する者、環境衛生関係の営業者などに対して、長期資金の低利融資や出資などの業務を行って、沖縄経済の振興と社会発展に役立つことである。

　業務内容として、融資業務、出資および債務保証、受託業務、継承業務がある。大きな比重を占めるのが融資業務であり、1972年度から97年度までの融資実績は3兆7,525億円であり、沖縄振興開発事業費の71％に相当する。融資は、資金運用部資金などを原資として、本土公庫と横並びの業務のほか、沖縄公庫独自の融資制度や新規事業支援融資制度にもとづいて行われている。

　沖縄公庫は、融資のほかに地域開発ニーズに対応するため、地域開発プロジェクトへの支援というかたちで那覇市の市街地再開発事業や都市モノレール整備事業、地方空港ターミナルビル整備事業などへ出資してきた。

　政策金融機関であるから、民間金融機関を補完したり、民間金融機関が融通できない不採算部門にも融資や出資をしなくてはならない場合がある。融資や出資をした第3セクターなどが経営不振や倒産に追い込まれたケースもある。

　沖縄公庫法は、2000年4月から改正されて施行される。法改正により、現在の設備資金中心の融資業務の機能が拡充され、資金調達手段も多様化し、1999年10月に設立された日本政策投資銀行と同様の業務がすべて行えるようになる。

〔参考文献〕
◇『沖縄振興開発金融公庫二十年史』（沖縄振興開発金融公庫　1993年）
　総合史と部門史と資料編からなり、設立前史から1991年度までをまとめた政策金融経済史である。戦後沖縄経済史の概説書でもある。「五年史」と「十年史」もある。

　　　　　　　　　　　　　　大城 肇

観光立県・国際都市形成構想・FTZ

　沖縄で観光立県がいわれるようになったのは、1975年の沖縄海洋博覧会開催前後からである。復帰後、本土との渡航が自由になったこともあって、観光客数は急速に伸びた。1972年の44.4万人から海洋博時には155.8万人が沖縄を訪れた。1979年には海洋博時を上まわって180.7万人に達し、1985年には200万人に達した。1991年には300万人台、1998年には400万人台に達し、2001年には念願の500万人台にのることが見込まれている。

　観光収入も1997年には4,000億円を超え、観光関連産業はいまや沖縄経済の基幹産業とみなされている。21世紀においても戦略産業の一つとして位置づけられ、世界に誇れる観光・リゾート地の形成をめざしている。

　しかし観光客が支出する金額（観光収入）のすべてが沖縄に落ちているわけではない。自給率を高め、県内への歩どまり率を引き上げる施策を展開しない限り、観光需要の沖縄経済への波及効果は小さい。

　国際都市形成構想は、1996年に沖縄県が策定した「21世紀・沖縄のグランドデザイン」の将来像を描いた基本構想である。この構想は、内外の長期トレンドや沖縄の課題および特性をふまえ、2015年頃までを視野に入れた沖縄の経済社会の新たな枠組を構想したビジョンであり、「平和」、「共生」、「自立」を基本理念とする21世紀の新しいグランドデザインとして「国際都市・沖縄」の実現をめざす構想である。

　国際都市形成構想の基本目標は、沖縄の地域特性を生かして、平和交流や技術交流、経済・文化交流など多面的な国際交流・協力を展開して、沖縄県の自立的発展をはかるとともに、アジア・太平洋地域の平和と持続的発展に寄与する地域の形成をめざすことである。

　目標達成のために、米軍基地の段階的かつ計画的な返還を促進し、基地の島から平和の島への転換を図ることと併せて、とくにアジア・太平洋地域との新しい交流ネットワークを形成できるような施策を展開するものとしている。具体的には、南北交流拠点形成、環境共生モデル地域の形成、21世紀にふさわしい新しい産業の創出と振興、魅力あるリゾート地の形成、質の高い潤いに満ちた生活空間の形成、人材の育成・確保、地域における国際化の推進など、施策の方向が想定されていた。

　この構想は新しい全国総合開発計画にも反映され、沖縄の位置づけに重要な役割を果たした。またこの構想のもとで、基地返還アクションプログラム

第15章●沖縄の開発と自立

や産業創造アクションプログラム、自由貿易地域構想などが打ち出されたが、県政の政権交代によって一連の構想はとん挫したかにみえる。この構想は問題点や欠点をもっているものの、それに代わるグランドデザインが明確にされないまま、基地の県内移設と結びついた沖縄振興策がすすめられている。

自由貿易地域（FTZ）は、復帰前に輸出加工型のタイプが設置され操業していたが、経営的に成り立たず復帰直前に操業を停止した。復帰後は沖縄振興開発特別措置法にFTZが規定されていたが、沖縄自由貿易地域那覇地区が指定されたのは1987年12月になってからであった。1998年4月の沖振法の改正によって、特別優遇税制などが適用できる特別自由貿易地域が中城湾港に指定された。自由貿易地域制度としてはわが国でただ一つのものであるが、実質的には関税法における保税地域であり、本来の意味の「自由」貿易地域ではない。

復帰前も復帰後も自由貿易地域は経営的にはうまくいっていない。敷地面積が狭いことや制度上の優遇措置が十分でないことなどが指摘されているが、わが国の貿易政策や産業政策などの制約を受けてきたのが大きな要因である。関税法など国内法を完全に適用しないというのが、本来の意味の自由貿易地域であるが、わが国の官僚制度のもとでは一国二制度的な政策は望めない。

1997年の夏、自由貿易地域について全県FTZか地域限定型FTZかをめぐって熱い議論が沸騰した。結果的に、行政レベルでは段階的に展開する方向で落ち着いた。

〔参考文献〕

◇宮城弘岩『沖縄自由貿易論』（琉球出版社　1998年）
　規制緩和の動向や需要者のメリットをふまえ、全県FTZの運用と展開について独自の産業論をベースに展開。
◇来間泰男『沖縄経済の幻想と現実』（日本経済評論社　1998年）
　産業政策論の観点から全県FTZ構想を批判的に検討している。
◇大城肇「関税制度と自由貿易地域」『経済研究』（琉球大学法文学部　1998年）
　FTZの制度分析を行い、段階的展開方策を提示している。

　　　　　　　　　　　　　　　大城　肇

第15章 ●沖縄の開発と自立

経済振興と基地のリンク
(アメとムチ)

"アメとムチ"を日本政府の沖縄政策に即していえば、ムチとは駐留米軍基地を沖縄に封じ込めることを最優先し、そのために生じる人権や生存権の侵害、環境破壊など様々な住民への被害を無視することであり、アメとはその見返りに「経済振興策」という名の国家資金の投入や軍用地主保護対策などにより住民の基地反対の声を懐柔・分断して封じ込めること、といえる。この政府の政策の基本は復帰以後今日まで一貫している。

アメの代表である「経済振興策」には、大きく分けて沖縄県全体に関わるもの、基地所在市町村に関わるもの、普天間基地移設受入れの見返りに関するもの、の三つがある。

沖縄県全体に対しては、政府は復帰直後から三次にわたる沖縄振興開発計画(10年単位)を策定、現在、2001年までの第三次振興開発計画(三次振計)の最終段階にある。これまでの28年間に沖縄開発庁を通して投入された振興開発費は約6兆円にもおよぶ。この計画の目標は「本土との格差是正」「自立的発展の基礎条件の整備」とされている。投入された膨大な資金の8〜9割は、主に道路・空港・港湾・農地整備などの公共事業で占められている。その結果、沖縄社会の社会資本は格段に整備され、県民所得も全国最下位とはいえ大きく増加した。他方、国家財政への依存体質が強まり、第三次産業の肥大・建設業の突出・高い失業率など「自立的発展の基礎」とはほど遠い状況にある。基地関連収入(軍用地料、軍雇用者所得、軍人軍属消費支出)の県民総生産に占める割合は5％前後と低下したものの、国家財政への依存が強まった結果、さらなる振興開発資金を引き出すためには政府の基地政策に反対できないという構造＝経済振興と基地のリンクが意図的に作り出されている。基地容認派の稲嶺恵一保守県政が誕生した背景の一つでもある。

基地所在市町村に対しては、軍用地料のほかに防衛施設庁関係では「基地周辺対策」費などで161億円(1997年)、自治省関係では「助成交付金」「調整交付金」62億円(1997年)などが支払われている。その結果、沖縄市・宜野湾市・名護市・宜野座村・金武町・嘉手納町・北谷町など基地を抱える市町村の財政はこれらの収入に大きく依存することを余儀なくされている。また、少女暴行事件以降、新たに「沖縄米軍基地所在市町村に関する懇談会」(通称島田懇、1996年設置)の活性化事業補助費など74億5000万円、SACO(日米特別行動委員会)関連事業費として約141

第15章●沖縄の開発と自立

億円（いずれも2000年度予算案）などの手厚い措置がとられている。県・市町村ともまさに"シャブ漬け"状態と言っていい。

　1999年12月17日に開かれた沖縄政策協議会では、北部振興策として10年間で1000億円の財源措置をとることが示され、100億円が2000年度予算案に計上された。こうした政府の振興策に当の北部市町村長や議員は「普天間飛行場代替施設を受け入れる『代償』であるのは自明の理」「北部振興策が基地移設とリンクしているのは常識」（沖縄タイムス1999年12月1日、4日）と公然と表明し、島田懇座長の島田晴雄慶大教授は「沖縄の意思で基地移転が実現すれば、主体的に選んだことになる。その選択は政府の経済振興策を含め、将来の発展につなげようとする戦略的な考え方ともいえる」と豪語した（沖縄タイムス2000年2月5日）。こうして場所や規模・工法・環境調査など何も決まっていない中で知事の普天間基地移設先候補地決定と名護市長の受入れ表明がなされた。稲嶺知事が行った「県民の皆様へ」のアピールの表題「経済振興と基地問題のバランスある解決を図り二十一世紀の沖縄を築くために」に経済振興と基地のリンクが赤裸々に語られている。

〔参考文献〕

◇海上ヘリ基地建設反対・平和と名護市政民主化を求める協議会『名護市民燃ゆ』（1999年）

　1997年12月21日に行われたヘリ基地建設の是非を問う名護市民投票における市民の闘いの記録をまとめた報告集。豊富な資料の中に建設業界など基地賛成・誘致派の経済振興を掲げる宣伝物も収録されており、基地と経済振興のリンクのリアルな側面をみることができる。

◇輿石正「岸本建男批判序説―土方商人の弁」『けーし風』26号（新沖縄フォーラム刊行会議　2000年3月）

　名護市長・岸本建男氏の生い立ちから今日までの思想の変遷を辿ったもの。若き日の『名護市総合計画―基本構想』に示されたほとばしる理念と、基地受入れの「現実主義」に傾斜した今日の姿を、名護市の財政分析を通して対比的に論じており、興味深い。

◇比嘉良彦・原田誠司『地域新時代を拓く―沖縄社会大衆党論』（八朔社　1992年）

　かつての沖縄社会大衆党書記長・比嘉良彦氏は、現在稲嶺県政のブレーン（政策参与）。同書は比嘉氏が社大党書記長当時に書かれたもので、前大田昌秀知事が行った1991年の公告・縦覧代行実施の背景を、基地と三次振計の「セット論」から論じている。

秋山 勝

第15章●沖縄の開発と自立

軍転法・軍用地料

軍転法とは、正式名称を「沖縄県における駐留軍用地の返還に伴う特別措置に関する法律」といい、1996年6月20日に施行された期間7年の時限立法である。議員立法で成立したこの法律は、沖縄県の米軍基地の返還にのみ摘要され、返還見通しの「速やかな」通知、原状回復義務（防衛施設庁に）、返還後3年間の給付金＝軍用地料相当額を上限年間1000万円、総額3000万円の範囲で地主に支払うことなどを主な内容としている。

本土に比べて国有地が少なく市町村有地・民有地が多い沖縄の米軍基地では、これまで僅かではあるが米軍の都合により基地の返還があった。しかしそれは細切れ・部分返還が多く、しかも1か月前に突如通告するなどのケースも目立った。そのため返還されたものの県・市町村・地主の計画的対応や跡地利用に重大な支障をきたしてきた。そこで1977年に当時の平良幸市知事が「沖縄県における軍用地の転用及び軍用地跡地の利用促進に関する特別措置法」（平良要綱）の制定を国に求めたり、冷戦終焉後の1991年、当時の大田昌秀知事が再び国に法の制定を求めたりしたが（大田要綱）、政府の対応は冷淡なものであった。その後政界再編の中で政党間の妥協が図られ、1995年にやっと成立に至った。

この法律の特徴は、沖縄が長年にわたって求めてきた(1)基地の計画的返還、(2)跡地利用事業の自治体への財政対策、(3)地主の補償、のうち地主補償のみが手厚く盛り込まれ、「跡地利用促進法」というよりは「地主保護法」の性格が強いものといえる。少女暴行事件に端を発した1995年10・21県民大会へ「不参加」を表明した土地連（軍用地等地主会連合会）が、普天間基地県内移設問題では一転して推進の先頭に立ち、その見返りとしてさらなる補償期間の延長や給付金1000万円の上限撤廃を求めている姿に、その一端を見ることができる。

軍用地料とは、米軍基地に使用する土地の地主への賃借料（契約拒否地主に対しては補償金）をいう。沖縄の軍用地料の支払い問題は、本土と異なり施政権問題・契約問題・反基地闘争などの要因によって歴史的に大きく変化してきた。まず敗戦による収容所時代から講和条約発効までは、米軍が一方的に土地を接収し地料は支払われなかった。講和条約発効後は統治者の米国民政府の布令や布告に基づいて契約の意思にかかわらず極めて安い地料が支払われ、新たな基地の強制接収もなされた。土地を奪われた地主の苦難の時代といえる。これに対し広範な民衆運動＝島ぐるみ闘争おこり、米国政府は

第15章●沖縄の開発と自立

1958年、基地使用の安定的な確保の観点から軍用地料を約2倍に大幅に引き上げて闘争の収拾をはかった。その結果地主の生活はかなり改善された。1972年の施政権返還により沖縄は日本の法体系に入ったが、日本政府は米軍基地の安定的自由使用を保障するため、公用地法・地籍明確化法・米軍用地特措法・同改定など様々な「法的」処理を繰り返す一方、軍用地料の大幅引き上げを継続して進めてきた。復帰時に総額約126億円と4倍(謝礼金等を含め6倍)に引き上げたのを始め、その後も増加し続け、1997年現在662億円まで膨れ上がっている(自衛隊基地を除く)。

現在軍用地主は、土地連加盟地主が約3万人、那覇防衛施設局との直接契約地主が約2千人、契約拒否地主=「反戦地主」(一坪反戦地主を除く)が100人弱と言われている。受け取る地料は、土地連加盟地主で一人当たり平均190万円、直接契約地主で一人当たり平均約650万円になる。最大の地主は沖縄土地住宅株式会社で推定年間約18億5000万円、個人では1000万円以上の人もかなりいて中には7000万円に達する人もいる。こうした軍用地料の現実は、事件・事故などの被害を一方的に受ける一般周辺住民に比べ地主が経済的に優位な立場に立っていることを示している。また、周辺一般地価の高騰を招いたり、贅沢・遊興の蔓延(高額地料受取地主の子弟に多い)や投機・詐欺の横行(「軍用地主ローン」「軍用地買います」の広告など)、遺産相続争い、他の補助金を含め市町村自治体の財政的依存体質を深めるなど様々な負の社会的影響を及ぼすこととなっている。

〔参考文献〕

◇沖縄県総務部知事公室・基地対策室『沖縄の米軍基地』(1998年)

◇『沖縄の米軍及び自衛隊基地(統計資料集)』(1999年)

> 沖縄の米軍基地関係の法令、国・県の行政対策、米軍の組織など公的資料や統計資料をまとめたもので、行政資料の確認に適している。

◇来間泰男『沖縄経済の幻想と現実』(日本経済評論社 1998年)

> 第4章「アメリカ軍基地と沖縄経済」の項は、軍用地料の実態と社会的影響を知るうえで参考となる。

◇仲地博「軍転法成立―県民の悲願は実現したか」『けーし風』7号(新沖縄フォーラム刊行会議 1995年6月)

> 軍転法成立の経緯と問題点をわかりやすく解説している。

◇新崎盛暉『沖縄現代史』(岩波新書 1996年)

> 復帰以後1996年までを民衆闘争の視点から論じた書で、軍用地料、軍転法成立の推移を民衆闘争との関係から知ることができる。

秋山 勝

第15章 ● 沖縄の開発と自立

逆格差論

　沖縄の本土復帰の翌年の1973（昭和48）年に、沖縄県名護市が提出した『名護市総合計画・基本構想』の中のキーワード。琉球大学の教師、名護市議会議員、地域有力者、名護市職員などが審議員となり、計画作成スタッフとしては、本土の「象設計集団」、「都市環境計画研究所」、「アトリエ・モビル」の他に大学人が加わった形である。従ってこの「基本計画」は、本土の比較的若手の知識人の手になるものと考えてよい。

　この『基本計画』の第一章の2に、「逆格差論の立場」が登場する。その内容は、経済学的視点を中心に展開されてきた従来の工業・都市優先政策としての地域開発計画に対して、それぞれの地域でくらす住民の歴史・文化、そして自然の特徴を生かした精神的豊かさを目ざす個別的かつ自立的地域計画が立てられるべきである、というものである。

　この「立場」の立脚点は二つある。一つは、昭和30年代後半からの工業開発政策そして「日本列島改造論」のいきづまりに対する批判。二つめは、沖縄北部開発の目玉とされた「沖縄海洋博」の準備期の「土地買い占めによる地価高騰」や「工事のための海洋赤土汚染」に見られる破綻への批判。本土での開発の行きづまりと、その本土方式の沖縄版の行きづまり、この両方を見つめ乗りこえていかねばならないとする計画作成スタッフの熱い思いいれが見てとれる。いわば日本全体への警鐘の一つのシンボリックな意味あいをもつものとして、この「逆格差論の立場」があった。

　この『基本構想』のなかでは第一次産業としての農業・漁業の分野にウエイトが置かれ、いかに「都市部」と「農漁村部」との調和がはかられねばならないかがくり返し熱っぽく語られている。沖縄山原の名護という地域の歴史状況、地理的状況の特徴を細部にわたっておさえ、そこから工業優先・資本の論理をのりこえていこうというモチーフがはっきり読みとれる。

　翌年の1974年に、この『基本構想』の各論的計画として『土地利用基本計画』と『第一次産業振興計画』として出された。沖縄の未来を考える上でも重要なたたき台たりうるものである。特に、この『基本構想』を実務面から支えつづけた名護市企画課の職員であった現名護市長・岸本建男氏の現状肯定（基地の受入れ）の姿を見るとき、この「逆格差論」のなかにひそむ盲点を鋭く検証することができる、と私は思っている。ただし、資料の入手が難しく残念。

輿石 正

第15章 ●沖縄の開発と自立

沖縄の基幹産業

　基幹産業とは、一般的にはその国・地域の生産額や付加価値額や雇用吸収力などの主要な部分を担っている産業分野をいう。基幹産業は、どの局面で捉えるかによってその含まれる具体的な産業分野が異なる場合がある。沖縄県の場合、現実の基幹産業と政策対象になっている将来の基幹産業は必ずしも一致してはいない。

　生産構成比や立地係数などの指標から基幹産業を拾いだしてみると、農業、漁業、鉱業、食料品・たばこ製造業、石油・石炭製品製造業、建築、公共事業、土木業、電力、水道・廃棄物処理業、金融・保険、不動産業、運輸業、通信・放送、公務、教育・研究、医療・保険・社会保障、対事業所サービス、対個人サービスなどである。

　さらにその中で自給率が100％をこえている産業は、漁業、石油・石炭製品製造業、公共事業、土木事業、運輸業、対個人サービスだけである。

　第1次産業、建設業、第3次産業が、全国に比べ相対的に沖縄で集中立地している。これらに対して製造業部門は基幹産業の中枢にはなりえず、沖縄経済は工業国・日本の中にあって、モノづくりの弱い経済となっている。ここに、沖縄経済が自立できない実態がある。

　このような実態に対して、政府や沖縄県が基幹産業として政策の対象としている産業には、観光・リゾート産業、フリーゾーンを活用する交易型産業、そしてマルチメディア産業の3分野がある。具体的な構成業種はまだ明確ではないが、これらは戦略産業と呼ばれたり、リーディング・インダストリー（先導的産業）と呼ばれたりしている。いずれにしても、政策的に新産業や新事業を創出するための対象であるが、総合的かつ重点的な産業振興策が実施されない限り、絵に描いた基幹産業になりかねない。

〔参考文献〕
◇来間泰男『沖縄経済の幻想と現実』（日本経済評論社　1998年）
　第2章において、「産業・経済の振興と規制緩和等検討委員会報告」（田中委員会報告ともいう）やそれを受けた「全県自由貿易地域の展開に向けて」（県素案）、「国際都市形成に向けた産業振興策の展開」（県最終案）を産業政策的観点から批判的に検討している。

大城　肇

第15章●沖縄の開発と自立

沖縄の地場産業

　地場産業の一般的定義は、「地元資本により、地場の資源や原材料或いは、技術、労働力等の経営資源を活用して製品を生産し、市場として地域内のみならず、地域外をも指向する産業」(『うちなぁの地場産業』3頁)であるが、この定義では伝統工芸産業など限られた業種になるので、沖縄県では次のように定義を拡大して用いている。

　すなわち、地場産業とは「地元資本をベースとして、県内に存立する企業で県内に産出する物産等を原料として又は技術力・労働力及び資本等の蓄積された経営資源を活用して、県外地域から原材料を移(輸)入して加工し、その製品の販路として県内需要のみならず、県外をも指向するもの」(『うちなぁの地場産業』3頁)である。沖縄県は、この定義にしたがって、石油・石炭製品製造業を除いたすべての県内の製造業を地場産業として位置づけている。

　事業所の多い地場産業には、パン製造業、生菓子製造業、豆腐・油揚製造業、酒類製造業、蒸留酒・混成酒製造業、織物業、木製家具製造業、建具製造業、印刷業、生コンクリート製造業、食卓用陶磁器製造業、建築用金属製品製造業などがある。

　具体的に製品レベルで見ると、肉製品、牛乳・乳製品、水産練製品(かまぼこ)、みそ・しょう油、砂糖、パン、ビール、泡盛、めん類、普通合板、ちり紙、印刷、セメント、鉄筋、アルミサッシ形材、織物、陶器、琉球紅型、漆器、ガラス工芸品、サンゴ加工製品などがあり、いわゆる伝統工芸品と呼ばれている分野も含まれている。まとめると、沖縄の地場産業は食品製造業と建設関連製造業と観光関連製品製造業が中心であるといってよい。

　沖縄県の定義にもとづいて1997年の状況をみると、沖縄県の地場産業は、製造業の中で従業者の98%、製造品出荷額の76%、事業所数の99%を占めている。

　事業所数は1,827箇所であるが、従業員規模別にみると、もっとも多いのが4～9人規模の事業所(851箇所、46%)であり、3名以下の規模の事業所410箇所(22%)がそれに次いで多い。これら10人以下の規模の事業所は1,261箇所あり、全体の68%を占めている。30人以上の事業所は153箇所(8%)にすぎず、沖縄の地場産業は零細企業が多いことがわかる。

　沖縄の地場産業の従業者数は2万5,432人、製品出荷額は4,440億円、粗付加価値額は1,860億円である(1997年)。1事業所平均従業者数は14人、従業者1人当たり粗付加価値額は731万円と小さい。県内の石油製品製造業と比

第15章●沖縄の開発と自立

べても、前者が48％水準、後者が19％水準と低い。

　県内の地場産業は、零細で生産性が低く、規模拡大ができない状況にある。これは、主として県内需要を対象としているからであろう。消費者ニーズの多様化や技術革新の進展、グローバル化にどう対処していくかが県内の地場産業に課せられた課題である。

　では、地場産業が地域社会で果たしている役割は何だろうか。まず、地域資源活用型産業である地場産業は、農林漁業などの生産を誘発する効果をもっている。また、産業活動は雇用・原材料投入・生産・出荷・所得というプロセスを経るので、所在地域では雇用効果や所得効果、税収効果などが発生する。したがって地場産業が成長すると、とくに若者が定住するようになり、地域は活性化してくる。

　地場産業振興の基本的な考え方は、地域の素材とカネとヒトと技術を活用できるような政策支援をすることである。沖縄には亜熱帯性の気候風土があり、独自の生活文化がある。素材的にも未利用なものが多い。これらの地域特性を生かし地域に根ざした産業として育成できるように、有効な振興策が必要である。

　沖縄県は、地場産業振興対策としていくつかの補助事業を展開してきた。具体的には、需要開拓事業や人材養成事業を中心とする新商品開発能力育成等事業、デザイン高度化事業、地場産品展示・普及等支援事業、地域資源等活用型起業化事業事業がある。一方、沖縄県は1984年7月に「県内企業への優先発注及び県産品の優先使用基本方針」を策定し、県産品奨励月間の実施、産業まつりの開催、泡盛鑑評会の開催などを実施してきた。これらの地場産業振興策の効果を期待したい。

〔参考文献〕

◇『うちなぁの地場産業』（沖縄県商工労働部　1985年）
　　地場産業を定義し、各業種について発展過程と現状、製造工程、今後の方向などについてまとめた好書。ただ、発行年が古いのが難点。

　　　　　　　　　　　　　　大城　肇

第16章　沖縄の民俗・文化

　今回は、沖縄の民俗文化の中から民俗信仰に関係する9つの項目を取り上げている。

　沖縄の民俗信仰世界は、歴史の舞台でもそして現在でも、女性の霊力、女性の力を非常に重視するという点に特色があげられる。沖縄の女性達が祈る姿は生活の中に溶け込んでいる。シマ（村落）の拝所・御嶽（ウタキ）で、家の火の神に、祖先に、豊饒があるという海の彼方（ニライカナイ）の神々に、いろいろな場所で女たちは祈る（「シマと御嶽（ウタキ）」、「豊年祭・ウンジャミ・イザイホー」参照）。沖縄の人々の祈るその姿が、世界観、魂のとらえ方を理解する上で重要な他界観（「沖縄の他界観・生死観」参照）を雄弁に物語る。繰り返される祈りの時間と社会生活は、沖縄の歴史を理解する鍵である。

　沖縄の民俗信仰は、(1)共同体の伝統的祭祀を司る神女（ノロ）たちの世界（「ウナイ・ノロ・カミンチュ」参照）、(2)民間の宗教的職能者であるユタ（シャーマン）のシャーマニズムの世界（「ユタ」参照）、(3)祖先崇拝を軸にした祭祀の世界（「トートーメー（位牌）」参照）、の伝統的な要素が現代でも深く複雑に絡みあっている。(1)(2)(3)の世界では、女性の姉妹の霊力が兄弟を守るという古くからのオナリ神信仰が基本にあり、祈る存在としての女性の場を広げていったといわれている。こうした民俗信仰に加わるように戦後(4)仏教、キリスト教、新興宗教等の新しい外来宗教を個人で信仰する世界が急速に広がった。

　戦後の急激に変化した島社会では、共同体の在り方の変化や価値観の多様化の中で民俗文化の表情も一つではない。けれども亜熱帯の島々に悠久に流れた時間に育まれた民俗信仰の世界が圧倒的なエネルギーをもって、日常の精神世界に息づいている。

　1950年代以降に発展し定着したアカデミックとしての沖縄民俗（族）研究は、県内外研究者の増加と、文化人類学、社会人類学、民俗学など独自の視点での研究テーマが広がった。今回紹介したほとんどの項目が、この時期に注目され研究成果が充実したテーマである。宗教研究では、祭祀研究のオナリ神研究（馬渕）や祖先祭祀、位牌祭祀の研究、シャーマニズム（ユタ）研究、外来宗教研究などが展開されてきた。著作・論文数においては、かなりの研究成果を蓄積している。今回紹介できなかった親族（門中）・家族（家）の社会構造・機能の在り方も沖縄

の民俗文化を知る上では重要である。

　沖縄民俗文化をアジアへ位置づける視点も出てきており、多い宗教研究の分野で充実した。その中でも中国文化と関りの深い「風水」研究（窪徳忠、渡邊欣雄）、「儒教」研究（平敷令治の位牌祭祀研究）、「シャーマニズム」（佐々木宏幹、山下欣一）の研究は、中国・韓国などの東アジアとの比較で成果をあげた。

　その他近世期に中国から導入された「石敢當とシーサー」、「清明祭（シーミー）と亀甲墓」も、年々沖縄民俗社会へ定着している文化である。

　また多くの離島で構成される沖縄の「都市化」と「過疎化」の問題は、次のテーマで語れるようになった。都市化された場所での墓地不足、家・祭祀継承の揺らぎ、女性の社会的権利と位牌継承問題（トートーメー問題）。多くのシンポジウムが開催され、幅広い議論がなされている。伝統祭祀保存問題（宮古の神役）については、研究・助言から保存援護実践に向けて、研究者が積極的にかかわる新しい局面も出てきている。

〔参考文献〕

◇琉球政府文化財保護委員会監修『沖縄文化史辞典』（東京堂出版　1972年）
　沖縄の民俗文化を知るための項目がほとんど収録され活用しやすい。

◇大藤時彦編『沖縄文化論叢 第2巻 民俗編Ⅰ』／馬渕東一編『沖縄文化論叢 第3巻 民俗編Ⅱ』（平凡社　1971年）
　復帰以前の沖縄民俗研究の総説。前者は生活習慣（8編）、年中行事（11編）、神と祭祀（11編）、民間説話（3編）についての論文収録。後者は村落（5編）、祭祀組織（13編）、門中・親族・家族（10編）についての論文収録。

◇日本民族学会編『沖縄の民族学的研究―民俗社会と世界像―』（民族学振興会　1968年）

◇渡邊欣雄「沖縄の宗教と社会」（ヨーゼフ・クライナー編『日本民族学の現在―1980年代から90年代へ』（新曜社　1996年）
　前者は、1971年以前に発表された民族学・文化人類学関係の論文・論著（日本語・外国語）を収録した「沖縄・奄美関係文献目録」付。後者は1980年代から1990年代の沖縄民俗研究の動向と課題がまとまっている。

粟国　恭子

第16章 ●沖縄の民俗・文化

シマと御嶽（ウタキ）

　沖縄方言の「シマ」とは、島を意味するだけではなく、村落の意味を持つ言葉である。同様に村落をさす方言「ムラ（村）」よりも古いとされている。沖縄の空間概念では「シマ」は、行政で区分された村落や集落と同じ概念ではない。社会的にも宗教的にも一つの集団単位として、人々が生きる空間に近い概念といえる。「シマ」に近い概念として近代以降多用される語に「部落」がある。沖縄文化で「部落」は、差別・被差別の価値観を全く含まない用語であり、生活の中で多用される空間用語であることも確認しておく。
　かつてのシマに生活する人々は、地縁・血縁で結びついた集団がほとんどで、共同体意識も強く、人々が話す方言もシマごとに微妙に違っている。また近代までシマの内婚は慣習化され、極めて閉鎖的な婚姻形態の特徴があった。こうした「われわれ」意識は、時には排他性を持つ。「シマ」空間は、それぞれ村立の物語を伝え、祖先神や超自然神に関連した聖域を有してそれぞれの世界観を持っていた。
　そのシマ内・近隣にある聖域・神のいる森のことを御嶽（ウタキ／ウガミ）という。宮古諸島ではムトゥ、八重山諸島では、オン、ワンと呼ばれている。御嶽は、村落の背後に位置することが多く、「クサティ（「支え」「頼りにする」意味の方言）ムイ／腰当森」と呼ばれることもある。沖縄本島では一部落一御嶽であることが多く、宮古・八重山諸島では、一部落に複数の御嶽が確認できる。御嶽は、シマ内の森の中腹や近くの海に面した高台に位置することもある。多くの御嶽には拝殿もなく、森の中にイビ（自然石）と香炉が置かれている事が多く、神の降臨、鎮座する聖域として考えられている。つまり沖縄では、宗教的権威を建造物で表現する思想は希薄といえる。国頭地方では、御嶽前に神女達が神歌を歌い、神を供応するために使われる屋根の低い壁なしの小屋「神アシャゲ」があることが特徴的である。
　御嶽の近くには、そのシマの草分けの家（根所／元）が位置し、その家筋系統の女性からシマの祭祀を司る神女（根神・ノロ）が出る。御嶽は、神女達が祈願や祭祀を行う空間として男子禁制の場合も多かった。御嶽内の草木採集も禁止されており、人々の民俗信仰が支えるエコロジカルな空間であった。
　御嶽は村落だけではなく、各地の豪族の居住する城（グスク）の中にも聖域として存在していた。首里王城内にも10の御嶽がある。沖縄本島南部知念村の斎場御嶽は、琉球国で最高神女・聞得大君の就任式「御新下り」や王府の

第16章●沖縄の民俗・文化

豊穣祈願、雨乞い祈願が行なわれた重要な御嶽である。人々の生活の祈りの空間に止まらず、王国の宗教政策でも聖域として「御嶽」は重要な位置づけ持っていた。琉球王府が編纂した最古の地誌『琉球国由来記』(1713)には、琉球全域の御嶽名の記述がなされており、沖縄本島だけで500余の御嶽の神が記されている。「琉球」空間と人々との関りで、御嶽がいかに重要であったかが伺い知れる。近代には、明治政府の沖縄統治過程で、日本化・皇民化の影響から御嶽に鳥居が建立され、神社神道化がすすめられた地域もある。しかし御嶽をめぐる民俗信仰は基本的には変化は少なかった。御嶽（ウタキ）は、現在も様々な表情で生き続けていく。多くの御嶽が現在でも祈りの空間として使用されている。

　日本復帰以後の沖縄の島々では、土地改良事業、リゾート計画が進みシマの風景を大きく変化させた。現在のシマと御嶽は、生態系・環境保護や地域開発とリンクする問題として語られることが多い。このような状況に「御嶽の位置や形状の変貌と関連してその聖域性は著しく希薄となった」(宮城栄昌『沖縄のノロの研究』)や「神は遠く、遠くへ去って行く！」(仲松弥秀『神と村』)と消滅の語りで捉える声が多い。沖縄の民俗信仰文化で永く見られた人間と御嶽と関係を、現代の沖縄にどのように位置づけるのかが問われている。

〔参考文献〕

◇仲松弥秀『神と村』（梟社　1990年／伝統と現代社　1975年）

　地理学者でもある著者が、沖縄の島々を歩き「御嶽と村落」モデルを提示した。1960年代にまとめられた「神の居所」「村落の内的構造」研究の古典である。

◇安里英子『揺れる聖域―リゾート開発と島のくらしー』（沖縄タイムス社1991年）

　現代の奄美・沖縄の島々の精神性を鋭く問う良書。リゾート化される島々に生きる人々と御嶽との関り、祈りを捧げる神女達を語るその視座は、均一の「所有」への危機感に満ちている。

粟国　恭子

第16章●沖縄の民俗・文化

清明祭（シーミー）と亀甲墓

　清明祭（シーミー）は、旧暦3月の＜清明の節＞に行なわれる祖先供養の祭りである。

　18世紀中頃に王府が中国から導入し、士族層を中心に広がった。清明祭は、近い先祖供養を家族・親戚で行なう清明（シーミー）と、伝承上の祖先に対して本家を中心に分家代表が集まって行なう神御清明（カミウシーミー）とに区別される。共通の祖先を持つ一族（門中・ハラ）が重箱に詰めた法事料理を墓に持ち寄り、祖先に供えた後、皆で楽しく共食する。墓前の広場で親戚間の親睦を深める行楽的要素も強いこの行事は、沖縄の春の風物詩であり、沖縄独特の風景である。清明祭日程通知を新聞広告で行なう数百人を越す大きな門中もある。

　清明祭は、門中組織の発達した沖縄本島を中心に行なわれる。沖縄本島北部、宮古・八重山、久米島では、旧士族層以外には定着していない。

　亀甲墓（かめこうばか）は、沖縄の墓類型の一つで、17世紀後期に中国から伝わった。その造墓法には、久米村士族（中国移民系）の風水知識が影響を与えた。墓屋根の形が亀の甲に似ていることから方言でカーミナクーバカという。外形は、中国・福建省の墓、東南アジア華人の馬蹄形墓と類似し、比較的大型である。王府時代は、庶民の築造は禁止され、明治中頃から大正・昭和にかけて一般に広く流行した墓でもある。南は与那国島から北は伊平屋島に分布し、与論島以北にはみられない（名嘉真宜勝）。

　その広がりと伴に、その形態を「母体」のイメージでとらえ、人は死後に再び母体に帰るという「母体回帰」の説明が普及してきた。

　沖縄戦では、住民や軍の防空壕としても使用され、多くの命を守った空間でもあった。

　大勢の親戚で楽しむ清明祭や大型の墓文化を持つ人々の祖先供養観は、都市部への人口集中に伴い、墓用地をどのように確保するかという現代の都市問題と向き合っている。

〔参考文献〕

◇平敷令治「墓の形態と構造」『沖縄の祖先祭祀』（第一書房　1995年）

　沖縄の家族墓と門中墓や亀甲墓を取り上げ、墓の由来、形態、構造、「母体回帰説」などについて写真・文献史料をまじえ詳細に分析し、史料的価値も高い。

◇名嘉真宜勝「沖縄県の送葬・墓制」『沖縄・奄美の送葬・墓制』（明玄書房　1979年）

　入門概説的資料として良い。

粟国　恭子

第16章●沖縄の民俗・文化

石敢當と獅子（シーサー）

　石敢當と獅子（シーサー）は、沖縄の魔除け・呪いの文化を知る上で欠くことができないものである。両者ともに14・5世紀頃には中国から伝来したとされている。

　石敢當は、「いしがんとう」「せきかんとう」と呼ばれる駆邪を目的とする石柱である。最近では、はめ込み型プラスチック製もある。T路地の突き当りや道の曲がり角に「石敢當」と印された石や単なる自然石が据えられている。道路の突き当りにあるヤナカジ（悪風）や直進するヤナムン（悪霊）を除ける目的と説明されることが多い。

　中国起源の「石敢當」は日本に広く分布するが、沖縄で最も多く確認できる。各地の道路、家屋の塀、新築のビル壁面などいたるところに見ることが出来る。建築用材店だけではなく、観光土産店でも小型の石敢當が数多く売られている。

　シーサー（獅子）は、石、陶器、木製の魔除けの獅子像のこと。首里城の門前、貴族の墓、寺社の門前に配置され、阿形（開口）・吽形（閉口）の一対の獅子像が多い。沖縄の原風景として語られる民間の住居屋根上の単体シーサーや門に魔除けのシーサーを置く習慣は、明治以降に一般の人々にも瓦葺き建築が許される頃から浸透し、戦後急速に広まったものであり、意外に歴史的に古い風景ではない。現在では、装飾用置物だけでなく、ポストや各種のモニュメント、観光土産の様々な商品に起用され、現在最も知られた沖縄文化のキャラクターの一つである。

　時代の変化とともに消滅する習慣の多い沖縄民俗文化の中で、益々多様な役割を与えられ浸透続ける「石敢當」と「シーサー」文化は特異といえよう。

〔参考文献〕
◇長嶺 操『写真集 沖縄の魔除け・獅子』（沖縄村落研究所（沖縄）1982年）
　沖縄の各村落に現存する村落獅子を丹念に写真記録で紹介。獅子の分類、特質、変遷など獅子（シーサー）に関する情報がわかりやすく、網羅されている良書。
◇小玉正任『石敢當』（琉球新報社 1999年）
　沖縄だけではなく日本各地の石敢當の現状、由来などを比較紹介。中国史料に記載された「石敢當」を丁寧に分析している。

粟国 恭子

第16章●沖縄の民俗・文化

トートーメー（位牌）

　沖縄の民俗信仰では、祖先を軸にした祖先祭祀の世界は重要な意味を持っている。「自ら」を語る際に、近い・遠い祖先との関係から位置づけることが多く、人々の関心も高い。

　トートーメーは、本来先祖のことをいう。「ご先祖様」を表現する「尊いお方」を意味する尊御前（とうとぅめー）からきている。現在では祖先及び先祖の位牌（イフェー）の別称となっている。

　位牌祭祀は、16世紀には既に王家が臨済宗寺院内王廟に位牌を安置し年忌供養を行なっている（『琉球国由来記』1713年）。17世紀には首里・那覇の士族層に定着し、18～19世紀にかけて農村でも受容された。18世紀以降は、屏位（屏牌・硯屏）系形態の位牌が普及し、上段に男性、下段に女性の個人用の小木牌を並べていく二段に分れた屏位で、個人用位牌とは異なる。祖先達が合祀された位牌は仏壇に置かれ、その祭祀を通して多くの子孫・親族間の求心的な役割を果たしている。

　近世期の琉球王府が重要視した儒教思想を背景に、位牌祭祀が浸透される過程で、父系・男系中心の価値観重視と、男系親族・門中の形成化に伴って独特の禁忌が生れた。トートーメー継承にまつわる禁忌は、次の5つが語られる場合が多い。(1)女性「イナグガンス（女元祖）」の位牌継承禁止。(2)父系の異なる男子継承「タチーマジクイ（他系混交）」の禁止。(3)長男排除「チャッチ・ウチクミ（嫡子押込め）」の継承の禁止。(4)兄弟の位牌を同じ仏壇に置く「チョウデーカサバイ（兄弟重位牌）」の禁止。この四つのタブーが強い。他に(5)従兄妹の位牌を同じ仏壇に置くこと「イチュクカサバイ（従兄妹重位牌）」の禁止もある。こうした禁忌は、沖縄本島中南部で比較的強く、その禁忌が弱い本島北部及びほとんどみられない宮古地方もあり、トートーメー継承観は一様ではない。位牌・祭祀継承の文化的慣習は、時として様々な葛藤の要因にもなっており、社会問題として根深い様相を示す（用語解説編の「門中」（ムンチュー）、および「祖先祭祀」参照）。

〔参考文献〕
◇琉球新報社編『トートーメー考―女が継いでなぜ悪い』（琉球新報社　1980年）
国際婦人年の中間年に、男女間差別の実態提示企画「うちなー男女」シリーズで取り上げたトートーメー問題内容とその反響をまとめたもの。葛藤する女性達の声が取り上げられた。

粟国　恭子

風水（フンシー）

　風水は、古代中国に起源を持つ土地などの吉凶を占う方法。風を防ぎ水を得る土地＜蔵風得水＞の地を理想とした。中国、朝鮮、日本、沖縄、台湾など東アジア全域に流布している。

　沖縄ではフンシーと呼ばれて、地形や方位について吉凶判断し、城、村落、墓、住居を建設する際に地相的などを占う。17世紀後半には本格的に伝播し、琉球王府の村落、墓地の立地やその他事業に用いられている。風水説、風水思想、風水地理学の理論を持つ専門家の役割は、主として中国系移住者村落・久米村の唐栄士族が担った。風水師（フンシミー）として民間の求めに応じて判断をしている。その要請は沖縄本島だけでなく、伊是名島、久米島、座間味、宮古・八重山の先島地域にまで及んでいる。

　18世紀には、留学先の中国・福建で儒学及び風水を学んだ宰相・蔡温が、国家・都市計画（「首里地理記」）、林業（「山林真秘」）、治水事業など本格的に政策へ活用した。病気の蔓延、人口減少、自然災害、疲弊した村落の再生のために、村落で風水師を招き災因を判断したり、王府も風水の善い場所への村落移動政策を積極的に行っている。

　首里城や王陵を優れた「風水」の立地として、王都の環境保全整備に重要なキーワードであった。

　民間では、屋敷、墓の選定に盛んに利用された。また近年盛んになる＜風水＞を取り入れて、人々の需要に対応する民間宗教的職能者であるユタや易者（サンジンソー）もいる。

　三浦國男は、沖縄の風水の特徴として「ヤマトの場合、都市・村落・陽宅（家）、陰毛（墓）の四ジャンルのうち、結局陽宅風水（家相）しか残らなかったが、沖縄の風水はほぼ四ジャンル全域にわたっており、特に孝道や祖先崇拝と結びついて民間では墓地風水が栄えた」（『しにか』114号）と指摘している。

〔参考文献〕

◇窪徳忠編『沖縄の風水』（平河出版 1990年）

　歴史・地理・民俗・宗教学の各分野から沖縄の風水を捉えた論文集（9編収録）。「沖縄風水関連記事年表」付。風水研究状況を知ることが出来る。

粟国 恭子

第16章 ●沖縄の民俗・文化

豊年祭・海神祭・イザイホー

　沖縄地元で発刊されるカレンダーや手帖には、新暦と旧暦の二つの時間が記されている。沖縄の人々が生活の中で使いこなす時間概念は一つではない。繰り返される1年という時間の中で人々は多くの祭りを行ない、その殆どが現在でも旧暦で行なわれている。

　夏の代表的な祭りが、豊年祭りである。豊年祭は、麦・粟・稲の収穫期に五穀豊穣を神に感謝する祭りで、多くが旧暦6月に行なわれ、沖縄の夏の代表的な祭りである。稲の収穫感謝祭・ウマチー（稲大祭）は、沖縄諸島の各地で6月15、21、25日に行なわれており、神女達の祈願とともに、綱引き、角力がシマ（村落）で行なわれる。八重山の豊年祭り（プール）も、稲収穫後の6月に感謝及び豊作祈願、綱引き、棒踊り、奉納芸能などが行なわれている。稲作を重視した琉球王府の政策は、王城祭だけではなく各村落で稲関連祭祀を定着させたことが、王府編纂の最古の地誌『琉球国由来記』（1713）で確認できる。沖縄各地の豊年祭は、かつての稲作中心であった農業形態が変化した現在でも盛大に行なわれている。新しい農作の始まりを控えた農閑期の旧暦の8月10日前後には、秋の祭りが各地で行われる。村遊び（ムラアシビ）、村踊り、八月踊りと呼ばれ、八重山地方では、8、9月の結願祭り、10月種取祭などが盛大に行なわれる。

　ウンジャミ（海神祭）は、奄美から沖縄北部の国頭各地で旧暦7月の上亥の日（安田、安波）、17日の日（伊是名、伊平屋島）、盆明けの亥の日（辺戸、塩屋、古宇利島）に行なわれる豊年を招く予祝神事の秋の祭りである。海上他界・ニライカナイから訪れる神を迎え、神女達が神遊びを行ない海山の豊穣、シマ（集落）の繁栄を祈願し、そして神送りを行う。『琉球国由来記』には、＜海神折目・海神祭＞と記されており、5月4日に各地で行われる海神祭・ハーリーとは異なる祭りである。国頭村安波、安田、奥、辺戸では、村落の家々や人々を祓う呪術的祭り・シヌグと一年交代で行なわれている。

　イザイホーは、沖縄南部知念村の東方海上にある久高島で12年ごとの午年、旧暦11月15日から五日間行なわれる祭祀である。久高島の女性達は、最高司祭である外間・久高ノロの元に四階級に分れる神女で構成される組織に属している。島の女性の「生」は、神女としての「生」を内包している。祭祀内容は、久高島で生まれ育った30才～41才の女性達が、島の神女組織を構成するナンチュという神女に就任する儀礼を中心に、その他豊穣儀礼、琉球王府への繁栄祈願などの内容が複合し

第16章●沖縄の民俗・文化

た大きな祭祀である。琉球開闢の神が上陸し、五穀の種子をもたらした島の伝説を持つこの島は、琉球史の中でも重要な聖地として語られる。17世紀中頃まで国王や聞得大君が参詣し祭祀を行った聖地・久高島で行なわれるイザイホーに、琉球民俗祭祀の古い姿を喚起する研究者も多く、文献や映像記録も充実している。

1990（平成2）年の午年にイザイホー祭りは中止された。数百年も続いた祭りの中止は、開催の数年も前から度重なる神女たちの話し合いの中で決定された。久高島の男性や伝統行事や文化財保護をうたう行政側、中止を惜しむ多くの声のいかなる力も強制力をもたない。イザイホーが行なわれる予定の2002年・午年には、現代に生きる島の女性達の「生」と、聖なる「場」として島に注がれる人々のイメージの期待は、どのような表情を見せるのだろうか。

〔参考文献〕

◇比嘉政夫『沖縄の祭りと行事』（沖縄文化社　1993年）

◇崎原恒新『沖縄の年中行事』（沖縄出版　1989年）

　沖縄の伝統行事を前者は青少年向け、後者は一般向けにわかりやすく紹介した読み物。1月から12月の沖縄・先島諸島の年中行事を比較、沖縄の姿についての解説付の良書。

◇鳥越憲三郎『琉球宗教史の研究』（角川書店　1965）

◇古典と民俗学の会編『神の島の祭りイザイホー』（雄山閣　1979年）

◇同『沖縄県久高島の祭り』（白帝社　1979年）

◇赤嶺政信「久高島の祭祀組織―門中制との関りを中心に―」『沖縄久高島のイザイホー』（砂子屋書房　1993年）

◇比嘉康雄『神々の古層―久高島の年中行事』シリーズ1巻／2巻（ニライ社　1989年）

　12年に1度行なわれるイザイホーの調査報告書。具体的な祭祀内容を捉えられる。

粟国　恭子

第16章 ●沖縄の民俗・文化

ユタ

　ユタは、神霊・死霊などの超自然的存在と交流し、託宣・呪術を行なう霊的能力を持ったシャーマン的存在の民間宗教的職能者である。奄美から沖縄諸島の全域に存在している。沖縄本島のユタ、宮古の神（カン）カカリャ、八重山のニガイピー、カンピトゥなどが同様の存在である。王府時代に公的な祭祀の司祭者である神女（ノロやツカサ）とは異なる。が、しかしその歴史は古く、近世期に存在が確認できる。現在、沖縄社会に数千人いるといわれているが、実数は把握されていない。

　沖縄の宗教的世界の理解には、社会に深く根を下ろしているユタの存在は重要である。人々の多くは、家族の健康・繁栄の判断・祈願、位牌・墓・祖先祭祀関係相談や不幸な出来事の解決など様々な動機と問題を抱えユタを訪れる（方言でユタガカイ）。依頼者もユタ自身も圧倒的に女性が多く、利用者が複数のユタを利用することも特徴的である。

　社会の規範や価値観が動揺する変動期・転換期には、宗教が盛んになる傾向が広く世界的にみられる。人々の日常と共にある沖縄の「ユタ」の存在は、時として社会問題として表面化する。明治国家への統合期（1879）、沖縄戦前後、日本復帰（1972）後にもユタを利用する人が多くなったといわれている。17、18世紀の王府時代には、王府から再三禁止令（トキ・ユタ邪術禁止令）が出され、太平洋戦争直前にも、人心を惑わす存在として警察当局による「ユタ狩り」が行なわれた。こうした禁圧の歴史の中でもユタは消滅していない。

　ユタの存在は、日常生活でおこる人々の心持ちの不安定さを、カウンセラー的に受け入れる装置であり、人々へ「癒し」の効果や精神的療法の役割をもたらす機能を持っている。その反面、ユタの言葉に精神的にも経済的にも翻弄される女たち（ユタ論争）、そのアドバイスと男性中心の家督継承文化の中で傷つく女たちの姿もあった（トートーメー・位牌継承問題）。

〔参考文献〕

◇桜井徳太郎『沖縄のシャーマニズム』（弘文堂　1973年）

　現代のユタ信仰の実態を知る事ができる。その他大橋英寿（1978、1980）、滝口直子（1991）、池上良彦（1999）の論文・著作も同様。

◇高良倉吉「首里王府とユタ問題」『琉球王国史の課題』（ひるぎ社　1989年）

　琉球王府近世期のユタ問題の状況を詳細に知ることができる。ユタ禁圧の背景・実態・過程を豊富な文献史料から分析している。

粟国　恭子

第16章●沖縄の民俗・文化

ウナイ・ノロ・カミンチュ

　沖縄の民俗信仰世界は、歴史の舞台でもそして現在でも、女性の霊力（セジ）、女性の力を非常に重視する点に特色があげられる。沖縄の女性達の祈る姿は、生活の中に溶け込んでいる。ウナイ（オナリ）とは、女性の姉妹のことである。沖縄民俗信仰には、女性の姉妹（ウナイ・オナリ）の霊力が兄弟（エケリ）を守護するオナリ神信仰がある。こうした背景が、祈る存在としての女性の場を広げていった。

　15世紀以前、沖縄各地で政治的勢力を持った豪族・按司のオナリ神は、ノロ（祝女）又は根神（ネガミ）と呼ばれ、村落や血縁集団内の祭祀を行う神女（カミンチュ）・神役として古くから存在した。

　地方の神女組織は、尚真王（1465～1526）時代に王国の政治的組織に組み込まれ、国王のオナリ神・聞得大君（きこえおおきみ）を頂点にした神女組織制度が確立されたとされる。聞得大君は、親族の女性達（妹・妻・母・叔母）が就任し、三十三君と呼ばれる高級神女、王府祭祀の司祭・三平等あむしられ、そして沖縄本島及び周辺離島、先島地域で数百人のノロ（先島ツカサ）が組織化されその役割を担った。民間の宗教的職能者であるユタとは異なり、公的に保護されきた存在である。ノロは、琉球王府から辞令書（近世後期は廃止）で任命された公的宗教的職能者であり、ほとんどの神女達が既婚者であり、妻であり母であった。

　地方では、ノロを頂点にした多くの神女達が、村々の御嶽で国家や部落の安泰を、豊作を、そして宇宙の豊かな世（ユー・豊穣）を神々に祈る公的な祭祀を司った。

　神女は、1879（明治12）年の琉球処分後、王国の終焉と共に公的地位を失った。しかし、百年余の時間が流れ、農作物の変化や豊かさの価値観が多様化した現在でも、その神女達の系譜は、脈々と生きている。現在でも沖縄の多くの島々の神女たちは、御嶽の中で静かに祈り続けている。伝統的な祭祀の変化・消滅と共に神女の役割の簡略化・消滅も多いが、新たな神女の誕生する村もある。こうした〈消滅と誕生のドラマ〉が女達の中で繰り返されている。

〔参考文献〕
◇鳥越憲三郎『沖縄宗教史の研究』（角川書店　1965年）
◇宮城栄昌『沖縄のノロの研究』（吉川弘文館　1979年）
　神女研究においては古典的必読文献。

粟国　恭子

結婚式と死亡広告

　沖縄の結婚式はハデだと言われる。その要因の第一は招待客の多さだ。一般的なのは200人～300人だが、それでも絞りこむのに苦労する。それと「余興」に対する力の入れようも要因の一つだ。沖縄では余興に出演したことのない人を探すほうが難しいくらいだが、中には披露宴があると聞けば余興出演を自ら買って出て、張り切って練習する者もいる。

　宴の幕開けは琉舞「かぎやで風」にはじまりカチャーシーで終わるというのが定番である。その他の演目は時代によって流行りがあるが、バラエティに富んだ出し物で観客を大いに沸かせる。だから披露宴ができる会場にはどこでも立派な舞台がついていて、お客のニーズに応えられるよう音響装置や照明も凝ったものを取り入れている。

　一人当たりの予算を他府県ほどにはかけない分、大勢の人を招待し皆で楽しむ、それが沖縄の結婚式なのである。

　親類縁者が集うといえば、もう一つ、葬式がある。ローカル色の強い地元紙の中で一際目立つ「死亡広告」は、他のページは飛ばしててもここだけは丁寧に目を通すという「愛読者」も多い。時には紙面いっぱいにずらっと並ぶ、亡くなった人とその親類縁者の名は圧巻だ。プライバシーの侵害が無きにしも非ずだが、載せる不都合より、載せない不都合の方が大きいようだ。知らせる先が多いのでいちいち電話をかけるより新聞の情報が早くて確実だ。地縁血縁の結びつきが強い沖縄だからこその広告ともいえる。

　広告の値段は、1人～15人までは69,000円、5人増えるごとに2～3万円の割合で増えていき相場は10万円ぐらい。有力地元紙は2紙あり、かつては講読している新聞社のみに掲載というのが主流だったが、バブルの頃から2紙掲載が増え現在に至っている。新聞社は代理店を置いて、葬儀社から連絡が入ると何時でも駆けつけられるように手配している。不況になると広告の収入は減るが、死亡広告は景気に左右されないため、新聞社にとっては重要な収入源にもなっている。他の地方紙で経営が傾いたため、死亡広告を取り入れたら持ち直したという話もある。

　死亡広告は一つの縮図である。並んだ名前の間に、国際結婚や移民の歴史、トートーメー問題など、沖縄の社会が透けてくる。

大城 奈々

※参考文献は、まさに現在の沖縄の風俗と新聞に、触れてもらうこと以外にない。

沖縄の他界観・死生観

　〈他界〉とは、人々の生活する現実的な世界に対して、超越的・霊的な観念上の〈異なる世界〉である。沖縄の空間上の別世界「この世との境界」「他界の所在」は、海上、地下、天上の枠組みの中で語られる。沖縄の代表的な他界観が、海上他界「ニライカナイ」である。海で囲まれた島々の人々は、はるかに遠い海から、豊さ（ユー）が訪れるとイメージした。ニライカナイから訪れる神々を招き供応し、そして送る行事が各地で行われる。沖縄本島のウンジャミ、宮古のンナフカ、八重山のマユンガナシ、八重山・古見、小浜、新城のアカマタクロマタなどは、海上他界からの来訪神信仰の祭りである。また、この世で豊作や繁栄を祈願して「この世」から送られた害虫や悪霊もニライカナイへ行くと考えられ、「幸い」のみに繋がる世界ではなく、混沌とした世界として想定されている。また宮古・八重山の先島地方には、洞窟や井戸とつながる地底他界「ニッジャ、ニイラスク」の観念も見られる。

　海上他界に対して、山や森の空間を聖なる境界としてとらえる天上他界「オボツカグラ」の観念がある。日常的にはあまり開かれないが、琉球古語の辞書『混効験集』(1711)には「オボツ=天上」と記されており、王府編纂文献『中山世鑑』(1650)及び『琉球国由来記』(1713)の文献にもその観念は認められる。奄美地方には、オボツヤマと呼ばれる聖なる山もある。ニライカナイからの神を「水平的な神」、オボツカグラからの神を「垂直的な神」として捉え説明がなされる（岡正雄ほか）。

　死者やその霊魂が存在する意味の他界＝死後の世界は、カンサ（ハンサ）、グショー（後生）と呼ばれている。墓（洞窟）、造成墓、近くの海底や島であると説明されこともある。死者の世界は、年忌を重ねる毎に、次第に空間的に遠ざかると考えられていることが多い。

〔参考文献〕
◇住谷一彦、クライナー・ヨーゼフ『南西諸島の神観念』（未来社　1977年）
◇平敷令治『沖縄の祖先祭祀』（第一書房　1995年）
　前者は歴史民俗学的視点から神観念捉え、後者は、他界観をはじめ祖先祭祀の民俗信仰の概説書としても価値が高い。

粟国 恭子

第17章　沖縄の芸能文化

　沖縄は日本の中でも「芸能の島」として知られる。琉球王府時代の宮廷芸能だけでなく、島々村々で独自に育まれた民俗芸能の世界が広がっている。民俗芸能は、いうまでもなく農耕文化に基づく祭祀や儀礼に直接的に結びついている。農業を中心とした民衆の暮らしの中から生まれた芸能文化である。

　例えば、夏から秋にかけて、県内各地の豊年祭に見られる綱引き行事などは、稲作文化を基調にするものである。手塩にかけて育てた米の収穫にあたり、神に感謝の意を込めて捧げるために芸能を演ずるのである。綱引きは稲を刈り取り、脱穀した後のワラで編んだ綱を使って、執り行われる点に意味がある。現在では、その過程が抜け落ちて、綱引きそのものだけが残っているため、想像もつかないものになりつつあるが、綱を引きながら元来の姿もイメージできたら、また楽しい。

　八重山にはいわゆる労働歌としてのユンタやジラバといった古謡が豊富に伝承されている。本島では、旧暦八月十五夜を中心に行われる村芝居がある。その中で、ここ十数年の傾向として、注目されるのが、地域に伝わる組踊の復活上演である。地域活性化もからんで、他の地域に負けじと盛んに取り組まれている。

　沖縄の集落にはいたるところ、こうした民俗行事に基づく、芸能が根づいている。行事は年間を通して、行われるところが多い。こうした、芸能豊かな環境の中で沖縄の人々の精神文化が作り上げられたと考えられる。沖縄が「芸能の島」と呼ばれる所以は、こうした精神文化を持って育った人間の営為があるからだろう。芸能好きな県民性は戦争によって郷土が荒廃しても、心まで、すさむことはなかった。やがて新聞社によって芸能復興運動が展開されるや種火に火が点くように見事に花開いたのである。全国を駆け巡るジャーナリストが、毎日のように新しい民謡（ミーウタ）が誕生する文化風土に驚嘆したのも根っこには、こうした県民性があるからだと考えられる。

　文化としての芸能は、他の文化との接触で発展してきたと考えられている。王府時代の宮廷芸能の根幹をなす総合芸術「組踊」はまさにそのことを如実に示すいい例である。題材や様式性（抑制された表現）において、本土の能と共通する点が多く、根底に流れるのは中国の儒教思想だといわれる。なにより、音楽を担う三線自体が中国から伝わってきたものである。こうした他の文化をうまく取り

第17章●沖縄の芸能文化

入れる才能にたけた県民性が"文化の回廊"といわれる地勢ともあいまって、芸能という舞台で独自の発展を遂げたと考えられる。

元来は別の地域の芸能を沖縄バージョンに変え、定着させる。そんな技量が脈々と現在まで息づいているのが沖縄だ。例えば、沖縄芝居のなかで幕間に演じられた「棒しばり」などもその一つ。本土の狂言「棒しばり」を音楽、セリフなどを沖縄風に変えることでまったく違う芸能に仕立て上げる。太鼓や三線のアクロバティックな演奏が妙味を発揮する点、個人技も要求される作品。沖縄芝居が危機的状況にあるなか、これが演じられる役者も少なくなっている。

同じような例で、沖縄芝居の劇団「ときわ座」を興した名優真喜志康忠の作品「こわれた南蛮甕」は、劇団民芸の滝沢修らが上演して人気を呼んだ喜劇「こわれ甕」（クライスト作）を翻案したもの。こうした流れは、沖縄芝居だけでなく、戦後、沖縄民謡の歌い手たちが、マンドリンやギターを使い出したり、最近のオキナワン・ミュージックがロック調の音楽に三線の音を融合させ、歌詞はウチナーグチという新境地を開いていることにもつながるものがある。

一方、復帰の時点に立方五人地方 8 人の保持者を認定して保存継承に国の力が注ぎ込まれた重要無形文化財「組踊」は、その後、追加認定も行われ、伝統組踊保存会の活動も次第に充実している。そうしたなかで、文化庁の肝いりで、近く建設される国立組踊劇場（仮称）が起爆剤の役目を果たしている。劇場建設に向けて全国数カ所を回って、組踊を上演、広く国民に組踊とは何かを知ってもらう活動や最近では、中学生を対象にした組踊鑑賞会が県教育委員会によって主催事業として始められている。県立芸術大学の学生らに生の舞台を体験してもらうことと合わせた企画が好評を得ている。

〔参考文献〕

◇矢野輝雄新訂増補『沖縄芸能史話』（榕樹社　1993 年）
　沖縄芝居を中心に広く沖縄芸能を歴史的に考察した好書。
◇宜保栄治郎『琉球舞踊入門』（那覇出版　1979 年）
　現在最もポピュラーに踊られている古典舞踊を取り上げ、分かりやすく解説した入門書。

真久田 巧

第17章●沖縄の芸能文化

琉舞

　ひとくちに琉球舞踊といっても、どこまでがその範疇に入るものなのか、難しいところだが、ここではとりあえず、「琉球古典音楽や沖縄民謡に振り付けられた踊り」というくくり方にしておく。音楽については、ここ二十年来の創作舞踊の定義の仕方にも関わる問題なので、あとで述べる。

　琉球舞踊は、古くは玉城朝薫(1684—1734)の時代までさかのぼるが、それ以前にも江戸上りの際の絵巻きなどにその原形がとどめられているからルーツはそのあたりにありそうだ。しかし、現在の琉球舞踊のような形になったのは、やはり朝薫が組踊を上演したころと考えられる。

　琉球舞踊は、大別して古典舞踊、雑踊り、創作舞踊の三つに分類される。古典舞踊とは琉球王府時代に中国からやってくる冊封使を歓待するために踊られた「御冠船踊り」(冊封使を乗せた船を御冠船と呼んだことに由来する)を中心とする舞踊。なかでも、最も重要な位置を占めるのが、「古典女七踊り」と呼ばれる舞踊群。「伊野波節」「諸屯」「作田節」「かせかけ」「柳」「天川」「本貫花」を指す。この七題がなぜ重要かというと、琉球舞踊の基本的な所作、技術がすべて含まれているとされるからである。

　古典舞踊は、さらに踊られる主体の人物像から「老人踊り」「女踊り」「二才踊り」「若衆踊り」に分けられる。老人踊りは、老夫婦に扮した踊り手によって踊られる。女踊りは成人女性、二才踊りは成人男性。若衆踊りは少年という設定である。

　ここで、「女踊り」という呼称について触れなければならない。元々、琉球舞踊は王府のなかで王府お抱えの踊り手によって踊られていた。今風に言えば公務員舞踊家である。従って、古典音楽の歌い手も踊り手も男性のみだった。女踊りとは、歌舞伎でいう女形のように男性が女性を演ずる虚構の世界のことである。男性が女性の「しな」をつくるなど、身体表現的にも無理な形を作らなければならない。そこに芸があり、技がある。つまり、男が女を踊るから「女踊り」と言うのであって、女が男を踊るからといって「男踊り」とは言わない。従って、あくまで「二才踊り」であって、最近目立つ「男踊り」という呼び方は正しくない。

　雑踊りとは、廃藩置県で琉球王府が解体された後、明治以降、芝居小屋の中から生まれた踊りを指す。代表的なものに「花風」「むんじゅる」「汀間当」「収納奉行」「金細工」「鳩間節」などが挙げられる。多くは、芝居役者が地方公演で訪れた土地の民謡に想を得て、振り付けたもの。中には「花風」と「本花風」、「貫花」と「本貫花」のように、先にできた舞踊より後からでき

第17章●沖縄の芸能文化

た舞踊が人気を得て、定着したために古いほうに「本」を冠する名称もある。

創作舞踊は、雑踊り以降に創作された舞踊をいう。1970年代から家元、会主クラスの舞踊家による独演会が盛んに開かれるようになり、その舞台で「一点は創作を」という機運が一つの潮流となりだした。そうした動きを背景に1983年にNHK沖縄放送局が「沖縄の歌と踊り」の中で始めた「創作舞踊の夕べ」、その2年後に琉球放送が創設した「創作芸術祭」などがブームに拍車をかけた。そうした、創作舞踊奨励の機運のなかで、各舞踊家も創意工夫を凝らし、次々と新しい作品を生み出した。それは、時に沖縄音楽の枠を超えて、アジア的な発想によるもの、本土の伝統楽器との融合を目指したものなど従来の琉球舞踊の概念では括れない広がりのあるものに発展している。

戦後の琉舞普及は、1954年に沖縄タイムス社が始めた「新人芸能祭」に負うところが大きい。貴重な無形文化財である琉球古典舞踊を正しく継承し、創作舞踊を開拓する目的で創設されたもの。新人発掘、育成のために舞踊コンクール(優秀な新人十人を選ぶことから琉舞ベストテンと呼ばれた)を実施、その入賞、入選者を中心に舞台公演をするという形式だった。現在では、沖縄タイムス芸術選賞新人部門に改称され、毎年夏に選考会を開き、秋に「選抜芸能祭」を催している。現在、県内外の一線で活躍する家元クラスの舞踊家のほとんどが、戦後の「新人芸能祭」によって、頭角を現わした人たちである。

琉舞は、県内両新聞社の主催する芸能コンクールによる底辺拡大とともに現在でもいくつもの流会派が誕生し続けている。大本をたどれば玉城盛重、渡嘉敷守良、新垣松含の三巨頭に源を発する。なかでも、渡嘉敷、新垣の流れはやや低迷気味だが、玉城の流れは現在のほとんどの流派の源流にあたる。三巨頭の次世代にあたるのが、真境名由康、島袋光裕、親泊興照、宮城能造、金武良章の五氏(復帰の時点で重要無形文化財組踊保持者に認定)と玉城盛義で現在の家元らはほとんどそのいずれかに師事した舞踊家である。

〔参考文献〕

◇『琉球舞踊—鑑賞の手引き』(沖縄県 1985年)
主な古典舞踊、雑踊りなどを取り上げ、その見所、意味などをわかりやすく紹介した入門書。

◇金城光子編著『学校における沖縄の踊り』(沖縄の踊り教材研究所 1978年)
学校現場でも琉球舞踊が教えられるよう、専門的でなく、比較的簡単に踊る方法を図解するなどした教則本。

真久田 巧

第17章●沖縄の芸能文化

三線

　三線と書いてサンシンと読む。本土の三味線は中国から沖縄を経由して伝わったと考えられている。その伝来の過程で、それぞれの風土と文化を反映した構造になっている。沖縄の三線は、中国の三弦を胴張材の蛇皮はそのままに棹を短く、胴を大きく改良して現在に至っている。本土の三味線は、棹を太棹、細棹の二種造り、胴はやや方形に変形、胴張材は猫の皮を使う。
　沖縄の三線が中国から伝来したのは14世紀ごろと考えられている。『琉球国由来記』に1612年には漆器を生産する貝摺奉行(かいずりぶぎょう)に三線職人が置かれていたことが分かっており、そのころには沖縄の楽器として普及していたものと思われる。琉球古典音楽の祖とされる湛水親方(1623―83)が活躍したのは17世紀、玉城朝薫が組踊を上演したのは18世紀初め。そのころには、沖縄の芸能、特に宮廷芸能の主力楽器として定着していたと考えられる。
　三線は、インドニシキヘビの皮を表と裏に張った胴(チーガ)に棹を差し込み、太さのち違う三本の絹製の糸(チル)を張り、それを水牛や象牙(近年はプラスチック製も)で作った爪で弾いて音を出す楽器。棹には上の方から天、糸蔵、野坂、鳩胸などの名称のついた部位がある。音の善し悪しを左右するのは棹といわれる。棹は黒檀(黒木の芯)、紫檀、イスノキの芯(ユシギ)などが使われる。棹の形状によって、今日までにいくつかの型が伝えられている。代表的なものには南風原型、知念大工型、久場春殿型、久場の骨型、真壁型、平仲知念型、与那城型などがある。
　与那城型には、江戸上りの際、道中で弾いたということから江戸与那(エドユナ)と呼ばれる型がある。また、名器を示すケージョー(開鐘)は真壁型に限られる。開鐘とは城の開門を告げる鐘の音のように遠くまで響くという意味。三線職人は、伝統の型を継承する一方、新しい型にも挑戦している。戦後も活躍した三線づくりの名人、又吉真栄はより高い音を出すことができるように野坂の部分を急勾配にした「マテーシー型」、天の部分に鶴、鳩胸部分に亀の螺鈿をあしらった「マテーシー鶴亀」を世に出した。民謡の歌い手の要望で生まれた六弦サンシンや漫談家照屋林助が考えた四弦の四味線(ヨミセン)などもある。
　胴張材は、インドニシキヘビの皮を使う本皮のほか和紙を使った渋張り、戦後、物不足のなかで空缶を胴に使ったカンカラサンシンなどがある。また、本皮は高価な割に常に使用していないと裂けることも多いことから、半永久的に裂けない合成樹脂製の皮も近年普及し始めている。本皮は蛇皮の部位に

第17章●沖縄の芸能文化

よって価格にも差があり、一枚一枚のウロコが大きいほど高価になる。また、皮は強く張れば張るほどよく響くことから、一流の実演家になると、独演会のために皮の張り具合を強くする人もいる。

琉球古典音楽の特徴の一つは、弦声一体にある。弦と声が一体であるということ。つまり、本土の長唄や浄瑠璃と違って、演奏者と歌い手が分業でなく一人で受け持つ、いわゆる弾き語りであることである。楽器さえあれば一人で楽しむことができる。沖縄の芸能文化、特に古典音楽や民謡が今日まで継承、発展してきたのは、この三線があったからだといえる。

古典音楽で現在、広く普及している流派としては、安冨祖正元（1785―1865）を祖とする安冨祖流、野村安趙（1805―71）を祖とする野村流があり、それぞれ組織的に安冨祖流絃声会、安冨祖流絃声協会、野村流古典音楽保存会、野村流音楽協会、野村流松村統絃会、野村流伝統音楽協会などがある。そのほか、前述した湛水親方によって創始された湛水流がある。作田節、首里節、諸鈍節など七曲九節のみを伝承する流派で、安冨祖、野村両派の会員が重複所属している。

戦後、このかた三線愛好者が増え続けてきたのは、沖縄人の芸能好きな県民性のほかに郷土の復興は文化からとの意思のもと、いち早く芸能復興に取り組んだ新聞社の文化事業に負うところが大きい。三線音楽によって、琉球音階という西洋音楽の範疇外の音階の存在が広く知られ、それに興味をもったミュージシャンがさまざまなジャンルの音楽に沖縄音楽を取り入れるようになった。そのことが若者にも三線への関心を植え付け、一つの流行にまでなってきた。

1993年には琉球放送が三月四日を語呂合わせで、「サンシンの日」と制定、ラジオの時報に合わせて全県的に「かぎやで風」を弾く企画がスタート。毎年、恒例行事となっている。また戦後五十年にあたった1995年にはそうした三線の広がりを背景に那覇市などが主催して「天に響めさんしん3000」コンサートが開かれ、話題を集めた。

〔参考文献〕

◇宮城嗣周『嗣周・歌まくら』（那覇出版社　1987年）
　ラジオの番組で長年、ゲスト・パーソナリティーを務めた著者が古典音楽にまつわる話、自身の思い出などを語った著作。
◇勝連繁雄『わかりやすい歌三線の世界』（ゆい出版　1999年）
　最もポピュラーな古典音楽の楽曲を具体的に取り上げ、一つびとつにわかりやすく解釈を加えた入門書。

真久田 巧

第17章●沖縄の芸能文化

空手

　空手は身に寸鉄をおびず、徒手空拳で身を守り、また強い心と体を鍛える武術である。この武術は沖縄（琉球）の美しい自然や風土、琉球王朝文化の中から生み出された独特の武術であり、無形の文化遺産である。

　発生は遠く三山鼎立時代にさかのぼると考えられる。中国明皇帝の招諭を受け、1372年に中山王がそれに応じて使者を派遣、その後南山王、北山王も各々に中国と進貢を行った。統一国家成立後はますます進貢貿易は活発に営まれた。このような背景のもとで中国拳法を学び、沖縄在来の手（ティー）と融合させて理想的な武術「空手」が形成された。その発達過程は次のようになる。即ち、13世紀から14世紀にかけては空手の草創期にあたる。そして15世紀以降に完成期を迎えたが、その技は門外不出であった。時代は降って明治、大正、昭和にかけては発展期と位置づけられる。この時期に空手が一般公開され、また学校体育への採用、更には県外・海外への普及が図られた。世界の多くの国々に普及している今日は円熟期にあたる。

　空手は地域的な特長を有する。すなわち、首里城を中心として発達した「首里手（しゅりて）」、また商業都市として賑わった那覇地域では「那覇手（なはて）」、更に泊港を控え両方の中間に位置する泊地域では「泊手（とまりて）」が発達した。他に昭和初期に「上地流」が創設された。太平洋戦争・沖縄戦終結後、小林流（首里手）、剛柔流（那覇手）、松林流（首里手・泊手）それに上地流の四大流派が中心的役割を担いつつ、活動を展開してきた。県内には現在多くの流派・会派が存在している。

　空手の基本動作は受ける、突く、蹴る、身をかわす（転身）などがあり、これらを理論的かつ科学的に組立て体系化したのが型（形）である。現在、全体で約40種程が継承されている。これらの伝統型（形）には沖縄の美と心が見事に結実されている。各流派の修業者は毎日欠かさず型（形）の反復練習をすることで崇高な精神と強靱な身体をつくる。したがって伝統空手の修業は型（形）を中心に稽古を積み、心身を鍛え立派な社会人を育成する。青少年の健全育成にも著しく効果を発揮することが知られている。

　守礼の邦・沖縄で生まれ完成された空手道は「空手に先手なし」、「空手は礼に始まり、礼に終る」等の金言の通り、人々の自由と平等を守り、幸福で明るい平和な社会の実現を目指す理想的な武術・スポーツである。

第17章●沖縄の芸能文化

〔参考文献〕
◇船越義珍『空手道教範』(日月社 1958年)
　大正時代に空手を中央に紹介した船越義珍の代表的著書。戦前に発行された『増補空手道教範』を戦後の時代変化に即して書き改めたもの。全国的に空手道を普及発展させるために本書が果たした役割は大きい。

◇仲宗根源和他編著『空手道大観』(緑林堂書店　1991年、復刻版)
　収録された資料や写真類はいずれも重要かつ貴重なもの。加えて大家自身による実演や型の解説、更に沖縄県空手道振興協会指導部制定の「空手道基本型」は資料的価値が高い。元版は昭和13年発行。

◇長嶺将真『史実と伝統を守る沖縄の空手道』(新人物往来社　1975年)
　著者は現代沖縄空手界の長老格で、若い時分から首里手と泊手を修業し、昭和22年松林流を創設。戦後の四大流派(小林流、剛柔流、松林流、上地流)のひとつに数えられる。同書は英訳本も出版されている。

◇上地完英編『精説　沖縄空手道』(上地流空手道協会　1977年)
　上地流空手道協会が総力をあげて取組み刊行した大冊。内容は上地流の教本というだけでなく、広く沖縄空手道全般への視点でまとめあげた文献。

◇宮城篤正『空手の歴史』(ひるぎ社 1987年)
　長年にわたる著者の地道な調査研究に基づいて大局的な立場から沖縄空手・古武術の歴史や内容を解明。更に戦後の歩みや文献紹介、文献一覧、年表等いずれも学術資料的に価値が高い。

◇高宮城繁・比嘉敏雄・比嘉勝芳編著『沖縄空手道概説』(沖縄空手道協会北谷道場　1996年)
　昭平流空手技法の教則本として編集された文献。しかし、内容はひとつの流派会派に偏せず、大局的に日本武道や沖縄の伝統空手を論じている。また、日米両文による詳細かつ的確な説明があり、国際化時代にふさわしい文献。

◇金城昭夫『空手伝真録』(沖縄図書センター　1999年)
　沖縄の空手道のルーツ探索のため長年にわたる台湾・中国での調査成果をふまえ、首里手、那覇手、泊手、上地流の源流や型名称の解明に尽力。従来までの研究成果をふまえつつ、実証的な論述が注目される。

宮城　篤正

第17章●沖縄の芸能文化

沖縄の民謡

　沖縄は古謡と民謡が共存しているユニークな音楽文化圏である。はるか数百年前の古謡（ティルクグチやウムイ、クェーナなど）が今日も生き生きと伝承されているのは、沖縄の島々に古い祭祀が脈々と息づいているからにほかならない。沖縄は歌謡の発生や、日本の民俗音楽を考える上で多くの示唆を与え、また、時代は変わっても、新しい民謡が次々生まれていることから、歌と人々の生活との濃密な関係を知る上でも注目されている。

　ところで、民謡は民衆の生活の歌声であり、沖縄の先人たちは、自分の気持や感情を文字で表現するより、歌を通して吐露することが得意であった。沖縄の人たちの心の拠りどころである民謡は、民衆の生への欲求や日々の喜怒哀楽を、それぞれの時代の生活とともに映し出している。

　沖縄の民謡には自然民謡と創作民謡がある。自然民謡とは、いつ、だれがつくったかわからない自然発生的口承民謡のこと。創作民謡とは、目的意識をもって作詞作曲された新民謡のことである。ミーウタと呼ばれる新民謡が、年間最低50曲以上生まれている沖縄は、全国的にも珍しい。

　われわれが民謡と呼ぶ民俗歌謡は、沖縄の場合、古くは単に「うた」と呼ばれていた。今日のように民謡と呼ばれるようになったのは、明治の末あたりからであり、民謡の用語が一般化したのは今次大戦後といってよい。ところが、1972（昭和47）年の沖縄の本土復帰を前後して、民謡のことを「しまうた」（表記はいろいろあり）とも呼ばれるようになった。現在では「民謡」と「しまうた」の両語が併用されている。もちろん、「しまうた」という用語は沖縄からすれば造語になるが、同一文化圏の奄美からヒントを得て概念に膨らみをもたせ、用いられたことばなのである。

　本来、伴奏楽器のともなわなかった自然発生的民謡は、生活用具を楽器がわりに使うこともあったが、三線の普及によってほとんど三線歌化するようになった。また、ジャンルは異なるが古い歴史と伝統のある芸術音楽としての古典音楽や、ユンタ・ジラバを基調に節歌化した八重山民謡も洗練され、芸術的に成長している。宮古の場合は少し遅れて、今次大戦後多くのアヤグは節歌化の道を歩み出した。奄美は直接的に芸術化の動きはなかったが、歌遊びの中で技芸を競い洗練化されていきつつあるのが現状である。

　南島沖縄の民謡は、沖縄の地理的・風土的・社会的・歴史的発展段階で、沖縄音階（ドミファソシド）と呼ばれる

第17章●沖縄の芸能文化

旋律が、南方系の旋律の影響を受けながら琉球王国形成期にできあがったと考えられ、わが国では独特の音楽文化圏として知られている。また、宮古・八重山は大まかにいえば、ベースは律音階（ソラドレミソ）だが、その変種や沖縄音階も複雑に重なっているようである。奄美諸島は、沖永良部以南が沖縄音階圏であり、徳之島以北は日本民謡音階（ドレミソラド）や、律音階の変種が絡み、大きな相異をみせている。近年は、沖縄音楽（音階）の北上現象も顕著である。また、両ブロックは歌の発声（裏声の有無）や三線の奏法もまったくちがいがみられるから、民俗音楽上も興味深い。

琉球弧の中でも、沖縄本島（周辺離島含む）と奄美は琉歌（8・8・8・6音）の濃密な文化圏である。一方、宮古・八重山は琉歌形の稀薄な文化圏（若しくは、非琉歌文化圏）といってよい。本来、掛け合いを基本に成り立っている沖縄の民謡は、AがうたえばBが返すという個人や集団を問わず、歌掛けによって発展してきた。沖縄の民謡は明朗かつ雄大であり、悲調にして優美である。情緒てん綿とうたわれるこれらの民謡は、自然や動植物への温い心づかい（風詠歌）、祭りや祝い歌、仕事の歌、物語歌、生活苦や哀傷歌、わらべ歌、黒潮文化のもつエネルギッシュな熱い恋の歌—と多彩である。沖縄は仕事歌より恋歌が圧倒的に多く、海の歌が極端に少ない。1972年、沖縄の本土復帰を前後して沖縄の歌の世界は、新民謡はもとより、沖縄歌謡曲や琉球ポップス、オキナワンロックをも派生させ、脚光を浴びている。沖縄の民謡は古い要素と新しい要素がうまく融合しながら、それぞれの時代に逞しく息づいているといえよう。

〔参考文献〕

◇『琉球芸能事典』（那覇出版社　1992年）
　沖縄・宮古・八重山・奄美の民謡と芸能の理解に資し、座右の書として活用できる。
◇青木誠『沖縄うたの旅』（PHP研究所　1995年）
　沖縄の音楽の魅力と全貌を、うた心豊かに描写している。
◇仲宗根幸市『南海の歌と民俗』（ひるぎ社　1985年）
　琉球弧の民謡を、体系的に紹介した入門書。

仲宗根 幸市

第17章●沖縄の芸能文化

沖縄芝居

　沖縄で演劇と呼べる舞台芸能を歴史的に考えると、最も古いのは琉球王府時代に踊奉行をしていた玉城朝薫(1684―1734)が1719年に初めて上演した「組踊」までさかのぼることになる。沖縄芝居は王府お抱えの組踊役者(御冠船役者)らが、1879(明治12)年の廃藩置県以後、職を失ったため、市井に降りて始めた興行の中から生まれたものとされる。

　初めは、那覇の街にかますで囲っただけの簡素な小屋を作って興行(そのため、俗にカマジー芝居と呼ばれる)、後ににぎやかな遊郭の近くに本格的な劇場を建てるようになり、商業演劇の体をなすようになった。芸能というのは、見る側と演ずる側の関係性の産物といわれる。沖縄芝居もその例に漏れない。かつて王府で公務員として、舞台を務めた組踊役者らは、芝居小屋でも組踊を演ずるしかすべがなかった。ところが、組踊の様式性、象徴性というのが、一般の庶民に受けるわけもなく、役者たちは客の欲求に応えるべく、新しい演劇を作り出す課題を負わされることになる。そこで生みだされたのが、庶民感覚を取り入れた新しい形式の沖縄芝居である。

　当初は、いわゆる「ワンドタリー調」と呼ばれる形式の芝居だった。登場人物が舞台に現われる際、「ワンドタリー！どこの何某だが…」と名乗るところからそう呼ばれたが、ここにも組踊の名残を見ることができる。組踊では、立方は登場すると、「出様ちゃる者や…」というセリフを唱える。それを庶民風に変えたのがワンドタリー調である。登場人物がまず自らを名乗るところから物語が始まるという形式にも古さが感じられる。

　組踊から「ワンドタリー調」への変化の過程では、まだ、劇全体に占める音楽(歌)の割合は多かった。代表的なもので今日まで継承されているのが「親あんまあ」「夜半参」などの作品。次第に音楽(歌)が少なくなり、日常語(方言)を中心とした演劇へと昇華されていくことになる。そこには、本土からやってきた劇団の影響や役者自身が大阪などへ出掛けて観劇した成果が生かされたと考えられる。

　セリフ中心の演劇が生み出されると、今度はやはり音楽(歌)も欲しいという欲求が出始め、「歌劇」が誕生することになる。歌劇は文字通り、歌による劇。節のついたセリフでもって筋が展開される芝居のことである。代表的な作品に「奥山の牡丹」(伊良波尹吉作)「薬師堂」(同)「泊阿嘉」(我如古弥栄作)「伊江島ハンドー小」(真境名由康作)「中城情話」(親泊興照作)などが

第17章●沖縄の芸能文化

ある。本土にはない形式の芝居を見た演劇研究家のなかには、「イタリア・オペラに匹敵する」と絶賛した人もいる。

このように沖縄芝居は、組踊をルーツに持つ沖縄独特の演劇で、大別してセリフ劇と歌劇がある。明治期には、シェークスピア劇の翻案もの、無声映画が出始める大正期には連鎖劇なども登場した。連鎖劇は、映画と演劇を連鎖させて上演する形式の芝居のこと。沖縄の演劇史のなかでも特異な存在で、実験性に富んでいたが定着しなかった。最近では、1999(平成11)年に公開された映画「夢幻ツルヘンリー」(高嶺剛監督)で、再現され話題になった。

戦後、沖縄を占領した米軍は、統治政策の一環として、沖縄民政府に大戦で散り散りになった沖縄芝居役者を集め、官営劇団を組織させる。松劇団、竹劇団、梅劇団の三劇団である。三劇団は、収容所を回り、捕虜となった沖縄人を慰問する。そのなかで、今日でも語り継がれているのが組踊「花売の縁」である。都落ちした首里の下級士族がヤンバルで花売りに身をやつして隠れ住んでいるところを訪ね訪ねてきた妻子と劇的な再会を果たす物語。同じ境遇の捕虜たちの涙を絞ったと伝えられている。

その後、劇団は民営化され、各地で次々に誕生、娯楽のない時代を背景に沖縄芝居黄金期を迎える。しかし、昭和30年代から次第に映画やテレビに押されるようになり、今日まで危機的状況が続いている。こうした、沖縄芝居の危機を憂えた演劇人らが、その再生を目指して始めたのが劇作の大城立裕(芥川賞作家)、演出の幸喜良秀(劇団創造団員)を中心とする「沖縄芝居実験劇場」である。立ち居振舞いや方言のセリフなど様式性を残しつつ、新劇の手法を採り入れながら、新しいタイプの沖縄芝居を作ろうという試み。ほとんどが口立て(台本がなく、口承による演劇)の沖縄芝居に対して、しっかりと台本に則し、演出も本格的に加えた作品を次々に上演した。

一方、若者にも支持される演劇を目指してパロディー劇を中心に活動を始めた笑築過激団や沖縄の古い城跡を舞台に野外公演で話題を呼んだ劇団「大地」なども誕生している。

〔参考文献〕

◇稲垣眞美『女だけの『乙姫劇団』奮闘記』(講談社 1990年)
　沖縄に女性だけの劇団があることに感激した著者が、直に劇団幹部から取材、その成り立ちや歴史、存在意義などを論考した著作。

真久田 巧

第17章●沖縄の芸能文化

エイサー

　エイサーとは、旧盆（旧暦七月）に沖縄県内各地で踊られる伝統的な「念仏踊り」のこと。歌、三線に合わせて大太鼓や締め太鼓、パーランクー（タンバリンのように表のみに皮を張った打楽器。細いバチでたたいて音を出す）などを打ち鳴らしながら、踊られる。規模や編成、形態、レパートリーなどは集落ごとに異なる。太鼓の集団のほかに手踊りのグループとセットになった地域もあれば、パーランクーだけの集団もある。踊り手の囃子ことばにある「エイサーエイサー、サーッサ」「スリサーサー」などからエイサーと呼ばれるようになったと考えられている。

　エイサーは、元来は各集落の純然たる宗教的行事だが、最近では青年会活動の一環として、踊られている。商店街の要請を受け、出掛けていって踊ったりするなど、青年会運営の重要な資金づくりともなっている。集落の広場で円陣を組んで踊ったり、辻々を移動しながら演技を披露する。男性が担当する太鼓の集団は、ズック靴に脚絆（きゃはん）、陣羽織に頭巾など、女性が担当する踊りの集団は、シマサバ（ゴム草履）に丈の短い浴衣などを衣装として着用する。地謡（歌、三線）は牡丹の花をあしらった久場笠に着流し姿で三、四人で歌う。

　エイサーが元来は宗教的行事だといわれるゆえんは、勝連町平敷屋のそれを見れば、容易にイメージできる。白と黒を基調にした衣装でパーランクーをたたいて踊るこの地域のエイサーには、「念仏踊り」本来の姿が特徴的に残されている。ほかの多くの集落のエイサーが華やかな衣装にダイナミックな演技を持ち味とするのに比べ、静かに、ゆったりと抑制された動きが精神性を感じさせる。

　エイサーどころ（盛んな地域）としては、平敷屋を含む与勝半島一帯と沖縄市一円などが挙げられる。伝統的に盛んな地域からほかの地域に伝播したエイサーもある。糸満市喜屋武のエイサーは与那城町屋慶名から。同じく糸満市米須のそれは沖縄市園田青年会から教えてもらったものだという。

　宮古、八重山地域には歴史的にエイサーはなかったが、最近では、徐々に踊られるようになっている。八重山では、旧盆行事の一つとして、「アンガマ」が石垣市内の青年会を中心に盛んに行われているが、十数年前から、市街地の新興地域でエイサーが踊られるようになっている。「アンガマ」とは、あの世からやって来た翁（ウシュマイ）と媼（ンミー）が子や孫（ファーマー）を引き連れて、各戸を訪問、踊りを披露したり、観客と裏声による、とんち問答を展開する民俗芸能の

第17章●沖縄の芸能文化

こと。青年会活動の一環として、踊られる点はエイサーと共通している。

エイサーは、エネルギーを発散させる太鼓のリズムが若者にも広く支持されている。旧盆の時期の各集落での本番が終わると、「青年ふるさとエイサー祭り」や「全島エイサーまつり」といった県内二紙と開催地の自治体などの主催するフェスティバル形式の公演への出演が待っている。こちらのほうは各集落での円陣や道行き形式の演技とは違い、広い陸上競技場が舞台であるだけに、隊形の変化などに妙味があり、青年会同士の格好の競い合いの場ともなっている。

エイサーも時代とともに変化している部分がある。集落ごとに伝承されてきたエイサーとは別に、自由意思で参加して作られた集団によるエイサーも出始めている。最近の太鼓ブームを反映したかっこうだ。そのさきがけ的集団が「琉球国祭り太鼓」である。現在では、海外にまで支部組織ができるほど、底辺拡大ぶりがめざましい。このグループのエイサーの特徴は伝統的な沖縄民謡だけでなく、ポップスなども音楽として取り入れている点にある。洋楽でも太鼓のリズムにマッチさせることで、立派なエイサーになることを証明している。

このグループによって、全県的にブームとなった演目が「ミルクムナリ」である。竹富島出身のミュージシャン日出克が作曲した曲に踊りを振り付けたもので、エキゾチックな雰囲気を湛えた曲想と太鼓のリズム、ラップ調ともいえる「口説き」などが絶妙に融合。たちまち、人気を呼び、いまではさまざまな振り付けで保育園や小学校の運動会、学芸会などでよく見られるようになっている。

八重山の「アンガマ」が旧盆以外にはほとんど見られないのに比べ、エイサーは県内で行われるイベントの格好のアトラクションとして定着しており、年中、見ることができる。特に、夏から秋にかけての祭りシーズンには、よく見かける。集落の名を書いた、のぼりを見ると、ウチナーンチュでも、まだまだ知らない地域があることと、そこのエイサーを見ることができる。エイサーは地域の存在をアピールする手段でもある。

〔参考文献〕

◇宜保栄治郎『エイサー・沖縄の盆踊り』(那覇出版　1997年)

　エイサーの歴史や源流を探り、念仏踊りと盆踊りの違いを考察、現存する県内各地のエイサーの特徴などを具体的に紹介した著作。

◇宮良賢貞『八重山芸能と民俗』(根元書房　1979年)

　八重山の芸能を民俗とのかかわりから考察した論文。念仏踊りとしての「アンガマ」も取り上げている。

真久田 巧

第18章　沖縄の文学

　この「沖縄の文学」の項目では、主として近現代における沖縄文学が扱われている。沖縄に関わる文学表現について語るとき、慣例として、近代以降のそれについては「沖縄文学」という名称を、そして、前近代のそれについては「琉球文学」という名称を用いることが多い。おそらく、こうした、「沖縄文学」あるいは「琉球文学」という分割的な規定のなかには、そこでいったいどのような言葉が使用されているかによる判断が関わっていると言える。つまり、「琉球文学」とは、奄美から沖縄本島を経て宮古・八重山諸島にいたる「琉球弧」のなかで、琉球語を用いて表現され続けてきた古典文学であり、一方、「沖縄文学」とは、いわゆる琉球処分（1879年）以後の近代化の過程において、「標準語」を用いて表現されてきた近現代文学を指す、という具合にである。

　しかし、考えてみるに、「おもろさうし」を中心とする古謡や琉歌、あるいは玉城朝薫などによる「組踊」や島々に伝承されている歌謡などが明らかにするように、「琉球文学」が、琉球語によってその独特の文学世界を生成させているのは確かだとしても、そこには、たとえば平敷屋朝敏（擬古文物語）や宜湾朝保（和歌）に代表されるような和文学の流れがあり、また、程順則に代表されるような漢詩文の隆盛もあったわけで、「琉球文学」自体が、既に、琉球語だけに収斂されない多言語性、多ジャンル性にむけてひらかれていたと言えるだろう。

　とするならば、こうした文学表現の持つ多言語性・多ジャンル性において、近代から現代にいたる沖縄文学にも「琉球文学」の命脈が見出せるように思える。たとえば、明治三十年代からその始まりを見せる沖縄近代文学も、専制的とも見える標準語表現の洗練への志向の一方において、実は、その初期から琉球語の実験的使用の試みを内包していたのだし、また、明治後期における琉歌や沖縄芝居の興隆があるといった事態もある。やはりそこにも、「標準語」にのみ収斂され得ない、葛藤を孕み屈曲を抱えた言語意識・表現意識の沖縄文学における発露が見出せるのだ。むしろ、こう言うべきかもしれない、言語的葛藤こそが沖縄の文学の最も基本的なあり方を顕現しているのだ、と。

　第二次大戦後、米軍統治─「本土復帰」を経て現在にいたる近現代沖縄の目まぐるしい社会政治的変動は、沖縄の文学にいっそう多層な言語的葛藤、表現主体の葛藤を呼び込んでいる。

第18章●沖縄の文学

　戦後沖縄文学を読んでいくとき、そこに私たち読者は、戦争の記憶を問いながら、日本やアメリカとの間で引き裂かれるように揺れつづける沖縄のあり方を見出していくことになるのだが、そうした沖縄の揺れの最たる表象として、標準語、沖縄口、沖縄大和口、さらには英語（米語）などの言葉の交錯がある。加えて言えば、多くの移民や戦時植民地下のアジアの各所における沖縄に関わる多様な言語表現も見逃されてはならない。

　大切なのは、こうした言葉の交錯を、他ならぬ自らの現実の表現として選び取る過程のなかで、近現代の沖縄文学が独自のあり方を模索してきたということである。言語的葛藤を単なる混乱として見るのではなく、逆に、言葉の多元的広がりの中において文学を生成させていこうとするありかた、そこに沖縄の文学の根底的な可能性があるはずである。

　そして今、沖縄の文学は、いよいよ、その言語的葛藤のなかから、あたらしい沖縄の姿を再編し創造していく自らの力を再発見していこうとしている。

〔参考文献〕

◇『沖縄文学全集　第20巻　文学史』（国書刊行会　1991年）
　現在における琉球文学・沖縄文学研究に関わる代表的研究者の、23にもわたる論考を編纂した書物で、オーソドックスな概論的考察から個別具体的なアプローチまでを含む多彩な論考集となっていて、沖縄の文学の広がりを知るに最も適した文献。

◇『岩波講座日本文学史　第15巻　琉球文学・沖縄の文学』（岩波書店　1996年）
　これまでの多くの「日本文学史」が、琉球・沖縄文学を明確な形で位置づけてこなかったことへの見直しから、この書は編まれている。通史的な考察と同時に、「おもろ」や「琉歌」、「組踊」や和文学や漢文学、また、歴史書や多くの島々の歌謡から近代以降の詩歌・小説・演劇にいたるまで、優れた研究者によって、横断的で多様な論考が提示されている。

新城 郁夫

第18章●沖縄の文学

『おもろさうし』

　琉球王府の儀礼でうたわれた歌謡を集めた文書。表題は「おもろ御さうし」。全22巻。1531年に巻1、1613年に巻2、1623年に巻3以下が編集される。ただし、巻22だけは、巻21までのうただけで構成されており、さらに成立年が下るだろう。「おもろ御さうし」は「おもろ」の王府覚え書き（御双紙）というほどの意味であり、17世紀以降の王府には「おもろ」と呼ばれるジャンルの歌謡が定着した。収録総数は1554首だが、なかには重複している例があり、実数は1250首ほど。1709年の首里城の火災で原本が消失し、翌年に再編集された。巻ごとに異なった内容のうたが収められ、王府の高位の神女のうた、航海のうた、踊りのためのうた、地方のうた、などの巻がある。
　原文に漢字を宛てて、一首を引く。
　　あふりやへが節
　　　一　聞得大君が
　　　　　降れて　遊びよわれば
　　　　　天が下
　　　　　平らげて　ちよわれ
　　　又　鳴響む精高子が
　　　又　首里杜ぐすく
　　　又　真玉杜ぐすく（巻1-1番）
　「あおりやへが節」は節名、つまり旋律の名称であるが、具体的な歌い方は不明。2行目から4行目を各「又」のあとに繰り返しうたう。王府の最高位の神女である聞得大君が、首里城の聖域（首里杜・真玉杜）に神として降りて神遊びをすることで、王が天下を支配してましませという内容。儀礼の場で最高神女が王を霊的に守るという、王府儀礼の核心が表現されている。
　収められたうたの多くは、このような王府の儀礼でうたわれたが、その具体的な場については、よくわからないことが多い。王国崩壊時には、おもろ主取という特殊な役職が儀礼でおもろをうたっていた。これは18世紀以降安仁屋という一族に継承されたが、伝えたうたは5首だけだった。だが、1609年の島津氏の琉球侵略以前の貴重な記録であり、琉球の固有信仰を知るには不可欠。未解読の言葉も多く、謎に満ちた魅惑的な歌謡集である。

〔参考文献〕
◇外間守善校注『おもろさうし』全2冊（岩波文庫　2000年3月以降）
　全歌に注釈が施され、大意も付されている。文庫で『おもろさうし』が読めるようになったのだ。
◇池宮正治「おもろさうし概説」『複製尚家本おもろさうし　第4分冊附録』（ひるぎ社　1980年10月）
　もっともすぐれた概説の一つ。一般で入手しやすい形での刊行が望まれる。

末次　智

琉歌

　大和歌、和歌に対する名称で、「琉球歌」の省略形。広義には、奄美諸島と沖縄諸島でうたわれる、8音と6音により構成された叙情的な短詩形歌謡のこと。これらは、おもに三線により伴奏され、うたわれる。だが地元では、シマウタあるいはウタと呼ばれることの方が多い。この場合のシマは生活共同体。

　一方、琉球王府では、近世以前に本州弧の文芸がもたらされ、この影響で和歌と同じように、詠む歌も作られた。その影響のもとに成立したのが狭義琉歌である。これには、8・8・8・6の音数律をもつ四句体の短歌や、8音を続け6音で終える長歌などがある。このような定型は、すでに琉球弧の文芸に芽生えていた8音と6音への傾きが、大和の歌に出会うことで規範化されたのだろう。歌謡としてうたい継がれても、厳密な規範としての定型は確立しない。やはり、文字に記し、これを読むことを前提とするだろう。だから、8・8・8・6音の四句体という規範意識の成立に琉歌の起源を求めるなら、文字を介して大和の歌と接触した王府の知識人の脳裏にまずそれは発生したと考えられる。たとえば、7・5音と8・6音を並べた仲風と呼ばれる歌はこのような規範意識を前提とする。

　だが、通常の和歌には四句体は存在しない。和歌の基調をなす5音と7音を用いたうたでは、本州弧で中世末から近世初頭にうたわれた小唄形式の歌謡の多くが7・7・7・5音の四句体をなし、琉歌の定型と明確に対応している。たとえば、これが流行していた泉州堺からは、1600年に僧・喜安が渡琉して王府に滞在しており、両者の交流も予想される。

　そして、小唄がうたわれたように、狭義琉歌も例外を除き三線でうたわれる。和歌が早くにうたわれなくなったのに対し、琉歌はうたわれ続けたのだ。歌を集めた琉歌集は、多くが節（旋律）ごとに編集されており、つまり歌詞集である。最古の琉歌集『琉歌百控乾柔節流』（1795年成立）から「天川節」でうたわれるものを一首引く。

　　天川の池や千尋も立ら
　　おれよひも深く思てたはほれ
　　（天川の池の深さは千尋もあるでしょうか、それより深く私を思って下さい。）

〔参考文献〕

◇外間守善・比嘉実・仲程昌徳編『南島歌謡大成　第2巻』（角川書店　1980年8月）

　沖縄諸島の狭義琉歌を中心にした最大の集成。琉歌の世界が一覧できる。

◇嘉手苅千鶴子「琉歌の展開」『日本文学史　第15巻』（岩波書店　1996年5月）

　基礎的な研究を踏まえた最新の成果。

末次 智

第18章●沖縄の文学

沖縄近代文学

　沖縄の近代文学は、1879（明治12）年に沖縄が明治政府によって近代日本の国家の版図に組みこまれてのち、いわゆる大和口(ヤマトグチ)（共通語・標準語）によってなされた文学のことを総称して呼んでいるものである。

　明治政府は、いわゆる琉球処分以後直ちに学校教育を実施して共通語の普及を図るが、その政策はさまざまな抵抗に会い、学校教育自体の一般化もはるかにおくれ、明治30年代になってようやく他府県並みの就学率を実現するようになった。従って共通語の普及も、またその共通語による表現である近代文学も、明治30年代以降、40年代から大正期にかけてという時期になってようやく実現するのである。

　近代文学が登場する明治30年代以前の沖縄では、首里王府時代からの和歌や漢詩文等による表現がひき続いて行われていたが、それは、王府時代の役人等の知識人たちの間で行われていたので、置県後も旧時代の作風を色濃くにじませていたのであった。が、それよりも何よりも"近代"という新しい理念が人々の間に根づいていなかったし、その理念を実現するものが"共通語"="近代日本語"に他ならなかったから、その共通語が一般化されていないこの時期には、そういう理念に根ざした表現としての文学＝近代文学が登場する余地はなかった、と言える。

　明治も30年代なかばになると、ようやく近代の新しい教育によって自己形成した世代が登場するようになる。同時に、1893（明治26）年に刊行された『琉球新報』などの新しい表現の場所が一般にひらかれるようになる。こうして、新しい世代の登場と、出版メディアの整備が進んだことによって、それまでにない表現としての近代文学が沖縄においてもみられるようになったのである。さらにこの時期になると、さまざまな形の情報が沖縄にもたらされるようになり、東京を中心とする論壇や文壇での言説が、若い世代に直接的な影響を与えるようになった。沖縄の若い人々にとって表現する手段である言葉をはじめ、内容も形式もそれまでに全くみられない新しい表現であったから、まず近代を表現する言語としての共通語を自由に駆使する程度にまで身につけること、その上で新しい理念を盛りこむ内容を学び、形式を学ぶことによって近代文学を自らのものにすることは可能となる。従ってその表現は、東京中心の表現の圧倒的な影響のもとに出発せざるをえなかったのであった。

　こうして明治30年代のなかばから、まず「新詩」「新体詩」あるいは「軍歌」

第18章●沖縄の文学

や「唱歌」の影響を受けた「詩」が登場、続いて与謝野鉄幹・晶子の「明星派」の影響をうけた短歌が発表されるようになり、これらの韻文表現から遥かにおくれて、明治40年代になって初めて「小説」などの散文表現が現われるようになった。これは沖縄に公文書以外での散文の伝統がなかったことと、共通語を習得して自在に駆使することが困難だったことによると考えられている。

こうして出発した沖縄の近代文学は、大正期から昭和期にかけて、急速に発展するようになる。沖縄県内で文芸同人誌を発行してそこに作品を発表したり、直接東京に出て、東京に活躍する場所を求めたりする人たちも出てくるようになった。こういう動きを積極的に支援し、活動の発展に力をつくしたのが、『琉球新報』『沖縄毎日新聞』などの新聞社である。作品を発表する場所として紙面を提供するだけでなく、懸賞募集を行って、表現する者の登場をうながしたのであった。1922（大正11）年雑誌『解放』の懸賞に入選した「奥間巡査」（池宮城積宝）の他、1931（昭和6）年『改造』創刊十周年懸賞に詩の分野で入選した仲村渠や津嘉山一穂など、あるいは山之口貘の登場は、そういう明治以来の活動の蓄積の上に華開いたものと言えよう。

以上のように、沖縄の近代文学は、明治の廃藩置県以後かなり時を置いて日本の近代化の過程に組みこまれるなかで実現したものである。それは近代日本語＝共通語を学び身につけ熟達することを通して近代の理念を獲得し、その上で自らのものとして表現することに他ならなかった。従ってその実現は容易ではなく、新しい文明にふれる機会をもつことのできた少数の若い知識人たちによって、担われざるをえなかったのである。沖縄の近代文学が内容の面で、近代の実現を強く期待する反面で、前近代的な価値観や、桎梏、社会的な停滞を批判し嘆くものになりがちだったのは、そういう文学の成立と展開の特性によるものであったと言える。

〔参考文献〕

◇岩波講座『日本文学史　第15巻　琉球文学・沖縄の文学』（岩波書店　1996年）

沖縄文学の歴史を知る基本図書である。

岡本　恵徳

第18章●沖縄の文学

沖縄戦後文学

　凄惨な地上戦を経て廃墟と化した戦後沖縄における文学活動の出発は、まず、『うるま新報』『月刊タイムス』といった、新聞・雑誌に発表された詩や短歌あるいは小説をもって始まる。たとえば、太田良博「黒ダイヤ」(1949年)や山田みどり「ふるさと」(1950年)といった作品がその嚆矢と言える。しかし、戦後とはいっても、沖縄においては、1972(昭和47)年のいわゆる「本土復帰」以前は、社会政治、文化、経済、あらゆる生活が米軍の支配下にあったことは留意されなければならない。本土の戦後文学が、戦後間もなく、野間宏、埴谷雄高、大岡昇平らによる第一次戦後派といった名称で知られるような活発な展開を見せていくなか、沖縄においては、表現の自由という現実的環境が保証されてはいなかった。おのず、戦後間もなくの沖縄文学は、戦争そのものを問い返すというより、戦後の現実を風俗的に描き出すか、あるいは時代小説といった枠内に留まることとなる。

　こうした微温的とも見える戦後沖縄文学のありかたに鋭い批判を投げかけ、時代状況に自覚的かつ政治的に関わる表現の必要を問うたのが、1950年代の文学シーンを象徴する雑誌『琉大文学』である。そこでは、新川明、川満信一をはじめとする同人たちによって先鋭な批評活動がくり広げられた。そうした政治と文学の相克を経て、小説や詩といった表現が実質的な成果を示し始めるのは、1960年代に入ってからのことで、総合雑誌『新沖縄文学』(1966〜93年)の刊行を契機としながら、多様な文学ジャンルにおいて旺盛な表現活動が展開されることとなった。

　小説における嘉陽安男、長堂英吉、詩歌における清田政信、勝連敏男、岸本マチ子、あるいは批評における新川、川満、岡本恵徳など、戦後沖縄の代表的表現者たちの活動も60年代以降その本格的な開花を見たといっていい。

　しかし、この間の沖縄の文学を牽引した表現者として、大城立裕の名を第一にあげねばならない。小説「カクテル・パーティー」(1967年)芥川賞受賞は社会的事件でもあったし、戦後まもなくから文学活動を始めていた大城立裕は、この作品を契機として、その創作の世界をいちだんと広げていくことになる。沖縄の歴史に取材する作品群、「亀甲墓」「神島」などの沖縄戦や土着的世界を描き出した作品群など、大城の小説世界は極めて多様である。加えて、かずかずの沖縄文化論や、幾多の戯曲や演劇評論など、その表現活動は小説に留まることなく多岐にわたり、現在にまで至っている。

第18章●沖縄の文学

　こうした戦後沖縄文学の展開が、また新たな段階をむかえるのが1970年代であるが、そこには、いうまでもなく「本土復帰」（72年）が大きく作用している。米軍統治の時代を経て日本という国家に再統合されるという政治状況は、文学にも強いインパクトを与えずにはおかなかったわけで、おのず70年代以降の沖縄の文学は、アメリカや日本の狭間にあって揺れ続ける自らのアイデンティティーを問う姿勢を鮮明にしていくことになる。

　東峰夫『オキナワの少年』（72年、芥川賞）、知念正真『人類館』（76年、岸田戯曲賞）、又吉栄喜『ジョージが射殺した猪』（77年、九州芸術祭文学賞）などにこの時期の最も優れた文学的達成を見出すことができる。共同体や国家はもとより、類型化された沖縄像をも相対化するだけの批評性を内包するこれらの作品は、今なおその新鮮さを失っていない。

　1980年代に入ると、そのテーマも、沖縄戦や基地問題とに限られることなく、ますます多様な広がりを見せ始める沖縄文学であるが、たとえば多くの女性作家の活躍は沖縄文学に人間の個の意識の深まりを導き入れるきっかけとなったし、また、崎山多美や目取真俊といった現代沖縄文学の代表的作家たちもその個性的な表現の広がりを見せていくことになる。

　こうした戦後沖縄文学は、単に一地方のローカルな文学と捉えるには、あまりにも多彩かつ多元的であり、逆にその錯綜した表現において、画一的な言語によって形成されているとも見える日本近現代文学そのものを相対化し脱中心化していく可能性を内在していると言える。多言語性や「国民国家」論的視座、あるいはジェンダーや戦争を巡る記憶の問題など、様々な視点から戦後沖縄文学を読んでいく試みはまさにこれからである。

〔参考文献〕
◇岡本恵徳『現代沖縄の思想と文学』（沖縄タイムス社　1981年）
　先駆的な近代沖縄文学史をはじめ60年代から70年代にかけての文学活動について、思想史的視座から批評する書物。「水平軸の発想」他、岡本の代表的論考を含む。
◇仲程昌徳『沖縄近代文学の展開』（三一書房　1981年）
　「戦争と文学」「言葉と文学」「文学と地域性」といった明確な問題意識によって、沖縄の近現代文学を幅広く論じていて示唆深い文献。

　　　　　　　　　　　　　　新城 郁夫

第18章●沖縄の文学

山之口貘

　詩人。本名は山口重三郎。1903（明治36）年7月19日那覇区東町に生まれた。県立第一中学校在学中に絵画と詩に興味を抱き詩作にふける。県立第一中学校を中退して上京、本郷絵画研究所へ通うなどして絵画を志すが、1923（大正12）年9月関東大震災に遭って帰郷する。しかし、父の鰹節製造の事業の失敗により一家離散という憂目に会い、1925年に再度上京、「昭和十四年の五月頃までの大半を、一定の住所を持たずにすごした」という。その間「書籍問屋の発送荷造人」「煖房屋」「お灸屋」「汲取屋」「ダルマ船の船頭さんの助手」「ニキビ、ソバカスの薬の通信販売」等の職を転々としながら詩を書きつづけ（以上「　」内引用は「自伝」）、佐藤春夫や、終生の友人である金子光晴、草野心平らの知遇をえた。

　1937（昭和12）年結婚、翌38年8月にようやく上京後の作品を収めた第一詩集『思辨の苑』を「むらさき出版部」から刊行、1940年12月、『思辨の苑』にその後の作品12篇を加えて第二詩集『山之口貘詩集』を山雅房から刊行した。主に放浪生活をうたった。『思辨の苑』に対して、新に加えられた作品は結婚生活を詠んだものである。戦争中は妻静江（旧姓安田）の実家のある茨城に疎開、戦後は1948年になって東京に帰っている。その後は、1944年に誕生した長女泉をモチーフにした作品の他米軍統治下の沖縄に題材をとった「沖縄よ何処へ行く」などの作品や、沖縄の現状を訴えるエッセイなどを数多く発表している。また沖縄の「復帰運動」を支援する一方で、沖縄の芸能文化の紹介に力をつくした。1958年、『山之口貘詩集』に推敲を加えた。『定本山之口貘詩集』を原書房から刊行、これによって1959年第二回高村光太郎賞を受賞している。1958年11月、34年ぶりで沖縄に帰り盛大な歓迎を受けたが、1963（昭和38）年7月19日病をえて死亡、享年59歳であった。翌1964年には『鮪に鰯』が原書房から刊行されている。

　貘の詩は平易な語彙と独特なリズムによって生活に根ざした世界をうたいあげているが、放浪生活にうらうちされたそのユーモアとペーソスにみちた作品と、温い人柄を示す数々のエピソードも手伝って、沖縄を代表する詩人として多くの人に親しまれている。

〔参考文献〕
◇仲程昌徳『山之口貘－詩とその軌跡』（法政大学出版局　1975年）
◇高良勉『僕は文明をかなしんだ－沖縄詩人　山之口貘の世界』（彌生書房1997年）

　両書とも、貘の生涯をたどりながら、その作品を分析・鑑賞している。

岡本　恵徳

琉大文学

　雑誌『琉大文学』(1953年創刊、全33冊)は、単に文学という領域に留まることなく、1950年代の沖縄の思想を代表する表現空間であった。琉球大学の学生達の手によって創刊されたこの雑誌は、書き手の鬱屈した精神のありようを、米軍支配下の社会状況との相関の中に見出していく過程の中で、先鋭な政治意識を前景化させながら、既存の微温的な文学表現の枠組みを徹底的に批判していく批評誌としての性格を強めていく。

　そうした『琉大文学』の批評誌としての性格をはっきりと打ち出したのが、1954(昭和29)年7月発行の第6号からで、この号には、新井晄(新川明)「船越義彰試論―その私小説的態度と性格について」が掲載されている。この中で新川は、既成の戦後沖縄文学に「日本的なもの」への回帰性を見出しその「逃避」性を厳しく批判しているが、そこには、沖縄の閉塞的状況への否定的精神の発露が見出せる。こうした批評性は、同号の川瀬信(川満信一)「『塵境』論、続く7号の新川明「戦後沖縄文学批判ノート」などにも集約的に示されている。新川、川満、二人の批評は、一貫して、政治的状況に主体的に関わる文学表現を求めるものであって、その激烈な批判の言葉は、多くの表現者に真摯な自己批評の契機を与えるものとなった。

　こうした『琉大文学』の刊行は、発売停止処分などの困難を経ながら、なお70年代までその余命をつなげるが、実質的には1960年頃にはその文学史的役割を閉じていると言える。

　新川明、川満信一、池沢聡(岡本恵徳)らの後を承けて、儀間進、伊礼孝らが雑誌の中心となるなかで内部からの見直しが提示されてくるが、この動きは、戦後沖縄の文学表現の「主体性」を問い直す機会とはなったが、必ずしも議論が深められたわけではない。その後、「基地反対闘争にやぶれ」(「変革のイメージ」)るという挫折感を背景にもつ清田政信による、孤立した意識に沈潜する脱政治的な文学への志向が打ち出されることになるが、ここに、雑誌『琉大文学』は一つの終焉をむかえる。

〔参考文献〕

◇鹿野政直「『否』の文学―『琉大文学』の航跡」『戦後沖縄の思想像』(朝日新聞社　1987年)

　　雑誌『琉大文学』に関する先駆的研究であり、精緻かつ柔軟な思考によって、この雑誌の戦後沖縄における思想史的位相が明らかにされていて必読の書。

新城 郁夫

第18章●沖縄の文学

『カクテル・パーティー』

大城立裕作の小説。1967（昭和42）年2月『新沖縄文学』（沖縄タイムス社刊）第4号に発表。同年上半期の第57回芥川賞受賞作となり、同年9月文芸春秋社から刊行された。発表当時、"沖縄は文学不毛の地か"と、すぐれた文学作品が現われないことを嘆く声が大きかっただけに、この作品の芥川賞受賞は大きな反響をよび、社会的事件とさえ言われたものである。

作品の内容は、ラオスやカンボジアでの内戦の激化した1963年の沖縄を舞台に、基本的な人権さえ認めないアメリカの統治下で唱えられる"国際親善"がいかに"虚妄"にみちたものであるかを鋭く告発したものである。作品は、前章と後章に分かれ、前章では米軍基地住宅内でくり広げられる国際親善の模様を描き、後章では一転して主人公の娘が米兵によって犯される事件を通して、米国支配の本質をえぐりだしたものであった。作者はこの作品の執筆の意図について、「国際親善の欺瞞性」を暴くだけでなく、自らの過去に犯した加害者としての責任を自覚することを通して、米国の支配の犯罪性を追求すべきであることをうちだしたかったという主旨のことを述べている（『国語通信』筑摩書房、1985年8月）。このことについて鹿野政直はその意図がほぼその通りに作品に現われていることを認めたうえで、さらに沖縄の人たちに、被害者としての「悲哀感に無限に陶酔することからの脱却を呼びかける作品」として高い評価をあたえている（「異化・同化・自立—大城立裕の文学と思想」『戦後沖縄の思想像』朝日新聞社刊所収、1987年）。

作者が述べ、鹿野も認めているように、過去の十五年戦争に於ける加害者としての責任を沖縄の人間もまた免れるものではないことにふれた最初の作品であるという点でもこの作品は重要であるが、何よりも1960年代半ばの沖縄での米国の統治を告発する鋭さと、沖縄の人間としてのアイデンティティの危機を描いたところが読者の共感を集めたと言える。

〔参考文献〕

◇鹿野政直『戦後沖縄の思想像』（朝日新聞社　1987年10月）

　戦後沖縄の思想を本格的に展望している。

◇岡本恵徳『現代文学にみる沖縄の自画像』（高文研　1996年6月）

　戦後沖縄の小説をテーマ別にとりあげ、内容の紹介と問題点を考察したもの。

岡本　恵徳

第18章●沖縄の文学

沖縄現代文学

1990年代後半、にわかに沖縄現代文学が脚光を浴びる事件があった。一つは、又吉栄喜の「豚の報い」の第114回芥川賞受賞（1996年）、そして、もう一つが、目取真俊の「水滴」の第117回芥川賞受賞（1997年）、である。二年連続沖縄からの受賞に、選考委員から「また沖縄か」との口吻がもれたなどといった報道もあったが、こうした感想が出るについては、単に、又吉、目取真両氏の受賞というに留まらない現代の沖縄文学の盛り上がりがその背景にある。たとえば、崎山多美、そして小浜清志による諸作は既に芥川賞候補に度々取り上げられていたのであるし、こうした文学賞レース騒ぎを別にしても、現代沖縄の文学者による多様な表現は、硬直し疲弊したとも思われる現代日本文学に新しい局面を切り開く可能性を感じさせるに十分である。

だが、そうした現代沖縄文学も、今また一つの分岐点を迎えようとしている。たとえば、又吉栄喜や小浜清志の作品には、風土に根ざした沖縄の土着的な側面が色濃く提示されつつあって、これは、戦後沖縄文学を牽引してきた大城立裕の文学世界の継承とも見られる。また、その一方においては、目取真俊や崎山多美の作品に、これまでの戦後沖縄文学にはあまり見られなかったような高度な言語的実験が発揮されつつあり、沖縄文学が基盤としてきた素朴なリアリズムや「方言」意識からの脱皮への予感が示されている。

ポストコロニアルな状況を問い直そうとする動きが着実な広がりを見せる現在、現代沖縄文学は、いよいよその多元的な言葉のあり方を通じてその注目度と重要度を増してきていると言える。そして、この時、現代沖縄文学は、沖縄をその表現の基盤に置きながらも、その射程は沖縄をはるかに越えていこうとしている。

〔参考文献〕

◇岡本恵徳『現代沖縄文学にみる沖縄の自画像』（高文研　1996年）
　現代沖縄文学の代表的な作品を50篇近く取り上げ、その一つ一つの表現を、時代状況の文脈の中に置き直し丁寧に考察している書物で、示唆に富む。

◇『文学批評　叙説ⅩⅤ　検証戦後沖縄文学』（花書院　1997年）
　多くの論者による、戦後沖縄文学への多角的で網羅的な論文集となっていて、80年代後半の沖縄文学の位相を考えるヒントを与えてくれる。

新城 郁夫

第18章●沖縄の文学

【コラム●沖縄の元気の根もとには2】

喜納昌吉とチャンプルーズ
りんけんバンド

　「ワールド・ミュージック」が世界的に流行する前から、喜納昌吉は沖縄民謡をルーツにした独自の音楽を作り続けている。世界的なパイオニアと言っても過言ではないだろう。民謡をロックの世界に引き寄せたサウンドは、そのバンド名が示すように「チャンプルー」、混沌とした世界から、ニライカナイへと飛翔していくライブは、他では味わえない体験だろう。代表作「ハイサイおじさん」は、復帰前に発表され、沖縄で大ヒットした。その後長年演奏されていくうちにスピードを増し、今や下手な若手バンドの百倍、パンクであり、プロテスト・ソングとしての破壊力も抜群である。また喜納昌吉は、平和運動家としての側面もあり、独自の活動は常に注目の的だろう。もうひとつの代表作「花」は、多くのアジアのミュージシャンがカバーし、まさに国境を越えた民の謡として、人々に親しまれている。

　りんけんバンドは、長年沖縄で音楽製作を続けてきた照屋林賢率いる、「沖縄ポップ」の代表的バンドである。明るくさわやかな沖縄音楽をポップに展開したサウンドは、90年代に入って、ブレイクした。エイサーや紅型の衣装を来て、レビュー風に展開していくステージは、90年代の「沖縄ブーム」最大の功労者と言っていいだろう。自らのスタジオを北谷に構え、沖縄から世界へ発信する音楽の拠点作りを目指す照屋林賢は、沖縄では数少ないプロデューサーとして活躍するだろう。

　二人の共通点はコザ出身であり、親がそれぞれ民謡界の大家であること（喜納昌永、照屋林助）。そして新しい「民謡」を作り出し、今でもやたら元気である。島に根っことなる音楽が極めて現代的に息づいていることが、沖縄のポップカルチャーに独特の存在感を与えており、その象徴としてこの二人がいる。かな？

新城　和博

第18章●沖縄の文学

【コラム●沖縄の元気の根もとには 3】

島ナイチャーのサブカルチャー

　ひとつの映画が沖縄で大ブームとなった。中江祐司監督作品「ナビィの恋」である。ヒロインのナビィおばぁの50年間にわたる秘めた恋の物語であるこの作品、沖縄のおばぁさんたちの間で話題になり、上映されていたホールには毎日朝から「おばぁ」の行列が並び、客が殺到した。異例のロングラン上映を展開している。大琉球ミュージカルと銘打っているだけあって、全編に沖縄民謡が流れ、出演者もヤマトの役者もいるが、ほとんど沖縄芝居の役者や民謡歌手といった純然たる「沖縄産」の映画である。監督の中江祐司さんは、大学入学のため京都から沖縄にやってきてそのまま沖縄に住み着いついた、「島ナイチャー」。在沖縄二十年の蓄積が、新しい沖縄映画を創りだした。

　演劇の世界でも新しい動きが起こっている。これまた広島から大学入学のために沖縄にやってきて、そのまま役者として沖縄で活動を続けている上田真弓さんと東京から新しい演劇の場を求めてやってきた沖縄人二世の渡辺菜穂さんが仕掛けるプロジェクト「魚の目」、役者同士の演劇的セッションから舞台を創り上げていく手法で、沖縄の閉塞的状況に風穴をこっそりあけるべく活動している。

　音楽のインディーズシーンでも同様だが、今「ウチナー対ヤマトゥ」という図式をこえて、沖縄が創造の場として、新しい世代の中で活性化しているのだ。沖縄人のみが沖縄を語れるわけではないのである。「創造の場」としての沖縄に、様々な才能が引き寄せられてくるという現象は、沖縄が政治的に追い込まれていく状況を後目に、これからも加速されていくに違いない。

　　　　　　　　　　　　　　　　　　　　　　　　新城 和博

第19章　沖縄の女性

　琉球王国時代、「夫一人喰わせられなくては、一人前の女といえない」という言葉があったそうだ。つまり、いまでいう国家試験をめざして何年も浪人を続ける夫に代わり、妻が働いて家計を扶けなければならなかったというのである。また、「男逸女労」という言葉もあった。男は遊び呆け、女が働くという意味だ。
　ことの真相はともかくとして、"明るくて働き者"の異名をもつ女性の代表として、その名残を留めるのが那覇のマチグワー（市場）のおばさんたちであり、糸満の魚売りアンマーである。
　とくにマチグワーのおばさんたちの"風呂敷一枚あれば商いができる"という言葉には、女たちの商才が秘められ、また商売人としてのプライドもあった。いまでこそ愛想よく物を売ってくれるが、日本復帰間もないころまで、「買いたいなら売ってやる」と文字通り"主客転倒"の感があった。果物を手にとって見ようものなら「買わないならさわるな」と怒鳴られ、洋服をどれにしようか迷っていると、「汚れるから」と、取り上げられた経験をもつ人も少なくないのではないか。
　女性たちの労働は商売だけではなかった。ヤンバルや離島など貧しい地域の女性たちは、小学校卒業とともに関東や関西の製糸紡績工場へ出稼ぎに行き、家族に送金した。"出稼ぎ"というのは表向きで、「口減らし」の家庭もあった。「女工哀史」の物語は、彼女たちとも無縁ではなかった。
　また、「移民県」よろしく、女性たちもハワイや南米、南洋諸島などへ大勢渡航している。面識のない男性たちとの「写真結婚」がとくに多かったようだ。しかし、港に迎えにきた夫になる男性は写真とイメージが異なっていたり、立派な家を作ったという情報は「バラック」だったなど問題も起こった。それでも簡単には引き返せず、女性たちが苦労したという話は、枚挙にいとまがない。
　出稼ぎや移民で沖縄を離れることができた人はともかく、貧しい農村から、家族の借金の肩代わりとして4、5歳の女の子が身売りされた「じゅり」の歴史が、沖縄にはあった。辻遊廓である。
　とりわけ昭和初期の「そてつ地獄」といわれた不況下では、借金を抱えた家庭の女児の多くが"辻売り"、男児は糸満の漁師のもとへ"糸満売り"された。"糸満売り"は、徴兵年齢の満20歳までという期限つきであったが、辻に売られた女性たちは借金を返すまで、あるいは身請けの男性が現れるまで"売春"を続けた。

第19章●沖縄の女性

　途中病気になり再起不能になると郷里に送り帰されることになるが、家族のために身売りしたとはいえ、"恥"として歓迎しない家族が多かったという。なかには、寺の敷地に捨てられたケースもあったようだ。
　彼女たちのほとんどが、去る沖縄戦で日本軍の「従軍慰安婦」となり、南洋群島や沖縄本島の戦地に送られた。しかしながら、その実態は全く明らかにされていない。
　とかく、沖縄の女性たちは形はどうであれ、家計を男だけにまかせるのではなく、ともに働くことを当たり前としてきた。家族のためには、身を粉にすることも惜しまなかった。ところがこの勢いは、そのまま沖縄の男社会を支える原動力になりだした。明治30年代の、「ヤマト化」への波が押し寄せてきたころからである。
　明治民法が公布されて家父長制がスタートし、沖縄の女性たちが手の甲に彫ったハジチといわれる刺青に、刑法の「違警罪」が適用されるなど、社会的に大きな変革がもたらされようとしていた。とくに教育を受けた女性たちはこの流れに遅れまいと積極的に、それまでの琉装（帯をつかわない、沖縄独特の着法）から和装へ、そしてカマとかナベ、ウシなどの名前を明子、良子などへと改名し、生活習慣を改めるようになった。
　「家制度」は、女たちを男の虜にしてしまったが、いつしか、男優位の社会を当たり前と思うような沖縄の女性が増えだした。とりわけ、家督相続に対する考えは、戦後の民主主義といわれる今日なお、明治民法を引きずっている人が多すぎる。
　かつての「夫一人喰わせられなくては、一人前の女といえない」は、いまでは「長男を生まなければ、一人前の嫁ではない」に変わった。なかには親戚との都合で、男の子が3人必要というケースもある。娘が生まれると、妻の方が肩身の狭い思いをする。残念ながら、男の子の誕生を厳しく要求するのは、姑であり、祖母という場合が多い。長寿とともに、全国1位を独走する沖縄の離婚率の高さの、遠因ともいえそうだ。
　その根っこにあるのが「トートーメー（位牌）」継承問題である。家督相続は、位牌を継承するものに資格があるという慣習だ。位牌は必ず長男、そうでなければ次男か父方の血族の男児と、財産とともにとことん女性を避けて継承の順位が図示される。女が継げば、祟りがくると信じられているからである。
　ゆるやかながら、女性たちの意識も変わりつつはある。が、先はまだ遠い。
　とにもかくにも、女たちは元気だ。

宮城　晴美

第19章●沖縄の女性

糸満アンマー

　現在の糸満市は旧糸満町に兼城・高嶺・真壁・摩文仁・喜屋武村が合併して市制がしかれ、埋立て地の開発地域には大型店舗が立ち並び、商業都市として発展している。しかし糸満のイメージはやはり、沖縄県を代表する漁港の町ではなかろうか。

　糸満漁民はその独特の漁法で知られ、南西諸島にとどまらず遠くはフィリピン・シンガポールなどの南方の海にも出漁していたという。旧南洋群島に農業移民が導入される前の1915年、「糸満の玉城松栄一行17人がサイパン島に渡航し、追込漁業を始めた」（沖縄県教育委員会『沖縄県史第七巻移民』1974年）こともわかっている。

　男たちが海で魚を捕る仕事なら、その魚を売りさばく役割を担ったのが、ほかならぬ「糸満アンマー」たちである。

　糸満の女たちは、男たちが捕ってきた魚をかご（バーキ）につめて頭に乗せ、歩いて那覇や首里まで売りに行った。カミアチネーと呼ばれる行商である。荷の重さは50〜80斤（30〜40キロ）、体力のある人なら100斤（60キロ）は平気だった。魚は鮮度が大事だから、商売の目的地である那覇、首里に向けて糸満街道を足早に歩いた。

　佐敷に住むTさん（77歳）は糸満出身。カミアチネーの体験を次のように語っている。Tさんの父は、彼女が7歳の時にシンガポールに移民した。間もなく母が病死し、Tさんは祖父母に育てられた。小学校を終えるとすぐにカミアチネーの見習いになった。最初は「イユー　コーンチョーロー（魚を買って下さい）」の声をはりあげるのも恥ずかしかった。仕事は先輩たちから教わった。

　Tさんが15歳の時、パラオで漁業をしていたおじに呼び寄せられた。そこでも糸満の女性たちがカミアチネーで活躍していた。Tさんもその頃には、すっかり一人前のカミアチネーサー（行商人）になっていた。

　Tさんの証言にもあるように、糸満女性のカミアチネーは移民先でもよく知られていた。フィリピン・マニラの市場には5、60人の糸満女性が働いていたという（加藤久子『糸満アンマー』ひるぎ社　1990年）。1939（昭和14）年3月9日付の『大阪朝日新聞』は、「市場の花"糸満娘"名売子と好評」との見出しで、マニラの糸満女性たちの仕事ぶりを伝えている。

　糸満女性のカミアチネーを特徴づけるのに、ワタクサー制というのがある。ワタクサーは私財を意味する言葉で、私（個人）的な蓄財である。これは父や夫らが捕ってきた魚を売ると、「卸値

第19章●沖縄の女性

にあたる元金を父に渡し、自らの技量で得た利益は、夫の経済とは別に私財として貯蓄することが出来る」（前掲『糸満アンマー』）システムである。

糸満女性でも魚売りのカミアチネーだけにみえられる、独特の経済システムであったといわれる。糸満の漁法は潜水による追込み漁であり、それだけ危険度も高い。そういう夫を持つ糸満女性にとって、ワタクサーは合理的に考えられた経済システムではなかっただろうか。「女たちは夫を失っても、経済的理由による再婚とは無縁であった」（前掲『糸満アンマー』）という。ワタクサーが彼女たちの自立を大きく支えていたのである。

さて、時の流れの中で糸満女性たちのカミアチネーの光景も変わった。筆者の記憶では、バーキを頭に乗せて「イユー　コーンチョーロー」と歩いていたのは60年代初め頃までだったような気がする。その後バーキが金属製のたらいに変わり、さらにたらいもポリエチレン製に変わっている。

ひと頃はバスの中でも、たらいを持ったカミアチネーの姿をよく見かけたが、最近は自ら自家用車で移動し営業しているようである。

〔参考文献〕

◇加藤久子『糸満アンマー』(ひるぎ社・おきなわ文庫　1990年3月)

　本書には「海人（うみんちゅ）の妻たちの労働と生活」というサブタイトルがついている。

　旧糸満には門（ジョー）と呼ばれる集団組織がある。漁業の町糸満は、9本の路地が海に向かって直進しているという。その路地すなわち通りを一単位として、門が構成されている。この集団では豊漁と海の男たちの安全を祈る、門御願が行われる。

　著者は「門の視点」で糸満の社会構造と女たちの労働を調査し、生活史を聞き取りし、「糸満アンマー」の姿を本書で見事に浮き彫りにしている。魚介類のカミアチネーをする糸満女性、夫婦別経済の糸満女性、移民先での糸満女性など、糸満女性のことは断片的にしか筆者は知らなかった。本書はそれを一本の線でつないでくれた。

　　　　　　　　　　　新垣 安子

第19章 ●沖縄の女性

辻遊廓（チージ）

17世紀、薩摩支配の琉球王府時代に、街角に立つ"売春"目的の女性たちを一か所に集めたのが、辻遊廓（チージ）のはじまりだといわれる。那覇市の南西部に位置する、現在の辻町がその場所であった。

そこで働く女性たちは「じゅり」とよばれた。語源は不明だが、「尾類」という漢字があてられることもあり、「醜業婦」という言葉と併せて社会的に蔑まれた存在であったことがわかる。かつて「花園地獄」という小説が書かれたように、利用する男たちにとっては「花園」でも、「じゅり」たちには「地獄」そのものでしかなかった。

琉球王府時代の「じゅり」は、中国からの要人や、薩摩の役人たちの"買春"相手として利用された。新しい琉球王の冊封のため中国から琉球王府にやってきた500人ほどの使者たちの相手を勤めるため、「じゅり」たちは宿舎に出入りしたといわれる。また、薩摩から派遣されてきた在番奉行や役人は3年間滞在するため、その現地妻になった「じゅり」たちもいた。

1879年、廃藩置県で琉球藩が沖縄県になったことにより、辻遊廓は明治政府が"売買春"を認める公娼として位置づけられた。それによって性病検査の義務づけやあらゆる取締り規則が出され、娼妓たちには営業許可の鑑札が交付された。そしてチージは沖縄最大の社交場となり、政財官界、教育界、農漁業にいたるあらゆる職種、身分の男性たちに利用されることになる。

「じゅり」になったのは、家族の借金の肩代わりに4、5歳のころ売られてきた少女や、チージで生まれた女児たちであった。面倒を見るのは、かつて「じゅり」を勤めたアンマー（お母さん）とよばれる貸座敷業者で、本土の遊廓とは異なり、チージは女性だけで運営される特殊な社会であった。

少女たちは、"良いじゅり"になるため、サンシン（沖縄の三味線）や踊り、礼儀作法、料理など、厳しいしつけを施された。10歳頃になると客席の手伝いをさせられるようになり、白粉で化粧をして毎晩のように深夜まで働いた。ただ、客をとるまでは部屋をあてがわれることはなく、廊下の隅や階下にささやかに敷かれたむしろが、少女たちの寝床であった。

娘を売る親たちの条件として、小学校を卒業させることを約束する人もいたが、一応近くの小学校に通学させるものの、机に伏して眠ってしまう少女が多く、勉強どころではなかったという。どの少女も、襟足に白粉を残したままであり、十分化粧を落とすことなく浅い睡眠をとって登校したことがう

第19章●沖縄の女性

かがえた。アンマーの子は、女学校まで進学することもあったが、売られてきた子どもたちは、ほとんど卒業することはなかった。

少女たちは、初潮を迎える14、5歳になると部屋が与えられ、客をとる準備が進められる。はじめて客をとることを「ハチカラジ（初髪）を結う」といわれ、アンマーはその準備のために衣装や調度品を整え、初の客を人選し、義理、人情などの心得を口うるさく指導した。女性に与えられたはじめての客は、ほとんどが金持ちの中年の男であった。

客から受け取った金は、すべてアンマーの手に入った。売られてきたときに支払われた前借金の他に、衣装代や化粧品代など、さらにチージに来てからかかった食費にあてるためであった。そして「じゅり」の鑑札を受ける18歳になると、話し合いのうえでアンマーに月々支払う金額を決め、客とともに芝居見学や旅行などに出かけたり、自分の部屋に招くことが許された。

チージには、「ニービチ ジュリ」という風習があった。結婚式の夜、新郎の友人たちが新郎をチージに連れて行き、「じゅり」に性の手ほどきを受けさせるというものである。友人たちの飲食代を含め、経費はすべて新婦の親が出したといわれるが、以前からチージを出入りしている男が多く、新婚早々

性病を移された女性たちも少なくはなかったという。金持ちの家庭で見られた風習で、昭和10年代まであったそうだ。

守護神の信仰を中心に、厳しい掟のなかで存続してきたチージのなかで、「じゅり」たちは一般社会から隔離され、借金を返し終えるまで出ていくことを許されなかった。借金をすべて返済することを「立身」といい、立身したものはそのまま出ていくか、あるいはチージに残り、アンマーとして貸座敷業を営んだ。ただ、チージを出ても、郷里に戻る人は少なかったという。家族の借金のために売られたにもかかわらず、歓迎されなかったのである。

1944年10月10日、那覇市を襲った空襲によってチージは壊滅し、この日をもって270年あまり続いたチージの歴史は終わった。「じゅり」たちは日本軍の「従軍慰安婦」として戦地へ送られたり、"自然解散"のかたちで辻の町を離れていった。

〔参考文献〕

◇外間米子「チージ（辻遊廓）」那覇市総務部女性室他編『なは・女のあしあと－那覇女性史近代編』所収（1998年9月）

　辻遊廓の歴史や形態について、はじめて女性の目でとらえた論文である。

宮城 晴美

第19章 ●沖縄の女性

花嫁移民

　初期の頃から移民の中心は男子であった。移民が定着するようになると家族を呼び寄せたが、独身者は妻となるべき人を郷里から迎えることが多かった。一時帰国して郷里で結婚後再渡航、というのは何かと費用がかかる。そこで写真を送って書類上の結婚をすませ、それから妻を迎えるという方法をとった。これがいわゆる「写真結婚」である。

　日米紳士協約後、ハワイでは特に写真結婚による呼び寄せが増えた。だがこの結婚は現地で非難をあび、1924（大正13）年の「排日移民法」でハワイの写真結婚は全面的に禁止された。米本土ではこれより先に禁止されていたが、カナダでも28年には禁止された。

　他の移民地でも同じように、写真結婚による妻の呼び寄せが行われた。

　1934（昭和9）年11月13日付の『大阪朝日新聞　鹿児島沖縄版』に、花嫁移民についての記事がある。アルゼンチンに渡った男性たちが、「妻を与えよ」と県庁移民係に手紙で訴えたというものである。

　こうした声にもかかわらず、女性たちは移民の男性にあこがれ、「花嫁移民」として海を渡っていった。聞き取りの調査でも「移民帰りの男たちは女性のあこがれの的だった」との声を、何人もの女性から聞いた。だいたいの場合、相手は親のすすめる同郷の男性であったが、中には他村出身の人と何度かの文通を経て結婚を承諾した、という例もある。

　中国東北部に傀儡（かいらい）国家「満州国」が建国されると、沖縄からも開拓団が送られるようになる。開拓団の定着をはかって、満州にも花嫁移民が送り出された。彼女たちは「大陸の花嫁」と称され、花嫁育成のための講習会が各地で盛んに行われた。県内からも何人かの花嫁が満州に渡ったようである。

〔参考文献〕

◇『なは・女のあしあと』（那覇市総務部女性室・那覇女性史編集委員会編　1998年）
　本書の第Ⅳ章「海外移民」は、女性の視点で移民史の体系化を試みたもの。

◇宮里悦『沖縄移民女性史』（沖縄婦人連合会　1979年8月）
　ペルー・ボリビア・アルゼンチン・ブラジル・ハワイで現地聞き取り調査を行い、移民一世たちの証言をまとめた画期的な一冊。

新垣 安子

観光と売買春

　那覇空港でタクシーに乗った男性3人組が、運転手に「ここへ行って下さい！」と開いた週刊誌を指したという。目的地はK市のM売買春社交街であった。

　また、1989(平成1)年、ある観光クラブが売春防止法違反で摘発されたが、1年9ヶ月の間に、確認されただけでも35社、982台のタクシーが買春客を運んだ。40人以上の女性たちが接客した客は市内の大型ホテル宿泊の観光客であった。

　1970年代始め頃から、日本人男性が大挙して台湾、韓国、フィリピン、タイへと出かけた。その買春ツアーの「恥ずかしい日本人」現象は、日本国内の第3世界ともいえる"南"の沖縄でも見ることが出来る。

　沖縄の観光が、売買春とつながった理由は3つある。(1)駐留米軍の存在であり、(2)売春防止法施行の16年遅れで有り、そして、(3)貧困である。

　27年間の米軍支配の下で、憲法も、また、本土では1956(昭和31)年に制定されている「売春防止法」も届かず、戦後頻発した駐留米兵の性的攻撃に対処するためと、基地依存経済の社会で、ドルの稼ぎ手として、多くの女性たちが米兵相手に働らいた。彼女たちは、多額の前借金で縛られ、搾取されていた。そして、ベトナム戦に直結する殺気だつ米兵の暴力の受け皿で祀った。復帰前には「沖縄へ行けば2ドルで女が買える」と本土では流布されていたらしい。

　立法化が遅れたのは、戦後間もない頃の無差別な米兵の暴力が再現することへの不安と、年総額では基幹産業さえしのぐドル獲得を失いたくなかったからである。

　現在でも米軍の駐留はそのままだが、円高ドル安傾向も相まって経済力は弱まり、基地の街に安い賃金のフィリピン女性導入され、かつての米兵相手の売買春地域が観光客で入れ代わっている。

　しかし、一回の買春料金が5千円程度のM地域で、若く、明るく見える女性たちの多くが、性被害、夫の暴力、暴力団員の搾取など深刻な問題を抱えている。

　1980年代の始めは200万人だった観光客も、現在では、2倍の400万人以上に増えているが、観光の質も向上しているだろうか。自然、人との共生を会得する観光で有りたい。

〔参考文献〕

◇高里鈴代「観光と売買春」「検証 沖縄の人権―やまと世20年」沖縄人権協会編（ひるぎ社　1991年）
　女性の人権、観光のあり方から沖縄の観光を問いなおしている。

◇高里鈴代「売買春の考察―沖縄からの報告」男たち誤算　福島瑞穂編（径書房　1990年）
　なぜ買春するのか、を検証している。

高里 鈴代

第19章●沖縄の女性

トートーメーと女性

　「トートーメー」とは、位牌のことである。沖縄にはその継承方法をめぐって、"絶対に"侵してはならないタブーがある。まず一つは、長男が継がなければならない。二つ目に父系以外の血族が継いではいけない（たとえば娘婿など）。三つ目に、兄の位牌を弟が継いではいけないという、「三大タブー」であった。ところがいつのころからか、四つ目に娘が継いではいけないというタブーが加わったのである。この一つでも侵すと祟りがあると信じられ、最近ではとくに娘が継ぐことへのこだわりが目立ちだした。

　この背景には、財産相続がからんでいる。つまり、トートーメーを継承するものにすべての財産が渡されるという、家父長制を頂点にした明治民法の家督相続のしくみが、まだ残っているといったほうがいいのかも知れない。当然のように、このタブーはあらゆる弊害をもたらしている。

　たとえば、娘しかいない家庭の場合、父親の兄弟の二男か三男、それがいなければ、父方の祖父の兄弟の何番目か、それもいなければ……、気がつくと、全く面識のない遠縁の男性にすべての財産をもっていかれることになる。皇位継承よろしく、女性を排除した相続の順位が、ユタ（霊的職能者）によって決められるのである。

　それだけのことなら無視することもできるが、最も悲惨な例が、男児が生まれるまでと、何人も娘を出産し、しまいには母体が持たず死んでしまったケースも少なくない。また、長男が生まれたにしても、親戚のトートーメーを継承するために二男、三男も必要という例だってある。そのプレッシャーをかける多くが姑であり、肩身の狭い思いをするのは嫁である。

　女性だけの問題ではない。県外で就職し家庭をもっても、長男であるという理由で沖縄に帰ってこなければならなくなったり、面識のない父方の遠縁のトートーメーを継がなければならないというケースもある。しかしながら必ずしも、財産があるとは限らない。とりわけ、財産が伴うところでタブーが持ち出されるのである。タブーの内容も、交通事故、病気の理由など、さまざまである。

　位牌が沖縄に入ってきたのは、15世紀ごろといわれる。そのころは、王家や王府につとめる一部の人たちに出回ったもので、士族の一門に普及するのが17世紀である。薩摩が沖縄の支配者階級の政治的陰謀を取り締まる目的で系図をつくらせ、那覇・首里の士族に姓を与えたことに起因するようだ。つまり、沖縄の「家制度」が形成され

第19章●沖縄の女性

たためであった。ただ、この段階ではあくまでも一門の位牌であって、家庭単位というわけではなかった。

士族層の家庭でトートーメーがつくられるのは19世紀初頭で、それを百姓階級が取り入れるのが、1879年の廃藩置県以降だといわれる。廃藩置県で都落ちした首里の士族が、ヤンバル（沖縄本島北部）などに居を移してもなお首里の習俗を踏襲したため、地域の人たちがそれを真似るようになったからである。本来、百姓階級には系図や継承すべき私有財産はほとんどなかった。沖縄県になったとはいえ、制度はすべて琉球王府時代のままであり、公共の田畑を共同で作付けし、貢租をおさめる「地割制」が、明治36年まで続いていたからである。

ところが、1898年に民法の「親族編・相続編」が公布され、長子家督相続制、絶対的な戸主権など長子の権利が拡充されるなかで、二男、三男の影が薄くなり、女性は社会的に無能力者とされてしまった。さらに娘を排除する沖縄の「門中」の慣習も混ざって、長子中心のトートーメー継承方法が、身分制を超えて定着したようだ。

奇しくも民法が公布された年は、沖縄のなかに"ヤマト化"の波が押し寄せていた。とりわけ女性にとっては、県出身のはじめての女教師が誕生し、小学校の子どもたちを対象に、「良妻賢母」教育がはじまったのである。それから6年後には、「地割制」が廃止されて百姓も私有財産を得ることになり、その継承と併せてトートーメーも重視されるようになった。

ただ、明治民法の範ちゅうでは、女性が家督相続することはほとんど不可能で、トートーメー継承も女性は対象からはずされていた。したがって、この段階で祟り云々は女性は入っていなかった。ところが1957年、沖縄に戦後の男女平等の新民法が適用されたため、女性も家督相続の対象となったことで、タブーの仲間入りをしたのである。

よく、大昔から4つのタブーはあったというが、はっきり言って、戦後、遺族年金や軍用地料ともからんで浮上したのが「トートーメー継承問題」なのである。

〔参考文献〕

◇『トートーメーは女でも継げる』（沖縄県婦人団体協議会編・発行　1981年3月）

> 1980年に『琉球新報』に掲載された「トートーメーは女でも継げる」という論争をまとめたもの。巻末の資料には、民俗学者の専門的な「トートーメー論」が展開されている。なお、「タブーが戦後」という説は、筆者の調査による。

宮城　晴美

第19章●沖縄の女性

女たちの「風俗改良」

　"琉球藩"から沖縄県に変わったものの、住民生活には王府時代の諸制度がそのまま踏襲され、小学校だけはいち早くヤマト（日本）の教育を導入するという変則の行政がスタートした。ところが、王府時代から、教育を受けるのはいまでいう公務員になるためのもので、一般住民や女性たちには全く関係なかった。

　また、廃藩置県そのものに反対した旧支配者層の人たちも、大陸である中国との親交の復活を願って日本の教育を拒否しており、学校教育はスタート時から難航した。まして女子の就学は、5年遅れてやっと那覇で3人という状況であった。

　しかしながら、1894年に勃発した日清戦争で、翌年、小国の日本が勝ったことにより、沖縄の旧支配者層をはじめ、一般の人たちの「日本観」が変わることになる。最も顕著なのが、就学率の向上であった。

　女子教育も、戦勝後は1年前に比べて2倍の16％になった。それに伴って女教員の養成が急がれ、師範学校内に「女子講習科」が設置されるのである。女子師範はまだ開校されてなく、二年制の女子講習科が女性にとっての最高学府であった。

　入学試験の結果、10人中一人だけ、沖縄出身の久場ツルが合格した。他の人がすべてヤマトの官吏の子どもであったように、久場も郵便局長の娘で、それだけ家庭的に裕福な人が応募したことがうかがえる。久場は一人だけ、沖縄独特のカラジ（結髪）に、琉装のウシンチー（帯をしめないで着物の襟の下部を肌着の紐に押し込んで固定する着付け法）姿で毎日登校した。

　1898（明治31）年、女子講習科を卒業した久場は、准教員として首里小学校に赴任した。久場はさっそく、自らの服装を、琉装から和装の振り袖姿に変えて出勤をはじめた。久場の"奇異"な服装に、しばらく、大勢の人が久場を囲みながら、学校までついていったほどであった。親戚縁者は、久場の行動を激しく批判した。

　ところが、そんなことに動じるどころか、久場は間もなく、女子小学生も巻き込んで「服装改革」を断行したのである。奇しくもこの年は、沖縄に徴兵令が敷かれ、また、家父長制をベースにした明治民法が公布された年であった。こうした制度は、沖縄の人たちの生活習慣を改め、本土と同様にするという、いわゆる「風俗改良」を誘発するものだった。

　さっそく翌年には、長年の女性たちの慣習であった「ハジチ」（手の甲の"いれずみ"で、刺青、黥手などの漢字が

第19章 ●沖縄の女性

あてられる）を入れる人に、刑法の違警罪が適用されることになり、さらにその翌年には、「男女の風紀取締り」が打ち出された。一日の仕事を終えた青年男女が広場に集まって歌い踊る「毛（もう）遊び」を禁止するということだった。およそ他府県と異なる生活習慣を、ことごとく変えていくという県の施策が打ち出されたのである。

こうした動きのなかで、はじめて私立の高等女学校が開校した。その最大の目的は、女子教育を盛んにして家庭改良の基礎をつくるというものだった。つまり、風俗、習慣、言語の改良は女子の手でしかできず、家庭を改良することによって社会を改良することができる。そして、女学生は賢母となり、良妻となって男子を忠臣義士、賢人君子たらしめるという内容であった。

この女学校の開校式の来賓として壇上に立った当時の『琉球新報』の主筆・太田朝敷は「沖縄今日の急務は何であるかと云へば、一から十まで他府県に似せることであります。極端にいへば、くしゃみする事まで他府県の通りにすると云ふ事であります」とあいさつした。

結局、自らの文化や生活習慣を否定し、ヤマト（他府県）風にする「風俗改良」は、地元の人間がとりわけ熱心であったことがうかがえる。徴兵令で九州に送られた沖縄の男性たちが、日本語が使えなかったり生活習慣が異なる理由で差別されたということがあり、他府県との「同化政策」にむけて、沖縄の指導者層も必死だったのだろう。

私立沖縄女学校は、3年後には県立に移管され、女子教育はさらに活発化していった。そのなかで、改名も盛んになった。男子は徴兵年齢に達したときに改名したといわれるが、女子には"学校名"が新たにつけられた。ゴゼカメ、ナベ、マウシなど沖縄独特の名前を、勝子、初子、苗子などとしたのである。

明治30年代からはじまった風俗改良は、昭和時代にまで引き継ぎ、1940年には「方言論争」も巻き起こった。

結果的に風俗改良への取組は、県民に劣等感を植えつけただけでなく、新たな差別意識を生み出す要因になったことを見逃すわけにはいかないだろう。

［参考文献］
◇宮城晴美・奥田暁子編「『同化政策』の結末－沖縄・座間味島の『集団自決』をめぐって－」／『マイノリティとしての女性史』所収（三一書房　1997年10月）

> 沖縄の人たちが、風俗改良をとおして日本に同化され、その延長線上に、戦争の犠牲的精神があったことを、女性の視点でとらえた論文。

宮城　晴美

第19章●沖縄の女性

長寿県

　沖縄県は、WHO（世界保健機関）の事務総長を迎えて1995年に、「沖縄県長寿世界地域宣言」を行った。

　長寿の定義は曖昧である。平均寿命、長寿率、百歳老人の数、そして健康度が高いことの条件が満たされる必要があろう。一応、世界共通指標としては、平均寿命（0歳児の平均余命）が用いられる。長寿と長命は異なる。保健・医療の進歩により、寝たきりやいわゆるボケ状態でも百歳を迎えることがある。

　WHOは、ディスエイブル・フリー（Disable-free、活動的平均余命）すなわちまだ確定していないがアクティブ・ライフ・エクスペクタンシー（Active life expectancy）指標を検討している。つまりQOL（Quality of Life, 生活の質）が高い長寿を本来の長寿と考えている。

　端的に言えば、平均寿命を指標とした世界の長寿地域の条件は、経済的、文化的、医療的、福祉的、に恵まれていることである。それは日本でも同じであるが、沖縄は例外である。特に経済的側面では県民所得が最下位県である。その沖縄が世界一の平均寿命を達成している。

　沖縄の平均寿命の伸びは、行政的には公衆衛生対策すなわちマラリヤ、フィラリア等の風土病、寄生虫の撲滅、そして結核などの感染症対策の効果を指摘する事が出来る。

　栄養学的には、「動物性蛋白、植物性蛋白を豊富に取り、塩分摂取がきわめて少ないという食生活」（松崎俊久、1993）が沖縄の長寿を保証している、とされる。

　長寿要因は複合的であろう。国家プロジェクトとしての全容解明がまたれる。

〔参考文献〕

◇太平洋戦争・沖縄戦終結50周年記念事業「記念誌」検討委員会、編集委員会（編）『長寿のあしあと』（沖縄県環境保健部予防課　1995年）
　沖縄県長寿の検証と世界長寿地域宣言事業として開催の、沖縄の長寿をめぐるシンポジューム、円卓会議、座談会の記録である。きわめて刺激的である。

◇松崎俊久（編著）『沖縄発爽やか長寿の秘訣』（学苑社　1993年）
　沖縄県の長寿村大宜味村のフィールド調査の成果をもとに長寿の特性について検討した労作である。

◇秋坂真史『気がつけば百歳』（大修館　1995年）
　沖縄の百歳を越える長寿者たちの健康検診や医学調査を通してのメモワールである。ほろりとさせられる。

　　　　　　　　　　　　大城 宜武

乙姫劇団

　敗戦直後の混乱のなか、沖縄ではじめて女性だけで結成されたのが乙姫劇団である。

　1945年12月25日、石川市の収容所で、心身ともに傷ついた住民と米軍キャンプの合同クリスマスが行われた。主催は沖縄諮詢会文化部で、仮設された舞台の上で軽やかに「谷茶前」を踊る上間郁子、間（はざま）好子、新崎節子らに、観客は万雷の拍手と指笛の声援を送った。舞台で踊る彼女たちもまた、喜ぶ観客に感動した。彼女たちを、再び舞台に立ちたいという気持ちにさせた一日だった。

　精神的にも荒廃しきった住民のために、46年4月、官製の「松」「竹」「梅」の三つの劇団が誕生した。戦前から名優として名を馳せた、男性だけの劇団であった。沖縄芝居が復活したのである。三つの劇団は、住民の心の慰めとして、来演を待ちわびる町や村へ出かけていった。ところが、住民にとっての娯楽はこの三つの劇団しかなく、住民の要望に応じてくまなく廻ることは、物理的に不可能であった。

　そんな折、奄美大島への慰問の話を上間郁子に持ちかけたのが、瀬長亀次郎であった。上間は自ら団長となり、さっそく親しい友人たちを集め、総勢12人で奄美に渡った。そこで「舞踊団の名は？」と聞かれて上間の口をついて出たのが、「乙姫」であった。上間のとっさの思いつきが、今日まで50年余りも続いている乙姫劇団の由来だった。舞踊団から沖縄芝居を演ずる一座となり、1949年4月11日、本格的に劇団を立ち上げた。

　すべて「うちな一口（方言）」だけで沖縄芝居を演じ、とくに笑いと涙を誘う多くの物語は、戦後の沖縄の人たちに勇気と希望を与え、心の復興を支えた。化粧品もなく、白粉代わりに白の靴墨や粉薬、頬紅は米軍からもらった絵の具、男役の髭は鍋底のすすで代用したというような時代だった。

　テレビの普及によって、彼女たちの舞台を見る機会は大幅に減ったが、沖縄歌劇で住民を魅了した彼女たちの功績は大きい。そして、いまなお多くのファンを持ち、沖縄文化の神髄をきわめた貴重な劇団である。

〔参考文献〕

◇稲垣眞美『女だけの「乙姫劇団」奮闘記』（講談社　1990年10月）
　辻遊廓で育った団長の上間郁子の生い立ちを通して描かれた本書は、沖縄の女性の裏面史と、戦後の沖縄演劇史を綴ったドキュメントである。

宮城　晴美

第19章●沖縄の女性

女性の自立・力

　沖縄の女性のパワーを示す話題には事かかないが、その一つの事例に次のような話がある。史実に忠実にしたがってみると、1959年発行の『軍用地問題の経緯』（琉球政府行政主席官房情報課発行）に、米軍からの土地接収の通告や通達が日誌風に記されている。有名な宜野湾村伊佐浜の部分を抜き出してみよう。

1954年8月3日
　軍から伊佐浜部落（220戸、130人）に立退要求書送らる。
1954年12月24日
　宜野湾村伊佐浜の軍用使用計画地13万坪のうちB地区の一部8000坪に対し民政府からの使用（工事）開始通知。
1955年1月17日
　伊佐浜の軍用地問題について、軍、民政府、琉球政府、村当局の4者で最終的協議で移動計画を決定。円満解決をみる。
1955年1月31日
　伊佐浜軍用地問題についてさきに円満解決をみたものの婦人側が男たちの妥協を不満とし、約20名は主席を訪れ、立ち退き反対を陳情。

　1955（昭和30）年1月31日の記録は、ややもすると素どおりしがちだが、この女たちの闘いは50年代の「島ぐるみ闘争」のさきがけを示す重要な史料である。もしあの時、男たちの妥協によって円満解決をみていたら、場合によっては、伊佐浜の闘争は無かったかもしれないのだ。

　さらに、身近かなところに目をむけると、1995（平成7）年3人の米兵による少女強姦事件の際も真っ先に行動をおこしたのは女性たちであった。その女性たちの迅速な行動が後に第2の「島ぐるみ」的な運動に展開され、9万人の大県民大会となったといっても言い過ぎではないだろう。その後女性たちの行動は、日本国内だけでなく、国際的な場でも展開されている。

　このように、沖縄の女性のパワーは、伝統的な祭祀や自治の場のみならず、戦後の重要な局面でも発揮されている。

　　　　　　　　　　　　　安里 英子

紡績女工

　明治政府は、西欧諸国に追いつけ追い越せのモットーのもと、富国強兵策を国是とし、それを実現させるために殖産興業に力を注ぎこんだ。その中で生糸は昭和の初期まで輸出のチャンピオンであった。輸出総額の七割を生糸が占めるといった、まさに製糸業は国の花形産業であった。

　その外貨は富国強兵を押し進めるために、軍艦や大砲、鉄道の建設に重要な役割を担っていた。貧しい農家の娘達は、その紡績女工として斡旋人によって、全国からかり集められてきた。当然沖縄の娘達もその中に入っていた。

　下嶋哲郎著「消えた沖縄女工」によれば、1924年（大正13）21人の紡績女工が沖縄から、長野県平野村（現岡谷市）に渡った記録がある。彼女たちは中、北部のうら若き娘達だった。岡谷は当時、5,000人にも満たない人口に、約40,000人の女工が北は樺太から南は沖縄まで、そして朝鮮からも集められた。製糸工場は何と4百数10社におよび、まさに世界の岡谷と呼ばれていた。

　長野以外にも、中京や阪神、岡山、和歌山等にも多くの女工が出稼ぎに行ったと思われるがその数は明らかではない。

　上記の「消えた沖縄女工」に、当時の紡績女工の労働の様子が紹介されている。それによると一日の労働時間は14時間、工場の室内温度は40度にも達し最悪であった。また、消灯は午後9時で娯楽や時間をくつろぐこともできなかった。そのうえに粗悪な生糸を紡ぐと、罰金を課される有様で1月分の給料では足りず何ヶ月も無給が続く人もいたという。製糸工場はいちよう警察の監督下の置かれていて、定期の立ち入り検査も行われたが、実際には見て見ぬふりであった。生糸は国是で絶対だったからだ。

　こういう劣悪な労働条件のもとでは、逃亡する者や湖に身を投げる者もいたという。木曽の山間の宿で沖縄出身の女性が女中として働いていた。彼女はおそらく紡績女工ではなかったかといわれている。

　沖縄からの女工たちにとって、マイナス10度まで下がる極寒の地の上に、言葉や生活習慣の違いは毎日が地獄のような思いあったに違いない。そして当時は沖縄に対する偏見や差別にも苦しめられた。それでも貧困のどん底にいた、農村の娘たちは親孝行と思って、斡旋募集人の甘言に乗って海を渡って行く者が絶えなかった。

〔参考文献〕
◇下嶋哲郎著『消えた沖縄女工　一枚の写真を追う』（未来社　1986年6月）

大城　和喜

第20章　サンゴ礁と島々

　沖縄県は南に連なる日本の島々の一部を構成する。九州島から台湾島の間に弓状に並ぶ全長約1300kmの島嶼群を琉球弧（琉球列島）といい、この琉球弧に、琉球海溝の東側にある大東諸島と、中国大陸棚の縁に位置する尖閣諸島とをあわせて南西諸島と呼ぶ。199の島々からなる南西諸島の北半分（薩南諸島、38島）が鹿児島県、南半分（琉球諸島、161島）が沖縄県（以下、単に「沖縄」という）である。

　沖縄は、自然地理学の見地からみて、日本のなかで南に連なるもう一つの島々である伊豆－小笠原弧の南半分を占める小笠原諸島と同じく、「サンゴ礁が発達する亜熱帯の島々である」と表現できる。すなわち、沖縄は全域が島々からなる文字通りの「島嶼地域」である。また温量指数――月平均気温が5℃を越える期間内の個々の月平均気温から5℃を引いた値を加算して求められる一種の積算温度で、暖かさの指数ともいう――は、全域で180～240の間にあり、吉良竜夫氏の気候分類による「亜熱帯地域」である。さらに、琉球弧の西側には黒潮が北上し、その暖流のために沖縄近海は水温の最も低い2月上旬でも20℃を保ち、サンゴ礁が島々を縁どる「サンゴ礁地域」をなしている。

　北緯24～27度と、比較的北に位置しながら、沖縄は世界的にみても多種の造礁サンゴがみられる（八重山諸島で360種を超える）豊かなサンゴ礁地域である。そのサンゴ礁と人々とのかかわりも、項を改めてその一端を述べるように、深く古い。

　沖縄には、主として山地・丘陵地からなる高い島いわゆる「高島」のほかに、サンゴ礁起源の平たい低い島いわゆる「低島」（サンゴ島）が数多く分布する。「高島／低島」という地形的な島の分類は、沖縄の島々の自然について、そして自然と人間とのかかわりについて考える際に、理解を助けてくれる重要なタームである。ぜひ、おぼえておきたい用語である。「高い／低い」は、海上から島を眺めた時の島影のちがいを表現しているが、じつは、この島の形のちがいから、島の中身すなわち環境条件を、かなりの確率で言い当てることができるのだ。例えば植物は、高島ではスダジイ、ウラジロガシが主体であるのに対して、低島ではガジュマル、ハマイヌビワ、オオバギが多い。河川は、高島にはあるが低島にはない。また低島の土壌（島尻マージ）は保水性に乏しく干ばつに弱い。それゆえ、低島では水

第20章●サンゴ礁と島々

田を営むことはきわめて困難なのだ。石灰岩からなる低島では水は地下水として賦存されている。地下ダム（別項）は低島の新しい水資源開発として注目されている。

最も寒い1月でも平均気温が14℃を割ることがなく、平地における年間の降水量が2000mm前後の、高温多湿な亜熱帯気候の下で、沖縄の岩石は、水や炭酸ガス、酸素などの反応による化学的風化作用が強く働き、粘土鉱物と呼ばれる細かい物質を多く生産する。とりわけ高島の山地・丘陵地では、このような化学的風化作用によって生成された、赤黄色を帯びた粘土質の土壌（国頭マージ）が多く分布しており、そこにおける土地改変（圃場整備事業など）は、土壌侵食を引き起こしやすい（別項「赤土汚染」を参照）。

多くの島々からなるサンゴ礁地域、亜熱帯常緑樹林帯である沖縄では、近年、その特異な自然とその自然に根ざした生活文化に立脚する観光、エコツーリズムの胎動が見られるが、残された貴重な自然の保護と活用、失った自然の再生など、人と自然との共生をいかに実現していくか。それは新世紀を目前にした私たちに科された大きなテーマである。

〔参考文献〕

◇目崎茂和『琉球弧をさぐる』（沖縄あき書房　1985年）
　サンゴ礁地形や島の分類など、沖縄の自然地理全般に関する先駆的な研究。開発問題とサンゴ礁、地形改変と赤土流出問題など、社会的な重要課題にも言及した貴重な一冊。

◇河名俊男『琉球列島の地形（シリーズ沖縄の自然3）』（新星図書出版　1988年）
　本土と比較して特異な琉球列島の自然について、地形という目を通して考えた一冊。図とカラー写真を多く掲載し、学術的に高い内容をやさしく解説した得がたい入門書。

◇サンゴ礁地域研究グループ編『熱い自然―サンゴ礁の環境誌』（古今書院　1990年）
　「日本のサンゴ礁」「島をまもるサンゴ礁」「サンゴ礁海岸の砂浜」「サンゴ礁の島々の生い立ち」「気候がつくる地形と土壌」「島の開発とサンゴ礁の環境保全」の6部から構成され、21篇の論考を収める、沖縄・奄美・小笠原を対象とした自然地域誌。姉妹編に、『熱い心の島―サンゴ礁の風土誌』（同　1992年）がある。

渡久地 健

第20章 ● サンゴ礁と島々

ヒシとイノー

　「干瀬（ヒシ）はさながら一条の練絹のごとく、白波の帯をもって島を取り巻き、海の瑠璃色の濃淡を画している。月夜などにも遠くから光って見える」。これは、柳田國男の「干瀬の人生」（『海南小記』1925年所収）の書き出しである。柳田は1920（大正9）年の年末から2月にかけて沖縄を旅したから、「月夜などにも遠くから光って見える」部分は、冬の大潮の夜に干上がったヒシ（前方礁原）であろうが、同時に、それはヒシの内側の浅い水域をなすイノー（礁池）でもあるように思える。

　ヒシとイノーは、沖縄のサンゴ礁の最も基本的な構成要素であり、両者は一対（ワンセット）になっていることが少なくない（別項「漁民たちのサンゴ礁認識」に掲げた図を参照）。むろん、内側にイノーを抱かず一面ヒシだけで構成されているサンゴ礁も、ヒシを持たずイノーだけでできているサンゴ礁もある。概して、前者は外洋側に位置しかつ幅の狭いサンゴ礁であり、後者は内湾などの波静かな海域に分布するサンゴ礁である。

　一般に海は男性の領分であるが、サンゴ礁の海は女性にも開かれている。旧暦3月3日の「浜下り」の行事の時だけではない。冬の大潮の夜、灯りを携えてサンゴ礁に出掛け魚介類を採るイザイ（漁）も、海辺の村々の女性たちの楽しみの一つなのだ。干潮時に干上がるヒシでは簡単な漁具を用いてタコ・魚・貝などを採取する。イノーでは小規模の網漁や銛漁が営まれる。沖縄のサンゴ礁（いくつかの本では「環礁」と記されているが、「裾礁」が正しい）は老若男女が日常的にオカズ採りをする「海の畑」だといえる。

〔参考文献〕

◇野池元基『サンゴの海に生きる―石垣島・白保の暮らしと自然』（農山漁村文化協会　1990年）

　白保の人々にとって「サンゴの海は命つぎの海」であった。人々とサンゴ礁とのかかわりを克明な聞き取り調査で綴った一冊。海辺の人々の生の声が聞こえる。

◇近畿大学民俗学研究所編・発行『民俗文化』第2号（1990年）

　サンゴ礁の地形や漁撈活動などを扱った8論文を収録する「イノーの民俗特集」を組む。

渡久地 健

辺野古サンゴ礁

　名護市辺野古のサンゴ礁は、外側を幅広いヒシ（前方礁原）が取り巻き内側に水深1〜3mのイノー（礁池）を抱く、ヒシーイノー系の典型例である。サンゴ礁の幅は辺野古崎で1.5km、辺野古集落の近くでは2km余に及ぶ。沖縄本島のサンゴ礁の幅の平均値は約470mであるから、辺野古のサンゴ礁の規模はその3〜4倍である。

　子供の頃の生活を振り返ると、貧しい生活のなかで村人はそれぞれの空間とのかかわり方の度合いは異なるが、山地・農地・サンゴ礁とかかわっていた。サンゴ礁では、波打ち際から礁縁までさまざまな形で利用され、サンゴ礁は日常生活においてきわめて馴れ親しんだ「生活空間」であった。その空間に、村人は独自の呼び名を与えてきた。ハマーイノウーピシーピシンクシーピシプカースニと続く各地形はさらに細分される。例えば、イノウは全般に浅い海であり、所によっては陽光に映えて青白の透明な水域をつくる。「シラマー」である。海底は塚状の砂地の地形で決して平坦ではない。海草（アマモ、リュウキュウスガモ）が生えた場所を「ジャングサミー」という。「ジャン」はジュゴンの方言名である。かつてシラマーでジュゴンが悠然と海草を食していた様子がしのばれる。最近、辺野古のサンゴ礁でジュゴンの生息が確認されたが、筆者は、古老から昭和初期までイノウでジュゴンをよく見かけ、また捕らえたという話を聞かされた。ヒシは、旧暦3月3日の大潮に当たる「浜下り」の際に、あたかも広大な陸地のように干上がり、多くの人出で賑わい、貝やタコを採取する空間である（写真）。このように、辺野古サンゴ礁は古くから村人の暮らしと深いかかわりのある大変貴重な領分である。

〔参考文献〕

◇島袋伸三「サンゴ礁の民俗語彙」サンゴ礁地域研究グループ編『熱い心の島－サンゴ礁の風土誌』（古今書院 1992年）

　山地からサンゴ礁までのヤンバルの生活空間を詳述。また辺野古を含む各地のサンゴ礁地形の方言名を整理している。

島袋 伸三

第20章●サンゴ礁と島々

白保サンゴ礁

　かつて沖縄の各地では、浜辺からすぐに美しいサンゴ礁が広がっていた。しかし、開発や水質汚濁で浜辺のサンゴ礁は、景観を大きく損なわれてしまった。そのような中で、奇跡的に生き残っているのが石垣島白保サンゴ礁だ。

　白保サンゴ礁は、石垣島東南岸の宮良湾から東岸の通路川河口まで南北12km、最大幅約1kmにも及ぶ裾礁である。このうち、見事なサンゴ礁生態系は、白保集落からカラ岳東側までおよそ7kmの範囲でみられる。ここでは、少なくとも600年以上生き続ける大規模なアオサンゴ群落、200〜500年程度とみられる巨大なハマサンゴの塊状群落やマイクロアトールが、水深2〜3mの礁池に多数分布する。

　ハマサンゴを切断すると、断面に多数の年縞が見えひとつの幅が約1cmであることから、サンゴの大きさから生存期間が推定できる。2mの大きさのハマサンゴなら、約200年は生きてきただろうというわけである。このような巨大なサンゴが多数みられる海域は、沖縄では白保以外に無い。アオサンゴやハマサンゴの巨大群落の存在は、このサンゴ礁が長い間安定して良い環境を維持してきた証である。

　白保サンゴ礁で見られる造礁サンゴは41属100種以上とみられるが、海藻・海草や魚類など多様な生物も観察できる。浜辺から泳いで外洋に面した礁嶺まで行くことも可能で、礁池〜礁原〜礁嶺という地形の帯状構造がよくわかる。また、干潮時には干上がったワタンジ（高まり）を通って礁嶺まで行くことも可能だ。しかし、初めて訪れる人が、いきなり海に入ってもすばらしい景観を楽しむことはむずかしいので、満潮に合わせてサンゴ見学船に乗り、サンゴを損傷しないようスノーケリングで観察するのが良い。

　白保サンゴ礁では、陸域と海域が一帯となって、微妙なバランスの上でサンゴ礁の多様な生物相と美しい景観がつくられ維持されてきた。しかし、近年の大規模土地改変や様々な開発による石灰岩台地の掘削で、サンゴ礁に流れ込む多くの地下水脈が途絶えてしまった。また、赤土や化学肥料の流入などでサンゴ礁生態系が損なわれつつある。さらに、この海域に面して、新たに空港を建設することが決まったが、これができると、海陸一体となった優れた景観や、生態系が破壊されてしまう。

〔参考文献〕
◇『白保のサンゴ礁（WWFネイチャーシリーズ）』1997年
◇IUCN（1988）:『Shiraho Coral Reef』. 231P

長谷川 均

サンゴの白化現象

　造礁サンゴは、褐虫藻という藻類を体内に住まわせ、それが光合成でつくる栄養分をもらって骨格をつくり、1年で最大数cm成長する。サンゴ礁の海が浅いのは、共生する褐虫藻が光を必要とするからだ。

　造礁サンゴはごく表面だけが生きており、中は石灰質の骨格である。造礁サンゴの表面には無数のサンゴ（直径1mm程度のイソギンチャクがビッシリ付いていると思えばよい）と、その体内にこれまた無数の褐虫藻がいる。この褐虫藻をサンゴが吐き出すと骨格の色が現れ、「白化」とよばれる現象がおこる。こうなると、褐虫藻から栄養をもらっていたサンゴは死んでしまう。

　1997（平成9）年から98年後半、世界中で白化現象が観察された。同じ頃太平洋の東端でエルニーニョが起きており、白化との関連が論じられた。たしかに、白化が見られた地域は、エルニーニョがもたらす高海水温の分布と重複していた。しかし、白化の原因を個々の地域で特定するのは容易ではない。

　サンゴは様々な原因で白化する。サンゴの生息に適する海水温度は25～28度といわれるが、これより高くても低くても白化をおこす。降雨後、陸から大量の淡水や濁水が流れ込んでも同様だ。太陽の紫外線で白化がおこることもある。では98年、沖縄でみられた広範な白化の原因は何だったのか。

　この年の夏、琉球列島では晴天が続いた上、エルニーニョの影響で台風が少なく、海水が撹乱されぬまま浅海域で海水温が上昇した。このため多くのサンゴが白化したのだ。広範な白化の主因はこの高海水温である。しかし、これ以外にも原因がありそうだ。

　実は、白化の前兆は梅雨期にあった。石垣島などでは、例年の2倍近い降雨による赤土流出と、その後の高い海水温の影響が複合して白化が起こったと推定される。沖縄では近年、大規模な土地改変で広大な「優良農地」が生まれた。しかし、優良農地からは大雨のたびに赤い表土が海へ流出し、これが日常的にサンゴにダメージを与えている。石垣島で観察された造礁サンゴの広範な白化は、赤土によるストレスが、海水温変動などとの相乗作用でサンゴ礁にダメージを与えた例である。

　再び白化を起こさせないためにも、サンゴ礁と陸域の環境をこれ以上悪化させてはならない。

〔参考文献〕
◇『日本サンゴ礁学会誌　NO.1〈特集　1998年のサンゴ礁の白化現象〉』（1999年）

長谷川 均

第20章 ● サンゴ礁と島々

漁民たちの
サンゴ礁認識

『南島歌謡大成・沖縄篇上』（外間守善・玉城政美編、角川書店、1980年）につぎのような内容の歌が収められている。「辺戸の崎は波が荒い／奥の崎は磯が荒い／夕凪になればこそ／いぬ沿いに漕いでいらっしゃい／朝凪になればこそ／ひし沿いに漕いでいらっしゃい」。国頭村与那の歌であるが、「いぬ」はサンゴ礁の礁池「イノー」である。この歌謡は、古くから人々がサンゴ礁の「ヒシ」と「イノー」を一対のものとしてはっきりと認識してきたことを示唆している。ヒシとイノーからなるサンゴ礁の地形を、人々はさらに細かく分類し独自の言葉で呼び分けてきた。その一端を久高島を事例に紹介しよう。

漁業人口が全就業者数の46％（1995年国調）にも及ぶ久高島は、漁撈活動が最も盛んな離島の一つである。寺嶋秀明氏による1975（昭和50）年頃の調査によると、久高島には25種類の漁撈活動が見られた。そのうち、19種類（全体の76％）がサンゴ礁とその周辺で営まれる漁法である。サンゴ礁は、その複雑な地形ゆえに多種の水族が生息し、この多様な水族を捕獲するために多くの漁法を生み出してきたのである。ただ最近では、「産業としての漁業」への移行に伴って伝統的漁撈活動は大幅に減少し、1996年現在、久高島で見られる漁撈活動は11種類である（内藤直樹「『産業としての漁業』において人—自然関係は希薄化したか」『エコソフィア』第4号、昭和堂、1999年）。

図は、久高島の東海岸（太平洋側）のサンゴ礁微地形の模式図である。図には、漁民たちが地元の言葉（方言）で与えた呼び名（方名）とともに、地形学用語が示されている。図から、漁民たちが与えた呼び名（方名）は地形学用語よりも細部にわたっていること、大局的にみれば方名と地形学用語はよく対応しているが両者の間に微妙なズレがみられること、などがわかる。例えば「ガマク」「ピシミ」「ワタンジ」には、それに対応する地形学用語がない。いずれも漁撈活動にとっては重要な地形である。さらに興味深いのは、地形学は「礁斜面」という一つの用語しか持たないのに対して、漁民たちは「キンター」と「ピンター」という、まったく異なる二つの言葉を持っている点である。緩やかな礁斜面（ピンター）は網漁が行われる重要な場所であり、急な礁斜面（キンター）とは明確に呼び分けられているのだ。

長い歴史を持つサンゴ礁地形学は多くの用語を生み出してきたが、サンゴ

第20章 ● サンゴ礁と島々

礁の上で漁撈活動を営んできた人々もその自然を知悉し、一連の空間を細かく分節し独自の呼び名を与えてきた。そこには地形学とは一味ちがった自然認識がみられる。

〔参考文献〕
◇寺嶋秀明「久高島の漁撈活動—沖縄諸島の一沿岸漁村における生態人類学的研究」伊谷純一郎・原子令三編『人類の自然誌』(雄山閣 1977年)

久高島の漁撈活動を精密に記述し、自然環境を巧みに利用した活動サイクルを動態的に把握した貴重な研究。

◇渡久地健・高田普久男「小離島における空間認識の一側面(Ⅰ)—久高島のサンゴ礁地形と民俗分類」『沖縄地理』第3号(1991年)

久高島の漁民たちがサンゴ礁の地形をどのように分類し認識しているかを明らかにした研究。

渡久地 健

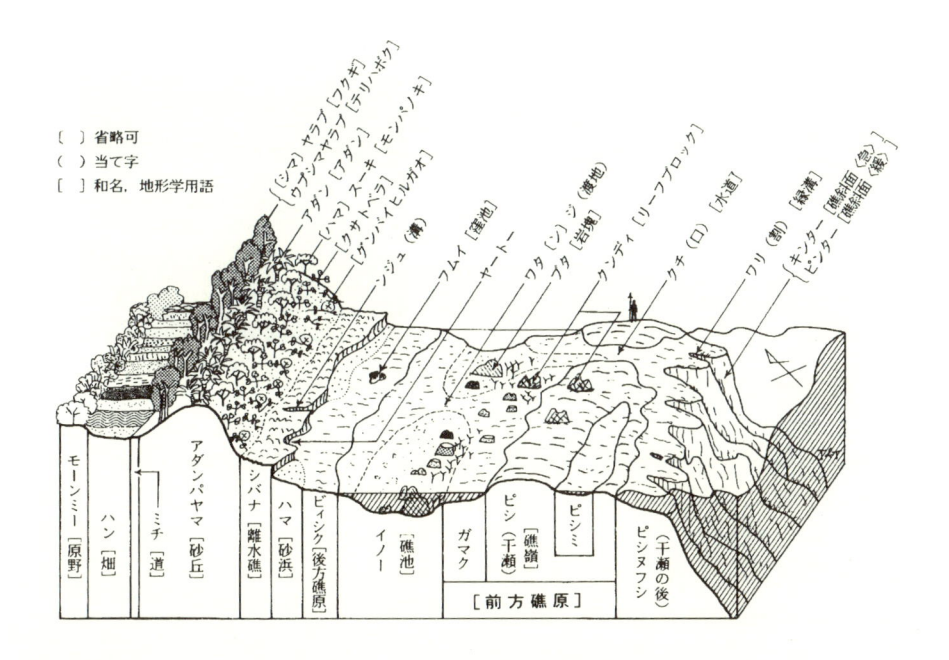

第20章●サンゴ礁と島々

ハマサンゴの石垣

　日本で石垣塀を最も早く造ったのは沖縄の旧城下であろうといわれている（田淵実夫著『石垣』法政大学出版局、1979年）。琉球石灰岩は今日でも重要な石材である。しかし、かつて石の文化としてハマサンゴの利用があったことはあまり知られていない。

　ハマサンゴ（学名：Porites）には様々な種類があるが、石材として利用されたのは、イノー（礁池）や礁斜面に普通に見られるコブハマサンゴ（球形〜半球形）である。ハマサンゴは、琉球石灰岩に比べて強度は劣るが、材質の均質性と加工の容易さの点では優れている。その利用として、洗骨後の骨を収める石厨子の加工がある。これについては上江洲均氏が「サンゴ石灰岩製厨子」として報告している（「沖縄の厨子甕」『日本常民文化研究所調査報告第八集』1981年）。ハマサンゴ製の厨子は沖縄県立博物館にも展示されている。

　ハマサンゴのもう一つの利用は石垣である。琉球石灰岩の分布しない座間味島、阿嘉島、慶留間島、渡名喜島にハマサンゴの石垣が多く見られる。沖永良部島では墓地に多く利用されている。写真は慶留間島の高良家（国指定重要文化財）の石垣の一部であるが、造形的にもたいへん美しい。なかには畳大に近い一枚石もあり、巨大なハマサンゴをどのように採取したのかは謎であるが、筆者は座間味島で古老からつぎのような説明を聞くことができた。「干潮時に大きなハマサンゴの上に船を浮かべ、リュウキュウマツを2本サンゴの根っこに通し、それを縄で船体に固定する。やがて潮が満ち船は上昇する。その浮力でハマサンゴを引き抜く。それをそのまま村の浜辺まで運んだ—」。

〔参考文献〕
◇座間味村教育委員会編『座間味村史（中巻）』（座間味村役場　1987年）
　第3章に高良家について、「大工は首里・那覇から来て、石材（注：ハマサンゴ）は慶留間の周囲と外地島から調達したらしい」とある。カッコ内の注は引用者による。

渡久地 健

高い島と低い島

　沖縄には、大別して二種類の島がある。高い島と低い島である（目崎、1978年）。例えば、首里の高台に立つと、東側に久高島が、西側に慶良間諸島が望まれる。久高島は太平洋に浮かぶ一本の線、慶良間諸島は東シナ海に浮かぶ山並み、に見える。前者はサンゴ礁起源の「低島」（サンゴ島）、後者は山地・丘陵地のある「高島」である。宮古諸島には山地がない。すべて平たい島々からなる低島のクラスターだ。八重山諸島には高島（石垣島、西表島、与那国島など）も低島（竹富島、黒島、波照間島など）もある。「高い島／低い島」という分類は、下表に示すように地質・土壌・水などを含めた自然環境全般のちがいや相互の関連性がうまく説明できる、シンプルながらもきわめてすぐれた島分類なのだ。

　ところで、低島・高島混在地域ともいえる八重山諸島には、「タングンジマ」と「ヌングンジマ」という言葉（民俗語）がある。漢字を当てると、それぞれ「田国島」「野国島」となる。喜舎場永珣氏の研究によると、タングンジマは山、川があり田んぼのある島、ヌングンジマは田んぼのできない野（畑）の島である。この八重山諸島の島の民俗分類は、目崎茂和氏が提唱した「高島」「低島」という科学的な分類と見事に対応している。つまり、「高い／低い」という島の形のちがいは自然環境の相違だけでなく、その上に営まれる人々の生業（農業土地利用）の差異をも説明し得ることを意味している。

〔参考文献〕

◇目崎茂和「島の生態基盤」『琉球大学法文学部特定研究紀要　第1集』（1978年）
　沖縄の島々を初めて「高島」「低島」に分類し、自然環境のちがいを対比した重要論文。

◇喜舎場永珣『八重山民俗誌（上巻）民俗篇』（沖縄タイムス社　1977年）
　八重山諸島の島の民俗分類を学界に初めて紹介した論文（「八重山における旧来の漁業」1934年）を収める八重山研究の名著。

　　　　　　　　　　　　　　　渡久地 健

	主な地形	主な地質	主な土壌	水文系
高島	山地・丘陵地	千枚岩・砂岩など	国頭マージ	河川系
低島	石灰岩台地	琉球石灰岩	島尻マージ	地下水系

第20章 ● サンゴ礁と島々

地下ダム

　沖縄県の島々は山地のある高島と山地のない低島に分類され、その地形と地質の特徴に基づき高島には河川水系が、低島には地下水系が卓越する。低島の多くは、水を通しやすい琉球石灰岩からなり、河川水系に乏しい。そのため、水利用の不自由から生活や生産が停滞し、シマチャビをかこってきた。このような状況を解決する方法として、古川博恭（1973）が地下ダムの建設を提案した。

　多くの島々に分布する琉球石灰岩の台地に降る雨水は地下へ浸透し、不透水性基盤上面の凹所を流れる。この凹所に止水壁を設けて海へ流出する地下水を貯留するのが地下ダムである。琉球石灰岩の分布地域には地下ダム建設に適した凹所が数多く分布している。こうして世界初の本格的地下ダムとして1979（昭和54）年に完成したのが、宮古島城辺町の国営皆福地下ダムである。

　皆福地下ダムは高さ16.5m、長さ500m、幅5mの地下止水壁によって70万m³の地下水を貯留し、日に5,000m³以上の取水が可能である。皆福地下ダムの成功を得て、宮古島には福里（1050万m³）と砂川（950万m³）の地下ダムが1998（平成10）年までに竣工している。これらのダムによる灌漑面積は8400haに及ぶ。国営地下ダム事業は沖縄島南部の糸満市と具志頭村および伊是名村でも進行中で、糸満市の米須地下ダムは止水壁長約2.5km、総貯水量約350万m³である。

　一方、沖縄県営による地下ダム事業も推進され、具志川村のカンジン地下ダムと勝連町と与那城町の与勝地下ダムが建設中である。カンジン地下ダムは国営を含めて他のダムが完全地下ダムであるのに対し、隣接するドリーネに貯水する不完全地下ダムである。

　現在のところ、農業用水確保のために地下ダムが建設されているが、サンゴ礁島嶼における多目的な水資源開発の方法として地下ダムのメリットは大きい。

〔参考文献〕

◇古川博恭『九州・沖縄の地下水』（九州大学出版会　1981年）
　皆福地下ダムをはじめ、島ごとの地下水の特性が詳細に記されている。

◇緑資源公団九州支社・宮古地下ダム事業所「宮古区域農用地保全事業外洋書―亜熱帯農業のための地下ダム」（1999年）
　宮古島における地下ダム建設の概要を詳しく紹介したパンフレット。

上原　冨二男

第20章 ● サンゴ礁と島々

圃場整備事業

　沖縄の離島を航空機から眺めると、伝統的な農村風景とは異なる直線的に区画された方形の畑が広がっていることがわかる。例えば、津堅島や伊計島は海岸線にわずかに残る緑地（防風林）以外のほとんどすべての土地が耕地になっている。波照間島は、海岸線と海岸段丘崖の緑地が同心円状に取り巻き、島の中央部にはフクギの屋敷防風林が見られるが、そのほかの土地は一面整然としたサトウキビ畑が広がっている、といっても過言ではない。この新しい農業景観は、本土復帰以降に農業基盤整備事業の一環として進められてきた圃場整備事業の結果である。かつて各地に見られた地割制度の遺構である短冊形の畑も消えていった。沖縄県の資料によると、1972（昭和47）年度から1998（平成10）年度までの、圃場整備面積は20,625ha（整備率47.4％）である。

　圃場整備の評価はなかなか難しい。高齢化の進む離島では、今後、機械化ぬきには農業は考えられない。とりわけ収穫期に年間の労働力の大半を費やすサトウキビ農業では、その傾向が大きいといえる。一方において、圃場整備事業によって、これまで保たれてきた緑地を大きく消失した点は否定できない。もともと植生に乏しい低島（サンゴ島）では圃場整備が緑地喪失に拍車をかけ、伝統的な農村景観を大きく変化させた。また、赤黄色土（国頭マージ）が分布する高島での圃場整備は、沖縄における最大の環境問題である赤土流出を招いた。もう一つ注目すべき点は、筆者らの調査によると、波照間島では圃場整備後に農地が飛躍的に拡大し、サトウキビの作型が1年をサイクルに営まれる株出しから栽培期間が約2年の夏植えに移行したにもかかわらず、収量（反収）に変化が見られない点である。圃場整備事業には、改善すべき課題が少なくない。

〔参考文献〕

◇島袋伸三「サンゴ島の土地利用と農業－波照間島」『地域開発』404号（1998年）

　　沖縄の代表的なサンゴ島である波照間島の農業土地利用を概観した小論。

◇渡久地健「ヌングンジマの緑地保全―波照間島を旅して」『地域開発』400号（1998年）

　　圃場整備事業による緑地喪失、ビオトープの課題に言及。

　　　　　　　　　　　　　　島袋 伸三

第20章●サンゴ礁と島々

赤土汚染

　沖縄県では、強い雨が降るたびに開発工事現場や農地などから土壌が流出し、透明に輝くサンゴ礁の海を濁らせる。流出は国頭マージとよばれる赤黄色土ばかりでなく、ジャーガルとよばれる灰色系の土壌やその母岩でクチャと呼ばれる泥岩も著しい。ここでは、便宜上、これらの土壌などを総称して赤土と称し、その流出に伴う水環境への悪影響を赤土汚染と称する。

　沖縄の島々を取り巻くサンゴ礁では、サンゴを中心とした生態系が成り立っている。サンゴは動物で、共生している褐虫藻（植物プランクトン）が光合成をして作った栄養をもらって生活している。このため、サンゴは光を食べる動物ともいわれる。赤土がサンゴ礁に流出すると濁って光の透過が悪くなり、サンゴの成長に悪影響を及ぼす。

　赤土汚染の影響がほとんど見られない健全なサンゴ礁では、成長の速い枝状やテーブル状のミドリイシ類のサンゴ群落が多く見られる。ミドリイシ類の枝々の立体空間には多くの小動物が隠れ住み、これを狙って魚たちが集まってくる。その生態系の豊かさは熱帯雨林にも匹敵するといわれる。しかし、ミドリイシ類は赤土汚染に弱く、汚染の進行と共に群落が衰退していく。汚染が極度に進行すると、小動物の生活空間に乏しい塊状ハマサンゴ類などが濁った海に点在する状況となり、魚たちも姿を消して砂漠のような景観になる。ここまで至った海は、漁業や観光資源としての価値をほとんど失ない、養殖モズクが全滅するなど、赤土汚染が産業経済に及ぼす影響も大きい。

　赤土が流出しやすい自然的要因として、1. バラバラになって流出しやすい土壌、2. 急傾斜で河川が短い島の地形、3. スコール的に集中して強く降る雨の侵食力が挙げられる。もちろん、このような自然的要因だけで赤土汚染は発生しない。これに、山や畑を裸地状態にする人為的要因が加わって初めて赤土汚染が引き起こされる。沖縄では人為的要因のうち、農地、開発事業、米軍基地からの流出が圧倒的に多く、三大流出源と呼ばれている。

　なお、島々の沿岸では、陸域と沖合いのリーフに囲まれた礁池（イノー）が多くみられる。礁池は半閉鎖的なので、流出してきた赤土の大部分はここに堆積し、波が立つと巻き上がって再び海を懸濁させる。すなわち、赤土汚染は降雨時の一時的な現象ではなく、慢性的にサンゴ礁の海を蝕んでいる。

　沖縄では、1972（昭和47）年の日本復帰後、大規模な公共工事などがあいつぎ、赤土汚染は急激に悪化の一途をたどった。当時、沖縄の公共工事でと

第20章 ●サンゴ礁と島々

られていた流出防止対策のほとんどは、全国一律の砂防対策である。すなわち、容量の小さな沈砂池を開発現場の流末に設けたり、砂防ダムで川や渓流をせき止めるものであった。砂防施設には石や砂は溜るのだが、濁水はこれをたやすく超え、大量の赤土が海に流れ続けた。

この状況に対し、1980年代末からマスコミ各社が赤土汚染問題改善のキャンペーンを繰り広げ、沖縄の世論は開発優先から赤土流出防止へと傾いていった。そして漁業団体の署名活動など、世論の後押しを受けて沖縄県は「沖縄県赤土等流出防止条例」(以下、赤土条例)を1995 (平成7) 年10月から施行した。赤土条例では、開発工事を計画段階でチェックしたり、工事現場濁水の排出基準(浮遊物質量200mg／l)を基に改善指導を行える。赤土条例を契機として、沖縄の開発事業における赤土流出防止対策は、これまでの全国一律的な砂防対策から濁水対策へと大きく転換した。

赤土条例施行前後の沖縄県における年間赤土流出量推算値は、条例施行前の1993～94年では、約40万t／年(開発事業18万、農地19万、米軍基地3万)、条例施行後の1996～97年では約26万t／年(開発事業5万、農地18万、米軍基地3万)と約3分の2に減少している。開発事業の改善が著しいが、農地からの流出はほとんど改善されず、いまだ海域汚濁の大きな原因になっている。

農地の赤土流出防止対策は、営農時の対策と農地構造改善の2面から講じることが必要である。営農時の対策の研究はかなりが進んでいるが、これを農家に普及させるためのシステム構築が遅れている。1980年代までに土地改良事業で造成された農地は沖縄の降雨の集中的な降り方が考慮されておらず、侵食を受けやすいので、再改良をしているところもある。

赤土汚染問題の施策は、行政主導型では実効性に乏しい場合が多いという反省に基づき、住民主導、参加型への転換が新たに試みられるようになった。その一環として、地域単位での赤土流出防止シンポジウムの開催や、流域協議会設置などが行われている。

[参考文献]

◇大見謝辰男『沖縄の自然を知る‥赤土汚染』(築地書館　1997年)

　この問題に10数年取り組んだ著者が赤土汚染の影響、機構、歴史、現状などをまとめた。入門書として最適。

◇沖縄タイムス社会部赤土汚染取材班「シリーズ赤土汚染」(沖縄タイムス紙連載　1990年1月1日～9月4日)

　全68回にわたり、海の現状、流出源、防止対策を深く掘り下げて報道した。同問題が深刻化した経緯を知るうえで参考になる。

大見謝 辰男

第20章 ● サンゴ礁と島々

エコツーリズム

　エコツーリズムは明確な定義が確立されていないが、主に自然環境の保全を強調した観光形態であり、その概念を反映したのがエコツアーである。エコツアーは地域の資源管理に比重をおき、観光客が多数でも少数でも自然環境に対して考慮に欠いたらエコツアーには該当しない。エコツアーには、植林や環境美化などを目的とした「環境を守る」型、ホエールウォッチングやカヌー体験ツアーなどを行う「環境を楽しむ」型、環境教育に力点をおいた「環境を学ぶ」型などがある。

　エコツーリズムを推進するためには、地域住民の参加・協力による運営、研究者による資源管理についての助言・提言、行政によるエコツーリズム推進のためのバックアップ、旅行業者によるエコツアー情報の提供、観光客の地域資源保全への参加などが必要である。

　1998（平成10）年3月に沖縄で兼高かおる氏が会長を務めるエコツーリズム推進協議会が設立大会を行った。

　座間味村では、1991年3月に座間味村ホエールウオッチング協会が設立され、その会員数は1999年4月現在で70（村内）である。ホエールウオッチングのシーズンは1～3月である。その体験者は、当初、村所有のフェリーを利用する事が多かったが、1996年頃からダイビング業者など、非協会員所有のレジャーボートの利用が年々増加し、年間5千人弱程度と推測されている。協会は自主ルールを制定し、ザトウクジラの調査・観測活動を行っている。村当局では1992年に「クジラの里」宣言をしたり、村営船の「クィーンざまみ」でホエールウオッチングツアーを行った。また、1994年に国や県の補助金を利用して「くじらの里ふれあい広場」を整備し、1996年に国際ホエールウオッチングフェスタを開催した。その後もフォーラムやクジラ祭などを開催し、住民や観光業者などの意識を高める活動を行っている。

　西表島では、以前から遊覧船やボートなどを利用したヒルギ群落や滝などへの観光が行われていたが、1990年から始まった環境庁のエコツーリズムを基本とする資源調査に協力した人々を中心にエコツーリズム協会設立の活動が始まり、ガイドブックの発刊を契機として、1996年5月に西表島エコツーリズム協会が設立された。その協会員には観光業に携わらない住民、ガイドや遊覧船業などの観光業者、生物研究者などが参加している。

　沖縄本島北部をみると、東村ではヒルギ林周辺施設整備事業によって慶佐次湾ヒルギ林などに展望台や遊歩道が整備されているが、観光資源であるヒ

ルギ林を一部であるが伐採して整備している。また、村民や観光業者、行政などで構成する東村エコツーリズム協会が1999年5月に発足した。国頭村では1999年4月に環境庁のやんばる野生生物保護センターが開設されたり、森林ツアーが行われた。名護市の東海岸に位置する久志地区では、ガイド専門会社（エコネット・美（チュラ））が1998年6月に発足し、エコツーリズムで地域おこしを進めている。

伊平屋村では1994年から村漁協が「海の学校」を開き、スポーツ教室や体験漁業教室、さらに永住希望者体験教室などもあり、実際に島に永住する人もいる。

環境教育に関しては、エコツーリズムデザイン研究所が大学生や高校生などを対象に伊計島で赤土やイノーなどの学習を行っている。

1999年11月には県文化部の自然体験活動指導者養成事業が始まり、自然観察会やエコツアーの指導者を育成する講習会が開催された。また、各地でシンポジウムや講演会などが開催されている。沖縄でのエコツーリズムの取り組みは始まったばかりであり、多彩なメニューやガイドライン（環境容量の設定）、人材育成の必要性、資源保全への意識の啓発などが課題となっている。

〔参考文献〕

◇エコツーリズム推進協議会『Entreing the Ecotourism Age エコツーリズムの世紀へ』（エコツーリズム推進協議会 1999年）

　エコツーリズムの概念や展開、西表島の地域資源の調査とツアープログラムの開発などが詳細に報告されており、エコツーリズムを学ぶうえでの必読書である。

◇琉球銀行調査部「本県におけるエコツーリズムの現状と課題」『りゅうぎん調査』No.356（1999年）

　西表島や座間味村、本島北部でのエコツーリズムの展開を詳細に報告している。

◇今井輝光・伊平屋村漁業協同組合『沖縄㊙アイランド のんびリズム 伊平屋島』（三心堂出版社 1997年）

　海の学校のコースガイドと受講生の体験記を紹介。

◇『魚まち』（沖縄地域ネットワーク社）

　エコツーリズムの展開やそれに関するシンポジウムなどを紹介した沖縄水産ネットワークマガジン。

上江洲 薫

用語解説

用語解説1　沖縄の行事・祭り
見出しは五十音順

安田のシヌグ
国頭村安田で1年おきに7月に行われ、山の神に豊作、子孫繁栄を祈願する行事。木の葉やかずらで仮装した男達が山から下りてきて村を払い清める。一日目は神格化した男達による邪気払いと田草取りなどの余興があり、二日目は相撲やウシデークなどがある。

アブシバレー（畦払い）
4月14～15日頃行われ、害虫を駆除し豊作を祈願する儀式の日。麦わらで作った小舟に虫をのせて海に流すなど地域によって儀式の方法は異なる。この日は農作業を休む骨休みの日でもあり、村によっては相撲や闘牛などの行事を催す娯楽日となっている。

糸満ハーレー
糸満で旧暦5月4日に行われる舟こぎ競争で、豊漁祈願の伝統行事。祈願のあと、三村対抗で、御願バーレー、転覆ハーレー、上リバーレーなどの競争が行われる。ハーレーの終了後は浜辺で香をたき酒と水を供えて、海で亡くなった漁夫への供養を行う。

折目／ウィミ
自然や人の一生の節目を折目と称して祝宴を催す。正月、盆のほか豊年祭や祝行事などの様々な折目の日は、行事料理で祝う。

ウークイ
旧盆の最終日7月15日に行われる祖霊送りの儀礼。夜遅くに仏壇の前に家族、親族が集まり線香をあげて拝む。戸主はウチカビ（後生での通貨である紙銭）を焼く。供え物の一部や焼香の燃え残りを戸外に出して、村はずれなどで線香をたいて霊を送る。

ウシデーク
豊年の祈願と感謝の踊りの一つで、女性だけによる屋外円陣舞踊。盆祭や十五夜収穫祭に行う所が多い。鼓をもった神女を先頭に、その音頭と唄に合わせてあとの婦人たちは円陣を回りながら、ゆっくりと手踊りをする。沖縄本島とその周辺離島に伝わる。

鬼餅（ウニムーチー）
旧暦12月8日に月桃やクバの葉に包んで蒸した餅をつくり悪鬼払いと健康を祈願する日。ムーチーには、鬼になった兄を妹が鉄の餅を作って食べさせ退治したという由来話がある。子供の年の数だけ軒下につるしてから与えたり、子供の健康祈願の意もある。

ウマチー（お祭り）
年4回行われる麦と稲の実と収穫を祈願する祭り。2月は麦穂祭、3月は麦の収穫祭、5月は稲穂祭、6月は稲の収穫祭で15日を中心に行われる。ノロ（集落の神女の統率者）が祭りの指揮をとり、村中の健康と諸作物の豊作を祈願して儀式を行う。

ウンケー
旧盆の初日7月13日に行われる祖霊を迎える儀礼。仏壇に供え物をし、ちょうちんを灯して迎え火をたき、玄関先には祖先たちが手足を洗うための水が置かれる。祖霊と一緒についてくる餓鬼払いのため、ウンケージューシー（炊きこみご飯）を作る。

カジマヤー
　旧暦9月7日に数え年97歳の長寿者を祝

● 用語解説 1 ● 沖縄の行事・祭り

う。本人に童心にかえる意味の風車（カジマヤー）を持たせて集落全体で盛大に祝う。かつては長寿を祝う半面、長生きを恥じとする考えがある模擬葬式を行ったが、現在は親戚・集落の人々が集まり賑やかに祝う。

旧正月
沖縄では、以前は旧暦で正月祝いを行っていて、お盆と同じく祖先祭であった。現在では新正月で祝う家が多い。沖縄にはおせち料理としての重詰料理はなく、かつては豚をつぶして晴れ食を作った。元旦に門中の本家や年長者の家へ年始まわりをする。

三月三日
旧暦3月3日は女の節句で、女子はごちそうをもって海辺に下りて楽しく遊ぶ習慣があった。「浜下り（ハマウリ）」を参照。

シヌグ
豊作、豊漁、村の繁栄を祈願する祭。沖縄本島中北部の年中行事を代表するもので儀式の内容は様々。男拝みの行事といわれる。

柴差し（シバサシ）
8月に訪れると信じられている魔物を追い払う行事で、旧8月9日から13日の間に行われる。桑の小枝とススキを束ねたシバを家の四隅、井戸、かまど、田畑などに差し、霊前には赤カシチー（小豆入り強飯）を供えて悪魔払いと健康祈願をする。

シマクサラン
旧暦の2月、3月、6月、8月11月に行われる悪疫払い。2月と10月のものが大きく、特に2月にはブタや牛などを屠殺し部落の入り口に骨などを結んで張る。

十三祝
生まれた年と同じ十二支の年の最初の同じエトの日に祝う年日祝い（トゥシビー）の1回目。以前は女の子は25歳以前に嫁ぐのが普通で、十三祝は生家での最初で最後の年日に当たることが多いため、盛大に祝った。今でも友人、親戚を呼び賑やかに祝う。

十六日（ジュールクニチ）
後生（グソー）の正月といわれる。旧暦1月16日に行われる行事で、先島で盛んに行われ、墓前で祝う。

ジュリ馬
旧暦1月20日の20日正月に行われる那覇の年中祭。ジュリ（遊女）が馬の頭部の板を前にしめてねり歩く。

シンジュークニチ（四十九日）
死後49日目に行う法事。七日ごとに行われる周忌の最終日。忌明けの法要として特に念入りに法事が営まれ多くの人が訪れる。

スーコー
語源は焼香で法事のこと。死者亡き後、7日ごとに49日まで周忌が行われ、以後100ヶ日そして年忌となる。年忌は1、3、7、13、25、33忌の6回行われる。33年忌はウワイ（終わり）スーコーといわれ死霊が昇華して神化し法事は終了する。

世界のウチナーンチュ大会
世界各地に移住している沖縄人（ウチナーンチュ）を結び付けネットワークを確立するための事業。1990年に第1回を開催。

七夕（たなばた）
旧暦7月7日の行事で、沖縄ではお墓の掃除

をする。いわばお盆の前の墓掃除のいみあいをもつ。ロマンチックな要素はない。

種取り、種子取祭
蒔いた種子の豊作を祈願する行事。600年の伝統をもつ竹富島の種子取祭はとりわけ有名。10月頃前後10日間にわたり行われる。舞踊、狂言などの多彩な奉納芸納が演じられ、世ぞい(豊年祈願の行事)が行われる。国の重要無形民俗文化財である。

タンカー
満一歳の誕生祝。火の神や仏壇に料理を供えて子供の成長祈願をする。お祈りの後お金や道具を並べて子供に選ばせ将来を占う。

トゥシビー(年日祝い)
各家庭または親族で行う行事。十二支にちなんで生まれ年に当たった人はその年の最初のエトの日に祝う。数え13歳、25歳、37歳、49歳、61歳、73歳、85歳に祝うが、13歳の特に女子の場合は子供の友人も呼んでにぎやかな祝宴をひらく。

トーカチ
旧暦8月8日に数え年88歳の長寿者を祝う。祝いに来た客に「斗かき」を配ることからトーカチと言うらしい。斗かきとはび升に入った米を平らにするための竹を斜めに切ったもののこと。かつては長生きを恥として模擬葬式を行う風習があったという。

那覇大綱挽
大空襲の十・十忌の新暦10月10日に那覇まつりで行われる。350年以上前から始められており、大綱は世界一の大きさ。

NAHAマラソン
12月の第1日曜に行われる沖縄県内で最大規模の市民マラソン。那覇市奥武山運動公園をスタートする。冬の風物詩の一つ。

ナンカ
周忌のこと。7日ごとに49日まで行われる死者供養。特に初7日と49日は重視され、多くの親戚や知人が喪家を訪れる。

ニービチ
「嫁入り」のことで、今では結婚式の総称として使われている。男社会の家と家との結婚ならではの儀礼用語である。

二十日正月
旧暦1月20日の行事で正月の終わりとして飾り物を片付ける。かつて那覇の遊女街の辻町ではジュリ馬という祭りが行われた。

ハチウクシ(初起し)
新年始めに仕事に就く、あるいは仕事始めの式を行う日で2日に行われることが多い。供え物をしたり酒宴を開いたりして祝う。

八月十五夜
月のお祭りで月拝みをし、フチャギ(小豆をまぶした餅)を仏壇や火の神に供える。旧暦八月十五夜前後は豊年祭の行事が3日間にわたって各地で行われた。村人全員で踊りや芝居が披露されてにぎわう祭りで、獅子舞や綱引きを行うところもある。

浜下り(ハマウリ)
旧暦3月3日の行事で女の節句。浜に下りて遊び身を清めて厄払いをする。浜下りの言い伝えに、蛇の化身と契りを結び身ごもってしまった娘が、浜の白砂をふむことで汚れない身体にもどるという話がある。重箱にごちそうを詰める習慣もあった。

● 用語解説 1 ● 沖縄の行事・祭り

盆アンガマ
ソーロン（精霊）アンガマといい八重山独特の盆踊り。爺と婆の仮面をつけた2人がクバ笠をかぶり覆面の供を連れて、招かれた家で唱い踊って仏前で口上を述べる。あの世の精霊である爺と婆は観衆とあの世と浮世に関する問答をコミカルに演じる。

マンサン／満産祝い
親戚や知人が集まって赤子の前途を祝う行事。祝料理が客にふるまわれ、訪れる人はマースデー（塩代）と呼ぶ祝儀を包む。

道ジュネー
旧暦8月10日前後に行われる豊年祭で全出演者が芸装で練り行列をすること。祭りの場まで神人や役員達と顔見せ行列をする。今では、街頭デモなどにもこのことばが当てられることがある。

ユークイ
宮古地区で行われる豊作祈願の行事。女性が中心的に活動する。

ユッカヌヒー
旧暦5月4日に行われる豊漁祈願と、ハーリーが行われる。翌日の「グングワチグニチ」と兼ねて行われ、男児の節句の内容をもつ場合もある。

ヨーカビー
旧暦8月8日に、魔物や妖怪などを払う悪霊払い。爆竹などを鳴らすこともある。

用語解説2　沖縄の方言・ことわざ
見出しは五十音順

あいえなー
「アーアー」の驚き表現で少し悲しみがまじる。「あいえなー、忘れもんしたさ。」

あがー
「痛い!」とか「あいたー」。ウチナーンチュでもこの言葉がとっさに出るのは40代以上かも。

アキサミヨー
驚いた時とか、あきれた時に使う言葉で「あれまあ」というような言葉。地域によっては「アギジャビヨー」「アキヨー」など、いろんなバージョンがある。

あけもどろ
日の出の瞬間をいうらしい。〈あけ〉は明け、赤、転じて美しいの意。〈もどろ〉は原義未詳。

味クーター
こってり味。だしがよくきいた料理に対していう。味がしみてるナー、という気分がよく出ている。顔の様子などにも応用バージョンがある。

アシバー
「遊び人」。転じて「不良」。「アシバー車」というとヤクザさんの乗っている不つりあいの車。

アシビぬ美さー、人数ぬ備わい
(アシビぬチュラさー、ニンジュぬスナわい)
遊び(アシビ)の美しさは、集まった人のそなわりによる、の意。歌、三味線、踊り手などがきまった数だけ集まってはじめて遊びはうまくいくもの。人の和の大切さですネ。

アタイグワー
家の庭先などの小さな菜園。日常食べるものをうえておいて、すぐにちょっとほしい時には便利。アタイグワーのある風景ってしみじみとイイですね。

アチコーコー
アツアツの食べ物に対して使う。「アチコーコーがマーサン。」「あつあつの時がおいしい。」と。

雨垂い水や醤油使え
(アマダいミジやショウユヂケえ)
雨水は醤油を使うように大切に使いなさい、の意。沖縄の水不足の歴史がこのことわざで決まってますね。

雨や咎人ぬ上にん降ゆん
(アミやトゥガニンぬウィーにんフゆん)
雨は罪をおかした人であっても降る、の意味。公平・平等を求める人々の心が伝わってきますネ。

あらん
「違う」「そうじゃない」の意味。あらんドーまで言うと強調形。「ワン、あらんドー」「オレじゃないよ。」と。

アンダーグチ
お世辞のこと。あまりいい意味には使われない。口のまわりにアンダー(油)がついている状態を想像してもらうとよくわかる。

アンマー
お母さんの意味。「糸満アンマー」というと、

● 用語解説 2 ● 沖縄の方言・ことわざ

魚を売るバリバリのやり手母さんのこと。「イッター、アンマー、マーカイガー」って訳せます？

意志ぬ出じらあ手引き　手ぬ出じらあい地引き
（イジぬんじらあティクイき　ティぬんじらあいジクイき）
腹がたっても手を出すな、手が出そうになったら怒る心を静めなさい、の意味。怒りってこわいものですね。スマイル、スマイル、スマイル。

行逢ば兄弟ー
（イチャリばチョウデー）
何かの縁があって合ったものはお互いに兄弟みたいなものだ、の意味。沖縄の一番有名なことわざですが、ここに「沖縄」が見えますね。

行ってコーネー
「行ってきましょうね」の意で、仕事に行くときの別れのことば。「さよなら」ということばがない沖縄ではこのことばが代用かも。

イナグー、イキガー
イナグーは「女」。では「イキガー」は？そういうことです。いきがっているからイキガーではありませんからご注意を。

イマイユ
近海でとれた新鮮な魚（イユ）のこと。イマイユの店の看板。「イマムン」とか「イマメー」ということもある。

イントゥマヤー（犬と猫）
言葉そのものは「犬と猫」だが、「犬猿の仲」、つまり会うといつもトラブルを起してしまうような間柄のことをいう。

ウーマク
人のいうことを聞かず、無鉄砲な人のこと。乱暴者の意味もある。男の子に対して使うことが多い。

うちあたい
後ろめたいというか、バツが悪いときの心の状態をさす。大和の人、この事典を読んでうちあたいしてるかナー。「うちあたいの日々」なんてタイトルの本あったっけ。

ウチナー
「おきなわ」もしくは「沖縄の」。「ウチナーンチュ」、「ウチナーグチ」からあげくは「ウチナーじらー」（沖縄的顔）まで広がる。

ウトゥル
「怖い」、「おそろしい」。「ウトゥルサンヤー」といったら「怖いネー」と。

恐るしや物ぬ見ぶしや物
（ウトゥるしやムンぬミイぶしやムン）
怖いもの、恐ろしいものはなんともはや見たくなるもの、の意味。「こわいもの見たさ」は人間のかわらぬ心もちですかネ。

うない
姉妹のこと。男を守る力をもつと言われ、「おなり」ともいい、神との交信が可能な力を持つ。「うないフェスタ」なんていうネーミングもでてきております。

ウフソー
良くいえばおおらか、悪くいえば間が抜けている。神経が細かくないこと。細かければいいというものでもでもないワナ。

●用語解説2 ●沖縄の方言・ことわざ

生まれり島ぬ言葉忘しねぇ国ん忘しゅん
(ウマれりジマぬクトゥバワしねぇクニんワしゅん)
生まれ故郷のことばを忘れることは、自分の国を忘れることだ、の意味。ことばの持つ力を忘れないことですね。「方言札」ってその意味でもひどいですね。

ウマンチュ
「御万人」とあてて書くとなるほどナとなる。一般民衆はいつの世も反権力ということなのかも。「人民」て書いたら叱られるかナ。

ウリウリ
「ほらほら」の意味で、物を進めるときにもまた嫌がらせるときにも「ウリウリ」と。ごいっしょにどうぞ「ウリウリ」。

うりづん（若夏）
旧暦2、3月頃のことをいう。大地が潤い、麦の穂の出る時節。この頃に中国大陸から渡ってくる黄砂を「うりじんこーじゃー」という地域もある。

ウルウルーする
眼に涙がいっぱいたまっている様子がよく出てますネ。悲しいですネ。感動ですネ。泣けてきますネ。

カタブイ
沖縄の夏の雨は1m先では降っていないことがある。片方だけ雨が降っているというこのカタブイは、雨がカーテンのようになってそれはそれは暑いのなんの。

ガチマヤー
ガツガツ食うマヤー（猫）→食いしんぼう。「ガチクー」とか「ガッチャマヤー」とも。気にしない。

ガッパイ、タッペー
後頭部のでっぱりが大きい人がガッパイ。(鉢頭の人のことでもある。)では、タッペーは？そのとおりです。

神畏りーしぇー、物習ぬ元
(カミウスリーしぇー、ムンナレーぬムトゥ)
神を畏れるのは物事の習いの元となる、の意味。この場合の「神」は「敬う心」のような広い意味で、そういうものがあってはじめて物事を習うことができるのでしょうネ。

カメー
「食べろ」のこと。これをくり返して使うと「カメーカメー」となって、とにかく食べてヨという攻撃となる。おばあがよく言うんだマッタク！

かりゆし
いいひびき。めでたいことの意味。「めでたい」よりも上品で奥行きのあるひびきを味わってみてください。

カンナジ
「かならず」、「絶対に」。かんなじ戻ってこいヨ。かんなじナー？（絶対にか？）と平叙文、疑問文両方に使える。

カンパチ
傷でできたハゲ。けがした後のハゲ。小さいハゲ。とにかくハゲ。

カンプー
沖縄独特の髪を団子状にまとめて頭の上にセットするヘアースタイル。

●用語解説2●沖縄の方言・ことわざ

木ぬ葉とうん笑いん
（キィぬファーとうんワラいん）
木の葉が落ちても（箸がころがっても）何をしても笑ってしまう、の意味。こんな時が人間の成長の課程でありましたネ。

慶良間ー見ゆるしが睫毛ー見ーらん
（キラマーミゆるしがマチゲーミーらん）
慶良間島は見えるけど（自分の）睫毛は見えないもの、の意味。「燈台もと暗し」はどこでもいつでも語られるものですネ。

クサティ
「腰当て」のことだが、「うしろだて」の意味内容。ある時は山、ある時は森、そしてある時は祖霊・御嶽（うたき）。クサティ森がどんどんなくなっている昨今であります。

クサムニ
ふざけたこと言うんじゃない。ウソ言うんじゃない。「クサムニサンケー」とも言って親しみのことば。

口剃刀（クチガンスイ）
口はカミソリ、の意味。「口は禍いの門」とは実にそうして、何も政治家に限ったこととは言えませんね。

口ぬ余れえ手ぬ出じゆん
（クチぬアマれえティぬんじゆん）
激論をかわしていてうまくいかないとき手が出ちゃうもの、の意味。どうにも人間て奴はカーッとくるとダメなものですね。わかっちゃいるけど……。

口ぬ恥え無ん
（クチぬハジえネェん）
食べることになると人は恥も外分もなくなってしまう、の意味。人間とは食う物なり、とは基本中の基本。いつの世も食うことから離れられないわけですね。

クヮッチー
ごちそうのこと。「正月クヮッチー」などとも使う。「クヮッチーサビタン」は「ごちそうさまでした」ということ。

喰わぬ喰わぬの七碗者
（カマンカマンヌナナマカヤァ）
食べない食べないといっている者に限って、七杯もおかわりをする。落語にもあるやつで、万国共通、万年共通のアレです。

ゴーグチ
文句をいうこと。「ゴーグチをいう」ではなく、「ゴーグチをする」という言い方をする。「ゴーグチサンケー」ってわかりますよネ。

砂糖ヌ甘さトゥコーレーグースヌ辛さ取れー何すが
（サーターヌアマさトゥコーレーグースヌカラさトゥれーヌーすが）
砂糖の甘さと唐辛子の辛さがなくなったら一体何になるのか、の意味。個性の大切さは今にはじまったことではありませんネ。

財産呉いらやカー、性魂呉いり
（ざいさんくいやらカー、ソータマシくいり）
財産をくれるよりは心のこもった知恵をくれ、の意味。「ソータマシ」とは直訳できにくいことばで、根性とか性質とか知恵とか考えとか、実に沖縄的ことばですネ。

さんけー
「やめてくれ」の断り表現。髪の毛をさわられてワジワジーした時などにムッとしてひとこと、「さんけー」。

●用語解説２●沖縄の方言・ことわざ

シージャー
「先輩」のこと。自分より年上の人に対して用いる。「ヤーのシージャーあらんナー」＝「おまえの先輩じゃないカー」と。

才知之一代、誠一世万代
（シェーチヌイチデー、マクトイチユーマンデー）
才知は一代、誠は世万代、の意味。悪知恵を出して一時的にうまくいっても、誠実な心がともなわない限り続かないもの。やっぱり心ですね。

シカス
元来は「おだてる事」。今では「女の子をくどく、ナンパをする」の意味でも使う。女の子っておだてるとくどかれるワケ？

シカバー
臆病者のこと。「シカボー」ともいう。「シカバサンケー」といえば、「びっくりさせんなヨ」のこと。「シカブ」という若者動詞形もぜひ覚えて。

仕事ー仕事ぬどう習ーしゆる
（シグトゥーシグトゥぬどうヌハーしゆる）
仕事というものはやっていくうちにコツを覚えるものだ、の意味。人間の語源って〈手〉だというヨーロッパ語を思いだしますね。習うより慣れろ、ということもありますか。

しったカー
知ったかぶりをすることや人。「えらそうに。しったカーさんケー」＝「えらそうに。しったかぶりをするな」と。

シナサリンドー
直訳すると「死なされるヨー」、というまこ

とにぶっそうなことばですが、親しいものどうしの日常語です。いったい沖縄では毎日何人の人が殺されてしまうんでしょう。

しに
「very」の沖縄バージョン？「しにかん」という強調用法もあり。「しにかん暑い」と。

しまチャビ
伊波普猷の発案らしい。「孤島苦」の意味で離島の人々の苦しさを示した。今では沖縄全体をさすことばでも使われる。

シンカ
「仲間」。「あれ誰ネ？」、「ワンのシンカやっさ。」と。「友達」は「ドゥシ」、「ドゥシグワー」。

すーじグワー
大通りからワキにそれる小さい道。街のよさはすーじグワーに入らないとわからないものです。

スーミー
「覗き見」。「スーギキー」と言えば「盗み聞き」と。

スガイ
服装、かっこうのこと。若者ことばとしては「スガってる」なんて使う。バッチリきめたかっこうをしているわけ。

すぐる
「殴る」の意味で、よく「すぐらりんドー」（殴られるヨー）と。いわば親しみ表現。

細工おー道具勝い
（セエクおードウグマサい）
「セエク」とは大工や職人などで、そういう人でも道具がないと仕事はできない、の意味。

●用語解説2 ●沖縄の方言・ことわざ

〈道具〉って〈手〉の延長ですからね。人間は道具をつくる動物、なんてことわざありましたっけ。

だあー
「どれ」、「ほら」などのかけ声表現。「だあー貸してミー」(どれ、貸してみろ。)と。

だからよー
相手に同調して相づちを打つ時に使う。「風邪引いたって？」「だからよー」「薬飲んだ方がいいよ」「だからねー」という具合。まことに便利なことばなり。「だっからよー」というと強調バージョン。

タックルスン
クルスンというのは殺すという意味だが、実際には「ひどい目にあわせてやる」ということ。「タックルサリンドー」ってわかるでしょう？

チーゴーゴー
血が出る。幼児的表現だが、実にリアルな感覚的表現ですナ。

付ち肝どぅ愛さ肝
(チチヂムどぅカナさヂム)
近づいてきる人の心こそいとしい心、の意味。つき合ってみないと人はわからないものですネ。

チバリヨー
「がんばれ」ということ。甲子園での沖縄代表の応援でよく聞くでしょう。あれですヨ、あれ。

チムグルサン
相手に同情して、気の毒に思う時に使う言葉。沖縄の人にとっては非常に心ひびくことば。本土の人、今の沖縄にチムグルサンしてますー？

チムジュラサ (肝美らさ)
心が清く美しいこと。「チム」とは「肝」で「心」って書ちゃうとチョット具合が悪いんだヨナー。おじいに訊いたら「チムジュラサはチュムシュラサさヨー」っていいます。

チムどんどん
心がドキドキ。驚き表現。実に気分の出たヒットボキャブラリー。

チャーがんじゅー
「いつも元気」のいみで、超元気とはチトちがう。ついに「茶願寿」名の健康茶も出てきたー。

チャースガヤー
「どうしよう」、「どうする？」What shall I do？どんどん使いこなしてくれないとチャースガヤー。

チャービラサイ
こんにちは、こんばんは、のアイサツ語。昔はよく使ったんだよなー。アイサツは大事ソー。

チャーンナラン
「チャーンナラン」、「チャーシンナラン」などとも言って、話にならない、どうしようもないのこと。では「チャーンナランヘリ基地」ってナーニ？。

チューカー
お茶を入れる急須(きゅうす)のこと。やかんは「ヤックン」でチューカーではない。あたりまえ。

チュラカーギー・ヤナカーギー
美人·不美人。どこの国でもいつの世でもこ

— 340 —

の種のことばは必ずあるようです。「カーギー」とは「顔」のこと。「ヤナカーギーヤー」は親しみ表現ですヨ。

面かあぎやか肝心
（チラかあぎやかチムククル）
外面よりも心が大切、の意味。そのとおりです、そのとおりなんです。今風にいえば、ハードよりソフトということでもありますよね。

チルダイ
何となく身体に力が入らない様子。何をするにもおっくうな感じがする時などにいう。そういえば、「オキナワン・チルダイ」っていう題の新聞のコラムあったっけ。

であるわけサ。であるわけサー
「ということであります」の意で、途中を全部とばして、とにかく「YES」の気分でごいっしょに「であるわけサー」。

ディキヤー、ディキランヌー
ディキヤーは、「できる人、利口者」のこと。では「ディキランヌー」は？はい、そのとおりです。

デージ
「大変な」という程度を表わす語。「デージマーサン」（大変おいしい）などと無数の応用バージョンがあり使い方を覚えるとデージ便利。

テーファー
ひょうきんでおもしろいひとのこと。「アイツじゅんにテーファーやっさ。」＝「あの人本当におもしろい人だね。」と。

ドゥーグルシー
心苦しい。心がいたむ。やりそこなった時の心のさまを言っているワケ。ドゥーは「胴」であっても身体的胴ではない。

トゥジ
「妻」、「女房」、「嫁さん」、「かみさん」などなど大和語にはいろいろあるけど、沖縄ではこれ一つ「トゥジ」。夫は「ウットゥー」。さえないネ。

ドゥチィムニー
「ひとり言」の意味。「ドゥーチー」だけなら「ひとり」のこと。「ドゥチムニーさんけー」というと「ひとり言ってんじゃないヨ。」と。

トゥルバル
ボーっとする事で、「トゥルバヤー」はそういう人のこと。声に出してみると実に気分の出た表現。

トートートー
「もうイイ、もうイイ」というストップ表現。沖縄で酒をつがれたときにこの言葉を知らないといつまでもつがれ続けますのでご用心。

ナイチャー
内地から来た人のことをいう。「ヤマトゥンチュー」（大和人）ともいう。

ナンクル
林賢バンドのCDの名前。「なんとかなる」の意味で、ナンクルナリンドーとかナンクルナリヤッサーとか。中庸の精神なんですネ。

ナンデカネー
直訳は、「どうしてですかネー」ということになるがそれじゃダメ。相手がいきり立って言ってきたら横をむいて「ナンデカネー」。直球じゃなくてカーブの表現なんです。

●用語解説2●沖縄の方言・ことわざ

ニーブイ
「ねむい」の意味。ものすごくねむい、といいたい時は、「ニーブイレーフシガラン」とひとこと。「フシガランニーブイ」とは言わないこと。

ニヘーデービル
「ありがとうございます」の意。守礼の邦沖縄の代表的方言。これがすっと口からでてくるようじゃないと、というレベルか。

ニリル
うんざり表現。物的にも、精神的にもイヤになったときに、大声で「ニリた！」とどうぞ。

ヌーガ
「What」のこと。ヌーヤガーと言う強調表現がある。「ヌー」ともいう。

ヌチガフどぅシディガフー
命が長らえる幸せこそ生まれてきた者の幸せ、の意味。字で書くと「命果報どぅ　孵果報」となるらしいのです。命の大切さはいつの世も。

ヌラーリル
「怒られる」の意味。「ヌラーリンドー」といえば、タタカレルヨーと同じで怒られている表現。

ノンカー
「のんきな人」。これほど内容とピッタリなことばってあるだろうか。一度は使いたくなることば。

ハゴー
きたない、の意味でかなり広義に使われる。「ハゴーサヌ」って聞いたらいいひびきではありませんワナ。

ハタハター
オロオロすること。あせり表現としてこれまたリアルな表現。

バッペー
「まちがい」。「バッペーた」と言ったらまちがえた、ということだが、そんな時はその前に「アイ！」とつけるとおいしくいただけます。

ヒジュル
「つめたい」の意味で性格的なつめたさにも使う。

人ぬ丈や御万人ぬどぅ　はかゆる
人の背丈は万人がこそはかる、の意味。人の評価は自分で言うのではなく世間の人々が認めてこそきまるもの、なんですね。

ヒンガー
「ピンガー」ともいい、不潔な人のこと。「ヒング」は「垢」でそれに　er　がくっついて人間を表す。沖縄方言の基本形です。

ヒンギル
「逃げる」のこと。一目散に逃げる様子が実によく出た表現ですネ。

ヒンスー
「貧乏」のこと。「貧乏人」といえば「ヒンスームン」。反対語は「エーキンチュー」。ことばをふやす時は派生語学習を。

フージ
見かけ、風体のこと。「フージがない」というとかっこう悪いということ。「ウチナーフージー」といえば？

— 342 —

●用語解説2●沖縄の方言・ことわざ

フユー
意図的に手をぬいてさぼっている状態。「フユナー」、「フサー」って言ったらそういう人のこと。応用きかせて。

フラー
「バカヤロー」。この種の言葉はとにかく多いもんです。沖縄でも「フリムンアランナ」(バカじゃないか)なんて。「タランヌー」と言ったら「脳の足りない人」のことで同じ集合であります。「トットロー」って言ったら天然ボケのトロトロした人で親しみをこめて言う言葉でありまする。

マーカイ (ガー)
「Where are you going?」「どこいくの?」。めんどくさかったら、「マー」と、「Where」とおんなじですワ。

マーサン、マークネン
「おいしい」、「おいしくない」で言うことなし。マーサン印の‥‥なんて宣伝もあったけど。

マキラン
「敗けない!」。不屈の魂、なんていうとおおげさだが、マキラン!と言うとガッツがあるひびき。これしきりのことで敗けてタマルカーなんですね。宮古では、有名な「アララガマ」という言葉があってさすがですネ。

マブイ
魂のこと。ひどいショックを受けたりすると、マブイを落とすと信じられていて、そんな時はマブイグミ(魂込め)の儀式をする。

ミーグワー
切れ眼、細い眼の人のこと。逆バージョンは「ミンタマー」。眼は口ほどにものを言いとは全く関係ないワナ。

夫婦は甕の尻一つ
(ミィートゥンダヤカアミヌチビティーチ)
夫婦というものは後生(グソー)の世界へ行っても一緒。スゴイネー!昔から沖縄にも離婚はあったんですヨ。

ムヌカンゲーする
物考えすること。これなんか方言ていう感じじゃないけど、言いまわしに「沖縄」を感じてください。

物呉ゆすど我が主
(ムヌクユスドワガシュ)
物を与えてくれる優しい人が自分の主。ひとりじめしないで人々にほどこす人こそ王であります。政治とはそういうものであります。尚円さま。

ムンチュー
「門人」、「門中」で一族・同族のこと。ムンチュー墓が実際にある。血縁の強いこと強いことタマリマセンワー。

メーゴーサー
脅し表現で、げんこつでゴツンの感じ。つまり「おしおき」のこと。この種の表現は実に多くある。

メンソーレ
「いらっしゃいませ」の意。ていねい語で、那覇空港入り口にも、お土産やさんの入り口にも看板が出ている沖縄の代表的方言。

ヤーチュー
いたずらっ子の指にすえるのおきゅう。あつかったナー、ホント。「ヤーチューするヨ」なんて言うけどイメージできますよネ。

●用語解説２●沖縄の方言・ことわざ

やがて
「もう少し(で)」の意味。「やがて車がぶつかりよった。」と。

ヤッチー
兄貴、にいさん。昔は士族だけが使って、平民は「アフィー」とか、貴族は「ヤチヌー」とか、一言耳にしたら出自がわかるということがあったそうな。今では親しみを込めてヤッチーと。

ヤナー
汚い、悪い、できそこない、などなどイヤなものにもどうぞ使って。「ヤナワラバー」(悪がき)、「ヤナじんぶん」(悪知恵)、「ヤナ車」(ポンコツ車)‥‥。

ユーシッタイ
「ざまあみろ！」とか「いい気味だ！」ということ。「イイバイサー」も同じ種のことば。

ユクシ
ウソつきは「ユクサー」。親しい者どうしではよく使う。

ユタムニー
ユタのような、何を言っているのかわからんひとり言。「ユタムニーさんケー」＝「わけのわからん独り言を言うナ。」と。

ユンタク
おしゃべりをすること。仲間内のユンタクは楽しいが、人一倍おしゃべりな人に対してもこの言葉を使う。

ヨーガーリー
「やせっぽっち」。弱そうな感じがよく出ている。「ヨーメー」といったら「弱気」のこと。「ヨーバー」といったら「弱虫」と。

わじわじー
「わじる」は怒るということ。腹が立ってたまらない時の自分自身の気持ちを表現する時に使う。

用語解説3　沖縄の料理・食べもの

見出しは五十音順

アーサー汁
海藻のアーサーを入れたすまし汁。さっぱりしていて、アーサーの香りがほんのりとする。みそ汁形式もある。

足てびち
豚の足（てびち）を骨ごとぶつ切りにして昆布、冬瓜（又は大根）と煮込んだもの。スタミナのある長寿料理の一つである。

アバサー汁
アバサー（はりせんぼん）の汁で、肉は魚の感じがなく、しまっていてミソ仕立てがことのほかおいしい。人気メニューの一つ。

泡盛
透明な蒸留酒で原料はタイ米を使用。500年の歴史を持つといわれる。独特の香りがあり、水割りにして飲むことが多い。

アンダンスー（油みそ）
みそと豚肉を砂糖を入れて炒めたもの、手軽な保存食として食卓に常備されていた。今でもおにぎりの具として使われている。

イカ汁
イカのすみで作る真黒の汁物。イカ、豚肉をイカのすみとかつおだしで煮立てる。昔から白イカは下げ薬と言われ今も珍重な物。

イナムドゥチ
豚三枚肉（豚バラ肉）を椎茸、こんにゃく、カステラカマボコ等と一緒に甘口みそで煮立てた汁物。祝料理によく出される。

イリチー・イリチャー
材料を炒めたあと、だし汁を加えて煮る炒め煮のこと。パパイヤイリチー、血イリチー、クーブイリチー、フーイリチーなど。

ウムニー（芋煮）
さつまいもを煮つぶして、砂糖を加え練りあげたもの。いもの風味を生かした庶民的な料理で便秘、高血圧予防にもなる。

沖縄そば
沖縄のそばは中華麺を平たくしたような麺である。汁は豚とかつおのだしで上に豚の煮つけをのせるのが特徴。昼食として人気。

カタハランブー
結納の時サーターアンダギーと一緒に出される揚げ菓子。小麦粉と卵と塩を水で溶いて作る。形は妊婦の体型を表している。

かまぼこ
沖縄の「かまぼこ」には板がない。卵入りかまぼこ、紅白かまぼこ、棒かまぼこ、平かまぼこ、チキアギと多種多様。お祝いの料理には欠かせません。

カラスグヮー・スクガラス
アイゴの子をカラス小（グヮー）又はスクガラスと言う。塩漬けにしてびん詰めで売られている。新鮮な物は酢しょう油で刺身にしても美味。

カンダバージューシー
かずらのおじや。カンダバー（かずら）と豚バラ肉又はシーチキンを入れて作る。

●用語解説3●沖縄の料理・食べもの

クース（古酒）
泡盛を何年もねかせて作った高価な酒。南蛮がめに入れて保存し年数をかけて作る。泡盛よりも芳醇でまろやかな味わいの一品。

クーブイリチー（昆布の炒め煮）
千切り昆布の炒め物。「よろこぶ」を表す意味で祝料理の一つである。近頃は普段のおそうざいとしてもよく作られている。

黒砂糖（クルサーター）
お茶菓子として食べる。最近再び健康食品として見なおされ、疲れをとったり、コレステロール抑える効果がある。白砂糖と比べてカルシウムやミネラルが豊富。

ゴーヤーチャンプルー
ゴーヤー（にがうり）を豆腐と一緒に炒めたもの。沖縄の夏野菜を代表するゴーヤーは苦味があるがビタミン豊富な健康食品。

コーレーグース
とうがらしを泡盛でつけた香辛料。沖縄そばにたらして食べたりすると実に味がひき立ち、一度やったらやめられない必需品。

サーターアンダギー
沖縄風ドーナツ。結納の時にカタハランバーと一緒に出てくる祝い菓子で、丸い形は家庭円満の意味がある。代表的な揚げ菓子。

さんぴん茶
ジャスミン茶のこと。中国茶は脂っこい琉球料理によく合い、日本茶より好まれた。

ジーマミドーフ
落花生の豆腐。落花生ろさつまいもの澱粉で作る。つけ汁はほんのり甘い。冷え症、便秘、脚気、美肌に効く健康食である。

シマドーフ
少し固めの木綿豆腐。昔は各課程に石臼があり海水をニガリにして作られていた。野菜と炒めたり揚げ豆腐にすることが多い。

ジューシー
雑炊又は炊きこみご飯のこと。豚とかつおのだし汁に豚バラ肉と他の具を入れて作る。固いクファ型と、やわらかいボロボロ型がある。

スーチキー
塩漬けのこと。豚肉スーチーキーは保存食でもあるが、適当に塩分をぬいて炒めものにしたりすると味がしまっていて美味。魚などにも応用される。

スクガラス
アイゴの稚魚のスクを塩漬けしたもので、島ドウフの上に3〜4尾のせて食べると絶妙で、酒のつまみとしても最高である。

ぜんざい
沖縄ではぜんざいは冷し物で、白玉が入った冷たいぜんざいの上にかき氷を山盛りにのせる。黒糖を入れて作ることもある。

ソーキ汁
豚のアバラ骨の骨つき肉を昆布、冬瓜（又は大根）と一緒に煮込んだもので、お客料理、家庭料理としてよく食べられている。

ソーミンチャンプルー
ソーメンを炒めたもの。手軽に作れて子供やお年寄りに人気。ゆでたてのソーメンをネギ又はニラと塩でさっと炒めて作る。手軽でうまい。

● 用語解説3 ●沖縄の料理・食べもの

タンカン
ポンカンとオレンジの交配でできたミカン。多汁で甘味に富む。1月末から3月に収穫。

血イリチー
豚又は牛の血に塩を入れて固め、炒めものに使ったもの。法事の料理には欠かせない。今の若い人達には人気は今一つ。

ちんすこう
沖縄風クッキー。ラードを使うためこってりとしている。お土産用によく売られている。

チンヌクジューシー
チンヌクとは里芋のことで、里芋の入った硬めの炊きこみご飯。豚肉をだしに使う。

チンビン
小麦粉とベーキングパウダーに黒砂糖と卵白を入れてうすく焼き、巻き状にしたおやつ。子供が大好き。

豆腐よう
沖縄の珍味の一つ。豆腐を米こうじと泡盛で加工したもので、熟成に3ヶ月くらいかかる。濃厚で独特の味と香りの珍味。

ナーペラーンブシー
ナーベラー（へちま）をみそで煮こんだもの。へちまから出る甘い汁を使って作る。夏野菜の代表のヘチマを使った健康食品。

中味汁
豚の中味（もつ）を椎茸とかつおのだし汁で煮立てたもの。祝料理、法事料理、接客料理として琉球料理の代表的な吸い物。

ナントゥ（ナットゥンスー）
味噌入りもちのこと。祝事、法事に使われる餅菓子。ピーナツバター、黒胡麻、生姜汁と味噌を使う。独特の香りと味が美味。

パパイアイリチー
青いパパイアをシリシリして（卸し金で細かくして）にんじんとともに炒める。黄色くなるまで炒めてダシとしょうゆで味付けする。

ヒージャー料理（やぎ料理）
山羊料理は一頭分を煮こんで大勢集まって食べる。スタミナ食品として沖縄では昔から食べられているが独特の強い香味がある。

ヒラヤチー
沖縄風お好み焼き。小麦粉と水だけで作れるおやつで、生地は薄く焼く。生地に好みでニラや卵、シーチキンなどを入れる。

フーイリチー
麩を水にくぐらせ水気をとって手でちぎり、にんじんとニラとともにいためる。塩、ダシで味つけし卵となじませる。

フーチバージューシー
フーチバーとはよもぎのこと。よもぎの入った雑炊で、豚やかつおのだし汁を使う。

ぶくぶく茶
沖縄独特の茶道。煎米湯と茶湯を合わせて大きな茶筅で豪快にたてるので、ぶくぶく泡立つ。粘っこいが味はさっぱりしている。

豚料理
沖縄では豚料理が中心になっており、頭から足、血や内臓まで余すことなく使う。祝儀、法事、行事料理にも欠かせない。

●用語解説3 ●沖縄の料理・食べもの

フチャギ
糯米(もちごめ)粉をだ円形にして蒸し、その上にゆでた小豆をまぶしたもの。八月十五夜の定番の供え物。

ポーク
文字どおりの豚の缶詰め肉。沖縄料理のチャンプルーなどに必ずはいる。「ポーク卵」は、ポークを焼いて卵焼きをそえたもの。

ポーポー
薄焼きの皮に油味噌を芯にしてくるくる巻いたおやつ。昔はユッカヌヒー(旧5月4日)の節句におやつとして作られた菓子。

マース煮
魚の塩煮のこと。新鮮な魚に塩をまぶして身をひきしめてから水を少し入れて炊く。

ミミガーサシミ
千切りにした豚の耳皮をピーナツ酢みそであえたもの。コリコリとしてくらげに似た歯ごたえがあり、こってりしている。

ムーチー (鬼餅)
旧12月8日にムーチーを作って悪払いの祈願をする。もち粉に黒糖や紅芋を混ぜ月桃の葉に包んで蒸す。独特の香りがある。

モーイ豆腐
いばらのりを煮つめた後、冷やして固めたもの。乾燥モーイ(いばらのり)を水にもどし、だし汁で煮とかして作る健康食品。

ゆし豆腐
豆腐を固める前のユラユラした豆腐でくみ豆腐のこと。しょう油で味をつけ刻みねぎと生姜汁を入れてさっぱりとした味で頂く。

ラフテー
豚の角煮。古くから日本料理の中にも溶け込んでいるが、沖縄でも煮込み料理の代表の一つ。豚肉がとろけるまで煮込む。

用語解説4　沖縄の動物
見出しは五十音順

アーマン（オカヤドカリ）
オオヤドカリ科。陸生種で、夏場幼生を放出する時のみ海に入る。植物の幼葉を好む夜行性。沖縄では6種が国の天然記念物に指定されている。

アーラミーバイ（マハタ）海
ハタ科。薄い褐色の地肌に黒みをおびた横帯が走る。体長は1mに達し深い岩礁の穴に生息し、煮付けや汁にして美味。

アオアシギ
シギ科の旅鳥。県内には冬鳥として飛来し、体の上面は灰色で黒い軸斑と白い羽縁あり。くちばしは上にそり、足は緑で長い。

アオウミガメ　海
ウミガメ科は虫類。甲長120センチに達し海草を好む。甲羅が美しく剥製に珍重され肉も臭みがなく美味。別名ショウガクボウ。

アオサギ
サギ科の旅鳥。体の上面は灰色、下面は白。後頭部に黒い冠羽があり飛んでいる時の風切り羽は黒っぽく見える。全長93センチ。

アオサンゴ　海
花虫網八躰サンゴ亜網共英目。新石垣空港建設問題から脚光を浴びる。名がが示す通り体色は鮮やかな青。様々な形状をとる。

アオスジコシブトハナバチ
ハナバチ科。琉球列島の固有種。胸部はオレンジ色毛で覆われ腹部には鮮やかな縞模様あり。崖の粘土壁に穴を掘り巣を作る。

アオバアリガタハネカクシ
ハネカクシ科。体中にペデリンという毒を有し、赤と黒の目立つ体色を持つ。毒により皮膚が化膿したり、結膜炎をおこすこともある。

アオバズク
フクロウ科の旅鳥。頭から上面は黒褐色で、尾は長く黒帯があり耳羽はない。大木の多い所ホッホーとくり返し鳴く。

アカイユ（アオリイカ）　海
ジンドウイカ科。丸いひれが外套の全長に及ぶ。小魚や甲殻類を補食し、ミドリイシの枝に産卵。肉は美味、墨汁はスミ汁に。

アカイユー　海
イットウダイ科魚類の方言名。大きな目玉とマツカサのような鱗が特徴で、サンゴ礁域から水深100m前後の岩礁地帯に生息。

アカウミガメ　海
ウミガメ科。方言名カカガーミ。アオウミガメに比べ頭が大きく甲羅は赤褐色で形は丸い。肋甲板は5枚、体重は150キロに達する。

アカジン（スジアラ）　海
赤い地肌に斑紋が散り魚体は美しい。やや深い岩礁に単独で生息。1mを超す大物もあり、極めて美味。沖縄産高級魚。

アカナー（バラフエダイ）　海
フエダイ科。シガテラ毒を持つ危険種。幼魚は背びれと側線の間に乳白色の斑があり別名二つ星毒魚。比較的浅いサンゴ礁域に生息

● 用語解説 4 ● 沖縄の動物

する。

アカハラダカ

ワシタカ科の旅鳥。胸部は黄赤褐色、外側尾羽には数本の黒帯あり。9月～10月にかけ朝鮮半島、中国から飛来し山中で一夜を過ごした後南下。

アカヒゲ （国・天）

ヒタキ科の留鳥。琉球列島の固有種。体の上面は鮮やかな橙赤色で美しい声で鳴く。常緑照葉樹林に生息。

アカビッチャ（オヤビッチャ）海

スズメダイ科。体に5条の黒い横帯があり、背は黄色。全長20センチに達する大型種で動物プランクトンを捕食。

アカホシカメムシ

ホシカメムシ科。赤と黒の背面、腹部には白い帯が走る。リュウキュウトロロアオイなどの植物を好む。

アカマチ（ハマダイ） 海

フエダイ科。沖縄の最高級魚。体は細長い紡錘形。尾びれはY字型に深く切れ込む。肉はやや赤味をおびた白色で美味。

アカワラグチ（セミエビ） 海

ウチワエビ科。体は平たく、黒い目は左右かなり離れてついている。背は赤褐色で短毛とツブツブで覆われている。肉は美味。

アゲハチョウ

アゲハチョウ科。馴染み深いチョウであるが、幼虫のエサになる木が少ないためか沖縄ではあまり見かけることが少ない。翅は緑黄地に黒条・黒斑を持つ。

アサヒガニ 海

アサヒガニ科。甲長は12センチ前後で大型。体色は美しい朱色で歩脚は平偏、危険を感知するとこれを巧みに使って砂の中に潜り込む。肉は極めて美味。

アサヒナキマダラセセリ（県・天）

セセリチョウ科。体長2.3センチ前後で石垣島の於茂登岳、西表島の御座岳・古見岳などに限り分布。発見者朝比奈正二郎の名に因み命名。

アザミサンゴ 海

ビワガライシ科。奄美以南に分布し、菊花状のポプリカが群体をなし色は緑、灰、青褐色。先端は鋭くトゲになる。

アザムンノイナツイキ（パイプウニ） 海

ナガウニ科。楕円形で殻長は8センチ。特徴は赤褐色で三角状の太い棒のようなトゲ。夜行性で、別名フトザオウニ。

アシハラガニ 海

イワガニ科。甲羅は丸みをおび甲長約3センチで額の中央がへこんでいる。河口域や湾内の高潮線付近の砂泥地に穴を掘ってすむ。

アバサー（ハリセンボン） 海

ハリセンボン科。威嚇されると体を丸く膨らませトゲを立てるがこのトゲは鱗が発達したもの。肉食性でカニや貝類を捕食。アバサー汁は郷土料理の一つ。

アフリカマイマイ

アフリカマイマイ科の巻貝。70年ほど前に台湾から食用として導入され奄美以南の島々で繁殖。食糧事情が好転すると農産物を食害するとして駆除が行われた。

●用語解説4 ●沖縄の動物

アホウドリ（国・天）
アホウドリ科の海鳥。日本には4種類が生息。全長91.5センチ、翼開長210センチを大形。体の大半は白で雨覆い羽と風切り羽の先端は黒い。国際保護鳥、国の特別天然記念物。

アマクチ（サザナミダイ） 海
フエフキダイ科。ヒレは黄色で、和名が示す通り目下に6〜7条の青いさざ波状の線が縦に走る。体長は60センチに達し、美味。

アマミトゲネズミ
方言名アーム。奄美大島と徳之島の森林に生息。背中は黒褐色、腹部は灰白色で体毛がトゲ状になっている。体長は約12センチ、尾の長さが10センチ程で夜行性。

アマミノクロウサギ （国・天）
ウサギ科。耳が短く小形で、奄美大島と徳之島にのみ生息し、深い山林の巣穴を住処とする〈生きている化石〉。夜行性。国の特別天然記念物。

アマミヤマシギ （県・天）
シギ科の留鳥。頭が角ばり、目はやや後方に付き、暗灰色の額には茶色の斑紋がある。ヤマシギに似るがくちばしの付け根が太く先端がやや曲がり気味で足も長い。奄美諸島で繁殖するが県内でも見られる。

アンダーカーサー（ツバメウオ類）海
スダレダイ科ツバメウオ属の魚の総称。赤と黒の美しい横縞を持ち群れをなして泳ぎまわる。サンゴ礁全域に生息し、好物はクラゲ。体長50センチで観賞用として人気あり。

アンダチャー（オキナワトカゲ）
トカゲ科。幼時には尾の基部が青く、同体には白線が走るが成体になると消える。体長は20センチに達する。

アンマク（ヤシガニ）
オカヤドカリ科。日中は海岸の岩穴や割れ目にひそみ、深夜穴からはい出て活動。甲長約10センチ、体重は1キロにも達する。肉は美味で、香りもよい。

アンモナイト
アンモナイト網に属する化石動物の総称で特に中生代の海で繁栄した。殻の構造はオウム貝に似て、直径2メートルに及ぶものもある。本部町山川のアンモナイト化石は県指定天然記念物。別名菊面石とも呼ばれる。

イシカキトカゲ
トカゲ科。琉球列島の固有種。同体に7条の白い縦線が走り、尾は鮮やかな青。体長は約15センチ。住む環境により、形態や色に違いがある。

イシガケチョウ
タテハチョウ科。石垣を積んだような条紋を持つことから別名イシガキチョウとも呼ばれる。全肢長約3センチ、イヌビワやガジュマルなどが幼虫のエサになる。

イシカワガエル
アカガエル科。体長約12センチの大型種。緑色の地肌に紫色の斑紋が映える。琉球列島の固有種で、渓流域にのみ生息。繁殖期の雄は太い声で鳴く。

イシミーバイ（カンモンハタ） 海
ハタ科。魚体に散在する黒褐色の斑紋が特徴。全長20〜30センチでサンゴ礁域でよく見かける。産卵期には食欲旺盛になる。

● 用語解説4 ●沖縄の動物

イソシギ
シギ科の旅鳥。県内には秋ごろに飛来し越冬する。全長20センチ。体の上面は灰黒褐色、腹部から翼の付け根にかけて白色。尾を上下に振る独特の歩き方で、単独行動をとる。

イソヒヨドリ
ヒタキ科ツグミ亜科の留鳥。雌は全体に暗褐色であるのに対し、雄は胸部や背面が暗青色、腹部は赤褐色。海岸の岩場や市街地の高い所でツツ、ピーコッコなどと美しくさえずる声がきこえる。

イシマブヤー（スイジガイ）　海
スイショウガイ科の巻貝。殻は厚く堅牢で殻口縁から6本のツノ状突起が伸び、水字形をなす。呪貝として火難除けや魔除けに使われる。名護市の貝

イトマキボラ　海
四国以南、台湾まで分布する。殻口は角状にまっすぐ伸び、殻は固い。突き出した肩はこぶ状をなし殻長は15センチほどにもなり大形。食用。

イノーイバー（ゴシキエビ）　海
イセエビ科。体長約40センチ、青紫色の体色に白い縞模様、胸脚には4本の白い縦線を有する。その美しさで装飾用として人気があるが食味は劣る。個体数は少ない。

イボイモリ　（県・天）
イモリ科、方言名ソージムヤーなど。背中央部のせきつい骨が頭から尾にかけて隆起し両側に向け肋骨が並ぶ。体長15センチで〈生きている化石〉の一つ。

イボソデガイ　海
スイショウガイ科の巻貝。殻が固く背中はこぶ状でゴツゴツしている。殻高約8センチ殻口はなめらかで薄い肉食。

イボヤギ　海
キサンゴ科。群体は5〜15センチほどで触手は鮮やかな橙色。円形の莢はタコのイボイボに似る。潮通しのよい岩礁のくぼみに生息し、鮮やかな体色は水中で目立つ。

イユガーミー（ニザダイ）
スズキ目ニザダイ科魚類の総称。ナンヨウハギ、ミヤコテングハギなど種類により体色は様々。日本中部以南の沿岸に分布する。

イラブー（エラブウミヘビ）　海
ウミヘビ科。体長70〜120センチで体色は背中が青灰色、腹面は青みをおびた黄白色。久高島と石垣島に産卵ガマ（洞窟）を持ち猛毒を有する。食材としてくん製にされるが雄の方が美味とされる。別名エラブウナギ。

イラブチャー（ブダイ）　海
ブダイ科硬骨魚の総称。体は楕円形で鱗が大。背部は褐色、腹部が淡緑色、雄は青みが強く、雌は赤みが勝つ。両アゴの歯が融合し、鋭く頑強でオウムのくちばしに似ることから別名パイロットフィッシュ。

イリオモテボタル
イリオモテボタル科。1986年に発見された新種。雄は他の主と同じく翅を持ち飛びまわるが雌は幼虫型（サナギ状）のまま地面で発光し雄を引きつける。

イリオモテヤマネコ（国・天）
ネコ科、方言名ヤママヤー。頭同長約40セン

● 用語解説 4 ●沖縄の動物

チ、尾長が20センチ。黄褐色の地色に黒斑が縦列に走る。頭骨などに原始的特徴がある。繁殖期を除き単独行動をとる。西表島にのみ生息する野生ネコ。国の特定天然記念物。

イルカ／ヒートゥ　海

イルカ科の海獣の総称。体形は紡錘状で頭部は長く延びる。背ビレは大きく鎌形、前肢はヒレとなり後肢がなく体長1～5m。群れをなし遊泳し、船舶に平行して走る姿も見かける。

イワサキクサゼミ

セミ科。沖縄の限られた地域に分布する特産衆。4～5月に出現し、サトウキビを食害する。体長2センチにみたぬ日本最小種。

ウェカタメーカーハジャー　海
（モンガラカワハギ）

モンガラカワハギ科。黒い地肌に映える白い斑紋、口と尾に走る横線と方言名の由来となるハデな外観。観賞魚として人気が高い。

ウキムルー（カンパチ）

アジ科の硬骨魚、ブリ属。背部は帯状青色で腹部は銀白色。体長2メートルに達する大物もある。高級さかなで栽培漁業も盛ん。

ウグイス

ヒタキ科の留鳥。体の上面はオリーブ色で下面汚白色。全長約15センチ、尾は長めで雌がやや小ぶり。冬がチャッ、チャッ（笹鳴き）、春先になるとホーホケキョとさえずる。

ウスバキトンボ

トンボ科。体色は黄色、腹長3センチ前後で中形。毎年、5月頃南九州に現れ夏の終わりになると北海道に達する。飛翔力が強く、群れで海を渡ってゆく姿が見られる。

ウチワエビモドキ　海

ウチエビ科、方言名スナワラグチャ。甲羅はウチワ状に広がり平偏。体色は黄土色で目が甲羅のヘリに付きひょうきんな表情。体長20センチで肉は美味。

ウツボ　海

ウツボ科の硬骨魚、方言名ウージ、イシブラー。太いウナギ型で鱗はないが美しい斑紋がある。口が大きく歯が強大で性質が凶暴。食用や海産皮革の原料にもなる。

ウフミー（テンジクダイ）　海

テンジクダイ科。体長約9センチ、口と目が大きい。淡灰色の地肌に淡褐色の横帯が10本。夜行性で日中はサンゴ礁の岩穴に潜む。雄が卵塊を口中に含み保護する習性あり。

ウミウサギガイ　海

ウミウサギガイ科の巻貝。形はタカラガイに似る。殻の表面は光沢がある磁白色で殻口の外唇が内側に巻き込む。鶏卵大であるため産卵促進用の偽卵に使う農家もあった。

ウリミバエ

ミバエ科。体長8ミリ前後で一見小さなハチに見える。全長は透明な黄金色で翅に暗色紋がある。ウリの食害対策として国が不妊化事業を展開し1992年根絶に成功。

ウンパージ（オキナワクマバチ）

ハナバチ科。体長2センチ前後、ずん胴で全身黒い毛で覆われクマを思わせる。4月から10月にかけ花粉や蜜を集めてまてる。

エーグワー　海

アイゴ科に属する魚の総称、方言名はエーグワー、沖縄の代表的な大衆魚。背ビレ腹ビ

● 用語解説 4 ●沖縄の動物

レ、尻ビレに毒を持ち稚魚はスクと呼ばれている。

エゾビタキ
ヒタキ科の旅鳥。全長14.5センチ、枝に止まり直立し、空中でエサを捕らえ枝に降りるみごとな習慣がある。頭部から上面は暗褐色、腹部は縦に黒褐色のスジが走る。

エリグロアジサシ
カモメ科の旅鳥。後頭部にある黒いはち巻状のスジが特徴。全長30センチで尾が長く、体色は全体的に白い。琉球列島各地の無人島や岩場で繁殖。

エリマキシギ
シギ科の旅鳥。全長30センチ前後で雄の方がやや大きい。県内で見られるものは雌雄ともに上面が淡灰色で黒い斑紋を持つ名羽。

オーイユ（ルリスズメ）　海
スズメダイ科。サンゴ礁や潮だまりで見られる全身がコバルトブルーの美しい小魚。底生藻類や動物プランクトンをエサとする観賞魚として人気が高い。

オオクイナ
クイナ科の留鳥。頭頂から体上面にかけて暗い赤褐色で顔と胸部は赤茶色、ファッ、ファッと啼く声は赤ん坊に似る。最近では沖縄本島北部でも生息が確認されている。

オオコノハズク
フクロウ科の留鳥。耳羽が直立で長く尾が短い。体全体に灰褐色や黒褐色の斑があり、後けい部に灰黄褐色の羽が輪どる。県内で見られるのは別亜種リュウキュウオオコノハズク。この種には足指に羽尾がない。

オオゴマダラ
マダラチョウ科。翅は白地で黒色斑が散る。前翅長8センチ、国内では最大。ホウライカガミに産卵し幼虫はその葉を食べ脱皮をくり返す。

オオシマゼミ
セミ科。奄美大島以南に分布。10月ごろに最も多くみかけられ、山林で独特の甲高い声でケーン・ケーンと鳴く声が響き渡る。

オオシマナガイユ（ムロアジ類）海
アジ科の魚総称。背部は青緑色で腹部は銀白色、赤褐色の広い帯が前後の方向に走る。丸味をおびた細長い体形がナガイユの由来。東シナ海側に7種類が分布する。

オオジャコ　海
シャコガイ科の二枚貝、方言名アジケー。殻名が1メートル、重さ150キロに達し、世界最大級。琉球列島以南の大平洋海域に分布し、美味。

オーナジパブ（サキシマスジオ）
ナミヘビ科で無毒。宮古・八重山諸島の固有種。体長2.5メートルに達する大形種。独特の臭気があり、ネズミや鳥を捕食。森林周辺の湿地帯で見られる。

オーンジャー（リュウキュウアオヘビ）
ナミヘビ科の中形ヘビ。体色は灰黄褐色か褐色をおびた緑色で薄い褐色の縦筋がある。昼行性で毒性は微弱。

オーベー（クロバエ）
クロバエ科のハエの総称。体長1センチ前後で人畜の糞などに発生。藍色をおぼら灰黒色で金属光沢があり、別名キンバエ。

● 用語解説 4 ● 沖縄の動物

オーマチ（アオチビキ）　海
フエダイ科。体形は紡錘形でずん胴、尾ビレは深く切れこみ遊泳力は抜群。肉食魚で大物になると 1 メートルを超す。

オールーチンナン（アオミオカタニシ）
ヤマタニシ科の巻貝。石灰岩地の林の中で夏場は木の上に、冬場は落葉の下に潜る。殻高・殻径約 1.5 ミリ、生体は薄い緑色。

オキナワチョウトンボ
トンボ科。べっ甲色の美しい翅を持ち、別名ベッコウチョウトンボとも呼ばれ、体長は 4 センチ前後。奄美大島以南に分布し、清らかな流れをもつ川や池に生息する。

オキナワツノトンボ
ツノトンボ科。前翅長 3 センチ前後で、先端が丸く長いツノ状触角が特徴。幼虫は小虫が近づくのを待ち伏せして襲う。

オキナワマシラグモ
マシラグモ科。沖縄本島の固有種で洞窟産のクモの標徴種。体長は 2 ミリ前後で 6 眼、前側眼から離れたところに後眼がつく。

オキナワマドホタル
ホタル科。名が示すマドは前胸背板にある。沖縄本島と久米島に分布する固有種。体色は黒みをおび体長は 1.5 センチ前後で成虫は 4 月から 11 月にかけ見られる。

オトヒメエビ　海
オトヒメエビ科。大形魚に付着した寄生虫を掃除し、共生関係を持つ。長さ 6 センチの体は半透明色の地色に赤褐色の縞、小棘で密に覆われる。白く長い触角を持つ。

オナガガモ
ガンカモ科の旅鳥、淡水ガモ。体長は雌雄に違いがあり雄が大。体も首も細長く、特に雄の尾は長い。体色青灰色でくちばしは黒みをおびる。

オニコブシ　海
オニコブシガイ科の巻貝。殻が厚く、背面の各層には長くとがった棘（きょく）を有し、円錐形をなす。奄美諸島以南のサンゴ礁域、干潮線付近のリーフに生息。

オニヒトデ　海
オニヒトデ科、方言名トゥガシチャー。体は円形で大きく、鋭く有毒のトゲが密生する腕が 13 〜 16 本伸びる。イシサンゴを食害し、毎年のように被害が出ている。

オニヤンマ
オニヤンマ科。沖縄では山頂や尾根でのみ見られ、腹長 10 センチと日本産トンボの中では最大形。体は黒色で黄色い縞模様あり。

オンブバッタ
オンブバッタ科。体長約 4 センチの雌の背に約 2.5 センチの雄がおぶさるように乗る。草むらにすみ体色は緑。雑食性で動きが鈍い。

カーサー（フエヤッコダイ）　海
チョウチョウウオ科。黄色い地肌に頭部・尾ビレの斑紋が黒と鮮やかなコントラスト。長く突き出た吻（ふん）がユニークで観賞魚として人気がある。

カースビ（ゴマフエダイ）　海
フエダイ科、内湾の河口やマングローブ域に生息。体長は約 60 センチ、体色は暗紅褐色で、暗色の斑点を持つ。魚類やカニ類を好ん

●用語解説4 ●沖縄の動物

で捕食。

カーハジャー（ムラサメモンガラ）海
モンハラカワハギ科。ピカソフィッシュと呼ばれ特にこの種の中ではカラフル。単独で行動し海底動物を餌とする。観賞魚として人気が高い。

ガーラ（シマアジ）海
アジガアジ科魚類の総称であるように、ガーラもアジ一般の総称。中央側線に色鮮やかな黄色い筋が走り美しい体形を持つ。アジ科の中で最も美味な高級魚。

カイツブリ
カイツブリ科の留鳥。飛ぶことが苦手でほとんど水上で生活し、潜水が得意。全長26センチで同種の中で最小。特徴のある丸味をおびた体形で、けたたましい声で鳴く。

カクレウオ 海
カクレウオ科魚類の総称。ナマコ類・二枚貝類の体内にかくれる奇習を持つ。肛門が胸や喉の付近につくことが著しい特徴。

カシー（シュモクザメ）海
ジュモクザメ科の軟骨魚。頭骨が横に張り出し眼が側方にあり左右に突き出ている。その外形から別名ハンマーヘッドとも呼ばれる。体長3メートルほどで性質は極めて凶暴。

タカタシ（ヒメジ）海
ヒメジ科。あご下の触角が長いヒゲに見えることからオジサンの愛称があり、沖縄では大衆魚の一つ。エサを探すときには、このヒゲを駆使する。

カタジラー（ハタンポ）海
ハタンポ科魚類の総称。沿岸の岩礁に生息する夜行性の小魚。体のわりに目が大きく背ビレは一基。カツオ漁の撒き餌になることが多い。

ガチャチャ（シラヒゲウニ）海
ラッパウニ科。奄美・沖縄にのみ分布。鋭いトゲが密生し、こんもりと丸みをおび殻径10センチを超えるものもある。砂地や岩礁に生息する食用ウニ。

カツオ 海
サバ科、方言名カチュー。熱帯・温帯の海に広く分布する体長90センチほどの硬骨魚。沖縄では本部町、石垣市などごく一部で操業するにとどまる。

カバミナシガイ 海
イモガイ類の巻貝。やや深いサンゴ礁に生息しヤドカリを好んで宿とする。殻高約13センチの円錐形で、丸味をおびた肩が殻頂へ向かうにつれだんだん太くなっていく。

カブトガニ 海（国・天）
カブトガニ科。体は緑褐色で兜を伏せたような丸い頭胸甲と腹甲で背面を覆われる。中生代ジュラ紀以降ほとんど進化しないままに今日に至り〈生きた化石〉の一つ。

カマキリ
カマキリ科、方言名イサトゥ。沖縄には2科7種が分布。頭は三角形、前胸が長く腹部は肥大。前肢は鎌状で捕食の際の捕獲肢、触覚は短く糸状で体色は黄緑色。

カマゼー（コオロギ）
コオロギ科の総称。体長2センチ前後で触覚は体より長い。楕円形で黒褐色、長い後肢は跳ねるのに適す。沖縄に10種ほどが分布し、大形。

●用語解説 4 ●沖縄の動物

カマンタ（エイ）　海
エイ目、軟骨魚類の総称。体は平扁で横に広がり鰓孔は腹面に開きヤリ状の長い尾を持つ。八重山の海でよく見られ水中を泳ぐさまは、翼を広げた鳥の姿に似る。

カミキリムシ
カミキリムシ科。長い触角を持ちその基部には複眼がある。口の左右にある鋭い大顎で細枝などもかみ切る。幼虫はつる性植物を食害。天牛と書き、カミキリと読む。

カメムシ
カメムシ科の総称。体は平扁で亀の甲形の六角形。頭部が突き出していて、触れると臭腺から悪臭を出す。植物の汁を吸い農作物に有害。クサムシとも呼ばれている。

ガラサーガーミ（タイマイ）　海
ウミガメ科。くちばし状の口を持ち甲長は90センチに達する。背甲は黄色と黒色の不規則な斑紋を持ち、べっ甲といい珍重される。産卵のため八重山諸島に上陸する。

ガラサーシーバイ（イシガキダイ）海
イシダイ科。口は小さいが頑丈な歯を持ち吻部が白いことからクチジロと呼ばれる。全長は40～50センチ。

カラスアゲハ
アゲハチョウ科。体も翅も黒色で大形。翅の表面は青緑色の鱗片により光沢を持つ。後肢には外縁に沿って三日月形の赤紋が並ぶ。幼虫はハマセンダンを好む。

カラスバト（国・天）
ハト科留鳥。牛のような鳴き声を出すことからウシバトとも呼ばれる。全身が黒色で紫色や緑色の光沢をもつが一見カラスに似る。県内各地の広葉樹林に生息。

カラスヤンマ
オニヤンマ科のトンボ。沖縄本島北部と渡嘉敷島に分布する固有亜種。腹長は約6センチで黒地に黄色い紋が映える。雄の翅は透明で清流域に生息する。

カルガモ
ガンカモ科の留鳥。同種は、雌雄同色で、褐色地に黒褐色の斑を持ち、くちばし先端部分の黄色が識別の際のポイント。先島（さきしま）や那覇でも繁殖が確認される。

カワセミ
カワセミ科の留鳥。スズメよりやや大形。くちばしは長く先端がとがり、尾は短い。体上面は暗緑青色、背・腰は空色で美しい外観を持つ。巧みな滑空により水中の小魚を捕食する。

カンパチ　海
アジ科ブリ属、方言名ウキムルー。沖縄ではほとんど周年回遊する姿が見られる。背部は帯状青色で腹部は銀白色。肉は夏が美味、冬場の漁獲はない。2メートルに達する大物もある。

カンムリワシ
ワシタカ科の留鳥。全長55センチの小型で西表島と石垣島の固有亜種。成鳥は全体が濃褐色で胸から腹にかけ白い斑紋が散る。頭頂は黒色、白黒まだらの長い冠羽が伸びる。

キアシシギ
シギ科の旅鳥。名の由来である黄色い足に灰色の斑紋。冬羽はこの斑紋が消える。春秋の渡りの際、海岸や河口で見かける。

● 用語解説4 ● 沖縄の動物

キオビエダシャク
シャクガ科、方言名チャーギムサー。青藍色の地色に橙黄色の帯状紋と美しい体色を持つ。イヌマキを食害し、被害は甚大。

キクザトサワヘビ（県・天）
ヘビ科。体長60センチほどの小形で、久米島の渓流にのみ生息する希種。和名は発見者の喜久里教達に因む。

キジバト
ハト科の留鳥。全身赤茶色にまだらがあり、尾が黒くその先端は灰白色。低山帯の樹林に生息。県内で見られるのは別亜種のリュウキュウジバト。

キセキレイ
セキレイ科の旅鳥。胸から腰にかけて走る黄色が特徴。雌雄ともに尾が長く常に上下に振っている。全長20センチ、体は青灰色、眉斑は白く翼は黒褐色で三列風切羽の外線は白い。

キチョウ
シロチョウ科。小形で翅は鮮やかな黄色、前翅の外縁は黒い。幼虫はマメ科植物を好み、このため広範域に生息するものらしい。

キビタキ
ヒタキ科の留鳥。雌の背面は暗緑褐色、雄は黒色の背面にのどから胸にかけてオレンジ色。眉と腰が黄色で翼に白斑がある。

キンカメムシ
カメムシ科。体長2センチ前後、体は緑色の光沢を持ち、足が赤と青でカラフル。カンコノキ類に寄生する。

キンセンフエダイ　海
フエダイ科、方言名ビタロー。鱗の列に沿って走る黄色い筋がこの名の由来。全長30センチで体は細長くサンゴ礁域内に生息。日本では琉球列島にのみ分布。

クイナ
クイナ科の総称。体長20センチ余でくちばしと足が長く全身茶褐色。声が戸を叩く音に似ることからその鳴き声を「叩く」という。走ること、潜水が巧みで肉は美味。

クサシギ
シギ科の旅鳥。川岸などに単独か少数でいることが多く警戒心が強い。全長24センチで中形。背は光沢のある黒褐色に白斑が散在。目は白く縁どられ眉斑につながる。

クサナー（ホンソメワケベラ）海
ベラ科。細長くしなたかなコバルトブルーの魚体に白い縦縞がコントラストをなす。体長約10センチ、大形魚の体長に寄生するものを食べる掃除魚として知られる。

クサビライシ　海
イシサンゴ目。サンゴ体は楕円形で多くの隔壁を持ち、マツタケの傘の裏に似る。奄美諸島以南に広く分布し、同種の中では唯一群体をつくらず単体で生息する。

クスブン（アオドウガネ）
コガネムシ科。背面は緑色で腹面は光沢がある銅赤色。各腹節の両側に長毛の束を持ち、体長は2センチ前後で花や果実に食害を与える。夜、街灯などに集まってくる。

クチグヮーミーバイ（サラサハタ）海
ハタ科。灰色の地肌に黒い斑点が全身に点

●用語解説４●沖縄の動物

在。極端に小さい頭部にツンと突き出た口と姿がユニークで体長は60センチになる。

クブシミ（コブシメ）　海
コウイカの仲間では最大級。外套膜背面は濃紫褐色で白い横縞の斑紋を持つ。触腕の先端は半月形に広がり、5列に並ぶ触腕吸盤の中央数個は特に大きくなっている。

クマノミ　海
スズメダイ科。方言名ムガニクー。有毒性のイソギンチャクとの共生し、身を守る。暗褐色の地肌に白い3本の帯が美しく映える。全長15センチ前後で雌から雄に性転換することが知られている。

クメジマホタル（県・天）
ホタル科。沖縄に分布するホタルの幼虫が陸生である中で本種は水生、久米島の限られた清流にのみ生息する。成虫は三週間ほどその姿を現わす。

クルキンマチ（ヒメダイ）　海
フエダイ科。水深100～200メートルの岩礁域に生息し、紡錘形で舌の上に歯を持つ。体長は40センチほどで魚類や甲殻類を捕食。肉は白味で美味。

グルクマ　海
サバ科。日本では沖縄にのみ分布し、サンゴ礁域に生息。大きく口をあけながら泳ぎ水面近くのプランクトンを捕食。体長30センチ。

グルクン（タカサゴ）　海
フエダイ科。琉球弧全域に分布し、8種類が生息する。伝統的漁法である追い込み漁で周年捕獲される多獲性大衆魚。

クルマエビ　海
クルマエビ科。体長20～30センチで大形。腹部紫茶色の横縞が車輪の輻（や）に似ることからこの名がつく。美しい外観にあわせ、肉も極めて美味。

クルマバッタ
バッタ科。後翅を広げると車輪のような褐色の帯がある。体長はセンチ前後で、前胸背板が大きく盛り上がる。

クロアジサシ
カモ科の旅鳥。県内では仲の神島（竹富町）で繁殖を確認。全長39センチで全身黒褐色、額は白く、くちばしと足は黒色。

クロイワゼミ
セミ科。体長2センチ前後、薄緑色で小形のセミ。沖縄本島と久米島にのみ分布する。5月下旬ごろ森や林でチュチュチュとか細く鳴く声が聞かれる。

クロイワトカゲモドキ（県・天）
ヤモリ科。黒褐色の地肌に橙、淡紅色淡白色を配した斑紋が美しい。沖縄本島と周辺離島に分布し森林に生息する。胴が長く、夜行性で昆虫を捕食。

クロサギ
サギ科留鳥。全身が黒色と白色2つのタイプがあり、琉球列島以南では両種が見られ、足が短く、くちばしは太い。海岸などで単独行動をとる。

クワーガナー（コトヒキ）
シマイサキ科。沖縄の浅瀬で釣れる雑食性の魚。体長は20センチ前後、白い魚体に3～4本の黒い縞が鮮やかに映える。味はあまりよく

● 用語解説 4 ● 沖縄の動物

ない。

クワガタムシ
クワガタムシ科の総称。雄は、カブトにつける鍬形に似る大きなアゴを持つ。沖縄には10種が分布し、朽木の中で生活する。平らな体に大きな頭、体色は黒色。

ケナガネズミ
ネズミ科。背中に5センチほどの長い毛が生え、尻尾も含めると体長60センチに達する日本最大の野ネズミ。樹上で暮らすことが多いようで、敏捷な動きをみせる。

ケラマジカ（国・天）
シカ科。慶良間諸島に生息。薩州より移入されたニホンジカの子孫。小形で角が短く、体毛はやや暗色にくすむ。

コアジサシ
カモメ科の旅鳥。夏羽は頭上から後頭部が黒く、背は淡灰色で尾は白い。全長28センチの小型で、県内には初夏に南方から飛来し繁殖。ヒナを伴い9月には南へ帰る。

ゴイサギ
サギ科の旅鳥。頭上と背が黒く、長い冠羽は白色で翼と尾は灰色。体形はずんぐりしている。全長57.5センチ、水辺で見られる。

コガネムシ
コガネムシ科の総称。沖縄ではざまざまな生活の場を持つ80種が分布。体形は玉子形で堅い羽根があり金色に光る。脚力が非常に強く、土を掘った中に卵を産みつける。

コガモ
ガンカモ科の旅鳥。小型の淡水ガモ。雄は栗色の頭部両側に緑色の帯があり、腰には黒く縁どられた淡黄色で三角形の斑が左右にある。県内ではこの種の飛来が最多。

コゲラ
キツツキ科の留鳥。全長15センチで、同類の中では最小。背と翼は黒褐色で白い横斑、胸と腹は黄白色に黒褐色の縦斑がある。初夏に木の穴に産卵する。沖縄本島では亜種のリュウキュウコゲラが生息する。

コサギ
サギ科の旅鳥。羽は全身白一色で長いくちばしと足は黒。夏羽には後頭部と背に飾り羽を持つ。水中で片足を震わせながら獲物を追い出す習慣がある。

コチドリ
チドリ科の旅鳥。全長16センチ、チドリ類中最小。体上面は砂褐色で下面は白色、目を縁どる黄色いラインが特徴。干潟や砂浜でジグザグ歩きをしながらエサを捕る。

コノハチョウ（県・天）
タラハチョウ科。沖縄本島北部、石垣島、西表島に分布。翅の表面は濃い藍色、裏側は木の葉に見粉う枯葉色。前翅長は6ミリ前後。

ゴホウラ　海
スイショウガイ科の巻貝。殻は堅固で卵形。殻表は平らで茶褐色・黄白色の波状模様がある。肉は食用で殻は観賞用。

コマグヮー（ニシキウスガイ）　海
ニシキウスガイ科の巻貝。沖縄には約80種が分布。貝塚からの出土もみられる。殻高5センチほどで円錐形、潮間帯から10メートルのサンゴ礁に生息。

●用語解説４　●沖縄の動物

コムクドリ
ムクドリ科の旅鳥。県内には初秋に群れで飛来する。全長19センチでやや小ぶりで、雄は頭部が白色、黒色の背翼に白斑が映える。雌は頭部と下面が淡い黄褐色。

コメツキムシ
コメツキムシ科の総称。体長約1センチで紡錘形。胸の関節は特殊な構造をなし、仰向けになると頭を地につけ起き上がる。体を押さえると盛んに頭を振るさまが米つく姿に似る。幼虫は針金虫と呼ばれる。

ゴンズイ　海
ゴンズイ科の硬骨魚。体長約30センチ。尾ビレは第二背ビレ・尻ビレと合して槍の穂先状をなす。第一背ビレ・胸ビレのトゲは鋭く、毒腺に連なる。刺されると激痛が走る。

サキシマアオヘビ
ナミヘビ科。体長1メートル前後、体色は緑色がかった灰色か褐色。数本の褐色の条が走る。宮古・八重山諸島の固有種。無毒。

サキシマカナヘビ
カナヘビ科。体長25センチで特にイネ科植物の生育地でみられる。石垣島・西表島・黒島の固有種。昆虫を好み捕食。

サキシマハブ
クサリヘビ科。有毒ではあるがハブに比べその毒性は弱い。体長1.2メートルで茶あるいは赤褐色の地色に黒い斑紋が背中に走る。八重山諸島の固有種。

ササゴイ
サギ科の旅鳥。体長52センチ、体の割にくちばしが長い。頭部は黒色で背と雨覆い羽に青い光沢がある。夕方や曇りの日に行動が活発になる。水田や川岸で単独でエサをとる。

サザナミヤッコ　海
キンチャクダイ科。体長40センチほどになり同科の中では大形。頭部から胸ビレあたりは黄緑色、腹から尾ビレにかけては濃い青色で、全体に黒や青の斑が点在する。

サシバ
ワシタカ科の旅鳥。背面は褐色で尾羽に黒い横縞が3〜4本、下面には白地に赤褐色の横斑がある。蛇・小鳥・昆虫を捕食。寒露の頃琉球列島沿いに南下、東南アジア方面で越冬する。

サナエトンボ
サナエトンボ科の総称。黒い地色に黄色の紋と条を持つ。沖縄では6種が分布。4月頃から出現することから早苗の和名がつく。山地の渓流に生息する。

カンコウチョウ
ヒタキ科の旅鳥。鳴き声が「月(ツキ)日(ヒ)星(ホシ)ホイホイ」と聞こえることから三光鳥と名づけられる。雄は背が紫黒色で腹は白く尾が極めて長い優美な姿。雌は背面が栗色。目の縁とくちばしがコバルトブルー。

サンサナー　（クマゼミ）
セミ科。セミ類の中では日本最大・体長4〜5センチで、体は黒く金灰色の微毛がある。翅は透明、翅脈は緑色。盛夏の頃に「シャアシャア」と鳴く。

サンショウクイ
サンショウクイ科の留鳥。小形。背面が灰色で雄の額は白色。県名で見られるリュウキュウサンショウクイは雌雄ともに背面の灰色が濃く額の白色部がない別亜種。

● 用語解説 4 ● 沖縄の動物

ジーワ（クロイワツクツク）
セミ科。体長2.5センチ前後で黒地に緑色の紋がある。夏の終りを告げるように、ジーワジーワと鳴く声が松林などで聞かれる。

シチューマチ（アオダイ）　海
フエダイ科。体はやや長い楕円形で体色は紫青色で、腹部は淡い銀白色。水深100～200メートルの岩礁の海底近くに生息する。肉は美味で、刺身として食されることが多い。

シマアジ
アジ科。ガーラと呼ばれ大形魚となる。回遊魚で、中央側線に黄色の筋が走る。美味。

シマイシガニ　海
ワタリガニ科。甲長15センチほどで大形。平偏な甲羅の中央にY字形の紫褐色の紋を有する。主に奄美・石垣島で見られる。

シマウヮー（島豚）
ウシ目。黒毛で顔は長く口が尖り、背中がくぼんでいる。体重は50～100キロで体質が強く飼育が容易。古くから奄美・沖縄の農家で飼われた。

シャクガ
シャクガ科の総称。成虫後も尺取り状に歩くことからこの名がつく。鮮やかなオレンジ色の翅を持ち、木の葉の裏に逆さにぶら下がる姿を見かける。

シャコガイ　海
シャコガイ科の総称、方言名アジケー。県内では大小6種が分布。貝殻は扇形で殻表に波状の放射肋を持つ。殻長は20～130センチ。貝殻は装飾品に用いられ、肉は美味。

ジャノメガザミ　海
ワタリガニ科。甲羅の後背部の下に見られる蛇の目形の三つの円斑が特徴。水深10～30メートルの砂泥地に生息し軟体動物など捕食。

ジューミー（アオカナヘビ）
カナヘビ科。琉球列島固有種のトカゲ。雌と雄、分布する島々によって体食に違いが見られる。全長20～25センチの内、尾がその4分の3を占める。

ジュゴン　海　（国・天）
ジュゴン科のほ乳類。方言名ザンヌイ。紡錘形で体色は灰色、体長は3メートルに達する。立ち泳ぎで授乳する姿から古来より人魚伝説が広く知られる。海草を餌とし浅瀬に生息。

ジュリグヮーイユー（ハナゴイ）海
ハナダイ類の仲間。浅瀬のサンゴ礁に生息。体長約10センチ、ピンク色の地肌にオレンジ色のヒレと、美しい魚体を持つ。性転換することでも知られている。

ジュリグヮークスク（ナンヨウハギ）海
ニザダイ科。青い地色の背部に黒色の大きい縦線の中にさらに青味がかった部分があり、尾ビレは鮮やかな黄色。体長25センチで潮通しのよいサンゴ礁域に生息。

ジュリグヮーチンナン（オキナワヤマタカマイマイ）
ナンバンマイマイ科の巻貝。樹上性で特にイチジク属の植物を好む。高い円錘形で殻表は黄白色の地に濃赤褐色の帯があるものが多い。

ジュリヌクーガ（オオジュドウマクラガイ）　海
マクラガイ科の巻貝。殻長6センチに達する

● 用語解説 4 ● 沖縄の動物

大形の貝。水深5殻20メートルの砂地に生息し、殻は厚く、円筒形をなす。

シラナミガイ
シャコガイ科、方言名アジケー。殻が細長く前方に伸び、広い外套膜を持ち開くと花びらのよう。太い七条の放射肋が畔をなし肉は美味。

シリケンイモリ
イモリ科、方言名ソージムヤー。体長11〜14センチで雌の方がやや大きい。尾は雌は尖り、雄は平偏。喉元から腹面、尾の裏側にかけ鮮やかなオレンジ色の体色を持つ。

シルイユー（シロダイ）　海
フエフキダイ科。白い地肌に散るゴマ状の黒点が特徴。背ビレと尾ビレが赤く白い縁どりがある。体長50センチほどで肉は美味。

シロオビアゲハ
アゲハチョウ科。地色は黒色で雄は後翅中央に白紋の列が走る。雌雄同型のものと違いを見せる型とがある。沖縄以南、台湾・セイロン・インドにまで広く分布する。

シロガシラ
ヒヨドリ科の留鳥。頭部後側は白色、前面は黒で頬に白斑があり、全長18.5センチ。県内で分布を拡大中で食害が問題化。

シロナルトボラ　海
オキニシ科の巻貝。水深20メートルのサンゴ礁に生息し、ヒトデ類・ゴカイ類などを好んで捕食。サンゴをヒトデの害から守る。殻高2.5センチほどで殻口は光沢をおびた白色。

シロハラ
ヒタキ科の冬鳥、方言名クワックワラー。背面は褐色、翼と尾羽は黒褐色で胸部以下は白色。山地、雑木林などで生息し地上で餌を捕る。

シロハラクイナ
クイナ科の留鳥。体上面が黒色、下面は白色、くちばしの赤い基部を除いた部分及び脚が緑黄色と、目立つ配色。マングローブや水田、湿地に生息する。

ズアカアオバト
ハト科留鳥、方言名オウボート。琉球列島固有種。全体はほぼ濃緑色でくちばしは青く脚は赤。常緑広葉樹林に生息する。

スイギュウ
ウシ科。沖縄へは約70年前、農耕用インド系水牛が台湾より導入された。全身灰黒色で半月形に横に張り出す。現在では水牛観光でも一役買っている。

スークヮーヤ（ジャゴウ）　海
シャコガイ科。殻は厚くほぼ菱形で奄美以南に分布。ブローチなどの細工品に利用される。干潮線下のリーフの谷間に生息。

スク　海
アイゴの稚魚。藻類を食べて成長し、塩漬けにした保存食はスクガラスと呼ばれる。スク漁は奄美・沖縄の風物詩の一つ。

スグロカモメ
カモ科の冬鳥。冬羽は全体が白っぽく背面は淡青色でくちばしは黒く短い。九州から沖縄で越冬し、漫湖には10〜20羽が飛来。全長32.5センチで希少種。

ズグリミゾゴイ
サギ科留鳥、全長47センチ、全身が赤褐色で頭頂部及び風切り羽は黒色、翼の先端には白斑が散る。石垣島・西表島・黒島に分布。

● 用語解説 4 ● 沖縄の動物

スズメ
ハタオリドリ科の留鳥、方言名クラーグヮー。

スビ（タカラガイ）　海
タカラガイ科の貝類の総称。宮古島で豊富に採취。柳田国男晩年の著作「海上の道」に登場。別名コヤスガイとも呼ばれ紋様は多彩。

スルル（キビナゴ）　海
ウルメイワシ科。体長10センチほどで青褐色の地肌に銀白色の縦帯が走る。産卵期の4～5月頃になると波打ちぎわに群集。

セー（イナゴ）
バッタ科昆虫の総称。体長約3センチ、草食は緑色で翅は淡褐色。後肢がよく発達し第一腹節部に聴部を持つ。

セグロアジサシ
カモメ科の夏鳥。体上面は黒色で下面は白色、体長40.5センチ。アジサシ類の中で唯一外洋域に生息。八重山・仲の神島では数千羽がコロニーを形成。

セマルハコガメ
ヌマガメ科、方言名ヤマルコーザー。背がこんもりと丸いところがこの名の由来。湿地帯や河川周辺を好むが水棲ではない。甲長10～20センチで雑食性。

セレベスコノハズク
フクロウ科の留鳥、方言名マヤージクク。全体に赤褐色で落ち葉模様。耳羽が短く、コホッコホッと鳴く。樹洞に営巣する。

センジュガイ　海
アキギガイ科の巻貝。殻の突起部分は固く、先端は外に向かって分岐。殻高約12センチで殻口は白色または青味がかった白色。

ゾウリエビ　海
セミエビ科、方言名ワラグチイビ。ぞうりに似た平偏な体。甲羅一面を粒状突起物と毛で覆われ、水深10～30メートルの岩礁に生息。美味。

ソリハシシギ
シギ科の旅鳥。くちばしは黒く反りかえり基部は黄みをおびる。短い脚で走り回り餌を捕る。干潟や海岸などで見かける。

タマガシラ　海
イトヨリダイ科タマガシラ属の総称。体は楕円形で体長30センチ。水深50～100メートルに生息する肉食魚。同種の全てが食用となる。

タイクチャーマチ（オオクチイシチビキ）海
フエダイ科、方言名タイクチャーマチ。全長70～80センチに達し、名が示すように口が大きい。体色は頭部、背部が暗紫褐色で腹部は淡黄色をおびる。濃くないでは小笠原諸島と琉球列島にのみ分布。

ダイサギ
サギ科の旅鳥。全長89センチで大形。全身白色で夏羽はくちばしが黒く背に飾り羽を持つ。冬羽はくちばしが黄色で飾り羽はない。沖縄には冬鳥として飛来し海岸などで越冬。

ダイトウオオコウモリ（国・天）
翼午目オオコウモリ科。南北両大東島にのみ分布。日中は林の中で木にぶら下がり、日没後に活動を開始。体は全体的に淡黄色。

● 用語解説 4 ● 沖縄の動物

タイワンガザミ　海
ワタリガニ科。甲長約12センチほどで大形。沖縄各地に分布し、内湾の水深10〜30メートルの砂泥に生息する。肉は美味。

タイワンカブトムシ
コガネムシ科。体は黒褐色で角が短く分枝していない。近年沖縄では大発生によるヤシ類の食害に苦慮している。

タイワンドクガ
ドクガ科。前翅・後翅ともに黄色で、前翅には2本の細い白線が走る。背と胸に毒毛を持ち触れると激しい痒みにおそわれる。

クカバ（ツチホゼリ）　海
ハタ科。体長70〜80センチ、青灰色の地肌に濃紺の斑がまだら模様をなす。サンゴ礁外縁部で見られる。肉は魚汁にして美味。

タカブシギ
シギ科の冬鳥。体上面は黒褐色で白色小斑がある。下面は白色で喉・胸・脇に褐色斑を持つ。水田や川岸・入り江などで越冬するが海岸には出ない。

タチウオ　海
タチウオ科。体は細長い帯状で頭部先端が尖り口が裂け大きい。体長は1.5メートルに達し尾ビレ腹ビレはない。体色は銀白色で鱗がない。沿岸のやや深い砂泥地に生息する。

タップミノー（カダヤシ）
メダカ科の淡水魚。1924年マラリアを媒介するコガタハマダタカ駆除のため八重山に導入された。汚水に強い。

タマムシ
タマムシ科の昆虫の総称。体は長方形で美しい金属光沢を有する。沖縄には約20種が分布するが種により寄生木が異なる。

タマン（ハマフエフキ）　海
フエフキダイ科。琉球列島海域に広く分布。沿岸の岩礁域に生息し、甲殻類やウニ類を食べる。黄褐色の地色に淡青色の斑が点在。突き出た口は赤く、胸ビレが長い。

タルダカラガイ　海
タカラガイ科の巻貝。殻の背面は濃黄色三条の黄色帯がある。腹面はツヤのある黒褐色で殻高は6センチほど。観賞用として珍重。

チヌマン（テングハギ）　海
ニザダイ科。体長50センチ、ニザダイ科の中では大形。目の前方に突き出た一本の大きな角が天狗の鼻に似る、体色全身灰色。

チャーン
中国原産のニワトリ。1431年尚巴志の頃ヤギ輸入の際に闘鶏とともに導入された。唱鶏チャンチー（歌うニワトリ）が名前の由来で果報を招くとされた。羽毛は黒色で胸と背は白色、脚が短くトサカは大きい。

チャバネアオカメムシ
カメムシ科。体長1センチ前後で体色は光沢を持つ緑色、前翅は茶色。幼虫に吸汁されたミカンは実が固くなり落下してしまう。

チョウゲンボウ
ハヤブサ科の冬鳥。体長33〜38センチで尾は比較的長く先端に黒帯がある。背は赤みをおび、雄の頭・尾は青味がかる。頬には黒いヒゲ状の斑がある。昆虫を好むがネズミや小鳥

● 用語解説4 ●沖縄の動物

を捕食する。

チュウシャクシギ
シギ科の旅鳥。体長42センチ、くちばしは黒色で長く、下に曲がり下嘴の基部は淡桃色。体と翼上面は黒褐色で淡褐色の斑が散る。

チン（ミナミクロダイ）　海
タイ科。体は楕円形で地肌は銀灰色。体長は40センチほどで高級食用魚。琉球列島周辺ではリーフや河口付近に生息する。

チンボーラ（ウミニナ）　海
ウミニナ科の巻貝。沖縄には10種以上が分布。殻は塔形、殻表は螺肋と縦肋で石畳状をなし、殻長3.5センチで殻径1.3センチ。

ツグミ
ヒタキ科名鳥、方言名タートゥイ。体上面は黒褐色で喉は白みがかり、淡褐色の眉紋をもつ。開けた場所を好む。

ツチカメムシ
ツチカメムシ科。体長1.5センチ前で、土中や植物の根に生息する。沖縄では6種の分布が確認される。衛生害虫。

ツノメガニ
スナガニ科。夜間、色素が沈着して体色が白くなる。砂上を影だけが移動するように見えることからユーレイガニとも呼ばれる。この種の中では大形で、角状の目の先端に、さらにヤリのような突起物があり和名の由来ともなっている。

ツバメ
ツバメ科の旅鳥。方言名マッタラー。頭部から、背・翼・尾は光沢がある藍黒色、額と喉は赤褐色で腹部は白い。喉と胸の境を黒帯が走り、全長は17センチほど。宮古の来間島での繁殖記録が残っている。

ツバメチドリ
ツバメチドリ科の旅鳥・夏鳥。沖縄本島と宮古島で繁殖例が見られる。全長は26.5センチで尾は燕尾型。夏羽は体上面と胸は暗灰褐色、喉は黄色で黒く縁どられる。くちばしの基部は赤。地上では羽が尾より長い。

ツバベニチョウ
シロチョウ科の仲間。雄の翅は白色で前翅の先端には黒く囲まれた橙色の紋を持つ。前翅長5.5センチで同種の中で日本最大。

ツミ
ワシタカ科の留鳥。全長約27〜30センチ。背面は灰色、雄は胸・脇・腹に淡褐色の横斑を持ち、雌は下面に黒褐色の横斑。山地から低地の林に生息。樹枝上に小枝を重ね四角の丸い巣をつくる。

ティラジャー（マキガイ）　海
スイショウガイ科の巻貝。螺塔は低い円錐形で殻表は黄褐色の殻皮で覆われる。殻高6センチで蓋は鉤状になりこれを足代りに海底を移動。砂地に生息し、肉は食用。

テラピア
カワスズメ科。沖縄には1954年食用魚として台湾より移入。水田・ダム・河口域に生息し雑食性。雄は砂泥地に円形の卵床をつくり、雌は口中に卵を含み保護する。

トゥラー（琉球犬）（県・天）
沖縄の在来種。山原系と八重山系がありいずれも狩猟犬として活躍。茶褐色の地毛に黒い縞模様、飼育数は約600頭。

● 用語解説 4 ● 沖縄の動物

トーギラー（ホシザメ） 海
ドチザメ科。体長約1.5メートル、沖合いの低層に生息し、魚や甲殻類を捕食。灰色の地色に白い斑が点在。狂暴性はなく肉質がよく食用になる。

トカジャー（カンランハギ） 海
ニザダイ科。体長約40センチ、体色は全体的に薄茶色で目の後ろに黒点がある。足か柄部にはこの科特有の鋭い棘がある。肉は臭いがきついが刺身や魚汁にして美味。

トカラハブ
クサリヘビ科の毒ヘビ。トカラ列島の宝島、小宝島に分布。体色は灰褐色から黒褐色までさまざまで黒い縞模様がある。体長は1.2メートルで夜行性。

トカラヤギ
トカラ列島宝島に飼われている在来種。小型で雌の体高は50センチほどで、毛色は褐色か褐色斑。雄は薄い褐色で太い角を持つ。かつては食用として琉球列島全域で飼育されていたようだ。

トノサマバッタ
バッタ科。体長6センチ前後の大形で、飛翔力が極めて強い。沖縄では主にサトウキビ畑にすむ。体色は緑色系と褐色系に大別されるが個体変異が多い。

トライビ（ニシキエビ） 海
イセエビ科。体長60センチに達し、この科の中で最大。頭部から歩脚に至るまで、その名の通り色彩にあふれる。沖縄近海に広く分布し、外観の美しさから装飾用に利用される。肉も美味。

トントンミー（ミナミトビハゼ） 海
ハゼ科。体長10センチほどで、頭部から飛び出た目玉や胸ビレを腕のように立てて巧みに動きまわる様子が何ともユーモラス。

ナービカチャ（アブラゼミ）
セミ科。体長5センチ前後、ジリジリジィーッと鳴く声が鍋の底を掻く音に似るところからこの方言名があり、代表的な夏の風物。沖縄産の正式和名はリュウキュウアブラゼミ。

ナガジュミーバイ（ハラハタ）海
ハタ科。体長70センチに達し、体はゆるやかな紡錘形で口が大きい。体色は個体により異なるが、青紅色や橙色に青、白の斑が散るパターンが多い。毒を有する。

ナナフサー（ハイ）
コブラ科の毒ヘビ。琉球列島の固有種。体長50センチでオレンジ色の地色に背中に黒い縦縞と10本前後の白い横縞が映える。神経毒を持つが、咬みつくことはない。

ナナフシ
ナナフシ目昆虫の総称。体は細長い円筒形で体長約15センチ、木の枝に化けるなど外敵の目をくらます巧みな擬態の枝を持つ。

ナナホシテントウムシ
テントウムシ科。ツルツルしたオレンジ色の体表に黒い7つの斑点を持つ。体長は1センチにもみたない。足から臭い液を出し天敵の鳥から身を守る。サトウキビの食害虫を食べる益虫。

ナミエガエル
アカガエル科。方言名ミジワクビチ。体長12センチほどに達する夜行性の大形カエル。体

● 用語解説4 ● 沖縄の動物

色は暗褐色から茶褐色、黒褐色の斑紋を持つ。沖縄本島北部の渓流周辺にのみ生息。

ニジュウヤホシテントウ
テントウムシ科。体長約1センチ、体色は黄赤褐色で多数の黒点を持つ。トマト・ナスなどの農作物を食害する害虫。

ネムリザメ　海
メジロザメ科。1～4月にかけ岸に集まり眠ったような状態でいることからこの名がつく。ネムリブカとも呼ばれ、体長1.5メートルほどで頭部がとがり歯が小さい。かつて油やヒレをとるために漁獲された。

ノウサンゴ　海
キクメイシ科。潮通しがよい浅瀬のサンゴ礁域を好み群体は塊状か盤状を形成する。黄・茶・濃い緑色で表面が脳状のヒダに似る。大きさは20～100センチ、北海道まで分布。

ノグチゲラ（国・特・天）
キツツキ科留鳥で沖縄県の県鳥。方言名キータタチャー。全身赤褐色で雄の頭上部は赤で全長31センチ。沖縄本島北部の森林に約100羽が生息するのみで絶滅危惧種にして国内希少動植物種。

ノコギリガサミ　海
ワタリガニ科。ザガミ類中最大。甲幅40センチを超える大物も記録。マングローブ林や内湾の砂泥に生息し河口域のカニ網にかかる。体色は暗緑色で肉は美味。

パーパートカゲ
トカゲ科。琉球列島固有種。シイノキ・タブノキを中心とする山地森林にのみ生息。幼時期には背面の縦線が黄金色に近い輝きを持ち、尾は鮮やかなルリ色をしている。成体では全長18センチに達する。太古、本土と陸続きであったことを示す貴重種。

バカサギ（キシノウエトカゲ）（国・天）
トカゲ科。琉球列島固有種。全長39センチにも達する日本最大のトカゲ。3月下旬には喉から腹にかけ赤い婚姻色が現われた雄の成体が見られる。かつては食用にされた。

ハクセキレイ
セキレイ科の冬鳥、方言名ズーミタミーター。全長21センチ、細身で尾が長い。白・黒模様を有し、深い波状飛行で飛びながらよく鳴く。採餌や水を飲むとき尾を上下に振る。春と秋沖縄各地に群れをなし渡来する。

ハシブトガラス
カラス科留鳥。方言名ガラサー。全身黒色でくちばしが太く額が角ばる。全長60センチ弱で県内の生息場所により三亜種に分類。

ハナガササンゴ　海
ハマサンゴ科。ポリペが非常に長く伸びイシサンゴの中で最長。根元から先端までが純白でその美しさは花をもしのぐ。7～8月の月夜に産卵する。

ハナゴンドウ　海
イルカ科。方言名ヒトウ。体長3～4メートルで頭部が丸い。体色は成長につれ青味がかった灰色から白になる。イカ類を好んで捕食し単独または小さな群れで行動。別名カマピレサカマタ。

ハナワレイシガイ　海
アクキガイ科の巻貝。紡錘形の小形、殻表はコゲ茶色で厚質、細いらせん状のら肋を持つ。潮間帯の岩礁に生息。

●用語解説４ ●沖縄の動物

ハンファー（ミノカサゴ）　海
ミノカサゴ亜科。全長30センチほどで背ビレと胸ビレが長く伸びる。淡赤色の地に黒褐色の多数の横帯が散る。サンゴ礁域を泳ぐ姿は優美そのものであるが毒腺を持つ棘には要注意。観賞用としての価値は高い。

ハネジー（ハネジナマコ）　海
クロナマコ科。帯は褐色か緑褐色で皮ふがやや固く背中には小さなイボ状の突起が密生する。奄美以南の限られた海に分布。

ハブ
クサリヘビ科。成長に伴い脱皮をくり返し、体長2メートルに達する。上あごに管状の毒牙を有し、日本産毒ヘビ中最も危険。夜行性で洞穴や石垣の穴などに潜む。

ハブガイ（アンボイナガイ）　海
イモガイ科の巻貝。方言名は猛毒を持つころによる。円筒状の殻は薄く、色は淡紅色。ゾウの鼻のように長い小管を伸ばしながらサンゴ礁の上を移動する。

ハブクラゲ
ハブクラゲ科、方言名イーゴー。透明でやや青味をおび、傘の径は12センチ。海水浴シーズンの浅瀬に出現。触手の刺胞毒は激しい炎症を引き起こすので、すみやかに消毒用アルコール・酢で処置する必要がある。

ハブチンナン（シュリマイマイ）
ナンバンマイマイ科の巻貝。殻色は黄褐色から濃い赤褐色まであり、殻高3センチほどで殻径4センチ前後。林の中の落葉の下や石灰岩地に多く見られ、春から夏に産卵する。

ハマサンゴ　海
ハマサンゴ科。群体の形は塊状・葉状・盤状・樹枝状と、種により異なる。いずれの種も莢は直径1.5センチ前後で小さい。沖縄産のサンゴの中でいちはやく学会で紹介された。

ハマシギ
シギ科の旅鳥、冬鳥。冬羽は上面灰色で下面は白色。夏羽は下面に黒斑が出る。くちばしは黒色、長めで下に曲がっている。首を短く縮めているので猫背のように見える。

ハラボソトンボ
トンボ科。顔面・胸部は緑色をおびた黄褐で淡黒色の紋があり、腹部には黒色紋がある。沖縄では3月〜11月にかけ見られる。

バン
クイナ科の留鳥、方言名クミラー。体全体が灰黒色で脇腹が白い、額とくちばしは赤く先端が黄色い。全長約33センチ。マングローブ・水田・沼・内湾などに生息す。

ハンゴーミーバイ（アカハタ）　海
ハタ科。赤い地肌に背ビレのヘリは黒色。体皮に不定形の白色斑紋が縦二列に並ぶ、体長約40センチ、底生動物や小魚を捕食する。

バンドウイルカ　海
マイルカ科、方言名ヒトゥ。体色は灰黒色で太く、体長3メートルに達する。甲高い声で鳴き人によく馴れる。飼育環境に対する適応力が高いので水族館で多く飼われる。

ハンミョウ
ハンミョウ科。美しい光沢と色を有し、触角基部が横に張り出す。足が細長く、すばやく歩行するさまから「道おしえ」の別名もある。

●用語解説4 ●沖縄の動物

ヒージャー（ヤギ）
偶蹄目の家畜。用途により乳用、肉用、毛用に分類され、現在では沖縄肉用ヤギの飼育が主流。古くより食肉として好まれ、ヒージャー汁は今も郷土料理の定番。

ヒーチ（キントキダイ）　海
キントキダイ科。赤い地肌に黄色い斑点が鮮やか。平偏な体に大きな目玉とトサカに似た突起物を持つ。体長30センチ前後で夜行性。

ビーチャー（リュウキュウジャコウネズミ）
トガリネズミ科。頭部は口の端まで細長くとがり、体毛はビロード状の暗褐色。体長14センチの半分をしめる尾は太く短い。ジャコウ臭がありチンチンという鳴き声を発しながら動きまわる。

ビービーターヤ（リュウキュウイケガツオ）　海
アジ科。体は銀白色の紡錘形で側扁。表皮は固く、食用には皮をはぐ。体長は50センチ前後、サンゴ礁周辺の表層でみられる。

ヒーラー（ゴキブリ）
ゴキブリ目昆虫の総称。古生代石灰紀に出現し今日に至るまで生き残る。体は偏平で翅脈は網状、触角が長く夜行性。

ヒーンクー（クロチョウガイ）　海
ウグイスガイ科の二枚貝。黒真珠養殖の母貝として知られる。殻は円板形で厚く殻表は暗褐色か暗緑色で白色の放射帯が走る、

ヒクイナ
ヒクイナ科留鳥（旅鳥）、方言名アカグミラーグヮー。全身赤味をおび、尾部下面に白い横縞をもち脚は大きく見える。全長23センチで背が低く尾は短い。県内には亜科のリュウキュウヒクイナが生息する。

ヒバリシギ
シギ科冬鳥。県内では河口の干潟や水田で見られる。冬羽は上面灰褐色と黒褐色のまだら模様で背にV字形の白線がある。全長15センチ、くちばしは黒く脚は長く黄緑色。

ヒメジャコ　海
ジャコガイ科、方言名アジケーなど。殻は楕円形で外套膜の色は青・緑・茶色とカラフル。琉球石灰岩や塊状サンゴに生息。

ヒメハブ
クサリヘビ科の毒ヘビ、方言名ニーブヤー。琉球列島の固有種。体長80センチで沖縄に生息する種のハブの内最小。水辺に生息する。

ヒョウモンダコ　海
マダコ科。体長12センチほどの小形で、コバルトブルーの輪状紋を持つ。咬毒があり、サンゴ礁にすむ危険動物の一つ。

ヒヨドリ
ヒヨドリ科の留鳥、方言名ヒューシ。全長約28センチで体色は生息分布による個体差がある。県内には6亜種が分布。沖縄本島北部ではシークヮーシャーの被害が出ている。

ヒラタクワガタ
クワガタムシ科。体色は黒く、頭楯は雄が横長で雌は台形。体長は雄の方が大。夜行性で、日中は木のさけ目にひそんでいる。

フェーガジャン（ブユ）
ブユ科昆虫の総称。体長約3ミリ、体のわりに翅が大きく、脚は太く短い。雌のみが吸血性

● 用語解説 4 ● 沖縄の動物

で人畜にたかる。

フエフキダイ　海
フエフキダイ科魚類の総称。体は楕円形で頭と眼がやや大きい。体色は銀白色か、褐色がかった緑青色で横縞や縦走帯を持つ。琉球列島に分布する種は肉質がよく美味。

フガーラムシ（ハイイロヒトリ）
ヒトリガ科。前翅はクリーム色で後翅は半透明。前後翅ともに褐色の個体もいる。ヤブガラシの害虫。

フタオチョウ（県・天）
タテハチョウ科。後翅にフタオの由来である二枚の尾状突起を持つ。後翅の裏面は銀色で橙褐色の波紋があり美しい。前翅長約センチ、日本では沖縄本島北部にのみ生息。

フタグウチンナン（オキナワヤマタニシ）
ヤマタニシ科の巻貝。低い円錐形で体層は大きい。殻表は薄い殻皮でおおわれ不明瞭な虎斑がある、喜界島から沖縄本島にかけ分布し、石灰岩地の落葉下に多く生息。

フタホシハゴロモ
ハゴロモ科。扇形をなす両翅の先にある黒紋がこの名の由来。体長は約1センチで体のわりに翅が小さい。イネ科植物を好む。

フナヒッチャー（コバンザメ）　海
コバンザメ科。頭部の小判型の吸盤は第一背ビレが変形したもので、左右二列に並ぶ。この吸盤でサメ・カメ・エイなどに付着し太洋を移動する。名称からサメの仲間と思いがちであるが硬骨魚類である。

フノーラカニ（ソデカラッパ）　海
カラッパ科のカニ。甲殻の両側が袖状に張り出す。サンゴ礁の砂地にすみ尻からもぐる。八重山民謡「網張（アンバル）ぬ目高蟹（ミダカーマ）ユンタ」に名を連ねる。

ベニアジサシ
カモメ科夏鳥。雌雄ともに頭は黒い帽子をかぶった姿に似る。背中は全体が薄い青灰色。くちばしは赤く、先端が黒い。奄美以南に飛来し、無人島や岩礁にコロニーを形成。希少種。

ヘリグロヒメトカゲ
トカゲ科。薩南諸島・トカラ列島・奄美諸島・沖縄諸島に分布。背中は褐色、体側は黒褐色で体長は12センチ。琉球列島の固有種。

ホートーカー（アオバハゴロモ）
アオバハゴロモ科。体長1センチ前後、全体が淡緑色で複眼と前翅の周縁は淡紅色。姿の愛らしいさまからパトン（鳩）ムシ、ヤマトゥンチューの方言名も持つ。

ホトトギス
ホトトギス科の夏鳥、旅鳥。体長約28センチ。頭・胸・背・翼上面は青味がかった淡灰色、下面は白色に黒い横縞。雌は特にウグイスの巣に卵を産む習慣性があるが沖縄では託卵は未確認。

ホネガイ　海
アクキガイ科の巻貝。殻長14センチ、殻径約センチ。殻は卵球形で水管が長く伸びる。殻表に規則正しく刻まれた縦張肋から大小の棘が左右にくし歯に並ぶ白色の美しい貝。

ボラ　海
ボラ科の魚の総称。出世魚の一つで大形種は

● 用語解説4 ● 沖縄の動物

プチ・サクチ、小形種はチクラと呼ばれる。体長は80センチに達し円筒形で鱗は銀色。

ホラガイ　海
フジツガイ科。方言名ブラ。オニヒトデの天敵として知られる殻長40センチに達する日本最大の巻貝。通報用具としてイノシシ狩りや綱引きの合図などに使用。

ホルストガエル
アカガエル科。方言名ワクビチ。沖縄本島北部と渡嘉敷島にのみ分布する大形ガエルで体長12〜13センチに達する。体色は黒褐色か茶褐色で体表は滑らか。前肢の指は5本。

マーマチ（オオヒメ）　海
フエダイ科。全長1メートルに達し、体色は背部が暗紫色、腹部は銀白色で頭部に濃紫色のゴマ様斑点が散在。肉は美味で高級魚。

マクブー（シロクラベラ）　海
ベラ科。体長1メートルでベラ科の中では最大。形が卵形で、日本では沖縄近海にのみ分布。やや深い砂礫域に生息。刺身にして美味。

マジク　海
タイ科。体は楕円形、赤い地肌で腹部は薄紅色、尾ビレ後縁黒色。背部と側腺の上下に青色の小斑紋が縦に不規則に点在。沖縄近海では尖列島周辺で捕獲されるのみ。肉は美味。

マダコ　海
マダコ科。方言名タク。沖縄のサンゴ礁域に生息する中形のタコで最もよく見かけられる。体長60センチで体表は環境に応じて色が変化する。肉は美味。

スダラトカゲモドキ（県・天）
ヤモリ科。方言名アシハブ。沖縄本島の西に位置する島々に生息。方言名にあるようにハブの如く恐れられているが無毒。

マチ　海
フエダイ科、ハマダイ亜、チビキ科・ムツ科の魚の方言名。ほとんどの種が100〜500メートル深所に生息。体は錘形で高級食用魚として、よく刺身にされる。

マツクイムシ
松を食害するキクイムシ科・ゾウムシ科・カミキリムシ科に属する害虫の総称。二次寄生性で、健全木では発育できない。衰弱した松の木に産卵する。

マミジロアジサシ
カモメ科の夏鳥。頭とくちばしは黒く、額と眉斑は白色。上面は暗灰褐色で尾は灰褐色、一番外側の尾羽のみ白い。宮古・八重山の無人島や岩礁で繁殖する。危急種。

マングース
ジャコウネコ科。四肢は短く胴と尾が長い。体長30〜40センチ、耳が丸くて小さい。体色は灰白色がまざる茶色。繁殖期をのぞき通常は単独生活。ハブの天敵としてインドより導入された。

マンタ（エイ）　海
エイ目に属する軟骨魚類の総称。体は偏平で横に広がり長いやり状の尾を持ち、鰓孔は腹面に開く。カマンタはイトマキエイ科で同種の中では最も大きくなり、体盤長3メートルに達するものもある。

マンビカー（シイラ）　海
シイラ科。全長180センチに達する大形魚。体が左右に平たく長い。雄は眼前部が張りだし額があるように見える。日本では本州中部

●用語解説4●沖縄の動物

以南の黒潮域、日本海の表層近くを泳ぐ。

ミーバイ（ハタ）海
ハタ科。沖縄近海では約50種が分布し、種により体長150センチから30センチまであり、体色も多様。いずれも体やヒレに円形の斑点やモザイク状の斑紋を持つ。低生性で単独生活をする。

ミーハヤー（ジャノメナマコ）海
クロナマコ科。背中は淡灰白色で一面に蛇の目紋が散在。腹面は平偏で黄灰白色。サンゴ礁域の砂礫底に生息し、体壁が厚く肉は美味。

ミカンコバエ
ミバエ科。体長6ミリ前後、翅長5ミリ。胸部背面は黒色で黄色い短毛が密生。腹部には灰黄色でT字型の黒色紋と横紋をもつ。ミカン・グァバ・スモモの食害に対し国と沖縄県が防除事業を展開。結果、根絶。

ミサゴ
ワシタカ科の冬鳥。頭は白く頭頂に黒褐色の縦斑を持つ。背面が暗褐色で下面は白。琉球列島では冬季に観察され、海岸や河口で単独生活することが多い。

ミズン
ニシン科魚類の総称及び種名、方言名ミジュン。沖縄ではヤマトミズン・ミズンが多く、カツオ漁の餌として利用される。

ミツバチ
ミツバチ科。体長2センチの一匹の女王バチを中心に約200匹の雄バチ・万余の働きバチにより社会が構成され、蜂蜜やローヤルゼリーを生産する。働きバチは体長1センチ前後、体は黒色で灰黄色の軟毛が密生。沖縄は養蜂適地で、戦前インド系を導入し始められた。戦中とだえたが現在徐々に盛んになりつつある。

ミナミコメツキガニ 海
ミナミコメツキガニ科。体色は全体に青みがかった丸形で小形のカニ。干潮時に大集団で干潟を採餌しながら移動する習性がある。前進歩行し、退くときの潜行方法を持つ。

ミフウズラ
ミフウズラ科の留鳥。黄褐色の地に黒斑があり雌の喉は黒色。雄が抱卵やヒナの世話をする一妻多夫の習性を持つ。全長は14センチだが、体が丸く太いので大きく見える。

ミヤコウマ（県・天）
宮古の在来馬。体高115～125センチ、体長120～130センチの島嶼型小形馬。飼い主によくなつき、力が強く農耕馬や馬車馬として貢献。現在では改良され大形化。

ミヤコトカゲ
トカゲ科。南方系で背面は褐色か灰褐色で小斑が点在し体長は約20センチ。宮古諸島は分布の北限で、岩礁性海岸に限り生息。

ムチヌイユ（ノコギリダイ）海
フエフキダイ科。ノコギリ状の縦線と大きな目を持ち、背ビレ後方には鮮やかな黄色斑紋。体長30センチほどでサンゴ礁外縁周辺を群れをなして泳ぐ。

メジロ
メジロ科留鳥、方言名ソーミナー。目の周りの白い縁どりが特徴。頭から背にかけてはオリーブ色、喉から尾の腹面は黄色で胸と脇は淡褐色。腹の中央部分は白色。沖縄本島及び周辺の島にはリュウキュウツバメが留鳥として生息する。

● 用語解説4 ● 沖縄の動物

モズ
モズ科の留鳥または旅鳥。体長は約20センチで小形。雄は背が灰色で翼と尾は黒色、翼には白色斑紋がある。雌に比べ褐色味がある。くちばしは太くかぎ状に曲がる。特長である過眼線は雄が黒色で雌は褐色。

モンシロチョウ
モンシロチョウ科。翅の表面は白色で、前翅とその先端に2個、後翅に1個の黒紋を持つ。沖縄へは1958年ごろ北部に侵入しその後分布を広げる。幼虫はアオムシと呼ばれ、アブラナ科の植物を好む。

ヤールー（ヤモリ）
ヤモリ科に属するトカゲの総称。種名として呼ぶ場合には混同をさけるためニホンヤモリと称する。沖縄にはタシロヤモリをはじめ数種が生息するが、中でもホオグロヤモリは夜間にキョキョキョと鳴く。

ヤエヤマハナタカトンボ
ハナタカトンボ科。額が前に突き出しているさまが天狗の鼻に似る。和名もそれに由来する。腹長約2センチ、胴が短く翅が長い。頭は黒く頭頂には6個の小斑紋があり、胸部は黒褐色に黄色の条紋がある。西表島の固有種。

ヤエヤマフトヤスデ
フトヤスデ科。体長6〜7センチに達する日本最大のヤスデ。琉球列島の固有種で珍種。体色は暗褐色で光沢を持つ。胴節55節、歩脚110脚、刺激すると異臭を放つ黄色い毒液を体側の臭腺から分泌。コケ類などを食す。

ヤクゲー（ヤコウガイ） 海
リュウテンサザエ科の大形巻貝。殻は堅固、殻表は黒褐色か黒緑色の地に黄白と濃褐色で交互に斑をなす。真珠層が厚く光に品格があり琉球漆器の螺鈿に用いられる。

アシチン（コノシロ） 海
コノシロ科。全長25センチ、体は扁平で腹縁にとがった鱗が並び背ビレの後端は糸状にのびる。マングローブ林の砂泥地に生息。肉は小骨ごと刺身にして食する。

ヤツガシラ
ヤツガシラ科旅鳥。全長28センチ、体は赤みがかった黄褐色で長い冠羽をもつ。翼と尾には白と黒の模様があり、世界的な珍鳥。

ヤマアジ（オキナワトゲネズミ）
ネズミ科。沖縄本島北部のシイの木林に生息。トゲ状の体毛をもち頭胴長16センチ、尾長は13センチ。夜行性で跳ねながら移動する。

ヤマガタ
シジュウカラ科の留鳥。雌雄同色で頭と喉は黒く、頭の中央部に乳白色の縦斑がある。上面は暗灰色で下面は栗色。広葉樹林に生息し、樹上で生活する。

ヤマシシ（リュウキュウイノシシ）
イノシシ科。南西諸島にのみ生息する小形種。体色は濃褐色で頬から首のわきにかけて白斑あり。夜行性で食性は広く、イネ・イモ類・サトウキビ・パイナップル・ミカンに被害を与える有害獣。

ヤマトナガイユー（ツムブリ） 海
アジ科。紡錘形の体色は色彩ゆたかで、英名はレインボーランナー。体長1メートル前後でサンゴ礁外縁の表層及び中層に生息する。

ヤマトミジュン（ヤマトミズン）
ニシン科のうち沖縄産ミズン類の一種。腹部

用語解説 4 ● 沖縄の動物

は側扁し、腹縁が多少まるい。奄美大島以南に分布する熱帯性のイワシで、沖縄民謡「谷茶前節（たんちゃめーぶし）」でうたわれる。

ヤンバルクイナ
クイナ科の留鳥。方言名アガチ。くちばしは赤く太い。体上面は暗緑褐色、下面は黒地に白い横縞。沖縄本島北部の特産種。国内希少動植物種。絶滅危惧種。

ヤンバルテナガコガネ（国・天）
コガネムシ科。体長約6センチに達し、日本最大。その名の通り雄の前肢は長さセンチに及ぶ。世界中で沖縄本島北部の山林にのみ生息する。幼虫は3年かけて蛹（さなぎ）になる。

ユダヤガーラ（セイタカヒイラギ）海
ヒイラギ科。体長約20センチ、体高が菱形にせりあがっているのが特徴。体表は粘液をおび、ヌルヌルしている。内湾の河口域の砂泥地に生息。

ユダヤミーバイ（マダラハタ）海
ハタ科。体長は茶褐色で黒色の斑紋がマダラ模様をなし、4個が背ビレの付け根に1個が尾ビレの付け根に散る。サンゴ礁で見られ、食用となる。

ユユ（ガンガゼ）海
ウニ網ガンガゼ科。殻径5～9センチで殻は薄くこわれやすい。棘は暗紫色、針状で長さは殻径の5～6倍に達し、刺さると折れやすく抜けにくい。

ヨナグニウマ
与那国島の在来種。脚力が強健で性格がおとなしく、農耕馬として欠くことができない労働力。町指定の天然記念物。

ヨナグニサン（県・天）
ヤママユガ科、方言名アマミハビル。前翅長12センチ前後で、翅の大きさは世界最大。体は赤褐色で翅の紋は多様な色どりを持ち翅端はかま状に曲がる。くし状の触角をもつ。

リュウキュウアカガエル
アカガエル科。体長約4センチ、足が長くジャンプ力に優れ、体は流線形でスマート。琉球列島の国有種で沖縄本島では国頭（くにがみ）の山林内にのみ生息。

リュウキュウアカショウビン
カワセミ科。方言名クカル。全長28センチ、体色は紫がかった赤褐色。日本へは夏鳥として渡来する。森林中の崖地などの穴営巣。1巣の卵数は5個、純白で斑紋を欠く。

チュウキュウアサギマダラ
スダラチョウ科。黒地の翅に爽やかな薄水色の紋が散る。奄美以南、台湾や東南アジアなどに広く分布。沖縄では3～11月まで見られる。

リュウキュウアユ
キュウリウオ科の川魚、方言名ヤジ。体色は背面がオリーブ色、腹面は銀白色で体長10～20センチ。琉球列島では奄美と沖縄本島北部に生息するが、本土のアユとは生態・形態がかなり異なり、遺伝的差異も大きい。

リュウキュウキンバト（国・天）
ハト科留鳥。方言名チパト。背と翼の上面は金属光沢をもつ緑色でくちばしと脚は赤い。全長25センチで、宮古島と八重山諸島に生息する小型のハト。国内希少動物、絶滅危惧種。

リュウキュウツバメ
ツバメ科の留鳥。方言名マッタラーグヮー。

— 375 —

● 用語解説4 ●沖縄の動物

頭から背にかけては藍色光沢のある黒色で額と喉は赤褐色、胸部・腹部の下面は灰褐色。全長13センチでツバメに比べ尾が短く、その切れ込みも浅い。

リュウキュウハグロトンボ

カワトンボ科。雄の体色は青みがかった金緑色で翅は藍色の光沢をもつ黒色。雌は金緑色で翅は茶色でいずれ劣らず美しい。腹長5センチで山中の清流に生息する。

リュウキュウヒダリマキマイマイ

ナンバンマイマイ科の巻貝。殻の巻きが左巻き。殻皮は茶褐色で、体層の周辺に色帯をもつ。殻高約センチ、殻径センチで成長脈は粗め。久米島にのみ分布する。

リュウキュウヒメジャノメ

ジャノメチョウ科。琉球列島の固有種。全翅長2.5センチ前後。茶翅に蛇の目紋をもつ。日本各地に分布するヒメジャノメとは異種。

リュウキュウマスオガイ　海

シオサザナミガイ科の二枚貝。楕円形の殻体に放射肋と成長輪脈が交差し、さざ波のような美しい模様をなす。殻長センチほどで、潮間帯の砂泥地に生息する。

リュウキュウミスジ

タカハチョウ科。こげ茶色の翅に三条の白い帯が映える。前翅長3センチで奄美大島以南、東南アジア各地に分布する。

リュウキュウムラサキ

タカハチョウ科。前翅長センチ前後で、雄の濃紫色の翅にはコントラストのきいた色紋が散る。特に八重山では春から秋にかけて見られるが迷蝶として渡ってきたもので、ときどき発生する偶産蝶。

リュウキュウヤマガメ

ヤマガメ科。方言名ヤンバルガーミー。沖縄本島北部、渡嘉敷島、久米島に分布。山林内や渓流沿いの転石の多い所に生息する。昆虫類や植物の実を捕食しほとんどが陸上生活。甲長は10～13センチ、甲羅は褐色か赤褐色ないしは黒青を呈する。

ロクセンフエダイ　海

フエダイ科。方言名ビタロー。体はやや長い紡錘形でとがった吻を持つ。頭部は淡紅紫色、黄褐色の体側には5～本の青褐色の縦線が走る。体長20～25センチでサンゴ礁や沿岸の岩礁地に生息する食用魚。肉は美味。

※以上は、『沖縄コンパクト事典』（琉球新報社編　1998年発行）と『沖縄大百科事典』（沖縄タイムス社　1983年初版）を参照した。

用語解説5　沖縄の植物
見出しは五十音順

アコウ
くわ科。石灰岩地域に生える高木。幹は分岐多く、楕円形の葉が枝の先に集まる。

アダン
たこのき科。海岸に生える防潮林。太い枝を疎に分枝し、多数の支柱根を垂れる。葉は披針形で硬く刺があり、球状楕円形の実合果を持つ。

アデク
ふともも科。マツ林などに自生する常緑の高木。葉は楕円形、花は淡緑白色、果実は球形。

アレカヤシ
ヤシ科。小高木。幹は束生し、葉は羽状複葉でアーチ状に曲がる。小葉は披針形。

イジュ
つばき科。海岸近くの広い範囲にみられる直立の高木。葉と白色の花は枝の先に集まる。梅雨を呼ぶ花。

イスノキ
まんさく科。方言名ユシギ。高さ10～20m、直径1mにある常緑の高木。花は紅褐色で小さい。

イタジイ
ぶな科。方言名シージャー。常緑の高木、樹冠は半球状で、葉は広楕円形状である。

イッペイ（イペー）
のうぜんかずら科。ブラジル原産の落葉高木。花は黄色と紫紅色で枝の先に集まって咲く。

イヌビワ
くわ科。海岸近くに見られる落葉性の低木。方言名アンマーチーチーは、母の乳房の意で、果実が乳房に似ている事に由来する。

イヌマキ
まき科。葉の上面は深緑色で下面は淡緑色で、方言名チャーギは美しい木の意。

イボタクサギ
くまつづら科。海岸などに見られる半つる性の低木。長楕円形の葉に、白色の花が咲く。

ウイキョウ
せり科。地中海沿岸原産の宿根草。夏に黄色の花が咲き、独特の香りを放つ。

ウコン
しょうが科。インド原産の多年生草木で、長楕円形の葉が4～5枚互生する。薬用植物。

ウバメガシ
ぶな科。高さ2～5mの低木。葉は倒卵形で硬く、先は円味を帯び枝先に集まる。

エビモ
ひるむしろ科。沈水性の多年生草木。水面上に花茎を伸ばし小さな花を密につける。

オオタニワタリ
ちゃせんしだ科。湿り気のある岩上等に着生する。根茎は塊状で多数の葉を放射状に出す。

オオバギ
とうだいぐさ科。石灰岩地帯の林内に生え

●用語解説5 ●沖縄の植物

る。葉は楯形で先はとがり、長い柄がある。

オオハマボウ（ユーナ）
アオイ科。小高木で防風潮林に適する。花は黄色で中心暗赤色、年中咲く。

オキナワウラジロガシ
ブナ科。非石灰岸地帯に分布する高木。小枝は乾けば暗褐色を呈し、無毛で灰白色の皮目が著しい。守礼門の用材。

オニタビラコ
きく科。道ばたに観られる2年生の草木。方言名トィイヌフィサーは鶏の足の意で葉の形に由来。

オヒルギ（アカバナヒルギ）
ひるぎ科。マングローブ林内に生える常緑の高木。葉は長楕円形で先はとがり、赤色の花が咲く。

カエンカズラ
のうぜんかずら科。ブラジル原産の大型つる性植物。冬橙黄色の細長い花を多数咲かす。

ガジマル
くわ科。隆起サンゴ礁石灰岩地域に見られる常緑の高木。枝や幹から多数の気根を垂らし支柱根になる。他樹に着生し、その木を枯らす事から「絞め殺し植物」ともいう。沖縄ではこの大木に、木の精「キジムナー（赤毛の童児）」が住むといわれている。

ギイマ
つつじ科。方言名ギーマ。陽あたりのよい山裾に見られる常緑の低木。葉は楕円形、枝先から鐘状の小さな帯紅白色の花を咲かす。

キョウチクトウ
きょうちくとう科。インド～イラン原産。高さは2～3mで、公害に強い。

キワタノキ
ぱんや科。10mになる高木で、幹にはイボ状の刺がある。橙黄色や紅いろの花が咲く。

ギンネム
まめ科。南アフリカ原産の小高木。高さは3～5mのものが多い。

クチナシ
あかね科。マツ林等に見られる常緑の亜高木。果実は倒卵形で、黄赤色に熟する。

クミスクチン
しそ科。インド、東南アジア原産の低木状多年生草。花は白色色唇形、雄しべが長い。

クロツグ
やし科。方言名マーニ。石灰岩地域の低地から山裾にかけて見られ、2cm程の核果が橙赤色に熟する。

クロトン
トウダイグサ科。モルッカ諸島原産の低木。葉は厚く、形や色は多種で130余りの品種がある。

クロヨナ
まめ科。海岸近くに生える高木。幹は黒味を帯び、淡紅色の花が小枝の先に集まる。

クワズイモ
さといも科。大型の多年生草本、大きなものは高さ2mになる。葉は広卵状矢じり形。

● 用語解説5 ●沖縄の植物

ゲッカビジン
さぼてん科。メキシコ原産。円柱状の茎先から薄い葉状茎を出し、夏の夜には芳香のある白色の美しい花を咲かせる。

ゲットウ
しょうが科。方言名サンニン。草全体に芳香があり、ムーチーガーサとして利用される。

ケラジ
ミカン科。方言名カーブチー。小高木。葉は広卵形～楕円形で葉柄が狭い。果実は生食用。

ゴクラクチョウカ
ばしょう科。南アフリカ原産の多年生草木。花は細長い花茎の頂端で、くの字形に曲がって咲く。

サキシマスオウノキ
あおぎり科。マングローブ林内に見られる亜高木。果実はボート形、硬くつやがある。

サツマイモ
ひるがお科。熱帯アメリカ原産。ピンク色の花が咲く。

サトウキビ
いね科。インド原産の多年生草木。秋に茎先からススキに似た穂を出し、茎汁は砂糖の原料となる。

サンダンカ
あかね科。モロッコ、中国南部原産の低木。葉は倒卵形で対生し、朱紅色の花が茎頂に散形花序となる。沖縄県の3大花の1つ。

シャリンバイ
ばら科。山原の山地に見られる小高木。幹は直立、上方で分枝し、高さ3～5mになる。

セイシカ
つつじ科。常緑の中高木。葉は枝先に集まってつき、春淡紅色の花が小枝の先に束生する。

センダン
せんだん科。石灰岩地帯に生える落葉性の高木。枝先に芳香のある帯紫色の花を密に咲かす。

ソウシジュ
まめ科。フィリピン、台湾原産の亜高木。葉は発芽後脱落し、葉柄が葉のように見える。

ソテツ
そてつ科。海岸の石灰岩域に見られる有毒の雌雄異株。幹は円柱状で、表面には葉のおちた跡がある。葉は羽状複葉で、花粉は雌花に入ってから精子を生ずる事が有名。

タブノキ
くすのき科。石灰岩地帯からシイ林まで広い範囲で自生する10～20mの高木。琉球線香用。

タンカン
みかん科。果実は果汁が多く適度の甘味と酸味がある。正月の頃熟する。

ツルナ
ざくろそう科。海岸の砂地に見られる多肉質の1年生草木。葉は食用となる。

ツルムラサキ
つるむらさき科。方言名ジービン。熱帯アフリカ原産のつる性草木。紫色の小さい果実がつく。

— 379 —

● 用語解説 5 ● 沖縄の植物

ツワブキ
きく科。海岸から山手の路傍にかけてみられる多年生草本。葉は長い柄のある根生葉。

デイゴ
まめ科。方言名ディーグ。インド原産の落葉高木。枝には小さな刺があり、赤紅色、長楕円形の花が咲く。沖縄の県花として有名である。

テッポウユリ
ゆり科。海岸の岩場から山裾にかけて見られ、春、芳香のある純白の美しい花が咲く。

テンタナ
くまつづら科。南アメリカ原産の小低木。葉は卵形、茎は四角形で鋭い刺がある。

トキワギョリュウ
もくまおう科。オーストラリア原産で、10〜20mになる高木。防潮林に利用される。

トックリキワタ
ぱんや科。ブラジル原産の花木。幹には鋭い刺があり、形が徳利に似ている。

トックリヤシ
やし科。インド洋東部のマスカリーン諸島原産。幹は直立し15m程の高さになり、2mぐらいまでは下部がとっくり状に膨らむ。

ナゴラン
らん科。山地常緑広葉樹林内の樹幹や太い枝に着生する常緑多年生のラン。産地名護。

ナンヨウスギ
なんようすぎ科。ニューギニア原産の高木。世界三大庭園樹の一つ。

ニガウリ
うり科。方言名ゴーヤー。つる性1年生草本。つるは長さ4〜5mになる。果実は熟すると果皮が裂け、赤い果肉に包まれた種子が表われる。

ニッパヤシ
やし科。水湿地に生える南方系のやし。西表島の船浦にある群落は国の天然記念物。

ニンニクカズラ
のうぜんかずら科。アルゼンチン原産。つる性の花木。全体ににんにくの臭気がある。

ノボタン
のぼたん科。山裾に見られる常緑の低木。木全体に淡褐色の剛毛があり、紫紅色の花が咲く。

パイナップル
ぱいなっぷる科。ブラジル原産の多年性草木。果肉は甘ずっぱく芳香がある。

ハクサンボク
すしかずら科。常緑の亜高木。方言名のメーシギーは、お箸をつくる木の意。

ハスノハギリ
はすのはぎり科。海岸に見られる有毒の高木。花は小さく、風鈴のような核果がなる。

バナナ
ばしょう科。方言名バサナイギー。東南アジア原産の果物。葉は織物に利用される。

パパヤ
ぱぱや科。南アメリカ原産。果実は芳香があり甘く、料理用果菜としても利用される。

●用語解説5 ●沖縄の植物

ハマベブドウ
たで科。方言名ウミブドウ。北アメリカ原産。果実はブドウに似て紅紫色に熟する。

バルバドスチェリー
きんとらのお科。方言名アセローラー。アメリカ原産、紅紫色で甘酸っぱい果実がなる。

バンジロウ
ふともも科。方言名バンシルー。南アメリカ原産の果樹。花は白色で美しく、芳香がある。

ハンノキ
カバノキ科。落葉高木。菌根を有する。葉は紙質で、花は3月に開花する。生長が早い。

ヒカンザクラ
バラ科。落葉高木。晩夏に紅葉し落葉を始める。花は濃紅色。鐘形で下垂性、1〜2月に咲く。

ヒメユズリハ
とうだいぐさ科。マツ林に生える高木。葉は革質の楕円形、核果は藍色に熟する。

ヒラミレモン
みかん科。方言名シークヮーサー。樹性が強く多果性。ジュースに利用される。

ビロウ
やし科。台湾など渓地に自生する高木。葉は扇や笠など民用具として利用される。方言名クバは、硬い葉の意。

ビワ
バラ科。高さ10mになる果樹。四国、九州の石灰岩地帯に野生品があるといわれる。

ブーゲンビレア
おしろいばな科。ブラジル原産のつる性花木。茎に刺があり、花は一年通し開花する。

フクギ
おとぎりそう科。防火、防潮林として利用される亜高木。葉は卵状楕円形、花は帯黄白色、核果はカキの実によく似ている。

ブッソウゲ
あおい科。方言名アカバナー。熱帯性の低木。花は赤色で一年中開花する。

フヨウ
あおい科。林縁に見られる亜高木。高さ2〜5m、葉は広卵形で5角形。淡紅白色の花が咲く。

ヘゴ
へご科。山地の谷間や斜面に生える常緑の大型木性シダ。太い葉柄には、鋭い刺がある。

ポインセチア
トウダイグサ科。メキシコ原産の低木。10月から3月まで緋色の花(包葉)が満開する。

ホウホウボク
まめ科。方言名ホーオーブク。マダガスカル原産の高木で、大きな赤色の花が咲く。

ホテイアオイ
みずあおい科。方言名ウチグサ。ブラジル原産の浮草。葉柄の中央が膨み、紫色の花が咲く。

マンゴー
うるし科。インド原産の果樹。果肉は独特の香りがあり多汁、甘味が強い。

● 用語解説 5 ● 沖縄の植物

メヒルギ
ひるぎ科。マングローブ林内に生える常緑の亜高木。葉は長楕円形、表面は光沢があり白色の花が咲く。

モッコク
つばき科。マツ林からシイ林にかけ広い範囲にわたり見られ、黄白色の小さな花が下向きに咲く。

モモタマナ（コバチイシ）
しくんし科。海岸近くに生える高木。葉は倒卵形で先は丸い。方言名クファディーサー。

ヤエヤマヒルギ
ひるぎ科。マングローブ林内に生え、気根が海中に入り支柱となる。葉は長楕円状楕円形。

ヤエヤマヤシ
やし科。八重山諸島固有のやし。高さ15～20mになり、米原、星立、ウブンドルの群落は国の天然記念物に指定されている。

ヤマモモ
やまもも科。方言名ヤマムム。山地に自生する常緑高木の果実は多汁質で赤紫に熟する。

ヨウサイ
ひるがお科。熱帯アジア原産の多年生草本、茎は中空である。方言名ウンチェーバー。

リュウキュウコクタン（クロキ）
かきのき科。方言名クルチ。山地性の亜高木。樹皮は帯黒褐色、枝には絹毛がある。三味線材。

リュウキュウハギ
まめ科。中国原産といわれる。花は紅紫色で夏の終わりから秋にかけて咲く。

リュウキュウマツ
まつ科。悪石島から西表にかけ分布する2葉性の松。高さ25m、直径1mにもなる。県木。

レイシ
むくろじ科。方言名リーチ。中国南部原産の果樹。果実は倒卵形で夏に紅熟する。

※以上は、『沖縄植物野外活用図鑑』全6巻（新星図書出版　1979年）を参照した。

用語解説6　沖縄の風俗・社会用語

見出しは五十音順

『青い海』
津野創一らによって1971年に大阪で発行された沖縄に関する月刊誌。75年より那覇に移転し85年までさまざまな視点・角度から沖縄を論じ続けた雑誌。大きな影響を与えた。

赤瓦（屋根）
沖縄の赤瓦葺き住宅のこと。牡瓦・牝瓦・軒丸瓦の三種類で葺き上げ、白漆喰を塗る。赤と白の調和が美しい。近年、公共建築で多用化されている。

アカマタ・クロマタ
稲の豊作をもたらすという海上来訪神のこと。旧暦六月の八重山地域での豊年祭に出現する仮面仮装を施したした人神（神格化）を言う。

アシャギ（神アシャギ）
一般的に神事、祭祀を行う所の意。かって建物の屋根は茅葺き、四本の石柱で支え、軒は低く四面の壁は無い建物。神庭の前で共同体の繁栄を祈願。

雨端（あまはじ）
住宅の軒先き部分の庇廻りの空間を言う。室内への直射日光・風雨・蒸し暑さを和らげる効果がある。民家の瓦葺き許可は1889年以降になる。

石敢當（石敢当・いしがんとう）
T字路のつきあたりなどに立てる魔よけの石。中国の影響を受けた沖縄定着の風習で、山原はもちろん都市部でも見うけられる。

一番座（いちばんざ）
現在の客間のこと。配置は住宅正面右側が一般的で、主として男性接客の場で使われ、畳敷き、床の間等があり家の見せ場として機能させていた。

ウートートゥ
願いごとや感謝の気持ちなどを手をあわせて念ずることば。拝む対象は祖霊、神・仏・自然、などさまざまに拡散しうる。

ウガミ
手を合わせて聖なるものを拝むこと。願いごとを伝える。「ウガン不足」（ウガンブシク）というと、感謝の気持ちを忘れてしまっていることをさす。

ウガンジュ（御願所）
拝所のこと。村落共同体の守護神的な場所（御嶽・森などの聖域地）としてあり、家族の健康、村落の繁栄を祈願する。

受水走水
ウキンジュハイジュと読む。玉城村百名にある湧泉のことで、稲作発祥の伝えがある。琉球国王が拝礼した場所として知られる。

ウチナームーク
沖縄の女性を妻とした、県外の男性のこと。地縁・血縁社会のなかに外部を定着させようとした沖縄ならではの発想が読める。

ウチナーヤマトゥグチ
沖縄方言と大和言のドッキングした沖縄的共通語。「ヤクヮン」（やかん）、「すぐクル」（すぐ

●用語解説6●沖縄の風俗・社会用語

行く)など、今では単なる方言となっているものが多い。

うない
兄弟からみた姉妹のこと。沖縄において女性の持つ地からの特異性を認める考えがある。特殊な土着的フェミニズムともいえる。

裏座（うらざ）
母屋の裏(北側)部屋の総称のこと。1番座、2番座の裏側にあり、休憩室、産室、子供室、夫婦部屋などとして使用された。

A＆W
「エンダー」と読んで親しまれているドライブスルー型レストラン。本部は米国。アメリカ文化の生活上のシンボル的意味あいをかもしだしている。

大宜味大工（おおぎみだいく）
明治・大正時代から活躍した大工達の名称。仕事の早さ出来の精巧、苦労を厭わない等の評判より、大宜味村出身の大工評価が高められた。

沖教組（おききょうそ）
「沖縄県教職員組合」の略称。主席公選などで中核的な運動組織となり、沖縄の政治運動のシンボル的イメージを持っている。

沖水旋風
1990年と翌91年に全国高教野球選手権(夏の甲子園)で連続準優勝となり県内外のウチナーンチュの心を踊らせた。その象徴性が今もひきつがれてきている。

沖縄県人会
関東・関西の県人会などのフォーマルなものの他にも、海外を含めていくつかの県人会がある。ウチナーンチュの同朋意識の強さを示すバロメータ的意味あいもある。

沖縄人差別
琉球処分などの制度的差別などの他に、今も根強く残る社会的差別もある。米軍基地の押し付けと見返り振興策もこの中にいれてとらえられる。

『沖縄ノート』
1969年、作家大江健三郎が著した連載エッセイをまとめた新書版。「沖縄と日本」を問いかける大きなキッカケとなる本であった。

「沖縄を返せ」
復帰運動やその後さかんに歌われた60年代沖縄の歌。いくつかの解釈がなされ続けているが、それでもまだ沖縄に住む人々の心の歌でもあり続けている。また、この歌からの脱却を望む声も立ちのぼってきている。

オトーリ
宮古地域の宴会のときの酒飲の方法。一つの杯で出席者全員で順番にまわして飲む。宮古地域を象徴することばとしての意味を持ちつつある。

オナリ
女性姉妹の霊を言う。ウィキィ(男)兄弟を守護すると観念され、安全を祈願、守護霊的な役割機能を持つ。「オナリ信仰」は沖縄の独特の土着的信仰。

『海上の道』
柳田国男の論文集。柳田が唱えた日本人南方渡来説を集成。日本人のルーツは中国南部から稲作技術を携え北進したとする仮説を展開する。近年は海上交通、貿易文化の道の意でも使われる。

● 用語解説 6 ● 沖縄の風俗・社会用語

改姓改名
沖縄姓名を大和名に変えること。本土にとって難解な姓を大和風に変える運動がおきた。(珍姓改姓運動)。沖縄差別へのリアクションとしての側面もあった。

『海南小記』
柳田国男の論文集。1920年に九州、奄美大島、沖縄を旅行した時の見聞論考集。日本文化の古層は琉球文化に示され、沖縄人北進を説く。論考は、琉球文化を民俗学的手法で解明。

カミアチネー
バーキを頭にのせ魚や塩などを売りあるくこと。女性の物運びの方法を商売として応用した。沖縄の懐かしい光景であった。

カメーカメー (攻撃)
客人に対してごちそうなどを食べなさいと、すすめるおばぁのことば・仕草。親しみを超えたひつこさの意もふくむ。

家紋
沖縄では、当初は生活の道具紋。尚王家を除いては一般的ではなく、起源は18世紀末頃といわれる。廃藩置県以後に衣装紋として定着。

茅葺き
茅で葺いた屋根のこと。殆どが寄棟形式で、棟上は茅を半円柱状に束ね棟押さえとした。作業はユイ (相互扶助) で共同作業を行う。コンクリート建築で衰退。

聞得大君 (きこえおおぎみ)
琉球国の公的地位を占めた最高神女。任務は国の重要な祭祀を行い、国家繁栄、航海安全、五穀豊穣を祈願また、国王即位の儀式の決定をしたとされる。尚真王時代以後は政教分離政策で終息。

キジムナー (ブナガヤ)
ガジマルなどにすむ想像上の妖怪。いたずら好きでどことなくにくめないイメージで、沖縄の妖精らしい象徴性をおびている。

『球陽』
琉球の正史とされる。和文・漢文史資料を駆使し、制度文物の由来、旧跡関係、政治、経済、外交、地方の行政、諸事象等も網羅。1743年の編集。

銀チョコ
米軍占領下などで銀紙につつんだ小さなチョコレート。沖縄人にとって生活 (くらし) の領域で実感した「アメリカ」の象徴的食べもの。

グショウ (後生)
グソーとも言い、死後の世界のこと。彼の世界をグソーと言い、1950年代以後は火葬の導入により、葬制儀礼は変化をしている。

クスイムン
薬になるもの、のことで、イラブー (ウミヘビ) 料理やヒージャー (ヤギ) 料理などがそれにあたる。ヌチ (命) グスイの食べものバージョン。

グスク
沖縄全域に分布、城の字を充て多用である。集落説・聖域説・防御の城・墓所・拝所等もグスクと称されるが、一般に遺構や遺物が伴う。

軽貨物車
1970年代沖縄で流行した物運び小型自動車。荷物所有者 (旅客) も同乗させた (違反) ためタクシーとのトラブルが多かった。

●用語解説6●沖縄の風俗・社会用語

けーし風（けーしかじ）
「返し風」のこと。転じてリアクション的な意味をもつ広いことばとなり、現在も出版されている沖縄の季刊誌にも使われている。

コーラ割り
泡盛をコーラで割って飲んだ仕様をさすことば。沖縄のチャンプルー文化の一つの形態か。今ではあまり見られない。牛乳割りなどもあった。

さしみ屋（サシミヤー）
沖縄近海でとれた魚をさしみ形式で皿に盛って売る専門店。山原のあちこちに見られる。カツオ、タマン、タコ、イカなどなどが並ぶ。今では肉類や冷凍食品も置いてあるところもある。

サバニ
沖縄の代表的小型の木造舟。クリ舟型とハギ舟型があり、沿岸海域の魚とりや運搬をした実用的な小舟。沖縄の海域に実にマッチしている。

ジーシガーミ（厨子かめ）
遺骨を納める骨壷。沖縄では、火葬が行われるまでは墓室で白骨化させ、後に洗骨儀礼を行う風習があった。陶器、石灰岩制などがある。夫婦は甕の尻一つ、という考えがあって同じ厨子甕に葬る習慣がある。

ジーファー（かんざし）
1509年頃、身分により金・銀・真鍮・鼈甲・木簪などに使用区分される。男子は身分により型が異なり、女子は身分に関係なく同型。

地頭代（ジトゥデー）
現在の町村長に近い地方役人。王府の制度改変により、百姓（平民）として固定される。役地と夫役の権利を有した。国王が任命する。

尚家（しょうけ）
第一、二尚王統あり。一五世紀初頭より廃藩置県（1879年）まで続いた琉球国の王家をいう。最後の国王は尚泰、現在も系統が続く。

「白い煙と黒い煙」
教員の稲垣国三郎作の短編物語。本土に出稼ぎに行く老夫婦が娘の船（黒い煙）にむかって名護城から焚火の合図（白い煙）を送った。紡績出稼女工の実態と沖縄人の情がストレートに出ている。

新石垣空港問題
経済的発展と自然環境破壊とのはざまで揺れ続けている石垣島の空港建設決定問題。特に世界的なサンゴ礁をもつ石垣島の白保方面での空港建設では、この矛盾が世界的な注目をあびている。

『新沖縄文学』
沖縄タイムス社発行で1966年創刊の雑誌。1993年休刊まで沖縄の文学、言論世界の中心的役割をになった。「新沖縄文学賞」を75年に設定し、文学活動に励みを与えた。

じんぶん
「生活の知恵」の意味と重なる方言。知恵者は「じんぶんムッチャー」であり、「悪知恵」は「ヤナじんぶん」。知識・学歴とはちがう人間の知力。

シンメーナービ
鉄製の大鍋。鍋の大きさで、グンメーナービなどもある。ジューシーや芋など一度に大量のものを炊いたりしたときなどに使った。半球型の独特のナベ。山原では今も使っている。

●用語解説6●沖縄の風俗・社会用語

洗骨
棺箱に死者を入れ、墓室で3～7年ほど放置し、後に取り出し骨を洗い清める改葬儀礼のこと。火葬の普及後は殆ど見られない。

祖先崇拝（祖先祭祀）
沖縄の固有信仰の核にある考え方。最終年忌（多くは33年忌）を経た死者は神化し祖霊となり（それ以前の死者は位牌としてまつられる霊位）、祖先として一族の崇拝の対象となる。この崇拝の表現として年中行事や祭祀がある。祖霊との交流の儀式（祭祀）の多さは、沖縄の祖先崇拝の深さを示すものといえる。「火の神」（ヒヌカン）もその表現形態といえる。

タンク
乾水時の水不足を補うために屋上に設置する水貯蔵タンク。スチール製とコンクリート製などがあり、沖縄の家屋風景の一つの象徴となっている。

チムググル
「チム」も「ククル」も「心」を表わすことば。「心」だけでは足りない何かを伝える沖縄の心情を示すもの。

長寿県
長寿率全国一を続けている沖縄の特質をさすことばで、その原因となる食文化などを考える大きなキッカケとなっている。

ツーバイフォー
2インチ×4インチ幅の建築用角材。米軍が住宅建築のため払い下げたことで、沖縄に定着した。「アメリカ」の影響の実用的な定着物のひとつ。

ニライ・カナイ
祭祀儀礼の世界観で現世と対比される世界をいう。海上遥か（海底）より神々が来訪、豊饒或いは災いをもたらすとされる観念で、両義性を有す。

ハーニー
戦後の米軍占領下、米軍人の愛人となった沖縄の女性のこと。法的に結婚は許されていなかった。米軍占領が沖縄につくり出した典型的な風俗であった。

パーラー
幹線道路脇に車で食べものや飲みものを売る店。移動車から固定車、さらに店がまえのパーラーができた。米軍統治下の沖縄側からのくらしの反応例でもあった。

パーントゥ
宮古島地方で行われる年中行事である。全身に泥を塗り蔓草を巻き、仮面を被って夕方に各戸を訪問する。厄払いとカリーをつける来訪神祭。

パイパティロー
最南端の島、波照間島の南にあるといわれるパラダイス。ニライ・カナイなどと共に沖縄の楽土信仰の所産か。現実の厳しさの裏がえしの意味あいをもつ。

廃藩置県
1879年に「琉球王国」を明治政府（中央集権支配国家）が強権力で近代国家に組込んだことをいう。結果として対清国との外交禁止、明治年号を強要、武力を背景に琉球国は滅び、沖縄県となった。

●用語解説6 ●沖縄の風俗・社会用語

ハジチ（入墨）
女性の手甲部、指背に入墨を施す習俗が琉球列島に分布、幼女の頃より始め結婚前後までに完成させた。ハジチをしないと来世に行けないとの観念で、「入墨禁止令（1899）」施行後も行われた。現在では殆ど見ることができない。

裸足禁止
1941年に施行された「裸足取締規則」で規定された一種の衛生思想向上のための具体例。「沖縄」を知る具体例としてくり返し取りあげられるものと思われる。

バヤリース
米軍支配とともに沖縄に米国から流入してきた清涼飲料水の一品名。現地法人を主体とした県内生産。他にコーラ、セブンアップなどがある。

ビーチパーリー
「ビーチパーティー」の沖縄なまり。米国式生活習慣が耳から入ったもので、今では高校生あたりからこの習慣が根付いている。現代版モーアシビー的意味あいもあるかも。

ヒヌカン（火の神）
沖縄固有の信仰で竈の神をいう。うしろに3箇の石や粘土塊を台所に祀り神体とする。現在では主に香炉に変化、火の神とし家庭を守るものとされる。

冷やし物一切
飲みもので冷やしておくと売れる商品いっさいをあつかった店の名前で、今でも山原にはある。時にスイカや冷凍食品なども置いてあって実に沖縄的な名称である。

フィラリア
沖縄ではかなり昔からいた糸状寄生虫。かゆさをともない陰嚢部などの皮膚をはらす。今では見られない。なつかしい風土病か。

ヒンプン
門と母屋との間に設置する目かくし。沖縄の伝統的家屋典型的特徴。名護の「ヒンプンガジュマル」もここからきている。

平和ガイド
沖縄に来た修学旅行生などに沖縄戦や基地の実態を伝えるために結成されたネットワーク。

ポーク
デンマーク産のポークランチョンミートの略称。安くすぐ料理できる手軽さで沖縄の食文化から切っても切れないものになっている。

間切（まぎり）
歴史的起源は定かではない。現在の市町村行政区に相当するものと解され、1908年まで間切の呼称で存続、以後は町村制を施行。沖縄独自の行政区画であった。

マチヤグヮー（マチャグワー）
生鮮食品以外なんでもありの沖縄版ミニスーパー。女性がしきっている場合が多く、交流の場的要素も持っていた。

民謡クラブ
民謡・島唄をナマできかせる酒飲み社交場。プロから素人まで各地にあり、本土客に根強い人気がある。

無国籍児
駐留米軍人・軍属と沖縄の女性との結婚で生まれた戸籍のない児童。米国人父親が行方不

●用語解説6 ●沖縄の風俗・社会用語

明などになったとき、父系優先主義の日本国籍法では自動的に無国籍になる。「米軍支配」は一代で終わることがない典型例。

門中（ムンチュー）

祖先を同じくして父系によってつながっている家族集団。元来は、士族層のなかに受けつがれてきたものであるが、同時に平民層のなかでの結束軸としてや相互援助的な軸として拡大化されていった。「家譜」や「門中墓」として、また模合などの形で今も沖縄の風俗として機能している。祖先崇拝・祖先祭祀の実行単位としての機能をもっている。

燃える井戸

嘉手納基地周辺で1967年に地下水に米軍用油が大量に流れこんでおきた公害。嘉手納町屋良では井戸水が燃えた。

モーアシビー

沖縄各地でモー（原っぱ）で行われた男女交際。遊び（アシビー）のこと。結婚前の男女の交流の場で、歌ったり踊ったりと沖縄の夜の原風景の一つ。

モービル天ぷら

モービル油であげた天ぷら。臭いがきつく下痢をすることもあったが、背に腹はかえられぬ戦後の沖縄の食料事情をあらわしている。

ヤーンナ

屋号のこと。「ハマチネー」なら浜に近い方の知念家のこと。方位の他に職業なども用いられ、今でも山原では使っている。

やま学校

山だけとは限らずに、学校をさぼったりして子供たちが遊んだことをさす。この中からさまざまなことを体験的に学んでいった。

夜型社会

暑さのせいもあって、大人が夜おそくから酒を飲んだりする習慣が今もあり、それが若者に悪影響を及ぼしているケースがある。深夜営業の店が多い沖縄の一つの風俗の総称。

離婚率日本一

沖縄は全国の3倍近い離婚率。その割に離婚訴訟は少ない。なぜ？「沖縄」を読み解くキーワードたりえる。

『忘れられた日本』

1961年中央公論社から出された岡本太郎の本名。「何もない」ところに命の輝きを見つめて、沖縄文化をとらえる視点に大きな一石を投じた。

和洋中華専門店

「専門店」の語義を全く無視した沖縄的総合食堂。「？」と考えさせるチャンプルー的発想。

わら算

アダン材やわらの結縄で以て数や計算を表すのに用いた独特の計算方法。沖縄・宮古・八重山地方で使用された。家畜・米・薪・金銭等の計算に使用。十進法を基礎原理（加除）としている。いつ頃まで使用されたかは定かではない。

用語解説7　現代沖縄にかかわる人物101名

見出しは生まれ年順　　（＊印は2000年4月1日現在の健在者）

羽地朝秀
はねじ・ちょうしゅう：(1617－1675)近世沖縄の政治家。薩摩の琉球侵略後に、いわゆる「日琉同祖論」を提唱。『中山世鑑』を編集。

蔡温
さいおん：(1682.9.25－1761.12.29)近世沖縄を代表する政治家。思想家としての考えは『蔡温全集』に集約されている。

バジル・ホール Basil Hall
(1788.12.31－1844.9.11)イギリスの探検家。ナポレオンとの琉球非武装対話で知られる。

マシュー・ペリー Mathew C. Perry
(1794.4.10－1858.3.4)軍人。浦賀に行く前、沖縄に来航。のち琉米修好条約を締結。

宜湾朝保
ぎわん・ちょうほ：(1823.3.5－1876.8.6)三司官、歌人。維新慶賀使の副使として上京、琉球藩王を受諾して、のち非難を受ける。

林　世功
りん・せいこう：(1841.12.24－1880.11.20)中国へ脱出して琉球の日本からの救援を歎願。「分島・増約案」に抗議して自刃。

下国良之助
しもぐに・りょうのすけ：(1862？－1931.12.21)教育者。彼の免職は、漢那憲和らの尋常中学ストライキ事件の引き金となった。

太田朝敷
おおた・ちょうふ：(1865.4.8－1938.11.25)言論人。琉球新報創刊者のひとりで、近代沖縄のかかえる多方面の問題に論陣を張る。

謝花　昇
じゃはな・のぼる：(1865.11.16－1908.10.29)沖縄出身で最初の帝国大学卒、農学士及び高等官。第2章の「謝花昇と自由民権運動」を参照。

中村十作
なかむら・じゅうさく：(1867.1.18－1943.1.22)明治25年の人頭税廃止運動の指導者。新潟県出身。第2章の「人頭税廃止運動」を参照。

当山久三
とうやま・きゅうぞう：(1868.11.9－1910.9.17)謝花とともに自由民権運動の中心メンバー。移民事業の開拓者。のち県会議員。

玉城盛重
たまぐすく・せいじゅう：(1868－1945)芝居、舞踊の師匠。雑踊「むんじゅる」などの創作者。

仲地カマド
なかち・かまど：(1869？－未詳)ユタとよばれる沖縄の呪術師。第2章の「ユタ裁判」を参照。

田島利三郎
たじま・りさぶろう：(1870.7.2－1929.9.5)沖縄尋常中学教諭。新潟出身。おもろなど古

● 用語解説 7 ● 現代沖縄にかかわる人物 101 名

文献を収集し、伊波普猷を沖縄学に導いた。

尚 順
しょう・じゅん：(1873.4.6－1945.6.16)最後の琉球国王・尚泰の第3子。新聞社経営をしながら沖縄社会に隠然たる力をふるった。

柳田国男
やなぎた・くにお：(1875.7.31－1962.8.8)民俗学者。大正10年に沖縄調査。著作に『海上の道』がある。第10章の「柳田国男と南島」を参照。

伊波普猷
いは・ふゆう：(1876.3.15－1947.7.9)沖縄学の父と呼ばれる。第10章の「伊波普猷と沖縄学」を参照。

宮城鉄夫
みやぎ・てつお：(1877.9.4－1934.8.27)札幌農学校出身の農学者。甘藷、甘蔗栽培法の改善・普及の実践に多大の業績を残した。

漢那憲和
かんな・けんわ：(1877.9.6－1950.7.29)尋常中学ストライキ事件のリーダーで、のち海軍少将、衆議院議員、内務次官を歴任。

比嘉春潮
ひが・しゅんちょう：(1883.1.9－1977.11.1)校長、新聞記者、官吏、出版社員をしながら、社会運動と沖縄研究を行った。

宮良長包
みやら・ちょうほう：(1883.3.18－1939.6.2)音楽家。沖縄県師範学校で教鞭のかたわら、琉球独特のメロディーを数々生み出した。

謝花雲石
じゃはな・うんせき：(1883.4.1－1975.2.21)若くして朝鮮で書を学んだ近代沖縄の書家。

志喜屋孝信
しきや・こうしん：(1884.4.19－1955.1.26)戦前、中学の校長を歴任した教育者。沖縄民政府初代知事。琉球大学初代学長。

山田真山
やまだ・しんざん：(1885.12.27－1977.1.29)画家、彫刻家。平和祈念像の作者。

伊良波尹吉
いらは・いんきち：(1886.9.9－1951.8.25)沖縄芝居の役者、舞踊家。歌劇「奥山の牡丹」や舞踊「鳩間節」の作者。

折口信夫
おりぐち・しのぶ：(1887.2.11－1953.9.3)国文学者。1921年に初めて沖縄に渡り、その後の沖縄研究に大きな影響を与えた。

仲吉良光
なかよし・りょうこう：(1887.5.23－1974.3.1)新聞記者で出発し、のち首里市長。戦後まもなく、独自に日本復帰運動を始める。

山田有幹
やまだ・ゆうかん：(1888.1.20－1975.10.11)大正から昭和初期にかけての無産運動家。沖縄青年同盟、労農党那覇支部を結成。

柳 宗悦
やなぎ・むねよし：(1889.3.21－1961.5.3)民芸運動のリーダー。昭和15年、沖縄県当局

●用語解説7 ●現代沖縄にかかわる人物101名

と方言論争を行う。第10章の「方言論争」を参照。

真境名由康
まじきな・ゆうこう：(1889.10.8 − 1982.2.2)芝居俳優、舞踊家。歌劇「伊江島ハンドゥーグァー」などを創作。組踊保存に尽力。

仲村権五郎
なかむら・ごんごろう：(1890.12.25 − 1965.9.23)アメリカ移民で弁護士。排日移民法下において日本移民の権利擁護に奔走する。

大浜信泉
おおはま・のぶもと：(1891.10.19 − 1976.2.13)商法学者で、早稲田大学総長。沖縄返還では佐藤栄作内閣のブレーンをつとめた。

宮城 文
みやぎ・ふみ：(1891.11.28 − 1990.2.4)教育者。80歳をすぎてから『八重山生活誌』を著す。

仲村信義
なかむら・しんぎ：(1892.3.29 − 1979.6.29)『北米新報』を発行し、沖縄出身移民の人権を擁護。戦後、在米沖縄救援連盟を組織。

島袋光裕
しまぶくろ・こうゆう：(1893.6.1 − 1987.9.7)舞踊家。「石扇」の雅号をもつ書家としても一家をなす。

徳田球一
とくだ・きゅういち：(1894.9.12 − 1953.10.14)名護出身の政治家。1922年、堺利彦らと日本共産党を結成し、その指導者となる。

具志堅宗精
ぐしけん・そうせい：(1896.8.22 − 1979.12.29)味噌・醤油製造、オリオンビールの企業を起こし、島産品愛用運動につとめた。

上原信雄
うえはら・のぶお：(1897.4.15 − 1987.2.7)癩施設・愛楽園の歯科医師。戦後は沖縄学徒援護会を設立し、社会事業に尽くした。

金城和信
きんじょう・わしん：(1898.3.1 − 1978.11.17)教育者。戦後、摩文仁の真和志村長。「ひめゆりの塔」「魂魄之塔」を建立。

千原繁子
ちはら・しげこ(1898.9.17 − 1990.5.25)医師。沖縄で最初の女医で、女性の社会進出に貢献した。

茅 誠司
かや・せいじ：(1898.12.21 − 1988.11.9)東京大学学長。「沖縄病」という名称をひろめた。第13章の「沖縄病」を参照。

国場幸太郎
こくば・こうたろう：(1900.12.19 − 1988.8.2)沖縄を代表する企業・国場組の創立者。基地関連の土木・建築で発展の基礎を築いた。

佐藤栄作
さとう・えいさく：(1901.3.27 − 1975.6.3)政治家。1965年、戦後の首相として初来沖。1972年、沖縄の日本復帰当時の総理大臣。

●用語解説7 ●現代沖縄にかかわる人物101名

昭和天皇
しょうわてんのう：(1901.4.29 － 1989.1.7)沖縄戦、及び沖縄のアメリカ統治に重大な責任をもつ。第4章の「天皇メッセージ」を参照。

大山朝常
おおやま・ちょうじょう：(1901.12.25－1999.11.24)日本復帰前後のコザ市長。晩年は沖縄独立を主張した。著書『沖縄独立宣言』。

島田 叡
しまだ・あきら：(1901.12.25－1945.6)戦前最後の沖縄県知事。沖縄戦直前に知事となり、県民とともに摩文仁で最期をとげた。

山里永吉
やまざと・えいきち：(1902.8.18 － 1989.5.5)画家、作家。琉球王朝時代を題材にした脚本なども手がける。

屋良朝苗
やら・ちょうびょう：(1902.12.13－1997.2.14)教育者。1968年、初の公選主席。復帰後初代の沖縄県知事。第9章の「教職員会と屋良朝苗」を参照。

宮城与徳
みやぎ・よとく：(1903.2.10 － 1943.8.2)画家。ゾルゲ事件で検挙され、1943年に獄死。第14章の「宮城与徳」を参照。

阿波根昌鴻
あはごん・しょうこう：(1903.3.3－ ＊)反戦運動家。戦後から今日まで伊江島にあって抵抗を続ける。第8章の「阿波根昌鴻」を参照。

中野好夫
なかの・よしお：(1903.8.2－1985.2.20)評論家、英文学者。1950年代から沖縄問題にかかわる。共著に『沖縄問題二十年』。

安里積千代
あさと・つみちよ；(1903.8.22－1986.9.30)政治家。沖縄社会大衆党の委員長、日本復帰後に衆議院議員として民社党に入党。

山之口貘
やまのぐち・ばく：(1903.9.11－1963.7.19)詩人。沖縄を題材にしたユーモアある詩作を行った。第18章の「山之口貘」を参照。

豊平良顕
とよひら・りょうけん：(1904.11.13－1990.1.27)戦前からのジャーナリスト。戦後、沖縄タイムスを創刊し、沖縄文化の復興に尽力。

宮里 悦
みやざと・えつ：(1905.4.15－1994.1.9)長く婦人連合会の会長を勤めた。翼賛体制下の昭和18年、洗骨から火葬への運動を開始。

ポール・キャラウェイ Paul W. Caraway
(1905.12.23－1985.12.13)高等弁務官。強硬統治で有名。第7章の「キャラウェー旋風」を参照。

上間郁子
うえま・いくこ：(1906.4.5－1991.12.29)女性だけの琉球演劇集団・「乙姫劇団」の団長。琉球舞踊の名手。第19章の「乙姫劇団」を参照。

● 用語解説7 ● 現代沖縄にかかわる人物101名

池宮城秀意
いけみやぐしく・しゅうい：(1907.1.7 －1989.5.24) 琉球新報社長。戦後沖縄を代表するジャーナリスト。著書『沖縄に生きて』がある。

仲宗根政善
なかそね・せいぜん：(1907.4.26 －1995.2.14) 教育者。ひめゆり部隊の引率者。沖縄研究者を数多く育成。『今帰仁方言辞典』。

古波津英興
こはつ・えいこう：(1907.7.20 －1999.4.23) 戦前、治安維持法で検挙され、戦後はセクトにとらわれない広範囲の社会運動を実践。

瀬長亀次郎
せなが・かめじろう：(1907.6.10 － ＊) 政治家。戦後のアメリカ統治下における抵抗のシンボル的存在。第8章の「瀬長亀次郎」を参照。

城間栄喜
しろま・えいき：(1908.3.4－1992.6.9) 染織家。戦後、伝統の紅型復興とその後の発展の礎石を築いた。

湧川清栄
わくかわ・せいえい：(1908.7.10－1991.8.5) ハワイで戦後の沖縄救援運動を行う。GHQの農地改革に影響を与えた論文を執筆。

金城キク
きんじょう・きく：(1909.3.21 －1966.3.20) 経済人。建材店を経営する一方、さまざまな社会福祉、教育事業に貢献した。

大嶺政寛
おおみね・せいかん：(1910.2.10 －1987.12.20) 画家。赤瓦の琉球家屋など、いかにも沖縄らしい風景を得意とした。

ジョージ・カー George H. Kerr
(1911.11.7 －1992.8.27) アメリカの歴史家。『琉球の歴史』や沖縄に関する論文多数。

比嘉メリー
ひが・めりー：(1912.2.2－1973.2.3) 戦災孤児施設・愛隣園の園長。キリスト者として社会奉仕活動に尽力した。

喜屋武真栄
きゃん・しんえい：(1912.7.25 －1997.7.16) 教育者。戦後、学校の環境整備に奔走、のち参議院議員。ミスター沖縄と呼ばれた。

金城次郎
きんじょう・じろう：(1912.12.3 － ＊) 陶芸家。壺屋焼で沖縄初の人間国宝となる。

安里清信
あさと・せいしん：(1913.9.20 －1982.10.22) 環境保全運動家。「金武湾を守る会」で先頭に立ち運動をリードした。

中村文子
なかむら・ふみこ：(1913.9.29 － ＊) 反戦運動家。戦前教育の反省から1フィート運動や反基地運動に積極的な行動をみせる。

当山昌謙
とうやま・しょうけん：(1916.11.26－1986.1.9) 灯台社の信仰から徴兵忌避を実践。第3章の「灯台社」を参照。

● 用語解説7 ●現代沖縄にかかわる人物101名

比嘉太郎
ひが・たろう:(1916.－1985.1.11)アメリカ移民の帰米二世。沖縄戦に従軍し、通訳として戦場で多くの住民を救った。

島尾敏雄
しまお・としお:(1917.4.18－1986.11.12)作家。奄美大島在住の頃から沖縄と深い関わりをもつ。「ヤポネシア」の提唱者。

大宜見小太郎
おおぎみ・こたろう:(1919.1.2－1994.7.26)芝居俳優。庶民的な物腰と芸で親しまれた。代表作に「丘の一本松」など。

嘉手苅林昌
かでかる・りんしょう:(1920.7.4－1999.10.9)戦後を代表する民謡歌手。飄々とした風貌で即興的な歌詞と節まわしを得意とする。

安谷屋正義
あだにや・まさよし:(1921.8.26 －1967.7.29)画家。戦後、鋭い直線構成に象徴される抽象スタイルで沖縄画壇を牽引した。

西銘順治
にしめ・じゅんじ:(1921.11.5 － ＊)政治家。沖縄保守政界のリーダーで、那覇市長、衆議院議員、沖縄県知事を歴任した。

儀間比呂志
ぎま・ひろし:(1923.3.5－ ＊)版画家。強い輪郭の線で沖縄の風土や沖縄戦を彫る。共著に『詩と版画　おきなわ』。

上野英信
うえの・ひでのぶ:(1923.8.7－1987.11.21)作家。筑豊から近代日本を描いた作品を発表した。『出ニッポン記』などがある。

大田昌秀
おおた・まさひで:(1925.6.12 － ＊)沖縄戦、沖縄言論史の研究者。沖縄県知事のとき、米軍基地問題で日本政府と対峙した。

大城立裕
おおしろ・たつひろ:(1925.9.19 － ＊)作家。戦後一貫して「沖縄」を描き、発言を続ける。代表作に『カクテル・パーティー』。

安良城盛昭
あらき・もりあき:(1927.5.10－1993.4.12)日本史家。太閤検地など広範囲の学問的業績をもち、沖縄研究に新風を吹き込んだ。

照屋林助
てるや・りんすけ:(1929.4.4－ ＊)芸人。戦後から今日まで、音楽漫談や話芸、演劇など幅広いユニークな芸の持ち主。

鹿野政直
かの・まさなお:(1931.8.20 － ＊)近代思想史家。近代から戦後に至る沖縄研究がある。著書に『戦後沖縄の思想像』など。

上原康助
うえはら・こうすけ:(1932.9.19 － ＊)政治家。復帰前の全軍労委員長。1970年の国政参加選挙で衆議院議員。現在、民主党員。

仲田幸子
なかだ・さちこ:(1933.10.10－ ＊)沖縄芝居の喜劇女優。庶民相手のパターン化されたお笑いで人気がある。

● 用語解説 7 ● 現代沖縄にかかわる人物 101 名

稲嶺恵一
いなみね・けいいち：(1933.10.14－ ＊)現在の沖縄県知事。普天間基地の名護・辺野古移設推進者。第13章の「平和の礎」を参照。

筑紫哲也
ちくし・てつや：(1935.6.23 － ＊)ジャーナリスト。復帰前の朝日新聞記者時代に沖縄体験をし、その後も積極的に報道。

清田政信
きよた・まさのぶ：(1937.1.12 － ＊)詩人。沖縄の精神風土に深く内側から迫る執筆活動をなす。評論集に『情念の力学』など。

森口 豁
もりぐち・かつ：(1937.9.21－ ＊)日本復帰前に琉球新報社記者をつとめ、のち作家。著書に『子乞い』など多数。

石川文洋
いしかわ・ぶんよう：(1938.3.10 － ＊)写真家。ベトナム通信などをひろく報道した。

金城哲夫
きんじょう・てつお：(1938.7.5－1976.2.26)脚本家。一世を風靡した「ウルトラマン」の作者。

岸本建男
きしもと・たてお：(1943.11.22－ ＊)名護市長。名護市民投票での四択考案者。普天間基地の名護・辺野古移設推進者。

池澤夏樹
いけざわ・なつき：(1945.7.7－ ＊)作家。沖縄に生活しつつ、沖縄のさまざまな問題にも積極的な発言をしている。

喜納昌吉
きな・しょうきち：(1948.6.10 － ＊)歌手。結晶化された沖縄メロディーの音楽を作曲する。「ハイサイおじさん」「花」など。

高嶺 剛
たかみね・つよし：(1948.11.12－ ＊)映画監督。ハリウッド映画とは異なる、アジアのゆったりした時間と映像の作品を制作。

具志堅用高
ぐしけん・ようこう：(1955.6.26 － ＊)元ジュニア・フライ級世界チャンピオン。

目取真 俊
めどるま・しゅん：(1960.10.6 － ＊)作家。「水滴」で芥川賞を受賞。社会批評も精力的になす。近著に『魂込め』がある。

キロロ（Kiroro）
宮城千春：みやぎ・ちはる：(1977.4.17 － ＊)
金城綾乃：きんじょう・あやの：(1977.8.15 － ＊)歌手。素朴な音楽とキャラクターで人気がある。

安室奈美恵
あむろ・なみえ：(1977.9.20 － ＊)歌手。独特のファッションで「アムラー」現象を起こし、全国的なアイドルになった。

用語解説8　沖縄の施設・史跡・構造物
見出しは五十音順

アクアポリス
沖縄海洋博のシンボル施設で、海上に浮かべた大型構造物で展示やイベント等が行われた。現在は老朽化し、引き取り手のないまま半ば放置。130億円を投じた。

安慶名城跡（あげな）
具志川市安慶名亀甲原（かめこうばる）にある城跡。断崖と傾面の自然を利用した輪郭形で、安慶名大川按司によって築かれたらしい。別名大川グスク。

あしびなー（沖縄市民小劇場）
沖縄市のコリンザ内に290席をもつ本格的劇場。コザ文化継承発展の場として期待されている。いま一歩。

安国寺（あんこくじ）
那覇市首里にある臨済宗のお寺。尚家の寺ともいわれ、もとは首里久場川にあった。

伊是名城跡（いぜな）
伊是名村伊是名にあるピラミッド形の城跡。サンゴ石を野積みしてある。佐銘川大主が築いたらしい。西側に、伊是名玉陵（たまうどぅん）がある。

伊是名玉御殿（いぜなたまうどぅん）
伊是名島にある尚円王の父・夫人・姉を葬る墓陵。首里の玉陵後にでき石厨子が安置されている。

猪垣（いがき、いのがち）
猪被害から畑を守るための石やサンゴでできた垣。沖縄の各地の山村にあった。今も奥の部落などで見れる。

西表国立公園
西表島、黒島、竹富島、小浜島などの島々と周辺海域の国内最大のサンゴ礁を含む亜熱帯国立公園。1972年指定。

西表炭坑
西表島西部にあった県内唯一の炭坑で1885年から約60年間続いた。労働の過酷さはせい惨をきわめた。

うえのドイツ文化村
宮古島東南部上野村に1996年村立として建設した観光施設。ドイツ船の救助にちなむ。

浦添城跡（うらそえ）
浦添市仲間城原（ぐすくばる）にある城跡。崖下に浦添ようどれがある。東西にのびる細長い形で13世紀頃のものか。

浦添ようどれ
浦添城跡北側の中腹にある、英祖王統と尚寧（しょうねい）の墓。

円覚寺（えんかくじ）
沖縄での臨済宗の総本山。第2尚王統の菩提寺。鎌倉円覚寺を模してつくられた。沖縄戦で焼失。戦後は一部復元。

大国林道（おおくにりんどう）
国頭村与那を起点に大宜味村大保に至る35.5kmの広域基幹林道。森林事業の振興を図るものであるが、同時に山原原生林の破壊をともなっている面もある。

● 用語解説 8 ●沖縄の施設・史跡・構造物

沖縄愛楽園（あいらくえん）
名護市屋我地にある国立ハンセン病療養所。1938年にキリスト教牧師などにより設立。

沖縄ジァンジァン
那覇市国際通りのビル地下に設立された私立小劇場。舞踊、演劇、歌、トークなどユニークな発表の場として機能。1993年に閉館。

奥共同店
国頭村奥にある沖縄に初めてできた共同売店。1906年設立、字の区議会が経営主体で、文字通り地域住民の生活を支える役割をはたしてきている。

海水淡水化センター
本島の水の供給の安定のため海水から真水をつくる施設。南大東島、北谷町にできている。

海中道路
与那城町屋慶名（やけな）と平安座（へんざ）島を結ぶ人工海面道路。海中ではない。

勝連城跡（かつれん）
勝連町南風原（はえばる）にある城跡。11世紀頃に築城か。阿麻和利（あまわり）が居住していたことで有名。石垣の一部だけが復元。

金武宮（きんぐう）
金武観音寺境内の鍾乳洞内に本尊（千手観音）を祀る独特の神社。琉球八社の一つ。

金城町石畳道
那覇市首里金城町にある長さ約3000mの坂のある石畳道。首里城から那覇の港への重要道路。今もその石畳の趣きが味わえる。

国道58号線
県内では那覇から国頭までの西海岸をはしる幹線国道。復帰前は「政府道一号線」と呼ばれていた。

護国寺
那覇市若狭にある真言宗のお寺。14世紀後半につくられ、安禅寺、波上の寺とも言う。

護国神社
日清・日露など戦争で犠牲になった霊を合祀（ごうし）。1940年に県立護国神社となるが、戦禍にあい、1959年以降再建。県内外約17万の霊を祀る。

佐喜真美術館（さきまびじゅつかん）
佐喜真道夫私設の美術館。（設計真喜志好一）。丸木夫婦の「沖縄戦の図」などを常設し、〈戦争と人間〉を考えさせる場。

座喜味城跡（ざきみ）
読谷村座喜味の丘にある城跡。15世紀頃護佐丸（ごさまる）によって築城。今も石垣が残る。

識名園（しきなえん）
那覇市識名にある王家の別邸。沖縄戦でほとんど破壊。復元され、中国と琉球の深いつながるを今につたえる。冊封使歓待のために作られた。

末吉宮（すえよしぐう）
那覇市首里の末吉森にある琉球八社の一つ。尚泰久が創建し、熊野権現を祀る。『執心鐘入』（しゅうしんかねいり）で有名。

崇元寺（そうげんじ）
臨済宗の寺で円覚寺の末寺。現在は那覇市泊に跡が残る。尚家の廟所。中国風のおもかげ

● 用語解説8 ● 沖縄の施設・史跡・構造物

を残す。3つのアーチ型石門が有名。

村民の森つつじ園
東村にある総面積4.5haに48,000本のつつじが植えられ、3月につつじ祭が開催されている。

竹富町町並み保存地区
竹富島の伝統的建物群保存地区。赤瓦の家々と石垣、白砂道の調和が見事で車の乗り入れはできない。

玉陵（タマウドゥン）
1501年頃つくられた第二尚氏歴代の墓。破風墓が3基連続し、第一門、第二門のある壮大な墓陵である。

中央パークアベニュー
1950年米軍用地返還にともなって進められた沖縄市のセンター通り商店街。85年再オープンするが決め手を欠き、ハンビータウン等への流出をくいとめられていない。

泊大橋
港湾貨物の迅速な輸送を目指したバイパス全長1,118m、最高部35.3mの大型の橋。

とよみ大橋
豊見城村真玉橋から那覇市鏡原までを結ぶつり橋形約500m橋。景勝地を形成する因でもある。

中城城跡（なかぐすく）
中城湾に沿った高台にある城跡。座喜味城跡主護佐丸によって15世紀頃築かれた。今も見事な石垣があり、すばらしい眺望。

中村家住宅
北中城村にある王府末期の豪農の宅。琉球王朝時代の民間の典型的な豪邸である。

今帰仁城跡（なきじん）
今帰仁村今泊の山頂にある城跡。14世紀頃の築城か。北山王統の居城で北山城とも言われている。見事な石畳と石垣が今も残る。

波上宮（なみのうえぐう）
那覇市若狭の断崖上にある琉球八社の一つ。熊野三社権現を祀り、護国寺の鎮守社。

波間大橋
宮古島狩俣と池間島を結ぶ全長1,425mの橋で、99億円をかけて1992年開通。

名護城（なんぐしく）
今帰仁城主の弟で名護按司の城。ノロ殿内、神アサギなどがあり、今では名護桜祭で有名。名護人のシンボル。

21世紀の森公園
名護市街南の名護湾に面する埋め立て地造成による総合公園。野球場、ラグビー場、陸上用トラック、野外ステージなどもある。

ヌチドゥタカラの家
伊江島にある反戦平和資料館。反基地をいっかんに叫び続けている阿波根昌鴻さんが独立に作った私設資料館である。入口には英語で「TREASURE OF LIFE ITSELF」とある。現在は「やすらぎの里」（世代を超えた学び舎）も併設。

万国津梁館（ばんこくしんりょうかん）
サミット会場内につくられる主会議場。2000年5月14日落成予定。総工費21億円。サミット後は、リゾートコンベンションとして利用される。

● 用語解説 8 ● 沖縄の施設・史跡・構造物

比謝橋（ひじゃばし）
よしやチルの作とされる「恨む比謝橋や情ない人のわ身渡さと思てかけておきやら」の琉歌で有名。嘉手納町から坂を下った読谷村との境にかかる。

福州琉球人墓
中国福州市郊外にある琉球人墓群。中心は渡唐し客死した沖縄の使節などの墓だが、中国に漂着した沖縄人も含まれている。

福地ダム
本島北部の中核的多目的ダム。本島最大のダムとして1974年に完成。

普天間宮
琉球八社の一つで、宜野湾市普天間にある。熊野権現系で本殿は鍾乳洞内に設置されている。

宮古南静園
1931年、宮古島に創設された県内初のハンセン病療養所。平良（ひらら）町長・仲宗根勝米の尽力による。

明倫堂（めいりんどう）
1718年に久米村(現那覇市内)の孔子廟境内につくられた琉球ではじめての教育機関。先の大戦で焼失。現在は記念碑のみがある。(那覇商工会議所前)

屋部の久護家（やぶのくごけ）
1906年建造の名護市屋部にある地方豪農の典型的な民家。石垣、ヒンプン、母屋が整然としたたたずまいを見せている。

やんばる野生生物保護センター
環境庁が国頭村比地に建設した、沖縄山原の森の希少動物の保全・研究・展示などをする施設。

立法院棟
現在の沖縄県庁の東側に建設された、琉球政府の立法機関棟。時代の証言建築物として保存が叫ばれたが、老朽化の理由で取り壊されてしまった。

琉球村
恩納村多幸山に古い民家やサーター小屋、などを集め、当時のくらしの様子を伝えている。

●用語解説8●沖縄の施設・史跡・構造物

沖縄の図書館

1	石川市立図書館	石川市字石川2865-1	098-964-5166
2	沖縄市立図書館	沖縄市字上地235-3	098-932-6881
3	勝連町立図書館	勝連町字平安名3047	098-978-4321
4	嘉手納町中央公民館図書室	嘉手納町字嘉手納250-1	098-956-2213
5	宜野湾市民図書館	宜野湾市我如古3-4-10	098-897-4646
6	具志川市立図書館	具志川市字平良川128	098-974-1112
7	北谷町公文書館	北谷町字桑江226	098-936-1234
8	北谷町立図書館	北谷町字桑江592	098-936-3429
9	糸満市立中央図書館	糸満市字真栄里1448	098-995-3746
10	浦添市立図書館	浦添市安波茶151	098-876-4946
11	沖縄県公文書館	南風原町字新川148-3	098-888-3875
12	沖縄県議会図書館	那覇市泉崎1-2-3	098-866-2578
13	沖縄県立図書館	那覇市寄宮1-2-16	098-834-1218
14	沖縄点字立図書館	那覇市松尾2-15-29	098-866-0222
15	具志頭村農村環境センター図書室	具志頭村字具志頭1	098-998-8708
16	財団法人沖縄県文化振興会公文書館管理部史料編集室	南風原町字新川148-3	098-888-3922
17	知念村立図書館	知念村字久手堅700	098-948-7340
18	豊見城村立中央図書館	豊見城村字伊良波392	098-856-6006
19	那覇市教育委員会視聴覚ライブラリー	那覇市寄宮1-2-15	098-855-2086
20	那覇市首里図書館	那覇市首里当蔵町2-8-2	098-884-5721
21	那覇市立石嶺図書館	那覇市首里石嶺町2-70-9	098-885-1115
22	那覇市立久茂地図書館	那覇市久茂地3-24-1	098-866-6040
23	那覇市立小禄南図書館	那覇市高良2-7-1	098-857-2986
24	那覇市立首里図書館	那覇市首里当蔵町2-8-2	098-884-5721
25	那覇市立中央図書館	那覇市寄宮1-2-15	098-832-2521
26	那覇市立若狭図書館	那覇市若狭2-12-1	098-869-4617
27	与那原町立図書館	与那原町字与那原712	098-946-6959
28	金武町立図書館	金武町字金武436-1	098-968-5656
29	名護市立中央図書館	名護市宮里5-6-1	0980-53-7245
30	本部町立図書館	本部町字大浜874-1	0980-47-2105
31	石垣市民会館視聴覚ライブラリー	石垣市字大川14	09808-2-2226
32	石垣市立図書館	石垣市字浜崎町1-1	09808-3-3862
33	沖縄県立図書館八重山分館	石垣市登野城74-2	09808-2-2145
34	沖縄県立図書館宮古分館	平良市字東仲宗根42	09807-2-2317
35	城辺町立図書館	城辺町字福里377-1	09807-7-8813
36	多良間村立図書館	多良間村字塩川165	09807-9-2555
37	渡名喜村立中央図書館	渡名喜村渡名喜1935-9-9	098-989-2120
38	平良市立図書館	平良市西里218-2	09807-2-2235

●用語解説8●沖縄の施設・史跡・構造物

沖縄の博物館・資料館・美術館

1	笠利町立歴史民俗資料館	鹿児島県大島郡笠利町須野字シラガデン	0997-63-9531
2	瀬戸内町立図書館・郷土館	鹿児島県大島郡瀬戸内町字古仁屋1283-17	0997-72-3799
3	名瀬市立奄美博物館	鹿児島県名瀬市長浜町517	0997-54-1210
4	石川市立歴史民俗資料館	石川市字石川2865-1	098-965-3866
5	沖縄県立郷土博物館	沖縄市字上地235-3	098-932-6882
6	沖縄市立郷土博物館	沖縄市上地235-3	098-932-6882
7	嘉手納町民俗資料館	嘉手納町字嘉手納250-1	098-956-4142
8	宜野湾市立郷土資料館	宜野湾市字野嵩1-1-2	098-893-4431
9	宜野湾市立郷土資料館	宜野湾市野嵩1-1-2	098-893-4431
10	国指定重要文化財・中村家	中頭郡北中城村字大城106	098-935-3500
11	佐喜眞美術館	宜野湾市上原358	098-893-5737
12	読谷村立美術館	読谷村字座喜味708-4	098-958-2254
13	読谷村立歴史民俗資料館	読谷村字座喜味708-4	098-958-3141
14	浦添市美術館	浦添市字仲間1330	098-879-3219
15	沖縄県立芸術大学付属図書芸術資料館	那覇市首里当蔵町1-4	098-831-5038
16	沖縄県立博物館	那覇市首里大中町1-1	098-886-4353
17	沖縄県立平和祈念資料館	糸満市字摩文仁604	098-997-2874
18	沖縄歴史民俗資料館	那覇市西2-4-5	098-862-7474
19	旧海軍司令部壕	豊見城村字豊見城236	098-850-4055
20	那覇市市民ギャラリー	那覇市久茂地1-1-1-6F	098-867-7663
21	那覇市壺屋焼物博物館	那覇市壺屋1-9-32	098-862-3761
22	那覇市立壺屋焼物博物館	那覇市壺屋1-9-32	098-862-3761
23	南風原町立南風原文化センター	南風原町字兼城716	098-889-7173
24	ひめゆり平和祈念資料館	糸満市伊原671-1	098-997-2100
25	与那城町立歴史民俗資料館	与那城町中央1	098-978-3149
26	与那原町立網曳資料館	与那原町字与那原556	098-945-0611
27	りゅうぎん金融資料館	那覇市久茂地1-7-1	098-867-7406
28	伊是名村ふれあい民俗館	伊是名村字伊是名196-129	0980-45-2165
29	沖縄貝類標本館	名護市久志前田原486	0980-55-2153
30	宜野座村立博物館	宜野座村字宜野座232	098-968-4378
31	今帰仁村歴史文化センター	今帰仁村字今泊5110	0980-56-5767
32	名護博物館	名護市東江1-8-11	0980-53-1342
33	本部町立博物館	本部町字大浜874-1	0980-47-5217
34	石垣市立八重山博物館	石垣市字登野城4-1	09808-2-4712
35	上野村農業資料館	宮古郡上野村字野原708-1	09807-6-2483
36	久米島総合施設組合自然文化センター	島尻郡仲里村字儀間754	098-985-2790
37	多良間村立ふるさと民俗学習館	多良間村字仲筋1098-1	09807-9-2223
38	渡嘉敷村歴史民俗資料館	渡嘉敷村字渡嘉敷346	098-987-2120
39	渡名喜村立歴史民俗資料館	渡名喜村渡名喜1935	098-989-2120
40	博愛記念館	上野村字宮国775-1	09807-6-3771
41	平良市総合博物館	平良市字束仲宗根添1166-287	09807-3-0567
42	南嶋民俗資料館	石垣市大川188	09808-2-1312
43	八重山海中公園研究所	八重山郡竹富町字黒島136	09808-5-4341
44	八重山民俗園	石垣市名蔵975-1	09808-2-8798
45	喜宝院蒐集館	八重山郡竹富町字竹富109	09808-5-2202

●用語解説8●沖縄の施設・史跡・構造物

	沖縄の観光施設		
1	沖縄こどもの国	沖縄市胡屋5-7-1	098-933-4190
2	東南植物楽園	沖縄市知花2146	098-939-2555
3	南海王国琉球の風	読谷村高志保1040	098-958-1111
4	ビオスの丘	石川市嘉手苅961-30	098-965-3400
5	諸見民芸館	沖縄市諸見里3-11-10	098-932-0028
6	識名園	那覇市真地	098-855-5936
7	首里城公園	那覇市当蔵町3-1	098-886-2020
8	玉泉洞王国村	玉城村前川1336	098-949-7421
9	玉泉洞王国村・ハブ公園	玉城村前川1336	098-949-7421
10	知念海洋レジャーセンター	知念村字久手堅676	098-948-3355
11	伝統工芸館　首里琉染	那覇市首里山川町1-54	098-886-1131
12	豊見城城址公園	豊見城村字豊見城863	098-850-0031
13	尚家御庭　松山御殿	那覇市首里桃原町1-12	098-885-1689
14	ひめゆりパーク	糸満市真栄平1300	098-997-3111
15	福州園	那覇市久米2-29	098-869-5384
16	松山御殿	那覇市首里桃原1-12	098-885-1690
17	沖縄エキスポランド	本部町備瀬148	0980-48-2980
18	沖縄フルーツランド	名護市為又1220-71	0980-52-1568
19	オリオンビール工場	名護市東江2-2-1	0980-52-2136
20	海洋博公園	本部町石川424	0980-48-2743
21	金武観音寺鍾乳洞	金武町金武222	098-968-8581
22	島村屋観光園	国頭郡伊江村字西江上17	0980-49-2422
23	ダチョウらんど	今帰仁村平敷309	0980-56-5608
24	今帰仁城跡	今帰仁村今泊4874	0980-56-4400
25	名護パイン園	名護市為又1195-1	0980-53-3659
26	ナゴパラダイス	名護市幸喜1774	0980-52-6262
27	ネオパークオキナワ	名護市名護4607-41	0980-52-6348
28	ハーブと蝶の楽園琉宮城	本部町字山川390-1	0980-48-3456
29	ブセナリゾート「海中展望塔」	名護市喜瀬部瀬名原1744-1	0980-52-3379
30	やんばる亜熱帯園	名護市中山1024-1	0980-53-0007
31	琉球村	恩納村山田1130	098-965-1234
32	ワイン館	名護市為又1195-1	0980-53-3659
33	上野村ドイツ文化村	上野村宮国	09807-6-3771
34	具志堅用高記念館	石垣市新川	09808-2-8069
35	小浜島民俗資料館	竹富町字小浜2	09808-2-3465
36	星空観測タワー	竹富町波照間	09808-5-8112
37	宮古島海宝館	城辺町保良	09807-7-2323
38	八重山自然村	石垣市石垣	09808-3-6869
39	由布島熱帯植物楽園	竹富町古見	09808-5-5470
40	沖縄県立郷土劇場	那覇市東町1-1	098-8662341
41	国立組踊劇場	那覇市東町1-1-11F	098-868-5955
42	具志川市民芸術劇場	具志川市仲嶺175	098-973-4400
43	沖縄コンベンションセンター	宜野湾市真志喜4-3-1	098-898-3000
44	沖縄コンベンションビューロー	那覇市東町1-1	098-861-6331
45	那覇防衛施設局	那覇市久米1-5-16	098-868-0174
46	米国総領事館	浦添市西原2564	098-876-4211

用語解説9　沖縄の米軍基地関連用語

見出しは五十音順

IDカード
米軍基地従業員や基地出入り業者に発行された身分証明書のこと。復帰前から発行され、毎年健康診断をうけて更新される。

安波訓練場
国頭村安波川の上流一帯に位置し4,797千m²の広さをもつ海兵隊の訓練場。SACO最終報告で共同使用の解除が合意されている。

泡瀬通信施設
沖縄市にある米海軍施設。4種類のアンテナと通信管理施設があり、第7艦隊との交信を目的とした通信業務が行われている。

伊江島補助飛行場
伊江村にある米海兵隊の補助飛行場。空対地射撃場および通信所。伊江村の約35％を占め、現時点で返還の実現のメドはない。

FEN（エフ・イー・エヌ）
キャンプ・フォスター（現在はキャンプ瑞慶覧内）に放送局がある米軍のラジオ、テレビ放送の通称。

奥間レスト・センター
国頭村にある米軍空軍福利厚生施設。宿泊、レストラン、各種屋外レクリエーション施設などがある。返還後の利用計画が進む。

オスプレイ
1982年に開発された米軍の次世代軍用ヘリ。戦航距離が2,223kmと通常のヘリの5倍、早さ2倍のMV22オスプレイのこと。沖縄への本格配備の可能性あり。

嘉手納弾薬庫地区
読谷村がその大半を占め米空軍と海兵隊の弾薬庫、整備工場などをもつ施設。県内3番目の広大な面積を有し貯油施設などもあわせ持つ。

嘉手納ラプコン
「レーダーによる進入管制」の意味の略語ラプコン。嘉手納基地、久米島の特定空域を米軍が管轄権をもつ航空交通管制のこと。

原子力軍艦の（潜水艦etc）寄港
ホワイト・ビーチ地区は、横須賀、佐世保とともに米軍原子力軍艦の寄港地で、昭和47年から平成9年まで132回の入港記録がある。

キャンプ桑江
北谷町にある米海兵隊施設。海軍病院がある。各種の宿舎、学校などもある。ベトナム戦争時は極東最大の病院としても機能。

キャンプ・コートニー
具志川市にある米海兵隊施設。天願桟橋の北側にあり、劇場、郵便局、銀行、図書館、医療機関、体育館、教会、野球場などがある。

キャンプ・シールズ
沖縄市にある米海軍と空軍の施設。建設機械修理場や物資集積場、兵舎、福祉厚生施設などがあり、嘉手納弾薬庫地区と隣接している。

キャンプ・シュワブ
名護市と宜野座村にまたがる20,627千m²の米海兵隊施設。海上、陸上の訓練場の他に、司令部、兵舎、劇場、クラブ、医療施設、教会など

● 用語解説 9 ● 沖縄の米軍基地関連用語

もある。訓練海域では水陸両用車の強襲掲陸演習も行われ、陸上地区では、実弾射撃演習が行われている。また第3廃弾処理場では陸上自衛隊も共同使用し不発弾処理を行っている。辺野古弾薬庫も隣接している。普天間基地の移転先としてSACOの合意が実行されようとして、住民の間に激しい反発がある注目の基地である。

キャンプ・瑞慶覧（ずけらん）

北谷町・具志川市・沖縄市・北中城村、宜野湾市にまたがる広大な米海兵隊施設。在沖海兵隊基地司令部や在日米軍沖縄地域事務所など海兵隊の中枢機能がある。その他学校、消防署、病院、PX、放送局や泡瀬ゴルフ場、射撃場なども含む通信施設でもある。

キャンプ・ハンセン

名護市、恩納村、宜野座村、金武町にまたがる米海兵隊施設。51,405千㎡で県内最大規模の実弾射撃演習が行われている。医療設備や銀行なども完備されていて、実弾演習による原野火災や施設外への被弾など周辺地域への被害が最も高い施設の一つ。

ギンバル訓練場

金武町にある海兵隊訓練場。近くに金武レッド・ビーチ訓練場、金武ブルー・ビーチ訓練場があり、赤土汚染の原因として有名。

グリーン・ベレー

米陸軍特殊部隊（USASEG）のことで緑のハンチング帽をかぶっていたことにちなむ。軍内部でも特異な戦闘スペシャリスト集団。1974年まで沖縄にいた。

慶佐次通信所（げさし）

東村字慶佐次にある米海軍の通信施設。米軍の船舶や航空機の位置確認のための長距離通信ロランC局の基地。海上保安庁に平成5年機能移管。

県道104号線越え実弾砲撃演習

キャンプ・ハンセン火器実弾演習は、砲弾と着弾地の間を通っている県道104号線を封鎖して行われた。凄まじい爆発音と度重なる砲弾破片落下事故によって平成9年度に本土に移転。これまで180回実施。復帰後から137件以上の原野火災が発生している。

5・15メモ

昭和47年5月15日、日米両国は沖縄県における米軍基地の使用について合意した。平成9年7月に未公表文書10件がようやく公表された。

コンディッション・グリーン

基地従業員のストライキに対抗して米軍が出した戦闘即応態勢準備指令。住民と米人との衝突をさけるため米軍人などの民間地域への出入りを制限した。

射爆撃場・訓練場の島々

出砂島射爆撃場－渡名喜島西方4kmにある無人島。出砂島は島全体が米各軍による空対地射爆撃演習が行われている。久米島射爆撃場－仲里村真泊から御願岬に通じるリーフの中間で空対地模擬計器飛行訓練が行われている。浮原島訓練場－勝連町沖の浮原島では米軍と自衛隊の共同しようによる軍事演習が行われている。沖大東島射爆撃場－北大東村にあり、米海軍による空対射爆撃場として島全体が使用されている。

『スターズ・エンド・ストライプス』

『星条旗新聞』。在沖米兵などに本国内ニュースやさまざまな情報を提供するタブロイド版日刊紙。1952年から現在も販売。

●用語解説9●沖縄の米軍基地関連用語

楚辺通信所（そべ）

読谷村にあり米海軍施設。主に航空機や船舶などの軍事通信傍受を任務とし、通称「象のオリ」。用地の一部は契約拒否地主のため使用権限がない状態が発生した。

天願桟橋

具志川市にある米海軍施設。最大2万トン級までの船舶が接岸でき、主に嘉手納弾薬庫への弾薬・武器の搬手港。毒ガス積出し港湾としても使用された。

トリイ通信施設

読谷村にある米陸軍施設。正面ゲートに大きな鳥居が立ち、西太平洋地域における戦略通信網の最重要施設で通信傍受と分析が行われている。

鳥島射爆撃場

久米島の北方28kmにある鳥島は島全体が空対地射爆撃場。平成7年以後3回にわたりハリアー機から計1,520発の劣化ウラン含有の焼夷弾を誤って発射した。

那覇港湾施設

那覇市の玄関口にある米陸軍施設。ホワイトビーチに次ぐ大きな軍港。返還が合意されながら移設先が決まらないことで、20年以上も返還が実現していない。

ニミッツ布告

米軍の沖縄占領にともない、米国太平洋艦隊司令長官ニミッス元帥によって発っせられた日本の施政権限の停止の告知。

パラシュート降下訓練

読谷補助飛行場でのパラシュート降下訓練は、記録としてとられた昭和54年から平成8年度までで計186回、6,878人が降下している。降下は兵員のみならず物資も含まれ、29回の事故（死亡も含む）をおこす。平成8年以降は伊江島補助飛行場へ移転。事前通報なしの訓練が続いている。

PX（ピーエックス）

米軍が基地内で軍人、軍属を対象にした売店の通称。(Post Exchange)の略。日用雑貨、衣類、電化製品などあらゆる物を販売している。

PCB漏出事故

平成7年付けで返還された米軍恩納通信所跡地。建築物の解体工事中に、汚水処理槽内の汚泥からカドミウム、水銀、鉛、砒素とともにPCBが検出された。(平成8年那覇防衛施設局)。返還跡地利用にとって、米軍施設の汚泥処理問題は今後大きな障害となるだろう。

VOA（ブイオーエー）

Vaice of Americaの略称。米国国務省に所属する対共産圏むけのラジオ放送。国頭村奥周から数ヵ国後で流し、1977年に全面撤去。

普天間飛行場

宜野湾市にある米海兵隊施設。滑走路(2,800m×46m)、燃料タンクなどの他に、基地司令部、格納庫、管制塔、兵舎、診療所、体育館、クラブ、教会などをあわせもつ総合的航空基地。在日米軍基地でも岩国飛行場と並ぶ有数のヘリコプター基地。上陸作戦支援対地攻撃、偵察、空輸などの任務にあたり、離着陸訓練を頻繁に行っている。北部訓練場、キャンプ・シュワブ、キャンプ・ハンセン等の訓練場では空陸一体となった訓練を行っている。一番危険な基地といわれている。

北部訓練場

国頭村と東村にまたがる沖縄最大の海兵隊

― 406 ―

●用語解説9●沖縄の米軍基地関連用語

演習場(77,950千㎡)。一帯は、ノグチゲラやヤンバルクイナの生息地でもある。

ホワイト・ビーチ

勝連町にある米海軍と陸軍の施設。勝連半島の先端部にあり2つの桟橋を持つ。原子力軍艦および原子力潜水艦が寄港することでも有名。第7艦隊の兵站支援港、水陸両用部隊の母港として使用。兵員の保養施設もあり、また燃料補給用のタンクファームでもある。

牧港補給地区（マチナト）

浦添市にある米海兵隊施設。広大な兵站補給基地であり、海兵隊司令部、宿舎、倉庫、住宅、学校などもある。復帰前、米国民政府(USCAR)もここにあった。

USO（ユー・エス・オー）

民間組織による米軍人・軍属のためのアメニティ機関。復帰後は基地内に移動された。

読谷補助飛行場

読谷村のほぼ中央に位置する米海兵隊施設。滑走路とエプロンがあるが固定翼機の利用はない。パラシュート降下訓練による事故が相次いだ。現在は、村との共同使用がおこなわれている。

ライカム

Ryukyu Command(琉球米軍司令部)の略称。ライカム将校クラブが近くにあり、米軍統治時代のトップレベル社交場でもあった。

劣化ウラン弾誤射事件

平成7年12月から平成8年1月にかけて、鳥島射爆撃場において米海兵隊のハリアー機から計1,520発の劣化ウランを含む徹甲焼夷弾が誤って発射された事件。平成9年4月現在でわずか233発しか回収されていない。米政府は1年余もこのことを公表しなかった。

用語解説10　沖縄の地理的用語
見出しは五十音順

伊江島タッチュー
伊江島のほぼ中央にある城山（ぐすくやま）。石英質の固い堆積岩（チャート）からできた177.2mの突起状の岩丘。伊江島の戦闘の最後の激戦地でもある。

イノー
沖縄のサンゴ礁の2m～3mの浅い礁湖。稚魚の生育地でもあり、ウニなど多様な海中生物のゆりかごでもある。

伊波貝塚（いはかいづか）
石川市伊波にある沖縄先史前期時代の代表的貝塚。貝、獣骨などと共に土器、石器なども出土。1920年に発掘。

浦内川マリュトゥの滝
県下最大河川・西表島の浦内川の上流にある雄大な滝。落差20m、滝壺130m。「丸い淀み」の」意味。上流には岩河原を流れるカンピレーの滝がある。国定公園地域。

奥武島の畳石（おうじま）
久米島・仲里村奥武島西南端の浜辺にある。火山岩の一群。1m以内の亀甲型の岩が1,000個余りある。火山岩の冷却時海流との関係で生じたものという。

沖縄トラフ
琉球列島にそって走る長大な海底のへこみ。いわば海中の盆地で長さ1,000キロをこす巨大なもの。

於茂登岳（おもとだけ）
石垣市にある県内最高峰。標高585.8m。八重山島民信仰・伝説の中心でもある。

恩納岳（おんなだけ）
恩納村にある標高362.8mのなだらかの稜線の山。恩納村のシンボルで、女流歌人恩納ナベの琉歌でも有名。

花綵列島（かさいれっとう）
千島、日本、沖縄などの太平洋北西につらなる花綵（はなずな）の島弧群。沖縄の位置づけをより大きな視点でとらえる考え方。

潟原（かたばる）
干潟をさし、イノーに砂や泥のかたまり、干潮時に露出する。宜野座村の古知屋潟原は現存しているが、多くは埋め立てにあっている。

川平湾（かびらわん）
石垣島西部の有数の景勝地。入江に点在する小島の風景の中に黒真珠の養殖も行われている。

茅打ちバンタ
国頭村宜名真（ぎなま）の旧道の登りつめた所にある断崖の景勝地。上昇風の吹くことから由来した名前。

嘉陽層
新生代古第3紀（ほぼ650万年～2,500万年前）の間に深い海に堆積した砂岩などが交互に重なった地層をいい、沖縄本島北部東海岸側に広く分布する。

環礁（かんしょう）
南北大東島は環礁が隆起してできた島で、南太平洋に点在するサンゴ礁地形の一つ。

用語解説 10 ● 沖縄の地理的用語

喜屋武岬（きゃんみさき）
沖縄戦最後の激戦地でもあった喜屋武（糸満市）にある岬。琉球石灰岩の断崖。

玉泉洞（ぎょくせんどう）
本島南部玉城村前川にある全長5,000mの東洋一の鍾乳洞。隆起珊瑚礁が年月をかけて変化し、洞内には30種以上もの生物が生息し、一般公開もされている。

クチャ
第3紀層の青灰色泥岩。本島中南部の固い土で、風化・土壌したものをジャーガルと呼ぶ。アルカリ性。

国頭マージ（くにがみ）
粘土質で赤色した土で、本島国頭地域に広く分布する。酸性土壌で沖縄の山地に多く見られる。

久部良バリ（くぶらばり）
与那国島久部良にある岩の割れ目（バリ）。幅約3m、深さ約7mのこのバリは、妊婦を飛ばせて流産をうながし人頭税を免れようとした、といわれている。

クムイ（海名）
イノーの中にできた自然の溜池。一見自然のプールのようであるが、外海と無数の溝・穴でつながっている。

黒潮
沖縄の西いわば東シナ海を流れる南方系の海流（暖流）で、本流は四国沖から本州東方に、分流は九州西方から日本海に入る（対馬海流）。この黒潮が沖縄の気候に大きな影響を与え、おだやかな風土を形成する基盤となっている。その意味では沖縄の文化は黒潮の文化といえなくもない。

黄砂（こうさ）
中国北部やモンゴルの砂漠地帯で風によって吹き上げられた砂塵が偏西風によって日本に飛んでくる現象で、沖縄でも4月頃に数日観測される。

国場川
沖縄本島与那原から那覇港に流れる二級河川。放射状に分岐し安里又川、宮平川などとなる。

サンゴ礁
造礁サンゴと造礁生物からできた陸地寄りの海の一部。琉球列島は南大東島以外は裾礁（きょしょう）タイプ。

塩川（しおかわ）
海水の影響ではなくて、水源地の塩分を含む河川。本部町の「塩川」は有名。藻類が豊富。

島尻マージ（しまじり）
沖縄中南部、宮古島などに広く分布する弱アルカリ性の黒褐色系の土壌。

台風
北半球西太平洋海域で発生する最大風速17メートル以上の熱帯低気圧。沖縄には、7〜10月に襲来。県内のいずれかの島は台風の直撃を（50キロ以内に接近）毎年受ける。

トラバーチン
琉球石灰岩のなかで地表露出部でこの2次的結晶部の商品名。白色で石材として広く使われている。

仲間川のマングローブ
西表島東部の仲間川（全長約18km）の下流5キロあたりまで広がるマングローブ林。ガサ

● 用語解説10 ●沖縄の地理的用語

ミヤシレナシジミなどの生物も生息。国定公園地域。

羽地内海
名護市の屋我地島南島部に広がる内海。かつては有数の観光名所であったが、赤土の流出でおもかげを残す程度。

ヒシ
ピシとも言う。礁原のことだが、普通はサンゴ礁のヘリの部分を言う。干潮時には露出することが多い。

辺戸岬（へどみさき）
沖縄本島最北端の岬。与論島が見え、この周が北緯27度線で日本との国境でもあった。

マージ
真地（真土）のことで、赤色粘土質の土壌のこと。代表的なものに国頭マージ、島尻マージがある。

真栄田岬（まえだみさき）
恩納村南端にある隆起サンゴ礁崖。ノコギリ歯形の奇岩でおおわれ国定公園指定。

マングローブ林
沖縄ではヒルギ科を中心とした海岸・河口部のドロ地に生育する塩生樹林。マングローブ湿地を形成し、ガサミやシジミ・鳥などさまざまな動物もすむ共生空間を形づくっている。西表島が有名だが、石垣島、小浜島や本島では北部の慶佐次、大川や南部の漫湖などにもある。マングローブ林は、山と海をつなぐ自然の浄化機能としての役割を果たしている。自然と人間の共生を考える生きた教材としても、また、海の汚染をふせぐ役割としても、今後その重要性がより強調されるであろう。

万座毛（まんざもう）
恩納村恩納にある琉球石灰岩と石灰岩植物群落からなる県下有数の海崖景勝地。県の天然記念物。

ミーニシ
9月中旬ごろ熱帯日をさえぎる形でふくはじめての北風の説と、強い冷たい北風の説がある。

八重干瀬（やえびし）
池間島北に広がるサンゴ礁原。ふだんは海面下にあるが、大潮時（春と秋の）に干瀬（ピシ）として出現。周囲約25kmにも達する。

ヤポネシア
島尾敏雄が提唱したJAPONIA（日本）とNESIA（島々）から使った造語。沖縄をポリネシアやミクロネシアなどとの関連でとらえ、日本列島を従来の考えから開放して見つめ直す発想がこめられている。

山田温泉
沖縄本島中部恩納村山田で1918年に発見された硫黄冷泉。かつて沖縄唯一の温泉として営業していたが、現在は休眠中か。

リーフ
ヒシの先端部。いわば礁縁（しょうえん）のことで、イノーと外海との境界を形成している。

琉球海溝
沖縄東海沖の太平洋で琉球列島にほぼ平行してはしる海溝。最深度は約8,000mで、フィリピン海プレートのもぐりこみによってできていると考えられる。

琉球石灰岩
第四紀更新世石灰石の一種で、沖縄に幅広く分布する。地域でさまざまな呼称がついている。

用語解説11　沖縄の歴史用語

見出しは時代順

【先史・古琉球・近世】

港川原人
沖縄本島南部の具志頭村港川遺蹟から発掘された洪積世後期の人骨。推定約1万8000年前で四体は完全な骨格で発見された。

グスク時代
沖縄の歴史で貝塚時代に続く12～16世紀の時代をいう。聖域、集落、防御城の諸説があるグスクは、琉球全域で200～300の存在が推定されており、その時代には鉄器が制作使用され農業牧畜が営まれていた。

古琉球
沖縄の歴史で14世紀前後の三山時代から薩摩侵入の17世紀初頭までの時期をいう。その時期に独自の「琉球王国」が形成され日本社会と別個の政治文化圏が成立した。

聞得大君
琉球王国の最高神女で、国王のオナリとして王府の宗教祭祀を司リ、王国の繁栄と五穀豊穣を祈った。尚真王時代以降、政教分離政策のもと神女組織が整備されて、聞得大君の宗教的勢力も弱まっていった。

冊封体制
近代以前の東アジアで、中国を中心に周辺諸国との間で、徳治の理念に基づく伝統的な宗属関係により形成された地域秩序。その秩序を基盤に進貢貿易も行なわれた。

久米三十六姓
14～15世紀の冊封体制下の進貢貿易の初期に沖縄に移住した中国人の総称。那覇市久米村に唐人集落を形成し、琉球王国の外交や進貢に携わり、重要な役割を担った。

江戸上がり
薩摩侵略の後に琉球王府に義務付けられた儀礼。約二百年間で、慶賀と謝恩を合わせ20回を数える。江戸上リは、日本文化の琉球への移入で大きな役割を果たした。

家譜
近世期に士族が所有した家系の記録で、系図ともいう。17世紀後半に士族に家譜編集が命じられ、その所有により士族が認定されて、結果的に士農分離が確定した。

地割制度
近代以前の沖縄の土地所有形態として、共有制とともに存続していた、村民配当地の割替制をいう。本土の政策的地割制に比べ共同体的性格の極めて強い制度だった。

【近代】

脱清派
琉球処分に反対して、1870年代後半琉球王国の存続のため、冊封体制の宗主国であった清国に赴き請願活動した親清派士族。

断髪
琉球士族の髪型であるカタカシラの結髷を切ること。それは、旧支配層の明治国家への体制内化の進展を表象しており、沖縄では日清戦争以後に広く行なわれた。

● 用語解説 11 ●沖縄の歴史用語

旧慣存続

明治12年の琉球処分から同36年の土地整理事業にいたる時期にとられた明治政府の対沖縄政策の基調。国内外の政治状況の影響や旧士族層対策がその背景にあった。

日清戦争

親清派と親日派とが拮抗していた旧慣期の沖縄で、明治28年の日清戦争での日本の勝利は時代を画し、その後の日本化と近代化を推進する歴史的な起点となった。

土地整理事業

近代沖縄において日本本土での地租改正に類して行なわれた土地制度改革。その明治32〜36年の土地整理事業によって、近代的な土地制度と租税制度が沖縄でも施行され、明治31年の徴兵制施行とその後の国政参政権行使を含めて、明治国家による沖縄への法制度的な国家統合が推進された。

特別制度

明治12年の琉球処分から大正10年まで、旧慣制度を改革して施行された沖縄県地方制度。日本全国の地方制度とは異なった、官治制の強い地方制度であった。

嵐山事件

昭和6〜7年に沖縄県が秘密裏に行なった羽地村嵐山のライ療養所計画に対し、近隣住民の税金不払や学童不登校を含む一連の反対運動をいう。同事件には、昭和初期の沖縄の社会運動の動向やハンセン病への偏見など様々な問題点が含まれている。

改姓改名運動

沖縄特有の姓名を日本風に改める運動。明治末期から大正期には風俗改良運動の一環として、また昭和戦前期には総動員体制の一環として、時代状況を背景に政府の政策に応じて沖縄側からも推進された。

日の丸共同作業

戦時下に沖縄県内で推奨された農家の共同作業の形態。労働力不足と銃後の戦意高揚を促すため、共同作業する畑に日章旗を掲げ、終えると次の畑作業に赴くことで敵陣攻略法に重ねて命名された。

10・10空襲

昭和19年10月10日、南西諸島全域に被害を与えた米軍の大空襲。米軍は延べ900の飛行機を投入し、死傷者は軍民合わせて約1500名に登った。住民にとって、沖縄戦の惨劇の端緒を開くものだった。

国内唯一の地上戦

沖縄は、硫黄島を除くと日本国内で唯一地上戦を体験した地域だ。だがアジアの枠組みでみると、地上戦を体験していないのは日本本土を含め限られた地域に過ぎない。

鉄の暴風

激しい沖縄戦での戦闘を称して一般的に形容される語句。1950年に沖縄戦体験を住民の視点から聞き取りしまとめた代表的な沖縄戦記『鉄の暴風』の表題に起因する。

【 現 代 】

摩文仁

沖縄本島最南端に位置する糸満市の字で沖縄戦終焉の地として知られている。現在は平和祈念公園として整備され、平和の礎や各県の慰霊塔、資料館や祈念堂があり、平和の発信地になっている。

沖縄を返せ

復帰運動の過程で広く歌われ、復帰の願望を表現した象徴的な歌。日本民族の一体感を強調した歌詞により当時広く歌われたが、沖縄では復帰25年を越えた頃から「沖縄に返せ」と言い替えて歌われている。

異民族支配

復帰運動の基層に沖縄人は日本民族であり、祖国の下に帰るとのナショナリズムの主張があった。その情感に訴える形で、アメリカの異民族支配からの脱却が強調された。

自治権拡大

戦後沖縄の歩みは平和希求と人権の獲得と共に、任命主席から主席公選へと象徴される沖縄住民の自治権拡大の歴史だった。

土地を守る四原則貫徹

1954年に米民政府の軍用地一括払いに反対して、立法院の全会一致で決議された四原則。その内容は一括払い反対、適正補償、損害賠償、新たな土地の収用反対であった。

忘勿石（わすれないし）

1945年3月末、波照間島の全住民は日本軍の作戦で、西表島への集団疎開が命令され、その三分の一がマラリアで死亡した。その戦争の惨状をけして忘れないため、強制疎開先の西表島南風見海岸の岩に刻まれた、同文字の慰霊碑が建立されている。

石川宮森小学校米軍機墜落事件

1959年に米軍ジェット機が授業中の宮森小学校に墜落炎上して、児童を含む死者17人、負傷者210人の大惨事となった事件。米軍は十分な補償を表明したが中々進展せず、その後の反基地闘争の契機となった。

即時無条件全面返還

1960年末から復帰運動を推進する側が、日米両政府に対して掲げた要求。段階的核ぬき基地自由使用や分離返還に対する、推進側の政治的スローガンの位置を占めた。

海上集会

講和条約で分断された北緯27度線の海上で、1963年以降の4・28の日に日本本土側と沖縄側の代表団とが「日本民族の統一」を願って行なわれた交歓集会。

ひめゆり平和祈念資料館

沖縄戦で亡くなった県立師範女子と第一高女の生徒職員210人が合祀されたひめゆり塔に隣接して、戦争の実相を伝え平和を希求するため1989年に開館された資料館。

立法院

琉球政府の立法機関。立法院議員は行政の長である主席が米国民政副長官（高等弁務官）から任命・指名であったのに対し、住民の意志を反映した公選であった。また立法院棟は民主主義の砦と位置づけられ、64年の主席指名阻止行動や67年の教行二法阻止闘争では大衆が同建物を包囲した。

用語解説12　沖縄戦・戦跡用語

見出しは五十音順

アイスバーグ（氷山）作戦
米軍沖縄上陸作戦のこと。1944年10月に策定。米軍はこの作戦に基づいて1945年3月26日慶良間諸島に上陸した。

暁部隊
あかつきぶたい：日本軍は米軍上陸を沖縄本島南部と想定し、後方から攪乱しようと慶良間諸島に暁部隊をおき、海上特攻施設を構築した。

慰安所
いあんじょ：日本軍直属の「管理売春」施設。県内に約130箇所置かれ、主に強制連行された女性たちが慰安行為をさせられた。

伊江島「集団自決」
いえじま「しゅうだんじけつ」：1945年4月22日頃、150人が避難する東江前のアハシャガマへ米軍が接近、防衛隊が持ち込んだ爆雷で集団死した。

伊是名島住民虐殺事件
いぜなじまじゅうみんぎゃくさつじけん：1945年8～9月頃、本部出身の元家畜商と奄美大島出身の少年3人が非国民・スパイ視され日本兵に虐殺された事件。

伊是名島米兵捕虜虐殺事件
いぜなじまべいへいほりょぎゃくさつじけん：1945年5月下旬頃と7月頃、敗残兵や防衛隊等が、島に漂着した米兵を銃・軍刀・鍬などで虐殺した事件。

一家全滅
いっかぜんめつ：沖縄戦で敵の砲弾に撃たれたり、あるいは日本軍に虐殺されたり、集団死に追いやられたり、家族全員が死んだことをいう。

糸数壕（アブチラガマ）
玉城村糸数にある鍾乳洞。住民の避難壕、日本軍の陣地壕、野戦病院壕として使用された。沖縄戦追体験の代表的なガマ。

馬乗り攻撃
うまのりこうげき：日本軍の地下陣地やガマの地上を米軍が占拠、火炎放射、黄燐弾、手榴弾、ナパーム弾で攻撃したことをいう。

援護法
えんごほう：1953年、日本政府は沖縄戦の犠牲者に援護法を適用することにした。しかしそれは沖縄戦の実相を歪める一因にもなった。

沖縄守備軍第32軍司令部壕
おきなわしゅびぐんだい32ぐんしれいぶごう：第32軍は首里城の地下に延長1キロの司令部壕を置いた。その結果、歴史的文化遺産首里城はことごとく破壊された。

沖縄戦跡国定公園
おきなわせんせきこくていこうえん：沖縄平和祈念公園をはじめ、本島南端一帯の戦跡群をいう。戦跡としての国定公園は国内で唯一。

沖縄平和祈念公園
おきなわへいわきねんこうえん：糸満市摩文

● 用語解説12 ●沖縄戦・戦跡用語

仁にあり、摩文仁が丘の慰霊の塔、平和の礎、県立平和祈念資料館、韓国人慰霊の塔、沖縄平和祈念堂から成る。

沖縄平和祈念堂
おきなわへいわきねんどう：1978年10月、沖縄平和祈念公園に隣接して設置。内部には山田真山制作の平和祈念像が置かれている。建物は角錐ドーム。

オレンジプラン
1907年策定。米国の日本攻略計画。オレンジは日本のこと。22年のプランは沖縄を経て本土へ向かう計画になっている。

海軍司令部壕
かいぐんしれいぶごう：豊見城村豊見城の高台にある沖縄戦時の海軍沖縄方面根拠地の司令部地下壕。現在、観光化され一般公開されている。

火炎放射器
かえんほうしゃき：圧縮空気で油性燃料を噴出し、着火、目標をあぶり焼きつくす米軍のバーナー兵器。背負い式と戦車搭載式がある。

嘉数の戦闘
かかずのせんとう：日米両軍が死闘した最大の激戦地。日本軍はタコ壺作戦を展開。米軍は戦車22台を大破、死傷者158人の損害を被った。

鹿山事件
久米島に配属されていた鹿山隊長が、赤ちゃんも含め島の住民5家族22人をスパイ容疑で虐殺した事件。8月まで続いた。

ガラビ壕（ガマ）
具志頭村新城にある鍾乳洞。八重瀬岳の第24師団野戦病院分院として使われた。沖縄戦追体験の代表的なガマ。

韓国人慰霊塔
かんこくじんいれいとう：1975年に平和祈念堂のとなりに建てられた、韓国（朝鮮）人一万余人の戦死あるいは虐殺に対する慰霊の塔。「虐殺」の文字が刻まれている。石積みの半球形の独特の塚である。

艦砲射撃
かんぽうしゃげき：軍艦から陸上へ砲撃することをいう。米軍は高い精度で艦砲を打ち込んだ。戦後、生存者を「艦砲の喰い残し」と表現した。

北飛行場
1944年、日本軍は読谷村に北飛行場を建設。戦後は米軍の補助飛行場となり、パラシュート降下訓練が実施された。

喜屋武半島の戦闘
きゃんはんとうのせんとう：沖縄戦末期、南部の喜屋武半島には敗残兵3万人と一般住民10万人が追いつめられ米軍の一方的殺戮の場と化していった。

旧県立平和祈念資料館
きゅうけんりつへいわきねんしりょうかん：1975年設立。住民の視点から展示すべきとの県民大多数の意見で78年展示替えを実施。結びの言葉は県民の思いの結晶。

健児の塔
けんじのとう：糸満市摩文仁にある沖縄戦で戦死した師範学校男子部と中等学校の職員・学徒の慰霊碑。1,780人中890人が死亡した。

— 415 —

●用語解説12 ●沖縄戦・戦跡用語

降伏調印
こうふくちょういん：1945年9月7日、米軍嘉手納基地で沖縄戦の降伏調印が交わされた。米軍は日本の降伏調印と沖縄の降伏調印を区別した。

護郷隊
ごきょうたい：国頭一帯を守備範囲とした第3、第4遊撃隊のこと。大本営直轄の秘密部隊。陸軍中野学校出身兵を将校に現地住民で編成。

御真影奉護壕
ごしんえいほうごごう：戦禍から昭和天皇の御真影を守るため、沖縄本島北部大湿帯に置かれた壕のこと。敗戦となり御真影は消却された。

魂魄の塔
こんぱくのとう：「ひめゆりの塔」から1kmの米須原にある各県の慰霊塔の中心にある納骨所供養塔。4万近いさまざまな遺骨がおさめられている。遺族にとってこの塔は沖縄戦の象徴の塔である。海の近くに珊瑚石がスクっと建っている。

サイパン玉砕
さいぱんぎょくさい：1944年7月7日、サイパン島の日本軍第31軍は全滅。住民も巻き込まれた。サイパンには沖縄からの移民が多かった。

座間味島の忠魂碑
集団自決の犠牲者など座間味（ざまみ）島での戦死者の供養塔。慶良間（けらま）の島々の無惨さを示すものの一つ。

シヌクガマ
読谷村波平にある避難壕。チビチリガマから1kmほど東にあるこのガマは、1000人近い避難民がひそんだにもかかわらず全員が生還している。ハワイ帰りの二人の男がいたことが生還の大きな要因となった。

「集団自決」
しゅうだんじけつ：日本軍の住民に対する「強制的集団自殺」のこと。「自決」という表現は不適切。近年は「集団死」などと表現する。

シュガーローフの闘い
首里西方にある慶良間チージ（米軍はシュガーローフ＝棒砂糖と呼称）を巡る激戦のこと。米軍2,662人が死傷した。

10・10空襲
1944年10月10日、那覇市をはじめ主な港湾に米軍がしかけた大空襲のこと。その時点で那覇市は90％が消失した。

白梅学徒隊
しらうめがくとたい：県立第二高等女学校の学生で編成された看護隊の通称。八重瀬岳の野戦病院及び新城壕・ガラビ壕の分室に配属された。

白梅の塔
しらうめのとう：糸満市国吉にある白梅学徒隊の慰霊碑。その地下にあるガマで、一部の学生が米軍の馬乗り攻撃に遭い、集団死を遂げた。

白旗の少女
しろはたのしょうじょ：「1フィート運動の会」が米国公文書館から購入した沖縄戦フィルムのなかで、白い旗を揚げ笑顔で降伏する

● 用語解説 12 ●沖縄戦・戦跡用語

少女のこと。

瑞泉学徒隊
ずいせんがくとたい：県立首里高等女学校の学生で編成された看護隊の通称。首里東方のナゲーラ壕へ配属された。糸満市米須に慰霊碑が建つ。

積徳学徒隊
沖縄積徳高等女学校の生徒で編成された看護隊の通称。第24師団山部隊の野戦病院（現豊見城址公園内）に配属された。

台湾疎開
一般疎開（第3章「一般疎開」参照）

タコ壺作戦
地面に掘ったタコ壺状の縦穴に隠れ、向かってくる戦車の直前で爆弾を抱え下に潜り込み、兵もろとも自爆する戦法のこと。

チビチリガマ
読谷村波平にある集団死が発生したガマのこと。ガマには住民約140人が避難し、1945年4月2日、83名が集団死した。

忠霊之塔
ちゅうれいのとう：糸満市米須（こめす）にある戦没者供養塔。米須地区の一家全滅家族の墓碑銘がある。

朝鮮人慰安婦
ちょうせんじんいあんふ：日本兵の慰み者として、強制連行された韓国・朝鮮の女性たちのこと。連行された実数は未だ明らかにされていない。

梯梧学徒隊
でいごがくとたい：沖縄昭和女学校の学生たちで編成された看護隊の通称。第62師団石部隊の野戦病院ナゲーラ壕に配属された。

鉄血勤皇隊
学徒隊（第3章「学徒隊」参照）

渡野喜屋事件
とのきやじけん：1945年4月下旬、大宜味村渡野喜屋で、米軍に保護された沖縄住民が日本軍の敗残兵に食糧を奪われ殺された事件。

中飛行場
1944年、日本陸軍は北谷村嘉手納に中飛行場を建設。戦後、米軍が土地を接収し拡大、米空軍嘉手納飛行場を建設した。

なごらん学徒隊
県立第三高等女学校の学生で編成された看護隊の通称。八重岳の陸軍野戦病院などに配属された。

南北之塔
なんぼくのとう：糸満市真栄平（まえひら）にある北は北海道から南は沖縄までの人々を慰霊する塔。

肉弾戦法
にくだんせんぽう：爆弾を抱えて突撃していった戦法のこと。空では特攻機、海では特攻艇、陸上ではタコ壺作戦が展開された。

『鉄の暴風』
てつのぼうふう：1950年8月、「沖縄タイムス」が住民の動きに焦点をあてて、沖縄戦全体の様相をまとめた本。

轟壕（カーブヤーガマ）
糸満市伊敷にある鍾乳洞。沖縄戦末期、敗残兵と住民が混在。日本軍は住民の投降を許さ

● 用語解説 12 ●沖縄戦・戦跡用語

なかった。

敗残兵
敗走する日本兵のこと。第32軍司令官が自決。日本兵は敗残兵となって南部のガマや北部の山中に潜伏した。

南風原陸軍病院
はえばるりくぐんびょういん：南風原町に置かれた旧日本軍直属の野戦病院のこと。1990年、南風原町はその跡地を全国で初めて戦跡文化財として指定した。

避難壕
ひなんごう：敵の攻撃から身を守るための壕のこと。ガマと呼ばれる自然洞窟と人工洞窟がある。先祖伝来の墓も壕として使用された。

ひめゆりの塔・平和祈念資料館
糸満市伊原に建立されたひめゆり学徒の慰霊碑（第3「学徒隊」参照）。資料館は1989年6月、同窓会によって設立された。

防衛隊
ぼうえいたい：沖縄住民を中心に防衛召集された部隊。兵役法では17歳～45歳の男子となっているが実際にはその枠を超える者もいた。

摩文仁の丘
まぶにのおか：沖縄本島南端摩文仁にあり、第32軍最後の司令部が置かれた丘。1950年後半から次々と慰霊碑が建立されていった。

満蒙開拓移民
国策により中国東北部満蒙地方に送り出された農業移民。敗戦時、多くの子どもたちが置き去りにされ、残留孤児となった。

南飛行場
1944年、日本陸軍は浦添村西海岸に南飛行場を建設。戦後、米軍が牧港補給基地にした。その地先に軍港移設計画がある。

八重瀬の塔
やえぜのとう：東風平（こちんだ）町富盛の八重瀬岳の岩山に立っている慰霊の塔。日本軍最後の抵抗の地に立つ約1500名の霊がまつられている。

屋嘉捕虜収容所
やかほりょしゅうようしょ：金武町屋嘉に置かれた日本軍捕虜収容所。有刺鉄線で囲いテントを並べ、日本・朝鮮・沖縄人を区別して収容していた。

友軍
住民は日本軍のことを友軍と呼んだ。しかし、虐殺されなど、住民にとって友軍は敵米軍と同様に怖い存在だった。

輸送弾薬爆発事故
ゆそうばくやくばくはつじこ：1944年12月11日、沖縄県営鉄道糸満線が大量の武器、弾薬、兵員を輸送中、大爆発した。乗務員、女学生も巻き込まれた。

用兵綱領
1907年に策定された日本の戦闘指針。1913年、仮想敵国を米国、決戦戦は南西諸島（沖縄）とみなし演習を実施した。

黎明之塔
れいめいのとう：摩文仁の丘の頂上に建つ第32軍司令官牛島満と参謀長長勇の慰霊碑。その下方に自決をした最後の32軍司令部壕がある。

用語解説13　沖縄の政治関係用語
見出しは五十音順

アイク・デモ
1960年6月19日に来沖したアイゼンハワー大統領に対する復帰請願デモ。デモ隊が琉球政府庁舎を包囲し、大統領は裏口から脱出。

朝日報道
1955年1月13日付の『朝日新聞』が報じた、「米軍の沖縄民政を衝く」と題する特集記事。本土の世論を喚起する契機となった。

伊江島弾薬処理船爆発事故
1948年8月6日、伊江島で不発弾処理作業中に爆発が起こり、付近に停泊中の連絡船の乗客などが巻き込まれ、106名が死亡した。

伊江島土地闘争
＊第8章「銃剣とブルドーザー」参照。

伊佐浜土地闘争
＊第8章「銃剣とブルドーザー」、「阿波根昌鴻」参照。

石川ジェット機事故
1959年6月30日、授業中の石川市宮森小学校に米軍戦闘機が墜落し、死者17名、負傷者210名を出した。操縦士は脱出して無事。

1号線
那覇と国頭村を結ぶ現在の国道58号線。復帰までは一号線であり、那覇から名護までは軍用道路でもあった。

『うるま新報』
1945年7月25日に米軍の情報宣伝紙『ウルマ新報』として石川で創刊され、当初は軍政府発表の情報を住民に伝える役割を担った。46年5月から『うるま新報』となり、47年4月からは民間企業となった。51年9月から『琉球新報』に改称され、現在に至る。

沖縄外国語学校
1946年1月に沖縄文教学校外語部として創設され、同年9月に独立した。教員・通訳・翻訳官を養成し、琉球大学創立とともに廃止。

沖縄諸島祖国復帰期成会
1953年1月に屋良朝苗を会長として発足。教職員会を中心として活動した。屋良会長が辞任した54年6月以降、活動停止。

沖縄民主同盟
1947年6月に沖縄群島における戦後初の政党として発足。明確な綱領を持たず、啓蒙活動を中心とした。1950年10月以降自然消滅。

思いやり予算
金丸信防衛庁長官の実質的命名による、在日米軍基地駐留にまつわるさまざまな維持管理費用。法的根拠のない中での苦肉の名づけに日・米軍事協定の核が見える。

介輔（かいほ）
制限付きの医療従事者。1951年に制度化され、125名が認定された。離島・へき地の医療活動を支え、復帰後も存続された。

為替差損補償
為替相場の変動(円高ドル安)が沖縄住民に与える影響を緩和するために1971～72年に取られた措置。琉球政府が指定した特定物

●用語解説13●沖縄の政治関係用語

資について補償を行い、13.3%と予想された物価上昇率を6.6%に抑えた。

基地周辺整備資金
米軍基地周辺の自治体に対し、騒音などの生活環境の整備に対して交付される国の補助金。住民をなだめる柔和策資金である。

基地返還アクションプログラム
1996年1月に沖縄県が策定し、政府に提出した基地返還計画。2015年までに3段階を経て米軍基地を全面返還することを求めた。

教育委員公選制
1952年5月以降、教育区教育委員が公選され、58年12月からは中央教育委員会も公選された。復帰に伴って廃止された。

共和党
1950年10月に親米保守勢力を中心に結成。沖縄群島議会に3議席を有し、翌年には「琉球の独立」を掲げた。1952年2月に解散。

久場崎収容所
本島東海岸の中城湾に設置された引揚者の一時収容施設。1946年8月から同年末にかけて、約15万人を収容した。

群島政府
1950年11月に奄美・沖縄・宮古・八重山の各群島に設置された。知事・議会は戦後初の公選。52年4月の琉球政府発足により解消。

軍特委
沖縄県議会の米軍基地関係特別委員会の略称。琉球政府立法院の軍使用土地対策特別委員会（1958年4月設置）以降、常設。

軍用地接収
＊第8章「沖縄戦と基地」、「銃剣とブルドーザー」参照。

5・15平和行進
施政権が日本に返還された5月15日に向けて、1978年から毎年行われている行進。基地撤去を訴えながら、本島各地をまわる。

公職追放
日本本土から分割占領された沖縄では、戦後改革としての公職追放は行われなかった。人民党が実施を求めたが、立ち消えになる。

講和前補償
対日講和条約発効以前に米軍人・軍属が加えた危害に対する補償問題。1955年頃から日米両政府に対する要求活動が始まり、57年に日本政府から11億円の見舞金が支給された。さらに58年には講和発効前損失補償獲得期成会が結成され、60年代半ばに2100万ドルが米国政府から支払われたが、未補償の問題も多く、対米請求権問題として復帰後に持ち越された。

国会爆竹事件
沖縄返還協定の承認手続きが行われた1971年10月の衆議院本会議場で、沖縄出身の青年3名が爆竹を鳴らしビラをまいて逮捕された事件。青年たちはビラのなかで「祖国への幻想」を捨てることを呼びかけ、法廷では沖縄口（うちなーぐち）で発言した。

裁判移送問題
1966年6月、琉球上訴裁判所で係争中だった2つの裁判が米国民政府裁判所に移送され、自治の後退として住民の反発を招いた。

佐藤首相来沖
1965年8月に現職首相として初めて来沖し、

— 420 —

● 用語解説13 ● 沖縄の政治関係用語

「沖縄の祖国復帰が実現しない限り、わが国にとって戦後は終わらない」と演説した。那覇ではデモ隊の座りこみによって予定していたホテルに入れず、米軍基地内の迎賓館に宿泊した。

佐藤・ニクソン共同声明
1969年11月21日に発表された日米共同声明。それにより、72年返還に向けた動きと米軍基地機能の維持が明確になった。

自治神話論
＊第7章「キャラウェー旋風」参照。

市町村合併
1956年10月20日施行の「市町村合併促進法」に基づいて進められた。大規模な合併として、57年の那覇市と真和志市（現那覇市）、61年の糸満町・兼城村・高嶺村・三和村（現糸満市）、70年の名護町・屋部村・羽地村・屋我地村・久志村（現名護市）、74年のコザ市と美里村（現沖縄市）がある。

島田懇談会
1996（平成8）年11月に内閣官房内に設けられた「沖縄米軍基地所在市町村活性化特別事業」の通称名（座長・島田晴雄慶大教授）。基地との共存条件を整備すると同時に、沖縄にとっての米軍基地反発柔和策を出し続ける意味あいも持つ。

商業ドル資金
米軍によって集中管理された外国為替資金勘定。1949年4月に創設され、58年9月のドルへの通貨切り替えまで機能した。

女性副知事
1990年に当選した大田昌秀知事が選挙公約として掲げた。91年8月に尚弘子副知事が、94年3月に東門美津子副知事が誕生した。

資料館展示改ざん問題
＊第13章「歴史改竄問題」参照。

新石垣空港問題
1979年に県が石垣島白保の海域を建設予定地に選定し、82年には機動隊を導入して強制立入調査を実施した。しかし地元住民をはじめ県内外から激しい反発を受け、87年以降計画の見直しを余儀なくされ、90年に計画は白紙に戻された。92年に宮良・牧中案が選定されたが地元の合意に至らず、再検討の結果、2000年3月に位置選定委員会がカラ岳陸上案を採用した。赤土の流出によるサンゴ礁の破壊が懸念されている。

新集成刑法
1959年5月13日公布の布令第23号「琉球列島の刑法並びに訴訟手続法典」の通称。条文中で日本国を「外国」と規定していたため反発を招き、施行は無期限延期となった。その際の反対運動が、翌年の沖縄県祖国復帰協議会（復帰協）結成へと発展した。

10・21県民大会
米兵による少女暴行事件をうけて開かれた沖縄県民総決起大会。8万5千人が参加し、復帰後最大の集会となった。

人民党
1947年7月に発足。49年以降は瀬長亀次郎の強力な指導下に置かれた。米国の占領政策を厳しく批判し、54年10月の「人民党事件」で23名が逮捕されるなど、米軍の厳しい弾圧を受けた。73年10月に日本共産党沖縄県委員会に移行。

人民党事件

●用語解説 13 ●沖縄の政治関係用語

＊第4章「反共弾圧」、第8章「瀬長亀次郎」参照。

新民法
沖縄では旧民法が存続していたが、1954年から婦人会を中心に新民法の施行を求める運動が始まり、57年1月1日から施行された。

尖閣諸島領有権問題
八重山諸島の北約160キロにある尖閣諸島（無人）をめぐる日本・中国・台湾の領有権問題。海底石油資源開発も絡んでいる。

潜在主権
＊第4章「対日講和条約」参照。

戦争マラリア補償問題
1945年6月以降、八重山では日本軍による強制疎開の結果、マラリアによって3千人以上の住民が死亡した。遺族は1989年に沖縄戦強制疎開マラリア犠牲者援護会を結成し、国家補償を要求した。その結果、96年度から慰謝事業として慰霊碑建立や八重山平和祈念館の建設などを行うことで合意が成立した。しかし政府は、遺族が求めた「国家責任」を認めておらず、慰霊碑にも「軍命」の存在は記されていない。

総理府特連局
総理府特別地域連絡事務局の略称。1952年7月から設置されていた総理府南方連絡事務局を58年5月に改称。南方同胞援護会を通して対沖縄施策の窓口となり、70年5月に沖縄・北方対策庁へ移行した。

即時無条件全面返還
1960年代末に、日米政府が進める「基地つき返還」に反対する革新勢力の間で形成された、運動のスローガン。

第一党方式
1960年に高等弁務官・沖縄自民党・社会大衆党の間で合意された行政主席選出方法。立法院の第一党から高等弁務官が任命する。

大統領行政命令
＊第4章「高等弁務官」参照。

タグボート事件
1969年に発生した、ベトナムに向かうタグボートへの基地労働者の乗船問題。2月に24人の労働者が乗船し、さらに米軍は拒否した場合解雇もありうると警告したが、全軍労の反対闘争もあって、ほぼ全員が乗船署名を拒否し、問題は沈静化した。

ダレス声明
1953年8月8日に米国務長官ダレスが発表した声明。奄美群島の返還と沖縄の長期保有を明らかにした。

天願事件
＊第4章「USCAR」、「反共弾圧」参照。

天皇初来沖
1993年4月の全国植樹祭出席のため、天皇・皇后がはじめて来沖した。昭和天皇は87年に来沖予定だったが、病気で中止された。

土地収用令
＊第8章「銃剣とブルドーザー」参照。

派米農業研修
1952年から69年にかけて、USCARが窓口となり、ハワイ州沖縄県人会が協力して、ハワイ農業実習事業が行われた。

那覇市長問題
＊第8章「瀬長亀次郎」参照。

那覇新都心地区整備事業
1987年に全面返還された米軍用地「牧港住宅地区」と周辺市街地の計214ヘクタールの用地で進められている開発事業。

南方同胞援護会
1956年11月に東京で設立された財団法人。講和発効前補償など、日本政府の対沖縄施策を代行する機能を果たし、57年5月からは特殊法人となり、59年からは北方領土にも対象地域を拡大した。施政権返還とともに、財団法人沖縄協会に改組された。

27度線
沖縄本島と与論島(鹿児島県)の間に走る北緯27度線。1953年12月に奄美群島が返還されて以降、日本本土と「琉球」との境界線となり、復帰を求める海上大会の舞台ともなった。本島最北端の辺戸岬には、1976年に祖国復帰闘争碑が建てられた。

日政援助
施政権返還以前の沖縄に対する日本政府の経済援助。1952年度の文教関係から始まり、やがて恩給・年金関係、南方同胞援護会関係、技術援助へと拡大された。62年度以降は琉球政府一般会計に編入され、67年度から米国政府援助を上回った。

2・4ゼネスト
1968年11月のB52爆撃機墜落事故を受けて、B52撤去を求めて翌69年2月4日に予定され、直前に中止された幻のゼネスト。

猫・ねずみ論
「軍政府は猫で沖縄は鼠である。猫の許す範囲でしか鼠は遊べない」という1946年4月のワトキンス少佐発言に付けられた呼称。

売春防止法
日本本土では1959年に施行されたが、沖縄では70年1月に一部施行、72年7月1日から完全施行された。

陪審制度
1963年3月に布令によって設置され、米国民政府裁判所での民事及び刑事裁判において、大陪審か小陪審の裁判が可能になった。

8・4制
1946年4月から48年3月まで沖縄群島で実施された、幼稚園1年・初等学校8年・高等学校4年の学制。48年4月からは6・3・3制。

非核宣言
1982年3月の南風原町を皮切りに、95年6月の金武町によって、県内全ての市町村が宣言した。

日の丸・君が代問題
1985年の文部省による日の丸掲揚・君が代斉唱の調査の結果、沖縄県は実施率が全国最低となった。同年11月に文部省の通達を受けて、県教育庁は学校現場に指導徹底の通達を出し、翌年の卒業式で実施しなかった学校の校長は全員が処分された。87年には卒業式で生徒が日の丸を破棄する事件も起きたが、その後も指導は強化され、現在では日の丸・君が代ともに実施率は100％となっている。

日の丸掲揚運動
1950年代初頭から復帰運動の先頭に立った

●用語解説13 ●沖縄の政治関係用語

沖縄教職員会は、祝祭日の各家庭での日の丸掲揚を呼びかけ、購入を斡旋した。日の丸掲揚は、1952年から私的な場での掲揚が許可され、61年から祝祭日の公共建物での掲揚が許可、69年に完全に自由となった。

プライス勧告
＊第8章「銃剣とブルドーザー」参照。

布告・布令・指令
＊第4章「USCAR」参照。

へき地医師派遣制度
1961年に日本政府との間に「へき地医師派遣に関する協定」が結ばれ、15の無医地区に復帰まで本土から医師が派遣された。

未契約軍用地20年強制使用
1987年5月に契約期限が切れる反戦地主所有の軍用地使用認定に際して、日本政府が20年の使用期限を県収用委員会に申請し、大きな反発を生んだ。県収用委員会は使用期限を10年（那覇軍港のみ5年）とする決定を下した。

みどり丸沈没事件
1963年8月17日、那覇市泊港を出港した久米島定期船みどり丸が沈没し、86人が死亡、26人が行方不明となった。

民主党
1952年8月に比嘉琉球政府主席を中心として結成された親米保守政党。56年の比嘉主席急逝後は分裂し、59年に沖縄自由民主党として合流。再度の分裂後、64年末に沖縄民主党として合流し、67年に沖縄自由民主党に改称、70年3月に自民党県連に移行した。

民政副長官
1950年12月のUSCAR発足から57年7月の高等弁務官制創設までの期間、沖縄統治に関する権限を掌握した。琉球軍司令官が兼任。

民政府
沖縄・宮古・八重山に設置されていた行政機構。沖縄民政府は1946年4月発足、宮古・八重山では45年12月から設置されていた各支庁が47年3月から民政府に改称された。いずれも50年11月の群島政府発足によって消滅した。

民連
民主主義擁護連絡協議会の略称。1957年7月に人民党と社会大衆党那覇支部を中心にして結成され、瀬長市長を支えた。瀬長市長追放後の58年1月の市長選では兼次佐一を勝利させ、同年3月の立法院議員選挙でも5名を当選させて「民連ブーム」を起こした。

無通貨時代
戦後初期の沖縄では、金銭による売買が禁止され、住民には軍作業等の労働に対する対価として生活物資が米軍から配給されていた。1946年4月に旧日本円がB円に交換され、貨幣経済が再開された。

由美子ちゃん事件
1955年9月3日に石川市の6才の少女が暴行・殺害され、海岸で遺体で発見された事件。嘉手納基地の米兵（当時31才）が逮捕され軍事裁判で死刑判決を受けたが、本国に送還された後、うやむやにされた。

琉球銀行
1948年5月に軍政府布令によって設立され、米国統治下の「琉球」における中央銀行的な役割を担った。USCAR・琉球政府の資金取扱

●用語解説13 ●沖縄の政治関係用語

機関、唯一の外国為替取扱機関などの機能を果たした。資本金の51％は米国が保有。施政権返還とともに普通銀行に移行した。

琉球大学
1950年5月に開学した沖縄初の大学。大学理事会はUSCARの監督下に置かれ、「布令大学」とも呼ばれた。施政権返還以降は国立大学。

琉球独立党
1971年の国政参加選挙に向けて、「沖縄人の沖縄をつくる会」が中心となって結成された政党。選挙後に自然消滅。

琉球臨時中央政府
1951年4月1日に設置された、琉球政府の前身。52年4月1日の琉球政府発足によって、発展的に解消された。

琉大事件
米軍の圧力で行われた退学処分事件。1953年4月の第1次琉大事件では、灯火管制への非協力・原爆展の開催などを理由に謹慎処分を受けた学生が、その直後のメーデーに参加して大学批判決議を盛り込ませたとして退学処分。1956年8月の第2次では、学生の反米デモを理由に大学への援助打ち切り通告がなされ、それに屈した大学は、7人に退学・謹慎処分を下した。

琉米親善記念日
ペリー提督来琉（1853年）にちなんで、1950年から毎年5月26日が琉米親善記念日に、55年からは前後1週間が親善週間とされた。

琉米文化会館
1951～52年に那覇・石川・名護・宮古・八重山に設置された。図書館・ホールなどの文化施設が多くの住民に利用された。

立法院
＊第4章「琉球政府」参照。

用語解説14　沖縄の経済関連用語

見出しは五十音順

泡盛製造業

沖縄の代表的地場産業。離島を含む各所に大・小さまざまな泡盛製造業がある。酒税法上は泡盛も焼酎ということになっているが、こうしカビに黒こうじ菌が用いられるのは泡盛だけである。沖縄の風土に合った泡盛は現在では臭いや色などを女性や若者にも好まれるものへと変えられ、オリオンビールとともに沖縄の地酒としての位置を保っている。約50業者が400近い銘柄を発売し、各地区の特徴を出し合っている。県外での普及も進みさらなる飛躍が期待されている。

印刷工業団地

1972年南風原（はえばる）町兼次に印刷業の集中団地化がすすみ翌年移転完了。組織化のすすんだ業種・業界として注目をあつめた。

沖縄県物産公社

沖縄県内で製造される県産品の認知・販売を促進するために県などが出資する第三セクターの株式会社。知事が社長を兼ねる。

沖縄のたばこ

復帰前㈱沖縄煙草など民間たばこ会社は3つあった。72年の復帰にともなって専売公社の譲渡。今でもバイオレット・ハイトーン・うるまなどの銘柄は販売されている。

沖縄マルチメディア特区構想

沖縄県が打ち出した産業振興政策の一つ。情報インフラの整備によって、研究機関や情報メディア企業誘致、ソフト開発拠点化など、これからの情報社会化時代にむけた県の振興策だが、そのための人材の育成が早急な課題である。国立高専の設置などはその一つの対応策といえる。

オリオンビール（株）

1957年に設立された沖縄最初の地元ビール製造業者。復帰前には本土業者と異なり高い関税障壁に守られ急成長し、復帰後は復帰特別措置によって税の軽減措置（40％）もとられ確固たる地位をかためる。従業員数220名で名護市に工場を持ち、発砲酒などにもウイングを広げ県外への浸透もはかっている。

海洋博ブーム

1975年7月から6ヶ月間開催された沖縄国際海洋博覧会をめぐって、準備期の工事などの総投資額はほぼ3,500億円であった。しかし一過性の好景気への過度の期待感は、74年～75年の恐慌によってまず打撃をうけ、本土政府案主導型の足腰の弱い各論部の問題点は、自然破壊、過剰投資による企業倒産、作業員相手の売春などさまざまな社会・教育問題をひきおこした。これらのいわゆる「海洋博後遺症」は、沖縄の「開発」へのその後の警鐘として繰り返し話題とされることになる。

（株）国場組

国頭村出身の国場幸太郎によって設立された沖縄県内最大の総合建設会社。商事部門なども持つ県下最大の企業グループ国和会をもつ。

観光産業

年間400万人台の観光客と約3,800億円におよぶ観光収入は沖縄の経済のドル箱であり、今後もさらなる成長が見込まれる産業分野

●用語解説14 ●沖縄の経済関連用語

である。観光条例をもつ観光立県として、ハード面だけではなくソフト面の充実が真剣に問われている。亜熱帯独特の海・山の自然を生かしつつ、沖縄独特の文化・歴史・くらしをどう内容として取り込むか県全体としての観光構想が注目される。エコツアーなど自然にやさしい観光などを通して、リピーターの増える観光内容への質的転換が問われている。

基地交付金

日米地位協定に置づき免除された固定資産税などを国が補填するために市町村に交付される金。沖縄の基地を持つ市町村にとってプラス・マイナスの両面を持つ。税額約62億円。

基地収入

基地収入構成項目は、米軍人・軍属の消費支出、軍用地料、基地内労働者所得が主なものである。基地建設ブーム時は沖縄経済の中心を占めた。また1957年統計では県民所得の約47％を占めたが、復帰後はドル安や観光収入ののびで5％ほどに減少している。

共同店

沖縄の字単位で出資・運営される独自の商店。日用品から燃料まで、時に金銭の貸付けも行っていた時がある。利益も出資構成員にさまざまな形で分配される。国頭村の奥共同店が第一号（1906年）。山原では現在も共同売店として住民の生活を支えている。

地元スーパー

沖縄県内で誕生したスーパーマーケットは、大規模店として、サンエー、プリマート、かねひでがある。県外資本との競争のなかで地元の利を生かした独自色がどこまで通用するか注目される。

都市モノレール

2003年完成予定の沖縄県初のモノレール建設は、車社会沖縄の交通事情の緩和のため待望久しいものであった。

那覇公設市場

那覇市の指導のもとで設置された市場群で、現在は牧志公設市場など9施設がある、大型スーパーの進出や駐車場問題などクリアすべき課題が出てきている。

ハンビー・タウン

国道58号線の北谷西武に、米軍ハンビー飛行場返還にともなう跡地街づくり。ショッピングセンターを中心に若者向け街づくりとして定着し、一つのシンボル・イメージをつくり出している。

ブセナリゾート

サミット主会場として内外の注目を集めている。名護市の部瀬名（ブセナ）岬全体を国際的リゾート化する方向で三セク方式で現在も計画が実行されている。

プロ野球・サッカーキャンプ地

プロ野球、Jリーグが沖縄の暖かさを利用してトレーニングキャンプが行われている。韓国、台湾などのチームを進出し10チーム近いキャンプが張られている。経済効果、知名度アップ効果としても見るべきものがある。

免税店

復帰後国が沖縄の観光事業のために設けた租税上の特別の制度。ウイスキー、時計、香水、ライター、万年筆、バッグなど8品目に限って、指定された店で買った場合、出域にさいし航空内銀行支店で一定の関税が払い戻される。2002年までの時限措置。

● 用語解説 14 ●沖縄の経済関連用語

琉球銀行（琉銀）

沖縄には琉銀の他に、沖縄銀行、海邦銀行の3つがあるが、琉銀は沖縄戦後史を考える上でも単なる一つの金融機関だけではない側面を持っている。民政府設立以前の1948年、米軍政府の政令によって設立され中央銀行的性格を持っていた。復帰前までの時代では、「B円発行の元締め」、「ドル現金供給担当」、「米国民政府・琉球民政府の資金取扱」、「基幹産業への資金供給担当」などまさに独占的金融機関であった。復帰後米国民政府保有の株の住民への開放を通し、完全な一般商学銀行となった。琉銀調査部の資料は、戦後沖縄研究にとって不可欠なものとなっている。

わしたショップ

沖縄県物産公社が県内・外で販売・運営する県産品パイロットショップ。県内以外に東京、名古屋、大阪などに「沖縄」をアピール。

用語解説15　沖縄の工芸

見出しは五十音順

赤絵
陶器の彩飾技法。本焼きした陶器に赤などで絵付けして低温で再度焼いたもの。

赤瓦
古くは比較的豊かな家や社寺などの屋根に使われていた。しっくいの白とのコントラストが独特の沖縄の雰囲気をつくっている。現在は使用家庭には補助システムがある。

荒焼（あらやち）
別名南蛮焼で、うわぐすりをかけない焼物。戦前は、酒がめや水がめなど大形の貯蔵用の壺として使われた。土は主として本島南部のもの。

ウージ染め
1990年豊見城村のむらおこし事業として開発されたサトウキビを煮出して染めあげた織り物。淡い黄色系で応用範囲がかなり広い。

藍型（えーがた）
多色の顔料などを使って色差しをする紅型とちがって、藍色の濃淡だけで染める。風呂敷や幕など大きなものを染めた。

沖縄の漆器
中国から入り、沖縄の気候にあわせて王府の保護の下独特の琉球漆器がつくられた。特色は朱塗りの鮮やかさで、さらにさまざまな加飾の技法がつみ重ねられている。木地はデイゴやシタマキ、センダンなどである。

型染めと筒書き
紅型の染色技法。型染めは型紙の図柄を写し染めする方法で、筒書きは筒の先の細い管からのりを押しだして布に手書きで図案を入れる方法。

カラカラ
酒宴などに使用する泡盛用酒器。内地のトックリと同機能だが形状は平べったい。

クバ民具
クバ（ビロウ）の葉でつくった団扇（クバオージ）、クバの葉でつくったクバ笠などは民具でもあり、神事でも用いられた。

久米島紬
黒ずんだこげ茶色を主色調とし、図柄は絵図法で、苛酷な貢納布制のもとで100回以上の泥染めによる絹糸仕上げが基本。

月桃紙
月桃（サンニン）の茎を利用した紙で、防虫効果や吸湿性もあることで商品化されている。

古我知焼
名護市の古我地の南方系焼物。陶土は主に白土を使い製品のほとんどは上焼。独特の技法が用いられ170年ほど前まで続いた。

首里花織（しゅりはなおり）
平織で色糸を使わず模様を作り、好みで両面どちらでも使用できる。

上焼（じょうやち）
素地にうわぐすりをかけたもので、食器、花器、酒器、置物などとなる。上は、喜名、恩納、石川、喜瀬、古我地など本島中北部のもの。

● 用語解説 15 ● 沖縄の工芸

抱瓶（だちびん）
携帯用の酒を入れる焼きもの。腰のあたりにぴったり合わさる形状で、現在は沖縄典型的なお土産焼物として普及している。

知花焼
上焼の一種で、沖縄市知花で焼かれた南方系陶器。黒褐色で首が短い。

沈金（ちんきん）
漆器の加飾の技法の一つで、塗りあがった器物に沈金刃で彫刻し、そこに漆をすりこみそこに金箔を張りつけていく技法。

堆錦（ついきん）
螺鈿（らでん）などとともに漆器の加飾の代表的な技法の一つで、顔料と漆を混ぜあわせ、いろいろな模様に切りとって張りつける浮彫り技法。

壺屋焼
壺屋で生産された陶器。上焼（じょうやち）、荒焼（あらやち）（南蛮焼）、赤焼（戦後はない）の3つがあり、酒、水がめ、食器、酒器、花器などとなる。

手縞（てじま、ていじま）
首里の織物で、格子の中にかすりの柄をあしらい、士族以上しか着用できなかった。

渡名喜瓶
泡盛を入れるひょう筆型の容器であったが、仏壇などの副葬品としても用いられた。壺屋で焼かれ渡名喜島からの注文の多さが名の由来。

芭蕉布
糸芭蕉の繊維で織られた布地。上布一反分を織るには40本の成長した糸芭蕉が必要で、煮たてて一本一本の糸を取り出して機（はた）で織り、木炭汁で煮だして仕上げる。大宜味村の喜如嘉が有名。

花倉織（はなくらおり）
花織と絽織、紗織などを市松模様に織る絞織で、王家一門だけ着用した最高級織物。

パナリ焼
竹富町新城（あらぐすく）島で1800年代中期までつくられた焼物。植物を土にまぜて、ロクロを使わずに成形し露天焼成。希少価値がある。

紅型（びんがた）
のりを防染に用い、顔料と植物染料を併用した沖縄唯一の染物。型染め。神事のための女性の衣裳が起源と推されている。庶民のものではなく、階級や男女の別により色分けされていた。

紅型の工程
下絵・型紙→型置き→色差し・隈取り→のり伏せ・水上げ。生地は、絹、麻、木綿、芭蕉布など。

宮古上布
ちょ麻をつないで糸にし泥染めしてそれを織って作る。点による図柄で糸が細いため一日平均20センチほどしか織れなかったという。

ミンサー
綿を藍などで染めて織った細帯のこと。八重山では女性が男性に贈ったもので女性の祈りがこもっているという。

絞織り（もんおり）
平織り、綾織り、繻子（しゅす）織りの組み合わせによる織物の総称。

八重山焼

18世紀王府の命をうけて石垣市宮良で製造された焼物。荒焼が大半で、線彫りなどの装飾がほどこされ年代入りのものが多い。

やちむんの里

読谷村は元来喜名焼など古窯があり、大物で艶のある陶器を産出していた。それらをもとに新しい人達がこの里で様々な焼きもの工房をつくり村の特産品ともなっている。

焼物（やちむん）

沖縄の陶器の総称。首里王府時分散していたものを那覇市壺屋に統合。近年、読谷、古我知、江洲などにも窯場ができている。

読谷山花織（ゆんたんざはなおり）

琉球藍の濃紺平織り地に、黄（福木、山桃）、茶（ティカチャ）、赤、白の緯糸で幾何学模様を基本とした花織。

琉球藍

山藍とも呼び、年に二度刈り取る。枝葉を水浸し石灰かく拌して泥藍にし、藍つぼで発酵させる。現在は本部町伊豆味や名護市のオーシッタイで製造。

琉球ガラス

くず空き瓶などを利用して日用品やお土産品として人気が出てきている。琉球ガラス村（糸満市）などの工房がいくつかできている。

ロートン織

絞織の一種でたてが浮織になっている。上流階級だけに着用が許されていた。

用語解説16　沖縄の芸能・文化用語

見出しは五十音順

愛の雨傘
あいのあまがさ：真楽座の上間昌成によって1933年につくられた恋愛劇。三部作で、当時としてはモダンな演劇で、その後に大きな影響を与えた。

揚作田節
あげちくでんぶし：琉球古典音楽。豊年満作、長寿を願う内容で力強い曲。琉球舞踊にも使われる。

安里屋ゆんた
あさどやゆんた：八重山の古謡。島の役人（妻帯禁止）と賄女（まかない女）との悲話内容のユンタ。

汗水節
あしみじぶし：作曲仲本稔、作曲宮良長包による勤労をたたえる新民謡の傑作。エイサーにも取り入れられる。

安波節
あはぶし：国頭村安波を発祥とする若者たちの恋歌。軽快なテンポで神事や祝座でうたわれる。

天川
あまかわ：王府時代の古典舞踊。女七踊りの一つ。手踊りのみで夫婦愛の奥ゆきを表現している。

泡瀬の京太郎
あわせのちょんだらー：沖縄市泡瀬に伝わる男性（12人ほど）のみで演ぜられる緊迫感ただよう民俗芸能。黒衣装で編笠をかぶり、馬舞者2人がつく。

伊江島ハンドーグヮー
いえじまはんどぅーぐゎー：大正時代に真境名由康のつくった不倫悲話歌劇。沖縄の演劇の中でも有名なもので毎年どこかで演ぜられる。

伊良部トーガニ
いらぶとーがに：宮古の歌謡トーガニアーグの一つ。男女の情愛をうたった代表的な叙情歌。即興性に富む。

海のちんぼうら
うみのちんぼうら：本島でよく歌われたた酒宴の歌。後に遊廓などで歌われエロチックなものに変化した。踊りもついていて、人気のある芸の一つ。

大川敵討
おおかわてきうち：縄の代表的長編組踊。久手堅親雲上（くでけんぺーちん）作といわれている。谷茶（たんちゃ）の按司（あじ）を亡ぼすあだ討ち物語が内容。

丘の一本松
おかのいっぽんまつ：大宜見小太郎の十八番の人情劇。本土の同名の劇を沖縄風にアレンジした人気劇である。

沖展
おきてん：1949年に創設された総合美術展覧会。絵画・彫刻・書道・写真などのセクションがある。沖縄タイムス社主催。

● 用語解説16 ● 沖縄の芸能・文化用語

沖縄角力
おきなわずもう：本土の相撲とちがって、最初から四つに組み合って、相手の背中を地面につけて勝負をきめる。祭のさいの余興的なもので、今でも行われている所がある。

沖縄の踊り
おきなわのおどり：大きくは三つのジャンルからなる。一つは島々に伝わっている〈民族的舞踊〉、二つめは首里王朝時代に創作された〈古典舞踊〉、三つめは明治期以降に作られた〈雑踊（ぞうおどり）〉である。

奥山の牡丹
おくやまのぼたん：伊良波尹吉（いんきち）作の歌劇。沖縄三大歌劇の一つ。全八幕で二代にわたる長編。1914年の大ヒット歌劇。

男踊
おとこおどり：琉球舞踊の中核をなす「女踊」に対して、用いられる「二才踊」（ニーセーおどり）。八文字立ちを基本に力強い踊り。「高平良万歳」が代表格である。

女踊
おんなおどり／イナグウドゥイ：琉球王朝でできた古典女踊をさす。諸屯（しょどん）、かせかけなどがあり、出羽、中踊、入羽の3部からなる。

女七踊
おんなななおどり／イナグナナウドゥイ：伊野波節（ヌファブシ）、諸屯（しょどん）、かせかけ、作田（チクデン）、柳、天川（アマカワ）、本貫花（もとぬちばな）の7つの古典女踊。

女物狂
おんなものぐるい：能の「隅田川」などに影響を受けたとも考えられる。狂母がわが子に再会して正気にもどる内容の3段組踊。盗人がトリックスターの特徴をもつ。

かぎやで風節
カシャデフー／かぎやでふうぶし：祝事などの幕あけに必ず演ぜられる琉球古典音楽。踊りもつき最も頻繁に耳にする曲でもある。

かせかけ
女七踊の一つ。両手に織物糸づくりの道具（枠・かせ）を持ち、愛する人への思いを表現している。結婚式などでも人気のある踊りでもある。

カチャーシー
掻きまぜるの意味で、曲や踊りに転じて用いられる。祝事などの嬉しさの表現としてみんなでおどるテンポのいい代表的な曲、踊り。

加那よ天川
かなよあまかわ：結婚式などで最もよく演ぜられ、男女で踊られる。軽快なテンポの交遊の踊りである。

狂言
きょんぎん：八重山の民俗芸能の一ジャンル。祭儀、祝宴等で演ぜられる。例の（リーマ）狂言と笑し（バラシ）狂言に分けられ、複数人数で踊る。

クイチャー
宮古地域の歌謡。集団舞踊。合唱しながらおどる歓楽の熱狂的な踊り。今では全島的に行われる。

久志の若按司
くしのわかあじ：組踊の一つ。村踊りとして今でも演ぜられ仇討ち物語。「久志の若按司

— 433 —

● 用語解説 16 ● 沖縄の芸能・文化用語

同行口説」はこの劇の一部を舞踊化したもの。

下り口説
くだいくどぅち：薩摩からの旅を口説（クドゥチ）形式でうたったもので、ニーセー（若者）踊りが振り付けられている。「上り口説」とセット。

口説
くどき、クドゥチ：江戸時代に本土で流行した口説。屋嘉比朝寄によって琉球古典音楽にとり入れられたといわれる。

組踊
くみおどり：音楽・舞踊・台詞からなる沖縄独特の伝統楽劇。冊封使歓待のものが本流となっているが、各地に村踊り・祭の演目として加えられている。

黒島口説
くろしまくどぅち：八重山黒島の生活・風土をたたえた口説。踊りが付いていて、ティサージをまいただけの素朴ないでたちで活発に踊る。

エエ四
クンクンシー：琉球古典音楽の楽譜。屋嘉比朝寄が中国の楽譜をもとにして作ったといわれている。野村エエ四、安富祖流エエ四などがある。

国頭サバクイ
くんじゃんさばくい：本島国頭地方の木遣歌（きやりうた）。首里城の造改築時に木材を切り出して運搬する時歌われたもの。

古典舞踊
こてんぶよう：沖縄の三つの踊りの一つで王府時代に創作されたものの総称。8・8・8・6（サンパチロク）の琉歌を三味線にのせて歌い、それにあわせて踊られる。老人踊、若衆踊、女踊り、二才（ニーセー）踊りなどに分けられる。

小浜節
こはまぶし：八重山諸島小浜島の民謡。豊穣の歓び、みるく世果報（ゆがふ）を願う心がこめられている。四つ竹を使った女踊りが付けられている。

古武道
こぶどう：武器・武具を用いる琉球の伝統武術。武器の使用を禁じられた琉球で日常の農具や民具を発展させたものを使う。棒術、サイ術、ヌンチャク術、トイファー術、ティンベー術、スルチン術、ラッチュー術などがある。

崎山節
さきやまぶし：八重山民謡。波照間島からの強制移住のさいの悲嘆を表わす内容。西表島の古謡・崎山ユンタをもとにして作られた。

残波大獅子太鼓
ざんぱうふじしだいこ：読谷村で結成された和太鼓集団。県内はもとより、本土、海外公演もし評価が高い。現在はプロとして活躍。

地謡
じうたい／ジウテー：舞踊や組踊などの音楽の演奏部分を担当する人々。歌をうたい、三味線、太鼓など使う。

四季口説
しきくどぅち：四季おりおりの風情をうたった口説。地謡（じたら）の部分と踊り手のはやしの部分からなり、扇を使った踊りが付いて

いる。きわめてポピュラーなものである。

獅子舞
ししまい：旧の八月の豊年祭や旧盆に演じられる邪気をはらうための獅子舞。沖縄各地に伝わる伝統芸能。

砂持節
しなむちぶし：伊江島に伝わる砂運び労働歌。地割にともなう土地の改良の厳しい労働の場などでうたわれた。

島唄
しまうた：古典歌謡に対する比較的新しい沖縄民謡をさす総称。今ではより広く沖縄の歌全体をさすことばともなっている。

島育ち
しまそだち：奄美の最もポピュラーな新民謡。田端義夫がうたって全国的に広まった。

十九の春
じゅうくのはる：「私があなたにほれたのは…」ではじまる与論島の歌を脚色したもの。大流行をした。

執心鐘入
しゅうしんかねいり：玉城朝薫（たまぐすくちょうくん）作の組踊の一つ。中国からの冊封使の前で演ぜられた。本土の「道成寺もの」の流れをくむもの。

述懐節
じゅつくぇーぶし／じゅっかいぶし：この2つがあるが、恋情の歌で組踊「手水の縁」の中でも用いられている。

諸屯
しゅどぅん／しょどん：3部構成の古典女七踊の一つ。内面描写が手足の細かな動きのなかに見てとれる、奥行きを感じさせる踊。

シュンドー
しょんだう：古典舞踊のなかで唯一身分性格などが違う者の組み合わせのコミカルな踊り。典は「シュンドー節」。対立のもつおもしろさがある。

笑築過激団
しょうちくかげきだん：ウチナー大和口を駆使した劇団名。1983年沖縄市コザで結成され、時事的テーマなどをコント風、漫才風に仕上げる。代表的な沖縄若者劇団。

松竹梅
しょうちくばい：祝事に演ぜられる古典的舞踊。現在では、松・竹・梅の舞いに鶴・亀を加えたものが多い。

ションガネー
別離の悲心をうたった琉球民謡。本島、八重山、宮古、奄美などにもさまざまな呼び名で残っている。

白保節
しらほ／シラフーぶし：八重山白保の民謡。みるく（弥勒）に豊穣を願う内容で軽快なテンポで親しまれている。

じんじん
沖縄の有名なわらべ歌。蛍を意味する「じんじん」を取って遊ぶ内容の短い歌。

じんとうよう節
国頭じんとうよう節に代表される沖縄の明るい民謡。ほんとにそうだを意味する「じんとう」がはやしことばとして入る。多くの替え歌がある。

●用語解説16●沖縄の芸能・文化用語

新民謡
しんみんよう：「二見情話」「肝(チム)がなさ節」に代表される沖縄民謡の流行歌・新バージョン。

雑踊
ぞうおどり：沖縄の踊りの三つのジャンルの一つ。明治・大正期に創作された踊りの総称。「古典舞踊」に対するもので、軽快なリズムにのったものが多い庶民的な踊り。「花風」、「むんじゅる」、「谷茶前」、「鳩間節」などが代表的。

高平良万歳
たかでーらまんざい：組踊「万歳敵討」の一部分を舞踊化したもの。二才踊(ニーセーおどり)で4部構成の難しい踊りだが、迫力のある踊りである。

谷茶前
たんちゃめー：明治半ばに作られた琉球雑踊の代表的なもの。百姓着・裸足で、男は櫂(かい)、女はざるをもって軽快なリズムでおどる。非常にポピュラーな踊りである。

竹田
チクテン：女七踊の一つ。紫の長巾鉢巻(ちょうきん)、赤い足袋で紅型衣装、右手に団扇をもつ。作田節と早(ハイ)作田節で踊る。

長者の大主
ちょうじゃのうふしゅ：村踊りなどのなかで演じられている祝儀舞踊。老人を中心に子や孫が次々と踊りつぐ。沖縄全域に広がっている。

京太郎
チョンダラー：人形を使って芸を演じた門付け芸人・芸能のこと。演目のうち口説は「上り口説」、「下り口説」となったり、沖縄の芸能にさまざまな影響をおよぼしている。

汀間当
てぃーまとう：旧久志村汀間に伝わるモーアシビー的民謡。即興的な手踊りで統一された型はない女踊。

てぃんさぐぬ花
親の教訓をうたった沖縄を代表する童謡的な歌。マニュキアがわりに使ったてぃんさぐ(ホウセンカ)に寄せて短い歌詞が4節ぐらい続く。

手水の縁
てみずのえん：平敷屋朝敏作の恋愛組踊。公的な場での上演はなく、村踊りなどで人気をはくした。全体は6段構成。

でんさ節
八重山民謡。宮良里賢の作詞作曲で、儒教的倫理を背景とする教訓的な謡。広く愛唱されている。

唐踊
津堅島の八月遊びでおこなわれる踊り。左手にパーランクーを持って首をふりふり打ちならす素朴な踊り。

闘牛
とうぎゅう：農村地区の伝統的娯楽で、牛の角を突きあわせて逃げた方が負け。今でも定期的に闘牛大会が各地で開かれている。

闘鶏
とうけい：シャモの雄鶏の闘い娯楽で、爪で相手を傷つける。旧正月頃にやられ賭けの対象ともなった。

● 用語解説16 ● 沖縄の芸能・文化用語

とぅばらーま
トゥバラーマ：八重山を代表する叙情歌謡。不定律で独唱あるいは二人掛け合い形式で本来は無伴奏。現在では三味線を使い、大会まで開かれている。

ときわ座
ときわざ：真喜志康忠を座長として1950年に結成された劇団。沖縄芝居のニューウェーブを作りあげた。現在は不定期公演。

泊阿嘉
とまりあか：明治後期、我如古弥栄作の歌劇。那覇の泊の阿嘉を舞台にした悲恋物語。沖縄三大歌劇の一つ。

ナークニー
沖縄の全域に分布している代表的抒情歌。一定の施律の上に即興的な詞をつけて歌う。宮古調の意味であるが、今帰仁ミャークニー、本部ミャークニーなどが有名。

中城情話
なかぐすくじょうわ：音楽（歌）とセリフが合体してできた沖縄歌劇の代表作の一つ。親泊興照の原作で、1934年ごろに初演。悲恋物語で、主題歌の「白木恋舟に二人打ち乗やい、ちゃならわん風の押すままに」が有名となった。

仲間節
なかまぶし：琉球古典音楽の代表的楽曲の一つ。恋歌で独唱曲。和歌と琉歌の中間のいみでつけられた。組踊の「手水の縁」に使われている。

なますぬぐう
宮古民謡。庶民的な風俗・習慣をややエロチックにユーモラスにうたい今日でもよくうたわれている。

なりやまアヤグ
宮古の民謡。教訓的な内容だが歌いやすさもあって、人気が高い。三味線がついてから流行する。

二才踊
ニーセーおどり：古典舞踊の一つで、7・5口説（クドゥチ）を中心とする男性の踊り。「上り口説（ヌブイクドゥチ）」、「下り口説（クダイクドゥチ）」などが代表で旅を歌ったものが多い。

西武門節
にしんじょうぶし：遊廓の辻の近くの西武門で客と遊女の掛け合いの情歌。親しみやすい節で人気のある琉球民謡である。

貫花
ぬちばな：太糸に花をとおした「貫花」を手にして踊る前半と、四つ竹を手にして踊る後半に分かれる雑踊。結婚式などでもよく演ぜられる女踊。

伊野波節
ぬふぁぶし：琉球古典音楽・古典舞踊。歌は情（なさけ）をうたった難曲とされ、踊りは花笠をもった典型的な女踊。

上り口説
ヌブイクドゥチ：琉球古典音楽で男踊が振り付けられている。薩摩までの旅歌で、結婚式などでもよく演ぜられる。

野村流
のむらりゅう：野村安趙（あんちょう）を祖とする古典琉球音楽の流派。「野村工工四」による音楽の大衆化を通し、県外・海外にも支部

● 用語解説16 ● 沖縄の芸能・文化用語

をもつ大団体。

パーランクー
片針鋲打ち太鼓。中国からきた鼓でエイサーなどでよく用いられる。

ハイサイおじさん
喜納昌吉作曲の沖縄新民謡。エレキギター導入により一気に日本中に広まる。

芭蕉布
ばしょうふ：作詞吉川安一、作曲普久原恒勇によって1965年に公開された新民謡。歌いやすさもあって、一気に全国的に広まった。

鳩間節
はとまぶし：八重山鳩間島の民謡、西表島で作った稲粟を鳩間島に持ち返る様子の内容で、かっぽれのイメージの踊りがつけられている。

花
はな：喜納昌吉作詞作曲のポップス調の島唄。紅白歌合戦でもうたわれ一躍有名。海外でも好評をはくしている。

花売の縁
はなうりのえん：高宮城親雲上（たかみやぐすくペーチン）の作といわれる組踊の一つ。下級士族の都落ちのさいの夫婦・親子の情愛を描く。全5段から成る。

花風
はなふう：愛人を見送る遊女をテーマにした雑踊。明治中ごろ発表され大変な人気をはくしたと言われている。伴奏曲が「花風節」。

浜千鳥
はまちどり：旅のさびしさを千鳥に託し、愛しい人などへの思いをのべる内容の民謡と舞踊。雑踊りの白眉とされる。

漲水のクイチャー
はりみずくいちゃー：人頭税（にんとうぜい）廃止のクイチャー（宮古の歌謡）。人頭税廃止で努力した4人の激励のための謡。

ばんがむり
宮古の子守歌。子供の成長を期する子守姉の心情をうたう。美しいメロディーで広く親しまれている。

ピャーシ
宮古の祭式歌謡。年中行事や生年祝い、死者供養祭祀などで唱される。前・後半に分かれていて、手拍子をともなって反復唱和される。

フェーヌシマ（南島踊）
沖縄各地（約30）に分布する南方系民俗芸能。赤色系のかつらをかぶり異様な顔立ち、棒を使って奇声を発してとびまわる。

二見情話
ふたみじょうわ：首里出身の名護市二見村村長照屋朝敏（大一）の作で、自然と人情をうたった。二見情話大会が開かれるほど広く親しまれている。

ベーベーぬ草刈いが
べーべーぬくさかいが：本島北部のわらべ歌。山羊の稚語の「ベーベー」の好きな草刈りを歌ったほのぼのとした歌。

棒踊
ぼうおどり：沖縄各地の祭や行事の時に演じられる棒を使う踊。六尺棒、三尺棒を基本に勇壮に踊る。

盆アンガマ

ぼんあんがま：八重山で旧7月の盆（ソーロン）に仮装をして家々をまわり機知に富んだ問答を裏声で行う儀礼芸能。

マミドーマユンタ

八重山小浜島に伝わる古謡。「マミドーマ」＝「好い娘」が子守りをたのまれその後その役人と恋愛におちるという内容。

猫ユンタ

まやゆんた：八重山の古謡。猫に仮託して身分制度の理不尽さを、哀調帯びた猫の鳴き声の「ミャウミャウ」のはやしとともにうたう。

万歳敵討

まんざいてきうち：全5段の仇討組踊の一つ。田里朝直作。冊封式典後の余興芸能。京太郎（チョンダラー）芸を取り入れた創意あふれた組踊。

ミルク節（弥勒節）

みるくぶし：八重山民謡。布袋（ほてい）さんの仮面をかぶったミルク神（弥勒神）を先頭にねり歩くミルク行列の際にうたわれる。現在では祝いの席や祝賀行事には欠かせない歌としてうたわれる。

民族舞踊

みんぞくぶよう：沖縄の三つの踊りの一つ。沖縄の夏をフィーバーさせる「エイサー」、離島では宮古の「クイチャー」、八重山地方の「アンガマ」などがある。

むんじゅる

明治中頃玉城盛重によって振り付けられた雑踊の傑作。むんじゅる笠と花染ティサージを持ち、はだしで踊る。

前の浜

めーぬはま：所々に空手の所作の見られる二才踊。きびきびした動作がひときわ目立つ。

銘苅子

めかるしぃ：玉城朝薫作の組踊五番の一つ。能の「羽衣」の影響を受けて沖縄独特に6段構成したもの。

めでたい節

琉球民謡。公的な幕開け謡・かぎやで風に対して、内輪的な祝いの宴ではこの謡や「祝い節」がうたわれる。

本貫花

もとぬちばな／ムトゥぬちばな：第一部（出羽）「金武節」、第二部（中踊）「白瀬走川節」（しらせはいかわ）で踊る古典女踊。

屋嘉節

やかぶし：終戦直後、米軍の捕虜収容所ではやった琉球民謡。金武町の屋嘉でうまれた敗戦哀歌。カンカラ三味線にあわせてうたわれた。

柳

やなぎ／ヤナヂ：古典的女踊り。第一部（出羽）の曲は「中城はん前節」第二部（中踊）は「柳節」でおどる。小道具は、柳、牡丹、梅。足使いが特徴。

ユンタ（ゆんた）

祭祀や新築祝の時、対句形式を基本とし、詞は多層にわたる八重山古謡の一形態。

四つ竹

よつたけ：古典女踊の一つで、花笠をかぶり琉装で優雅に踊る。両手の四つ竹が節々でメ

●用語解説16●沖縄の芸能・文化用語

リハリを形成する。「踊こわでさ節」の踊。
老人踊 ろうじんおどり祝宴の幕あけなどで演じられるもので、翁(おきな)と嫗(おうな)が扇子をもって踊る。「かぎやで風」にのせて踊る。古典舞踊の一つ。

若衆踊
わかしゅうおどり：老人踊りの次におどられる場合の多い古典舞踊の一つ。扇やぜいを持った若衆が活発に踊る。「四季口説」がその代表。

沖縄の人物

小那覇舞天
おなはぶーてん：本名／小那覇全孝　歯科医だった舞天は戦後いち早く復興した石川市で諮詢会の文化部芸術課長に。フォーシスターズ、乙姫劇団を育てた。また、弟子の照屋林助を伴い、自作の芸や歌を披露して回った。「ヌチヌスージサビラ(生きていてよかったね)」と人々を励ました。社会風刺の効いた漫談は「三毛猫」「スーヤーヌパーパー(塩屋のオバア)」が有名。沖縄漫談の元祖。

北島角子
きたじますみこ：1931年本部町出身。竹劇団を振り出しに常に時代をリードする役者として活躍。文化庁芸術祭の演技優秀賞、沖縄タイムス芸術選賞等を受賞。「沖縄芝居実験劇場」の代表を務める。

久高将吉
くだかしょうきち：1933年那覇市出身。「俳優座」を立ち上げた。沖映の第1回目から参加。二枚目役者としての地位を築く。芸歴50周年を迎える。

幸喜良秀
こうきりょうしゅう：新劇役者を融合した「沖縄演劇」にこだわりを持つ。1961年演劇集団「創造」を結成。オリジナル作品「人類館」の演出でその存在感をアピール。沖縄市民劇場・あしびなーの会館を記念して上演された「山のサバニ」(大城貞俊作)の演出を手掛けた。

平良進
たいらすすむ：1934年宮古島出身。翁長小次郎一座に加入。のち、中堅役者でつくった劇団「潮」の旗揚げにかわった。ウルトラマンの脚本で知られる金城哲夫の作品を中心に劇界に新風を起こした。「沖縄歌舞団」に加わり世界をで活躍する機会を得た。沖縄芝居で指導的な役割を果たしている。

知念正真
ちなせいしん：戯曲「人類館」を書く。人類館事件は近代沖縄の精神のありようを象徴している、という。初演は知念の演出。1978年岸田戯曲賞。それを記念して幸喜良秀演出で再演。沖縄芝居の北島角子を起用した。

仲田幸子
なかださちこ：1933年那覇市出身。14才で玉城盛義、平安山英太郎主宰の「南月舞劇団」に入団。15才で初舞台。1956年「第1次でいご座」旗揚げ。この頃映画の普及で客入りが悪く、休演を余儀なくされる。その後、「新生でいご座」を旗揚げ。現在、「喜劇の女王」として他をよせつけない人気を保つ。

比嘉康雄
ひがやすお：沖縄の日常を撮った「生まれ島沖縄」は、比嘉の原点。民俗学者・谷川健一との出会いがきっかけで沖縄の祭祀を撮り始

める。「神々の古層全12巻」で日本写真協会年度賞を受賞。

東峰夫
ひがしみねお：本名：東恩納常夫。フィリピン・ミンダナオ島生まれ。1971年「オキナワの少年」で芥川賞を受賞。

真境名佳子
まじきなけいこ：玉城盛重に直接指導を受ける。1936年県立第一高等女学校を卒業したのち16才で師の門をたたいた。真境名の女踊り「諸屯」は、琉球王朝時代の品格を伝えている。県指定無形文化財保持者。

沖縄の芸能人（個人）

安里 勇
あさといさむ：八重山黒島出身。1966年ファーストアルバム「海人」をリリース。大工哲弘に師事したこともある。現在は電気工事と素潜り漁をしながら唄を続けている。息の長さが伸びやかで澄んだ声を生んでいる。八重山の生活に根ざした唄を唄える希有な存在。石垣島の民謡酒場「安里屋」に出演している。

亜波根綾乃
あはねあやの：オーデション番組「ASAYAN」をきっかけに、歌手として「大きな風」でデビュー。ファーストアルバム「Array」は、日本のみならず、台湾でも好評。

新良 幸人
あらゆきと：「八重山高校」出身。沖縄ジャンジャンでは「ゆらてぃく組」で活動。パーシャクラブのボーカルも務める。雑誌「Wander」で執筆中。

石嶺 聡子
いしみねさとこ：1975年生まれ。那覇市出身。1994年「土曜日とペンと腕時計」でデビュー。歌のうまさ、表現力に定評がある。いろんなテイストを出せるシンガーとして期待がもたれている。

いっこく堂
いっこくどう：本名：玉城 一石。1963年5月生まれ。沖縄県出身。2体の人形を操り一人3役をこなすスーパー腹話術師。世界各国のおとぎ話を現代風にアレンジして演じる。人形は6体。それぞれのキャラクターにあわせて演じきる技は多くのファンを圧倒。

伊良嶺 誠
いらみなまこと：1967年、石垣島出身。1996年デビュー。1992年ソニーSDオーデションでEPIC／SONYを受賞。「BIGIN」のライブへのゲスト出演、中西圭三のバックコーラスを務める。1996年デビューシングル「オスのせいメスのせい」でデビュー。現在、京都でラジオ番組（ハイヤング京都）のパーソナリティーも務めている。

川満 聡
かわみつさとし：「かわみつ しぇんしぇい」両親は宮古島出身。宮古の方言を織り交ぜ、陽気に語るその語り口は多くのファンを魅了する。「笑築過激団」出身。「お笑いポーポー」の人気キャラクターを務めた。

COCCO
こっこ：独特の詩で不思議な存在感をもつ。1997年にメジャーデビューを果たし一気にその存在感をアピールした。作品の中では「うちなーぐち」が混じり、沖縄の若者に幅ひろいファンを持つのもうなずける。

●用語解説16●沖縄の芸能・文化用語

佐渡山 豊

さどやまゆたか：1950年12月生まれ。コザ出身。1972年ごろ＜沖縄フォーク村＞を結成し、村長となる。海援隊・泉谷しげるなどとともにステージに上がり、「日本」で「沖縄」を唄った。6年後帰郷。1996年に「ドゥチュイムニー」が注目される。1997年に18年ぶりのアルバム「さよならおきなわ」を発表する。＜FMチャンプラ＞でDJを務めている。

ジョニー宜野湾

じょにーぎのわん：1979頃、沖縄で「ハートビーツ」というバンドを結成し、ギタリストとして音楽活動をはじめる。東京で活動後、29歳のとき帰沖。1998年に初のソロアルバム「うりひゃあでぇじなとん」をリリース。沖縄インディーズチャートの1位。

大工 哲弘

だいくてつひろ：1948年石垣市に生まれる。八重山民謡の第一人者。県内外および海外で公演を行い、ジャンルの異なるミュージシャンとの共演も積極的に行なっている。沖縄アーティストのオムニバスCD「チバリヨーウチナー」をプロデュースした。

玉城 満

たまきみつる：「笑築過激団」の座長を務め、劇場「あしびなあ」の館長。沖縄の新しい笑いの流れを築く。以前は、りんけんバンドのボーカルとして活躍。

知名 定男

ちなさだお：1945年大阪生まれ。1957年に沖縄に（密航にて）移る。登川誠仁の内弟子となる。「スーキカンナー」でデビュー。1971年「うんじゅが情ど頼まりる」が復帰直前に大ヒットする。「バイバイ沖縄」は有名。民謡歌手、作詞・作曲家、ライブハウス島唄のオーナー。また、沖縄音楽界の屈指のプロデューサーで、「ネーネーズ」「琉球フェスティバル」「鳩間可奈子」のプロデュースを手掛ける。

知念 里奈

ちねんりな：1981年2月生まれ。那覇市出身。アクターズスクール出身。「DO－DO　FOR　ME」でデビュー。レコード大賞最優秀新人賞を獲得するなど活躍がめざましい。

津嘉山正種

つかやままさね：沖縄県出身。劇団青年座に所属。俳優としてはもちろん声優としても活躍する。「ジャングル大帝」のレオ、リチャード・ギア、ケビン・コスナーなどの声を務める。

津波 信一

つはしんいち：佐敷町出身。元「笑築過激団」のメンバー。現在、地域（佐敷町）のリーダーとして又沖縄を代表する芸能人として活躍中。映画「パイナップルツアーズ」「ナビィの恋」に出演。

照屋 林賢

てるやりんけん：1949年、コザ市に生まれる。祖父は琉球古典音楽の大家・照屋林山、父は沖縄を代表するミュージカル漫談家の照屋林助。一家は楽器店、レコード店、沖縄民謡「マルテン」を運営するという音楽に囲まれた環境で育った。1977年「りんけんバンド」を結成。独自の「りんけんサウンド」を形成。北谷町美浜にライブハウス「カラハーイ」スタジオ「アジマァ」を設立。ティンクティンクのプロデュースを手がける。

西泊 茂昌

にしどまりしげあき：与那国一番の三線の名

● 用語解説 16 ● 沖縄の芸能・文化用語

手と言われた父譲りの三味線でファンを魅了する。「風のどなん」「無頼漢」などのヒットを生む。元左官業というユニークな経歴を持つ。現在、居酒屋を経営。

登川　誠仁

のぼりかわせいじん：映画「ナビィの恋」で子供から大人までが知っている芸能人になった。16歳の頃芝居の地謡に就く。その後、カチャーシーの早弾きとして一世を風靡する。三線の才能が先走り、字を覚える機会を逃したが、20代後半に独学で字を覚え、工工四編纂も手掛けた。前琉球民謡協会会長。

羽賀　研二

はがけんじ：本名：當間　美喜男。1962年7月生まれ。沖縄市出身。テレビ番組「笑っていいとも」のいいとも青年隊の一員としてメジャーになる。1984年から映画などで活躍。北谷町美浜にある「南国食堂」の経営者。

鳩間　可奈子

はとまかなこ：石垣市生まれ。音楽一家の家に生まれ、中学3年生のとき、知名定男に見出され、1999年シングル「千鳥」でデビュー。

日出克

ひでかつ：本名：亀井　日出克。1961年竹富島生まれ。1993年「ミルクムナリ」が大反響を呼ぶ。島随一の祀り歌の家元を祖母に持ち、母のギターに影響を受ける。「無国籍サウンド」を追求する。

平安　隆

ひらやすたかし：1952年生まれ。コザで育ち、元喜納昌吉とチャンプルーズのギタリストとして活躍。ソウルフラワーユニオンの中川敬、河村博司プロデュースでリリースしたアルバム「かりゆしの月」が好評を博す。「満月の夕べ」は、崔洋一監督の映画「豚の報い」のテーマ曲。

藤木　勇人

ふじきはやと：一人ゆんたく芝居「うちなー妄想見聞録」は、有名。「笑築過激団」の出身。玉城満とともに、沖縄の芸能界のリーダー的存在。

前川　守康

まえかわしゅこう：コメディアン。照屋林助とのコンビで、「チョンダラボーイズ」「ワダブーショー」などで活躍した。

南　沙織

みなみさおり：本名：内間明美（現在は篠山明美）1954年7月生まれ。琉球放送でアシスタントをしている時、ヒデとロザンナのマネージャーにスカウトされる。デビュー曲は「17才」大ヒットする。1971年にはレコード大賞新人賞を獲得し、紅白歌合戦にも出場する。1978年学業に専念するため引退。1979年に篠山紀信氏と結婚。1992年に活動を再開した。

宮永　英一

みやながえいいち：沖縄ロック協会会長。ロックに琉球音楽と和太鼓を融合させた。

<u>沖縄の芸能人グループ</u>

アイランド

「STAY with ME」がヒット。ロックグループ「紫」解散後、ISLANDを結成。城間正男、城間俊男。

喜納昌吉＆チャンプルーズ

喜納昌吉をリーダーとする沖縄出身のバン

― 443 ―

● 用語解説 16 ● 沖縄の芸能・文化用語

ド。1977年の「ハイサイおじさん」での衝撃的なデビューを経て国内外で高く評価されるバンドに成長した。代表曲「すべての人の心に花を(花)」は、海外の多くのアーティストにカバーされている。ライブハウス＜チャクラ＞で定期的に演奏活動をしている。

Kiroro
きろろ：玉城千春、金城綾乃の二人組み。読谷高校の出身。「長い間」「未来へ」をインディーズでリリース。特に「長い間」は、売上枚数1万枚を突破。

笑築過激団
しょうちくかげきだん：玉城満団長。お笑いと沖縄芝居にこだわる。沖縄のお笑い界の新しい流れを形成した。テレビ番組でレギュラーを務めるなど沖縄ではメジャーな存在。

SPEED
スピード：アクターズスクール出身の4人構成のグループ。上原多香子、島袋寛子、今井絵里子、新垣仁絵の4人。数々のヒット曲を出したが解散。解散後はそれぞれソロ活動をしている。

DA PUMP
ダ・パンプ：アクターズスクール出身。辺土名一茶、玉城幸也、奥本健、宮良忍の男性4人グループ。アップテンポな曲で若い人に人気がある。CMなどでも活躍中。映画「DREAM MAKER」に出演。

ディアマンテス
1992年デビュー。南米ウチナー3世。ラテンの明るいリズムで人気がある。「ガンバッテヤンド」は、オリオンビールのCM。大ヒットとなる。その後も、「勝利の歌」、「野茂のテーマ」などのヒットを飛ばす。スペイン語とう

ちな一口の取り合わせが楽しい。

ニーニーズ
お笑いコンビの二人組み。笑築歌劇団とともにテレビ出演し、有名になった。現在は、東京で活動中。沖縄のネタでのお笑いにこだわる二人組み。

ネーネーズ
知名定男プロデュースからなるグループ。ネーネーとは沖縄方言で＜お姉さん＞の意味。古謝美佐子脱退後、吉田康子、宮里奈美子、比屋根幸乃、當間江里子の4人で活動している。1994年にはライブハウス「島唄」がオープン。「黄金の花」が筑紫哲也のニュース23で採用されるなど国内外で幅ひろく活動している。

B・BWAVE
ビー・ビーウェーブ：アクターズスクールで歌や踊りの勉強をしている女の子たちで結成しているグループ。メンバーのうちフロントメンバー(石川愛理・幸地優美・新城美幸・山田優)は、今後活躍が期待される有力なメンバー。

BEGIN
ビギン：八重山高校出身の3人組。イカ天でデビュー。マイペースで活動を続けている。「恋しくて」は代表作。

MAX
マックス：アクターズスクール出身。ナナ、レイナ、ミーナ、リナの4人のグループ。安室奈美恵のバックで踊っていた4人がMAXとしてデビュー。ヒット曲多数。

りんけんバンド
1977年結成。1985年オリオンビールのCM

— 444 —

●用語解説16 ●沖縄の芸能・文化用語

ソングに「ありがとう」が起用され沖縄でヒットする。その後も多くのヒット曲を生み出す。沖縄市北谷美浜のライブハウス＜カラハーイ＞スタジオ＜アジマァ＞を拠点に活動している。

沖縄の映画

阿波根昌鴻・伊江島の闘い
編集：坂周雅子、井村文子助監督：横手三佐子
撮影：多田伢男、小林明、語り：重藤純子
吹き替え：木内稔。音楽：嘉手苅林昌、大工哲弘、知名定男、ネーネーズ
文化映画。「教えられなかった戦争・沖縄編」阿波根昌鴻の平和活動家としての生きざま記録した映画。

ウンタマギルー
高嶺剛監督の映画。ベルリン映画祭カリガリ賞や報知映画祭最優秀監督賞を受賞するなど国内外から高い評価を受ける。

GAMA 月桃の花
監督：大澤豊。原作・脚本：嶋津与志。音楽監督：海瀬頭豊
沖縄戦集結50周年記念映画。米軍の本土上陸の防波堤として20万人以上が犠牲になった戦争を、沖縄のアンマァの視点でえがきだす。映画は「平和映像文化財」として沖縄県に寄贈された。

カメジロー・沖縄の青春
監督：島田耕、謝名元慶福、橘祐典。出演：津嘉山正種、照屋京子、仲村清子
米軍の土地強奪と人権じゅうりんに断固立ち向かった瀬長亀次郎。米軍の不当な裁判で刑務所へ送られ、出獄後1956年に那覇市長に当選。「島ぐるみ闘争」を続ける亀次郎に対して米軍は市政干渉を始める。その記録映像を駆使して描くドキュメンタリードラマ。

ナビィの恋
監督・脚本：中江祐司。製作：竹中巧。佐々木史朗。脚本：中江素子。
テーマ曲：「RAFUTI」マイケル・ナイマンwith登川誠仁
出演：西田尚美、村上淳、平良とみ、登川誠仁、平良進、アシュレイ・マックアイザック
ロケ地：沖縄県粟国島
主人公・奈々子（西田尚美）が祖父母の暮らす生まれ島に里帰りしたときからこの物語は始まる。全編にわたって流れる沖縄民謡は、出演者でもある登川誠仁、嘉手苅林昌という民謡界の大御所と大城美佐子によって繰り広げられる。封切り当日から大好評を博す。

パイナップル・ツアーズ
中江祐司監督の映画。全国的なヒットとなる。

パラダイスビュー
高嶺剛監督の映画。全編沖縄語字幕スーパーや沖縄芝居役者の芸を映画的に結晶させている。

豚の報い
監督：崔洋一。原作：又吉栄喜。脚本：鄭義信
出演：小澤征悦、あめくみちこ、早坂好恵
最初の舞台は歓楽街。正吉はスナックのねーねー和歌子と話をしていた。そこで突然和歌子に豚が襲いかかるところからはじまる。

MABUI
監督：松本泰生。出演：新田亮、笠原秀幸、江川有未
1996年に公開され話題となった「GAMA月桃の花」の続編。終戦直後の少年少女を描いた作品。MABUIとは、沖縄の言葉で魂

●用語解説16●沖縄の芸能・文化用語

を意味する言葉。主人公達は、戦後の廃墟の中で失ったMABUIを取り戻していく。

夢幻琉球・つるへんりー

監督:高嶺剛。出演:大城美佐子、宮城勝馬、平良進。
主人公の島袋つる(大城美佐子)は、放浪の琉球民謡歌手。ある日、「ラブーの恋」のシナリオを拾い、息子のヘンリーと映画を撮ることを思い立つ。そこから物語ははじまる。大城美佐子の歌声、宮城勝馬の沖縄空手も見物である。

用語解説17　沖縄の農・漁業

見出しは五十音順

アギヤー
水深10メートル前後で行う比較的大型の追い込み網漁。サバニを10隻ほど用い40人前後の規模で今ではあまり見かけない。

イザリ
大潮の夜、イノーやヒシなどで電燈をもってタコやウニなどを獲る漁。女性の漁で今でも山原の方では行われている。

糸満漁業
糸満漁夫は高い潜水技術と独特の集団教育を通して追い込み漁さらに遠洋漁業に多大な貢献をした。

ウミンチュー（海人）
もともとは潜水漁業を中心とした糸満漁夫をさすことばであったが、近年は漁業にたずさわる人一般に対して用いられている呼称。

塩田
入浜式塩田法によるものが多く、泊塩田などが有名であったが、現在は与那国島などのものが中心で、島マースと呼称され、ミネラル分が多いと人気がある。

援農活動
サトウキビ収穫時の人手不足を補うため、農外からの労力が提供された。台湾などの海外からも来たが、「職安法」とのからみで、今はボランティア的支援の形をとっている。

追い込み漁
普通はサンゴ礁内で20メートルほどの網をかけ、3人から5人程で魚を追い込む。イラブチャーやミジュンなどをとる。

カツオ漁業
慶良間・座間味などの離島で明治時代から始まったとされている。カツオ節の普及で一時県内各地でブームをひきおこした。現在は下火。

サトウキビ産業
沖縄農業の基幹作物の一つである。1月頃から3月頃にかけて収穫。価格の低下や労働力不足などから衰退し、近年大東島などをのぞいて縮小の傾向がある。

サバニ
ポリネシアのカヌーと同系列の比較的小型の昔からの沖縄の小舟の通称。平常はサンゴ礁内の漁などに用いられた。

スク漁
旧暦の5月25日～6月25日頃の大潮時に大群をなしてイノーに入ってくるスクを専用のスク網に追い込んで一気にとる漁。

太陽の花
1976年に結成された花の専門農業協同組合のブランド名。キク、ラン、観葉植物などを空輸。JA沖縄の「おきなわの花」と共に沖縄の花キ農業の両輪となりつつある。

煙草栽培
明治14年、沖縄に移住してきた鹿児島の士族が植栽しうまくいった。香りもよく沖縄の一大産業としての発展が期待された。今でも伊江島などにその名残りがある。

— 447 —

● 用語解説 17 ● 沖縄の農・漁業

電照ギク
開花抑制のため電照栽培によるキク育成。沖縄の気候を生かした形で現在の花キ農業の主力となっている。冬場、中北部の夜景のひとつを形成している。

土地改良
農業生産の向上をはかるための土地整備事業。県または国が農家からの申請によって行う。近年の沖縄の赤土汚染の元凶ともなっている。

二期作栽培
温暖な気候を生かし、年2回（7月と11月頃）、同じ作物（沖縄では主に水稲）を収穫する。二期目の収穫はおちる。

農連市場
琉球農連が1953年に那覇市与儀に開き、沖縄農産物流の中心市場。セリによる取引でなく売手と買手の相対取引を原則とする。

パイン産業
沖縄のパインは明治期に台湾など導入された。その従米軍施政下さまざまな振興策とともに急激な成長をとげた。その後消費量の落ち込み、輸入自由化で衰退し、現在は観賞用などをふくめて生き残りをさぐっている。

バガス
サトウキビの搾り殻。製糖工場の燃料として使われていたが、近年、紙、建材さらに健康食品などの再利用がすすんでいる。樹脂を混ぜあわせて漆器の素地として用いられるバガス素地もある。

パヤオ
マグロやカツオなどが漂流物の下を寄ってくるくせを利用し、人工の大型ブイなどを海中に浮かせて漁をする。その浮漁礁のこと。

ヒートゥ狩り
5月頃名護湾で行われたイルカ（ゴンドウクジラ）狩り。湾内に迷いこんだイルカを岸辺に追い込みモリなどでしとめる。近年は行われていない。

マグロ漁業
大正年間に沖縄でも延縄漁法によるマグロ漁が始まったが、近年は沿岸・近海マグロ漁が中心で空輸で本土に送られている。

黙認耕作地
米軍施設内で米軍が緊急に必要としない土地で農業・畜産などをしている所。米軍演習の強行で犠牲になることもある。

モズク養殖
種苗－中間育苗－本張りの工程で80日前後で海岸地帯でモズクを養殖する。加工技術も発展し沖縄漁業として定着している。

用語解説18　沖縄の離島関連用語
見出しは五十音順

阿嘉島（あかじま）
那覇西方約44kmにある座間味島の南の一島。面積約4km²の小島でケラマジカの生息地。

粟国島（あぐにじま）
那覇北西約60kmにある1島1村の島。面積約8km²。海岸段丘で囲まれている。

新城島（あらぐすくじま）
石垣島南西約23kmにある上地（かみじ）島と下地（しもじ）島からなる。パナリ焼の島、祭祀の島として有名。

新城島のプーリィー（プル）
豊年祭（プーリィー）の原形的なもので二晩にわたって行われる。旧暦の5月と6月の二度行われた。

伊江島（いえじま）
本島北部の北西約11kmにある一島一村の島。面積約23km²。自然と遺跡と戦争と基地と劇の島。

池間島（いけまじま）
宮古島北方約1.4kmにある低平な島。面積約3km²で人口密度が高い。宮古島狩俣と全長1,425mの池間大橋がかかっている。

石垣島（いしがきじま）
石垣市を擁する八重山諸島の中心の島。本島から約450km、台湾から約260kmにあり、面積約220km²。県下最高峰於茂登岳（525.8m）と大小の川があって、サンゴ礁の美しい芸能色豊かな島。

伊是名島（いぜなじま）
本島本部町北方35.6kmにあるにある島。面積約14km²で尚円王生誕の地としても知られている。

伊平屋島（いへやじま）
本島本部町北方50kmにある島。面積約21km²。島の80％が山地であるが県内有数の米の産地。

伊良部島（いらぶじま）
宮古島南西8kmにある島。面積約30km²。岩の景観が美しく、御嶽（うたき）の多い島。サシバの飛来する地でもある。

西表国立公園
1972年5月に指定され、陸域約12,500ha、海域32,100ha、西表島、黒島、竹富島、小浜島と周辺の海域をふくむ雄大な亜熱帯国立公園。

西表島（いりおもてじま）
八重山諸島最大の島で、面積約289km²。全島の90％近くが国有地で約1/3は西表国立公園となっている。イリオモテヤマネコ、イリオモテボタルなど固有のものが多い。自然豊かな島。

西表野生生物保護センター
1995年オープンした総面積6,662m²の野生生物保護と生態研究のための国の施設。

入砂島（いりすなじま）
那覇西方約58kmにある無人の小島。渡名喜村に属し入砂島射爆撃場（米空軍管理）がある。

— 449 —

● 用語解説 18 ● 沖縄の離島関連用語

上江洲家邸宅
久米島具志川村にある王府時代の旧家の邸宅。琉球王府時代の旧家の様子がみてとれる。

魚釣島（うおつりじま）
石垣島北西約140kmにある尖閣諸島の無人島。面積約4km²。亜熱帯の固有植物が豊富。

浦内川（うらうちがわ）
西表島にある県下最大の川。マリユドの滝、カンビレーの滝やヒルギ林などがあり風光明媚。

大神島（おおがみじま）
宮古島北方約4kmにある小島。平良市に属する。古い祭祀が残るが外部の物の参見は禁じている。

於茂登トンネル（おもと）
石垣島東西を結ぶ県内最長（1,174m）のトンネル。1987年3月開通。

オヤケアカハチ
15世紀末の八重山の伝説的な権力反道者。波照間島生まれで琉球王府への朝貢断絶のため、誅伐されたといわれている。

北大東島（きただいとうじま）
沖縄本島東方約385km、大東諸島の北端の島。面積約13km²で隆起環礁の島。八丈島島民によって開拓、製糖工場がある。

久高島（くだかじま）
本島知念半島東方約5kmにある1島1字。知念村に属する。面積約1.4km²。低地の水の乏しい島。神話の島として有名。

久高ノロ
外間（ほかま）ノロとならぶ島の最高神女。旧の4月と9月の神迎祭祀（ハンザァナシー）の時は、来訪神（アガリウプヌシ）を兼ねる。

久米島（くめじま）
那覇西方100kmにあり、面積約56km²。米の島からキビ・パインなどに転化。ジェット機乗り入れ可の飛行場をもつ。

久米の五枝の松（くめのごえだのまつ）
久米島の具志川村にあるリュウキュウマツ。根の周囲4.3mもあり枝全体で15m近くある大木。

来間島（くりまじま）
宮古島南西1.5kmにあり下地町に属す。面積約3km²の円形の小島。北方側は断崖。

黒島
石垣島南方約19kmにある有人島。面積約10km²。牛の生産地として有名。シマチャビ（孤島苦）の島でもあった。

古宇利島（こうりじま）
本島本部半島北方約1.5kmで今帰仁村に属する。面積約3km²の小島。近年古宇利大橋が架橋予定。「古宇利のウンジャミ」で有名。

小浜島（こはまじま）
西表島東方2.5kmにある竹富町に属する島。面積約8km²。製糖工場がある。芸能の島でもある。

コマカ島
本島知念半島東方約2kmの無人島。砂浜が美しくビーチとして利用されている。

● 用語解説18 ●沖縄の離島関連用語

先島（さきしま）
宮古・八重山諸島の総称。「両先島」ともいう。

座間味島（ざまみじま）
慶良間諸島の一島。座間味村に属する。面積約6.7㎢。沖縄海岸国定公園。沖縄戦端緒の島。集団自決の島でもあった。

下地島（しもじじま）
宮古の伊良部島に隣接した島。面積10㎢。下地島空港（日本唯一のパイロット訓練場）が建設された。

白保のサンゴ礁
石垣市白保の海に広がるサンゴ礁群。青サンゴ群生をふくめ世界的なスケールのサンゴ礁。サンゴ礁保護研究センター設置の計画あり。

尖閣諸島（せんかくしょとう）
石垣島北方約150kmにある無人の島嶼群。領有問題をめぐってもめ続けている。

竹富島（たけとみじま）
石垣島南方6kmにある平らな島。面積約5.4㎢。信仰と芸能に満ちた美しい家並みの島。

多良間島（たらまじま）
宮古島と石垣島の中ほどにある平坦な円形島。多良間島土原御嶽の植物群落は必見か。

津堅島（つけんじま）
本島勝連半島南島約4kmにある平坦な小島。面積約2㎢。沖縄戦の激戦場。ニンジンが特産品。

唐人墓（とうじんばか）
石垣島富崎原にある国軍隊によって殺害された中国人を葬った墓。英・中国風の一風かわった建造物・墓。

桃林寺（とうりんじ）
石垣市石垣にある臨済宗妙心寺派の寺院。権現堂、山門にある仁王像など見るべきものが多い。

渡嘉敷島（とかしきじま）
那覇西方約30kmにある慶良間諸島にある最大の島。面積約16㎢。国立青年の家がある。沖縄戦を考えるときはずせない島としての歴史を持つ。

渡名喜島（となきじま）
那覇西方約58kmにある一島一村の小島。面積約4㎢。一つの集落だけからなり、地割制の名残のある畑が周辺にある。

波多浜（なんたはま）
与那国島祖納北端の祖納港のある浜。季節風の影響やリーフによって出入港が厳しかった。宮良長包作の「なんた浜」がある。

念頭平松（ねんとうひらまつ）
伊平屋村田名にある樹齢260年以上といわれているリュウキュウマツ。枝張りは20mを越す。

野底マーペー
八重山を代表する悲恋石化伝説。強制移住で引きさかれた黒色の女性マーペーが野底岳にのぼって、とうとう石になってしまったとさ。

パーントゥ
宮古島島尻で旧暦9月に現われる神。青年男子が泥をぬり体じゅうにキャンというシイノキカズラをまとって厄払いをする。上野村野平でも別形式でやる。

●用語解説18 ●沖縄の離島関連用語

ハイドゥナン
与那国島の島脱出先の伝説上の島。人頭(にんとう)税の苦痛からのがれる心のよりどころとして追いもとめた幻の島。「パイパティロー」と通じる。

波照間島 (はてるまじま)
日本最南端の島。石垣島南西約43km。面積約12km²。南側には断崖。オヤケ・アカハチ出生の地。空港、星空観測タワーもある。

鳩間島 (はとまじま)
西表島北方約5kmにある小島。竹富町に属し面積約1km²。人口流出で現在は50人弱。

久松五勇士 (ひさまつごゆうし)
日露戦争の解時バルチック艦隊発見を宮古島庁が5人の決死隊を出し、小舟で八重山までこぎわたり通報させた。その5人。国策映画にもなった。

南大東島 (みなみだいとうじま)
大東諸島最大の島。面積約31km²。典型的な隆起環礁で崖にかこまれている。八丈島の移民が原。特有の動植物が多い。糖業の島。

宮古島 (みやこじま)
宮古諸島の中心島。本島から200km、石垣島から130kmの地点で面積約158km²。なだらかなお盆形。トライアスロンが有名となっている。

宮古諸島
宮古、池間、大神、伊良部、下地、来間、多良間、水納の有人8島とその他の無人島からなる。

水納島 (みんなじま)
多良間島北西約12kmにある平たんな小島。面積約2.6km²。流刑の島であり過疎化傾向。同じ名で本島本部町沖の小島もある。

ムイアンガ
宮古地域で子守り娘のこと。実の姉妹よりも強いきずなを持つことが多い。八重山の「ムラニノアンマ」と対応する。

友利あま井 (もともあまカー)
宮古島砂川にある洞穴(天川洞窟)型の泉。河川の少ない宮古諸島のなかでも有名な飲料水源であった。

八重干瀬 (やえびし)
宮古諸島の池間島の北方にある大規模な礁原。旧暦3月3日(浜下り)には多くの観光客が訪れる。

八重山諸島
石垣、西表、波照間、黒島、小浜、竹富、新城、鳩間、由布、与那国など計12有人島とその他の無人島からなる。

由布島 (ゆぶじま)
西表島のすぐ東の砂州の小島。干潮時には西表島から歩いて渡れる。詩人のいる島。

与那国島 (よなぐにじま)
日本最西端の島。面積約29km²。晴れた日には台湾が見える。数多くの芸能の島であり、世界最大の蛾ヨナグニサンの生息地。

付録資料・索引

付録資料1 ●沖縄の「字誌」リスト

	タイトル	発行年	地域1	地域2	発行
1	琉球国慶良間島座間味邑歴史	1909	座間味村		
2	奥字の事跡	1918	国頭村	奥	
3	大東島誌	1929	南大東村		江崎龍夫
4	郷土史	1934	南部	糸満市	新垣隆一
5	伊良部村郷土史	1940	伊良部町		
6	川平村郷土史	1950	石垣市	川平	川平部落会
7	新垣部落誌	1952	糸満市	新垣	
8	与那国島誌	1957	与那国町	与那国島	池間栄三
9	羽地村字親川郷土誌	1962	名護市	親川	親川区
10	楚辺誌	1962	読谷村	楚辺	楚辺区
11	米原10周年記念誌―私たちの米原	1962	石垣市	米原	米原部落会
12	伊良部村の庶民史	1963	伊良部村		
13	郷土太田のあゆみ	1964	具志川市	太田	
14	喜如嘉	1965	大宜味村	喜如嘉	平良景太郎
15	伊豆味誌	1965	本部町	伊豆味	琉球史料研究会
16	ウフアガリ島史	1965	南大東村		
17	本部町字浦崎史	1969	本部町	浦崎	
18	波平の歩み	1969	読谷村	波平	
19	黒島史	1970	竹富町	黒島	知念政範
20	渡慶次の歩み	1971	読谷村	渡慶次	
21	儀間部落史	1971	仲里村	儀間	
22	竹富島誌	1971	竹富町	竹富島	竹富公民館
23	饒平名郷土誌	1972	名護市	饒平名	
24	大平字誌	1972	浦添市	大平	大平自治会
25	下里添上区部落分字80周年記念誌	1972	城辺町	下里添上区	下里添上区
26	八重山生活誌	1972	石垣市		宮城文
27	入植20年記念誌（米原）	1972	石垣市	米原	米原公民館
28	おきなわのふるさと竹富島	1972	竹富町	竹富島	竹富公民館
29	蟷螂の斧―竹富島の真髄を求めて	1972	竹富町	竹富島	錦友堂写植
30	小浜島誌	1972	竹富町	小浜島	小浜郷友会
31	与那国の歴史	1972	与那国町	与那国島	琉球新報社
32	村誌・たらま島	1973	多良間村		多良間村
33	残波の里―宇座誌	1974	読谷村	宇座	
34	茶山沿革誌	1974	浦添市	茶山	
35	泊誌	1974	那覇市	泊	とまり会
36	南ボロジノ島―南大東の開拓と歴史	1974	南大東村		
37	西原創立百周年記念誌	1974	平良市	西原	
38	東底原郷土史	1974	城辺町	東底原	
39	宮古島与那覇邑誌	1974	下地町	与那覇	新星図書
40	伊良部郷土誌	1974	伊良部町		大川恵良
41	屋我地郷土誌	1975	名護市		仲宗根重吉
42	登野城村の歴史と民俗	1975	石垣市	登野城	牧野清
43	バガシマホーマヌ歴史	1975	石垣市	大浜	上間貞俊・小底致市
44	呉我誌	1976	名護市	呉我	呉我区

付録資料1 ●沖縄の「字誌」リスト

45	字松田沿革史	1976	宜野座村	松田	松田教育振興会
46	仲地の今昔	1976	具志川村	仲地	
47	高野部落15年の歩み	1976	平良市	高野	
48	大浜村民俗誌	1976	石垣市	大浜	
49	川平村の歴史	1976	石垣市	川平	川平公民館
50	新城島―パナリ	1976	竹富町	新城島	安里武信
51	宜野座村松田の歴史	1977	宜野座村	松田	松田教育振興委員会
52	字屋良文化史	1977	嘉手納町	屋良	
53	愛知区の歴史	1977	玉城村	愛知	
54	八重山大浜村の郷土誌	1977	石垣市	大浜	上間貞俊・小底致市
55	黒島郷土民俗誌（黒島郷土史）	1977	竹富町	黒島	沖縄タイムス社
56	大富開拓記念史―入植25周年	1977	竹富町	大富	大富公民館
57	幸喜部落の歩み	1978	名護市	幸喜	幸喜区
58	勝山誌	1978	名護市	勝山	勝山区
59	具志堅誌	1978	本部町	具志堅	仲里松吉
60	惣慶誌	1978	宜野座村	惣慶	惣慶区
61	城原区沿革誌	1978	宜野座村	城原	城原区
62	都屋誌	1978	読谷村	都屋	
63	若松通り会20年のあゆみ	1978	那覇市	若松通り会	
64	吉野創立50周年記念誌	1978	城辺町	吉野	吉野区
65	波照間島	1978	竹富町	波照間島	加屋本正一
66	新城	1979	宜野湾市	新城	新城郷友会
67	具志川部落史	1979	具志川村		
68	黎明期の粟国	1979	粟国村		
69	崎枝の歩み	1979	石垣市	崎枝	
70	大城の今昔	1980	北中城村	大城	
71	喜良原50周年記念記録集	1980	玉城村	喜良原	
72	大里村字古堅誌	1980	大里村	古堅	与那堅亀
73	狩俣民俗史	1980	平良市	狩俣	
74	星野入植30周年記念誌	1980	石垣市	星野	星野区
75	開拓―星野部落30年のあゆみ	1980	石垣市	星野	山口忠次郎
76	水納島	1981	本部町	水納	水納島研究会
77	福山区沿革史	1981	宜野座村	福山	福山区
78	ふるさと愛知	1981	宜野湾市	愛知	
79	内間字誌	1981	浦添市	内間	内間自治会
80	故里は語る―宜野座字誌	1982	宜野座村	宜野座	宜野座区
81	みなと村のあゆみ―資料編	1982	那覇市	みなと村	
82	大浜村農村生活誌	1982	石垣市	大浜	大浜村農村生活誌編纂委員会
83	土と緑と太陽と―於茂登部落開拓25年誌	1982	石垣市	於茂登	於茂登部落会
84	かんてな誌	1983	名護市	仲尾	仲尾区
85	村の記録（伊芸）	1983	金武町	伊芸	伊芸区
86	大嶺の今昔	1983	那覇市	大嶺	大嶺自治会
87	渡名喜村史（上・下）	1983	渡名喜村		渡名喜村
88	伊野田部落入植30周年記念誌	1983	石垣市	伊野田	伊野田公民館
89	大里部落入植30周年記念誌	1983	石垣市	大里	大里公民館

付録

90	鳩間島誌―沖縄在鳩間郷友会15周年記念誌	1983	竹富町	鳩間島	沖縄在鳩間郷友会
91	内原のあゆみ	1984	名護市	内原	内原区
92	備瀬史	1984	本部町	備瀬	備瀬区
93	漢那誌	1984	宜野座村	漢那	漢那区
94	ひやむぎかなもり―写真に見る平安座今昔	1984	与那城村	平安座	平安座区
95	シマやかりゆし―先人たちの生活の記録	1984	浦添市		与座康信
96	三原のあゆみ	1984	那覇市	三原	三原自治会
97	ふる里津嘉山	1984	南風原町	津嘉山	津嘉山区
98	粟国村誌	1984	粟国村		粟国村
99	池間島史誌	1984	平良市	池間	池間島史誌刊行委員会
100	真栄里公民館の歩み	1984	石垣市	真栄里	真栄里公民館
101	与那国の歴史	1984	与那国町	与那国島	池間苗
102	根路銘誌	1985	大宜味村	根路銘	根路銘区
103	字伊是名今昔誌	1985	伊是名村	伊是名	伊是名区
104	故きを温ねて	1985	与那城村	平安座	平安座自治会
105	喜屋武の移りかわり	1985	南風原町	喜屋武	
106	比嘉部落沿革誌　1	1985	城辺町	比嘉	比嘉区
107	字誌・奥のあゆみ	1986	国頭村	奥	奥区
108	字誌・北谷	1986	北谷町	北谷	北谷区
109	宮平誌	1986	南風原町	宮平	宮平区
110	玉城村字前川誌	1986	玉城村	前川	前川区
111	与那原町当添史	1986	与那原町	当添	仲里全良
112	宮良村誌	1986	石垣市	宮良	宮良公民館
113	安和の語りぐさ	1987	名護市	安和	仲村栄正／安和区
114	じゃな誌	1987	今帰仁村	謝名	謝名区
115	湧川誌	1987	今帰仁村	湧川	湧川区
116	ういづー郷里・郷友を結ぶ	1987	下地町	上地	上地郷友会
117	稲嶺誌	1988	名護市	稲嶺	稲嶺区
118	越地誌―分字50周年記念	1988	今帰仁村	越地	越地区
119	泡瀬誌	1988	沖縄市	泡瀬	泡瀬復興期成会
120	ぎのわん	1988	宜野湾市	宜野湾	宜野湾自治会
121	なあぐすくむら誌	1988	糸満市	名城	名城区
122	黒島誌	1988	竹富町	黒島	運道武三
123	仲尾次誌	1989	名護市	仲尾次	仲尾次区
124	崎山誌	1989	今帰仁村	崎山	崎山区
125	金武区誌／戦前新聞集成	1989	金武町	金武	金武区事務所
126	仲西村の沿革誌	1989	浦添市	仲西	外間太和
127	上ノ屋誌	1989	那覇市	上ノ屋	上ノ屋互助会
128	じまむら	1989	仲里村	儀間	宮城幸吉
129	アカノコ	1990	読谷村	楚辺	楚辺区
130	八重山のすびんちゅ	1990	読谷村	楚辺	楚辺区
131	津堅島の記録	1990	勝連町	津堅	比嘉繁三郎
132	イーター島―伊計島生活誌	1990	与那城村	伊計	中石清繁
133	わったあ兼城	1990	南風原町	兼城	知念良雄
134	北大東村誌	1990	北大東村		北大東村

付録資料1●沖縄の「字誌」リスト

135	大兼久誌	1991	大宜味村	大兼久	大兼久区
136	伊差川誌	1991	名護市	伊差川	伊差川公民館
137	北里誌	1991	本部町	北里	北里区
138	字誌なかま	1991	浦添市	仲間	仲間自治会
139	泊前島町誌	1991	那覇市	泊前島	泊前島町誌刊行委員会
140	川原入植50周年記念誌	1991	石垣市	川原	川原入植50周年記念会事業期成会
141	楚辺誌一戦争編	1992	読谷村	楚辺	楚辺区
142	楚辺人	1992	読谷村	楚辺	字楚辺誌編集室
143	嘉手納町屋良誌	1992	嘉手納町	屋良	字屋良共栄会
144	栄口区10年のあゆみ	1992	北谷町	栄口	栄口区
145	胡屋の今昔写真誌―身近な歴史と文化と人々	1992	沖縄市	胡屋	胡屋共有会
146	小禄村誌	1992	那覇市	小禄	小禄村誌発刊委員会
147	玉城村冨里誌	1992	玉城村	冨里	冨里区
148	昭和初期よりの保良風俗史	1992	城辺町	保良	保良風俗史出版後援会
149	国頭村・安田の歴史とシヌグ祭り	1993	国頭村	安田	未来工房
150	仲尾次誌	1993	今帰仁村	仲尾次	仲尾次公民館
151	大中誌	1994	名護市	大中	大中誌編纂委員会
152	今泊誌	1994	今帰仁村	今泊	今泊公民館
153	金武区誌／戦前編（上・下）	1994	金武町	金武	金武区事務所
154	写真集・喜如嘉	1995	大宜味村	喜如嘉	喜如嘉誌刊行委員会
155	古我知の手さぐり記	1995	名護市	古我知	名護市史編さん室
156	瀬底誌	1995	本部町	瀬底	瀬底区
157	並里区誌／資料編・戦前新聞集成	1995	金武町	並里	並里区
158	比謝矼誌	1995	嘉手納町	比謝矼	比謝矼公民館
159	小湾字誌	1995	浦添市	小湾	小湾字誌編集委員会
160	浦添・小湾方言辞典	1995	浦添市	小湾	小湾字誌編集委員会
161	喜如嘉誌	1996	大宜味村	喜如嘉	喜如嘉誌刊行委員会
162	大南区創立50周年記念誌	1996	名護市	大南	大南区
163	羽地大川―山の生活誌	1996	名護市	羽地大川	北部ダム所・名護市
164	ゴバン型集落―済井出村の源流	1996	名護市	済井出	古堅哲
165	仲宗根誌	1996	今帰仁村	仲宗根	仲宗根公民館
166	奥の歩み（1951年原稿）	1998	国頭村	奥	奥区
167	辺野喜誌	1998	国頭村	辺野喜	辺野喜区
168	古我知誌	1998	名護市	古我知	古我知誌編纂委員会
169	辺野古誌	1998	名護市	辺野古	辺野古区事務所
170	字久志誌	1998	名護市	久志	久志区公民館
171	並里区誌／戦前編	1998	金武町	並里	並里区
172	喜名誌	1998	読谷村	喜名	喜名区
173	嘉陽誌	1999	名護市	嘉陽	嘉陽誌編集委員会
174	渡具知むら結立		読谷村	渡具知	
175	竹富部落の起源と発展		竹富町	竹富島	

付録資料2 ●「米軍海上ヘリ基地」関連年表

1995年
- 9. 4.　　米兵三人による少女（小学生）暴行事件が発生
- 9.28.　　大田知事県議会で軍用地強制使用のための「代理署名」拒否表明
- 10.21.　　宜野湾市海浜公園で「少女暴行を糾弾し、地位協定見直しを要求する県民大会」が8万5千人の参加で開催される。外に宮古と八重山で各三千人が抗議集会
- 12. 7.　　村山富市首相、太田知事に対し「職務執行命令」訴訟を提起、「代理署名訴訟」が始まる。

1996年
- 1.30.　　沖縄県、2015年を最終目標とする「基地返還アクションプログラム」を提示
- 3.25.　　福岡高裁那覇支部、大田知事に「代理署名」命じる。（敗訴した県は4月1日に最高裁に上告）
- 3.29.　　高裁判決を受けて橋本首相「代理署名」を代行
- 3.31.　　楚辺通信所（象のオリ）の知花昌一氏所有の土地、契約期限切れ（国の不法占拠へ）
- 4.12.　　普天間基地返還発表　5～7年以内　県内移設を条件で。
- 4.17.　　橋本首相、クリントン米大統領、「日米安保共同宣言」を発表（安保再定義）
　　　　　米側が嘉手納弾薬庫を有力候補地として代替ヘリ基地の新設を要求していると、琉球新報、沖縄タイムスが報道
- 4.19.　　防衛庁幹部→移転先は嘉手納弾薬庫　300ha、固定翼用の滑走路も
- 4.30.　　中部市町村会（13市町村）　県内移設反対決議
- 5. 5.　　読谷村議会は、県内移設反対意見書を決議
- 5.15.　　政府が、移設先候補地を嘉手納弾薬庫地区、キャンプ・ハンセンの2カ所に絞る。
- 6.26.　　米政府が、嘉手納弾薬庫地区、キャンプ・ハンセン、キャンプ・シュワブ内の3候補地を提案。
- 6.28.　　名護市議会→全会一致で「名護市域への移設反対決議」
- 7. 2.　　日米両政府→嘉手納弾薬庫地区を断念
- 7. 4.　　日本政府→嘉手納飛行場へ移設を検討
- 7. 9.　　名護市域への代替ヘリポート建設反対市民総決起大会（4,100人参加）
- 7.16.　　沖縄県議会→県内移設反対意見・決議
- 8. 7.　　北谷町議会　嘉手納移設撤回決議
- 8.20.　　米駐日公使　嘉手納移設は困難と
- 8.21.　　嘉手納周辺三市町村（沖縄市、嘉手納町、北谷町）長が政府に反対要請
- 8.28.　　最高裁、「代理署名訴訟」の上告審で県側の上告を棄却
- 9. 7.　　在日米軍→嘉手納統合容認
- 9. 8.　　全国で初めての県民投票、「米軍基地の縮小と地位協定の見直し」に「賛成」89％を占める。（投票率　59％）
- 9.13.　　大田知事、軍用地強制使用のための「公告縦覧代行」を応諾する。
　　　　　米政府→海上基地案を新たに提案、日本側検討始める。
- 9.17.　　橋本首相沖縄講演→撤去可能な海上ヘリポート案を沖縄へ提示
　　　　　SACOで海上ヘリポート案が正式提案される。
- 9.24.　　日米首脳会談→海上基地案を軸に調整する。
- 9.30.　　海上基地の候補地として、浦添市沖、ホワイトビーチが浮上
- 10. 4.　　沖縄市、具志川市議会で移設反対決議
- 10. 9.　　浦添市、勝連町議会が移設反対決議
- 10.30.　　大田知事→沖縄県定例議会で移転候補地の同意を条件に県内移設を容認する発言有り
- 10.11.　　沖縄漁協組合長会（36組合）→沖縄周辺海域における米軍ヘリポート基地建設反対を決議
- 10.21.　　SACO非公式協議で海上基地案で合意
- 10.25.　　沖縄中部8漁協、11市町村協議会が海上基地反対決議
- 10.30.　　勝連漁協→反対声明
- 11. 8.　　勝連町で「海上ヘリポート建設反対町民会議」結成。（51団体）
- 11.13.　　吉元副知事→中城湾（ホワイトビーチ）への移設反対（県内移設は、柔軟発言）
　　　　　大田知事→中城湾への建設反対
- 11.16.　　久間防衛庁長官→シュワブ沖有力視
- 11.18.　　名護市臨時議会→「普天間基地の全面返還に伴う代替ヘリポートのキャンプ・シュワブ水域への移設に反対する決議」を全会一致で決議
- 11.18.　　比嘉名護市長→反対表明

付録資料2 ●「米軍海上ヘリ基地」関連年表

11.19.	名護市長→県へ反対申し入れ
11.22.	名護市が政府に非公式に大浦湾埋め立て案を要請
11.23.	大田知事→シュワブ沖移設容認発言
11.29.	北部建設協議会、「埋め立て」の条件付でヘリポート建設誘致を決定
	第2回名護市民総決起大会 (2,600人参加)
12.2.	SACO最終報告(3文書)「沖縄本島東海岸沖」(シュワブを事実上特定)「短距離で離発着できる航空機の運用をも支援」(MV22オスプレイ) (長さ1,500 m)
12.14.	日本政府、海上ヘリ基地建設のための調査費に13億円を計上
12.21.	宜野湾海浜公園で「基地の整理縮小を求め、県内移設に反対する12.21県民大会」22,000人が参加。
12.24.	北部法人会→「普天間代替ヘリポート移設促進」声明(埋め立て案か陸上案を条件に)

1997年

1.14.	大田知事→ 埋め立て案に反対
1.16.	梶山官房長官、「日米両政府は、キャンプシュワーブ沖で基本合意」と言明
1.17.	「ヘリポート建設阻止協議会(命を守る会)」結成総会
1.20.	岸本建男名護市助役、ヘリポート移設反対の意見書を提出した久志区長会(久志地区13区の区長で構成)に対し「現地調査受け入れは無理」と言明。
1.20.	久志地域13区長→市長に反対意見書
1.21.	那覇防衛施設局長→名護市長へ事前調査協力要請
	★ 市長は拒否、県の同席を求める。
	★ 那覇防衛施設局長→県へ要請、県は仲介せず
1.24.	名護市の北に隣接する東村村長、沖縄自動車道の北進を条件にヘリ基地誘致を表明
1.25.	東村・高江区は村長発言に直ちに反発、「誘致に反対する区民総決起大会」を開く
1.30.	辺野古で区民自由討論会、160人参加
	名護市民会館前で「ヘリポート建設阻止北部地域総決起大会」 1,100人参加
2.10.	米海兵隊のハリヤー部隊機、沖縄・鳥島射爆場で三回にわたり劣化ウラン弾1,520発を発射していたことが発覚
	久志区長会が再度「移設反対」の意見書を名護市長に手渡す。
2.16.	防衛施設長長官がシュワブ水域視察
4.9.	比嘉名護市長→辺野古区説明会で事前調査容認発言
	「地元や漁業関係者が同意市、県が責任を持って対応するなら」と
4.10.	比嘉名護市長、大田知事も事前調査容認
	沖縄タイムス、朝日新聞世論調査発表代替ヘリポート建設「賛成」は15%「反対」64%
4.15.	二見以北10区の区長らは比嘉名護市長の説明会を拒否
4.17.	名護市漁協→ 事前調査受け入れ
	米軍用地特別措置法改正。これにより県収用委員会による公開審理を形骸化し、政府の権限で米軍用地の確保がいつでも可能となった
4.18.	県漁業制限等対策委員会が事前調査受け入れ
4.20.	市民主催の「ちゃーしんならん!ヘリポート ゆんたくフォーラムin NAGO」を開催。(260人参加)
4.21.	「命を守る会」は反対署名活動開始
4.24.	条件付誘致派による「辺野古活性化促進協議会」結成
4.28.	「ヘリポート基地を許さないみんなの会」結成、市民投票を目標にする。
4.28.	「命を守る会」が反対署名(辺野古区民)838人提出(辺野古区の小学生以上の住民の65%)
5.7.	「命を守る会」のテント小屋設置 テント小屋での監視行動始まる。
5.9.	第1回事前調査、キャンプシュワーブから調査船を出し事前調査を強行、「命を守る会」等が海上で抗議行動
5.10.	「ヘリポートいらない名護市民の会」設立
6.6.	ヘリポート基地建設の是非を問う名護市民投票推進協議会結成22団体が参加(1,300人が結集)
6.13.	那覇防衛施設局、県北部土木事務所にボーリング調査の申請書を提出
6.16.	「推進協」、県土木事務所にボーリング調査の許可の凍結を要求
6.27.	「名護市における米軍のヘリポート基地建設の是非を問う市民投票に関する条例」制定請求

付録

7.8.	市民投票条例制定請求代表者昭明書交付告示
7.9.	市民投票条例制定請求のための署名集め開始
7.12.	「命を守る会」プレハブ事務所開き
7.15.	「推進協」が主催して名護市役所前で「市民投票を成功させる総決起大会」
7.28.	県土木部河川課現地調査、環境調査の申し入れ ボーリング調査阻止緊急集会
7.29.	大田知事、橋本首相と会談し、ヘリポート建設問題で「できることは協力する」意向を伝える。
8.1.	県土建部、那覇防衛施設局に建設予定水域でのボーリング調査を許可
8.13.	名護市選管へ署名簿提出（19,735人）
8.19.	ヘリ基地建設反対県民大会（与儀公園）
8.22.	辺野古で「命を守る会」と五者協がボーリング調査阻止決起集会
8.23.	「推進協」、「連続市民フォーラム」始まる。
9.1.	海上ヘリ基地反対住民運動を支援する。「サバニ・ピースコネクション」が屋慶名港を出港
9.7.	討論会「海上ヘリポートってなんだばぁ」で海上ヘリ基地誘致は・反対派が6時間にわたって討論
9.11.	全県下で海上ヘリ基地反対を訴える「島ぐるみネットワーク」結成
9.12.	琉球新報社主催「海上基地と北部振興」ティーチインで賛成派・反対派が激論。その中で「ヘリ基地問題を一義的に国と地元の問題」とする県の姿勢には両派とも「無責任」と批判
	「命を守る会」、辺野古公民館で講演会（講師：島田善次牧師）370人参加
9.16.	市民投票条例制定本請求（有効署名数 17,539人）
9.17.	名護市9月定例議会の一般質問で海上ヘリ基地建設に関する質問が始まる
9.19.	那覇市与儀公園で「海上ヘリポート基地建設をはじめ基地の県内移設に反対する県民大会」。一方賛成派は、名護市で「名護市活性化促進市民大会」を開く
9.20.	海上ヘリ基地反対の「龍神祭」コンサートを辺野古漁港で開催
	○サバニピースコネクション、本島一周250Kmの航海を終え辺野古漁港に着く
9.24.	日米両政府、ニューヨークで「新ガイドライン（日米防衛協力のための指針）」を発表。これにより日本政府は、米軍のアジア・太平洋全域にわたる作戦行動に自衛隊の協力を約束
9.25.	名護市長、市民投票条例について、「賛成・反対」の二者択一を四者択一へと修正する意見書をつけて市議会に提案する。
	（1）賛成 （2）環境対策や経済効果に期待できるので賛成
	（3）反対 （4）環境対策や経済効果に期待できないので反対
10.2.	名護市議会 ▶市民投票条例の修正可決（四択になる。）
10.6.	「名護市における米軍のヘリポート基地建設の是非を問う市民投票に関する条例」公布
10.12.	「ヘリ基地いらない二見以北10区の会」結成総会
10.17.	推進協解散及び「海上ヘリ基地建設反対・平和と名護市政民主化を求める協議会（ヘリ基地反対協）」結成総会
	吉元政矩副知事、県議会で再任を拒否される。
10.20.	「二見以北10区の会」が監視事務所を設置
10.30.	名護市長、臨時市議会で、市民投票の実施日について「12月21日が適当であるとの結論に達しました。」と語る
11.12.	「二見以北10区の会」海上ヘリ基地建設予定地の海中・海底を調査
	那覇防衛施設局による海上ヘリ基地説明会開催
	11.12． 久志体育館、久志支所
	11.14． 羽地中体育館、屋我地中体育館
	11.18． 21世紀の森体育館、屋我地中体育館
11.20.	名護市役所包囲行動・道ジュネー（二見以北10区の会）
	反対協、市民投票勝利をめざす市民総決起大会
11.21.	復帰25周年政府式典、橋本首相が「海上ヘリポート案は現実的に最善の選択肢」と強調
	復帰25周年県民大会（与儀公園）
11.22.	住民投票イン名護（シンポジウム）
11.24.	辺野古の母親たちを中心に「海上ヘリ基地建設反対・久志13区女性の会」（宮城清子代表）結成
12.3.	秋山昌広防衛事務次官、名護市を訪れ、比嘉市長らと懇談したほか県内金融機関や県経営

— 461 —

付録資料２● 「米軍海上ヘリ基地」関連年表

12.6.	協、商工会議所などへ政府への協力を要請。
12.6.	村岡謙造官房長官、野中広務自民党幹事長代理は名護市内のホテルで市長らと懇談、ヘリ基地建設を前提に「北部振興策」メニューを提示 海上基地建設と日本の進路を問う名護シンポジウム
12.8.	鈴木宗男沖縄開発庁長官、名護市中央公民館で市長らと懇談し、基地建設を前提に振興策を示す。「国が手形を切ってくれた」と比嘉市長が言明
12.9.	那覇防衛施設局、職員二百人を動員して二人一組で名護市内を戸別訪問し、北部振興策を盛り込んだパンフレットを配って基地建設への理解を求めるローラ作戦「ゆいまーる運動」開始 沖縄タイムス、朝日新聞による共同世論調査発表。 基地建設「反対」54％「賛成」33％
12.10.	琉球新報、毎日新聞による共同世論調査発表。基地建設「反対」54％「賛成」36％
12.11.	市民投票告示
12.13.	久間章生防衛庁長官、賛成派応援のため名護入り、「ゆいまーる運動」本部として市内のホテルに設置された施設局連絡書ほか賛成派事務所を回る。辺野古では、「活性化協」を訪ね、激励
12.14.	「命を守る会」、「10区の会」の合同で「市民投票勝利、久志地域住民総決起大会」
12.19.	ＷＷＦＪ（世界自然保護基金・日本委員会）、海上ヘリ基地は、「絶滅危惧種のジュゴン及びサンゴ礁の回復に悪影響を及ぼすから建設をやめるべき」との意見書を首相、防衛庁長官らに提出。
12.21.	名護市民投票→投、開票日→建設反対票が過半数 ○投16,254票○条件付反対385票○賛成2,562票○条件付賛成11,705票
12.22.	県議会12月定例会で、吉元政矩氏の副知事再任が再び否決される。
12.24.	比嘉鉄也名護市長・橋本首相会談→ 建設受け入れと市長辞職を表明 比嘉鉄也名護市長、市会議員に辞表提出
12.27.	海上ヘリ基地建設絶対阻止！市長の受け入れ表明弾劾！政府の基地押し付け糾弾！総決起集会（市役所前）
12.31.	岸本建男名護市助役が海上ヘリ基地建設賛成派の市長候補に決定

1998年

1.6.	市長選準備会→ 玉城義和県議に出馬要請、受諾。また、名護市議の補欠選にヘリ基地反対協の代表の宮城康博氏が出馬表明
1.9.	「心に届け、女たちの声ネットワーク」が県庁で大田知事に要請それに答え、大田知事は、「皆さんの熱い思いを真摯に受け止め、間違いのない判断を下したい。」と回答
1.11.	ヘリ基地反対・市民が主人公の明るい会）結成総会
1.12.	大田知事、定例記者懇談会で、海上基地建設「拒否」を示唆
1.13.	日本テレビが海上基地建設予定地の辺野古沖1kmの海でジュゴンを撮影（野生ジュゴンの撮影は、国内で初めて） 同海域で1月26日にも撮影
1.20.	名護市民504人、比嘉鉄也前市長が市民投票の結果に反して基地建設を受け入れたのは「市民投票条例違反」で「市民の思想信条の自由を奪うもの」で「権力の乱用である」として那覇地裁名護支部に提訴。
1.21.	橋本首相、衆院予算委員会で、「沖縄県が海上基地建設を拒否した場合、県の国際都市形成構想なと大幅な見直しの可能性有り」と発言
1.22.	明るい会総決起大会
1.28.	欠員の県の副知事に宮平永出納長が、出納長に、山内徳信読谷村長が就任。
2.1.	名護市長選告示、大田知事、玉城義和候補の出陣式で応援演説。市議補欠選で対立候補がなく、宮城康博氏が無投票当選
2.6.	大田知事、「海上基地建設反対」を正式表明
2.8.	名護市長選→ 投、開票日 建設反対派の玉城候補敗れる。 ○岸本建男→ 16,253票―― 当選 ○玉城義和→ 15,103票
2.9.	岸本新市長、記者会見。「市民は、海上基地反対と振興策とのバランス感覚で投票した。これを見誤らないように行政を進めたい」「海上基地については、知事の拒否表明の段階で名護市としてこの問題は終わった。名護市は知事の判断に従う。以後は、国と県の問題である。」
3.3.	米連邦議会・会計検査局（GAO）が、日米特別行動委員会（SACO）最終報告に関する初の調査報告書を発表。その中で海上ヘリ基地建設費を五千億円と見積もり、年間維持費

は、280億円と試算、もしこれを日本側に負担させなければ、現在米政府が普天間に支出している額の71倍になると指摘また同種、同規模の海上施設がこれまでに存在しないことからくる技術的な問題、さらに施設の恒常的な運用がサンゴ礁など周辺の海洋汚染を引き起こす可能性があることなどを指摘した。

4.8.	反対協→岸本名護市長ヘヘリ基地建設反対で要請
	反対協→太田知事ヘヘリ基地建設反対で要請
4.19.	沖縄市、具志川市長選告示
	「命を守る会」98総会（辺野古コミニティーセンター）
	「命を守る会」第2回総会で新役員（代表西川征夫から複数代表になる。）が決まる。
	代表　金城祐治，島袋　等，宮里武継の三人
4.25.	「ヘリポートいらない名護市民の会」総会
4.25.	「二見以北10区の会」総会
4.27.	「ヘリ基地反対名護市民投票裁判」原告団決起集会（瀬嵩公民館）
	憲法講演会（沖大　佐久川教授　名護労福センター）
4.28.	「ヘリ基地反対名護市民投票裁判」第1回公判（那覇地裁）
5.17.	5．15平和とくらしを守る県民総決起大会（普天間中）普天間基地包囲行動
5.21.	防衛施設庁への抗議集会
6.5.	ヘリ基地反対協総会（大中公民館）
6.14.	まよなかしんやコンサート（命を守る会）
	「エコネット美」初興し（瀬嵩）
6.17.	大田知事訪米報告会（宜野湾市）
	シマプクロ宗康北部総決起集会（名護市民会館）
6.23.	国際反戦集会（ひめゆりの塔）
6.25.	参議院選公示
6.28.	平良市長選告示
6.30.	「ヘリ基地反対名護市民投票裁判」第2回公判
7.5.	平良市長選投、開票日（伊志嶺市長再選なる。）
7.12.	参議院選投、開票日（島袋宗康氏再選される。）
7.23.	防衛施設局へ抗議
7.31.	ヘリ墜落事故抗議集会（反対協）宜野座村福山区
8.19.	「ヘリポートいらない名護市民の会」解散総会
9.22.	「ヘリ基地反対名護市民投票裁判」第3回公判
11.15.	沖縄県知事選挙　北部への軍民共用空港建設を提案する稲嶺恵一氏が当選
12.8.	「ヘリ基地反対名護市民投票裁判」第4回公判
12.21.	市民投票1周年　ヘリ基地反対協・臨時総会（名護市労働福祉センター）

1999年

1.21.	「ヘリ基地ちゅくらさんどー与勝の会」結成
2.13.	「軍事基地に反対する市民団体連絡協議会」が再結成
3.8.	「像のオリの移設に反対する会」金武町長と町議会に住民投票実施要請
3.13.	反対協シンポ「もう一度考えよう名護市民投票都基地の県内移設」
3.16.	市民投票訴訟第5回公判
4.5.	「ヘリ基地に反対し島を守るチキンチュの会」勝連町長に反対要請
4.13.	ガイドライン反対県民大会（那覇市与儀公園）
4.24.	命を守る会総会
4.22.	防衛施設局と米国領事館に「国頭村安波沖ヘリ墜落事故に関する申し入れ」
4.26.	反対協第一回名護市民講座「那覇軍港の浦添移設問題」
4.28.	「やんばるの基地建設に反対し、戦争法案の廃案めざす四・二八やんばる集会」
4.29.	サミット沖縄県名護開催決定
5.11.	ハーグ平和市民会議開催　オランダ
5.13.	平和行進
6.8.	反対協報告集「名護市民燃ゆ」出版祝賀会・市民投票推進協二周年
7.5.	名護市への『クリントン発言に関連する申し入れ』
7.6.	第2回市民講座『サミットと基地の県内移設』（市民会館）講師・佐久川政一沖大教授
7.9.	県知事へ『サミットを圧力とした普天間基地の県内移設反対に関する申し入れ』駐米大使へ『サミットを圧力とした普天間基地の県内移設反対に関する申し入れ』

付録

付録資料2 ●「米軍海上ヘリ基地」関連年表

8.9.	記者会見『ヘリ基地建設押し付けを狙う日米両政府の一連の動きに対する抗議』
8.13.	『サミットを利用したヘリ基地建設を許さない市民決起集会』（名護市役所前広場）
8.14.	『沖縄から基地をなくし世界の平和を求める市民連絡会結成総会』
8.20.	県知事へ『軍民共用空港など普天間基地の県内移設反対と米軍ヘリ不時着事故に関する申し入れ』（8,13集会決議文手交）
9.2.	記者会見『県民無視の基地の県内移設選定作業に抗議し、作業の中止と基地の県内移設反対普天間基地の全面返還を求める声明』
9.3.	県知事へ『基地の県内移設選定作業の即時中止を求める申し入れ』 『普天間基地の代替地選定に反対する緊急集会』（平和センター） 『基地の県内移設反対県民会議（仮称）』意見交換会（社大党県控室）
9.8.	県知事へ『県民無視の基地の県内移設の反対する共同声明』（浦添・与勝・宜野湾各市民団体と反対協4者連名）
9.9.	『第4回総会・記念講演』（講師：山内徳信氏）（大中公民館）
9.24.	辺野古行政区、『普天間基地移設陸上案・埋め立て案反対』決議
9.27.	辺野古行政区、市と市議会に『普天間基地移設陸上案・埋め立て案反対要請』 『県民会議結成総会』（宜野湾市民会館） 名護市議会『新空港建設促進決議案』否決 久志行政区、『普天間飛行場の代替ヘリ基地建設反対』決議
9.29.	県民会議、県へ『県内移設作業取り止めの要請』（27日結成総会採択アピール文手交）
10.5.	市民投票裁判8回公判（証人尋問）（那覇地裁） 『基地はいらない平和を求める宜野湾市民の会結成大会』（宜野湾市社会福祉センター）
10.14.	県議会傍聴・座り込み〜翌日未明まで
10.15.	県議会抗議集会　19：00 ジュゴン基金設立（瀬嵩公民館）
10.16.	勉強会「基地の県内移設問題と平和資料館問題」／講師：玉城義和顧問（労金2F）
10.20.	平和祈念行脚（名護市役所〜辺野古）
10.22.	名護市長への申し入れ　県民会議緊急集会　県民会議宜野湾市長への要請行動
10.23.	『普天間基地・那覇軍港の県内移設に反対する県民大会』（宜野湾市海浜公園・野外場）
10.28.	県へ県民大会決議書手交（対応：石川副知事）
11.1.	名護市へ県民大会決議文手交
11.4.	平和市民連絡協運営委員会　護憲大会・パネルディスカッション（メルパルク沖縄）
11.5.	北部市町村会長への申し入れ（北部会館）
11.8.	命を守る会・名護市へ申し入れ
11.10.	命を守る会懇談会
11.11.	北部市町村議員懇談会（労金2F）
11.13.	「平和行進」辺野古出発〜名護市決起集会
11.18.	ヘリ基地反対集会（主催：沖教組中頭支部／中頭会館）
11.19.	名護市へ 11.13 決議文（対応）助役　名護市へ移設受入拒否要請（名護市職労）
11.22.	抗議集会（市役所前広場）
11.23.	決起集会（県民会議／県庁前広場）
11.26.	座り込み総括集会（県民会議／県庁前ひろば）ヘリ基地反対・決起集会（主催：沖教組／支部ホール）
11.26.〜29.	沖縄国際シンポジウム（佐敷町厚生年金センター）
12.1.	『対話集会』県との交渉（知事公室長）
12.4.	名護決起集会（名護市役所前広場）
12.6.	名護市への申し入れ　辺野古区長への申し入れ　ヘリ基地反対決起集会（県職労／八汐荘）
12.15.	県へ 12.4 決議文手交
12.16.	北部市町村会長へ　商工会へ　観光協会へ 退職女教師の会名護市へ要請／地区労決起集会（労福センター）
12.19.	ヘリ基地反対久志地域総決起大会（主催：守る会・十区の会）辺野古公民館
12.21.	県民大会（与儀公園／主催：県民会議）（市民投票2周年）
12.23.	緊急抗議集会　満月・祈り・御万人まつり（瀬嵩の浜）
12.24.	ヘリ基地誘致決議糾弾・緊急抗議集会（市役所前）
12.27.	抗議集会　リコール宣言記者会見
12.28.	岸本市長の受け入れ表明糾弾！市民集会（市役所前広場）
12.31.〜1.1.	平和の火を2000年へ（10区の会）

付録資料3 ●戦後・米兵による沖縄女性への犯罪

※「基地・軍隊を許さない行動する女たちの会」編

付

1945年
3.26	沖縄戦で米軍がはじめて座間味村に上陸。数ヵ月後、米兵による強姦事件は発生。二人の女性を拉致してボートで連れだし、裏海岸で強姦したあと放置。(容疑者不明)
4	米軍上陸後、強姦が多発し、各地域で住民による自警団が結成される。
8月前	病気で野戦病院に入院している少女を、父親の前で米兵が強姦。父親は娘を連れて病院を出ていく。(逮捕されるが不明)
8.16	25歳の女性、義母と野菜を摘んでいたところ、3人の米兵に山中に連れ込まれ強姦される。(玉城村) 容疑者不明
8.20	義母と食糧さがしのため海岸に出た19歳の女性、米兵につかまり強姦される。翌年4月、男児を出産(玉城村) 容疑者不明
8.21	友人二人と、子どもをおぶって薪取りに出かけた31歳の女性米兵3人に拉致され、消息を断つ(宜野座村) 容疑者不明
9.8	子どもをおぶってヨモギを摘んでいた39歳の主婦、4人乗りの米兵のジープで拉致され、カーブで道端に放り出される。背中の子どもは死亡(羽地村) 容疑者不明
9.24	男性二人と石川の収容所に親戚を訪ねていく途中の19歳の女性、子どもをおぶったまま3人の米兵に拉致される。男性二人は米兵に銃をむけられ、抵抗不可能。母子は2年後に白骨死体でみつかった(石川市) 容疑者不明
10.24	46歳の女性、道路で米兵二人に襲われそうになり、崖下に飛び降りて大腿骨折。その後、追ってきた二人に強姦される(本部町) 容疑者不明
10.25	家屋を失って岩の下で居住していた35歳の女性、夜トイレからの帰りに米兵二人に強姦される。翌年8月、男児を出産(知念村) 容疑者不明
この年	宜野座米軍野戦病院に収容された重傷の女性を、MPが強姦するのを沖縄人労働者が目撃。容疑者不明

1946年
1.6	芋掘りをしていた29歳の女性、2人の米兵に強姦される(石川市) 容疑者不明
1.21	草刈り作業中の19歳の女性、米兵に森のなかに連れ込まれ、ナイフで頬を切られたあと強姦される。その後妊娠、女児を出産する(兼城村) 容疑者不明
3.10	農作業中の30歳の女性、米兵3人に拉致、強姦される。12月に男児を出産。彼女の姉も、前年、出産直後寝ていたところを米兵に拉致されそうになったが、住民の騒ぎで未遂に終わった(具志川村) 容疑者不明
4.6	19歳の女性、芋掘り作業から帰る途中、米兵4人に拳銃で脅され、交代で強姦される(浦添村) 容疑者不明
4.7	芋掘り作業から帰る途中の26歳の女性、米兵6人にGMCトラックで拉致され、防空壕内で強姦される(北谷村) 容疑者不明
4.7	夕食を終えて夫と雑談中の28歳の女性、土足のまま部屋に侵入してきた米兵3人に夫の前で強姦される(首里) 容疑者不明
4.16	米兵3人の乗ったトラックに便乗した21歳の女性、車が海岸にさしかかった際引きずり下ろされ、海岸で3人に強姦される(大宜味村) 容疑者不明
5.20	午後11時頃、芋掘りをしていた29歳の女性、米兵に拉致され付近の山中で強姦される(真和志村)
6.7	40歳の女性が、収容所から自分の畑に芋掘りに行く途中、山中から出てきた米兵につかまり、強姦される。息子から知らせを聞いて救出にかけつけた住民は、拳銃を威嚇され、近寄ることができなかった(具志川村) 容疑者不明
6.9	25歳の女性、畑に行く途中、3人の米兵に拉致され強姦される(小禄村) 容疑者不明
6.11	35歳の女性、知人とともに、知人の友人である日本人二世兵士のジープに乗ったところ、二世兵士の兵舎に連れて行かれ強姦される(石川村) 容疑者不明
6.13	農作業中の25歳の女性、米兵3人に拉致され、近くの山中で強姦される(首里市) 容疑者不明
6.22	午前0時半ごろ、就寝中の46歳の女性宅に米兵3人が侵入し拳銃で強迫。軍部隊の兵舎に連れ込み、強姦(小禄村) 容疑者不明
6.22	午前4時頃、民家に米兵3人が雨戸をこじあけて侵入し、19歳の女性を拉致、山中で強姦する(南風原村) 容疑者不明
6.25	午後6時頃、農作業帰りの17歳の女性が4人の米兵に拉致され嘉手納海岸で強姦され

付録資料3 ●戦後・米兵による沖縄女性への犯罪

		る（南風原村）容疑者不明
	6.29	午後6時頃、芋掘りを終え帰宅中の23歳の女性が5人の米兵に拉致され、那覇にある兵舎内で強姦される（南風原村）容疑者不明
	6.29	米兵6人が通行中の男女と出会い、26歳の女性をかばおうとした男性はテント棒で暴行を受け、女性は拉致され強姦される（美里村）
	7.13	正午すぎ、29歳の女性が米兵の残飯から食べ物を採っていたところを付近の原野に拉致され、米兵11人に強姦される。女性は陰部裂傷の重傷を負う（豊見城村）容疑者不明
	7.15	軍陸捨場で建築用資材を拾っていた43歳の女性が米兵2人に近くの山野に拉致され、強姦される（首里市）容疑者不明
	7.19	午後1時頃、農耕中の54歳の女性が4人の米兵に拉致され近くの原野で強姦される（浦添村）容疑者不明
	7.20	午後1時頃、農作業を終えて帰宅途中の16歳の女性が、米兵6人にGMCトラックで拉致され、原野で強姦される（浦添村）
	7.20	洗濯をしていた50歳の女性が付近の山野に連れ込まれ、2人の米兵に強姦される（浦添村）
	7.26	川に洗濯に出かけた34歳の女性、行方不明になる。8月1日に死体で発見されるが、口にボロぎれが詰め込まれていたことと、住民の立ち入り禁止地区で発見されたことから、米兵による強姦、殺害と推定された（北谷村）容疑者不明
	8.3	南風原出身の41歳の女性、墓参りを終えて帰るとこを米兵のトラックと出会い、逃げようとしたが捕まってトラックに乗せられ、真和志村上之屋兵舎内で強姦される。容疑者不明
	8.10	農作業中の42歳の女性、米兵に見つかり畑において強姦される（宜野湾村）容疑者不明
	8.21	農作業帰りの45歳の女性、トラックに乗った米兵らに拉致され、現場から1キロ離れた所で2人の米兵に強姦される（南風原村）容疑者不明
	8.21	茅運搬作業中の住民の前に米兵が現われ、馬車の上で積み込み作業をしていた24歳の女性だけが逃げ場を失い、ナイフと突きつけられて強姦される（具志川村）容疑者不明
	8.30	芋の積み込み作業をしていた24歳の女性、米兵につかまって強姦されそうになったところを抵抗。ナイフで切りつけられ重傷を負う。数人の男性の騒ぎで米兵は逃げてしまう（具志川村）容疑者不明
	9.15	真和志村出身の24歳の女性、那覇からの帰途、米兵2人にトラックで拉致され、宜野湾野嵩方面の山中で8人の米兵に強姦される。容疑者不明
	9.15	芋掘りの帰りの45歳の女性が、米兵につかまり付近の芭蕉畑で強姦される（首里市）容疑者不明
	9.15	南風原村を夫と歩いていた47歳の女性、トラックに乗った4人の米兵に拉致され読谷村の山中で強姦される。容疑者不明
	10.4	午後3時頃、畑に行く途中の29歳の女性がジープに乗った米兵に拉致され、南風原付近の川沿いで2人の米兵に強姦される。さらにジープに乗せられて嘉手納付近の米軍兵舎に連れ込まれ、翌日午後0時半までに合計3人の兵士に11回強姦される。容疑者不明
	10.7	米兵2人が、芋掘り中の39歳の女性を山中に担ぎ込み強姦、女性は必死に抵抗し、悲鳴を聞いた部落民が駆けつけ米兵らは逃げた（具志川村）容疑者不明
	10.8	芋掘りに来ていた42歳の女性、米兵に強姦される（首里市）容疑者不明
	10	農作業中の39歳の女性、米兵3人に山中に連れ込まれて強姦される（具志川村）訴えず
	12.19	友人と帰宅途中の48歳の女性が、一日橋付近で監視中の米兵に追跡され、兵舎内に連れ込まれたあと2人の米兵に強姦される（真和志）容疑者不明
	この年	二人の子どものいる女性、自宅近くの井戸で洗濯しているとこを米兵に強姦され、男児出産。夫は家を出る（勝連村）容疑者不明
	この年	26歳の女性、米兵に強姦され女児出産。子どもは女性の母親が引き取り、女性は南米へ移住（勝連村）・容疑者不明
1947年		
	1.10	友人から帰宅途中の40歳の女性、米兵3人の乗ったダージー車で美里村から嘉手納在米軍兵舎に連れ込まれ、交代で強姦される。容疑者不明
	2.1	母親と畑の除草中の24歳の女性が、ジープで乗り付けた米兵2人に林の中に連れ込まれ、強姦される（美里村）容疑者不明
	2.16	3人の米兵が歩行中の26歳の女性をトラックで拉致し、古屋敷の中でピストルを突きつけ強姦。女性は右上下瞼打撲症、左上膣壁擦過傷を負う（宜野湾市）容疑者不明
	3.3	ソテツ採取から帰宅途中の23歳の女性が、米兵にトラックで拉致され山中で強姦さ

付録

れる。現場を発見した女性の父親が山刀で米兵に切りつけようとしたが、トラックで逃走（恩納村）容疑者不明

3.4 石川市で友人の病気見舞いに行く途中の36歳の女性、米兵3人の乗ったトラックに引きずり込まれ、読谷村喜名の米軍兵舎内で強姦される。容疑者不明

3.10 午後11時半頃、結婚式から帰る途中の30歳の女性を米兵がトラックに投げ込み、米軍兵舎内で米兵2人が強姦（真和志村）容疑者不明

3.14 米兵2人が、夫と帰宅途中の36歳の女性をトラックで通行妨害し、拉致して若狭の墓地で強姦。さらにコンセット兵舎に担ぎ込み、他の米兵3人で女性を強姦する（首里市）容疑者不明

3.15 米兵5人が夫と帰宅途中の40歳の女性をトラックで拉致、古屋敷で輪姦する。夫の引き渡し要求を無視し、女性を元高橋町兵舎跡に連れ込み3人が強姦、さらに待機していた5人が強姦、合計13人の米兵に強姦される（真和志村）

3.18 3人の米兵が通行中の21歳の女性を付近の畑に連れ込み、その中の1人がピストルを突きつけ強姦、他の2人は部落内の非常警鐘が乱打され現場から逃走した。女性は左顔面打撲傷を負う（中城村）

3.28 友人宅へ行こうとしていた、33歳の女性を3人の米兵が拉致し、付近の墓地で強姦。一緒にいた連れの男性も散々の暴行を受けた。女性は左側腟内擦過傷（越来村）

3 大勢の人たちと農作業をしていた女性、逃げおくれて3人の米兵に拉致、強姦される。後に男児を出産（具志川村）訴えず

4.12 山で薪取りをしていた29歳の女性、背後から米兵4人に抱きつかれ、その場で強姦される。女性は腟壁擦過傷および腟壁溢血を負う（越来村）容疑者不明

4.15 芋掘りをしていた31歳の女性を3人の米兵が囲み、前に立ちふさがっている1人が芋を掘ってあげると手まねをし、女性から鍬を取り上げた瞬間、後方の2人に抱き倒されて口に板切れをかまされ、その場で強姦される（具志川村）容疑者不明

5.8 34歳の女性給仕、所用で出かけてもどる途中、米兵に拉致され、浜辺で強姦される。農作業中の人たちに助けを求めたが助けられなかった（大宜味村）訴えず

5.18 薪取りの帰りの38歳の女性が、米軍所属の兵士2人に取り囲まれ、付近の山中で強姦される。その後、兵士の指笛の合図で現われた米兵5人にも強姦される（越来村）容疑者不明

6.6 米軍所属の兵士は、農耕中の親子のうち母親を脅迫して20歳の娘を拉致し、近くの松林に連れ込んで強姦する。目撃者は救助に行ったが、兵士は逃走。女性は腟内部裂傷を負う（美里村）

7.27 帰宅途中の20歳の女性が、那覇在MP隊前で米軍トラックに便乗したが、米兵に行き先を嘉手納1949部隊に変えられ部隊兵舎に連れ込まれて強姦される（嘉手納村）容疑者不明

8.20 外出から帰ってきた24歳の女性、屋敷にひそんでいた米軍所属の兵士に強姦されそうになり、抵抗したところをナイフで刺殺される。犯人はMPによって逮捕される（コザ市）不明

8.31 帰宅途中の22歳の女性が、米兵の乗ったGMCトラックで拉致され、疾走中の車の上で2人に強姦される。さらに大宜味村津波城付近で下ろされ8人に強姦される。再びトラックに乗せられ羽地方面に進行中、車内で兵士2人に強姦される。強姦にかかわった米兵は合計8人（名護町）容疑者不明

8.31 28歳の女性が夫と旧盆に行く途中、ライトを消して停車している米軍ジープを発見。畑を横切り難を避けようとしたが、米軍所属兵士5人に取り囲まれる。夫は3人に取り押さえられ、女性は2人の兵士に強姦される（具志頭村）容疑者不明

9.9 28歳の女性、自宅にピストルを持った米兵が侵入したため、いったん逃げるが、生後6か月の子どものことが気になり、もどってきたところを畑に引きずり込まれて強姦され、ピストルで殴打されて死亡（コザ市）逮捕されるがその後不明

9.22 27歳の女性、就寝中、4人の米兵が四分の三トラックで乗り付けて侵入され、夫が部落民に救助を求めようと、外に出たところを拉致される。停車した車の中で4人に強姦される。外陰部裂傷を負う（東風平村）容疑者不明

10.1 就寝中だった28歳の女性、拳銃を持った米兵に侵入され、逃げだしたところを捕まって畑の中で強姦される。さらに拳銃で頭部を滅多打ちされ、ほおぼねおよび側頭骨骨折並びに脳内損傷で死亡（越来村）

10.7 28歳の女性、物々交換の目的で1人の米軍所属の兵士にバナナを渡し交換の石鹸を受

— 467 —

付録資料３ ●戦後・米兵による沖縄女性への犯罪

		け取ろうとしたところ、他の米軍所属の兵士2人に付近の物置倉庫に拉致され強姦される（小禄村）容疑者不明
	10.19	腹痛で休んでいた27歳の女性の自宅に2人の米兵が侵入。包丁を持ち出し、女性の夫と義母を縛り上げその面前で強姦する（具志頭村）容疑者不明
	10.22	畑を開墾中の42歳の女性、米軍所属の兵士2人に芋畑で強姦される。その時9歳になる養子が、母親を助けようと抵抗したが兵士に投げ飛ばされ手首と肩を脱臼（具志川村）容疑者不明
	10.23	友人宅にいた19歳の女性、友人の知り合いの米兵二人に強姦される（具志頭村）容疑者不明
	10.29	農作業中の58歳の女性、背後から抱きつかれてその場で強姦される（高嶺村）容疑者不明
	11.4	通行中の24歳女性、米軍所属の兵士の運転するトラックに放り込まれ部隊の倉庫裏で兵士らに強姦される。その後宿舎に連れ込まれ、他の米軍所属の兵士2人にも強姦される。さらに先に強姦した兵士1人が舞い戻って宿舎内で2回強姦される。強姦した兵士の数は5人にのぼる（大里村）容疑者不明
	11.5	農作業に行く途中の37歳の女性、背後から米兵に右手を掴まれ大声を出すが、米兵に押し倒され強姦されそうになる。女性は米兵の右手に噛みつき抵抗したため、顔面を14、5回殴られる。部落民の気配で米兵は逃走。女性は顔面打撲症で治療三週間の傷を負う（読谷村）容疑者不明
	11.11	17歳の女性、面識のある米軍所属の兵士3人のジープに同乗を勧められて乗ったところ、勝連村にある兵士らの宿舎に連れ込まれ強姦される（勝連町）容疑者不明
	11.16	34歳の女性、茅刈り作業中に背後から米兵に草刈り鎌を奪われ、拉致されて強姦される（真和志村）容疑者不明
	11.27	草刈り中の26歳の女性、米兵が所持していたサトウキビで頭を殴られ、馬乗りされて強姦されそうになったため、鎌で米兵の顔面に切り付けようとしたが、鎌を奪われ前頭部と右中指に傷害を負う（真和志村）容疑者不明
	12.25	道路通行中の18歳の女性、米兵に拉致され近くの山中で強姦される。その際、米兵は女性が泣き叫ぶのを制止しようと、鉄拳で顔面を殴打し、顔面、頭部裂傷の傷害を与える（越来村）
	この年	真和志村の女性が豊見城村嘉数部落から自宅へ忘れ物を取りに帰った際、米兵に強姦される（豊見城村）訴えず
1948年		
	1.7	27歳の女性、農作業中、米兵に近くの山中に拉致され強姦される（北谷村）容疑者不明
	2.9	道路溝に車輪を落とし、他の車に応援を求めようとしていた21歳の女性、米兵と鉢合せになり後方から抱き倒され、道路溝で強姦される（南風原村）容疑者不明
	2.23	ローボーを運転していた米兵、芋掘りに行く途中の19歳の女性を見つけいきなり車を停止、女性を追いかけ道路に押し倒し強姦する（西原村）容疑者不明
	3.5	午前5時頃、36歳の女性の家に米軍所属の兵士が侵入、寝床に入って女性を抱き倒し、銃を突きつけその場で強姦（具志川村）容疑者不明
	3.26	ジープに乗った米兵2人が、山中で薪取り帰りの24歳の女性とその夫に出会い、初めは夫に煙草を与え女性との情交を求めるが、応じないためナイフで脅迫、夫をねじ伏せて女性を強姦する（石川市）容疑者不明
	5.7	42歳の女性、友人2人との帰り道、米兵に監視小屋に拉致され、銃で脅迫のうえ強姦される（美里村）容疑者不明
	5.8	芋掘り作業中の18歳の女性、米軍所属の兵士2人につかまり畑の中で強姦される（具志川村）容疑者不明
	5.9	17歳の女性の家に米軍所属の兵士3人が来て女を要求し、女性を見るなりいきなり抱き抱えて門前で6発威嚇発砲し、付近の山中に拉致、強姦する。その後米軍用小銃二丁を所持威嚇しながら逃走（宜野湾村）容疑者不明
	5.17	就寝中の18歳女性宅に、米軍所属の兵士6人が侵入し女性を拉致しようとしたが家族全員で抵抗、兵士の1人が威嚇発砲し、女性を山中へ拉致、部落民の非常用酸素ボンベが乱打されたが、なお発砲応戦し付近において1人に強姦される（西原村）容疑者不明
	7.11	外出途中の19歳の女性、米軍所属の兵士1人に抱き抱えられ一緒にいた叔父が拳銃をつきつけられる。兵士の合図で別の兵士が来て、女性の顔面を殴って強姦する（宜野湾村）容疑者不明

— 468 —

付録

7.26	洗濯にきていた34歳の女性、米兵に拉致され、女性は5日後の8月1日に死体で発見される。死体は強姦され重石を胸部にのせられ数人による犯行とされる（嘉手納村）容疑者不明
7.28	芋掘り帰りの21歳の女性、後方から来た米軍所属の兵士に溝に押し倒され、雑木林の中で強姦される、さらに別の米軍所属の兵士が強姦しようとしたとき、女性を迎えにきた兄を見て現場から逃走（具志川村）容疑者不明
7	中部農林高校の寄宿舎が台風で破壊されたため、民家に下宿していた女子高生、家主の知り合いの米兵に強姦される。助けようとした家主はナイフで切りつけられる（具志川村）不明
8	米軍所属の集団に女性が拉致される。救出に行った地元の男性二人のうち、一人は殺され、一人は負傷。容疑者不明
9.3	17歳の女性の家に米軍所属の兵士3人が現われ、逃げようとするところを頭髪をつかまれ、1人の兵士が2発、3発と威嚇発砲をして女性を原野に引きずり込み強姦する（浦添村）容疑者不明
9.5	芋掘り中の20歳の女性、拳銃を持った米軍所属の兵士が近寄り、山野へ拉致され1人に強姦される。他の1人はピストルで警戒をし交替で強姦する（具志川村）容疑者不明
9.12	歩行中の20歳の女性、米軍所属兵士2人に旭橋付近で強姦され、さらに現場から壺屋向け、別の米軍所属兵士のグループにつかまり強姦される。その後、身装を整え草むらからでて少し歩いたところをカービン銃を持った米軍所属兵士に拉致され514部隊兵舎内において待機中の約20人の米軍所属兵士に輪姦される（那覇市）
この年	帰宅途中の高3の女生徒、男生徒二人とともに米軍トラックに乗ったが強姦されそうになり、走行中のトラックから飛び下り死亡（勝連村）容疑者不明

1949年

1.9	14歳の女性が芋掘りからの帰宅途中、カービン銃を持った米軍所属の兵士が現われ、女性が逃げようとしたところを押し倒し、口を押さえ右足で肩を踏み左で着衣をぬぎとり強姦する（石川市）容疑者不明
1.27	ジープに乗った米兵に拉致された23歳の女性、66TT部隊コンセットで素っ裸にされ強姦される。翌朝には別の兵舎に連れ込まれ20人余の米兵に強姦される（那覇市）容疑者不明
1.31	農作業へ行く途中の65歳の女性、米兵が来るのを見て引き返そうとしたが、空屋敷に引っ張り込まれ、鉄拳で顔面を2、3回殴られ、強姦されそうになったところを長男に助けられる（越来村）容疑者不明
2.13	家で留守番をしていた23歳の女性、ハイヤーで乗り付けた米兵4人に強姦される（本部町）容疑者不明
2.15	芋掘り中の31歳の女性、米兵2人に山林に連れ込まれ交互に強姦される（北谷村）容疑者不明
3.20	道端で男友達と話をしていた20歳の女性、背後から4人の米兵と1人の米軍所属の兵士に襲われる。連れの男性が暴行されているすきに逃げ出したが、再び捕まり与儀試験場構内の森の中で5人の兵士に強姦される（那覇市）容疑者不明
4.3	モズク採取をしていた20歳の女性、米兵に波打ち際で押し倒され海中で強姦される。再び別の米兵に砂浜で強姦されそうになったところを部落民が駆けつけ、米兵は逃走（大里村）容疑者不明
4.5	21歳の女性が芋掘り作業中、米兵が来て拳銃で脅迫のうえ、付近の原野に連れ込み強姦する（浦添村）
5.2	夫と帰宅途中の26歳の女性、10人くらいの米兵に襲われ5、6人は夫を取り囲み、女性はほかの米兵の泊エンジニア部隊の2階に連れ込まれ、5人に強姦される（那覇市）容疑者不明
5.11	56歳の女性、畑に昼食を届けようとしているところを米兵2人につかまり強姦される（西原村）容疑者不明
5.25	畑からの帰宅途中、米兵に襲われた35歳の女性、逃げ場を失い塵捨場内で強姦される（石川市）容疑者不明
6.18	薪取り帰りの26歳の女性、米兵2人の乗ったトラックに拉致され、読谷飛行場の滑走路上で強姦される（読谷村）
7.2	所用の帰りに米兵の運転するトラックに乗せてもらった22歳の女性、助手席に乗っていた米兵が女性の側に移動し、疾走中の車内で強姦される（真和志村）容疑者不明

— 469 —

付録資料3 ●戦後・米兵による沖縄女性への犯罪

	7.20	高校の全校生水泳練習を見学していた16歳の女性、通りかかった3人の米兵のうち、1人が女性を押し倒し強姦しようとしたところを生徒に発見され、先生が駆けつけ救助する。米兵は逃走する際、頭部を石でたたかれ傷害をうける（真和志村）容疑者不明
	8.21	米兵から女性を要求された沖縄の男性、就寝中の34歳の女性を起したところ米兵がその女性を拉致、強姦する（石川市）容疑者不明
	9.14	生後9か月の赤ちゃんが米兵によって強姦される。不明
	12.27	トリイステーション近くで薪拾い中の15歳の女性、友人12〜13人と休んでいるところを米兵に拉致され、ススキのなかで強姦される（読谷村）容疑者不明
	12	米軍部隊のメイドとして働いていた17歳の女性、兵隊宿舎の中で米兵に強姦される。翌年、女児を出産（具志川村）訴えず
1950年		
	3.29	男性の友人の運転する車で帰宅途中の20歳、21歳の女性、後方からきた米兵二人の車に止められて拉致され、モータープールに停車中のトラックの中で強姦される（宜野湾村）容疑者不明
	5.17	夜11時ごろ、那覇市内で芝居見物帰りの32歳と28歳の女性、15人の米兵にカービン銃で脅迫され連れ去られ、一人が6人の米兵に、またもう一人が8人の米兵に強姦される。不明
	5.24	芝居見物から帰宅した26歳の女性、自宅で着替えをしようとしたところを米兵5人に乱入され、大声を出したがハンカチで口を覆われて拉致される。住民が騒ぎを聞きつけて助けだそうとしたが、3人の米兵は逃げ、二人の米兵に畑に連れ込まれて強姦される（石川市）容疑者不明
	7.5	民家にフィリピン兵が侵入してピストルを乱射。主婦が捕まって強姦される（具志川村）容疑者不明
	7.9	自宅で同居人とその友人の3人で談笑していた29歳の女性、下半身を露出したエンジニア部隊の米兵に抱きしめられ抵抗するが、男性二人の前で強姦される。二人は別の米兵に監視され、抵抗できず（読谷村）不明
	7.12	夕食の支度をしていた46歳の女性、土足で上がり込んできた米兵二人に野戦用寝台の上で強姦される（読谷村）容疑者不明
	7.17	27歳の女性、土足で入ってきた米兵につかまり、自宅の奥座敷で強姦される（具志川村）容疑者不明
	8.13	道路を歩いていた40歳の女性、草むらから出てきた二人の米兵に追いかけられてつかまり、道路の側溝に落とされて二人に二回ずつ強姦される（北谷村）容疑者不明
	8.14	友人宅に宿泊した26歳の女性、116憲兵隊のMP二人に売淫容疑を理由に連行されたが、取り調べを受けることなくジープで自宅に送られるが、途中、畑に連れ込まれて強姦される。（宜野湾村）不明
	10.27	知人二人とともに米兵4人の乗ったトラックに便乗した22歳の女性、後部座席で一人の米兵に強姦される（首里市）不明
	12.9	25歳の女性、自宅に刃物を持って侵入してきた米兵に着衣をはぎとられ、強姦される（真和志村）容疑者不明
	この年	20代の女性、自宅近くで米兵に強姦される。3か月後日本人男性と結婚するが、翌年、米兵の子を出産（具志川村）容疑者不明
1951年		
	2.8	午後8時頃、住宅街を歩いていた31歳の女性、米兵につかまって殴打され、近くの空き家に連れ込まれて強姦される。さらに外に出ようとした女性の髪をわしづかみし、水たまりに落として散々の暴行を加える（美里村）容疑者不明
	2.18	友人宅で雑談中の19歳の女性、施錠した玄関をこじ開け侵入した米兵二人に強姦されようとしたところを、友人の騒ぎで難を逃れる（越来村）容疑者不明
	2.23	就寝中の30歳の女性、屋内に侵入した米兵二人に強姦される（真和志村）一人が検挙されるが不明
	2.26	軍作業を終えて家路を急ぐ16歳の女性、後方から来た米兵につかまり、西洋かみそりをかざされて強姦される（越来村）容疑者不明
	3.26	食堂で食事中の女性、米兵に抱き上げられて近くの雑貨屋に連れ込まれ、拳銃を突きつけられたまま強姦される（具志川村）容疑者不明
	5.10	友人宅で夕涼みしていた24歳の女性、米兵3人に畑に連れ込まれ強姦される（浦添村）検挙されるが不明

	9.2	自宅へ帰る途中の21歳の女性、後方から来た米兵4人に道路側溝に落とされ強姦される（那覇市）容疑者不明
	9.6	昼寝していた30歳の女性、知人に起こされて米軍のハイヤーに乗せられ、嘉手納基地近くの山道で米兵の性器を口中に押し込まれる（北谷村）容疑者不明
	10.5	勤務から帰宅途中の48歳の女性、顔なじみの米兵ジープに乗せてもらったところ、農道で強姦される（南風原村）容疑者不明
1952年		
	2.15	歩行中の48歳の女性、米兵20人につかまって神社境内に連れ込まれ、一人の米兵に強姦される（名護町）容疑者不明
	3.23	友人と遊んでいた18歳の女性、米兵に拉致され情交を強要されたが断わったため、ウィスキーの空きビンで後頭部を殴打される（宜野湾村）容疑者不明
	3.25	那覇市内の民家に米兵がCIDと偽って入り込み21歳の女性を強姦。さらに1時間後に引き返してきて、逃げ回る女性を殴りつけ再び強姦する。米兵はエンジニア部隊所属。容疑者不容
	4.26	知人の米兵を見て隠れた30歳の女性、見つかって外に引き出されそうになったところを抵抗したため、刃物で腹部を切りつけられる（越来村）不明
	5.22	27歳の女性、同棲中の米兵に浮気をしていると詰め寄られ口論となり全身打撲の傷害を受ける（越来村）容疑者不容
	6.16	自宅で雑談中の29歳の女性、米兵3人が来て居間でズボンをぬいで追いかけたため、必死で逃げようとして玄関先の道路で転び右足を脱臼、大声を出して救助される（小禄村）容疑者不容
	6.30	50歳の女性、使用している女性との情交を終えた米兵に報酬を支払うよう要求。しかし拒否されたため、MPに訴えると言ったため、頭部に傷害を負う（美里村）容疑者不容
	7.21	酒気帯の米兵が19歳の女性の部屋に侵入したため、女性が逃げたことで、別の米兵に傷害を加えられる（越来村）容疑者不容
	この年	ズケランの司令部でタイピストとして働いていた21歳の女性事務室で上司の米兵に強姦される（コザ市）訴えず
1955年		
	9.3	永山由美子ちゃん（6歳）が、嘉手納高射砲隊所属の米兵に拉致、強姦されたうえ、惨殺される（石川市）死刑判決後、45年の重労働
	9.9	9歳の少女が就寝中に海兵隊所属の一等兵に拉致強姦され、重傷を負う（具志川市）終身刑
1956年		
	9.23	特飲街でホステスが海兵隊伍長に惨殺される。変態性欲者の犯罪といわれる（宜野湾村）懲役8年
1959年		
	3.17	20歳のハウスメイドが那覇空港隊近くで一等兵に強姦される。陪審員合議で懲役10年、兵籍はく奪
	10.28	22歳のホステスが米兵に強姦、惨殺される。死体は全裸で発見される（コザ市）懲役3年
1961年		
	7.1	47歳のホステスが部隊を脱走した20歳の二人の海兵隊員によって殺される（久志村）一人は無期懲役
1963年		
	7.3	22歳のホステスが那覇空港隊所属の上等兵に惨殺される。ふられた腹いせによるもの（美里村）懲役18年
	10.1	20歳のホステス、キャンプ・シュワープ所属の米兵二人に野原に引き出されて強姦される。犯人はMPに現行犯逮捕される（久志村）不明
1964年		
	1.22	連続3件の自宅侵入事件発生。米兵が女所帯ばかりを襲う。不明
1965年		
	1.24	28歳のホステス、自宅で殺害される。3人の米兵が容疑者として取り調べを受ける（金武村）不明
	この年	米兵相手バーの20歳のホステス、客の那覇空港隊所属の兵士の車で帰宅の際、糸満の摩文仁に連れて行かれて強姦され、車でひき殺されそうになったところを崖下に飛び下り助かる。しかし、見つかるのを恐れて20年後に証言（那覇市）訴えず

付録資料3 ●戦後・米兵による沖縄女性への犯罪

1966年
- 7.22 勤め先から帰宅途中の31歳のホステス、米兵に強姦、殺害され、全裸死体となって下水溝で発見される（金武村）19歳の脱走兵逮捕後、不明

1967年
- 1.24 32歳のホステスが18歳の海兵隊によって絞殺、全裸で発見される（金武村）重労働35年の判決
- 4.2 34歳のホステスが米兵に強姦、絞殺される（コザ市）不明
- 11.20 20歳のホステス、自宅で就寝中に米兵にハンマーで頭をなぐられ死亡（金武村）迷宮入り

1968年
- 3.29 浦添村の米軍施設内に勤めていた35歳のメイドが、同施設に勤務する米人女教師に殺される。米軍当局の許可で本国帰還
- 5.19 52歳の主婦、自宅前の路上でミサイル基地所属の上等兵に強姦、殺害される（読谷村）韓国へ出動させるが沖縄警察の捜査で逮捕。終身刑
- 6.20 23歳のホステス、海兵隊MPに強姦される。その後短銃で殴りつけられたため、重体（宜野座村）逮捕後不明

1969年
- 2.22 21歳のホステス、砲兵連隊士族の二等兵に絞殺、全裸死体で見つかる（コザ市）逮捕後不明
- 3.3 20歳のホステスが死体で発見される。司法解剖の結果から米兵の犯行と断定（那覇市）迷宮入り
- 11.21 アルバイト帰りの25歳の女性を路上で上等兵が強姦。抵抗するたびにナイフで傷つける（那覇市）俸給2か月の罰金、降等

1970年
- 5.28 出勤途中の21歳の軍雇用員女性、米兵に襲われる（浦添村）証拠不十分で無罪
- 5.30 下校中の女子高校生が軍曹に襲われ、腹部、頭などをめった刺しにされる。強姦が目的だったようだが、騒がれて未遂。教職員会、女性団体、高校生らの抗議で犯人逮捕（具志川市）懲役3年の重労働、降等
- この年 バーを経営していた女性、カウンター内に入り込んできた米兵に強姦される。その際、足と首に大怪我し、働けなくなる。容疑者は裁判中に配置転換
- この年 朝7時半頃、高校3年の女生徒が登校中、上半身裸の3人の米兵に腕をつかまれ、ジープで数秒間引きずられる（宮古）訴えず

1971年
- 4.23 22歳のホステスの全裸死体が墓地でみつかる。目撃者の証言で海兵隊所属の伍長が逮捕される（宜野湾市）血液型が被害者と同じため証拠不十分で無罪
- 5.1 41歳の女性が海兵隊二等兵にドライバーで刺殺される。指紋体液の血液型などの証拠で逮捕（金武村）不明。本人は否認
- 5.21 女子中学生が米兵に強姦される（コザ市）犯人あがらず
- 5.23 出勤途中の24歳のホステスが米兵に空き家に連れ込まれ、強姦される（コザ市）迷宮入り
- 7.10 自宅前で遊んでいた12歳の精薄児を3人の米兵が輪姦（宜野湾市）逮捕後不明

1972年
- 4.10 25歳のホステスを陸軍軍曹が殺害。排水溝に投げ捨てる（泡瀬ゴルフ場横）懲役18年
- 8.4 37歳のホステスが二等兵によって強姦、刺殺される（宜野湾市）無期懲役
- 12.1 22歳のサウナ嬢を、海兵隊二等兵が強姦、シミーズのひもで絞殺（コザ市）無期懲役

1973年
- 3.18 42歳のホステスが全裸絞殺死体で発見。第二兵たん所属兵隊の血液型、指紋が現場のものと一致したが、物的証拠がなく逮捕不可能。地元警察の米軍側への申し入れにもかかわらず容疑者は2か月後に除隊し、本国に帰る（コザ市）迷宮入り
- 5.23 アメリカ兵10人が女性を強姦（沖縄市）不明

1974年
- 5.8 叔父とともに農道を歩いていた17歳の少女が、米少年兵3人に全裸にされたうえ輪姦される。叔父が殴られて気絶したときの犯行で、叔父の訴えにより犯人が判明（金武村）不明
- 10.20 52歳のカフェの女性経営者、就寝中に19歳の米兵に殴られて死亡（名護市）懲役13年

付録

1975年
    4.19   海水浴にきていた二人の女子中学生をキャンプ・ハンセン所属の二等兵が石でなぐって気絶させ強姦。米軍は容疑者の身柄引き渡しを拒否したが、地元住民、県議会の抗議行動で地元警察に引き渡す（金武村）懲役6年

1981年
    5   就寝中の女子高生が海兵隊員に襲われ、強姦されそうになる（北谷町）不明
    この年   キャンプ・キンザーに中高生女生徒が米兵に連れ込まれる（浦添市）不明

1982年
    8.1   33歳のホステス、新築工事中の部屋で上等兵に絞殺される。強姦しようとしたところを抵抗され、殺す（名護市）懲役13年

1984年
    9.30   19歳の米軍一等兵女性、一等兵と二等兵に強姦され、車ごと焼かれて死亡（宜野湾市）不明

1985年
    10.29   40代の女性が帰宅途中、キャンプ・ハンセン所属の二等兵と上等兵に拉致、強姦される（金武町）現行犯逮捕刑は不明

1988年
    4   17歳の女性が米兵に強姦される。容疑者は前科があり逮捕。不明
    この年   軽度の知的障害をもつ26歳の女性、米兵に拉致され数日間基地内の独身兵士棟に監禁、強姦される。その後、基地の外に放り出される（沖縄市）訴えず

1993年
    5   19歳の女性が陸軍軍曹に拉致、強姦される。被害者は告訴取り下げ。除隊
    9.8   14歳、15歳の少女を、グリーンベレー所属の一等兵が基地内で強姦。軍法会議で懲役1歳6月

1994年
    この年   19歳の米兵が民家に侵入し、女性を強姦（宜野湾市）不明

1995年
    5.10   24歳の保険外交員の女性、米兵にハンマーで顔面をなぐられ死亡（宜野湾市）懲役6年
    9.4   米兵3人による小学生拉致、強姦事件発生。主犯7年、共犯6年6月
    12   14歳の少女、父親と同じ部隊所属の兵士に強姦される。不明
    12   スナックで二人の女性従業員が米兵に強姦される（宜野湾市）提訴取り下げ

1996年
    3.17   30代女性が米兵にナイフをつきつけられて強姦され訴えるが検挙されず。不明
    8   嘉手納基地内で日本人女性が米兵に強姦される。日本の警察に訴えるが2日後に取り下げ、軍警察に訴える。禁固15年、除隊、給料差し止め

1997年
    7   28歳の日本人女性を33歳の空軍軍曹が強姦未遂。妻が20万円を持ってお詫びにいく（沖縄市）懲役2年、執行猶予3年
    9.6   26歳の女性、顔見知りの29歳の退役軍人に強姦され、訴える容疑者は否認。不明

付録資料4 ●沖縄の出版社・書店リスト

1	池宮商会	那覇市久茂地2-4-23	098-861-4005
2	イムス（株）年史編纂室	那覇市泉崎2-17-5-301	098-836-1863
3	APO	那覇市久茂地3-16-3-202	098-862-8011
4	エヌ・ビー・シー沖縄支局	那覇市安謝101-11	098-863-7958
5	沖縄教育出版（株）	那覇市牧志1-10-3-2F	098-866-4779
6	沖縄広報センター（株）	那覇市泉崎1-3-7-2F	098-866-3111
7	沖縄公論刊行室（株）アクティブセンター沖縄	那覇市久米1-1-7-401	098-862-3952
8	沖縄時事出版（資）	那覇市壺川257-5-2F	098-854-1622
9	沖縄自分史センター	那覇市上間567	098-833-3636
10	沖縄文化社	那覇市松川2-7-29	098-855-6087
11	おもと出版	那覇市泉崎2-22-1-203	098-835-0930
12	閣文社（株）	那覇市久茂地1-4-15	098-866-7170
13	月刊沖縄社	那覇市松尾1-19-25	098-861-0211
14	新報出版	那覇市港2-16-1-1F	098-866-0741
15	那覇出版社	南風原町兼城515-5	098-888-2151
16	2020年社	那覇市牧志2-16-16-1F	098-867-8692
17	ニライ社	那覇市辻1-1-6	098-867-9111
18	ひるぎ社（有）	那覇市東町24-3-1F	098-866-8233
19	ボーダーインク（有）	那覇市与儀22-6-3	098-835-2777
20	琉球企画	那覇市首里金城町1-33-809	098-885-7063
21	琉球出版社（有）	那覇市長田2-32-30-202	098-831-7588
22	若夏社	那覇市久茂地3-23-10-3F	098-863-6649
23	沖縄出版（有）	浦添市宮城5-4-24	098-876-1707
24	南謡出版（有）	糸満市武富595-184	098-852-3511
25	沖縄図書センター	豊見城村字高安432	098-850-9960
26	バグハウス（有）	宜野湾市嘉数1-12-4	098-898-6874
27	那覇出版社	浦添市兼城515-5	098-888-2151
28	オキナワグラフ社	那覇市港町2-16-1-6F	098-867-2165
29	月刊おきなわJOHO	那覇市久茂地2-13-20	098-862-2832
30	編集工房いゆまち	浦添市宮城3-9-18-503	098-874-5040
31	暁書房	那覇市大道173	098-886-8566
32	沖縄教販（株）	那覇市西2-17-1	098-868-4170
33	沖縄政府刊行物サービスセンター	那覇市久米2-30-1	098-866-7506
34	沖縄物産センター	那覇市久茂地3-10-1	098-862-3116
35	球陽堂書房	那覇市牧志2-7-25	098-863-3752
36	文教図書(株) 外商部	那覇市楚辺2-34-22	098-834-6224
37	文教図書(株) 書籍店売部	那覇市久茂地1-1-1	098-862-1201
38	みつや書店（株）	那覇市壺屋1-1-3	098-863-1650
39	安木屋	那覇市首里当蔵2-11-3	098-862-6117
40	ロマン書房	那覇市牧志2-20-25	098-866-3143
41	上江洲書店（株）本店	浦添市城間2-2-6-1F	098-876-5440
42	沖縄宮脇書店（株）	浦添市牧港5-6-3-1F	098-876-9028
43	田園書房(株) 宜野湾店	宜野湾市3-2-16-1F	098-893-5911
44	ブックス（BOOKS）じのん	宜野湾市真栄原2-3-3	098-897-7241
45	宮脇書店宜野湾店	宜野湾市上原1-6-5-1F	098-893-2012
46	榕樹書林（有）	宜野湾市長田38-3	098-893-4076
47	博文館書店	名護市城1-4-2	0980-53-0636
48	ブックボックス名護店	名護市為又878-11	0980-53-0033

索引

（五十音順、英数字は末尾）

【ア】

あいえなー	335
アイク・デモ	419
アイスバーグ(氷山)作戦	414
アイスワーラー	94
アイゼンハワー	59
アイデンティティ	75
アイデンティティークライシス	182
アイヌ	150, 155, 158, 206
アイヌ人	158
アイヌと沖縄に対する無自覚的差別	159
「愛の雨傘」	432
アイランド	443
アイロン	72
アオアシギ	349
『青い海』	161, 225, 383
アオウミガメ	349
アオカナヘビ	362
青木誠	277
アオサギ	349
アオサンゴ	349
アオサンゴ群落	316
アオスジコシブトハナバチ	349
青空教室	64, 98, 114
アオダイ	362
アオチビキ	355
アオドウガネ	358
青野季吉	161
アオバアリガタハネカクシ	349
アオバズク	349
アオバハゴロモ	371
アオミオカタニシ	355
青森県三沢	195
アオリイカ	349
あがー	335
アカイユー	349
赤色救援会	229
アカウミガメ	349
赤絵	429
赤紙	42
赤瓦(屋根)	383, 429
『赤瓦の家』	33
赤子意識	28
阿嘉繁	225
明石順三	25
アカジナー	101
阿嘉島	32, 320, 449
アカジン	349
赤線地帯	68
暁部隊	414
赤土汚染	174, 313, 324
赤土汚染問題改善のキャンペーン	325
赤土条例	325
赤土流出	317, 323
赤土流出防止シンポジウム	325
アカナー	349
アカハタ	369
アカバナヒルギ	378
アカハラダカ	350
アカヒゲ	350
アカビッチャ	350
アカホシカメムシ	350
アカマタ	383
アカマタクロマタ	267
アカマチ	350
赤嶺銀太郎	18
赤嶺政信	263
東江政忠	145
明るい沖縄をつくる会	146
明るい沖縄をつくる県民総決起大会	146
アカワラグチ	350
アキサミヨー	335
アギヤー	447
アクアポリス	397
悪石島	39
粟国ウタ	21
粟国島	449
「揚作田節」	432
安慶名城跡	397
アゲハチョウ	350
あけもどろ	335
アコウ	377
アーサー汁	345
安里勇	441
安里英子	257
安里貞雄	231
安里清信	394
安里成忠	10, 23
安里積千代	105, 224, 393
「安里屋ゆんた」	432
安里要江	40
アサヒガニ	350
アサヒナキマダラセセリ	350
朝日報道	419
安座間磨志	145
アザミサンゴ	350
アザムンノイナツイキ	350
按司(アジ)	3, 4, 6, 265
味クーター	335
アシチン	374
足てびち	345
アシバー	335
アシハラガニ	350
あしびなー(沖縄市民小劇場)	397
アシビぬ美さー、人数ぬ備わい	335
「汗水節」	432
アシャギ(神アシャギ)	383
『明日への選択』	242
『あすへの選択』	167
東村	326
東村エコツーリズム協会	327
アスロック・海上発射による対潜ミサイル	133
アタイグワー	335
安谷屋正義	395
安田のシヌグ	331
アダン	377
アチコーコー	335
アデク	377
アテプリン	36
アトリエ・モビル	250
「あなたたち、本土の人」	217
アーニーパイル国際劇場	90
安仁屋政昭	11, 46
亜熱帯常緑樹林帯	313
安波訓練場	404
阿波根さんが残した記録資料	128
阿波根昌鴻	117, 123, 128, 187, 393
「阿波根昌鴻・伊江島の闘い」	445
アバサー	350
アバサー汁	345
亜波根綾乃	441
「安波節」	432
アブシバレー(畦払い)	331
安冨祖正元	273
安冨祖流	273
糸数壕(アブチラガマ)	414
アブラゼミ	367
油流出	197
アフリカマイマイ	350
アプレゲール派戦後風俗業盛記	77
アホウドリ	351
「天川」	270, 432
アマクチ	351
雨垂い水や醬油使い	335
天野洋一	233
雨端	383
奄美	276, 277
奄美大島	91

―475―

索引

奄美群島 …………… 59, 120	新たな質の住民運動 …… 184	『生き残る』 …………… 177
奄美現代史 …………… 77	新たな"戦争" …………… 70	異郷 …………………… 43
奄美諸島 …………… 9, 65	新たな土地接収 ……… 116	イーグル …………… 196
奄美・先島からの流入 … 76	アーラミーバイ ……… 349	池沢聡(岡本恵徳) …… 291
アマミトゲネズミ …… 351	荒焼 …………………… 429	池澤夏樹 ………… 194, 396
アマミノクロウサギ … 351	新良幸人 ……………… 441	池間為 ………………… 449
アマミヤマシギ ……… 351	あらん ………………… 335	池宮城積宝 …………… 287
アマモ ………………… 315	『ある二世の轍』 ……… 231	池宮城秀意 …… 145, 211, 394
アーマン ……………… 349	アール・ブール ……… 213	池宮正治 ……………… 284
雨や沓人ぬ上にん降ゆん 335	アレカヤシ …………… 377	遺骨収拾 ……………… 96
安室奈美恵 …………… 396	泡瀬通信施設 ………… 404	遺骨収拾団 …………… 96
飴玉 …………………… 101	「泡瀬の京太郎」 ……… 432	遺骨収集と不発弾処理 … 204
アメとムチ ……… 103, 246	泡盛 …………………… 345	遺骨の収集とその慰霊 … 204
アメの代表である「経済振興	泡盛鑑評会 …………… 253	イザイホー …………… 262
策」 ………………… 246	泡盛製造業 …………… 426	イザイホー祭り中止 … 263
雨の中の五・一五 …… 147	アンヴィヴァレントな心理・	イザイ(漁) ………… 314
アメ亡組 ……………… 228	行動 ……………… 155	伊佐眞一 ……………… 19
アメラジアン ……… 75, 183	アンガー中将 ……… 61, 202	伊佐浜移民 …………… 62
アメラジアンスクール … 183	アンガマ ……………… 280	伊佐浜の住民 ………… 123
アメリカが行う戦争 … 115	安国寺 ………………… 397	伊佐浜の女性たち …… 65
アメリカからの沖縄救援運	アンダーカーサー …… 351	伊佐浜の闘争 ………… 310
動 ………………… 221	アンダーグチ ………… 335	イザリ ………………… 447
アメリカ共産党 ……… 228	アンダチャー ………… 351	石井虎雄 ……………… 28
アメリカ家族政術 …… 72	アンダンスー(油みそ) … 345	石垣島 …………… 200, 449
アメリカ食品 ………… 95	アンパン ……………… 101	石垣島への台湾人の入植・
『アメリカ占領時代沖縄言論	アンボイナガイ ……… 369	移住 ……………… 235
統制史』 …………… 111	安保再定義 ……… 115, 188	イシガキダイ ………… 357
アメリカ統治 ………… 200	安保条約 ……………… 99	イシガキトカゲ ……… 351
アメリカの移民禁止 … 224	アンマー ……… 296, 300, 335	イシガケチョウ ……… 351
『アメリカの沖縄政策』 … 57	アンマク ……………… 351	石川 …………………… 66
アメリカの世界戦略 … 135	アンモナイト ………… 351	イシカワガエル ……… 351
『アメリカの対外政策決定		石川学園 ……………… 114
過程』 …………… 53	【イ】	石川ジェット機事故 … 419
「アメリカの対日政策に関	慰安所 ………… 32, 33, 414	石川収容所 ……… 114, 309
する勧告」 ………… 55	慰安婦 ………… 32, 33, 46	石川の収容所 ………… 92
アメリカの日本防衛義務 115	伊江島 ………………… 449	石川文洋 ……………… 396
『アメリカは何故、沖縄を日	伊江島射爆場 ………… 133	石川宮森小学校米軍機墜落
本から切り離したか』 53, 121	伊江島「集団自決」 …… 414	事件 ……………… 413
アメリカ文化 ……… 72, 81	伊江島タッチュー …… 408	石川友紀 ……………… 63
アメリカ世 ……… 49, 210	伊江島弾薬処理船爆発事故 419	石敢當 …………… 259, 383
アメリカ世から大和ぬ世 182	『伊江島の戦中・戦後体験	石敢當とシーサー …… 255
アヤグ ………………… 276	記録』 ………… 29, 119	石田甚太郎 …………… 63
新垣松含 ……………… 271	伊江島の真謝住民 …… 122	意志ぬ出じらあ手引き 手ぬ
新垣輝子 ……………… 67	「伊江島ハンドーグヮー」	出じらあい地引き … 336
新垣弓太郎 …………… 18	……………… 278, 432	石の文化 ……………… 320
新川明 ……… 13, 19, 20,	伊江島飛行場 ………… 118	石原昌家 …… 29, 31, 40, 86
……… 141, 230, 288, 291	伊江島飛行場基地建設 … 119	イシマブヤー ………… 352
安良城盛昭 …………… 395	伊江島補助飛行場 …… 404	石嶺聡子 ……………… 441
新城 …………………… 36	猪垣 …………………… 397	イシミーバイ ………… 351
新城島 ………………… 449	イカ汁 ………………… 345	慰藉事業 ……………… 37
新城島のプーリィー(ブル) 449	「異化・同化・自立」 … 292	イジュ ………………… 377
新崎節子 ……………… 309	怒りの総決起大会 …… 147	移住した後の困難 …… 221
新崎盛暉	イキガー ……………… 336	移住する前の苦難 …… 221
…… 55, 59, 102, 117, 180, 249	域外退去命令 ………… 59	異常な日々 …………… 71
嵐山事件 ……… 22, 24, 412	域内自給率 …………… 238	イスノキ ……………… 377

—476—

出雲丸 ……………… 224	稲嶺一郎 ……………… 145	イリオモテボタル ……… 352
移設反対決議 ………… 192	稲嶺恵一 …… 214, 246, 396	西表野生生物保護センター 449
伊是名島 ……………… 449	稲嶺知事 ………………… 47	イリオモテヤマネコ …… 352
伊是名島住民虐殺事件 … 414	イナムドゥチ ………… 345	入砂島 ………………… 449
伊是名島米兵捕虜虐殺事件 414	イヌビワ ……………… 377	イリチー・イリチャー … 345
伊是名城跡 …………… 397	イヌマキ ……………… 377	慰霊祭 …………………… 96
伊是名玉御殿 ………… 397	稲の収穫感謝祭・ウマチー	伊礼孝 ………………… 291
『異族と天皇の国家』 … 19, 20	（稲大祭） ………… 262	慰霊の日 ………………… 96
遺族連合会 ……………… 97	イノー（礁池）	慰霊碑 …………………… 96
イソシギ ……………… 352	314, 315, 318, 320, 324, 408	色川大吉 ……………… 139
イソヒヨドリ ………… 352	イノーイバー ………… 352	イワサキクサゼミ …… 353
依存体質 ……………… 238	いのうえせつこ ………… 42	印刷工業団地 ………… 426
イタジイ ……………… 377	井之口政雄 ………… 24, 225	イントゥマヤー（犬と猫） 336
1号線 ………………… 419	いのちを守る県民共闘会議 129	
一地方の支部 ………… 171	『命こそ宝』 …………… 128	【ウ】
一番座 ………………… 383	『命まさい』 ……………… 20	ヴァスコ・ダ・ガマ ……… 6
『一フィート運動十周年記	位牌（イフェー） …… 260	ウイキョウ …………… 377
念誌』 ……………… 209	位牌継承問題 …… 255, 264	宇井純 ………………… 141
一部落一御嶽 ………… 256	位牌祭祀 ………… 254, 260	折目（ウィミ） ………… 331
一門の位牌 …………… 305	位牌は必ず長男 ……… 297	ウェカタメーカーハジャー 353
行逢ば兄弟一 ………… 336	伊波貝塚 ……………… 408	上里春生 ………………… 10
一攫千金 ………………… 88	伊波普猷 …… 10, 15, 151,	上江洲均 ……………… 320
一家全滅 …………… 36, 414	152, 153, 155, 156, 157, 159,	上江洲家邸宅 ………… 450
一括払いを容認する契約 125	206, 210, 216, 225, 226, 391	上田真弓 ……………… 295
一括払い方式 …………… 60	『伊波普猷全集』 ……… 155	上地完英 ……………… 275
一括払い容認署名運動 … 125	伊波普猷と沖縄学 …… 156	上地流 ………………… 274
厳島丸 ………………… 222	「伊波普猷の思想とその	うえのドイツ文化村 …… 397
一国一制度 …………… 241	時代」 ……………… 153	上野英信 …………… 213, 395
一国一方法 …………… 181	イビ（自然石） ……… 256	上原ウシ ……………… 158
いっこく堂 …………… 441	イペー ………………… 377	上原康助 …………… 85, 395
一国二制度 …………… 245	伊平屋島 ……………… 449	上原信雄 ……………… 392
一国民俗学 …………… 165	伊平屋村 ……………… 327	上間郁子 …………… 309, 393
一石二鳥の施策 ……… 103	イボイモリ …………… 352	上間幸助 ………………… 18
一体化・本土並み・系列化 170	イボソデガイ ………… 352	魚釣島 ……………… 43, 450
行ってコーネー ……… 336	イボタクサギ ………… 377	「魚の目」 ……………… 295
一般住民の犠牲者 ……… 35	イボヤギ ……………… 352	ウォルター・L. ジュニア・
一般疎開 ……………… 39, 43	イマイユ ……………… 336	カーティス …………… 172
イッペイ ……………… 377	移民 ………………… 22, 62	ウガミ ………………… 383
伊東忠太 ……………… 213	移民県 …………… 222, 296	ウガンジュ（御願所・拝所）
移動の自由 …………… 102	異民族支配 ………… 104, 413	……………… 254, 383
糸数アブチラガマ ……… 40	芋とみそ汁 ……………… 82	浮島通り ………………… 91
イトマキボラ ………… 352	芋の苗の植えつぎ ……… 83	ウキムルー …………… 353
『糸満アンマー』 …… 298, 299	いも、はだし論 ……… 143	受水走水 ……………… 383
糸満売り ……………… 296	イユガーミー ………… 352	ウークイ ……………… 331
糸満街道 ……………… 298	伊波波尹吉 ………… 278, 391	ウグイス ……………… 353
糸満漁業 ……………… 447	イラブー ……………… 352	ウコン ………………… 377
糸満市摩文仁 ………… 215	伊良部島 ……………… 449	牛島軍司令官 …………… 27
糸満ハイスクール ……… 98	イラブチャー ………… 352	牛島満 ……………… 34, 35, 96
糸満ハーレー ………… 331	「伊良部トーガニ」 …… 432	ウージ染め …………… 429
稲垣眞美 …………… 279, 309	伊良嶺誠 ……………… 441	ウシデーク …………… 331
イナグー ……………… 336	西表国立公園 …… 397, 449	ウスバキトンボ ……… 353
イナゴ ………………… 364	西表島 ………… 36, 326, 449	歌掛け ………………… 277
稲作文化 ……………… 268	西表島エコツーリズム協会 326	御嶽（ウタキ／ウガミ） 254, 256
「『否』の文学―『琉大文学』	西表島日米共同開発計画 … 60	御嶽をめぐる民俗信仰 … 257
の航跡」 …………… 291	西表炭坑 …………… 221, 397	うちあたい …………… 336

ウチナー ……… 336	ウラジロガシ ……… 312	塩田 ……… 447
『うちなぁの地場産業』 … 253	浦添城跡 ……… 397	援農活動 ……… 447
ウチナー英語 ……… 94	浦添朝忠 ……… 12	円表示B型軍票 ……… 99
ウチナーグチ ……… 269	浦添ようどれ ……… 397	
ウチナー新民謡 ……… 93	ウリウリ ……… 337	【オ】
ウチナームーク ……… 383	うりづん（若夏） ……… 337	追い込み漁 ……… 299, 447
ウチナーヤマトゥグチ（沖縄	ウリミバエ ……… 353	オーイユ ……… 354
大和口） ……… 93, 219, 383	ウルウルーする ……… 337	オイル ……… 23
ウチナーユー（沖縄世） … 210	うるま移住地 ……… 63	王を霊的に守る ……… 284
ウチナーンチュ（沖縄人）	『うるま新報』	奥武島の畳石 ……… 408
……… 181, 204, 220	……… 52, 110, 145, 288, 419	王府お抱えの組踊役者（御冠
ウチナーンチュの〈苛立ち〉 220	『ウルマ新報』 ……… 98, 110	船役者） ……… 278
ウチナーンチュの不思議 181	ウンケー ……… 331	王府時代 ……… 306
御内原（ウーチバラ） ……… 5	ウンジャミ（海神祭） … 262, 267	近江航空工業株式会社 ……… 42
ウチワエビモドキ ……… 353	「ウンタマギルー」 ……… 445	大岡昇平 ……… 288
ウツボ ……… 353	ウンパージ ……… 353	大型ダム建設 ……… 175
ウトゥル ……… 336		大神島 ……… 450
恐るしや物ぬ見ぶしや物 336	【エ】	「大川敵討」 ……… 432
ウートートゥ ……… 383	エイ ……… 357, 372	大宜見小太郎 ……… 395
御庭（ウナー） ……… 4	永久占領 ……… 135	大宜味村 ……… 22
うない ……… 336, 384	エイサー ……… 280	大宜味村喜如嘉 ……… 22
ウナイ（オナリ） ……… 265	『エイサー・沖縄の盆踊り』 281	『大宜味村史』 ……… 22
ウナイ・ノロ・カミンチュ	エイサーどころ ……… 280	大宜味村政革新運動 … 10, 22
……… 254, 265	衛生管理システム ……… 126	大宜味村政制革新運動 ……… 24
ウニムーチー（鬼餅） ……… 331	衛生サック（コンドーム） … 33	大宜味村々政革新同盟草案 22
ウバメガシ ……… 377	藍型 ……… 429	大宜味大工 ……… 384
ウフソー ……… 336	易者（サンジンソー） ……… 261	大宜見朝徳 ……… 140
ウフミー ……… 353	エーグワー ……… 353	オオクイナ ……… 354
ウーマク ……… 336	エコツアー ……… 326	オオクチイシチビキ ……… 364
馬小屋教室 ……… 114	エコツーリズム ……… 313, 326	大国林道 ……… 397
ウマチー（お祭り） ……… 331	エコツーリズム推進協議会	オオコノハズク ……… 354
馬乗り攻撃 ……… 414	……… 326, 327	オオゴマダラ ……… 354
生まれ島ぬ言葉忘しねぇ	エコネット・美 ……… 327	『大阪球陽新報』 ……… 225
国ん忘しゅん ……… 337	エゾビタキ ……… 354	オオシマゼミ ……… 354
ウマンチュ ……… 337	『越境者たち』 ……… 229	大島どっこい―ヤクザ ……… 76
ウミウサギガイ ……… 353	エッソ ……… 169	オオシマナガイユ ……… 354
「海殺し」 ……… 178	江戸上がり ……… 411	大島パンパン ……… 76
海と大地と人間の共生 … 179	江戸川 ……… 226	大島娘 ……… 77
『海鳴りのレクイエム』 ……… 39	江戸語を「大大和の言葉」 219	オオジャコ ……… 354
ウミニナ ……… 366	エビモ ……… 377	オオジュドウマクラガイ ……… 362
海の学校 ……… 327	エホバの証者 ……… 25	大城永繁 ……… 10, 23
「海のちんぼうら」 ……… 432	エラブウミヘビ ……… 352	大城立裕 ……… 13, 217, 279,
海の畑 ……… 314	エリグロアジサシ ……… 354	……… 288, 292, 293, 395
『海の果ての祖国』 ……… 223	エリマキシギ ……… 354	大城肇 ……… 241, 245
「海は死にかけている」 … 178	エルニーニョ ……… 317	大城将保 … 22, 40, 58, 119, 209
ウミンチュー（海人） ……… 447	エロア資金 ……… 120	大田沖縄県知事 ……… 188
ウムニー（芋煮） ……… 345	円覚寺 ……… 397	太田興業 ……… 223
梅劇団 ……… 279	援護会 ……… 37	大田静男 ……… 51
右翼ジャーナリズム ……… 187	縁故疎開 ……… 43	大田政作 ……… 104
右翼によるテロ事件 ……… 113	援護法 ……… 414	大田政作主席 ……… 61
右翼の妨害 ……… 176	演習場 ……… 117	大田知事 ……… 115, 187
浦内川 ……… 450	エンジンオイルで揚げた	太田朝敷 … 13, 18, 154, 162,
浦内川マリュトゥの滝 ……… 408	天ぷら ……… 83	……… 196, 216, 226, 236, 307, 390
裏座 ……… 384	厭戦思想 ……… 32	『太田朝敷選集』 ……… 155, 162
浦崎康華 ……… 11, 67, 225	円通寺 ……… 158	太田恒夫 ……… 230

—478—

オオタニワタリ ……… 377	沖縄開発庁長官 ……… 242	『沖縄県史ビジュアル版』
大田昌秀 …… 11,38,153,395	「沖縄開発庁論序説」 …… 242	……………… 114,119,123
大田昌秀沖縄県知事 198,248	「沖縄海兵隊、本土移転のス	『沖縄現状史』 ……………… 147
大田昌秀琉球大学教授 … 205	スメ」…………………… 208	沖縄県人会 ………… 226,384
太田良博 ……………… 288	沖縄解放同盟 …………… 180	『沖縄県政改革建議案 ……… 17
オオバギ ……………… 312,377	沖縄海洋博覧会 ………… 244	『沖縄県政五十年』 ……… 236
大浜信泉 ……… 148,226,392	沖縄学 ………… 151,156,206	『沖縄県祖国復帰』 ……… 167
オオハマボウ ………… 378	沖縄学生会 ………… 226,227	沖縄県祖国復帰協議会 137,148
オオヒメ ……………… 372	沖縄学生同盟 …………… 227	『沖縄県祖国復帰闘争史』
大藤時彦 ……………… 255	沖縄学の父 ……………… 15	……………………… 137,147
大見謝辰男 …………… 325	沖縄歌劇 ………………… 309	『沖縄現代史』 …… 185,189,249
大嶺政寛 ……………… 394	『沖縄空手道概説』 ……… 275	沖縄現代文学 …………… 293
大山キク ………………… 67	沖縄からの移民 ………… 62	沖縄県長寿世界地域宣言 308
大山朝常 ………… 141,393	『沖縄からはじまる』 …… 194	沖縄県庁放火事件 ……… 10
岡井政枝 ……………… 229	沖縄基地建設計画 ……… 123	『沖縄県統計年鑑』 ……… 63
小笠原諸島 ……………… 44	『沖縄・基地とたたかう』 … 185	沖縄県における駐留軍用地の
「丘の一本松」 ………… 432	沖縄救援運動 …………… 231	返還に伴う特別措置法 242
岡正雄 ………………… 267	『沖縄救済論集』 ………… 236	沖縄県の自立的発展 …… 244
岡本恵徳	沖縄教育の振興 ………… 144	『沖縄県の歴史』 ………… 211
……… 161,288,289,292,293	沖縄教育労働者組合 … 23,24	沖縄県婦人連合会 ……… 67
オカヤドカリ ………… 349	沖縄協会 ………………… 226	沖縄県物産公社 ………… 426
「御冠船踊り」 ………… 270	沖縄教科書編集所 ……… 114	沖縄県宮古島々弊軽減及
沖教組 ………………… 384	沖縄教職員会 … 112,114,144	島政改革請願書 ……… 16
沖振法 ………………… 238,240	『沖縄教職員会十六年』 … 137	沖縄県民の悲願 ………… 147
オーキーズ(Okies) ……… 202	沖縄郷土の家 …………… 227	沖縄語 …………………… 93
沖水旋風 ……………… 384	沖縄銀行 ………………… 108	沖縄公庫の設置目的 …… 243
沖青協 ………………… 148	沖縄近代史 ………… 162,164	沖縄公庫法 ……………… 243
掟十五ヶ条 ………………… 8	「沖縄近代史における太田	『沖縄公論』 ……………… 154
沖展 …………………… 432	朝敷 …………………… 155	沖縄国際海洋博覧会
沖仲仕組合 ……………… 24	沖縄近代の桎梏 ………… 155	(海洋博)………… 173,180
『沖縄 近い昔の旅』 …… 46	沖縄近代の歴史 ………… 156	「沖縄国会」……………… 170
沖縄愛楽園 ……………… 398	沖縄近代文学 …………… 286	「沖縄国会」衆議院本会議 167
『沖縄朝日新聞』 …… 110,154	『沖縄近代文学の展開』 … 289	『沖縄事始め・世相事典』 … 81
『沖縄・奄美の送葬・墓制』 258	オキナワクマバチ ……… 353	沖縄子供を守る会 ……… 70
『沖縄一或る戦時下抵抗』 … 25	沖縄倶楽部 ……………… 18	沖縄最大の社交場 ……… 300
沖縄遺族連合会婦人部 …… 41	沖縄軍事基地建設の予算 … 76	沖縄作戦終了 ……………… 35
『沖縄移民女性史』 ……… 302	沖縄群島議会 …………… 136	沖縄ジャンジャン ……… 398
沖縄飲食店 ……………… 226	『沖縄経済の幻想と現実』	『沖縄時事新報』 ………… 154
『沖縄うたの旅』 ………… 277	………………… 245,249,251	沖縄諮詢会 50,66,104,110,309
オキナワウラジロガシ … 378	『沖縄芸能史話』 ………… 269	沖縄市園田青年会 ……… 280
沖縄永住 ………………… 76	沖縄芸能連盟 …………… 92	『沖縄・七〇年前後』 …… 143
沖縄への帰還 …………… 44	沖縄県 …………………… 14	沖縄芝居 …………… 278,309
沖縄援助法 ……………… 109	沖縄県赤土等流出防止条例 325	沖縄芝居黄金期を ……… 279
「沖縄を返せ」 ……… 384,413	沖縄県学童集団疎開準備	沖縄芝居実験劇場 ……… 279
「沖縄を返せ」の歌 …… 137	要項 …………………… 44	沖縄師範学校 ……………… 38
『沖縄を考える』 ………… 49	「沖縄県教育状況一覧表」 158	沖縄自民党 ……………… 143
沖縄を代表する詩人 …… 290	沖縄県教育文化資料セン	沖縄地元で発刊される
「沖縄を発見」する旅 …… 165	ター …………………… 46	カレンダー …………… 262
沖縄音階 ………………… 276	沖縄県強制疎開マラリア	沖縄社会大衆党 …… 145,171
『沖縄・女たちの戦後』 … 67	犠牲者援護会 ………… 36	『沖縄社会大衆党史』 …… 145
沖縄・海外・県外のつながり 220	『沖縄県久高島の祭り』 … 263	沖縄社会での旧思想と
沖縄外国語学校 ………… 419	沖縄県公文書館 ………… 49	新思想との相克 ……… 157
沖縄開発3法 …………… 238	沖縄言語史 ……………… 219	沖縄社会党 ……………… 104
沖縄開発庁 166,238,240,242	沖縄・現在のかたち …… 200	『沖縄宗教史の研究』 …… 265
沖縄開発庁設置法 ……… 242	『沖縄県史』 …… 16,164,222	『沖縄自由貿易論』 ……… 245

オキ　　　　　　　索　引

「沖縄住民にフェア・プレイを」	203
沖縄住民の自己決定	57
沖縄住民の主体性の実践	205
沖縄住民の抵抗	48
沖縄住民の米軍観	203
沖縄住民の保有ドル	168
沖縄出身以外の日本人	213
沖縄出身知識人	209
沖縄守備軍	27, 30, 43
沖縄守備軍第32軍	34, 38, 96
沖縄守備軍第32軍司令部壕	414
沖縄上陸作戦	27, 202
沖縄諸島祖国復帰期成会	59, 136, 419
沖縄諸島日本復帰期成会	227
沖縄処分抗議、佐藤内閣打倒、五・一五県民総決起大会	147
沖縄庶民にとっての戦後から復帰	80
『沖縄自立への挑戦』	141
『沖縄・自立と共生の思想』	135
沖縄自立論	141
『沖縄史料編集所紀要』	22
『沖縄時ム』	19, 154
沖縄人気質	200
沖縄振興開発金融公庫	238, 242, 243
『沖縄振興開発金融公庫二十年史』	243
沖縄振興開発計画	166, 169, 170, 174, 184, 240, 246
沖縄振興開発計画による財政資金の投入	189
沖縄振興開発事業費	240
沖縄振興開発特別措置法	240, 242, 245
「沖縄振興開発特別措置法における効率互助の諸問題」	241
沖縄振興開発と復帰特別措置	240
沖縄振興策	242
沖縄人差別	384
沖縄人のアイデンティティ	156
沖縄人の帰郷	234
沖縄人の事大主義的性格	211
沖縄人の生活	72
沖縄人の痛切な問題意識	156
沖縄人の楽天的表れ	212
沖縄シンパ	213
『沖縄新聞』	154
『沖縄新報』	110, 154
沖縄人民党	102, 104, 127, 140
沖縄人連盟	140, 141, 225, 226, 231

「沖縄人は日本人とは違う」	202
沖縄角力	433
沖縄政策協議会	247
沖縄青年会	226
『沖縄青年会雑誌』	154
沖縄青年同盟	24, 160, 166, 227
沖縄青年同盟結成	225
沖縄青年同盟よりの抗議書	161
『沖縄籍民調査書』	234
「沖縄石油ターミナルKK」	178
沖縄戦	25, 27, 28, 30, 34, 35, 38, 48, 52, 53, 81, 86, 91, 97, 114, 128, 152, 154, 176, 200, 204
『沖縄戦ある母の記録』	40
『沖縄戦から何を学ぶか』	46
沖縄戦記録フィルム1フィート運動	209
『沖縄戦研究』	43, 119
沖縄戦後史	117, 188
沖縄戦後文学	288
沖縄戦災校舎復興促進期成会	114
沖縄戦終結	97
沖縄戦終結50周年	215
沖縄戦跡国定公園	414
沖縄戦戦没者	45
沖縄戦と基地	116, 118
沖縄戦と占領	48
『沖縄戦とその前後』	67
沖縄戦による基地建設	116
沖縄戦の悪夢	172
沖縄戦の記憶	177
沖縄戦の実相	215
沖縄戦の特質	26
沖縄戦の特質と沖縄戦後史の核心	214
『沖縄戦のはなし』	46
沖縄戦の悲劇	27
沖縄戦末期	40
『沖縄戦―民衆の眼でとらえる「戦争」』	209
沖縄占領	49, 74, 100, 170
沖縄占領政策	48
沖縄総合事務局	167, 238, 242
沖縄相互銀行	108
『沖縄喪失の危機』	166, 167
「沖縄」像の構築	161
沖縄そば	345
『沖縄大観』	66
『沖縄大百科事典』	101, 106, 168, 206
沖縄タイム	212
『沖縄タイムス』	99, 110, 154, 187, 211

沖縄タイムス芸術選賞新人部門	271
『沖縄―近い昔の旅記憶』	201
沖縄長期保有	52
オキナワチョウトンボ	355
オキナワツノトンボ	355
『沖縄同時代史』	55
沖縄闘争	188
沖縄統治	49, 61
沖縄統治政策	120
沖縄統治政策の根本的な再検討	113
沖縄統治の変遷史	210
オキナワトカゲ	351
「沖縄―時には苦い教訓」	203
沖縄独特の自然環境や歴史文化	164
沖縄特別国会	166
沖縄特別作業班	148
『沖縄独立宣言』	141
「沖縄独立の可能性をめぐる激論会」	141
沖縄独立論	140
オキナワトゲネズミ	374
沖縄土地を守る協議会	125
沖縄土地住宅株式会社	249
沖縄と天皇制の問題	230
沖縄と本土の橋渡し役	226
沖縄トラフ	408
『沖縄と私』	213
「沖縄とは何か」	156
『沖縄―名護の群像』	217
『沖縄における公用地等の暫定使用に関する法律』	186, 199
「沖縄にこだわる―独立論の系譜」	141
沖縄に対する制度的同一化	164
沖縄に対する偏見や差別	311
『沖縄日報』	110, 154
『沖縄年鑑』	129, 172
沖縄のアイデンティティ	151, 164
『沖縄のあしおと 1968-72年』	131
『沖縄の歩み』	59
沖縄の映画	93
沖縄の演劇史	279
沖縄の踊り	433
『沖縄の女たち―女性の人権と基地・軍隊』	185
『沖縄の開発』	241
沖縄の開発と自立	238
沖縄の観光施設(名簿)	403
沖縄の基幹産業	251

―480―

沖縄の帰属 …………… 13,52	沖縄の伝統食 ……………… 95	沖縄病 …………………… 213
沖縄の帰属問題 …………… 136	『沖縄ノート』 …………… 384	「沖縄復帰関連七法」 …… 170
沖縄の基地建設 …………… 68	沖縄の独自性 ……………… 171	沖縄復帰関連法案 ……… 166
沖縄の基地建設予算 …… 105	沖縄の図書館(名簿) …… 401	沖縄復興のシンボル ……… 90
沖縄の教員運動 …………… 23	沖縄の夏の代表的な祭り … 262	沖縄ふるさとの家 ……… 227
沖縄の「近代」 …………… 150	沖縄の二季 ………………… 79	沖縄文化協会 …………… 226
沖縄の軍事基地 …………… 52	沖縄の日本国への帰属 … 138	沖縄文学 ………………… 282
沖縄の経済自立(自律)化への道 …………………… 239	『沖縄の年中行事』 ……… 263	『沖縄文学全集』 … 161,283
沖縄の芸能人 ……………… 92	『沖縄のノロの研究』 257,265	『沖縄文化史辞典』 ……… 255
沖縄の芸能人(グループ) … 443	沖縄の博物館・資料館・美術館(名簿) ………………… 402	沖縄文化に根ざした精神的自立論 ………………… 164
沖縄の芸能人(個人) …… 441	「沖縄の発見」 …………… 165	『沖縄文化の源流を探る』 … 156
沖縄の芸能文化 …………… 268	沖縄の人々の怒り ……… 184	『沖縄文化論叢』 ………… 255
沖縄の結婚式 ……………… 266	沖縄の人々の悲願 ……… 184	沖縄文教学校 …………… 114
沖縄の県益 ………………… 134	『沖縄の風水』 …………… 261	沖縄分離政策 ……………… 53
沖縄の原風景 ……………… 259	沖縄の不遇の歴史 ……… 161	沖縄米軍基地所在市町村に関する懇談会 ………… 246
『沖縄の言論：新聞と放送』 … 111	『沖縄の淵―伊波普猷とその時代』 …………… 15,217	沖縄併合 …………………… 12
「沖縄のこころ」 …… 205,215	沖縄の復帰を象徴する事件 … 166	沖縄平和祈念公園 ……… 414
『沖縄の歳月』 ……………… 23	沖縄の復帰に伴う特別措置に関する法律 …………… 241	沖縄平和祈念堂 ………… 415
『沖縄の最後』 ……………… 53	沖縄の文学 ………………… 282	沖縄返還 ………………… 133
沖縄のサンゴ礁の最も基本的構成要素 ………… 314	沖縄の文学の根底的な可能性 …………………… 283	『沖縄返還をめぐる政治と外交』 …………………… 57
『沖縄の自己検証』 ……… 205	「沖縄の文化と自然破壊は沖縄喪失である」 ………… 166	沖縄返還協定 …………… 166
『沖縄の自然を知る』 …… 325	沖縄の分離政策 …………… 53	沖縄返還交渉 ……… 148,170
沖縄の自然と文化を守る十人委員会 …………… 166	『沖縄の米軍及び自衛隊基地(統計資料集)』 ……… 249	沖縄返還構想 …………… 170
沖縄の自治権や人権 …… 238	『沖縄の米軍基地』	『沖縄・辺境の時間と空間』 … 17
沖縄の漆器 ……………… 429	…………… 167,172,197,249	『沖縄崩壊』 ……………… 205
沖縄の地場産業 …………… 252	沖縄の米軍占領 ………… 221	沖縄保有 …………………… 55
『沖縄のシャーマニズム』 … 264	沖縄の米軍統治 ………… 115	沖縄保有政策 …………… 121
沖縄の宗教的世界 ……… 264	『沖縄の祭りと行事』 …… 263	沖縄本土間の格差は正 … 170
「沖縄の宗教と社会」 …… 255	沖縄のみの通貨体制 ……… 99	『沖縄毎日新聞』 … 154,157,287
『沖縄の証言』 … 63,66,67,126	沖縄の民間学 …………… 206	オキナワマシラグモ …… 355
『オキナワの少年』 ……… 289	『沖縄の民衆意識』 ………… 11	オキナワドホタル ……… 355
沖縄の女性 …………… 64,296	『沖縄の民族学的研究』 … 255	沖縄マルチメディア特区構想 …………………… 426
沖縄の自立 ……………… 150	沖縄の民俗信仰 ……… 254,260	沖縄民衆運動第3の波 185,188
沖縄の自立論 …………… 164	沖縄の民俗信仰世界 …… 265	沖縄民衆史 ………………… 86
沖縄の人物 ……………… 440	沖縄の民俗・文化 ……… 254	沖縄民衆の生活と意識の変革 …………………… 152
『沖縄の新聞がつぶれる日』 … 111	沖縄の民謡 ……………… 276	沖縄民主同盟 … 104,140,141,419
『沖縄の青春―米軍と瀬長亀次郎』 ………………… 127	沖縄の民謡の歌詞 ………… 93	沖縄民政府 … 51,86,104,279
『沖縄の戦禍を背負ひて』 … 204	沖縄の無期限保有 ………… 59	沖縄民政府文化部芸能技官 … 92
『沖縄の選挙』 ……… 143,146	沖縄の無産運動 ………… 226	『沖縄民政要覧』 ………… 118
『沖縄の疎開資料目録』 …… 44	『沖縄の無産運動』 ………… 11	沖縄民俗(族)研究 ……… 254
『沖縄の祖先祭祀』 ……… 267	沖縄のヤマト化 ………… 201	「沖縄民族の独立を祝ふ」 … 140
「沖縄の外へ」「沖縄の外から」 …………………… 220	沖縄の離婚率の高さ …… 297	『沖縄民報』 ……………… 154
沖縄の他界観・死生観 … 254,267	沖縄の歴史 ……………… 135	『沖縄問題基本資料集』 … 56,57
沖縄のたばこ …………… 426	沖縄の若きミュージシャン … 81	『沖縄問題二十年』 ……… 168
『沖縄の旅 アブチラガマと轟の壕』 ………………… 31	『沖縄発爽やか長寿の秘訣』 … 308	オキナワヤマタカマイマイ … 362
沖縄の地位 ………………… 57	沖縄初の婦人解放大会 …… 24	オキナワヤマタニシ …… 371
沖縄の長期的軍事占領 …… 54	沖縄びいき ……………… 213	『沖縄・ヤマト人物往来録』 … 227
『沖縄の挑戦』 ……………… 53	沖縄美術展 ……………… 110	「沖縄よ何処へ行く」 …… 290
『沖縄の帝王 高等弁務官』 … 61	『沖縄日の出新聞』 ……… 154	沖縄らしい反戦平和思想の表現 …………………… 209

オキ 索引

沖縄歴史研究会 …………… 23	親泊康永 ………………… 19	海上ヘリ基地建設反対・平和
『沖縄歴史論序説』… 156,157	親泊興照 ……………… 271,278	と名護市政民主化を求める
沖縄列島を分割する案 … 152	親泊朝輝 ………………… 224	協議会 ………… 193
沖縄連隊区司令部 ………… 28	オヤビッチャ …………… 350	海上ヘリポート基地 ……… 194
『沖縄労農タイムス』… 24,225	オライオン ……………… 196	外人登録 …………………… 77
沖縄鹿鳴館 ……………… 107	オリエンタリズム ……… 151	海水淡水化センター ……… 398
「沖縄は如何にあるべきか」 156	オリオンビール(株) …… 426	改正沖縄振興開発法 ……… 166
「沖縄は憲法上の地方公共	折口信夫 ……………… 213,391	改姓改名 …………………… 385
団体になっていない」… 199	オールーチンナン ……… 355	改姓改名運動 ……………… 412
オキナワン・ロック 81,237,277	オレンジプラン ……… 26,415	海中道路 …………………… 398
奥共同店 ………………… 398	オン ……………………… 256	カイツブリ ………………… 356
「奥間巡査」 ……………… 287	オーンジャー …………… 354	改定交渉 …………………… 115
奥間レスト・センター …… 404	オンナ …………………… 70	『海南小記』 ……………… 385
「奥山の牡丹」 ……… 278,433	女踊 …………………… 270,433	「海南小記の旅」 ………… 165
尾崎秀樹 ………………… 229	恩納岳 …………………… 408	概念規定問題 ……………… 162
尾崎秀実 ………………… 229	『女だけの「乙姫劇団」奮闘	開発庁障害論 ……………… 242
長田文 …………………… 67	記』 ……………… 279,309	開発という名の自然破壊 … 174
オスプレイ ……………… 404	女たちの立ち上がり …… 185	『開発と自治の展望』 …… 167
オーチス・W. ベル(牧師) … 203	女たちの「風俗改良」 …… 306	開発伐採隊 ………………… 62
夫が米国人で妻が日本人 … 73	女七踊 …………………… 433	海浜条例 …………………… 175
男踊 ……………………… 433	「女物狂」 ……………… 433	海兵隊の再編 ……………… 184
お年玉 …………………… 101	オンブバッタ …………… 355	介輔 ………………………… 419
オトヒメエビ …………… 355	オンリー ………………… 77	海邦国体 …………………… 180
乙姫劇団 ………………… 309		海洋博 ……………… 166,169,173
オトーリ ………………… 384	【カ】	海洋博開催 ………………… 174
オナガガモ ……………… 355	外圧権力に迎合して保身 135	海洋博景気 ………………… 173
翁長良孝 ………………… 225	海外移民 ……………… 20,62,222	海洋博後遺症 ……………… 173
オーナジパブ …………… 354	「海外移民」の歴史 ……… 221	海洋博に投資された資金 … 173
小那覇舞天 …………… 50,440	「海外へ」という軸 ……… 220	海洋博ブーム ……………… 426
オナリ …………………… 384	海外からの沖縄救援運動	会話伝習所 ………………… 219
オナリ神信仰 ………… 254,265	……………………… 231	会話練習所 ……………… 162,163
オニコブシ ……………… 355	海外在留者送金額 ……… 222	『還らぬ人とともに』 …… 97
オニタビラコ …………… 378	海外植民地における日本	カエンカズラ ……………… 378
オニヒトデ ……………… 355	人 ………………… 234	火炎ビン …………………… 180
オニヒトデとサンゴの生態	海外同朋の救援運動 …… 221	火炎放射器 ………………… 415
系の均衡破壊 …… 178	海外に雄飛した沖縄人 … 228	化学兵器 …………………… 131
オニヒトデの異常発生 … 178	開化党 …………………… 13	嘉数の戦闘 ………………… 415
オニヤンマ ……………… 355	海岸線の埋め立て ……… 174	かぎやで風 …………… 266,273
オネスト・ジョン・地対地	海軍司令部壕 …………… 415	「かぎやで風節」 ………… 433
ミサイル ………… 133	「解雇するなら基地(土地)を	限りない異議申し立て … 139
オヒルギ ………………… 378	返せ」 ……………… 85	画一的な日本像 …………… 206
オフ・リミッツ 89,116,125,126	解雇撤回闘争 …………… 117	「核かくし」基地強化の返還 147
「「オフ・リミッツ」の島」… 126	外資導入(日本本土資本を	格差 ………………………… 81
オーベー ………………… 354	含む) ……………… 60	格差是正 …………………… 166
覚書 ……………………… 56	外車焼け ………………… 181	格差是正よりも真の豊かさ 239
オボツカグラ …………… 267	海上基地問題 …………… 193	革新共闘 …………………… 145
オーマチ ………………… 355	海上自衛隊第5航空群 … 190	革新共闘会議 ……………… 146
思いやり予算 …………… 419	「海上施設は、沖縄本島の	革新の質的転換 …………… 135
「思いやり予算」による基地	東海岸に建設」 …… 194	『カクテル・パーティー』
労働者の待遇改善 … 189	海上集会 ……………… 137,413	……………………… 288,292
於茂登岳 …………… 36,408	海上他界 ………………… 267	学童疎開 ……… 39,42,44,67
於茂登トンネル ………… 450	海上特攻隊 ……………… 45	核と沖縄 …………………… 117
『おもろさうし』 ………… 284	『海上の道』 ……………… 384	学徒隊 ………………… 34,38
「おもろさうし概説」 …… 284	塊状ハマサンゴ類 ……… 324	「核抜き、本土並み」 …… 147
オヤケアカハチ ………… 450	海上ヘリ基地建設 ……… 194	「核のあった場所」 ……… 132

—482—

核爆弾	……………	133
核爆弾の沖縄配備	………	132
核物質抜き核爆弾	…	132,133
核兵器	…………	117,132
核兵器の管理及び配備の歴史		
（1945-1977年9月）	……	132
カクレウオ	……………	356
歌劇	……………	278
過酷なまでの人頭税	……	220
カーサー	……………	355
花綵列島	……………	408
笠戸丸	……………	222
カシー	……………	356
餓死	……………	40
カジマヤー	……………	331
ガジュマル	…………	312,378
過剰な公共投資	……………	184
カースビ	……………	355
ガス漏れ事故	……………	131
かせかけ	…………	270,433
河川改修事業	……………	175
河川の整備事業	……………	174
カタジラー	……………	356
型染めと筒書き	……………	429
カタハランブー	……………	345
潟原	……………	408
カタブイ	……………	337
カダヤシ	……………	365
勝組を支持	……………	230
勝組・負組	…………	221,230
ガチマヤー	……………	337
「カチャーシー」	…………	266,433
ガチャチャ	……………	356
カツオ	……………	356
カツオ漁業	……………	447
担ぎ屋	……………	88
『学校における沖縄の踊り』		271
月城	……………	157
活性化事業補助費	……………	246
褐虫藻（植物プランクトン）		
	…………	317,324
勝手に囲い込んでいた土地		186
ガッパイ、タッペー	……	337
勝連繁雄	……………	273
勝連城跡	……………	398
勝連敏男	……………	288
嘉手苅千鶴子	……………	285
嘉手苅林昌	…………	93,395
嘉手川重喜	……………	77
嘉手納	……………	129
嘉手納基地	…………	147,196
嘉手納基地滑走路の延長	…	129
嘉手納基地爆音訴訟	……	197
嘉手納高射砲隊	……………	70
嘉手納弾薬庫	……………	133

嘉手納弾薬庫地区	…	196,404
嘉手納飛行場	………	194,196
嘉手納飛行場の常駐機種		196
嘉手納マリーナ地区	……	196
嘉手納ラプコン	……………	404
加藤哲郎	……………	228
加藤久子	…………	298,299
家督相続	……………	297
『悲しみをのり越えて』	…	37
「加那よ天川」	……………	433
金子光晴	……………	290
我如古弥栄	……………	278
兼次佐一	…………	127,140
兼島景毅	……………	224
兼高かおる	……………	326
鹿野政直		
	15,61,102,217,291,292,395
カーハジャー	……………	356
カバミナシガイ	……………	356
川平湾	……………	408
家譜	……………	411
家父長制	……………	304
カブトガニ	……………	356
我部政明	……………	117
我部政男	……………	14
ガマ（壕）	………	35,40,231
カマキリ	……………	356
鎌倉芳太郎	……………	213
カマジー芝居	……………	278
カマゼー	……………	356
かまぼこ	……………	345
カマボコ型校舎	……………	114
かまぼこ型兵舎	……………	82
喰わぬ喰わぬの七碗者	……	338
カマンタ	……………	357
神アシャゲ	……………	256
カミアチネー	…………	298,385
神御清明（カミウシーミー）		258
神畏りーしぇー、物習ぬ元		337
『神々の古層――久高島の年中		
行事』	……………	263
カミキリムシ	……………	357
「神島」	……………	288
『神と村』	……………	257
神谷正次郎	……………	18
神山政良	……………	227
神女（カミンチュ）	……	265
神女組織制度	……………	265
カメー	……………	337
カメーカメー（攻撃）	……	385
亀川盛武	……………	12
亀川盛棟	……………	140
亀甲墓	…………	258,288
「カメジロー・沖縄の青春」		445
カメムシ	……………	357

家紋	……………	385
茅打ちバンタ	……………	408
茅誠司	……………	392
茅誠司東京大学学長	……	213
茅葺き	…………	114,385
かやぶき校舎	……………	82
歌謡	……………	284
嘉陽層	……………	408
嘉陽安男	……………	288
ガーラ	……………	356
カーライル・バラック	…	202
カラカラ	……………	429
ガラサーガーミ	……………	357
ガラサーシーバイ	……………	357
カラジ（結髪）	……………	306
カラスアゲハ	……………	357
カラスグヮー	……………	345
カラスバト	……………	357
カラスヤンマ	……………	357
カラ岳東側	……………	316
空手	……………	274
『空手伝真録』	……………	275
『空手道教範』	……………	275
『空手道大観』	……………	275
空手道のルーツ	……………	275
空手に先手なし	……………	274
空手の草創期	……………	274
『空手の歴史』	……………	275
空手は礼に始まり、礼に		
終る	……………	274
ガラビ壕（ガマ）	……	40,415
ガリオア援助	……………	83
ガリオア学生	……………	107
ガリオア資金	………	107,120
ガリ版刷り教科書	……………	114
仮夫婦	……………	223
花柳病（性病）取締	……	68
かりゆし	……………	337
カルガモ	……………	357
カルチャーショック	……	90
ガルフ	……………	169
河上肇	……………	157
河上肇舌禍事件	…	151,155,157
川崎	……………	226
川崎航空株式会社	……	42
為替差損補償	……………	419
為替相場制	……………	168
カワセミ	……………	357
為替レートの切り上げ	…	168
川田文子	……………	33
河名俊男	……………	313
川満聡	……………	441
川満信一	………	141,288,291
カン	……………	264
官営劇団	……………	279

―483―

カン

ガンガゼ	375
カンカラ三線	92, 272
「環境を楽しむ」型	326
「環境を守る」型	326
勧業博覧会	150
観光客数	244
観光客の地域資源保全への参加	326
観光クラブ	303
観光産業	426
観光収入	238, 244
カンコウチョウ	361
「観光と売買春」	303
勘合貿易	8
貫効丸	224
観光戻税制度	241
観光・リゾート産業	251
観光立県・国際都市形成構想・FTZ	244
看護学校設置	69
韓国人慰霊塔	415
韓国の元「従軍慰安婦」	33
看護訓練	38
頑固党	10, 12, 154
看護婦養成学校法	69
関西沖縄県人会結成大会	225
関西のウチナーンチュ	220, 224
カンサ（ハンサ）	267
環礁	408
緩衝地帯	104
カンジン地下	322
「関税制度と自由貿易地域」	245
官製団体	125
完全な直接統治	124
完全与党	145
カンダバージューシー	345
関東大震災	226, 290
関東のウチナーンチュ	220, 226
監督権限	108
漢那憲和	10, 391
カンナジ	337
カンパチ	337, 353, 357
カンピトゥ	264
カンプー	337
艦砲射撃	26, 38, 64, 82, 415
カンムリワシ	357
カンモンハタ	351
歓楽街	65, 89
歓楽街設置の論争	68
カンランハギ	367

【キ】

キアシシギ	357
木ぬ葉とうん笑いん	338
ギイマ	378
キオビエダシャク	358
帰化	75
規格住宅	80
『気がつけば百歳』	308
機関委任事務	198
基幹産業	251
帰還不明	45
企業による土地買い占め	173
キクザトサワヘビ	358
危険人物	85
聞得大君	256, 263, 265, 284, 385, 411
木崎甲四郎	141
疑似共同体	207
基軸通貨	168
キシノウエトカゲ	368
キジバト	358
キジムナー（ブナガヤ）	385
岸本賀昌	226
岸本建男	250, 396
「岸本建男批判序説―土方商人の弁」	247
岸本マチ子	288
喜舎場永珣	321
喜舎場朝賢	152, 210
技術研修	103
『義人謝花昇伝―沖縄自由民権運動の記録』	19
「犠牲」	214
規制大国	241
奇跡の1マイル	90
キセキレイ	358
季節の木	79
「基礎資料整備と方法的模索」	162
北島角子	440
北大東島	450
北林トモ	229
北飛行場	415
基地跡地利用	189
基地移設先の地域振興策	189
「基地移転と地域振興を両天秤にかける」政策	192
『基地沖縄の苦闘』	85, 130
基地拡張	120
基地から派生する人権問題	167
基地関連収入	246
基地機能を維持したままの「復帰」	117, 129
基地機能の維持	49, 130
鬼畜米英	29
基地・軍隊を許さない行動する女たちの会	71, 185
基地経済主義	143
基地ゲート	218
基地建設	50, 84, 118
基地建設工事	121
基地建設工事に伴う労働争議	121
基地建設予算	120
基地交付金	184, 427
基地交付金・基地周辺整備事業費の支給	189
基地産業論	143
基地従業員	94, 101, 120
基地収入	238, 427
基地周辺整備資金	420
基地周辺整備費（補助金）	184
基地周辺対策	246
基地周辺のバー街	89
基地縮小	117
「基地付き日本復帰」	184
基地撤去	65
基地ではなく自然と共生する地域	185
基地闘争	116
基地の機能強化	167
基地の県内移設に反対する市民会議	189
基地の再編強化政策	189
基地の島沖縄	191
『基地の島から平和のバラを』	119
基地の整理縮小	191
基地の整理・縮小・撤去	188
基地のない平和な沖縄	191
基地のない平和な島	189
基地の中の学校	75
基地の街コザ	68, 81, 101
基地繁栄論	143
基地被害	70
基地返還アクションプログラム	244, 420
基地返還への期待と不安	191
キチョウ	358
基地労働者	117
喜納昌永	294
喜納昌吉	294, 396
喜納昌吉とチャンプルーズ	294, 443
喜納昌松	18
黄ナンバーの車	218
キニーネ	36
宜野湾村伊佐浜	310
キビタキ	358
キビナゴ	364
宜保栄治郎	269, 281
儀間進	201, 291
儀間比呂志	395

索引　キン

棄民 …………… 221, 230	教育基本法 …………… 144	『拒絶する沖縄』 …………… 205
逆格差の発想 …………… 239	教育公務員特例法 …… 112	巨大なリゾート計画 …… 175
逆格差論 …………… 250	教育三原則 …………… 114	清田政信 …… 288, 291, 396
逆格差論の立場 …………… 250	『教育戦後史開封』 … 137, 146	漁民たちのサンゴ礁認識 318
虐殺 …………… 30	教育の再建 …………… 98	魚雷 …………… 39
『虐殺の島』 …………… 40	教員養成 …………… 114	魚雷攻撃 …………… 39
逆ピケ …………… 218	教科書の無償配付 …… 109	狂言 …………… 433
『逆流の中で―近代沖縄社会運	強行採決 …………… 115	慶良間―見ゆるしが睫毛―見―
動史』 …………… 11	教公二法 …………… 99	らん …………… 338
キャデラック …………… 93	教公二法阻止共闘会議 … 112	斬込隊 …………… 34, 38
キャバレー …………… 101	教公二法闘争 …… 99, 112	キリシタン禁制 …………… 8
キャラウェイ	『教公二法闘争史』 …… 113	キリスト教 …………… 10
… 61, 99, 104, 107, 108, 109	強国間の利権調整 …… 134	寄留商人 …………… 18
キャラウェー旋風 … 61, 99, 108	共産革命 …………… 26	寄留商人への対抗 …… 155
喜屋武元持 …………… 224	共産主義 …………… 85	基隆 …………… 234
喜屋武真栄 …… 144, 394	共産主義政党調査特別委員会 59	キワタノキ …………… 378
喜屋武半島の戦闘 …… 415	共産同戦旗派 …………… 180	宜湾朝保 …… 12, 282, 390
キャンプ桑江 …… 89, 404	教職員会 …………… 136, 144	金武 …………… 129, 237
キャンプ・コートニー … 89, 404	教職員共済会 …………… 144	キンカメムシ …………… 358
キャンプ・シュワブ 89, 192, 404	教職員組合 …………… 85	金武宮 …………… 398
キャンプ・シュワブ沖訓練	教職員の政治活動 …… 112	銀行、銀行業務および信用
水域 …………… 194	教職員の復帰運動 …… 59	供与 …………… 108
キャンプ・シールズ …… 404	強制収用 …… 116, 122, 123	金細工 …………… 270
キャンプ・瑞慶覧 … 89, 405	行政主席 …………… 58, 104	金城昭夫 …………… 275
キャンプ・ハンセン 89, 195, 405	行政主席選挙法 …………… 58	金城朝夫 …………… 63
喜屋武岬 …………… 409	行政主席選出 …………… 61	金城オト …………… 21
旧安保条約 …………… 115	強制使用対象地 …………… 187	金城金松 …………… 10
「救援ニュース」 …………… 231	強制使用反対闘争 …… 187	金城キク …………… 394
救援物資の無料輸送 … 231	強制送還 …………… 223	金城弘征 …………… 107
旧上本部飛行場跡地 …… 190	強制的な「同化」の歴史をもつ沖	金城次郎 …………… 394
旧慣 …………… 150	縄の「近代」 …………… 162	金城正篤 …………… 152
旧慣温存 …………… 16	強制避難 …………… 36	金城善助 …………… 231
旧慣存続 …………… 412	強制併合 …………… 154	金城妙子 …………… 69
急患輸送 …………… 172	強制連行 …………… 45, 215	金城町石畳道 …………… 398
究極のリサイクル …………… 87	キョウチクトウ …………… 378	金城朝永 …… 160, 161, 165, 226
旧県立平和祈念資料館 … 415	共通語＝近代日本語 … 286, 287	金城哲夫 …………… 396
休日廃止案撤回 …………… 97	共同店 …………… 427	金城唯温 …………… 227
『九州・沖縄の地下水』 …… 322	橋頭堡 …………… 26	金城芳子 …………… 227
旧正月 …………… 332	郷土の復興は文化から … 273	金城和信 …… 204, 392
旧制高等学校 …………… 98	郷友会 …………… 207, 227	近親憎悪 …………… 155
旧ソ連秘密警察文書 …… 228	『郷友会社会―都市のなか	キンセンフエダイ …………… 358
義勇隊 …………… 34	のむら』 …………… 207	近代沖縄 …………… 220
旧台湾総督府庁舎 …… 234	共和党 …………… 420	近代沖縄史 …………… 162
宮廷芸能 …………… 268	巨額の高率補助金 …… 184	『近代沖縄の歩み』 …………… 13
急な礁斜面(キンター) … 318	漁業権放棄手続の瑕疵 … 179	近代沖縄の言論 …… 150, 154
旧日本陸軍航空本部 …… 197	漁協従事者 …………… 192	近代沖縄の思想的潮流 … 138
義勇兵役法 …………… 38	玉泉洞 …………… 409	近代沖縄の自立論 …… 164
久ів防衛庁長官 …………… 194	極東アジア戦略 …………… 135	『近代沖縄の歴史と民衆』 17, 23
『球陽』 …………… 385	極東軍司令官 …………… 56, 60	近代科学の研究 …………… 156
球陽丸 …………… 224	極東軍司令部 …………… 60	『近代日本と伊波普猷』
旧暦 …………… 262	極東最大の米軍基地 … 196	…………… 15, 156, 157
喜友名嗣正 …………… 140	「極東条項」 …………… 115	近代日本と沖縄との関係 150
凶悪な犯罪 …………… 65	極東戦略 …………… 52	近代日本の国民国家 …… 152
教育委員公選制 …………… 420	極東地域の安全 …………… 148	金武町人 …………… 222
教育慰霊祭 …………… 144	裾礁 …………… 316	銀チョコ …………… 385

―485―

キントキダイ … 370	口剃刀 … 338	クロアジサシ … 359
ギンネム … 378	クチグヮーミーバイ … 358	クロイワゼミ … 359
ギンバル訓練場 … 405	クチナシ … 378	クロイワツクツク … 362
金門クラブ … 98, 107, 109	口ぬ余れえ手ぬ出じゅん … 338	クロイワトカゲモドキ … 359
『金門クラブ・もうひとつの沖縄戦後史』 … 107	口ぬ恥え無ぇん … 338	クロキ … 382
金融業界 … 108	口減らし … 43	クロサギ … 359
金融業界の浄化 … 109	クチャ … 324, 409	黒砂糖 … 346
金武良章 … 271	グック(Gook) … 202	黒潮 … 409
金武湾 … 178	屈辱の日 … 142, 147	黒島 … 36, 450
金武湾汚染 … 178	屈折した沖縄の苦悩 … 151	黒島口説 … 434
金武湾を守る会 … 178	口説 … 434	クロチョウガイ … 370
金武湾海域 … 178	クートベ … 228	クロツグ … 378
金武湾開発構想 … 178, 179	宮内庁 … 54	クロトン … 378
金武湾闘争 … 179, 184	国頭村 … 327	クロバエ … 354
	国頭マージ … 313, 323, 324, 409	クロマタ … 383
【ク】	国吉勇 … 204	クロヨナ … 378
グアム … 132	国吉真永 … 227	クワガタムシ … 360
グァムのアンダーソン … 195	クニンダチュ … 182	クワーガナー … 359
クイチャー … 17, 433	久場崎収容所 … 420	クワズイモ … 378
クイナ … 358	久場ツル … 306	クヮッチー … 338
空襲 … 38, 44, 64, 118	クバ民具 … 429	軍歌 … 286
空地帯 … 66	首を切るなら土地を返せ … 130	軍関係者による雇用 … 72
『空白の沖縄社会史』 … 86, 87, 88	クープイリチー(昆布の炒め煮) … 346	軍関係の仕事 … 72
空白の数日間 … 199	クブシミ … 359	軍官民生生共死の一体 … 29
クオ … 233	久部良バリ … 409	工工四 … 434
クカバ … 365	「久保・カーティス協定」 … 172	軍港移設に反対する市民の会 … 189
クサシギ … 358	久保卓也 … 172	軍国教育 … 38
『くさてい』 … 195	窪徳忠 … 255, 261	軍国主義教育 … 28
クサティ … 256, 338	クマゼミ … 361	軍雇用員 … 218
腰当森(クサティムリ) … 256	クマノミ … 359	軍雇用員の賃金引き上げ … 109
クサナー … 358	熊本鎮台沖縄分遣隊 … 12	軍作業 … 41, 72, 80, 84, 86, 94, 118
草野心平 … 290	組踊 … 268, 278, 434	軍作業員 … 83
クサビライシ … 358	組踊の復活上演 … 268	軍作業員の権利 … 85
クサムニ … 338	クミスクチン … 378	軍作業員の思想・身元調査 … 85
具志堅宗精 … 392	クムイ(海名) … 409	軍事基地の恒久的固定化 … 139
具志堅用高 … 219, 396	久米三十六姓 … 182, 411	軍事基地の島 … 68
「久志の若按司」 … 433	久米島 … 31, 450	軍事機密 … 28, 30
久志富佐子 … 160	久米島紬 … 429	軍事機密漏洩 … 29
具志保門 … 18	クメジマホタル … 359	軍事施設 … 118
グショウ(後生) … 267, 385	久米村(方言でクニンダ) … 182	軍事施設周辺地域 … 118
「クジラの里」宣言 … 326	久米の五枝の松 … 450	軍事施設周辺の建築物撤去 … 119
クスイムン … 385	「暗い谷間の時代」 … 154	軍事支配下からの解放 … 188
グスク(城) … 256, 385	蔵元 … 16	軍事占領 … 54
グスク・三山時代 … 3	繰り返される祈りの時間と社会生活 … 254	軍事的他殺 … 30
グスク時代 … 411	来間島 … 450	軍事法廷(最高軍法会議) … 218
城間正安 … 16	来間泰男 … 245, 249, 251	「国頭サバクイ」(クンジャン) … 434
クース(古酒) … 346	グリーン・ベレー … 405	軍需工場 … 42
屑鉄 … 87	クルキンマチ … 359	軍需産業 … 42
クスブン … 358	グルクマ … 359	軍人・軍属 … 38, 45
下り口説 … 434	グルクン … 359	軍政 … 50
久高島 … 262, 318, 450	クルサーター … 346	軍政府 … 56
久高島で見られる漁撈活動 … 318	クルマエビ … 359	軍転特措法成立 … 208
久高将吉 … 440	クルマバッタ … 359	軍転法 … 248
久高ノロ … 450		

軍転法・軍用地料 ………… 248	「消えた沖縄女工」 ……… 311	『現代沖縄文学にみる沖縄の
「軍転法成立─県民の悲願は	ケーキ …………………… 72	自画像』 ………………… 293
実現したか」 …………… 249	劇団創造 ………………… 279	現代日本の自画像 ……… 201
群島政府 … 58, 103, 105, 420	劇団「大地」 ……………… 279	『現代文学にみる沖縄の自
群島政府の知事及び民政議員	激烈な批判の言葉 ……… 291	画像』 …………………… 292
…………………………… 105	『激論・沖縄「独立」の可能性』141	建築工組合 ……………… 24
軍特委 …………………… 420	慶佐次通信所 …………… 405	県道104号線越え実弾砲撃
軍による直接雇用 ……… 72	慶佐次湾ヒルギ林 ……… 326	演習 …………………… 405
軍命 ……………………… 37	『けーし風』 ……… 37, 119,	「県内企業への優先発注及び県
軍用地主 ………………… 186	185, 189, 214, 249, 386	産品の優先使用基本方針」253
軍用地主ローン ………… 249	化粧品 …………………… 92	県内自給率 ……………… 239
軍用地 ………………… 62, 118	結核 ……………………… 69	県内における新聞発行部数 110
軍用地代 ………………… 122	欠格条件 ………………… 66	県の標準語励行運動 …… 163
軍用地代理署名の拒否 … 115	ゲッカビジン …………… 379	県費留学生 ……………… 18
軍用地の強制収用 ……… 59	『月刊タイムス』 ………… 288	現物給付 ………………… 84
軍用地の新規接収 ……… 122	結願祭り ………………… 262	現物支給 ………………… 72
軍用地問題 …………… 60, 203	結婚を証明する書類 …… 233	憲法95条 ………………… 199
軍用地問題解決促進協議会 125	結婚式と死亡広告 ……… 266	県民運動の様相 ………… 179
軍用地料 … 101, 170, 184, 248	ゲットウ ………………… 379	県民総決起大会
軍用地料の大幅引き上げ	月桃紙 …………………… 429	……… 115, 149, 191, 194, 198
………………… 170, 189, 249	血判署名 ………………… 14	県民大会 …………… 185, 248
軍用地料の実態と社会的	ゲートボールの歌 ……… 93	県民投票 ……… 149, 191, 198
影響 …………………… 249	ケナガネズミ …………… 360	県民の声 ………………… 97
軍離職者臨時措置法 …… 72	ケナン ……………… 52, 54	健持良一 ………………… 228
軍律 ……………………… 35	ケネディー新政策 … 60, 108	原油流出事故 …………… 178
軍労働者 ………………… 85	ケネディ大統領 ………… 170	県労協 …………………… 180
軍労働者の雇用主 ……… 85	ケラジ …………………… 379	
軍労働者の大量解雇 …… 81	ケラマジカ ……………… 360	【コ】
	慶良間諸島 …… 26, 32, 45, 50	コアジサシ ……………… 360
【ケ】	ゲリラ戦演習 …………… 129	恋歌 ……………………… 277
慶応義塾 ………………… 154	慶留間島 ………………… 320	ゴイサギ ………………… 360
計画移民 …………… 62, 63	絃 ………………………… 92	「五・一五秘密メモ」 …… 147
軽貨物車 ………………… 385	検閲 ……………………… 110	広運社 …………………… 224
経済援助 ………………… 60	「県外へ」という軸 ……… 220	交易型産業 ……………… 251
経済開発と本土資本 …… 169	県外疎開 ………………… 43	公開審理 ………………… 187
経済更新会 ……………… 22	元気 ……………………… 91	「公害」の二の舞い ……… 178
経済効率を優先した自然の	健康ブーム ……………… 91	強姦 ……………………… 65
破壊 …………………… 201	言語的葛藤 ……………… 282	公看さん ………………… 69
経済主義的統治方式 …… 170	言語における強制的な「同化」	交換レート ………… 99, 168
経済振興と基地のリンク	政策 …………………… 162	公儀 ……………………… 9
………………………246, 247	県産品奨励月間 ………… 253	公共工事 ………………… 324
経済成長至上主義 ……… 169	健児の塔 ………………… 415	公共事業 …………… 238, 246
経済的懐柔策 …………… 189	県収用委員会 …………… 199	公共事業、観光、基地の3K 238
経済的自立論 ……… 164, 167	「検証 沖縄の人権─やまと世	「公共事業・経済開発」援助 … 60
経済難民 ………………… 224	20年」 ………………… 303	公共事業による環境破壊 174
警察犯処罰令 …………… 21	原子力軍艦(潜水艦etc)の寄港	幸喜良秀 …………… 279, 440
「芸術」と「政治」 ………… 229	………………………… 404	皇軍 ………………… 29, 31
系図 ……………………… 304	県人の親睦と相互扶助 … 226	皇軍の赤子 ……………… 233
芸能の島 ………………… 268	県人の団結 ……………… 226	皇国 ……………………… 31
芸能復興運動 …………… 268	弦声一体 ………………… 273	公告縦覧 ………………… 198
啓蒙宣伝活動 …………… 23	建設業界 ………………… 192	公告縦覧代行 …………… 198
契約拒否地主 ……… 198, 249	建設業中心のいびつな経済	皇国防衛 ………………… 34
契約地主と契約拒否地主の	構造 …………………… 184	黄砂 ……………………… 409
対立 …………………… 186	建設反対町民総決起大会 190	幸地新政 ………………… 231
系列化 …………………… 171	『現代沖縄の思想と文学』 289	幸地朝常 …………12, 13, 140

コウ　索引

校舎復旧運動 …………… 114	コガネムシ ……………… 360	『ここに榕樹あり』 … 142, 225
公衆衛生看護婦 ………… 69	コガモ …………………… 360	心に届け女たちの声ネット
剛柔流 …………………… 274	護岸 ……………………… 175	ワーク ………………… 185
公職選挙法 ……………… 192	ゴキブリ ………………… 370	ここは沖縄基地の街 …… 93
公職追放 ………………… 420	護郷隊 …………………… 416	コザ 68, 101, 121, 126, 129, 237
公設市場 ………………… 90, 91	国営皆福地下ダム ……… 322	コサギ …………………… 360
公選 ……………………… 58	国語の統一 ……………… 163	コザ孤児院 ……………… 41
公選主席 ………………… 146	国際共産主義 …………… 59	コザ市 …………………… 121
公選知事 ………………… 58, 104	国際結婚 ………… 73, 74, 75	コザ十字路 ……………… 89
構造的暴力 ……………… 71	国際結婚率の高さ ……… 73	コザ出身 ………………… 294
高速道路の建設 ……… 169, 174	国際交流 ………………… 244	コザ騒動 ………………… 20
小唄 ……………………… 285	国際親善の欺瞞性 ……… 292	コザ暴動 ………………… 129
皇太子の沖縄入り ……… 180	国際親善の模様 ………… 292	コザ暴動とその周辺 …… 218
交通安全の歌 …………… 93	国際通り ………………… 90, 91	コザ暴動の引き金 ……… 218
交通方法区分(730) …… 181	国際都市形成構想 ……… 244	孤児 ……………………… 41
交通方法変更 …………… 166	国際福祉相談所 ………… 74	輿石正 …………………… 247
公定ヤミ相場 …………… 77	国際婦人デー …………… 24	ゴシキエビ ……………… 352
公的宗教的職能者 ……… 265	国際ホエールウオッチング	乞食行進 ………………… 128
公的な祭祀 ……………… 264	フェスタ ……………… 326	御真影 …………………… 25
公同会運動 …………… 10, 13	国際離婚 ………………… 73	御真影奉護壕 …………… 416
高等官技師 ……………… 18	「国策」への反発 ……… 179	個人給付 ………………… 37
合同反戦集会 …………… 129	国政参政権 ……………… 164	御新下り ………………… 256
高等弁務官	国籍法改正要求 ………… 75	古層 ……………………… 153
49, 56, 58, 60, 99, 102, 104	国体護持	古俗廃滅論 ……………… 155
高等弁務官資金 ………… 60	26, 27, 28, 30, 31, 34, 180	児玉喜八 ………………… 15
高等弁務官制度 ………… 60	ゴーグチ ………………… 338	小玉正任 ………………… 259
高度経済成長 …………… 166	国定教科書 ……………… 206	ご馳走 …………………… 83
皇土防衛 ………………… 34	黒糖 ……………………… 82	コチドリ ………………… 360
公認の売買春街 ………… 89	国道58号線 ……………… 398	「東風平・謝花再考」 … 19
公費留学制度 …………… 106	黒糖づくり ……………… 82	国会爆竹事件 …………… 420
公布 ……………………… 58, 104	黒糖相場の暴落 ………… 236	国家公認の学問と学説 … 206
降伏調印 ………………… 416	国内唯一の地上戦 ……… 412	国家財政への依存体質 … 246
坑夫として西表炭坑に送り	国場川 …………………… 409	国家主義 ………… 151, 153, 157
込まれた台湾人 ……… 235	国場組 …………………… 426	国家主義者団体 ………… 230
壕堀り ………………… 34, 45	国場幸太郎 …………… 59, 392	国家主義の思潮 ………… 150
皇民意識 ………………… 28	『国場組社史』 ………… 121	国家心の薄弱な沖縄 …… 157
皇民化 …………………… 151	国費・自費沖縄学生制度 98, 106	「国家統合」 …………… 162
「皇民化」教育 ……… 29, 162	国費留学制度 …………… 106	国家の強制 ……………… 139
「皇民化」政策 ……… 153, 162	国民学校 …………… 34, 39	国家補償要求運動 ……… 37
公務執行妨害 …………… 180	国民学校少年団 ………… 118	国家有機体論 …………… 157
公用地法 … 172, 186, 199, 249	国民指導員 …………… 98, 103	国境を越えた民の謡 …… 294
公用地法の5年期限延長 … 199	国民俗学 ………………… 151	「古典女七踊り」 ……… 270
古宇利島 ……………… 8, 450	国民体育大会 …………… 176	古典舞踊 …………… 270, 434
高率補助 ………………… 241	国民としての同一化 …… 138	『ことばに見る沖縄戦後史』 81
交流ネットワーク ……… 244	国務省極東局 …………… 54	コトヒキ ………………… 359
黄龍丸 …………………… 224	「刻名を拒む韓国人」 … 46	子どもを守る会 ………… 114
香料貿易 ………………… 6	ゴクラクチョウカ ……… 379	子どもたちの国籍取得と選択の
香炉 ……………………… 256	国立組踊劇場 …………… 269	問題 …………………… 183
講和前補償 ……………… 420	国立国会図書館 ………… 49	子どもの売買 …………… 236
港湾事業 ………………… 174	国立戦没者墓園 ………… 96	古日本の鏡 ……………… 151
港湾での荷揚げ作業 …… 50	国連安保 ………………… 54	「古日本の鏡としての琉球」
護得久朝惟 …………… 154, 226	国連の信託統治 ………… 136	………………………… 153, 165
コオロギ ………………… 356	コゲラ …………………… 360	近衛文麿 ………………… 26
コカ ……………………… 45	護国寺 …………………… 398	コノシロ ………………… 374
古我知焼 ………………… 429	護国神社 ………………… 398	コノハチョウ …………… 360

—488—

索　引　　　　　　　　　サン

コバチイシ	382
古波津英興	394
小浜清志	293
小浜島	450
「小浜節」	434
小林流	274
コバンザメ	371
コーヒー	72
コブシメ	359
古武道	434
ゴホウラ	360
コーポラル・地対地ミサイル	133
コマカ島	450
コマグゥー	360
ゴマフエダイ	355
小嶺幸之	224
コムクドリ	361
米須	96
コメツキムシ	361
ゴーヤーチャンプルー	346
古謡	268, 276
コーラ瓶	80
コーラ割り	386
古琉球	3, 411
ゴルフ場	175
コーレーグース	346
コロニア沖縄	63
「こわれ甕」	269
「こわれた南蛮甕」	269
コンクリートの護岸	175
混血	70
混血児	74, 75
混血児家庭	74
混血児の実態調査	74
混血児の出生率	74
混血二世	232
ゴンズイ	361
コンセット	114
コンディション・グリーン	237, 405
『今日の琉球』	60
魂魄の塔	96, 416

【サ】

蔡温	261, 390
在京県人学生会	160
在郷軍人	29, 230
最後の油絵「野餐図」	229
最後の地上戦	26
再々改正	199
財産具いらやカー、性魂具いり	338
妻子の置き去り	74
再疎開	44
最大の核配備場所	133
財団法人南太平洋戦没者慰霊協会	232
在沖米軍基地の機能維持	188
在沖米軍基地の固定化	208
在日米軍基地	115
『在日米軍地位協定』	149
在伯沖縄協会	63
裁判移送問題	420
サイパン陥落	44
サイパン玉砕	416
『裁判準備書面』	179
在米沖縄青年会	228
在米沖縄戦災難民救援連盟	231
在本土沖縄出身者の歴史	142
在琉球米陸軍司令官	60
佐伯達夫	213
棹	92
『魚まち』	327
先島	65, 451
サキシマアオヘビ	361
サキシマカナヘビ	361
サキシマスオウノキ	379
サキシマスジオ	354
先島ツカサ	265
サキシマヘビ	361
崎田実芳	59
崎原恒新	263
崎間敏勝	136, 140, 145
佐喜眞美術館	398
座喜味城跡	398
崎山多美	289, 293
「崎山節」	434
作田節	270
佐久本嗣恭	224
桜井徳太郎	264
桜坂	91
『鎖国と藩貿易』	9
ササゴイ	361
サザナミダイ	351
サザナミヤッコ	361
サシバ	361
さしみ屋(サシミヤー)	386
サーターアンダギー	346
『サタデー・イブニング・ポスト誌』	202
殺人	65, 68
冊封	210, 300
冊封使	270
冊封体制	411
サツマイモ	379
薩摩語を大和口	219
薩摩侵入	152
薩摩の支配	12
砂糖	82
佐藤栄作	148, 392
サトウキビ	379
サトウキビ産業	447
サトウキビプランテーションの農業労働者	222
佐藤首相来沖	420
佐藤・ジョンソン会談	170
佐藤・ジョンソン首脳会談	148
佐藤・ニクソン会談	148
佐藤・ニクソン共同声明	138, 170, 421
佐藤春夫	290
佐渡山豊	442
サナエトンボ	361
サバニ	386, 447
座布団地主	187
差別	10
差別撤廃	155
差別と犠牲を強いられた沖縄	83
座間味島	32, 320, 451
座間味島の忠魂碑	416
座間味村	326
座間味村ホエールウオッチング協会	326
「さまよへる琉球人」	24, 160, 161
『サミット通信』	205
座元	207
サラサハタ	358
三月三日	332
産・官・軍の実戦的総合空軍基地	196
残虐性をできるだけ薄めた文言	214
産業創造アクションプログラム	245
産業報国会	25
産業報国隊	42
産業まつり	253
さんけー	338
サンゴ	324
サンゴ礁	175, 312, 315, 324, 409
サンゴ礁地域	312
サンゴ礁と島々	312
「サンゴ礁の民俗語彙」	315
「サンゴ島の土地利用と農業　波照間島」	323
『サンゴの海に生きる』	314
サンゴの墓場	178
サンゴの白化現象	317
斬殺	45
サンサナー	361
三山鼎立時代	274
三司官	4, 8
サンシー事件	10, 14
サンショウクイ	361
サンシン(三線)	20, 92, 268, 272

―489―

サン　索引

サンシンの日 273	諮詢会委員 66	地場産業振興の基本的な考え方 253
三大選挙—主席、立法院議員、那覇市長選挙 146	施政権者 57	シーバース建設 179
「三大タブー」 304	施政権返還(「復帰」) 56, 58, 61, 109, 130, 131, 134, 161, 168, 218, 249	師範学校 98
三大流出源 324		自費沖縄学生制度 106
サンダンカ 379	施政権返還に関する要請決議 109, 148	ジーファー(かんざし) 92, 386
残波大獅子太鼓 434	自然環境の保全を強調した観光形態 326	紙幣 89
残飯 84		シベリアの収容所 92
さんぴん茶 346	自然環境保護 179	『思弁の苑』 290
サンフランシスコ講和条約 99, 115, 142, 170, 217	事前協議 115, 148	死亡広告 266
	自然体験活動指導者養成事業 327	死亡広告は景気に左右されない 266
参謀長 27	自然洞窟のガマ 176	死亡広告は一つの縮図 266
残留妻子 232	自然との共生 139	シーボルト 54
三和銀行 108	自然破壊 174	シマ 256
【シ】	自然民謡 276	シマアジ 356, 362
シイラ 372	事大思想 28	シマイシガニ 362
地謡 434	事大主義 18, 201	島唄 276, 435
自衛隊 131	したたかに生きた住民 119	シマウヮー 362
自衛隊沖縄配備 172	志多伯克進 10, 23, 225	島尾敏雄 213, 395
「自衛隊の沖縄配備は米軍基地を守るため」 172	自治権拡大 99, 105, 413	島清 110
	自治権拡大運動 99	「シマ」空間 256
自衛隊の配備反対 184	自治権拡大要求 109	シマクサラン 332
才知之一代、誠一世万代 339	自治神話論 107, 109	島ぐるみ闘争 48, 59, 60, 111, 116, 124, 125, 126, 188, 203, 248, 310
塩川 409	自治弾圧政策 56	
仕送り 82	七島灘 216, 217	島ぐるみ闘争の分裂 126
市会議員選挙 64	七島灘を越えることのむつかしさ 217	島ぐるみの土地闘争 65, 170, 186
自画自讃の正当化 134		シマ社会 201, 254
シカス 339	シチューマチ 362	島正栄 228
シカバー 339	市町村会の社会教育団体 136	島尻勝太郎 17
鹿山事件 415		島尻マージ 312, 409
四季口説 434	市町村合併 421	島津家久 9
時期尚早論 143	市町村議会議長会 124	島津軍 8
識名園 398	市町村選挙法 67	島津氏 8
自虐史 200	市長不信任決議 127	島津氏の琉球出兵 8
志喜屋孝信 391	シーツ 103, 105	「島育ち」 435
持久作戦 34	実業学校 98	島田叡 393
事業者どうしの模合 207	失業率の高さ 238	島田懇 246
仕事—仕事ぬどう習ーしゆる 339	実質上の一国二制度 239	島田懇談会 421
	シーツ善政 120	島田晴雄 247
自警団 65, 70	しったカー 339	シマチャビ 322, 339
自決 27, 38, 96	実弾射撃訓練 174	シマドーフ 346
自決強要 214	実弾砲撃演習への実力阻止闘争 184	シマと御嶽(ウタキ) 254, 256
自決の日 97		「島ナイチャー」 295
時限立法 199, 248	地頭代(ジトゥデー) 386	島ナイチャーのサブカルチャー 295
自国軍隊 30	シナサリンドー 339	
自国の国民と敵国の軍人 215	「砂持節」(シナムチブシ) 435	シマの草分けの家 256
シーサー(獅子) 259	しに 339	シマの祭祀を司る神女 256
ジーシガーミ(厨子かめ) 386	シヌグ 262, 332	「島の生態基盤」 321
『史実と伝統を守る沖縄の空手道』 275	シヌクガマ 416	シマの内婚 256
	地主は単なる土地所有者 186	島袋加那 159
獅子舞 435	柴差し 332	島袋光裕 271, 392
シージャー 339	地場産業 100, 252	島袋伸三 315, 323
『嗣周・歌まくら』 273	地場産業が地域社会で果たしている役割 253	島袋全発 163
諮詢会 51		島袋宗康 145

—490—

島マス ……………… 41,65	上海事変 ………………… 32	主席、立法院議員選挙革新
『島マスのがんばり人生』… 68	自由移民 ………………… 62	共闘会議 …………… 146
ジーマミドーフ ……… 346	宗教的戦時下抵抗 ……… 25	呪詛除け ………………… 21
清明祭（シーミー） …… 258	「十九の春」 ……… 93,435	首長公選 …………… 104,105
清明祭（シーミー）と亀甲墓	従軍慰安婦 32,33,215,297,301	出移民数・出移民率 …… 222
………………… 255,258	『従軍慰安婦資料集』 …… 33	「述懐節」 ……………… 435
清明祭日程通知 ……… 258	銃剣とブルドーザー	出撃基地 ……………… 129
市民が分断 …………… 192	………… 116,122,170,188	出血持久作戦 …………… 27
市民全体の声の反映 … 192	「銃剣は誰に向けられたか」215	出生地主義 ……………… 75
自民党 ………………… 137	十五年戦争に於ける加害者	出張売春 ………………… 68
『市民投票報告集：名護市民	としての責任 ……… 292	「諸屯」（シュドゥン）… 270,435
燃ゆ』 ………………… 193	銃殺 ……………………… 45	ジューミー …………… 362
指名 …………………… 146	十三祝 ………………… 332	シュモクザメ ………… 356
下国良之助 ………… 15,390	十・十空襲 ……… 90,119	じゅり ………… 32,296,300
下地玄信 ……………… 225	自由主義史観 ………… 200	ジュリ馬 ……………… 332
下地島 ………………… 451	「執心鐘入」 …………… 435	首里王府 ………………… 93
下地島パイロット訓練	終戦の日 ………………… 64	「首里王府とユタ問題」… 264
飛行場 …………… 169,174	集団移住 ………………… 62	ジュリグヮーイユー … 362
下地仁也利社 …………… 14	集団死 ……………… 28,30	ジュリグヮークスク … 362
下嶋哲朗 ……… 176,177,311	集団自決 … 28,64,176,177,416	ジュリグヮーチンナン … 362
地元住民の実力阻止闘争 184	集団自決事件 ………… 232	首里決戦 ………………… 27
地元スーパー ………… 427	集団生活 ………………… 83	首里三平等 ……………… 4
社会科学研究会 …… 23,24	集団脱走 ……………… 222	首里手 ………………… 274
社会主義 ………………… 10	収納奉行 ……………… 270	首里城 ……… 4,8,12,38,284
社会主義運動 …… 10,11,226	自由貿易地域（FTZ）… 239,245	ジュリヌクーガ ……… 362
社会大衆党 ………… 58,126	自由貿易地域構想 …… 245	「じゅり」の鑑札 ……… 301
ジャーガル …………… 324	住民を分断するための常套	首里の士族層 ………… 154
シャクガ ……………… 362	手段 ………………… 126	首里花織 ……………… 429
「釈明文」 ……………… 161	住民虐殺 ……………… 172	シュリマイマイ ……… 369
ジャゴウ ……………… 363	自由民権運動 …………… 10	ジュールクニチ（十六日）332
シャコガイ …………… 362	住民殺害 ………………… 30	守礼の邦・沖縄 ……… 274
『写真記録　人間の住んでいる島	住民投票 ……………… 192	『守礼の光』 ……………… 60
—沖縄・伊江島土地闘争の	住民投票条例制定請求 … 192	純沖縄 …………………… 47
記録』 ………………… 123	住民の生活を守る会 … 143	純正「日本」への固執 … 216
写真結婚 ……… 222,296,302	収容所 ………… 50,70,72,80,	純然たる「沖縄産」の映画 295
写真結婚による妻の呼び	84,96,116,126,174,233,279	「シュンドー」 ………… 435
寄せ ………………… 302	収容所からの帰郷 …… 118	焼夷弾 …………………… 80
『写真集　沖縄の魔除け・獅子』	収容所生活 ………… 64,222	唱歌 …………………… 287
……………………… 259	収容所と占領 ……… 48,50	傷害事件 ………………… 68
社大党 …………… 136,145	収容地区外 ……………… 64	蔣介石 ………………… 235
社大党の「新進会」 …… 136	重要な聖地 …………… 263	小学校8年 ……………… 98
謝名親方 ………………… 8	重要無形文化財「組踊」… 269	商業ドル資金 ………… 421
ジャノメガサミ ……… 362	重要無形文化財組踊保持	尚家 …………………… 386
ジャノメナマコ ……… 373	者 …………………… 271	条件付き賛成 ………… 193
射爆撃場・訓練場の島々 … 405	シュガーローフの闘い … 416	条件付き返還 ………… 115
謝花雲石 ……………… 391	「儒教」研究 …………… 255	商工会 ………………… 192
謝花昇 ……… 10,18,226,390	儒教思想 ………… 260,268	将校夫人 ………………… 72
『謝花昇集』 ……………… 19	粛清裁判 ……………… 228	焼失 ……………………… 66
謝花昇と自由民権運動 … 18	主権在米 ……………… 109	尚順 …………………… 391
シャブ漬け …………… 247	ジュゴン …… 185,315,362	少女強姦事件 ……… 184,310
シャーマニズム ……… 255	ジューシー …………… 346	少女暴行事件 …… 115,149,
シャーマン …………… 264	酒税の軽減措置 ……… 241	194,198,203,246,248
社民党 ………………… 145	主席 ……………… 99,104	少女レイプ事件 ……… 188
シャリンバイ ………… 379	主席公選 … 99,104,143,146	尚真王 ………………… 265
ジャン（ジュゴン）…… 315	主席選挙 ……………… 143	少数派の負組 ………… 230

—491—

シヨ　　索　引

「小説の中の『パンパン』」 …77	「食客の地位」 216	「新規接収」 116, 123
小選挙区制 146	職工募集広告 224	「『塵境』論」 291
乗船地指令部 234	所得税の格差是正 41	迅鯨 44
尚泰 12, 224	ジョニー宜野湾 442	振興開発計画 238
笑築過激団 279, 435, 444	『庶民がつづる　沖縄戦後	『新興教育』 23
「松竹梅」 435	生活史』 87, 211	進貢船 6
尚徳王 7	「ションガネー」 435	進貢貿易 9, 274
鍾乳洞 40	ジョンストン島 131	清国 12
尚寧王 8	白梅学徒隊 416	親告罪 71
少年会館の建築 144	白梅の塔 416	新里金福 13
尚巴志 4, 6	シラナミガイ 363	新里清篤 144
消費者物価 168	ジラバ 268, 276	人事刷新 108
情報通信施設 195	シラヒゲウニ 356	「新時代来る」 157
情報謀略 134	「白保節」 435	新思潮 22
上焼 429	シリケンイモリ 363	神社神道化 257
昭和恐慌 22	「シリーズ赤土汚染」 325	新集成刑法 421
昭和初期の沖縄を表した	自立的発展の基礎条件の	シンジュークニチ
用語 236	整備 246	(四十九日) 332
昭和初期の社会運動 …24	『資料　琉球労働運動史』… 121	尋常中学ストライキ事件
昭和天皇 34, 35, 393	シルイユー 363	10, 15, 155
初回移民 222	指令 56, 104	「じんじん」 435
書簡 56	司令部 27	新人芸能祭 110, 271
殖産興業 311	「白い煙と黒い煙」 386	真正 153
植民地化反対共同闘争委員会 59	白いご飯 82	新生沖縄県 169
植民地争奪戦争 135	シロオビアゲハ 363	「新生沖縄県の誕生」 168
植民地的な通り名 90	シロガシラ 363	新制高等学校 98
職務執行命令訴訟 198	シロクラベラ 372	新生・紫 237
食糧増産 64	『白地も赤く百円ライター』 177	親族模合 207
食糧統制違反 45	シロダイ 363	新体詩 286
食糧の確保 98	シロナルトボラ 363	身体に刻まれた通貨 100
食糧配給台帳 66	白旗の少女 209, 416	信託統治 54, 120, 142
女工哀史 296	シロハラ 363	信託統治制度 57
ジョージ・カー 213, 217, 394	シロハラクイナ 363	陣地 38
『ジョージが射殺した猪』 289	白保のサンゴ礁 316, 451	陣地壕 40
女子講習科 306	城間栄喜 394	陣地構築 34, 45, 64
「女子実業補習学校生徒の	ジーワ 362	「じんとうよう節」 435
作品」 158	地割制 305	臣道聯盟 230
女子挺身勤労令 42	地割制度 323, 411	『新版・沖縄反戦地主』 187
女子挺身隊 42	ジン 100	「人物列伝　島袋全発」 163
女子挺身隊員 42	新安保条約第6条 149	じんぶん 386
『女子挺身隊の記録』 42	新石垣空港建設反対闘争 184	人糞 83
ジョージ・バッレト 203	新石垣空港問題 386, 421	新聞社の文化事業 273
女子ホーム 65	人為の緯線 76	『新編・琉球弧の視点から』 213
ジョージ紫 237	『新沖縄』 154	親睦模合 207
助成交付金 246	『新沖縄史論』 152	『シンポジウム沖縄占領』 …49
女性参政権 66	「新沖縄の建設」 154	新保守の勢力 135
女性に対する差別 75	「新沖縄の青年」 154	臣民意識 28
女性の参政権 67	『新沖縄文学』	臣民化 151
女性の自立・力	117, 141, 288, 292, 386	人民党 58, 59, 111, 126, 136, 421
310, 311, 312, 313	新沖縄平和祈念資料館 … 128	人民党事件 59, 127
女性の立候補者 67	シンカ 339	人民党市長 127
女性の霊力(セジ) … 254, 265	新ガイドライン 115	人民党に対する弾圧 59
女性副知事 421	新嘉手納基地爆音 197	新民法 305, 422
初代行政主席 58	ジンカニ 100	新民謡 93, 276, 277, 436
初代高等弁務官 60	新規軍用地 122	シンメーナービ 386

人力車組合 …………… 24	生活更新運動 ………… 22	戦果 50, 64, 84, 85, 86, 88, 94
森林破壊 …………… 174	生活更新会 ………… 22	戦禍を受けた校舎 ……… 114
『人類館』 …………… 289	誓願隊 ……………… 99	戦果アギヤー ………… 86
人類館事件 150, 155, 158, 224	清潔法 ……………… 155	尖閣諸島 ………… 312, 451
新暦 ……………… 262	生産力や移輸出力の弱さ 238	尖閣諸島領有問題 …… 422
	セイシカ …………… 379	戦果品 …………… 86, 91
【ス】	製糸業 ……………… 311	選挙人代表 …………… 66
ズアカアオバト ……… 363	政治的な自立論 ……… 164	全軍労 ………… 117, 218
スイギュウ …………… 363	政治と文学の相克 …… 288	『全軍労・全駐労沖縄運動史』130
スイジガイ …………… 352	斉場御嶽 …………… 256	全軍労闘争 …… 117, 129, 130
瑞泉学徒隊 …………… 417	精神的なレイプ ……… 71	全県FTZ ……………… 245
「水滴」 ……………… 293	『精説 沖縄空手道』 … 275	『戦後沖縄経済史』 61, 121, 123
スイートホーム ……… 93	製造業部門 …………… 251	『戦後沖縄史』 59, 112, 125, 142
『水平』 ……………… 159	生態系の豊かさ ……… 324	『戦後沖縄とアメリカ』 … 49
水平社 ……………… 159	セイタカヒイラギ …… 375	『戦後沖縄の思想像』
数量化しえない豊かさ … 239	政党結成 …………… 145	………… 61, 102, 217, 292
末吉宮 ……………… 398	制度的な日本化 … 150, 164	戦後沖縄の食 ………… 95
スガイ ……………… 339	青年ふるさとエイサー祭り 281	『戦後沖縄の新聞人』 … 111
スク ………………… 363	青年連合会 …………… 136	『戦後沖縄の政治と法』 56, 148
スクガラス ……… 345, 346	性病 ………………… 32	戦後沖縄の民衆の歴史 … 188
スクラップブーム ……… 87	性病患者 ……………… 69	「戦後沖縄文学批判ノート」 291
ズグリミゾゴイ ……… 363	性病検査 ……………… 89	戦後海外移民送出数 …… 63
スク漁 ……………… 447	性病検査の義務づけ … 300	戦後改革 ……………… 48
すぐる ……………… 339	性病取締法規に関する軍布令 69	戦後恐慌 …………… 220
スグロカモメ ………… 363	性病問題 ……………… 69	全国総合開発計画 …… 244
スークヮーヤ ………… 363	征服者史観 …………… 216	全国初の住民投票 …… 191
瑞慶覧の陸軍部隊 …… 129	整列 ………………… 78	全国有数の移民県 …… 220
スーコー …………… 332	細工おー道具勝い …… 339	『戦後コザにおける民衆生活と
スジアラ …………… 349	世界一の平均寿命 …… 308	音楽文化』 …………… 92
すーじぐゎー ………… 339	世界的少数派 ………… 181	『戦後資料沖縄』 …… 125
スズメ ……………… 364	世界的なパイオニア … 294	洗骨 ………………… 387
スダジイ …………… 312	世界のウチナーンチュ … 219	洗骨改葬 ……………… 24
『スターズ・エンド・ストラ	世界のウチナーンチュ大会 332	戦後の苦難 …………… 83
イプス』 …………… 405	積徳学徒隊 …………… 417	戦後の自治機構 ……… 51
スダラトカゲモドキ … 372	「石兵団会報」 ………… 33	『戦後の政界裏面史―
スターリン粛清 ……… 228	石油備蓄基地建設 …… 178	平良辰雄回顧録』 …… 145
スーチキー ………… 346	石油備蓄計画(CTS) … 169	戦後の占領下 ……… 174
捨て石作戦 …… 35, 180, 210	赤龍丸 ……………… 224	戦後初の知事選挙 …… 58
ストラトタンカー …… 196	セグロアジサシ ……… 364	戦後不況 ……………… 22
スパイ …………… 30, 45	石工組合 ……………… 24	戦後・米兵による沖縄女性への
スパイ取締り ………… 214	節名 ………………… 284	犯罪 ………………… 71
スパイの要請承諾 …… 229	瀬長亀次郎 …… 59, 102, 105,	戦後民主主義思想の浸透 135
スパゲイリー ………… 94	111, 117, 125, 127, 140, 309, 394	ぜんざい …………… 346
スーパー・ファンド法 174	『瀬長亀次郎回想録』 … 127	戦災校舎復興 …… 114, 144
スーパー放火 ………… 176	瀬長那覇市長 ………… 60	戦災孤児 ……………… 41
スビ ………………… 364	瀬長那覇市長の誕生 … 117	戦災孤児集団教育合宿 … 44
スーミー …………… 339	ゼニングス大佐 ……… 231	潜在主権 …… 57, 108, 124
住谷一彦 …………… 267	ゼネスト …………… 117	戦死者 ……………… 35
角力 ………………… 262	セブナップ …………… 94	戦時体制 ……………… 81
スリ ………………… 41	セマルハコガメ ……… 364	戦時電波管制 ………… 81
スルル ……………… 364	セミエビ …………… 350	戦時フィルム ………… 209
	セレベスコノハズク … 364	戦車 ………………… 82
【セ】	善意の独裁者 ………… 109	戦車道建設工事 …… 174
セー ………………… 364	全沖縄軍労働組合 …… 130	センジュガイ ………… 364
政界 ………………… 108	全沖縄軍労働組合連合会 85, 130	戦場難民 …………… 50

戦傷病者 …………… 64	葬式 ………………… 266	村民の森つつじ園 ……… 399
戦陣訓 ……………… 28	ソウシジュ ………… 379	【タ】
前戦的戦略空軍基地 197	造礁サンゴ ………… 317	だあー ……………… 340
戦争 ………………… 70	象設計集団 ………… 250	『第一次産業振興計画』… 250
戦争遺物 …………… 87	「創造の場」としての沖縄 295	第1次振興開発計画169,173,240
戦争協力 …………… 45	総動員体制 ……… 43,163	第1次世界大戦 …… 236
戦争体験 …………… 135	総動員体制期 ……… 162	第一次戦後派 ……… 288
戦争体験の風化 …… 209	掃討戦 ……………… 35	第一次通貨交換 …… 100
『戦争と沖縄』……… 211	遭難 ………………… 43	第1次毒ガス輸送 … 131
「戦争の記憶」……… 177	遭難事件 …………… 39	第1次日本留学生 … 98
戦争花嫁法 ………… 73	象のオリ ……… 195,199	第一相互銀行 ……… 108
戦争マラリア ……… 36	ゾウリエビ ………… 364	第一のオフ・リミッツ … 126
戦争マラリア犠牲者慰霊碑	総理大臣が知事を訴えるという	第一牧志公設市場 … 91
建立 …………… 37	前代未聞の裁判 … 198	第一回県費留学生 … 226
戦争マラリア補償問題 … 422	総理大臣による代理署名 198	第一回祖国復帰総決起大会 136
戦争未亡人と孤児 … 41	総理府特連局 ……… 422	第一党方式 ………… 422
センダン …………… 379	疎開 ………… 39,42,43,118	対沖縄人観 ………… 202
全駐労 ……………… 85	疎開生活 …………… 44	大干ばつ …………… 220
全島エイサーまつり 281	疎開船 ……………… 43	大逆事件 …………… 157
全島教職員大会 …… 144	疎開と難民生活 …… 119	大工組合 …………… 24
セントリー ………… 196	ソーキ汁 …………… 346	タイクチャーマチ … 364
選抜芸能祭 ………… 271	即時全面返還 ……… 148	大工哲弘 …………… 442
選抜試験 …………… 106	即時復帰反対協議会 143	大交易時代 ………… 6
宣部政策 …………… 92	即時無条件全面返還	大航海時代 ………… 6,7
「戦没者刻名碑『平和の礎』が意	……… 143,148,413,422	第5回内国勧業博覧会 224
味するもの」……… 215	祖国への完全復帰 … 136	大国間のエゴイズム 134
戦略産業 …………… 251	「祖国」にかけた夢 … 211	大国間の利権の均衡 135
戦略偵察機 ………… 197	祖国復帰 ……… 147,166	大黒柱 ……………… 72
戦略的信託統治 …… 57	祖国復帰運動 … 99,102,142	第57回芥川賞受賞作 292
占領下 ………… 55,62,126	祖国復帰期成会 …… 136	第五の琉球処分 … 134,135
占領下の社会運動 … 113	祖国復帰の烈々の至情 … 136	ダイサギ …………… 364
占領軍への就業禁止 68	祖国分断の時代 …… 137	代替基地候補地 …… 192
占領支配 …………… 100	祖先供養の祭り …… 258	第3次振興開発計画 240
『占領者の眼』……… 53,121	祖先祭祀 ……… 254,260	第三次通貨交換 …… 100
占領政策 ………… 48,103	祖先崇拝 …… 74,254,387	第32軍 ……………… 118
占領体制 …………… 115	ソデカラッパ ……… 371	第32軍守備軍 ……… 32
占領体制から安保体制 115	ソテツ ……………… 379	第32軍の沖縄配備と全島
占領地域救援資金 … 107	ソテツ地獄 …… 10,22,	要塞化 …………… 119
占領と移住・移民 … 49,62	143,210,220,224,236,296	第3セクター …… 175,243
占領統治 …………… 48	外からの沖縄アイデンティティ	第三の琉球処分 … 134,166
占領統治期 ………… 134	の発見 …………… 220	第四の琉球処分 …… 134
『占領27年 為政者たちの	その日 ……………… 64	体制翼賛会 ………… 22
証言』…………… 56	ソフトボール競技 … 176	対潜作戦センター(ASWOC) 190
占領の延命 ………… 60	楚辺通信所(通称「象のオリ」)	ダイトウオオコウモリ … 364
占領方式 …………… 54	……… 189,195,406	大東諸島 …………… 312
【ソ】	枇山 ………………… 19	大統領行政令 ……… 60
雑踊 ………… 270,436	ソーミンチャンプルー … 346	ダイナマイト爆破 … 45
総決起大会 ………… 188	ソリハシシギ ……… 364	『第2回アメリカ・ピース・
崇元寺 ……………… 398	ゾルゲ ……………… 229	キャラバン報告集』……… 71
相互扶助精神 ……… 207	ゾルゲ事件 ………… 229	第二回高村光太郎賞 … 290
創作芸術祭 ………… 271	ソ連亡命 …………… 228	第2回内国勧業博覧会 … 224
創作舞踊 …………… 270	損害賠償 …………… 179	第二公用語 ………… 94
創作民謡 …………… 276	損失補償金 ………… 186	第2次振興開発計画 240
増産休み …………… 83	村人会 ……………… 227	第二次「ヤマト世」 … 154
	村政革新運動 ……… 22	

対日講和会議	99	
対日講和条約	48, 57, 116, 122, 136	
対日平和条約	186	
対日平和条約草案	54	
大日本帝国	154	
大日本帝国憲法	154	
第二のオフ・リミッツ	126	
第二の琉球処分	147	
タイピスト	65	
代筆	66	
第117回芥川賞受賞	293	
第114回芥川賞受賞	293	
ダイビング業者	326	
台風	409	
太平洋戦争	42, 52, 223, 226	
太平洋島嶼群の文化	156	
太平洋の要石	48, 52, 103	
太平洋のシベリア	120	
太平洋のマルタ島	52	
大本営	31	
タイマイ	357	
台友会	235	
太陽の花	447	
第45旅団	36	
平良啓子	39	
平良幸市	145	
平良幸市知事	248	
平恒次	141	
平良進	440	
平良辰雄	105, 145	
平良真牛	16	
大陸の花嫁	302	
代理署名	198	
代理署名拒否裁判	198	
代理署名訴訟	199	
代理署名の拒否	187, 188, 198	
代理投票	66	
大量解雇撤回闘争	130	
大量解雇撤回要求のストライキ	218	
台湾	43, 206, 234	
台湾への滞留	234	
台湾海峡危機	132	
タイワンガサミ	365	
タイワンカブトムシ	365	
台湾から沖縄への移民	221	
台湾から沖縄への入植・移住	235	
台湾植民地支配	235	
台湾人	158	
台湾人坑夫	235	
台湾人の入植・移住の歴史	235	
台湾人排斥	235	
台湾総督府	15	
タイワンドクガ	365	
台湾における日本人引揚げ	234	
台湾琉球官兵	221, 234	
台湾ルート	88	
他界	267	
高い島と低い島	321	
多額の前借金	303	
高坂薫	25	
タカサゴ	359	
高里鈴代	33, 185, 303	
高島	312, 321	
タカタシ	356	
「高平良万歳」	436	
タカブシギ	365	
高嶺朝教	154, 226	
高嶺朝光	110	
高嶺剛	279, 396	
高嶺朝一	129	
高安重正	225	
タカラガイ	364	
高良倉吉	156, 264	
高良家	320	
高良勉	290	
だからよー	340	
滝沢修	269	
タグボート事件	422	
竹劇団	279	
竹千代	9	
竹富島	451	
武富セツ	67	
竹富町町並み保存地区	399	
武見太郎	213	
タコス	95	
タコスライス	95	
田里修	19	
田島利三郎	15, 213, 390	
闘う労働組合	85	
『立ちあがる沖縄』	113	
立入禁止区域	116	
立ち退き通告	120	
タチウオ	365	
抱瓶	430	
タックルスン	340	
脱清	12	
脱清人	140, 182	
脱清派	411	
脱走者	42	
龍田工業株式会社	42	
タップミノー	365	
竪琴	91	
田中正造	18	
七夕	332	
谷川健一	17	
種取り・種子取祭	262, 333	
頼母子講	207	
ダバオ	223	
『ダバオ国の末裔たち』	233	
煙草栽培	447	
タブノキ	379	
ダブル	75	
多文化教育	183	
玉陵	399	
タマガシラ	364	
玉城満	442	
玉城喜美代	67	
玉城盛義	271	
玉城盛重	271, 390	
玉城朝薫	270, 272, 278, 282	
タマムシ	365	
タマン	365	
田港朝昭	23	
ダム建設	174	
多良間島	451	
樽工組合	24	
タルダカラガイ	365	
ダレス	57	
ダレス声明	422	
ダレス米特使	136	
「男逸女労」	296	
タンカー	333	
タンカン	347, 379	
タンク	387	
タンクへの油入れ	179	
団交権	130	
短冊形の畑	323	
男子禁制	256	
ダンス	72	
湛水親方	272	
湛水流	273	
男性中心の家督継承文化	264	
「谷茶前」	309, 436	
断髪	411	
弾薬運搬	45	
弾薬庫	129	

【チ】

治安維持法	23, 127
地域開発プロジェクトへの支援	243
地域限定型FTZ	245
地域資源活用型産業	253
地域住民の避難壕	176
『地域新時代を拓く──沖縄社会大衆党論』	247
地域浸透の絶好のチャンス	172
「地位協定見直し要請書」	149
小さな島ほど被害は大きい	175
血イリチー	347
地下ダム	313, 322
筑紫哲也	396
「竹田」	436

チーゴーゴー …… 340	中央パークアベニュー … 399	直接契約地主 …… 249
知事公選 …… 105	中華人民共和国 …… 68	直接統治 …… 99
チージ(辻遊廓) …… 236, 301	中学校4年 …… 98	直接民主制 …… 192
地上戦 …… 38, 43, 44, 80, 90	チュウキュウアサギマダラ 375	直轄地 …… 9
地上戦・捨て石作戦 …… 34	中距離弾道ミサイルメースB131	京太郎(チョンダラー) … 436
地籍明確化法 …… 249	忠君愛国 …… 230	面かあぎやか肝心 …… 341
地租条例 …… 17	忠君愛国の思想の薄弱な	『知られざる沖縄の米兵』 129
地対空ミサイル基地 …… 131	亡国の民 …… 157	チルダイ …… 341
地対空ミサイルペトリ	中継基地 …… 118	チン …… 366
オット …… 172	中継地 …… 88	沈金 …… 430
付ち肝どぅ愛さ肝 …… 340	中継貿易 …… 6	ちんすこう …… 347
地中で今も無数に同居する	中継貿易地 …… 182	沈船あさり …… 87
「遺骨」と「不発弾」 …… 204	中国革命 …… 84	賃貸借契約の締結 …… 186
知名定男 …… 442	中国義勇軍 …… 132	チンヌクジューシー …… 347
知念正真 …… 289, 440	中国拳法 …… 274	チンビン …… 347
チヌマン …… 365	中国残留孤児 …… 232	チンボーラ …… 366
知念ハイスクール …… 98	中国戦線 …… 32	
知念里奈 …… 442	中国台湾省警備総指令部 234	【ツ】
知花昌一 …… 176, 177	中国の共産化 …… 120	堆錦 …… 430
知花弾薬庫 …… 131, 174	『中山世鑑』 …… 267	ツイスト …… 93
知花焼 …… 430	チュウシャクシギ …… 366	ついてる人 …… 78
千早隊 …… 38	中南米移民 …… 222	墜落事故 …… 132
千原繁子 …… 392	中部(後のコザ)保健所 … 69	通貨切り替え …… 84, 99, 168, 211
チバリヨー …… 340	忠霊之塔 …… 417	通貨交換 …… 101
チビチリガマ … 176, 177, 417	チューカー …… 340	通貨交換所 …… 100
「チビチリガマ」の聞き取り	チュラカーギー …… 340	通貨論争 …… 100
調査 …… 176	チョウゲンボウ …… 365	通信訓練 …… 38
地方教育区公務員法 …… 112	朝貢システム …… 6	通信施設 …… 129
地方行政緊急措置要綱 …… 66	朝貢貿易 …… 6	通信隊 …… 34
地方空港ターミナルビル整備	「長者の大主」 …… 436	ツカサ …… 264
事業 …… 243	長寿県 …… 308, 387	津嘉山一穂 …… 287
地方自治法 …… 97	『長寿のあしあと』 …… 308	津嘉山正種 …… 442
地方自治法第七四条 …… 191	調整交付金 …… 246	ツグミ …… 366
地方自治法151条の2 …… 198	朝鮮 …… 206	津堅島 …… 451
地方制度 …… 164	朝鮮人 …… 45, 155, 158	辻売り …… 296
地方分権整備法 …… 199	朝鮮人慰安婦 …… 417	辻町 …… 300
チムググル …… 387	朝鮮人虐殺 …… 45	対馬丸 …… 39, 44
チムグリサ(同情) …… 45	朝鮮人強制連行 …… 46	対馬丸遭難事件 …… 67
チムグルサン …… 340	朝鮮人軍夫 …… 45	対馬丸の全容 …… 39
チムジュラサ(肝美らさ) … 340	朝鮮人女性 …… 32	辻遊廓(チージ) 32, 33, 296, 300
チムどんどん …… 340	朝鮮人戦没者 …… 45	ツチカメムシ …… 366
チャイルドサポートセン	朝鮮人専用の収容所 …… 45	ツチホゼリ …… 365
ター …… 183	朝鮮人労働者 …… 45	綱引き …… 262
チャーがんじゅー …… 340	『挑戦する沖縄』 …… 167	綱引き行事 …… 268
チャースガヤー …… 340	朝鮮戦争	津野創一 …… 225
チャバネアオカメムシ … 365	65, 68, 71, 87, 89, 103, 132, 195	ツノメガニ …… 366
チャービラサイ …… 340	朝鮮戦争勃発 …… 69	ツーバイフォー … 80, 114, 387
チャーン …… 365	徴兵忌避 …… 10, 20	津波信一 …… 442
チャーンナラン …… 340	徴兵検査 …… 20	ツバベニチョウ …… 366
チャンプルー …… 294	徴兵制 …… 164, 220	ツバメ …… 366
チャンプルー(ごちゃまぜ)	徴兵制度 …… 20	ツバメウオ類 …… 351
文化 …… 81	徴兵令 …… 306	ツバメチドリ …… 366
チャンプルー料理 …… 219	諜報活動 …… 229	坪井正五郎 …… 158
『中央公論』 …… 160	超法規的行動 …… 86	壺屋焼 …… 430
『中央農事報』 …… 19	長勇 …… 96	ツミ …… 366

積み重ね方式による復帰 137	天願桟橋 131,406	唐人墓 451
ツムブリ 374	天願事件 56,59	銅製の1セント 100
釣具屋などの損失 181	テングハギ 365	灯台社 25
ツルナ 379	「でんさ節」 436	ドゥチィムニー 341
鶴見 226	テンジクダイ 353	統治政策 48,58
鶴見良行 223	電照ギク 448	トゥーナー 94
ツルムラサキ 379	天上他界 267	東南アジア・フィリピン、
ツワブキ 380	テンタナ 380	太平洋諸島への移民 223
【テ】	天長節 25	唐ぬ世から大和ぬ世 182
手 274	伝統組踊保存会 269	唐の世 210
であるわけサー 341	伝統古典音楽 93	「とぅばらーま」 437
ディアマンテス 444	伝統祭祀保存問題 255	桃原良得 226
定期船 43	伝統的漁撈活動 318	投票のボイコット 191
ディキヤー 341	テント教室 114	投票箱 66
ディキランヌー 341	テント小屋生活 80	投票用紙 66
デイゴ 380	天皇 20,54	豆腐よう 347
抵抗運動 11	天皇主義教育 28	島分類 321
梯梧学徒隊 417	天皇制 34,35	「同胞」 225
帝国主義戦争 26	天皇制イデオロギー 25	『東方諸国記』 7
帝国臣民 206	天皇制と対峙した激闘の	当間重剛 104,124,125
程順則 282	過程 180	『同盟漂流』 194
帝都学童集団疎開 44	『天皇の遠く国で』 177	当山久三 18,222,390
『定本山之口貘詩集』 270	天皇初来沖 422	当山昌謙 10,25,394
「汀間当」 270,436	『天皇陛下バンザイ』 28,230	トゥラー 366
ティラジャー 366	天皇訪米 180	桃林寺 451
「てぃんさぐぬ花」 436	天皇メッセージ	トゥルバル 341
デェルケム 219	48,53,54,55,214,217	道路や農道、林道の整備 174
出稼ぎ	「『天皇メッセージ』再論」 55	渡嘉敷島 32,451
22,42,62,65,82,128,296	電波発信位置の特定 195	渡嘉敷守良 271
敵軍協力者 50	電力料金の値下げ 109	トカジャー 367
敵性外国人 221,222	【ト】	トーカチ 333
テーゲー 212	胴 92,272	トカラハブ 367
テーゲーと沖縄タイム 212	唐踊 436	トカラヤギ 367
テーゲーの精神 212	同化 151,206,210	トカラ列島 217
デージ 341	灯火管制 81	トキ・ユタ邪術禁止令 264
手縞 430	同化政策 307	『ドキュメント沖縄闘争』
撤去可能な海上ヘリポート	「『同化政策』の結末」 307	102,117
案 194	『同化と異化のはざまで』 217	『ドキュメント八重山開拓
『鉄血勤皇隊』 38	同化と皇民化 162	移民』 63
鉄の暴風 87,204,412,417	闘牛 436	トーギラー 367
テッポウユリ 380	東京沖縄県人会 227	トキワギョリュウ 380
デビー・クロケット・無反動	ドゥーグルシー 341	ときわ座 269,437
ロケット砲 133	闘鶏 436	特飲街 89
テーファー 341	投降勧告 40	毒ガス撤去 131
「手水の縁」 436	投降勧告チラシ 53	毒ガス撤去闘争 131
寺崎英成 54	投降勧告ビラ 30	毒ガス輸送 117,131
寺嶋秀明 319	統合参謀本部 120	徳川家康 9
テラピア 366	統合=包摂の論理 139	特需 121
テリア・地対空ミサイル 133	東西冷戦 48	「特需」景気 87
照屋忠盛 228	東西冷戦の終焉 188	特殊婦人 65,68,89
照屋善彦 49	トゥジ 341	特措法 199
照屋林賢 294,442	同志倶楽部 15	特措法改正 199
照屋林助 50,201,272,294,395	トゥシビー(年日祝い) 333	徳田球一 392
『てるりん自伝』 50,201	島嶼地域 312	渡久地健 319,323
		渡久地政瑚 159

特別給付金 …………… 168	トートーメー継承にまつわる	中江祐司 …………… 94, 295
特別自由貿易地域 …… 245	禁忌 …………………… 260	永丘智太郎 …………… 226
特別制度 ……………… 412	トートーメー継承方法 … 305	中城城跡 ……………… 399
特別輸入割当 ………… 241	『トートーメー考』 …… 260	「中城情話」 ……… 278, 437
独立 …………………… 142	トートーメーと女性 …… 304	中城湾港 ……………… 245
独立行政委員会 ……… 108	『トートーメーは女でも	仲里儀三郎 …………… 18
独立共和国ノ樹立 …… 140	継げる』 …………… 305	ナガジュミーバイ …… 367
「独立」論 ……………… 138	トートーメー問題 …… 260	永積安明 ……………… 102
渡航証明書 …………… 43	轟壕(カーブヤーガマ) … 40, 417	仲宗根源和 ……… 140, 275
渡航制限 ……………… 102	渡名喜島 ………… 320, 451	仲宗根幸市 …………… 277
渡航制限撤廃闘争 …… 102	渡名喜瓶 ……………… 430	仲宗根政善 ……… 187, 394
渡航制限撤廃要求 …… 102	富名腰尚武 …………… 145	仲田幸子 ………… 395, 440
渡航制限の強化 ……… 61	渡野喜屋事件 ………… 417	仲地カマド …………… 390
渡口精鴻 ……………… 225	トノサマバッタ ……… 367	仲地博 ………… 241, 242, 249
渡航費貸付制度 ……… 62	「泊阿嘉」 ………… 278, 437	長堂英吉 ……………… 288
『どこへ行く、基地・沖縄』 … 185	泊大橋 ………………… 399	長年の沖縄県民の労苦と犠牲
都市型ゲリラ訓練施設建	泊手 …………………… 274	に報いる国の責務 … 169
設 …………………… 184	富川盛奎 ……………… 12	中野好夫 …… 117, 168, 213, 393
都市環境計画研究所 … 250	友利アイ子 …………… 67	仲原善忠 ……………… 226
都市のなかのムラ …… 207	豊川忠進 ……………… 225	仲原善 ………………… 226
都市モノレール ……… 427	豊平良顕 ………… 187, 393	中飛行場 ……………… 417
都市モノレール整備事業 … 243	とよみ大橋 …………… 399	仲程昌徳 ……… 161, 289, 290
土地を守る会 ………… 124	トライビ ……………… 367	仲間川のマングローブ … 409
土地を守る会総連合 … 125	トラック・ドライバー … 84	仲松弥秀 ……………… 257
土地を守る四原則貫徹 … 413	トラックバス ………… 80	「仲間節」 ……………… 437
土地改良 ……………… 448	トラバーチン ………… 409	名嘉真宜勝 …………… 258
土地改良事業 ……… 174, 325	鳥居 …………………… 257	中味汁 ………………… 347
土地強制収用 …… 56, 62, 126	トリイ通信施設 ……… 406	長嶺秋男 ……………… 136
土地収用令 ………… 122, 123	鳥越憲三郎 ……… 263, 265	長嶺将真 ……………… 275
土地収用令公布 ……… 116	鳥島射爆場 …………… 406	長嶺操 ………………… 259
土地整理事業 …… 18, 222, 412	鳥島の実弾射撃訓練 … 174	仲村カメ ……………… 158
土地接収 ……………… 65	ドル ………… 168, 181, 211	中村喬次 ……………… 77
土地闘争を支援する本土側	ドルへの通貨切り替え … 60	中村家住宅 …………… 399
拠点 ………………… 227	ドル獲得 ……………… 120	仲村権五郎 …………… 392
「土地闘争の意義」 …… 125	ドルから円へ ………… 168	中村十作 ……… 10, 16, 17, 390
土地の買い占め ……… 173	ドル切り替えの米政府の	中村信 ………………… 67
「土地の記憶」 ………… 177	意図 ………………… 168	仲村信義 ………… 231, 392
土地の強制収用 ……… 184	ドル交換 ……………… 166	中村文子 ……………… 394
土地の強制接収 ……… 65	ドル紙幣 ……………… 100	長元朝浩 ……………… 168
土地明確化法 ………… 199	ドル通貨制度 ………… 101	永山由美子ちゃん …… 70
土着政党 ……………… 145	ドルと円の交換 ……… 168	仲吉朝助 ……………… 18
土着の響き …………… 209	ドルの雨 ……………… 101	仲吉良光 ………… 142, 391
『土地利用基本計画』 … 250	ドルの暴落 …………… 81	今帰仁城 ……………… 8
土地連加盟地主 ……… 249	トルーマン政権 ……… 132	今帰仁城跡 …………… 399
土地連(軍用地等地主会	トルーマン大統領 …… 120	今帰仁村古宇利 ……… 233
連合会) …………… 248	「奴隷」 ………………… 216	泣き寝入り ………… 65, 71
トックリキワタ ……… 380	『泥と炎の沖縄戦』 …… 35	ナークニー …………… 437
トックリヤシ ………… 380	トントンミー ………… 367	名護市 ………………… 250
特高警察 ……… 23, 24, 229		『名護市総合計画・基本構想』
突如通告 ……………… 248	【ナ】	………………… 247, 250
トートートー ………… 341	ナイキ・ハーキュリーズ・	名護市の東海岸 …… 185, 327
トートーメー(位牌)	地対空ミサイル ……… 133	名護市民投票 185, 188, 192, 247
……… 254, 260, 264, 304, 305	ナイチャー …………… 341	名護市民の基地受け入れ反対の
トートーメー(位牌)継承	「内務規定」 …………… 33	声 …………………… 193
問題 ………………… 297	中江実孝 ……………… 105	『名護市民燃ゆ』 ……… 247

—498—

索引　ニホ

名護の東江 …………… 229	ナントゥ(ナットゥンスー) 347	日米地位協定の見直し
名護の七曲がり ……… 173	「南島の発見」………… 165	…………… 184, 188, 191, 194
名護のヘリ基地反対運動 184	南灯寮 ………………… 227	日・米の国益 ………… 134
ナゴラン ……………… 380	『南燈寮草創記』……… 227	日・米の中・長期戦略 … 135
なごらん学徒隊 ……… 417	南部戦線 ………………… 30	日米琉懇話会 ………… 109
名瀬市 …………………… 76	南部撤退命令 …………… 38	日米琉新時代 ………… 109
ななさんまる=7・30 … 166	南部(後の那覇)保健所 …… 69	日琉同祖論 …… 150, 153, 155
七つの統一綱領 ……… 143	南部琉球米国海軍政府 … 51	日系移民社会 …………… 53
ナナフサー …………… 367	南米の日系移民 ……… 230	日清戦争 13, 153, 155, 306, 412
ナナフシ ……………… 367	南方同胞援護会 ……… 423	日清・日露戦争 ……… 157
ナナホシテントウムシ 367	南北之塔 ……………… 417	日・清両属 ……………… 13
那覇大綱挽 …………… 333	難民収容所 ……………… 30	ニッパヤシ …………… 380
『なは・女のあしあと』… 33, 302	南洋諸島 ………………… 82	ニーニーズ …………… 444
那覇空港基地 ………… 131	南洋諸島への移民 ……… 63	荷馬車組合 ……………… 24
那覇軍港 ………… 85, 188	ナンヨウスギ ………… 380	ニービチ ……………… 333
那覇公設市場 ………… 427	ナンヨウハギ ………… 362	「ニービチ　ジュリ」… 301
那覇港湾軍作業員 …… 118		ニーブイ ……………… 342
那覇港湾施設 ………… 406	【ニ】	ニヘーデービル ……… 342
『那覇市史』 … 51, 114, 163	新妻莞 ………………… 236	日本への帰属問題 …… 155
那覇市場 ………………… 90	ニガイビー …………… 264	日本への同化と文化問題 155
那覇市長 ………………… 59	ニガウリ ……………… 380	日本円 ………………… 100
那覇市長選挙 …… 125, 127	二期作栽培 …………… 448	日本―沖縄 つながりと切れ目
那覇市土地を守る会 … 124	ニクソン大統領 … 168, 170	……………………… 150
那覇市の市街地再開発事業 243	肉弾戦法 ……………… 417	日本科学者会議 ……… 193
那覇市民会館 ………… 147	ニザダイ ……………… 352	日本化・皇民化 ……… 257
那覇手 ………………… 274	ニシキウスガイ ……… 360	日本教育労働者組合八重山
那覇新都心地区整備事業 423	ニシキエビ …………… 367	支部 …………………… 24
那覇防衛施設局 187, 190, 208	西里蒲 ………………… 16	日本共産党 …………… 228
「ナビィの恋」… 94, 295, 445	西平守由 ……………… 224	日本近現代文学そのものを
ナービカチャ ………… 367	西泊茂昌 ……………… 442	相対化 ……………… 289
ナベカマ事件 ………… 172	西原雅一 ……………… 105	日本軍 …………… 27, 29, 30,
鍋島直彬 ……………… 224	西銘五郎 ………………… 10	33, 34, 35, 40, 43, 45, 48, 118
ナーペラーンブシー …… 347	西銘順治 …… 143, 145, 395	日本軍司令部壕 ………… 5
「なますぬぐう」……… 437	ニジュウヤホシテントウ 368	日本軍駐屯地 …………… 32
ナミエガエル ………… 367	「西武門節」…………… 437	日本軍によるアジア諸国での
波上宮 ………………… 399	二世兵士 ……………… 231	残虐行為 …………… 214
波間大橋 ……………… 399	二才踊 …………… 270, 437	日本軍部 ……………… 29
奈良原繁 ………………… 18	二大県紙 ………………… 99	日本経済の早期復興 … 120
「なりやまアヤグ」…… 437	二僑 …………………… 234	日本国への一化志向 … 138
ナンカ ………………… 333	日政援助 ……………… 423	日本国への包摂 ……… 138
南海日日新聞 …………… 76	日米安保 ………………… 47	日本国憲法 …… 167, 191, 211
『南海の歌と民俗』…… 277	日米安保条約 99, 115, 142, 170	日本古代文化研究 …… 165
名護城 ………………… 399	日米安保体制 … 115, 188, 208	日本資本主義の経済支配 235
ナンクル ……………… 341	日米安保のグローバル化 115	『日本植民地下の台湾と沖縄』
南西諸島 …………… 44, 312	日米安保の矛盾 ……… 115	……………………… 235
南西諸島守備軍 ……… 118	『日米関係のなかの沖縄』	『〈日本人〉の境界』… 139
『南西諸島の神観念』… 267	……………… 117, 133, 142	日本人身分証明書 ……… 77
波多浜 ………………… 451	日米協調路線 …… 61, 108	日本政府の負担 ……… 197
ナンチュ ……………… 262	日米共同訓練 ………… 172	日本ソフトボール協会 … 176
ナンデカネー ………… 341	日米共同声明 ………… 130	日本と沖縄の問題史を貫く
『南島歌謡大成』… 285, 318	日米軍事同盟 ………… 189	もの ………………… 216
「南島研究」…… 151, 165	日米合同委員会(SACO)	日本ナショナリズムと沖縄
『南島雑話』……………… 77	……………… 149, 167	パトリオティシズムの融和
『南島談話』…………… 165	日米紳士協約 ………… 222	と離反 ……………… 135
「南島談話会」………… 165	日米地位協定 … 149, 174, 191	日本に帰化 …………… 235

―499―

索引

ニホ〜

『日本の意識』 …………… 157
日本の高度経済成長 …… 135
日本の国家財政と利権の
　変動 …………………… 135
日本の主権 ………………… 57
「日本のスパイ」 ………… 228
日本の「潜在主権」 ……… 142
日本の対アジア経済、軍事
　戦略 …………………… 135
日本敗戦 ………………… 154
日本復帰 ………… 48, 57, 72,
　　81, 85, 105, 106, 124, 136,
　　142, 144, 180, 186, 191, 201
日本復帰運動 …… 85, 136, 227
日本復帰尚早論 ………… 136
日本復帰促進期成会 …… 136
日本復帰促進青年同志会 136
日本復帰と「沖縄」の行方 134
『日本文学史 琉球文学・沖縄
　の文学』 …………… 283, 287
日本文化研究 …………… 151
日本兵 …………………… 40
日本兵の住民虐殺 ……… 214
日本本土からの分離 ……… 56
日本本土侵攻作戦 ……… 116
日本本土との「一体化政策」 170
日本本土との分離策を強化 61
日本民芸協会 ……… 151, 163
『日本民族学の現在』 …… 255
日本民族学会 …………… 255
日本民謡音階 …………… 277
日本無産者消費組合連盟 … 22
日本留学 ………………… 106
日本列島改造論 ………… 250
『日本は降伏していない』
　………………………… 230
ニミッツ布告 ………… 50, 406
乳化分散剤(ガムレン) … 178
ニューコザ ………………… 68
『ニューヨーク・タイムズ・サン
　デー・マガジン』 ……… 203
ニライカナイ
　……… 254, 262, 267, 294, 387
ニリル ……………………… 342
人間としての尊厳をかけた
　闘い …………………… 188
人間と御嶽と関係 ……… 257
『人間の住んでいる島』 … 187
認定講習会 ……………… 114
人頭税 …………………… 16
人頭税廃止運動 …… 10, 16, 18
ニンニクカズラ ………… 380
任命主席 ………………… 58
任命制 ……………… 99, 146
任命知事 ………………… 104

【ヌ】

ヌーガ …………………… 342
ヌチガフぅどぅシディガフー 342
「命どぅ宝」と1フィート運動 209
ヌチドゥタカラの家 … 128, 399
「貫花」 …………………… 437
「伊江波節」(ヌファブシ)
　……………………… 270, 437
上り口説(ヌブイクドゥチ) 437
ヌラーリル ……………… 342
濡れ手に泡 ……………… 195
「ヌングンジマの緑地保全」 323

【ネ】

根神 ……………………… 265
猫・ねずみ論 …………… 423
ねじれ ……………………… 68
ネーネーズ ……………… 444
ネムリザメ ……………… 368
年間赤土流出量推算値 … 325
年頭一般教書 …………… 59
念頭平松 ………………… 451
「念仏踊り」 ……………… 280
年模合 …………………… 207

【ノ】

野池元基 ………………… 314
農業学校創設 …………… 128
農業基盤整備事業の一環 323
農業の基盤整備事業による自然
　破壊 …………………… 174
農工銀行 ………………… 19
農作物の撤去通告 ……… 119
ノウサンゴ ……………… 368
納税 ……………………… 164
農村経済更正運動 ……… 22
農林漁業中央金庫 ……… 108
農連市場 ………………… 448
ノグチゲラ ……………… 368
ノコギリガザミ ………… 368
ノコギリダイ …………… 373
野坂参三 …………… 228, 229
野里洋 …………………… 208
野底土南 ………………… 140
野底マーペー …………… 451
野原幸輝 ………………… 11
ノボタン ………………… 380
登川誠仁 …………… 94, 443
野間宏 …………………… 288
ノーマ・フィールド ……… 177
野村安趙 ………………… 273
野村進 …………………… 223
野村流 ……………… 273, 437
野本一平 ………………… 229

ノロ(祝女・神女)
　……………… 254, 256, 264, 265
ノンカー ………………… 342

【ハ】

ハイ ……………………… 367
ハイイロヒトリ ………… 371
廃棄物 …………………… 84
配給 ………………… 64, 83, 86
配給作業 ………………… 50
配給物資 ………………… 50
「ハイサイおじさん」 … 294, 438
敗残日本兵 ……………… 50
敗残兵 ……………… 40, 418
売春 ………………… 76, 296
買春ツアー ……………… 303
売春婦 …………………… 64
売春防止法 …… 77, 89, 303, 423
売春防止法施行の16年遅れ 303
陪審制度 ………………… 423
ハイスクールの開校 ……… 98
敗戦 ………………… 62, 70
ハイドゥナン …………… 452
配当の減額 ……………… 108
パイナップ ……………… 380
パイナップ産業 ………… 221
「パイナップ・ツアーズ」 445
排日移民法 ……………… 302
排日の気運 ……………… 222
排日暴動 ………………… 222
「売買春の考察―沖縄からの
　報告」 ………………… 303
パイパティロー ………… 387
廃藩置県 …………… 4, 14, 16,
　　152, 224, 270, 305, 306, 387
ハイヒール ……………… 72
パイプウニ ……………… 350
パイン産業 ……………… 448
パインナップ工場 ……… 235
パインナップ産業 ……… 235
ハウスボーイ …………… 94
南風原陸軍病院 …… 38, 418
羽賀研二 ………………… 443
バカサギ ………………… 368
バガス …………………… 448
「墓の形態と構造」 ……… 258
ハーキュリーズ ………… 196
爆音公害 ………………… 197
白銀病院 ………………… 180
ハクサンボク …………… 380
ハクセキレイ …………… 368
爆発事故 ………………… 204
「幕藩制国家の外交儀礼と
　琉球」 ………………… 9
「幕藩制国家の琉球支配」 … 9

覇権 ………………………… 134	バーバートカゲ ………… 368	反権力的 ………………… 110
覇権国間の利権争い …… 134	ハーバービュー・クラブ … 107	万国津梁館 ……………… 399
ハゴー …………………… 342	パパヤ …………………… 380	万国大博覧会之準備会 … 158
間弘志 …………………… 77	ハーフ ……………… 75,237	『反国家の兇区』 ………… 139
間好子 …………………… 309	ハブ ……………………… 369	反国家・非国民・反権力 … 138
ハジチ（入墨）… 297,306,388	ハブガイ ………………… 369	「叛骨の系譜」 …………… 13
ハシブトガラス ………… 368	ハブクラゲ ……………… 369	ハンゴーミーバイ ……… 369
はじめての復帰大会 …… 136	ハブチンナン …………… 369	反CTS …………………… 179
「芭蕉布」 …………… 430,438	パブリック・ヘルス・ナース … 69	反CTS闘争 ……………… 178
バジル・ホール ……… 213,390	派米農業研修 …………… 422	繁殖用の雌豚 …………… 100
ハスノハギリ …………… 380	ハマイヌビワ …………… 312	バンジロウ ……………… 381
パスポート ……………… 99	浜下り（ハマウリ）… 314,315,333	反戦アングラ誌 ………… 129
ハタ ……………………… 373	ハマサンゴ ……… 316,320,369	反戦GI運動 ……………… 129
バタイ …………………… 94	ハマサンゴ製の厨子 …… 320	反戦地主 … 184,186,187,249
裸足禁止 ………………… 388	ハマサンゴの石垣 ……… 320	反戦地主と一坪反戦地主
ハタハター ……………… 342	ハマシギ ………………… 369	運動 ………………… 186
ハタンポ ………………… 356	ハマダイ ………………… 350	反戦地主と一坪反戦地主の
ハチウクシ（初起し） …… 333	浜田庄司 ………………… 213	共闘 ………………… 187
八月踊り ………………… 262	ハマダラ蚊 ……………… 36	反戦地主の生き方 ……… 177
八月十五夜 ……………… 333	「浜千鳥」 ………………… 438	反戦地主の土地を強制使用 186
「ハチカラジ（初髪）を結ふ」 301	ハマフエフキ …………… 365	反戦逃亡兵支援活動 …… 129
白化 ……………………… 317	ハマベブドウ …………… 381	『反戦と非暴力―阿波根昌鴻の
白化現象 ………………… 317	バヤオ …………………… 448	闘い』 ………………… 123
二十日正月 ……………… 333	バヤリース ……………… 388	反戦・反基地感情 ……… 172
『発言・沖縄の戦後50年』… 106	バーラー ………………… 387	反戦・反基地闘争 ……… 184
発射基地の建設 ………… 117	払い下げ物資 …………… 84	反戦復帰運動 …………… 218
バッペー ………………… 342	パラオ …………………… 82	パーントゥ …………… 387,451
馬蹄形墓 ………………… 258	パラシュート …………… 80	バンドウイルカ ………… 369
波照間島 …………… 36,452	パラシュート降下訓練 … 406	「反日」的な沖縄の特性 … 214
鳩間 ……………………… 36	「パラダイスビュー」 …… 445	ハンノキ ………………… 381
鳩間可奈子 ……………… 443	原田誠司 ………………… 247	パンパン ………………… 76
鳩間島 …………………… 452	ハラハタ ………………… 367	パンパン経済 …………… 77
「鳩間節」 …………… 270,438	バラフエダイ …………… 349	ハンビー・タウン ……… 427
「花」 …………………… 294,438	ハラボソトンボ ………… 369	ハンファー ……………… 369
パナイ島 …………… 223,232	バーランクー ……… 280,438	反復帰論 ………………… 138
「花売の縁」 ………… 279,438	ハーリー ………………… 262	「反復帰」論の思想 ……… 139
ハナガササンゴ ………… 368	ハリアー戦闘機 ………… 197	反米運動 ………………… 59
花形職業 ………………… 84	ハリアーパッド建設 …… 184	ハンミョウ ……………… 369
花倉織 …………………… 430	ハリセンボン …………… 350	
ハナゴイ ………………… 362	「漲水のクイチャー」 …… 438	【ヒ】
ハナゴンドウ …………… 368	バルバドスチェリー …… 381	ビオトープの課題 ……… 323
「花園地獄」 ……………… 300	ハワイ ……… 50,195,222,302	比嘉華山 ………………… 158
バナナ …………………… 380	パン ……………………… 369	比嘉賀盛 ………………… 224
『バナナと日本人』 ……… 223	『恨 朝鮮人軍夫の沖縄戦』… 45	非核三原則 ……………… 147
「花風」 ……………… 270,438	反核運動 ………………… 132	非核宣言 ………………… 423
花嫁移民 ………………… 302	ハンカチ地主 …………… 187	東恩納寛惇 ……………… 226
パナリ焼 ………………… 430	「ばんがむり」 …………… 438	比嘉市長 ………………… 193
ハナワレイシガイ ……… 368	反基地 …………………… 127	東峰夫 ……………… 289,441
ハーニー ……… 64,68,77,387	反基地運動 ……………… 208	比嘉秀平 … 58,104,124,136
埴谷雄高 ………………… 288	反基地運動・住民運動 … 184	比嘉主席急死 …………… 125
ハネジー ………………… 369	反基地闘争 ……………… 117	比嘉春潮 …… 23,225,226,391
羽地朝秀 ………………… 390	反基地闘争の根幹に迫る運動	比嘉太郎 …………… 231,395
羽地内海 ………………… 410	………………………… 184	比嘉朝潮 ………………… 226
ハネジナマコ …………… 369	反基地闘争の中心的な役割 117	比嘉鉄也 ………………… 192
パパイアイリチー ……… 347	反共弾圧 …………… 48,59	比嘉政夫 ………………… 263

—501—

比嘉正子 … 225	日の丸掲揚 … 108, 176	ヒンギル … 342
比嘉メリー … 41, 394	日の丸掲揚運動 … 423	ヒーンクー … 370
比嘉盛広 … 224	日の丸焼却事件 … 176	ヒンスー … 342
比嘉康雄 … 263, 440	日の丸焼却にいたる経緯 … 177	ヒンプン … 388
比嘉良彦 … 247	日の丸焼き捨て事件 … 176, 180	
光を食べる動物 … 324	ヒバリシギ … 370	【フ】
比嘉篤 … 224	ビービーターヤ … 370	ファルコン・空対空ミサイル 133
ヒカンザクラ … 381	非武装化 … 52	フィアンセ法 … 73
引き揚げ … 49, 76	非暴力を貫いた平和活動家 128	リゾート法 … 175
引揚者 … 62, 232	「秘密メモ」 … 147	フィラリア … 388
ヒクイナ … 370	ヒメジ … 356	フーイリチー … 347
低島 … 312, 321	ヒメジャコ … 370	フィリピン移民 … 223
飛行場建設 … 34, 128	ヒメダイ … 359	フィリピン女性 … 303
飛行場周辺への立入禁止 119	ヒメハブ … 370	フィリピンのクラーク … 195
非国民 … 30, 31	ヒメユズリハ … 381	フィリピンの「残留孤児」 232
被差別意識 … 52	ひめゆり … 38	フィリピン人妻 … 232
久松五勇士 … 452	ひめゆり火炎瓶事件 … 180	「封じ込め」路線 … 55
悲惨な事件 … 70	ひめゆり通り … 91	風水思想 … 261
「悲惨なる逆説」 … 230	『ひめゆりの怨念火（いねんび）』 … 180	風水説 … 261
ヒシ … 314, 315, 318, 410		風水地理学 … 261
ヒシとイノー … 314	『ひめゆりの少女』 … 38	風俗改良 … 306
ヒシとイノーからなる	ひめゆりの塔 … 180, 418	風俗店 … 89
サンゴ礁 … 318	「ひめゆり部隊」 … 187	フェーガジャン … 370
ビジネスセンター … 121	ひめゆり平和祈念資料館 413	フェーヌシマ（南島踊） … 438
「干瀬の人生」 … 314	「ピャーシ」 … 438	フエフキダイ … 371
ヒージャー … 370	冷やし物一切 … 388	フエヤッコダイ … 355
比謝橋 … 400	比屋根安定 … 226	深川 … 226
ヒージャー料理（やぎ料理）	比屋根照夫 … 15, 156, 228	フガーラムシ … 371
… 347	ヒューマニズム … 145	福岡高裁那覇支部 … 198
ヒジュル … 342	表現主体の葛藤 … 282	フクギ … 381
非戦闘員 … 27	病死 … 40	福沢諭吉 … 154
非戦の心 … 128	標準語の励行、強制 … 163	福地曠昭 … 20
被占領住民としての悲哀 210	標準語励行 … 162, 163	福州 … 6, 182
「左小回り、右大回り」 … 181	標準語励行運動 … 163	福州琉球人墓 … 400
ビーチ … 370	評定所 … 5	複数のユタを利用 … 264
ビーチクラフト … 196	ヒョウモンダコ … 370	福地ダム … 400
ビーチパーリー … 95, 388	ヒヨドリ … 370	普久原朝喜 … 225
ビーチャー … 370	ヒーラー … 370	復藩 … 13
日出克 … 281, 443	ヒラタクワガタ … 370	ぶくぶく茶 … 347
「非転向」の姿勢と地続き 230	ヒラミレモン … 381	父系優先血統主義 … 75
ヒートゥ（イルカ） … 353	平安座 … 443	ブーゲンビレア … 381
ヒートゥ狩り … 448	ヒラヤチー … 347	布告
一坪反戦地主 … 249	ヒルギ群落 … 326	56, 58, 103, 104, 167, 191, 248
一坪反戦地主運動 … 184, 187	ひるぎ社 … 205	富国強兵 … 206
人ぬ丈や御万人ぬどぅ はかゆる … 342	ヒルギ林周辺施設整備事業 326	富国強兵策 … 311
	ビロウ … 381	布告第30号 … 168
ビートラー民政副長官 … 59	披露宴 … 266	布告第7号 … 168
1人あたり県民所得の低さ 238	広津和郎 … 24, 160	不在者投票勧告 … 193
「人は国に住むのではなく、言語に住む」 … 183	『広津和郎 さまよへる琉球人』 … 161	フージ … 342
		藤木勇人 … 443
避難壕 … 40, 418	広津の「返答文」 … 161	負傷兵 … 40
避難民 … 40	ビワ … 381	婦人会 … 64
ヒヌカン（火の神） … 388	ヒンガー … 342	婦人側が男たちの妥協を不満 … 310
日の丸・君が代問題 … 423	紅型 … 430	
日の丸共同作業 … 412	紅型の工程 … 430	『婦人公論』 … 160

—502—

婦人参政権 …………………… 66	船越義珍 …………………… 275	文明化 …………………… 155
婦人連合会 …………… 68, 136	フナヒッチャー …………… 371	「文明化」や「近代化」としての
不正融資 …………………… 108	フノーラカニ ……………… 371	「同化」論 ……………… 162
ブセナリゾート …………… 427	不買運動 …………………… 113	【ヘ】
武装解除 …………………… 51	不発弾 …………… 64, 87, 119	
武装兵を伴った軍用地強制	不発弾処理 ………………… 172	平安丸 ……………………… 224
収用 …………………… 127	不発弾の未処理状況 ……… 172	米海軍安全保障グループ
ブダイ ……………………… 352	不夜城 ……………………… 89	(NSGC) ……………… 195
舞台 ………………………… 266	フユー ……………………… 343	米極東軍司令部 …………… 56
フタオチョウ ……………… 371	ブユ ………………………… 370	平均寿命 …………………… 308
フタグウチンナン ………… 371	フヨウ ……………………… 381	米空軍第十八航空団管理部隊
「豚の報い」 …………… 293, 445	フラー ……………………… 343	………………………… 196
フタホシハゴロモ ………… 371	プライス勧告 …… 116, 123, 124	米軍 …………………… 80, 84, 99
「二見情話」 ……………… 438	プライス調査団 ……… 116, 123	米軍伊江島上陸 …………… 128
豚料理 ……………………… 347	プライス法 ……………… 60, 109	米軍基地
フーチバージューシー …… 347	部落 ………………………… 256	…… 65, 73, 103, 116, 167, 194
フチャギ …………………… 348	ブラジル …………………… 230	「米軍基地からの嵐 オフ・リ
普通語 ……………………… 15	ブラジル移民 ……………… 222	ミッツの策謀」 ……… 126
復帰 …………………… 131, 135	ブラック・パワー運動 …… 129	米軍基地から派生する事件・
復帰運動	プール ……………………… 262	事故・犯罪 …………… 184
… 59, 60, 102, 134, 136, 148, 172	「フルガニ コーラ」 ……… 87	米軍基地機能の集積 ……… 117
復帰運動の中核 …………… 112	フルガニコーヤー ………… 87	米軍基地建設誘致 ………… 193
復帰運動の評価 …………… 152	古川成美 …………………… 53	米軍基地固定化 …………… 198
「物議を醸した」問題 …… 160	古川博恭 …………………… 322	米軍基地と基地闘争(復帰前) 49
復帰協 ………………… 136, 148	ブルース …………………… 93	米軍基地による環境汚染と
「復帰後沖縄」キーワード 166	布令 ………………………… 56,	破壊 …………………… 174
復帰後最大規模の抗議集会 194	59, 100, 103, 104, 105, 108,	米軍基地の残留 …………… 81
「復帰後の新たな基地建設」 167	124, 127, 146, 167, 191, 248	米軍基地の周辺 …………… 80
復帰後の沖縄振興策 ……… 238	布令第14号 ………………… 168	米軍基地の整理・統合・縮小 194
復帰後の自立・独立論 …… 167	布令116号 …………… 85, 130	米軍基地の存在による人権
復帰思想 …………………… 113	『ブレティン・オブ・ザ・アト	侵害の苦難 …………… 205
復帰総括 …………………… 134	ミック・サイエンティスト』	米軍基地被害 ……………… 198
「復帰特別措置にみる日琉貿易	………………………… 132	米軍ゴミ捨て場 …………… 83
制度の比較」 ………… 241	ブレトンウッズ体制 ……… 168	米軍支配に対する大衆運動 172
復帰特別措置の制度的限界と経	婦連 ………………………… 41	米軍住宅建設 ……………… 120
済経営効果分析 ……… 241	プロテスト・ソング ……… 294	米軍上陸 …………………… 64, 73
復帰特別措置法 ……… 171, 241	プロポーズ ………………… 93	米軍人・軍属と県人女性の
復帰の是非 ………………… 134	プロ野球・サッカーキャンプ	結婚 …………………… 73
「復帰」の総仕上げ ……… 181	地 ……………………… 427	米軍政の生活 ……………… 114
復帰前 ……………………… 116	プロレタリア芸術研究会 … 229	『米軍政の鉄壁を越えて』 … 59
復帰前の沖縄 ……………… 71	『文学批評 叙説XV 検証戦後	米軍政府 ………………… 66, 69
復帰問題研究会 …………… 170	沖縄文学』 …………… 293	米軍占領 …………………… 64
福建からの渡来人(ビン人) 182	「分割された領土—沖縄、千島、	米軍占領下
復興資金が停止 …………… 127	そして安保」 ………… 55	…… 66, 116, 121, 164, 184
物資欠乏の時代 …………… 86	「文化統合」として日琉同祖論	米軍占領下と沖縄の女性 … 64
物資補給基地 ……………… 83	………………………… 153	米軍占領統治 ……………… 134
ブッソウゲ ………………… 381	『文化と思想の総合誌・新沖縄	米軍弾薬運搬船の引き揚げ
普天間基地 ………………… 192	文学』 ………………… 141	作業 …………………… 87
普天間基地移設 …………… 246	文化の回廊 ………………… 269	米軍直接支配下 …………… 186
普天間宮 …………………… 400	文化の固有性 ……………… 139	米軍統治下 ………………… 81
普天間の海兵隊部隊 ……… 129	風水(フンシー) …… 258, 261	米軍統治下におかれた特殊
普天間飛行場	「風水」研究 ……………… 255	状況 …………………… 170
………… 115, 119, 167, 188, 406	風水師(フンシミー) …… 261	米軍独裁支配 ……………… 102
普天間飛行場の返還 ……… 194	分島案 ……………………… 152	米軍特措法 ………………… 195
「船越義彰試論」 …………… 291	分島・増約案 …………… 12, 217	『米軍と農民』 ……………… 128

—503—

『米軍に土地を奪われた
　沖縄人』……………… 63
米軍による情報操作 …… 128
米軍の沖縄人観 ………… 203
米軍の懐柔策 …………… 124
米軍の言論政策 ………… 111
米軍の上陸 …………… 38, 119
米軍の宣伝政策 ………… 98
米軍の宣撫工作 ………… 103
米軍の専用施設 ………… 80
米軍の駐留 ……………… 115
米軍の配給物資 ………… 80
米軍の物資集積 ………… 118
米軍の物資集積所 ……… 86
米軍払い下げ …… 80, 91, 114
米軍物資 ………………… 50
米軍物資の抜き取り … 80, 84
米軍メイド ……………… 72
米軍用地強制使用手続き 188
米軍用地特措法
　…………… 198, 199, 239, 249
米軍用地特別措置法 …… 187
米軍用地特別措置法改正 199
米国下院軍事委員会 …… 123
『米国が見たコザ暴動』… 218
米国極東戦略 …………… 52
米国公文書 ……………… 49
米国政府の沖縄統治政策 … 61
米国政府方針 …………… 55
米国家安全保障局(NSA) … 195
米国統治 ………… 49, 116, 124
米国統治時代 … 104, 107, 117
米国の一州 ……………… 136
米国の施政権下 ………… 238
米国の占領政策 ………… 49
米国の認定試験 ………… 183
米国の利益 ……………… 57
米国防省「東アジア戦略報告」
　………………………… 198
米国防省防衛通信局(DCA) 195
米国民政府 ……… 85, 104, 114
米国留学 ………………… 106
米国留学生徒採用試験 … 98
米国留学と金門クラブ … 107
米潜水艦攻撃 …………… 43
米ソの覇権争い ………… 221
米中央情報局(CIA) …… 195
米統合参謀本部 ………… 52
ベイブ・ホーク ………… 196
米兵 …………………… 68, 70
米兵相手の歓楽街 ……… 126
米兵相手の商売 ………… 237
米兵による強姦事件・殺人事件
　………………………… 85
米兵による少女暴行事件 191

米兵による女性への性犯罪 71
米兵による性犯罪 ……… 70
米兵の沖縄人への犯罪 … 71
米兵の死体処理 ………… 84
米兵の性的欲望 ………… 68
米兵の犯罪 ……………… 71
米民政府 ………… 107, 111, 143
米民政府民政官 ………… 108
聘傭使 …………………… 8
米留 ……………………… 98
『平和への沖縄の道』…… 137
「平和を求める心」……… 205
平和ガイド ……………… 388
平和祈念公園 …………… 215
平和行進 ………………… 97
平和市民連絡会 ………… 189
平和条約第三条を撤廃 … 136
平和資料館 ……………… 47
平和、人権思想の根づき方 135
平和通り …………… 90, 91
平和の礎 ……………… 46, 215
平和の礎刻名検討委員会 215
「平和の波　永遠なれ」… 215
『平和の炎』……………… 119
平和の森球場 …………… 176
へき地医師派遣制度 …… 424
ヘゴ ……………………… 381
平敷屋朝敏 ……………… 282
平敷令治 ………… 255, 258, 267
ベトナム ………………… 85
ベトナムから帰休した米兵 218
ベトナムからの段階的撤退 129
ベトナム景気 …………… 85
ベトナム戦争 ……… 71, 89,
　101, 117, 129, 197, 237, 303
ベトナム戦争反対 ……… 111
ベトナム北爆 …………… 61
辺戸岬 …………………… 410
ベニアジサシ …………… 371
辺野古 ……………… 129, 192
辺野古サンゴ礁 ………… 315
ベ平連 …………………… 129
「ベーベーぬ草刈いが」… 438
ヘリ基地反対協 ………… 189
ヘリグロヒメトカゲ …… 371
ペリー提督 ……………… 26
ヘリポートいらない名護市民
　の会 …………………… 192
ヘリポート建設阻止協議会
　(命を守る会) ………… 192
ヘリポート建設の是非を問う
　名護市民投票推進協議会 192
ペルー移民 ……………… 222
「返還」＝再併合 ………… 138
返還された在沖米軍基地 167

ベンゲット道路工事 …… 223
平安座島 ………………… 178
変動相場制への移行 …… 168
弁務官 …………………… 109

【ホ】
保育所設置問題 ………… 41
ポインセチア …………… 381
防衛施設局 ……………… 193
防衛施設局職員や自衛隊員
　の動員 ………………… 193
防衛隊 ……………… 34, 418
棒踊 ……………… 262, 438
砲艦外交 ………………… 26
「方言」意識からの脱皮 … 293
方言札 …………………… 219
方言論争 … 151, 155, 163, 307
亡国の民 ………………… 157
棒しばり ………………… 269
放射能汚染 ……………… 174
宝珠山昇防衛施設庁長官 208
「宝珠山発言と沖縄の選択」208
宝珠山発言問題 ………… 208
「宝珠山防衛施設庁長官の
　発言に対する抗議決議」208
傍受用アンテナ群 ……… 195
法事料理 ………………… 258
紡績工 …………………… 82
紡績女工 ………… 224, 311
「包摂」と「排除」を繰り返す 152
厖大な基地建設予算 …… 116
砲弾運搬 ………………… 45
砲弾の雨 ………………… 40
法治国家 ………………… 199
防潮林 …………………… 175
法定通貨 ………………… 100
豊年祭 ……………… 262, 268
豊年祭・海神祭・イザイホー
　………………… 254, 262
ホウホウボク …………… 381
法律不遡及の原則 ……… 199
暴力的土地接収 ………… 188
ホエールウオッチングツアー
　………………………… 326
保革を超えて結束 ……… 207
外間・久高ノロ ………… 262
外間守善 ………………… 284
外間米子 ………………… 301
ポーク ……………… 348, 388
北爆 ……………………… 129
北部演習地 ……………… 129
北部訓練場 ……………… 406
北部振興策 ……………… 247
北部地域の経済振興支援 192
北部南西諸島軍政府 …… 51

北部法人会 …………… 194	本土並み ………… 170, 184	マチヤグヮー ………… 388
北部(後の名護)保健所 …… 69	「本土並」返還 ……… 148, 170	松岡政保 ………… 104, 105
『北米沖縄人史』 ………… 228	本土の建設業者 ………… 84	マッカーサー … 52, 54, 55, 202
『僕は文明をかなしんだ―沖縄	本土爆撃 …………… 197	マツクイムシ ………… 372
詩人 山之口貘の世界』 290	本土復帰 …………… 323	松劇団 ……………… 279
保健行政 ………………… 69	本土方式の沖縄版 ……… 250	松田政雄 …………… 233
保健所設置 ……………… 69	本土ルート ……………… 88	松田道之 ………… 12, 152
保健婦 …………………… 69		松田道之琉球処分官 … 224
ホシザメ ……………… 367	【マ】	松堂惠賢 …………… 224
母子の困窮 ……………… 73	マイクロアトール ……… 316	松林流 ………… 274, 275
補充兵 …………………… 34	マイクロ回線の料金 …… 109	松原新一 …………… 161
保守勢力の危機感 ……… 112	前川守康 ……………… 443	松村բ ……………… 158
圃場整備 ……………… 323	前島密 ………………… 224	松本三益 …………… 226
圃場整備事業 ……… 313, 323	真栄田一郎 ………… 10, 23	まつろわぬ民 ………… 49
ホステス ……………… 101	真栄田勝朗 ……… 224, 225	真中忠直 …………… 224
ポストコロニアル ……… 293	真栄田三益 …………… 224	マニラ麻園 ………… 223
母体回帰 ……………… 258	真栄田岬 ……………… 410	マハタ ……………… 349
墓地風水 ……………… 261	マーカイ(ガー) ……… 343	マブイ ……………… 343
ポツダム宣言 ……… 36, 100	真壁型 ………………… 272	摩文仁 …… 35, 38, 97, 412
ホット・ポイント・低空、対潜	マキガイ ……………… 366	摩文仁の丘 …… 27, 96, 418
攻撃用多目的爆弾 …… 133	真喜志康忠 …………… 269	マーマチ …………… 372
ホテイアオイ ………… 381	牧志シズ ……………… 67	マミジロアジサシ …… 372
ホートーカー ………… 371	牧志つるゑ ……………… 67	「マミドーマユンタ」 … 439
ホトトギス …………… 371	牧野浩隆 ……………… 214	麻薬中毒に例えられる基地収入
ホネガイ ……………… 371	牧港の補給基地 ……… 129	や補助金 …………… 184
ボーフィン号 …………… 39	牧港補給地区 ………… 407	「猫ユンタ」(マヤ) …… 439
ポーポー ……………… 348	マキラン ……………… 343	マユンガナシ ………… 267
ボラ …………………… 371	間切 …………………… 388	マラッカ王国 …………… 7
ホラガイ ……………… 372	マークネン …………… 343	マラリア ……… 30, 36, 51, 69
ボリビア移民 …………… 63	マクブー ……………… 372	マラリア慰霊碑 ………… 37
「ボリビア・オキナワ移住地形成	マグロ漁業 …………… 448	マラリア犠牲者慰藉事業費 …… 37
への琉球政府計画移民の経	『鮪に鰯』 ……………… 290	マラリア対策 ………… 235
緯」 …………………… 63	負組のテロ襲撃 ……… 230	マラリア有病地 ………… 36
『ボリビア・コロニア沖縄』 … 63	マーサン ……………… 343	マラリア罹患者 ………… 36
捕虜 …………………… 64	マージ ………………… 410	マリー・ウィズ・メディウサ 237
捕虜収容所 ……… 50, 51, 98	真境名佳子 …………… 441	丸一商店大阪支店 …… 224
ポール・キャラウェイ …… 393	真境名つる ……………… 67	マルクス主義 ………… 10
ホルストガエル ………… 372	真境名由康 …… 271, 278, 392	マルクス主義者 ……… 157
ポルトガル艦隊 ………… 7	マジック ……………… 372	マルチメディア産業 … 239, 251
「滅びゆく琉球女の手記」 … 160	マーシャル国務長官 …… 54	マングース …………… 372
『『滅びゆく琉球女の手記』を	マシュー・ペリー ……… 390	マングローブ林 ……… 410
めぐって』 …………… 161	マシーン ……………… 372	マンゴー ……………… 381
ホワイトビーチ … 89, 129, 407	増田義一 ……………… 16	「万歳敵討」 …………… 439
盆アンガマ ……… 334, 439	マース煮 ……………… 348	万座毛 ………………… 410
「本県におけるエコツーリズム	マダコ ………………… 372	マンサン/満産祝い …… 334
の現状と課題」 ……… 327	マタドール・地対地ミサイル 133	満州国 ………………… 302
香港・マカオの商人 …… 88	又吉栄喜 ………… 289, 293	満州事変 ……………… 215
香港ルート ……………… 88	又吉康和 ……………… 110	万寿航空株式会社 …… 42
ホンソメワケベラ ……… 358	又吉淳 ………………… 228	マンタ ………………… 372
本土資本による土地の投機	又吉真栄 ……………… 272	マンビカー …………… 372
買い ………………… 169	又吉盛清 ……………… 235	マンボ ………………… 93
本土侵攻作戦 ……… 52, 118	マダラハタ …………… 375	満蒙開拓移民 ………… 418
本土と沖縄の経済的格差の	マチ …………………… 372	
是正 ………………… 169	マチグヮー(市場) …… 41, 296	【ミ】
本土との格差是正 … 238, 246	マチナト ……………… 407	夫婦は甕の尻一つ …… 343

ミーウタ …… 276	宮古諸島 …… 321, 452	「夢幻琉球・つるへんりー」
「見え消し」 …… 214	ミヤコトカゲ …… 373	…… 279, 446
ミカンコバエ …… 373	宮古南静園 …… 400	無国籍 …… 47
ミーグワー …… 343	宮古民政府 …… 62	無国籍児 …… 75, 388
未契約軍用地20年強制使用 424	宮崎武之 …… 36	無差別な米兵の暴力 …… 303
ミサイル配備 …… 117	宮里悦 …… 67, 302, 393	「矛盾と調和」 …… 157
ミサゴ …… 373	宮里キクノ …… 67	無償の労働力の交換 …… 207
未収集の「遺骨」 …… 204	宮里政玄 …… 53	無償配給 …… 72, 80
未処理の「不発弾」 …… 204	宮永英一 …… 443	無政府状態 …… 36
水の確保 …… 80	宮良賢貞 …… 281	ムーチー(鬼餅) …… 348
ミズン …… 373	宮良長包 …… 391	ムチヌイユ …… 373
道ジュネー …… 334	明星派 …… 287	無通貨時代 …… 424
三つの基本的な潮流 …… 135	「ミルク節(弥勒節)」 …… 439	無通貨の時期 …… 100
ミツバチ …… 373	「ミルクムナリ」 …… 281	ムヌカンゲーする …… 343
三菱開発 …… 178	民間学 …… 206	物呉ゆすど我が主 …… 343
密貿易 …… 64, 86, 88	民間企業による土地の買い占め …… 174	無名の沖縄人移民画家 …… 229
ミドリイシ類のサンゴ群落 324	民間宗教的職能者 …… 264	村遊び(ムラアシビ) …… 262
みどり丸沈没事件 …… 424	民間収容所 …… 92	紫 …… 237
港川原人 …… 411	民間人収容所 …… 50, 51, 118	ムラサメモンガラ …… 356
ミナミクロダイ …… 366	民間新聞 …… 98	村芝居 …… 268
ミナミコメツキガニ …… 373	民芸家の甘言 …… 163	ムロアジ類 …… 354
南沙織 …… 443	ミンサー …… 430	「むんじゅる」 …… 270, 439
南大東島 …… 452	『明史』 …… 6	門中(ムンチュー)
ミナミトビアハゼ …… 367	『民事ハンドブック』	…… 254, 258, 305, 343, 389
南飛行場 …… 418	…… 52, 202, 203	門中墓 …… 258
ミーニシ …… 410	民衆運動の方向 …… 135	【メ】
ミノカサゴ …… 369	民衆的視点の復帰運動 …… 214	明治国家 …… 10, 20, 150
ミーバイ …… 373	民衆のエネルギー …… 117	『明治国家と沖縄』 …… 14
ミーハヤー …… 373	民主化運動 …… 142	明治国家の強権 …… 150, 152
ミフウズラ …… 373	民主主義 …… 103	明治政府 …… 10, 12, 16, 19, 224
未復員 …… 66	民主主義擁護連絡協議会 …… 127	『明治文化資料叢書』 …… 152
未亡人問題 …… 41, 64	民主党 …… 59, 112, 424	明治民法 …… 306
ミミガーサシミ …… 348	民政長官 …… 56, 104	明治民法の家督相続のしくみ …… 304
身元不明者 …… 96	民政の拠点 …… 50	明正塾 …… 227
宮城栄昌 …… 257, 265	民政府 …… 58, 424	盟約書 …… 14
宮城悦二郎 …… 49, 203	民政副長官 …… 58, 60, 104, 424	明倫堂 …… 400
宮城喜久子 …… 38	民俗芸能 …… 268	「妾」 …… 160
宮城嗣周 …… 273	民族自決権に基づく自治権 140	「銘苅子」 …… 439
宮城島 …… 178	民族統一 …… 152	メキシコ移民 …… 222
宮城辰男 …… 241	民族の悲願達成 …… 136	メキシコ移民の惨状 …… 222
宮城鉄夫 …… 391	民族舞踊 …… 439	メーゴーサー …… 343
宮城篤正 …… 275	ミンダナオ島 …… 223	目崎茂和 …… 313, 321
宮城能造 …… 271	水納島 …… 452	メジロ …… 373
宮城晴美 …… 307	民謡 …… 93, 268, 276	メース・地対地ミサイル …… 133
宮城弘岩 …… 245	民謡クラブ …… 388	メースB …… 131
宮城文 …… 67, 392	民連 …… 127, 424	メスホール …… 65
宮城遥拝不参加 …… 25	【ム】	滅私奉国 …… 42
宮城與三郎 …… 228	ムーア …… 60	「めでたい節」 …… 439
宮城与徳 …… 221, 229, 393	ムイ …… 256	メード・トレーニング・スクール …… 72
ミヤコウマ …… 373	ムイアンガ …… 452	メードの職 …… 72
『宮古史伝』 …… 14	無医地区 …… 69	目取真俊 …… 289, 293, 396
『宮古時報』 …… 154	無期限のオフ・リミッツ …… 126	「前の浜」 …… 439
宮古島 …… 200, 452	無血上陸 …… 34	
宮古島人頭税廃止請願運動 17		
宮古上布 …… 430		

索引

ユウ

メヒルギ	382
メリケン袋	80
免税店	427
面積の約半分が米軍基地	176
メンソーレ	343

【モ】

模合	207
モーアシビー	389
モーイ豆腐	348
「毛遊び」	93, 195, 307
燃える井戸	389
『燃える沖縄、揺らぐ安保』	177, 195
模擬爆弾	128
黙認耕作地	448
モズ	374
モズク養殖	448
『モスクワで粛清された日本人』	228
モスクワ東洋学専門学校	228
黙契	122
モッコク	382
モードック	66
本部	20
「本貫花」	270, 439
友利あま井(もともあまカー)	452
モノづくりの弱い経済	251
モービル天ぷら	389
モモタマナ	382
森口豁	201, 396
森山紹栄	145
諸見里朝鴻	18, 154, 226
絞織り	430
門外不出	274
モンガラカワハギ	353
モンシロチョウ	374

【ヤ】

八重瀬の塔	418
八重島	68
八重干瀬	410, 452
八重山開拓移民	62
八重山開発計画	62
八重山祈念資料館	214
八重山郡民大会	51
『八重山芸能と民俗』	281
八重山自治会	51
八重山支庁長	51
八重山諸島	321, 452
『八重山新報』	154
『八重山戦後史』	51
八重山炭鉱汽船	235
八重山の豊年祭り	262

ヤエヤマハナタカトンボ	374
ヤエヤマヒルギ	382
ヤエヤマフトヤスデ	374
八重山平和祈念館	37
『八重山民俗誌』	321
八重山民謡	276
八重山焼	431
ヤエヤマヤシ	382
屋嘉	50
やがて	344
屋嘉比収	153, 163
「屋嘉節」	439
屋嘉捕虜収容所	418
夜間外出	80
ヤギ	370
『焼きすてられた日の丸』	177
ヤクゲー	374
「薬師堂」	278
ヤコウガイ	374
八汐荘	144
ヤシガニ	351
野戦築城隊	38
野戦病院	40, 70
野戦病院壕	40
野戦用テント	114
焼物	431
やちむんの里	431
ヤーチュー	343
ヤツガシラ	374
ヤッチー	344
ヤナー	344
ヤナカーギー	340
ヤナカジ(悪風)	259
「柳」	270, 439
柳田国男	151, 153, 165, 213, 314, 391
『柳田國男全集』	165
『柳田国男伝』	165
柳田国男と南島	165
柳田の南島研究	165
柳宗悦	151, 153, 163, 213, 391
『柳宗悦全集』	163
柳宗悦の思想における両義性	163
ヤナムン(悪霊)	259
屋部憲通	20
屋部憲伝	10, 228
屋部の久護家	400
ヤポネシア	217, 410
ヤマアジ	374
ヤマガタ	374
やま学校	389
山川カマド	21
八巻千代	229
山口瑞雨	158

山口全述	226
山里永吉	393
山里勝己	49
ヤマシシ	374
山城次郎	228
山城翠香	157
山城善光	22, 140
山田温泉	410
山田真山	391
山田みどり	288
山田有幹	391
山田有登	224
ヤマト	11, 47, 186, 216
大和化	28
大和口	93, 286
ヤマトとウチナーの間に横たわるミゾの深さ	155
ヤマトとの関係	200
ヤマトとのギャップ	200
ヤマトナガイユー	374
大和ぬ世からアメリカ世	182
ヤマトミジュン(ヤマトミズン)	374
日本世(ヤマトユー)	49, 210
日本人	11, 216
山之口貘	287, 290, 393
『山之口貘詩集』	290
『山之口貘─詩とその軌跡』	290
ヤマモモ	382
闇市	64, 86, 90, 91, 118
闇市と戦果	86
「闇取引き防止に関する民政府声明」	86
ヤモリ	374
屋良会長の辞任	137
屋良主席	99
屋良朝苗	102, 104, 136, 143, 144, 168, 393
屋良朝苗沖縄県知事	147
『屋良朝苗回顧録』	144, 167
ヤールー	374
ヤーンナ	389
ヤンバルクイナ	375
ヤンバルテナガコガネ	375
『山原の火』	22
やんばる野生生物保護センター	327, 400

【ユ】

ユイマール	82, 207
ユイマール・模合・郷友会	207
悠久の大義	96
優遇措置	92
友軍	418
勇進社	154, 226

ユウ　索引

有線放送 ……………… 81	「四つ竹」……………… 439	立法院補欠選挙 ………… 56
ゆうなの会 …………… 227	予定区域の事前調査受け	立法促進協議会 ………… 112
『雄飛―大阪の沖縄』… 225	入れ ……………… 192	リーディング・インダストリー
郵便汽船三菱会社 …… 224	予定地内町道復活 …… 190	(先導的産業) ……… 251
郵便取扱所 …………… 224	「世直し」的「世替り」… 211	離島医療の不備 ………… 172
ユークイ ……………… 334	ヨナグニウマ ………… 375	リトル・ジョン・地対地ミサ
ユクシ ………………… 344	ヨナグニサン ………… 375	イル ……………… 133
ユーシッタイ ………… 344	与那国島 ………… 200, 452	離日政策 …………… 99, 109
ゆし豆腐 ……………… 348	与那国、宮古・多良島CTS建設	理念的な欲求の潮流 … 135
輸送弾薬爆発事故 …… 418	計画 ……………… 179	リーフ ……………… 410
ユタ … 21, 254, 261, 264, 265, 304	与那原キヨ …………… 67	琉歌 ……………… 285
ユタガカイ …………… 264	呼び寄せ ……………… 62	「琉歌の展開」 ……… 285
豊さ(ユー) …………… 267	読谷村 ……………… 176	『琉歌百控乾柔節流』… 285
豊かな沖縄 …………… 240	読谷村の平和運動 …… 176	琉球藍 ……………… 431
ユタ狩り ……………… 264	読谷補助飛行場 ……… 407	リュウキュウアオヘビ … 354
ユタ禁圧 ……………… 264	夜型社会 …………… 389	リュウキュウアカガエル … 375
ユタ裁判 ……………… 10, 21	四原則を護る基本的心構え … 124	リュウキュウアカショウ
ユタ商売 ……………… 21	四原則貫徹 …………… 124	ビン ……………… 375
ユタ信仰 ……………… 264	四原則貫徹県民大会 … 125	リュウキュウアユ …… 375
ユタムニー …………… 344	四弦の四味線 ………… 272	リュウキュウイケガツオ … 370
ユタ問題 ……………… 264	四原則 ……… 116, 122, 123, 124	リュウキュウイノシシ … 374
ユダヤガーラ ………… 375	四者協議会 …………… 124	琉球王権 ……………… 8
ユダヤミーバイ ……… 375		琉球王国 …… 6, 12, 47, 154, 210
ユッカヌヒー ………… 334	【ラ】	琉球王国時代 ………… 182
ユーナ ………………… 378	ライカム ……………… 407	琉球王国の復国運動 … 140
由布島 ……………… 452	来訪神信仰 …………… 267	琉球王府
由美子ちゃん事件 … 70, 144, 424	ラクロス・地対地ミサイル … 133	… 26, 92, 260, 270, 284, 285
ユユ …………………… 375	『楽ん苦しみん―嶺井百合子	琉球王府時代 ………… 268
緩やかな礁斜面(ピンター) … 318	回想記』 …………… 103	『琉球・沖縄史研究序説』… 17
『揺れる聖域』 ……… 257	らしさ ………………… 79	琉球海溝 ……………… 410
ユンタ(ゆんた) … 268, 276, 439	拉致 …………………… 65	琉球開発金融公社の設置 … 60
ユンタク ……………… 344	落下傘の紐 …………… 92	琉球火災海上 ………… 108
読谷山花織 …………… 431	ラッパ節 ……………… 93	琉球がすり ………… 72, 224
	ラフテー ……………… 348	琉球ガラス …………… 431
【ヨ】	「羅府の時代」 ……… 228	琉球館 ………………… 182
ヨウサイ ……………… 382	ララ(アジア救済連盟) … 41	『琉球官兵(顛)末記』… 234
養殖モズク …………… 324	ララ物資 ……………… 231	琉球官兵との共同生活 … 234
養豚団地 ……………… 83	ランチョンミート …… 95	琉球救国運動 ………… 140
用兵綱領 …………… 26, 418	「ランチは、トゥエニー・	『琉球教育』 ………… 154
与勝地下ダム ………… 322	フォーリーにね」…… 94	「琉球共和国へのかけ橋」… 141
ヨーカビー …………… 334	ランドリー …………… 65	「琉球共和国憲法F私(試)案」141
ヨーガーリー ………… 344	ランバート …………… 61	琉球共和国のかけ橋 … 141
世替り ………… 49, 81, 210	ランプ生活 …………… 80	「琉球共和社会憲法私(試)案」
『世替り裏面史』		……………… 139
……… 109, 113, 131, 172	【リ】	「琉球共和社会憲法C私(試)案」
与儀公園 ……………… 147	リアジェット ………… 196	……………… 141
余興 ………………… 266	陸軍歴史研究所 ……… 202	琉球銀行(琉銀)76, 108, 424, 428
預金を凍結 …………… 127	離婚率日本一 ………… 389	琉球銀行調査部 ……… 61
抑圧法規 ……………… 113	離婚率のもっとも高い県 … 73	リュウキュウキンバト … 375
横流し商品 …………… 64	リゾート開発 ………… 174	『琉球芸能事典』 …… 277
与謝野鉄幹・晶子 …… 287	リゾート建設 ………… 175	琉球犬 ……………… 366
『吉田茂とサンフランシスコ	立法院 ………… 58, 59, 60,	『琉球見聞録』 …… 152, 210
講和』 ……………… 55	84, 96, 121, 122, 131, 146, 413	琉球弧(琉球列島) 151, 156, 312
吉田首相 ……………… 136	立法院棟 ……………… 400	『琉球弧―沖縄文化の模索』 201
ヨーゼフ・クライナー … 255, 267	立法院包囲 …………… 112	『琉球弧をさぐる』 … 313

—508—

索　引　　　　　　　　　　　　　ロン

琉球国 …………… 140	琉球大学 ………… 5, 98,	良妻賢母 ………… 305
琉球国王 ………… 224	102, 103, 106, 107, 127, 425	良心的なアメリカ人 …… 203
リュウキュウコクタン … 382	リュウキュウツバメ …… 375	領土不拡大の原則 …… 120
琉球国祭り太鼓 ……… 281	「琉球」的なもの …… 200	旅行証明書 ……… 102
琉球国民党 …… 140, 141	『琉球統計年鑑』 …… 63, 118	りんけんバンド …… 294, 444
『琉球国由来記』	琉球独立党 …… 140, 141, 425	臨済宗 …………… 260
…… 257, 260, 262, 267, 272	琉球独立論 ……… 136	臨時中央政府 ……… 105
琉球古典舞踊 ……… 271	「琉球に取材した文学」 … 161	臨時中央政府の設立 … 105
琉球語の実験的使用 …… 282	琉球農業協同組合連合会 108	臨時北部南西諸島政庁 … 58
琉球弧の住民運動 … 184, 185	琉球の固有信仰 …… 284	臨時琉球諮詢委員会 … 58, 103
琉球史 ……………… 3	リュウキュウハギ …… 382	林世功 … 10, 12, 140, 182, 390
琉球諮詢委員会 …… 105	リュウキュウハグロトンボ 376	林道 ……………… 175
琉球使節 ………… 9	琉球藩 ………… 152, 224	
リュウキュウジャコウネズミ	琉球藩王 ………… 224	【ル】
……………………… 370	「琉球美人手踊り会」 … 159	ルソン島 ………… 223
『琉球宗教史の研究』 … 263	リュウキュウヒダリマキ	ルリスズメ ……… 354
「琉球住民と占領軍人との結婚」	マイマイ ……… 376	
に関する特別布告 …… 73	リュウキュウヒメジャノメ 376	【レ】
琉球出兵 ………… 9	琉球風俗画 ……… 158	レイシ …………… 382
琉球商工会議所 …… 125	琉球物産 ………… 224	冷戦 ……………… 52
琉球上訴裁判所 …… 58	琉球舞踊 ………… 270	冷戦と基地建設 …… 116, 120
琉球処分 … 10, 12, 18, 140,	『琉球舞踊―鑑賞の手引き』 271	冷戦の展開と本格的な基地
150, 152, 153, 154, 162, 163,	『琉球舞踊入門』 …… 269	建設 …………… 121
182, 202, 206, 210, 265, 282, 286	琉球文学 ………… 282	霊的能力 ………… 264
『琉球処分以後』 ……… 13	琉球放送開局 …… 103	レイプ …… 41, 68, 69, 70, 71
『琉球処分論』 ……… 152	琉球ポップス …… 277	レイプ事件 ……… 65
琉球人 …………… 161	リュウキュウマスオガイ … 376	黎明会 ………… 228, 229
琉球侵攻 ………… 8	リュウキュウマツ …… 382	黎明之塔 ………… 418
『琉球人種論』 ……… 156	リュウキュウミスジ …… 376	レキオ人 ………… 7
「琉球人征伐の急先鋒」 … 216	琉球民俗祭祀の古い姿 … 263	歴史改ざん問題 …… 214, 215
「琉球人被用者に対する労働基	琉球村 …………… 400	『歴史学研究』 ……… 9
準及び労働関係法」 … 130	リュウキュウムラサキ … 376	『歴代宝案』 ……… 7
『琉球新報』 …… 10, 11, 18, 21,	リュウキュウヤマガメ … 376	劣化ウラン弾 ……… 174
99, 110, 150, 151, 154, 157,	琉球立法院 …… 105, 148	劣化ウラン弾誤射事件 … 407
214, 222, 224, 286, 287, 307	琉球臨時中央政府 58, 104, 425	
琉球侵略 ………… 284	琉球列島 ………… 200	【ロ】
リュウキュウスガモ …… 315	『琉球列島の沖縄人』 … 202, 203	老朽化した兵器 …… 131
琉球政府 … 48, 58, 62, 104, 105,	琉球列島の自由交易に関する	老人踊り ………… 270
106, 107, 108, 112, 143, 144, 147	特別布告 ……… 76	労働運動 ………… 11
琉球政府行政主席 …… 108	『琉球列島の地形』 …… 313	労働歌 …………… 268
琉球政府行政主席選挙法 105	琉球列島米国民政府	労働三法 …… 84, 121, 130
琉球政府計画援助 …… 60	……………… 56, 121, 122	労働争議 ………… 11, 84
琉球政府主席 …… 123	「琉球列島米国民政府に関する	労農党 …………… 24
琉球政府創立式典 …… 127	指令」 ………… 56	労務賃金 ………… 72
琉球政府の設立 …… 104	琉球列島米民政長官 … 102	ローカル政党 ……… 145
琉球政府の発足 …… 105	琉僑 …………… 234	ローカル・ネイティブ … 84
琉球政府文書 ……… 119	流出防止対策 …… 325	六弦サンシン …… 272
琉球政府法案の事前事後	琉装 …………… 297	ロクセンフエダイ …… 376
調整制度 ……… 61	琉装のウシンチー …… 306	ロシア …………… 54
「琉球政府立与勝海上公園」	琉大事件 ………… 425	『ロックとコザ』 …… 129
……………………… 178	『琉大文学』 …… 288, 291	ロートン織 ……… 431
琉球生命保険 ……… 108	「琉日同祖」論 …… 153	ロバート・トランブル … 203
「琉球籍官兵集訓大隊」 … 234	琉舞 …………… 270	路傍の芸 ………… 91
琉球石灰岩 …… 320, 410	琉米親善記念日 …… 425	ロングビーチ事件
琉球船 …………… 6	琉米文化会館 …… 425	……………… 221, 228, 229

—509—

【ワ】

和歌	285
若衆踊	270, 440
わかもと製薬	42
『わかりやすい歌三線の世界』	273
湧上聾人	236
湧川清栄	394
和敬寮	227
わしたショップ	428
わじわじー	344
忘勿石	413
忘れられた島	120
『忘れられた日本』	389
ワタクサー制	298
『私の戦後史』	67, 69
渡辺菜穂	295
渡邊欣雄	255
ワトソン高等弁務官	61
ワニタ・ワーターワーズ	69
和洋中華専門店	389
わら算	389
ワン	256
湾岸戦争	197
ワンダフル	93
ワンドタリー調	278

【ン】

ンナフカ	267

【ABC】

A&W	95, 384
Aサイン	89, 126
Aサイン業者	218
Aサインバー	68
Aランチ	101
ADM・爆破用原子兵器	133
B円	77, 99, 100, 166, 168, 211
B円・ドル	100
B型軍票紙幣	100
Bランチ	101
B・BWAVE	444
BEGIN	444
B-29大型爆撃機	197
B52撤去	129
B52爆撃機	117, 129
Cランチ	101
CIC	67
COCCO	441
CTS(石油備蓄基地)	178, 184
CTS差し止め訴訟	179
DA PUMP	444
E.B.スレッジ	35
『Entreing the Ecotourism Age エコツーリズムの世紀へ』	327
FEC指令の補足事項	56
FEN(米軍放送)	237, 404
FTZ	245
「GAMA 月桃の花」	445
GHQ	52, 54
GHQ指令	51
IDカード	404
Keystone(要石)	52
Kiroro	396, 446
『KOZA 写真がとらえた1970年前後』	131
「MABUI」	445
MAX	444
MP(米軍憲兵隊)	218
NAHAマラソン	333
NATO	149
NSGCハンザグループの解任式	195
「OFF LIMITS・CIVILIAN」	119
OIL事件	10, 23
PCB汚染	174
PCB漏出	197
PCB漏出事故	406
PTA連合会	136
PX	65, 406
P3C	172
『P-3Cをぶっとばせ』	190
P3C基地建設阻止対策委員会	190
P3C基地問題	190
P3C送信基地建設反対闘争	190
P3C対潜哨戒機の配備	190
P3C闘争	190
SACO(日米特別行動委員会)	115, 188, 194, 195
SACO関連事業費	246
SACO最終報告	194
SACO資金	195
「SACO中間報告」	194
SPEED	444
USCAR(ユースカー)	48, 56, 58, 59, 60, 62, 121, 122, 127, 130
USO	407
VOA	406
WHO(世界保健機関)	308
WWFJ(世界保護基金日本委員会)	193

【数字】

1ドル対360円	166
1フィート百円の募金	209
10セント硬貨	100
10割年休	130
10・10空襲	25, 412, 416
10・21県民大会	421
114基の石碑	215
155ミリ榴弾砲	133
1995年秋の民衆の決起	189
2.1決議	109
21世紀・沖縄のグランドデザイン	244
21世紀の森公園	399
2・28	148, 235
23日	96
2・4ゼネスト	423
27度線	423
27年間米軍の統治	191
280ミリ砲	133
4・28	142
5・15(日本復帰)	142
5・15平和行進	420
5・15メモ	405
6・23(慰霊の日)	142
6・3・3学制	98
730で一番儲けたのは誰	181
「730の歌」	181
74億5000万円	246
8インチ榴弾砲	133
『80年代・沖縄は生き残れるか』	167
8・4制	423
8・4制の学制	98

沖縄を知る事典

2000年5月26日　第1刷発行
2001年6月15日　第4刷発行

編　集／「沖縄を知る事典」編集委員会 ©
発行者／大高利夫
発行所／日外アソシエーツ株式会社
　　　　〒143-8550 東京都大田区大森北1-23-8 第3下川ビル
　　　　電話(03)3763-5241(代表)　FAX(03)3764-0845
　　　　URL http://www.nichigai.co.jp/
発売元／株式会社紀伊國屋書店
　　　　〒163-8636 東京都新宿区新宿3-17-7
　　　　電話(03)3354-0131(代表)
　　　　ホールセール部(営業) 電話(03)5469-5918

印刷・製本／光写真印刷株式会社

不許複製・禁無断転載　　　　　　　《中性紙三菱クリームエレガ使用》
(落丁・乱丁本はお取り替えいたします)
ISBN4-8169-1605-9　　　　　　　　Printed in Japan, 2001